GÉOGRAPHIE

UNIVERSELLE ET MODERNE

DE CROZAT.

ON TROUVE A LA MÊME LIBRAIRIE :

DICTIONNAIRE universel des Géographies Physique, Commerciale, Historique et Politique, du Monde Ancien, du Moyen Age et des Temps Modernes, comparées; par M. J.-G. MASSELIN.

Contenant la description ou l'indication des régions, empires, royaumes, républiques, provinces, villes, mers, etc.; de toutes les parties du globe, dans ses *différens âges et son état actuel*; leur longitude, latitude et leurs distances respectives; la division et la statistique des gouvernemens, ainsi que tout ce qui a rapport au commerce, aux productions, aux mœurs, à la religion, aux usages, etc. de chaque pays; les détails historiques les plus essentiels; la patrie des hommes illustres ou fameux chez tous les peuples; la valeur réelle et comparative des monnaies, mesures et poids français, et étrangers. = Et plus particulièrement pour la FRANCE, ses nouvelles divisions administrative, judiciaire, ecclésiastique, militaire, etc.; le siége des préfectures, sous-préfectures, cours royales, tribunaux, archevêchés, évêchés, etc.; facultés de droit et de médecine, colléges, séminaires, etc.; les hôtels des monnaies, banques, bourses, etc.; les bibliothèques publiques, les conservations des forêts; etc.; les manufactures, etc.; les principaux monumens, etc.; l'indication exacte des foires et marchés et des principaux hôtels garnis; les productions naturelles et industrielles, le commerce, la population, les revenus; les fleuves, rivières et canaux navigables, les eaux minérales ou thermales; la nomenclature et la topographie de tous les *chefs-lieux de cantons, bourgs, villages, et des plus petits hameaux;* et une description plus circonstanciée de tous les endroits quelconques qui environnent la capitale, jusqu'à vingt lieues à la ronde; la désignation des relais, etc.; celle des bureaux de poste par où les lettres doivent être adressées pour tous les endroits du royaume, avec la distance de Paris; les facilités de communication par les voitures publiques; un tableau des jours de départ et d'arrivée des lettres; un tableau présentant les numéros qui indiquent les départemens sur le timbre des lettres; les renseignemens sur la nécessité ou la liberté d'affranchissement pour l'étranger, etc., etc.

Ouvrage entièrement neuf, pouvant tenir lieu, pour l'usage habituel, de tous les Dictionnaires géographiques, topographiques, des communes, etc.; des itinéraires, etc.

Deux gros vol. *in-8°*, ornés de cartes coloriées, de 1500 pages à deux colonnes, contenant au moins *quarante mille articles nouveaux* qui ne se trouvent dans aucun Dictionnaire Géographique, ancien et moderne.

ATLAS Géographique, Politique et Commercial, contenant une grande Mappemonde, une grande Carte routière de France, et les Tableaux coloriés des monnaies, pavillons et cocardes de toutes les nations, pour faire suite au Dictionnaire Géographique de M. J.-G. MASSELIN : 1 vol. *in-8°*.

GÉOGRAPHIE
UNIVERSELLE ET MODERNE
DE CROZAT,

Contenant la description et la forme du gouvernement de chaque pays, son climat, ses productions, etc.; les mœurs, usages et coutumes de ses habitans; ce qu'il renferme de plus remarquable, etc., etc.

CINQUANTE-HUITIÈME ÉDITION,

REVUE ET CORRIGÉE D'APRÈS LES DOCUMENS LES PLUS NOUVEAUX,

ET SUIVIE D'UNE GÉOGRAPHIE ANCIENNE,

PAR J.-G. MASSELIN.

OUVRAGE ORNÉ DE 18 CARTES COLORIÉES ET DE 2 PLANCHES.

Mappemonde, — Géographie Physique et Système Planétaire, — Système de Copernic et de Ptolémée, etc. — Europe, — France divisée en Départemens, — France divisée en Provinces, — Pays-Bas, — Allemagne, — Italie, — Espagne et Portugal, — Iles Britanniques, — Suède et Norwège, — Russie d'Europe, — Turquie d'Europe, — Asie, — Afrique, — Amérique septentrionale, — Amérique méridionale, — Océanie, — Monde connu des Anciens.

PARIS,
DE L'IMPRIMERIE D'AUGUSTE DELALAIN,
LIBRAIRE-ÉDITEUR, rue des Mathurins-St.-Jacques, N°. 5.

M DCCC XXXIV.

Les Exemplaires exigés par les lois ont été déposés.

Toute contrefaçon de cet Ouvrage sera poursuivie conformément aux lois.

Tous les Exemplaires sont revêtus de ma griffe.

Auguste Delalain

Les augmentations et les changemens qui ont été faits à cette nouvelle édition, la rendent, pour ainsi dire, un ouvrage nouveau. Il sera facile de s'en convaincre, en la comparant avec les éditions précédentes.

AVERTISSEMENT.

Cette Géographie, dans les éditions précédentes, avait déjà éprouvé quelques améliorations, et cependant il restait encore beaucoup à faire pour rendre ce travail classique et vraiment utile à la jeunesse. Les changemens survenus dans le monde entier depuis un demi-siècle, les progrès de l'industrie, l'accroissement de la population, exigeaient une révision complète. Nous avons donc entrepris cette tâche et nous croyons nécessaire de présenter un aperçu des changemens et des augmentations que nous avons faits à cette nouvelle édition.

Dans les premières éditions, le traité de la sphère était basé sur l'ancien système de Ptolémée, qui place la terre au centre du monde; ce traité avait d'ailleurs le défaut d'être fait sans méthode; il était incomplet et verbeux, obscur même et absolument au-dessous de l'état actuel des connaissances. Nous aurions pu nous borner à y faire quelques corrections et faire disparaître quelques-uns de ces défauts; mais persuadés qu'il ne faut jamais transiger avec l'erreur, nous avons préféré refaire en entier, et d'après le système de Copernic, le travail sur la sphère, en tâchant de présenter les phénomènes célestes de la manière la plus claire qu'il nous a été possible.

L'ouvrage est précédé d'une sorte d'introduction dans laquelle nous donnons la définition des termes de géométrie employés dans la Géographie mathématique. A la suite de ces connaissances préliminaires et indispensables, nous présentons quelques notions sur la Cosmographie et sur notre système planétaire.

Nous avons essayé d'introduire plus d'ordre dans la Géographie proprement dite. Nous avons donc divisé cette science en trois parties distinctes, la *Géograp[hie]* *mathématique*, qui renferme ce qu'on appelle la Sphèr[e,] la *Géographie physique* et la *Géographie politique*.

Nous avons généralement rectifié et enrichi de n[o]tions instructives, puisées dans les meilleures source[s,] les descriptions que l'auteur a faites des divers pays [du] globe. En complétant cette description des pays et d[es] villes, nous avons de plus indiqué leur population ; [ce] travail nous a paru devoir être utile, car la connaissan[ce] de la population d'un lieu ou d'une contrée donne u[ne] idée plus exacte de son importance que toute autre notio[n.]

Ces améliorations ne suffisaient point pour l'Europ[e,] cette partie a été refaite entièrement à neuf et sur un pl[an] conforme à sa division actuelle.

Enfin nous avons enrichi cette Géographie de tro[is] tableaux qui présentent les principales villes du monde avec leur latitude et longitude, et leur distance de Paris[;] la hauteur au-dessus de l'Océan des principales montagn[es] du globe ; et l'époque des découvertes de contrées [et] établissemens de Colonies.

TABLEAU 7

Des principales villes du monde, avec leurs longitude et latitude, et leur distance de Paris (1).

NOTA. La lettre N désigne les latitudes septentrionales, et la lettre S les latitudes méridionales; les longitudes orientales sont indiquées par la lettre E, et les longitudes occidentales par la lettre O.

NOMS DES VILLES.	Noms des contrées.	Longitude comptée de Paris.	Latitude.	Distance à Paris comptée en myriam.
Ajaccio	France	6°23' 49" E	41° 55' 1" N	91,600
Alep	Turquie	34 50 0 E	36 11 25 N	314,370
Alexandrie	Egypte	27 35 30 E	31 13 5 N	302,702
Alger	Barbarie	0 44 40 E	36 47 20 N	133,774
Amsterdam	Hollande	2 33 0 E	52 22 17 N	43,178
Anvers	Belgique	2 3 55 E	51 13 14 N	30,323
Arkhangel	Russie	38 23 15 E	64 31 40 N	277,261
Astrakhan	Russie	45 42 30 E	46 21 12 N	338,673
Athènes	Grèce	21 25 59 E	37 58 1 N	209,824
Bagdad	Turquie	42 4 30 E	33 19 40 N	385,889
Barcelone	Espagne	0 10 18 O	41 21 44 N	83,051
Batavia	Océanie	104 33 46 E	6 12 0 S	1158,124
Berlin	Prusse	11 2 0 E	52 31 41 N	87,674
Bombay	Inde	70 18 0 E	18 56 40 N	699,800

(1) C'est-à-dire la distance prise en ligne droite; mais pour tenir compte des sinuosités des routes, il faut augmenter d'un cinquième les nombres indiqués sur cette table.
Si l'on veut réduire les myriamètres en lieues de 25 au dégré, il faut les multiplier par 2 et un quart. Exemple :
La distance de Paris à Londres est de 34,403 myriamètres.
Ajoutez ce nombre à lui-même...... 34,403
Ajoutez-y encore le quart.......... 8,600

Vous aurez pour total...... 77,406
C'est-à-dire 77 lieues et 406 millièmes de lieues. Pour avoir égard aux sinuosités des routes il faut encore ajouter un cinquième, et l'on aura pour la distance de Paris à Londres environ 93 lieues.

TABLEAU DES PRINCIPALES

NOMS DES VILLES.	Noms des contrées.	Longitude comptée de Paris.	Latitude.	Distance à Paris comptée en myriam.
Bordeaux....	France..	2°54′ 14″ O	44°50′ 14″ N	49,524
Boston......	Et.-Unis	73 24 15 O	42 23 0 N	552,189
Boukharest..	Valachie.	23 48 0 E	44 26 45 N	187,144
Brême......	Allem....	6 27 45 E	53 4 38 N	65,217
Breslau.....	Prusse...	14 42 3 E	51 6 30 N	107,823
Brest.......	France...	6 49 0 O	48 23 14 N	50,320
Bruxelles....	Belgique	2 2 0 E	50 50 59 N	26,667
Buénos-Ayres	Amériq..	60 51 15 O	34 35 26 S	1104,551
Cadix.......	Espagne.	8 37 37 O	36 32 0 N	153,561
Caire (Le)...	Egypte..	28 58 0 E	30 3 20 N	321,270
Calais.......	France..	0 28 59 O	50 57 31 N	35,500
Calcutta.....	Inde....	86 9 30 E	22 34 45 N	786,651
Canton......	Chine...	110 42 30 E	23 8 9 N	947,884
Cap-de-Bon.-Espér.(Le).	Afrique.	16 3 45 E	33 55 15 S	933,203
Cassel......	Allem...	7 15 3 E	51 19 20 N	58,572
Cayenne....	Guyane.	54 35 0 O	4 56 15 N	706,544
Chandernagor...	Inde.....	86 9 15 E	22 51 26 N	783,803
Cherbourg...	France..	3 57 18 O	49 38 31 N	30,066
Constantinople.......	Turquie.	26 38 47 E	41 0 12 N	224,843
Copenhague..	Danemark.	10 15 31 E	55 41 4 N	102,901
Cracovie....	Pologne.	17 36 54 E	50 3 38 N	127,529
Dantzick....	Prusse...	16 17 45 E	54 20 48 N	127,704
Dresde......	Allem...	11 22 45 E	51 2 50 N	84,890
Dublin......	Irlande..	8 39 0 O	53 21 11 N	78,393
Dunkerque..	France..	0 2 22 E	51 2 9 N	24,425
Edimbourg..	Ecosse...	5 30 30 O	55 57 57 N	87,506
Florence....	Italie....	8 55 30 E	43 46 41 N	87,362
Francfort sur le Main...	Allem...	6 15 45 E	50 7 29 N	47,420
Genève.....	Suisse..	3 49 15 E	46 12 0 N	40,967
Gênes......	Italie.....	6 32 40 E	44 25 0 N	69,944
Gibraltar....	Espagne:	7 39 46 O	36 6 30 N	154,548
Goa........	Indes...	71 33 15 E	15 30 0 N	735,579
Gotha......	Allem...	8 23 45 E	50 56 8 N	64,434

VILLES DU MONDE, etc.

NOMS DES VILLES.	Noms des contrées.	Longitude comptée de Paris.	Latitude.	Distance à Paris comptée en myriam.
Hambourg...	Allem...	7°38' 22" E	53°32' 51" N	77,231
Hanovre...	Allem...	7 22 40 E	52 22 25 N	88,000
Harlem...	Hollande	2 18 7 E	52 22 54 N	59,000
Havane (La) (île de Cuba)	Amériq..	84 43 8 O	23 9 27 N	771,165
Hâvre (Le)..	France...	2 13 27 O	49 29 14 N	27,500
Haye (La)...	Hollande	1 58 16 E	52 4 20 N	54,000
Iakoutsk....	Sibérie..	127 22 15 E	62 1 50 N	683,060
Irkoutsk....	Sibérie..	101 51 15 E	52 16 41 N	657,265
Ispahan.....	Perse....	49 30 0 E	32 24 44 N	446,086
Jérusalem...	Turquie asiat..	33 0 0 E	31 47 47 N	333,719
Kœnigsberg..	Prusse...	18 9 0 E	54 42 12 S	140,223
Lausanne.....	Suisse...	4 25 15 E	46 31 5 N	67,000
Lima.....	Pérou....	79 27 45 O	12 2 34 N	1025,056
Lisbonne...	Portugal	11 28 45 O	38 42 24 N	145,300
Londres (St.-Paul)....	Anglet...	2 26 2 O	51 30 49 N	34,403
Lyon......	France..	2 29 9 E	45 45 58 N	38,925
Macao.....	Chine....	111 15 0 E	22 12 45 N	959,381
Madras....	Inde....	77 56 15 E	13 4 8 N	804,830
Madrid.....	Espagne.	6 2 0 O	40 24 57 N	104,986
Malaca.....	Inde. ...	99 45 0 E	2 10 0 N	1052,575
Manille....	Iles Philippines.	118 31 15 E	14 36 8 N	1073,023
Marseille...	France..	3 2 0 E	43 17 49 N	65,826
Mecque (La).	Arabie ..	37 54 45 E	21 28 9 N	451,520
Mexico.....	Mexique	101 25 30 O	19 25 45 N	918,582
Milan......	Italie....	6 51 16 E	45 28 2 N	63,909
Monterey...	Mexique	124 2 0 O	36 35 45 N	902,214
Moscou....	Russie .	35 12 45 E	55 45 45 N	248,228
Munich....	Allem...	9 14 15 E	48 8 20 N	58,527
Nangasacki..	Japon....	127 31 52 E	32 43 40 N	955,622
Nankin....	Chine....	116 27 0 E	32 4 40 N	903,247
Naples.....	Italie.....	11 55 7 E	40 50 12 N	129,061
Nouvelle-Orléans (La).	Et.-Unis	92 18 45 O	29 57 45 N	770,333
Odessa.....	Russie...	28 23 7 E	46 28 54 N	212,070

TABLEAU DES PRINCIPALES

NOMS DES VILLES.	Noms des contrées.	Longitude comptée de Paris.	Latitude.	Distance à Paris comptée en myriam.
Ostende......	Belgique	0° 34' 53" E	51° 13' 57" N	38,500
O-taïti.....	Océanie..	151 50 30 O	17 29 17 S	1569,300
Oxford.....	Anglet..	3 35 44 O	51 45 38 N	41,330
Owhyhée...	I. Sandwich..	158 19 0 O	20 17 0 N	1202,477
Palerme....	Sicile...	11 1 45 E	38 6 44 N	167,420
Palma......	Espagne.	0 19 0 E	39 34 4 N	103,031
Paris.......	France..	0 0 0	48 50 14 N	000,000
Pékin......	Chine...	114 7 30 E	39 54 13 N	821,607
Pétersbourg.	Russie...	27 58 30 E	59 56 23 N	216,484
Philadelphie.	Et.-Unis	77 31 45 O	39 56 55 N	677,000
Pondichéry..	Inde....	77 31 30 E	11 55 41 N	809,553
Porto-Ferrajo	I. d'Elbe	7 59 20 E	42 49 6 N	91,467
Porto-Rico...	Antilles.	68 33 30 O	18 29 10 N	699,742
Prague.....	Bohême..	12 5 0 E	50 5 19 N	88,084
Presbourg...	Hongrie.	14 50 30 E	48 8 7 N	148,500
Québec.....	Canada..	73 30 0 O	46 47 30 N	526,809
Quito......	Colomb.	81 5 30 O	0 13 17 S	936,861
Riga.......	Russie...	21 47 30 E	56 57 1 N	170,294
Rio-Janeiro..	Brésil....	45 36 0 O	22 54 15 S	916,452
Rome.......	Italie....	10 9 32 E	41 53 54 N	110,276
Rouen......	France..	1 14 16 O	49 26 27 N	11,080
Siam.......	Inde....	98 30 0 E	14 20 40 N	941,691
Smolensk...	Russie...	30 3 0 E	54 46 0 N	212,462
Smyrne.....	Turquie.	24 46 33 E	38 28 7 N	228,583
Stockholm..	Suède....	15 43 15 E	59 20 31 N	154,537
Stralsund...	Prusse...	11 12 0 E	54 19 0 N	98,242
Strasbourg..	France..	5 24 36 E	48 34 56 N	39,752
Stuttgart....	Allema..	6 50 45 E	48 46 15 N	50,087
Ténériffe (pic de).....	I. Canar.	19 0 0 O	28 17 0 N	191,846
Thèbes.....	Egypte..	30 19 6 E	25 43 0 N	366,703
Tobolsk....	Sibérie..	65 46 0 E	58 11 42 N	428,215
Tornéa.....	Russie...	21 52 0 E	65 50 50 N	227,409
Toulon.....	France..	3 35 26 E	43 7 9 N	69,303
Trébisonde..	Turquie d'Asie.	37 24 37 E	41 1 0 N	302,016
Trieste.....	Illyrie..	11 26 53 E	45 38 30 N	93,287

VILLES DU MONDE, etc. 11

NOMS DES VILLES.	Noms des contrées.	Longitude comptée de Paris.	Latitude.	Distance à Paris comptée en myriam.
Tripoli.....	Barbarie.	10°51′ 18″ E	32°53′ 40″N	199,392
Tunis......	*Idem*....	7 51 0 E	36 47 59 N	148,074
Turin......	Italie.....	5 20 0 E	45 4 14 N	58,178
Utrecht.....	Hollande	2 47 1 E	52 8 31 N	56,500
Varsovie....	Pologne.	18 42 32 E	52 14 28 N	137,025
Venise.....	Italie....	10 0 44 E	45 25 53 N	84,555
Vienne.....	Autriche	14 2 30 E	48 12 40 N	103,420
Wardhuus...	Norwège.	28 46 45 E	70 22 36 N	282,948
Washington..	Et.-Unis	79 19 0 O	38 55 0 N	613,335
Wilna......	Russie...	22 57 45 E	54 41 2 N	169,731
York.......	Angleterre.	3 26 22 O	53 57 45 N	81,000
Zurich......	Suisse....	6 11 15 E	47 22 33 N	77,500

TABLEAU

APPROXIMATIF DE LA POPULATION DU MONDE CONNU.

CONTRÉES.	HABITANS.
France.	32,650,000
Pays-Bas.	6,150,000
Allemagne propre.	13,800,000
Autriche.	30,260,000
Suisse.	2,040,000
Italie (sans le roy. Lombard-Vénit.)	16,300,000
Espagne.	13,400,000
Portugal.	3,600,000
Iles Britanniques.	21,340,000
Danemark.	1,675,000
Suède et Norwège.	3,800,000
Pologne.	3,500,000
Cracovie.	140,000
Prusse.	12,415,000
Russie.	51,000,000
Turquie d'Europe.	9,500,000
Grèce.	1,000,000
Iles Ioniennes.	230,000
Europe.	222,800,000
Asie.	456,000,000
Afrique.	105,000,000
Amérique.	40,000,000
Océanie.	30,000,000
TOTAL.	853,800,000

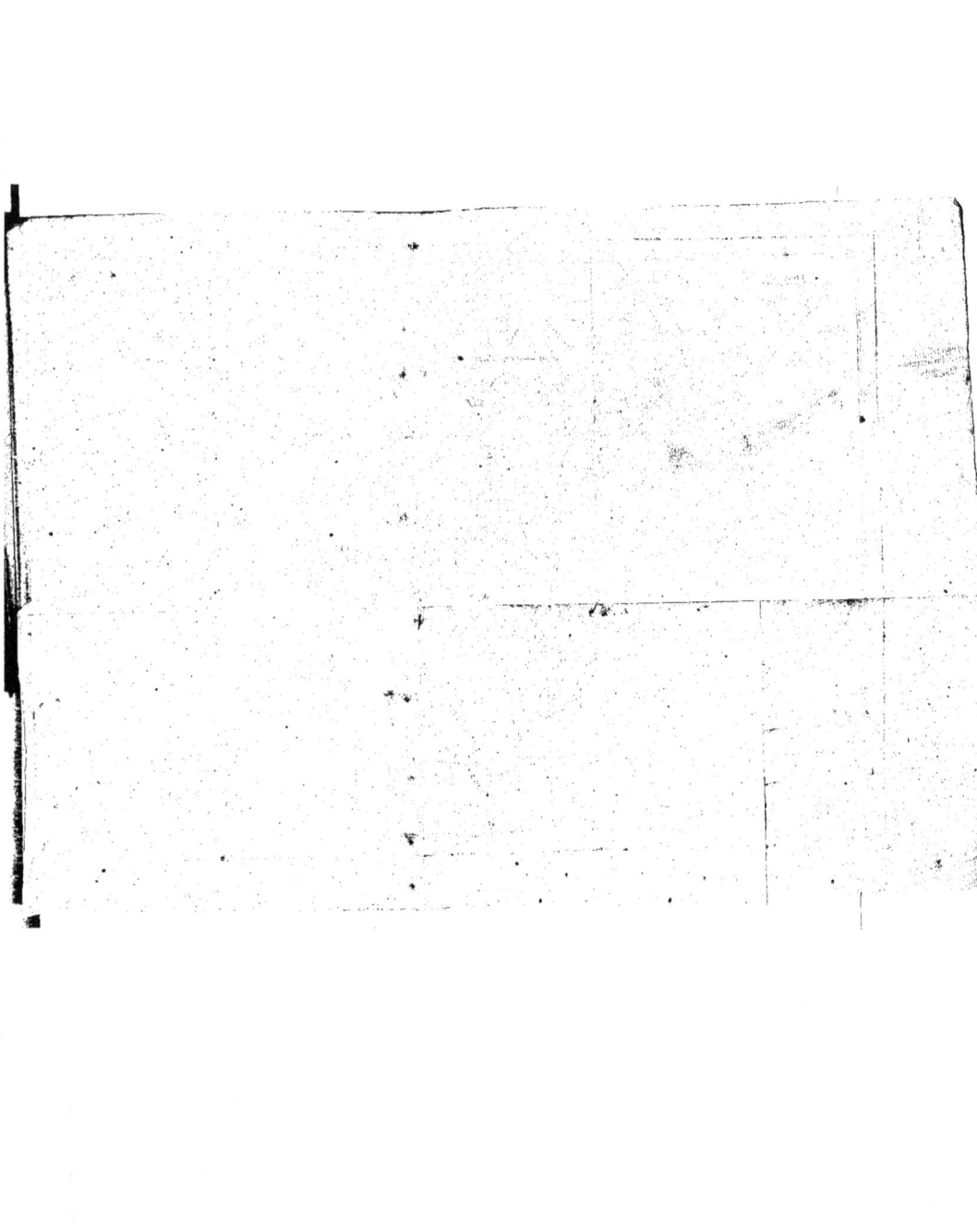

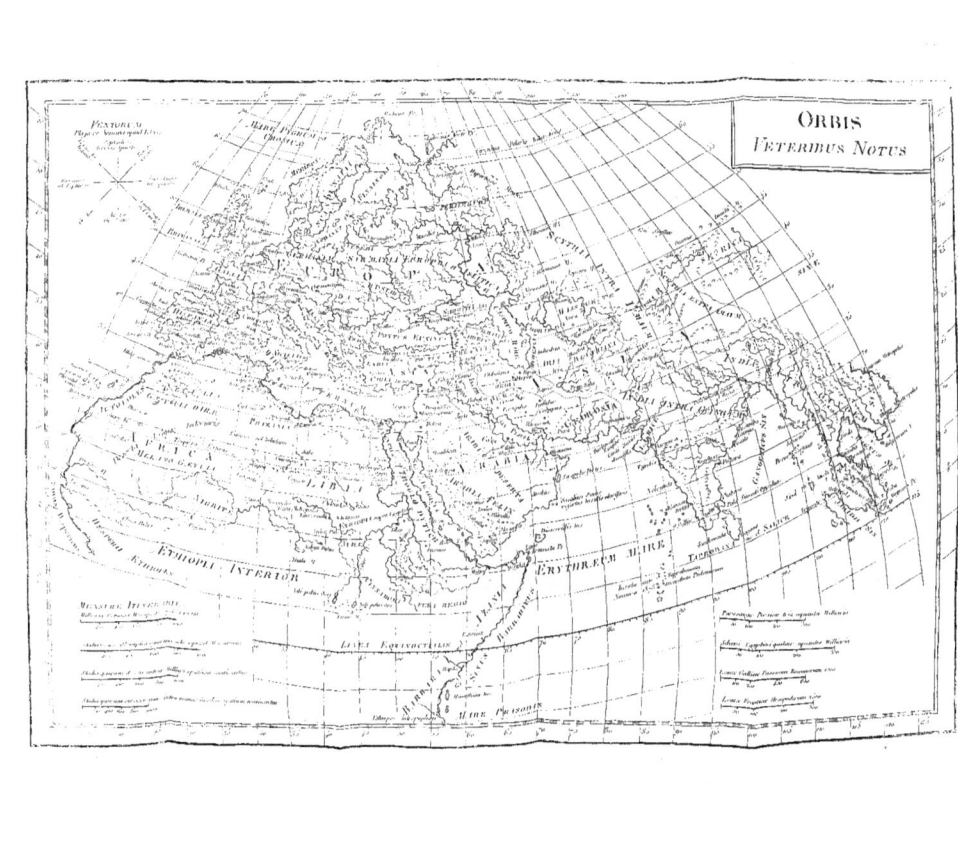

NOTIONS
PRÉLIMINAIRES.

NOTIONS GÉOMÉTRIQUES,

POINT, LIGNE, SURFACE, SOLIDE.

Le *point* n'a pas de dimensions ; — la *ligne* en a une seule, que l'on nomme *longueur* ; — la *surface* en a deux que l'on appelle *longueur* et *largeur* ; — le *solide* en a trois, qui sont la *longueur*, la *largeur* et l'*épaisseur*.

Une ligne est terminée par des points ; elle peut être droite ou courbe. Une *ligne droite* est celle dont tous les points sont dans la même direction, ou autrement c'est le plus court chemin d'un point à un autre. La *ligne courbe* est celle dont tous les points ne sont pas dans la même direction.

Une ligne considérée relativement à une autre ligne peut être parallèle, perpendiculaire ou oblique. Deux lignes sont *parallèles* lorsqu'elles sont dans tous les points de leur longueur à une égale distance l'une de l'autre, de sorte qu'elles pourraient être prolongées à l'infini sans jamais se rencontrer. Une ligne droite est *perpendiculaire* lorsqu'elle tombe sur une autre ligne sans incliner d'aucun côté à l'égard de cette même ligne. Enfin une ligne est *oblique* lorsqu'elle penche de côté ou d'autre à l'égard d'une seconde ligne, en sorte que ces deux lignes étant prolongées doivent nécessairement se rencontrer en un point, et former ce qu'on appelle un *angle*.

La *ligne perpendiculaire* diffère de la *verticale* en ce qu'elle peut avoir un degré quelconque d'obliquité ou d'inclinaison à l'égard de celle-ci, quoique toujours perpendiculaire quant au plan ou à la ligne sur laquelle elle tombe ; au lieu que la *ligne verticale* ne peut avoir qu'une seule position, qui est l'aplomb, c'est-à-dire la tendance vers le centre de la terre : une pierre qui tombe ou bien une ficelle à laquelle on attache un poids, décrivent tous deux une ligne verticale.

On appelle *ligne horizontale* une ligne parfaitement de niveau : la surface de l'eau en repos présente une ligne horizontale ; une ligne verticale y est toujours perpendiculaire.

CERCLE.

Si l'on trace un cercle sur du papier avec un compas, la ligne que la pointe du compas aura tracée est la *circonférence* du cercle. Si l'on coupe le papier qui est hors de cette circonférence, il restera un morceau de papier arrondi : c'est ce qu'on appelle un *cercle*. Le cercle est donc une figure plane décrite par un point qui se meut toujours à une égale distance d'un autre point : le premier décrit une *circonférence*, et le second en est le *centre*.

Une portion de la circonférence porte le nom d'*arc*, et, afin de pouvoir toujours évaluer la grandeur relative des arcs, on divise la circonférence de tous les cercles, grands et petits, en 360 parties que l'on nomme *degrés*; chaque degré est subdivisé en soixante *minutes* (1), et chaque minute en soixante *secondes* : un arc de 180 degrés est donc la moitié d'un cercle, par la même raison que le nombre 180 est la moitié de 360 ; de même 90 degrés forment le quart du cercle, parce qu'il y a quatre fois quatre-vingt-dix dans trois cent soixante. Les degrés s'indiquent 1°, 20', 30", ce qui veut dire 1 degré, 20 minutes, 30 secondes. Une ligne droite qui passe par le centre d'un cercle le divise nécessairement en deux parties égales; cette ligne s'appelle *diamètre*.

---

(1) Il est inutile d'observer qu'il est ici question de minutes et de secondes d'espace, et non de minutes et de secondes de temps.

préliminaires. 3

Le diamètre est toujours à la circonférence dans le rapport de 7 à 22 : c'est-à-dire, si le cercle avait 22 pieds de tour ou de circonférence, son diamètre aurait sept pieds de longueur.

Lorsque la ligne part du centre et va se terminer à la circonférence, on l'appelle *rayon*. Un rayon est toujours la moitié du diamètre.

ANGLES.

On appelle *angle* une figure formée par la rencontre de deux lignes qui se touchent en un point. Un rayon perpendiculaire à un diamètre formera avec lui deux *angles droits* de 90 degrés, parce que chacun de ces angles embrasse ou comprend un arc qui forme le quart du cercle, et qui par conséquent est de quatre-vingt-dix degrés.

Si le rayon n'est pas perpendiculaire au diamètre, l'un des angles qu'il forme avec lui aura plus et l'autre moins de quatre-vingt-dix degrés : le premier sera un angle *obtus*, et le second un angle *aigu*. On voit par là qu'on mesure la grandeur ou l'ouverture d'un angle en plaçant une des pointes du compas à son sommet (1), et en décrivant avec l'autre pointe un cercle ; les côtés de l'angle embrasseront un arc ou portion de ce cercle, et le nombre de degrés que contient cet arc indique la grandeur de l'angle.

ELLIPSE.

L'*ellipse* est une figure approchant de l'ovale et formée par une ligne courbe qui embrasse un espace plus long que large. Une ellipse a deux centres que l'on appelle *foyers* ; plus ils sont éloignés l'un de l'autre, plus l'ellipse est alongée, et s'ils se rapprochent au point de se confondre, l'ellipse devient un cercle. — La ligne droite qui, passant par les deux foyers, touche à la circonférence, se nomme le *grand axe*, et celle qui lui est perpendiculaire et passe par le

---

(1) Le *sommet* d'un angle est le point de jonction des deux lignes ou *côtés* qui le forment.

centre ou à égale distance des deux foyers, est le *petit axe*.

ORBITE.

La ligne courbe que décrit un astre autour d'un autre astre, par exemple la Terre autour du Soleil, se nomme *orbite*; on y ajoute souvent l'épithète d'*elliptique*, parce qu'elle a la forme d'une ellipse.

PLAN, AIRE.

Tout espace borné par des lignes s'appelle *plan* ou *aire*; on dit le plan d'un cercle ou d'une ellipse.

SPHÈRE.

Les géomètres définissent la *sphère* comme un solide formé par la révolution d'un cercle sur son diamètre; nous dirons plus simplement que c'est une boule bien ronde, c'est-à-dire dont tous les points de la surface sont également éloignés du centre.

SPHÉROÏDE.

La *sphéroïde* est une figure approchant de la sphère, mais qui en diffère parce que tous ses points ne sont pas également distans du centre. La Terre est une sphéroïde, parce qu'elle n'est point parfaitement ronde et que ses pôles sont aplatis.

ZONES, HÉMISPHÈRE.

Des portions de la surface d'une sphère, coupées parallèlement les unes aux autres, s'appellent *zones*. La moitié d'une sphère est un *hémisphère*.

AXE.

Lorsqu'on suppose un corps sphéroïdal quelconque tournant sur un de ses diamètres, ou plus simplement si l'on imagine une boule percée dans son milieu et d'outre en outre par une aiguille bien droite, sur laquelle on la fait tourner, ce diamètre ou cette aiguille s'appelleront *axe*. L'axe est donc en quelque sorte un essieu.

NOTIONS COSMOGRAPHIQUES.

La cosmographie est la science de l'univers, c'est-à-dire la connaissance de la multitude d'astres répandus dans le vaste espace des cieux, et qui forment, avec la Terre et le Soleil, ce qu'on appelle le Monde.

On divise les astres en *étoiles fixes*, *planètes* et *satellites des planètes*.

Les *étoiles fixes* sont des astres immobiles dans le ciel, c'est-à-dire ne changeant pas de place les uns à l'égard des autres, et qui brillent d'une lumière qui leur est propre et qu'ils n'empruntent point aux autres astres. Le Soleil peut être considéré comme une étoile fixe : s'il ne change pas de place, il a du moins un mouvement de rotation sur lui-même, qu'on n'a pas pu reconnaître dans les autres étoiles fixes ; car leur distance de la Terre est si grande, qu'on ne peut pas même la déterminer par approximation, et que des millions de lieues ne sont qu'un point absolument insensible à l'égard de cette distance. Ces petites blancheurs que l'on voit au ciel et qu'on appelle *nébuleuses*, sont, ainsi que la *voie-lactée*, formées par une quantité d'étoiles qu'on ne peut pas discerner, et qui, dans l'éloignement, paraissent se confondre.

On donne le nom de *planètes* à des astres qui tournent autour du Soleil, et qui reçoivent de lui la lumière et la chaleur, car ils n'ont point de lumière en propre comme les étoiles fixes. La Terre est une planète ; si les autres planètes nous paraissent avoir le même éclat que les étoiles fixes, c'est qu'étant plus près de nous, elles réfléchissent toute la lumière qu'elles reçoivent du Soleil.

Les *satellites des planètes* sont des astres plus petits que les planètes, qui tournent autour d'elles et qui réfléchissent également la lumière du Soleil. La Lune est le satellite de la Terre.

Le Soleil, les planètes qui tournent autour de lui et leurs satellites, forment ce qu'on appelle le Système Solaire ou Planétaire.

Les étoiles fixes ont peut-être, de même que le Soleil, des planètes qui tournent autour d'elles, mais il est impossible de les apercevoir, et on ne peut qu'en supposer l'existence par analogie avec le Soleil; car, ainsi que nous l'avons dit, ces étoiles fixes sont à une si énorme distance, que les astres plus petits et sans lumière propre qui tourneraient autour d'elles ne doivent pas être visibles, même avec les meilleurs télescopes.

Outre les étoiles, les planètes et les satellites, on connaît encore les *comètes*, espèces d'astres avec une queue ou chevelure lumineuse, qui décrivent autour du Soleil des orbites excessivement alongées. Leur nature est encore inconnue; on ignore si ce sont des corps analogues aux planètes.

DU SYSTÈME PLANÉTAIRE.

Ainsi qu'on vient de le voir, notre système planétaire se compose du Soleil, des planètes et de leurs satellites.

Le Soleil, quatorze cent mille fois plus gros que la Terre, a 315,000 lieues de diamètre. Sans changer de place, il tourne sur lui-même en 25 jours 14 heures.

Si le Soleil paraît tourner autour de la Terre, c'est une fausse apparence; c'est nous, au contraire, qui tournons autour de lui. On peut comparer cet effet trompeur à celui qui a lieu lorsqu'en bateau ou en voiture nous parcourons rapidement une route : les arbres et les maisons semblent fuir derrière nous, tandis qu'il nous paraît que nous sommes immobiles.

Les anciens astronomes, tels que Ptolémée et Tycho-Brahé, trompés par les apparences, ont cru que la Terre était immobile au centre du monde, et que le Soleil tournait autour d'elle, et c'est suivant ce système qu'est construite la machine que l'on appelle *sphère armillaire*. Le célèbre Copernic, né à Thorn en Prusse, vers la fin du 15e. siècle, découvrit la vérité, et donna son nom au système qui est aujourd'hui gé-

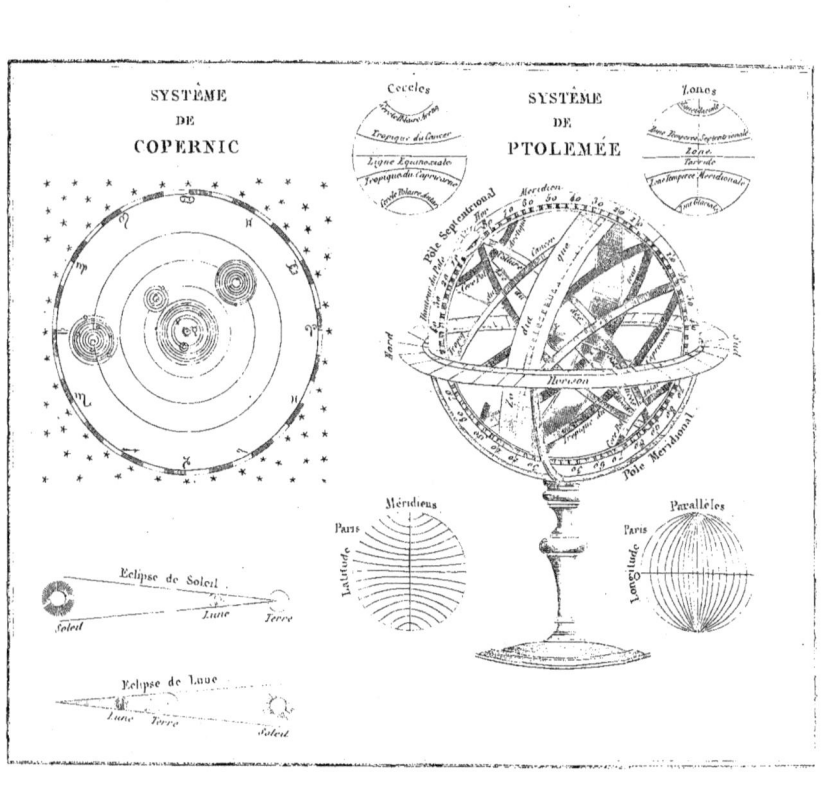

préliminaires.

néralement adopté : c'est celui que nous développons dans ce précis.

Il y a, compris la Terre, onze planètes. Voici leurs noms, les caractères qui servent à les désigner, ainsi que leur diamètre et leur distance au Soleil. Nous les rangerons dans l'ordre où elles sont placées à l'égard du Soleil : ainsi nous commencerons par Mercure, qui en est le plus proche, et nous finirons par Uranus, qui en est le plus éloigné.

NOMS DES PLANÈTES.	SIGNES.	DIAMÈTRE	DISTANCE AU SOLEIL	DIAMÈTRE	DISTANCE AU SOLEIL
		en lieues communes.		en myriamètres.	
Mercure........	☿	1,180	13,000,000	518	5,370,535
Vénus..........	♀	2,784	25,000,000	1,221	11,175,222
La Terre........	⊕	2,865	34,761,680	1,273	15,449,640
Mars...........	♂	1,920	52,966,122	844	23,254,770
Cérès..........	⚳	incon.	inconnue.		
Pallas..........	⚴	id.	id.		
Junon..........	⚵	id.	id.		
Vesta..........	⚶	id.	id.		
Jupiter.........	♃	32,644	180,794,791	14,339	80,453,256
Saturne........	♄	28,935	431,604,504	12,710	147,747,776
Uranus *ou* Herschel.	♅	12,890	656,000,000		

La planète de Mercure tourne sur son axe en vingt-quatre heures et quelques minutes, et la rotation de Vénus est d'un peu moins de vingt-quatre heures ; ces deux planètes ont différentes phases comme la lune. Quand Vénus précède le Soleil, c'est-à-dire quand elle paraît avant lui sur l'horizon, on la nomme l'*étoile du matin* ; quand elle se couche après le Soleil, on la nomme l'*étoile du berger*. Cette planète est un peu plus petite que la Terre ; mais elle est neuf fois plus grosse que Mercure.

Mars emploie 24 heures et 40 minutes pour sa rotation. Son volume n'est guère que la cinquième partie de celui de la Terre.

Jupiter tourne sur lui-même en dix heures ; il est 1470 fois plus gros que la Terre.

La durée de la rotation de Saturne est de dix heures et quelques minutes ; il est 887 fois plus gros que la Terre.

Uranus est 77 fois plus gros que la Terre. Son prodigieux éloignement est cause que l'on n'a pu jusqu'ici découvrir la durée de sa rotation.

L'année de Mercure est d'environ trois mois, c'est-à-dire il emploie ce temps pour accomplir son orbite autour du Soleil. — Vénus accomplit sa révolution en 224 jours. — Mars emploie un an et 322 jours. —Jupiter, 11 ans 313 jours.—Saturne, 29 ans 166 jours. — Uranus, environ 84 ans.—Cérès, 4 ans et 221 jours. — Pallas, à peu près le même temps.—Junon, 4 ans et 130 jours. — Vesta, 3 ans et 240 jours.

On a donné le nom de satellites aux petits astres qui tournent autour des planètes, parce qu'ils les accompagnent sans cesse et sont emportés avec elles dans les grandes orbites qu'elles décrivent autour du Soleil.

La Terre n'a qu'un seul satellite, qui est la *Lune*, et Jupiter en a quatre, Saturne sept et Uranus six ; les autres planètes n'en ont point.

Si la Lune, quoique beaucoup plus petite que les planètes, paraît infiniment plus grande, c'est qu'elle est moins éloignée de nous ; sa distance de la Terre est de 86 mille lieues. Son volume n'est que la quarante-neuvième partie de celui de la Terre.

La Lune emploie 27 jours 7 heures 43 minutes et environ 4 secondes à faire sa révolution autour de la Terre ; et, par une correspondance assez singulière, elle emploie ce même temps à tourner sur elle-même, de manière qu'elle nous montre toujours la même moitié. Cette révolution s'appelle le *mois périodique* ; mais le *mois synodique* est le temps que la Lune emploie pour se retrouver dans la même situation où elle était à l'égard du Soleil ; car la Terre marchant toujours d'Occident en Orient, pendant que la Lune tourne autour d'elle, il faut que ce satellite continue encore son chemin, et il ne peut parvenir à une nouvelle conjonction avec le Soleil que deux jours et environ cinq heures plus tard. Le mois synodique est donc de 29 jours et demi ; douze de ces mois forment l'*année lunaire*, qui, n'étant que de 354 de nos jours, est plus courte de onze jours que l'année de notre Terre : cette différence s'appelle *épacte*.

Lorsque la Lune est en *conjonction*, c'est-à-dire entre le Soleil et nous, nous ne pouvons la voir : la raison est que, dans ce temps, la moitié qu'elle nous présente n'est pas éclairée directement par le Soleil ; ce temps s'appelle la *nouvelle lune*.

La Lune ayant été cachée quelques jours, commence à se montrer le soir, du côté de l'Occident, peu après le coucher du Soleil, sous la forme d'un croissant mince et d'une lumière faible ; le lendemain, à la même heure, on la voit plus élevée et plus éloignée du Soleil. Elle continue à s'en éloigner en s'avançant chaque jour vers l'Orient ; son croissant augmente en largeur et en lumière, et enfin elle paraît en demi-cercle, qui est son *premier quartier*.

Ce demi-cercle de lumière augmente pendant huit jours, après lesquels elle paraît entièrement circulaire : son disque entier brille alors toute la nuit, et c'est ce qu'on appelle le jour de la *pleine lune*, ou de son *opposition*.

Après la pleine lune vient le *décours*, qui donne les mêmes figures, mais dans un ordre contraire : Elle paraît d'abord ovale, ensuite en croissant, puis en demi-cercle : c'est le *dernier quartier*.

Ce demi-cercle diminuant prend la forme d'un croissant qui se rétrécit chaque jour, et dont les pointes sont toujours du côté le plus éloigné du Soleil : on voit alors la Lune se lever le matin, un peu avant le Soleil, et son croissant paraît mince et faible. Enfin elle se rapproche du Soleil et se perd dans ses rayons : c'est la *nouvelle lune* ou sa *conjonction*.

Ces diverses formes sous lesquelles la Lune se présente à nos yeux, et qui durent chacune environ sept jours, ont reçu le nom de *phases*.

Les *éclipses de soleil* sont causées par la Lune, qui, se trouvant entre la Terre et le Soleil, intercepte les rayons et la lumière de celui-ci pour les habitans de quelque partie de la Terre. Une éclipse est *totale* ou *partielle*; elle est totale lorsque la Lune cache entièrement le Soleil : alors on est dans la nuit la plus profonde. Dans l'éclipse partielle la Lune ne cache qu'une partie du Soleil, et la clarté du jour n'est que diminuée.

L'*éclipse de lune* est produite par la Terre, qui, se trouvant entre le Soleil et la Lune, couvre celle-ci de son ombre.

On voit bien plus souvent des éclipses de lune que de soleil : la raison en est que quand la Lune est éclipsée, elle l'est pour toute la moitié de la Terre pour laquelle elle est visible; mais il n'en est pas de même du Soleil. Quand il est éclipsé à l'égard d'un pays, il en éclaire beaucoup d'autres où l'on ne s'aperçoit point de l'éclipse : cela vient de ce que la Lune étant beaucoup plus petite que le Soleil et la Terre, elle peut bien cacher le Soleil à une partie de ceux sur l'horizon desquels il se trouve, mais non pas à tous.

GÉOGRAPHIE
MODERNE.

DÉFINITION DE LA GÉOGRAPHIE.

La Géographie est une science qui traite de la configuration de la Terre, de ses divisions naturelles et artificielles, et qui indique la situation et l'importance de ses divers lieux.

On la divise en trois parties principales.

La première ne considère la Terre que relativement aux différentes situations où elle se trouve à l'égard du Soleil, autour duquel elle se meut, et à la distance de tous les lieux de la Terre relativement à des points connus : on l'appelle GÉOGRAPHIE MATHÉMATIQUE (1).

La seconde s'occupe de la configuration du globe terrestre quant aux terres et aux eaux qui en composent la surface, et aux plaines, aux chaînes de montagnes, aux forêts, etc., qui la couvrent : c'est la GÉOGRAPHIE PHYSIQUE (2).

Enfin la troisième a pour objet de faire connaître

---

(1) Il faut distinguer la géographie mathématique de la *cosmographie* : la première ne considère les astres que relativement à la Terre, et la cosmographie embrasse l'univers entier, comme nous l'avons dit page 5.

(2) Qu'il ne faut pas confondre avec *l'histoire naturelle* : celle-ci traite de tous les êtres de l'univers, et les classe d'après les rapports qui existent entre eux, au lieu que la géographie physique ne les considère que relativement aux pays qui les offrent.

les bornes que l'intérêt, la politique ou la différence de mœurs et de langage ont posées entre les différentes nations du monde, leurs gouvernemens, leurs mœurs, leurs coutumes, les subdivisions des pays qu'elles habitent, leur population, leurs villes, bourgs ou peuplades : elle se nomme Géographie Politique (1).

Indépendamment de cette division, on distingue encore la Chorographie, ou description d'un grand pays ou de plusieurs provinces ; la Topographie, celle d'un lieu particulier, tel qu'un canton ; et l'Hydrographie ou description des eaux.

GÉOGRAPHIE MATHÉMATIQUE.

La terre que nous habitons est une sphéroïde ou, si l'on veut, une boule un peu aplatie sur les pôles. Son diamètre est de 2,865 lieues, et sa circonférence est de 9,000 lieues.

MOUVEMENT ANNUEL DE LA TERRE.

La Terre décrit autour du Soleil, qui est fixe par rapport à elle, en 365 jours 5 heures 49 minutes, une ellipse dont il occupe l'un des foyers (*voy. page 3*) ; ces 5 heures 49 minutes font tous les quatre ans à peu près un jour qui s'ajoute toutes les quatrièmes années et forme ce qu'on appelle l'*année bissextile*; et les 11 minutes qu'il s'en faut jusqu'à six heures font environ 24 heures en 134 ans. Pour obvier à ce désordre, on re-

---

(1) Elle diffère de *l'histoire*, en ce que celle-ci décrit les événemens et les révolutions que présente l'histoire des hommes, au lieu que la géographie politique ne considère que les changemens qui en ont été les résultats; elle ne traite des gouvernemens, mœurs, coutumes et langages des peuples de la Terre que comme des caractères qui les distinguent.

tranche un jour sur 134 ans ou trois jours sur 400 ans: ce qui revient à peu près au même (1).

L'orbite annuelle que la Terre décrit autour du Soleil est de deux cent huit millions cinq cent soixante-sept mille quatre-vingts lieues; elle parcourt donc 57 mille lieues par heure et un peu moins de six lieues et demie par seconde.

MOUVEMENT DIURNE.

INDÉPENDAMMENT de ce mouvement annuel, la Terre en a un autre que l'on appelle *rotation diurne*: elle tourne sur elle-même en vingt-quatre heures, et présentant successivement au Soleil différens points de sa circonférence, elle éprouve ces alternatives de lumière et d'ombre que nous appelons *jours* et *nuits*; il en résulte que lorsqu'une partie de la Terre est éclairée, l'autre partie est dans l'obscurité: ainsi, lorsqu'il est midi à Paris, on peut être certain qu'il est à peu près minuit à la Nouvelle-Zélande, parce qu'elle est presque située aux antipodes (2) de Paris.

---

(1) L'année bissextile a été imaginée du temps de Jules-César; mais comme on n'avait pas eu égard aux onze minutes qui manquent pour compléter les six heures, ces onze minutes accumulées de siècle en siècle avaient produit une erreur de dix jours dès l'an 1580, sous le pontificat de Grégoire XIII. Cette erreur fut corrigée par ses ordres en retranchant dix jours de l'année civile: le 5 octobre de l'année 1582 fut compté pour le 15, et il fut réglé que par la suite on retrancherait un jour sur 134 ans, ou 3 jours sur 400 ans; les peuples de l'Allemagne adoptèrent le nouveau style en 1700, et les Anglais en 1752. L'uniformité du calendrier grégorien est reçue actuellement dans tous les états policés de l'Europe, excepté en Russie où l'on compte encore 11 jours de moins que dans les autres pays de l'Europe, à cause de l'année 1700 que ces peuples ont comptée bissextile suivant l'ancien style.

(2) On dit que deux lieux sont *antipodes* l'un de l'autre quand ils sont diamétralement opposés, ou distans d'un diamètre terrestre entier. Des peuples qui ont une pareille position sur la Terre, ont effectivement *les pieds opposés* les uns aux autres, et c'est l'étymologie du mot *antipode*: ce qui paraît difficile à comprendre, quand on ne songe pas que tous les corps pesans sont attirés vers le centre de la Terre par une force que l'on appelle *attraction*.

PÔLES ET AXE DE LA TERRE.

La Terre, dans son mouvement diurne ou journalier, tourne constamment sur deux points; et pour rendre ce fait sensible, on suppose que par ces deux points, que l'on nomme *pôles*, passe une ligne qu'on appelle *axe de la Terre*, sur laquelle la Terre tourne comme une roue tourne sur son essieu. Une orange percée dans son milieu par une longue aiguille, sur laquelle on la fait tourner, nous représentera fidèlement la Terre, ses pôles et son axe : l'orange figurera la Terre; la longue aiguille représentera son axe, et les points par où cette longue aiguille sort de l'orange de chaque côté, seront les pôles. Au N. se trouve le *pôle arctique*, ainsi nommé parce qu'il est voisin de la constellation des Ourses (en grec *Arctos*); le pôle du sud a reçu, par opposition, le nom de *pôle antarctique*.

INCLINAISON DE L'AXE DE LA TERRE.

La situation de l'axe de la Terre n'est pas perpendiculaire au plan de l'orbite que le globe terrestre décrit autour du Soleil : cet axe est donc oblique à l'égard de cette orbite et forme un angle avec elle. Cet angle, ou cette obliquité, est de 23 degrés et 28 minutes; il s'ensuit de là qu'à une certaine époque de l'année l'un des pôles se trouve incliné vers le Soleil du même nombre de degrés (23 degrés 28 minutes) et en reçoit toute la lumière. Au bout de trois mois, la situation de la Terre, qui continue à marcher autour du Soleil, sera telle, que les deux pôles seront également distants de cet astre; et à cette époque, que l'on appelle *équinoxe du printemps*, et qui tombe le 21 mars, les jours et les nuits sont égaux par toute la Terre.

Le globe terrestre continuant sa route, le pôle opposé se rapprochera peu à peu du Soleil pendant que l'autre s'en éloigne, et à la fin il se trouvera à son tour incliné vers cet astre de 23 degrés 28 minutes; trois mois après, les deux pôles se trouveront, pour la seconde fois dans l'année, à une égale distance du Soleil : c'est l'*équinoxe d'automne*, qui tombe le 21 septembre et

...ant laquelle les jours sont encore égaux par toute ...erre, parce que les deux pôles sont également éloi... ...s du Soleil (*voyez la planche 2*). C'est cette différence ... position de la Terre à l'égard du Soleil qui produit ...ifférence des saisons : quand la Terre tourne vers le ...eil le pôle dont nous sommes voisins, nous recevons ... rayons d'une manière plus directe et nous avons ...rintemps et l'été ; mais quand, au contraire, c'est ...tre pôle qu'elle montre au Soleil, nous ne recevons ...s les rayons de cet astre que d'une manière oblique, ...ous avons l'automne et l'hiver.

CERCLES POLAIRES.

...e l'inclinaison de l'axe de la Terre il résulte néces... ...rement qu'une des portions du globe qui entoure les ...es à 23 degrés 28 minutes de distance de ces points, ...les jours extrêmement inégaux en longueur ; c'est ...ar indiquer ces parties de la Terre qu'on a imaginé ...ux cercles, le *cercle polaire arctique* dans l'hémi... ...ière boréal, et le *cercle polaire antarctique* dans ...émisphère austral, sous lesquels il y a dans l'été plu... ...urs jours sans nuits, et en hiver plusieurs nuits sans ...urs. Plus on approche des pôles, plus on éprouve cette ...fférence ; le Soleil en été paraît plusieurs jours, plu... ...eurs mois de suite, jusqu'aux pôles où il reste sur l'ho... ...zon pendant six mois et autant de temps au-dessous

ÉQUATEUR.

A égale distance des deux pôles on a supposé un ...ercle que l'on nomme *équateur*, parce qu'il coupe la ...rre en deux parties égales, l'une appelée *hémisphère ...eptentrional* ou *boréal*, l'autre nommée *hémisphère mé... .dional* ou *austral* ; on l'appelle aussi *ligne équinoxiale*, ...arce que dans les pays situés sous cette ligne les jours ...ont égaux aux nuits durant toute l'année, ce qui n'ar... ...ive dans toute autre partie de la Terre que deux fois ...ar an, à l'*équinoxe* de printemps et à celle d'automne. ...es peuples qui sont sous l'équateur étant à une égale ...istance des pôles, les ont tous deux dans leur horizon : ...ussi voient-ils tous les astres se lever et se coucher sans qu'il y en ait aucun qui leur soit caché. Le Soleil passe à leur *zénith* (1) deux fois l'an aux équinoxes, et cet astre est six mois à leur droite et six mois à leur gauche.

TROPIQUES.

Il résulte encore de l'inclinaison de l'axe terrestre que le Soleil, qui, le 21 mars, se trouve au-dessus de l'équateur, c'est-à-dire à son zénith, paraîtra peu à peu s'en écarter de 23 degrés 28 minutes; alors il semblera revenir vers le côté opposé, repassera l'équateur le 21 décembre et ira terminer sa course à une distance pareille. Les lignes qui bornent l'espace que le Soleil semble parcourir s'appellent *tropiques*; celui de l'hémisphère septentrional se nomme tropique du *Cancer*, et celui de l'hémisphère méridional tropique du *Capricorne*.

ZONES.

Les deux cercles polaires et les deux tropiques divisent la Terre en cinq bandes parallèles que l'on nomme *zones*.

Entre les deux tropiques est la *zone torride*, coupée dans son milieu par l'équateur; elle a 46 degrés 56 minutes de largeur, ce qui donne une largeur de 1,174 lieues. Les pays situés sous cette zone reçoivent presque perpendiculairement les rayons du soleil, et la chaleur y est extrême.

Entre les tropiques et les cercles polaires on trouve les deux *zones tempérées*; chaque zone tempérée a environ 43 degrés ou 1,076 lieues de largeur. L'inégalité des jours et des nuits devient d'autant plus considérable dans ces zones, que les climats sont plus voisins des cercles polaires. La presque totalité de l'Europe est située dans la zone tempérée septentrionale.

Au-delà des deux zones tempérées sont les deux *zones glaciales*; elles entourent les pôles et ont chacune, comme

---

(1) Un astre est à notre zénith quand il est au-dessus de nos têtes, il est à notre nadir quand il est au-dessous de nos pieds : *zénith* et *nadir* sont des mots arabes qui signifient *dessus et dessous*.

nous l'avons déjà dit, 23 degrés 28 minutes du cercle polaire au pôle, ce qui donne 587 lieues.

CLIMATS.

Comme les jours acquièrent une inégalité d'autant plus grande, que l'on s'éloigne de l'équateur, seul endroit où ils soient durant toute l'année égaux aux nuits, et que l'on s'approche des pôles où les plus longs jours sont de six mois ; afin de pouvoir déterminer la longueur du plus grand jour de chaque pays, on a divisé chaque hémisphère en zones ou bandes étroites, parallèles à l'équateur, et relatives à l'augmentation progressive des jours. —Il y en a vingt-quatre de l'équateur aux cercles polaires, à la fin de chacune desquelles le jour est plus grand d'une demi-heure qu'à l'extrémité de celle qui précède ; on les appelle *climats d'heures* ou plutôt *de demi-heures*. — Des cercles polaires aux pôles on en compte encore six, que l'on nomme *climats de mois*, parce que chacun d'eux augmente le jour d'un mois.

HORIZON.

Lorsque nous sommes en pleine campagne, et que nous portons la vue autour de nous, le ciel paraît s'abaisser en voûte et toucher à la terre : cette apparence est due à la convexité du globe terrestre, et le cercle qui borne notre vue s'appelle *horizon visuel*. En géographie on suppose que ce cercle passe par le centre de la Terre, et qu'il la divise en deux parties égales : on l'appelle alors *horizon rationnel*.

POINTS CARDINAUX.

Afin de pouvoir facilement désigner les différens points de l'horizon, on y a supposé quatre points également distans les uns des autres que l'on appelle *points cardinaux* : l'un, situé sous le pôle arctique, porte le nom de Nord ou *Septentrion* ; celui qui lui est diamétralement opposé, et qui est par conséquent placé sous le pôle antarctique, se nomme Sud ou *Midi* ; le point d'où le Soleil semble sortir de dessous l'horizon s'appelle Est, *Orient* ou *Levant*, et le point où il disparaît est l'Ouest, *Occident* ou *Couchant*.

Entre ces points on en a supposé d'autres qui subdivisent l'horizon en trente-deux parties égales, et on leur a donné des noms relatifs aux points principaux : par exemple, celui qui se trouve entre le Sud et l'Est, à égale distance de ces deux points, s'appelle *Sud-Est*; et celui qui est entre le Sud-Est et le Sud, et qui par conséquent est plus proche du Sud que de l'Est, se nomme *Sud-Sud-Est*. Il en est de même pour tous les autres points.

Sur les cartes géographiques on place toujours le Nord en haut, le Sud en bas, l'Est à la droite et l'Ouest à la gauche de celui qui regarde.

ÉCLIPTIQUE ET ZODIAQUE.

L'Ellipse que la Terre décrit autour du Soleil pendant le cours d'une année (*voyez page* 12) s'appelle *écliptique* : on lui donne ce nom parce que c'est dans son plan que se font les éclipses de soleil et de lune. L'équateur coupe l'écliptique en deux points opposés, qui sont ceux des équinoxes; le cours du Soleil se compte de l'un de ces deux points : le Soleil répond à l'un le 21 mars, et il répond à l'autre le 21 septembre.

La Terre parcourant tous les points de son orbite voit le Soleil correspondre successivement aux divers points opposés du ciel; et cette apparence a fait croire longtemps que c'était le Soleil qui décrivait cette route autour de la Terre immobile.

On nomme *zodiaque* la partie du ciel que le Soleil semble chaque année parcourir. La largeur de ce grand cercle, coupée en deux parties égales par l'écliptique, est de dix-huit degrés; sa circonférence est divisée en douze parties de 30 degrés chacune. C'est dans cette largeur de dix-huit degrés que sont comprises les orbites de toutes les planètes, à l'exception de celles nouvellement découvertes, dont les orbites s'en éloignent un peu.

On a rassemblé par groupes, que l'on nomme *constellations*, les étoiles que contient chacune de ces

divisions, et on leur a donné les noms de signes du *Bélier*, du *Taureau*, des *Gémeaux*, etc.; de sorte que lorsqu'on dit que le Soleil entre dans le signe du Bélier, on veut dire qu'il semble être dans la division du Zodiaque où est cette constellation, parce que la Terre entre dans la constellation opposée, qui est la Balance.

Voici les noms des douze signes du Zodiaque, avec les caractères qui les distinguent et les saisons auxquelles ils correspondent.

Constellations septentrionales.

Le Bélier (équinoxe du Printemps, 21 mars), ♈ ⎫
Le Taureau, ... ♉ ⎬ Signes du Printemps.
Les Gémeaux, ... ♊ ⎭

L'Écrevisse, (solstice d'Été, 21 juin), ... ♋ ⎫
Le Lion, ... ♌ ⎬ Signes de l'Été.
La Vierge, ... ♍ ⎭

Constellations méridionales.

La Balance (équinoxe d'Automne, 21 sept.), ♎ ⎫
Le Scorpion, ... ♏ ⎬ Signes de l'Automne.
Le Sagittaire, ... ♐ ⎭

Le Capricorne (solstice d'Hiver, 21 déc.), ♑ ⎫
Le Verseau, ... ♒ ⎬ Signes de l'Hiver.
Les Poissons, ... ♓ ⎭

On voit que les commencemens des saisons de l'année sont déterminés par les équinoxes et les solstices.

Le mot *solstice* signifie la même chose que *station du soleil* : en effet, vers le 21 juin et le 21 décembre, époques des solstices, le mouvement apparent du Soleil, par rapport à l'équateur, paraît presque insensible, et pendant la durée de chaque solstice les jours n'augmentent ni ne diminuent ; mais à mesure que le Soleil s'éloigne des *points solsticiaux*, c'est-à-dire des points où l'équateur coupe l'écliptique, les jours diminuent de plus en plus rapidement.

L'effet des solstices et des équinoxes, de même que [la] différence des saisons, dérive toujours de l'inclinais[on] ou de l'obliquité de l'axe de la Terre à l'égard du Sole[il.]

MÉRIDIEN.

Le *méridien* est un grand cercle qui est suppo[sé] passer par les pôles du monde et par l'endroit du ci[el] où le Soleil se trouve à midi : en effet, son nom signif[ie] *moitié du jour*. Il partage la partie éclairée du ciel [en] deux parties égales : celle où l'on aperçoit le lever [du] Soleil s'appelle *partie orientale*; celle où il se couche [se] nomme *partie occidentale*. Le point d'un méridien q[ui] se trouve au-dessus d'un lieu quelconque, est le *zéni*[th] de ce lieu ; celui qui lui est opposé se nomme *nadir* (1[).] Le méridien ne peut être déterminé que relativement [à] quelque lieu de la Terre, chaque point de la circonf[é]rence du globe ayant le sien, et ils se réunissent to[us] aux pôles.

LONGITUDE.

La distance qui est entre le méridien d'un lieu co[n]venu, considéré comme premier méridien, et le méri[]dien d'un autre lieu quelconque, se nomme *longitud*[e.]

Une ordonnance de Louis XIII avait fixé ce premi[er] méridien à l'île de Fer (2), et l'on comptait jusqu'à 3[60] les degrés en allant d'Occident en Orient; mais, depui[s,] les astronomes français ont préféré compter les degr[és] de longitude à partir du méridien de l'observatoire [de] Paris. Ils ont en outre divisé la longitude en occide[n]tale et en orientale : la première comprend toute la po[r]tion du globe située à l'Ouest ou Occident du méridi[en] de Paris, jusqu'au 180ᵉ. degré; la seconde, toute cel[le] qui est à l'Est ou Orient, également jusqu'au 180ᵉ. degr[é.]

Les degrés de longitude, compris entre les méri[]diens, ont 25 lieues sous l'équateur; mais à mesu[re] qu'ils se rapprochent des pôles, ils diminuent de gra[n-]

---

(1) Voyez ce que nous avons déjà dit du zénith et du nad[ir] page 16.

(2) L'île de Fer est la plus occidentale des Canaries dans l'O[]céan Atlantique. Cette île est stérile et sans eau douce ; elle re[n]ferme cependant un bourg et 1,500 habitans.

deur : au 30ᵉ. degré ils n'ont plus qu'environ 21 lieues ; 15 lieues au 50ᵉ., 9 lieues au 70ᵉ. ; enfin au 90ᵉ. degré, qui est le pôle, cette largeur se réduit à rien, puisqu'ils s'y réunissent tous.

LATITUDE.

On appelle *latitude* d'un lieu sa distance à l'équateur ; les astronomes la mesurent par l'arc du méridien compris entre l'équateur et le zénith de l'endroit où ils observent : le nombre de degrés contenus dans cet arc est celui qui se trouve entre ce lieu et l'équateur.

On indique la latitude de degré en degré sur les cartes particulières, et de cinq en cinq et même de dix en dix degrés sur les cartes générales, par des lignes parallèles à l'équateur, que l'on appelle pour cette raison *parallèles*.

On divise la latitude en septentrionale et en méridionale, selon qu'elle est au nord ou au midi de l'équateur d'où l'on commence à compter.

La latitude est toujours égale à la *hauteur du pôle :* en effet, on ne pourrait s'éloigner de dix degrés de l'équateur, sans que l'un des pôles ne s'élève et que l'autre ne s'abaisse en même temps sur l'horizon de la même quantité de degrés.

Usage de la Longitude et de la Latitude.

Il serait presqu'impossible de déterminer la place qu'un lieu doit occuper sur une carte de géographie sans la longitude et la latitude, et, sans leur secours, il serait très-difficile de les y retrouver. — Il est donc nécessaire de prêter une attention particulière aux observations suivantes, pour faire avec facilité et avec fruit usage des cartes géographiques.

On veut savoir dans quelle partie de l'Amérique se trouve *Rio-Janeiro*, dont la longitude occidentale est de 45 degrés 36 minutes, et la latitude méridionale de 22 degrés 54 minutes. On cherche d'abord sur l'équateur les 45°,36′ de longitude : les numéros qui distinguent les longitudes sont placés sur les bords supérieur et inférieur de la carte ; et, sur les bords latéraux, on cherche les 22°, 54′ de latitude : suivant ensuite du doigt et de l'œil les méridiens et les parallèles indiqués, on arrive à leur intersection (1), où doit se trouver le lieu que l'on cherche, qui est la capitale du Brésil.

Mais comme sur la plupart des cartes générales on n'indique la longitude et la latitude que de cinq en cinq degrés, il est nécessaire de subdiviser à vue d'œil les espaces compris entre les méridiens et les parallèles, afin d'arriver sans se tromper à l'endroit indiqué.

DE LA SPHÈRE ARMILLAIRE ET DES CARTES.

On appelle *sphère armillaire* un assemblage artificiel de cercles qui représentent ceux que l'on suppose décrits dans le ciel et dont nous venons de parler plus haut. Ces sphères seraient beaucoup plus utiles si elles n'étaient point construites d'après le système erroné de Ptolémée, qui suppose la Terre au centre du monde.

Une *carte* est une figure plane qui représente la Terre ou une de ses parties.

On distingue plusieurs sortes de cartes : celle qui représente les deux hémisphères du globe terrestre s'appelle *mappemonde*.

On nomme *carte chorographique générale* celle qui représente plusieurs grandes régions : telle est une carte d'Europe, d'Asie, etc.; et *carte chorographique particulière*, celle qui n'offre qu'une seule région : la Prusse, l'Italie, par exemple.

Une *carte topographique* offre des détails particuliers : telle est la carte d'un canton, d'une ville, etc.

Enfin les cartes s'appellent *hydrographiques* quand elles ne présentent que des mers ou les côtes qui les bordent ou les divers cours d'eau d'une contrée.

On appelle *Atlas*, une réunion de plusieurs cartes.

Pour mesurer la distance qui se trouve entre deux lieux placés sur la carte, on se sert de ce qu'on nomme *échelle* : c'est une ligne subdivisée en un certain nombre de parties que l'on appelle lieues, milles, myriamètres, etc.; mais il ne faut pas croire que cette échelle puisse faire connaître exactement la longueur

---

(1) C'est-à-dire à l'endroit où ils se coupent.

du chemin d'un lieu à un autre : les détours de la route, les inégalités du chemin, apportent une grande différence ; et pour tenir compte de cette différence, il faut ajouter un cinquième à la mesure donnée par l'échelle. Par exemple, si on mesure sur l'échelle la distance de Paris à Lyon sur une carte de France, on ne trouvera guère que 90 lieues ; mais si l'on y ajoute un cinquième, c'est-à-dire dix-huit lieues, pour les sinuosités des routes, on aura 108 lieues qui forment la distance qui sépare Paris de Lyon.

MESURES ITINÉRAIRES.

Les *mesures itinéraires*, c'est-à-dire celles dont on se sert pour exprimer la distance des lieux, ne sont pas les mêmes partout.

On compte principalement en France par kilomètres, par myriamètres, par lieues communes de 2,283 toises, et par lieues de poste ou de 2,000 toises.

Voici les principales mesures itinéraires comparées à un degré du grand cercle de la terre :

La lieue commune de France y est contenue 25 fois.
La lieue de poste . . . . 28 $\frac{1}{2}$
La lieue marine 20
Le myriamètre . . . . 11 $\frac{1}{9}$
Le kilomètre ou la 10e partie du myriamètre 111 $\frac{2}{9}$
Le mille géographique d'Italie 60
L'agach de Turquie 22
Le mille d'Angleterre . . . , . . . 69 $\frac{1}{2}$
Le mille d'Allemagne 15
Le mille de Suède . . . . 10 $\frac{1}{2}$
Le mille de Hongrie 10
La werste de Russie . . . . 104 $\frac{1}{4}$
Le farsang de Perse 19
Le coss ou lieue indienne 42
Le li chinois, commun ou ancien . . . 250
Le pas géométrique de 5 pieds de longueur 68480
La lieue commune contient 2739 pas géométriques.

GÉOGRAPHIE PHYSIQUE.

Nous avons déjà dit plus haut que le but de la géographie physique est de faire connaître la configuration du globe terrestre. — On divise sa surface en *terres* et en *eaux*.

Définitions des termes relatifs aux terres.

Continent. Vaste portion de terre entourée par la mer, et dont toutes les parties communiquent entre elles; il renferme toujours un nombre plus ou moins grand de nations diverses.

Ile. Portion de terre plus ou moins étendue entourée d'eau de tous côtés, et quelquefois habitée par une seule nation, rarement par plusieurs.

Archipel. Assemblage d'îles voisines les unes des autres.

Presqu'ile ou Péninsule. Portion de terre qui s'avance dans la mer, et ne tient au continent que par une langue de terre.

Isthme. Langue de terre qui joint une presqu'île à un continent ou deux continens ensemble.

Promontoire. Éminence considérable de terre qui s'avance dans la mer.

Cap. Il diffère du promontoire en ce qu'il n'est pas terminé par des montagnes.

Pointe. Petit cap.

Côtes. Extrémités des terres qui bordent la mer. On les appelle *grèves* lorsqu'elles sont unies et peu élevées, et que le flux et le reflux de la mer les couvrent et découvrent alternativement; elles portent le nom de *dunes* lorsqu'elles forment de petites montagnes de sable peu élevées; et enfin on appelle *falaises* les côtes escarpées et presque perpendiculaires au niveau de la mer.

Plateau. Partie élevée du terrain d'un continent,

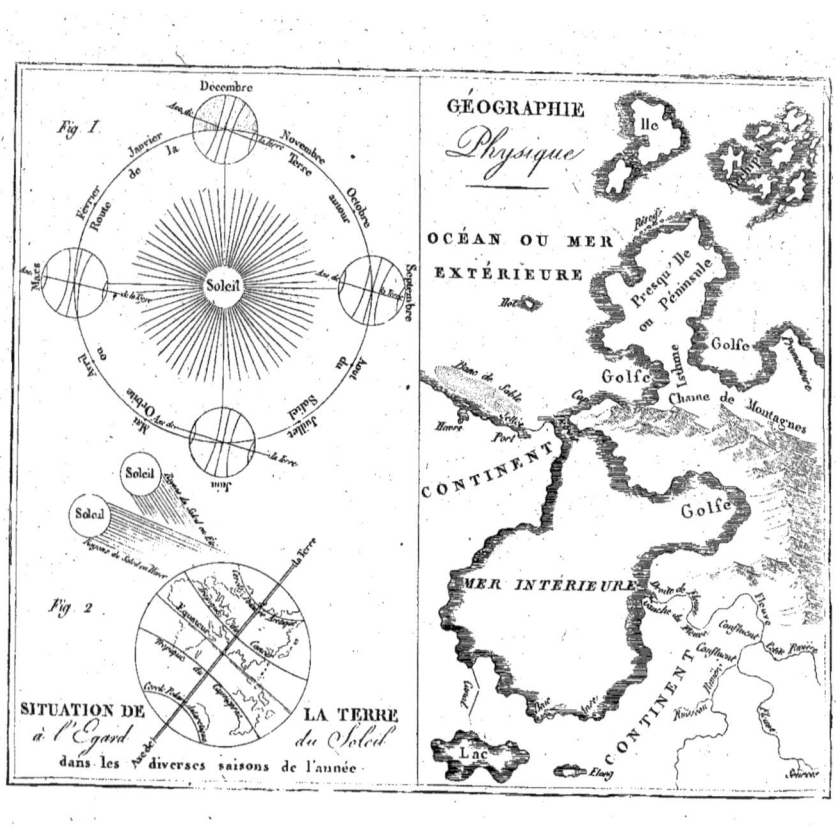

d'où partent comme des rayons les chaînes de montagnes.

Chaines de montagnes. On donne ce nom à une suite de montagnes ou élévations considérables de terre, liées par des parties plus basses qu'elles, mais toujours plus élevées que les plaines. On les distingue en *chaînes de montagnes terrestres* et *chaînes de montagnes sous-marines*; les pointes de ces dernières, plus élevées que le niveau des mers qui couvrent leurs bases, constituent des amas d'îles, tels que ceux qui forment les Antilles dans l'Amérique.

Montagnes isolées. Ce sont celles qui ne font point partie d'une chaîne de montagnes. — On appelle *pic* une haute montagne terminée en pain de sucre, tel que le pic de Ténériffe dans l'île du même nom. — Un *glacier* est un amas de neiges et de glaces qui, accumulées sur les hautes montagnes ou dans les vallées profondes, se détruisent et se renouvellent sans cesse; la Suisse offre un grand nombre de ces glaciers, aussi anciens que le monde, et dont la fonte perpétuelle alimente de grands fleuves. — Un *volcan* est une montagne dont l'intérieur renferme des matières combustibles qui s'enflamment spontanément, et dont l'éruption, accompagnée de cendres et de pierres, a lieu à des époques plus ou moins rapprochées.

Colline. Petite montagne.

Coteau. Petite colline.

Vallée. Espace compris entre deux montagnes; les vallées étroites et profondes prennent le nom de *gorge*, *pas*, *défilé*. Un *ravin* est une sorte de vallée étroite, creusée par les eaux d'un torrent.

Vallon. Espace qui sépare deux collines ou deux coteaux.

Définitions relatives aux eaux.

Mer. Vaste étendue d'eau plus ou moins salée. On divise les mers en *mers extérieures* et *mers intérieures*.

La *mer extérieure* est cette grande masse d'eau qui, sous le nom d'Océan, couvre les deux tiers du Globe et entoure les continens.

Crozat. — Géogr. Mod.

On désigne sous le nom de *mers intérieures* les mers entourées de terre : telles sont la Méditerranée, dont le nom signifie *au milieu des terres;* la mer Baltique, la mer Noire, la mer Rouge. Les mers intérieures n'ont point, comme l'Océan, de flux et reflux, parce qu'elles ne prêtent point une assez grande surface à l'action attractive que la lune exerce sur elles.

Détroit. Portion de mer resserrée entre deux terres.

Golfe. Portion considérable de mer qui s'avance dans les terres. Il est des golfes si grands, qu'ils portaient autrefois le nom de mer ; il en est qui le portent encore aujourd'hui : tel est le golfe de Venise, que l'on appelle aussi mer Adriatique.

Baie. Golfe de peu d'étendue.

Anse. Enfoncement plus petit qu'une baie.

Rade. Espace de la mer le long de la côte, moins profond qu'une anse, où les vaisseaux peuvent jeter l'ancre et se trouver à l'abri des vents peu violens.

Havre. Espèce de bassin formé par la mer, qui s'avance entre les terres, où les vaisseaux se trouvent à l'abri de tous les vents, et dont l'entrée est presque toujours moins large que l'intérieur.

Port. On le distingue du havre, en ce que celui-ci est l'ouvrage de la nature, et l'autre celui de l'homme. L'entrée d'un port est souvent rétrécie par des *jetées*, espèces de massifs en maçonnerie qui se prolongent dans la mer.

Lac. Grande étendue d'eau douce ou salée, qui s'écoule ordinairement par une rivière ; d'autres cependant ne communiquent pas visiblement avec la mer. La mer Caspienne est un grand lac.

Etang. Petit lac d'eau douce. Souvent les étangs sont l'ouvrage des hommes.

Marais. Etendue plus ou moins grande d'eau stagnante et peu profonde, ou terrain fangeux toujours humide, exhalant des vapeurs malfaisantes.

Récifs, Écueils. Rochers à fleur d'eau, sur lesquels les vaisseaux se brisent quelquefois.

Bancs. Endroits où le fond de la mer s'élève à fleur d'eau : il y a des bancs de sable et des bancs de rochers.

— Un *bas-fond* est un endroit où la mer a peu de profondeur.

Barre. Banc de sable ou de rochers, plus ou moins élevé au-dessus du niveau de la mer, et situé à l'entrée d'un port ou d'un havre.

Courans. Nous avons déjà dit que le fond de la mer a ses montagnes de même que la terre. Entre les vallées qui séparent ces montagnes marines, s'établissent des courans dont la direction varie. Deux courans qui se rencontrent produisent un *gouffre* ou *tournant d'eau*.

Fleuves. On distingue par cette dénomination les rivières considérables qui portent leur nom et leurs eaux jusqu'à la mer. — Une *rivière* se jette ordinairement dans un fleuve, et l'endroit où leurs eaux se réunissent se nomme *confluent*. — Un *ruisseau* est une petite rivière. — La *source* d'un fleuve ou d'une rivière est l'endroit où ils commencent à couler. Ce sont les montagnes qui renferment la plupart des sources : aussi la plus grande partie des fleuves et des rivières viennent des pays montagneux. — Les terrains plus bas qu'ils arrosent, et dans lesquels se font leurs jonctions, se nomment *bassins*; les bassins ne sont autre chose que de grandes vallées. — Le *lit* d'un fleuve, d'une rivière ou d'un ruisseau est le terrain sur lequel ils coulent. — L'*embouchure* d'un fleuve est l'endroit où il décharge ses eaux dans la mer. — La *droite* ou la *gauche* d'un fleuve est le côté qui est à la droite ou à la gauche d'une personne qui a le visage tourné vers son embouchure. — Le *haut* d'une rivière est du côté de sa source, et le *bas* vers son embouchure.

Torrent. Courant d'eau qui, sur une pente raide, coule avec rapidité et fracas.

Cataracte, Chute ou Saut. Lorsque le lit d'un fleuve est interrompu par un précipice, les eaux tombent en nappe avec fracas dans le lit inférieur où elles recommencent à couler. Une des plus grandes cataractes est celle du fleuve St.-Laurent, dont les eaux se précipitent de 160 pieds de hauteur perpendiculaire.

Canal. Rivière artificielle pratiquée par les hommes pour faciliter les communications et le transport des marchandises.

HAUTEUR

des principales Montagnes du Globe au-dessus de l'Océan.

Europe.

	Mèt.		Mèt.
Mont Blanc (Alpes),	4810	Serrada Estrella (Portugal),	1700
Mont Rose (Alpes),	4736	Puy-Mary (France),	1658
Ortler (Tyrol),	3918	Wenside (Angleterre),	1627
Col du Géant (Alpes),	3426	Hussoko (Moravie),	1624
Mont Perdu (Pyrénées),	3410	Schneekoppe (Bohême),	1608
Etna (Sicile),	3237	Adelat (Suède),	1578
Pic du Midi (Pyrénées),	2935	Mont des Géans (Bohême),	1512
Budosch (Transylvanie),	2924		
Canigou (Pyrénées),	2781	Puy-de-Dôme (France),	1467
PointeLomnis (Karpathes),	2701	Ballon d'Alsace (Vosges),	1403
Mont Rotondo (Corse),	2672	Pointe-Noire (Spitzberg),	1372
Sneehaten (Norwège),	2500	Ben-Nevis (Ecosse),	1325
Mont Vellino (Apennins),	2393	Fichtelberg (Saxe),	1212
Athos (Grèce),	2066	Vésuve (Naples),	1198
Mont Dor (France),	1884	Hécla (Islande),	1013

Amérique.

	Mèt.		Mèt.
Chimborazo (Pérou),	6530	Mowna-Roa (îles Sandwich),	5024
Cayambé (Idem),	5954	Sierra-Nevada (Mexique),	4786
Antisana (volc. Pérou),	5833	Nevado de Toluca (Mexique),	4621
Cotopaxi (volc. id.),	5753		
Mont St.-Elie (côte N. E. Amérique),	5513	Montagne du Beau-Temps (côte N.O. Amérique),	4549
Popocatepetl (volcan du Mexique),	5400	Montagne d'O-taïti (Grand-Océan),	3323
Pic d'Orizaba,	5295	Mont Bleu (Jamaïque),	2218

Asie.

	Mèt.		Mèt.
Le pic le plus élevé des monts Himalaya (Thibet),	7821	Ophyr (île de Sumatra),	3950
		Mont Liban,	2906
		Petit-Altaï (Sibérie),	2202
Pic de la frontière de la Chine et de la Russie,	5135	Elbours (sommet du Caucase),	1762

Moderne.

Afrique.

	Mèt.		Mèt.
Pic de Ténériffe,	3710	Piton des Neiges (île Bourbon),	3067
Montagne d'Ambotismène (Madagascar),	3507	Montagne de la Table (cap de Bonne-Espérance),	1163
Montagne du Pic (Açores),	2412		

Passages des Alpes.

	Mèt.		Mèt.
Passage du mont Cervin,	3410	Passage du Saint-Gothard,	2075
—— du Furca,	2530	—— du mont Cenis,	2066
—— du Grand-Saint-Bernard,	2491	—— du Simplon,	2005
—— du col Terret,	2321	—— du Splugen,	1925
—— du Petit-Saint-Bernard,	2192	—— la poste du mont Cenis,	1906
		—— du col de Tende,	1795

Passages des Pyrénées.

	Mèt.		Mèt.
Port d'Oo,	3002	Port de Gavarnie,	2333
Port de Pinède,	2499	Passage de Tourmalet,	2177

HAUTEUR

de quelques lieux habités du Globe.

	Mèt.		Mèt.
Métairie d'Antisana (Colombie),	4101	Village de Barrèges (Pyrénées),	1269
Micuipampa (Pérou),	3618	Palais de Saint-Ildéphonse (Espagne),	1155
Ville de Quito (Colombie),	2908	Pontarlier (France),	828
Caxamarca (Pérou),	2860	Madrid (Espagne),	608
Santa-Fé-de-Bogota (Colombie),	2661	Inspruck (Tyrol),	566
Ville de Cuenca (Colombie),	2633	Munich (Bavière),	538
Mexico (Mexique),	2277	Berne (Suisse),	536
Hospice du Saint-Gothard,	2075	Lausanne (idem),	507
		Augsbourg (Bavière),	475
Village de Saint-Véran (Alpes-Maritimes),	2040	Saltzbourg (Autriche),	452
		Neuchâtel (Suisse),	438
Briançon (France),	1306	Plombières (France),	421

	Mèt.		Mèt.
Clermont-Ferrand (France),	411	Lima (Pérou),	156
Genève (Suisse),	372	Gottingue (Hanovre),	134
Freyberg (Saxe),	372	Vienne (Autriche),	133
Ulm (Wurtemberg),	369	Milan (jardin bot.),	128
Ratisbonne (Bavière),	362	Bologne (Italie),	121
Moscou (Russie),	300	Parme (Italie),	65
Gotha (Saxe),	285	Dresde (Roy. de Saxe),	90
Turin (Italie),	230	Paris (Observatoire royal, premier étage),	65
Dijon (France),	217	Rome (capitole),	46
Prague (Bohême),	179	Wurtemberg (royaume de Wurtemberg),	44
Lyon (France),	162		
Cassel (France),	158	Berlin (Prusse),	40

HAUTEUR

de quelques édifices au-dessus du sol.

	Mèt.		Mèt.
La plus haute des pyramides d'Égypte,	146	Le dôme de Saint-Paul de Londres,	110
La flèche de la cathédrale, à Strasbourg,	142	Le dôme de Milan,	109
La tour de Saint-Étienne, à Vienne,	138	La tour des Asinelli, à Bologne,	107
La coupole de Saint-Pierre de Rome,	132	La flèche des Invalides,	105
La tour de Saint-Michel, à Hambourg,	130	Le sommet du Panthéon,	79
—— de Saint-Pierre, à Hambourg,	119	La balustrade des tours de Notre-Dame,	66
		La colonne de la place Vendôme,	43
		La plate-forme de l'Observatoire royal,	27

GÉOGRAPHIE POLITIQUE.

Nous avons déjà dit que le but de cette partie de la géographie est de nous faire connaître plus particulièrement ce qui concerne l'homme, ainsi que les bornes, divisions et subdivisions des pays qu'il habite.

Définitions relatives aux divisions politiques.

Empire, Royaume, Principauté. Étendue de terre plus ou moins grande, peuplée par une ou plusieurs nations, mais soumise à un seul chef qui porte le nom d'empereur, de roi, de prince souverain.

Indépendamment de ces dénominations, on distingue les États d'après la nature de leur gouvernement.

La *République* est un état où le gouvernement est délégué à un ou plusieurs magistrats nommés par le peuple.

Le gouvernement *monarchique* ou d'un seul se divise en deux branches, le *monarchique absolu* ou *despotique* et le *monarchique constitutionnel*.

Le gouvernement *despotique* est celui d'un souverain qui a pouvoir de vie et de mort sur ses sujets, sans suivre d'autres lois que sa volonté, comme en Turquie. Ce n'est pas qu'il n'y ait des lois dans ce pays ; mais ces lois n'ont de vigueur que quand elles ne contredisent pas la volonté du despote ou de ceux qui le représentent.

Le gouvernement *constitutionnel* est celui d'un souverain qui commande dans un pays, en suivant les principes constitutifs de la monarchie et les lois fondamentales de l'État, que les pouvoirs intermédiaires subordonnés et dépendans font exécuter.

Le gouvernement *aristocratique* est celui qui dépend des personnes les plus considérables de l'État.

Le gouvernement *démocratique* est celui qui dépend du peuple assemblé, ou des personnes qu'il a choisies, et qui agissent sous son autorité.

VILLES. On appelle *capitale* la principale ville d'un État, celle où résident ordinairement les chefs du gouvernement, *métropole*, la ville où réside un archevêque, et *chef-lieu*, le principal endroit d'une province. — On désigne sous le nom de villes *anséatiques* des villes alliées et associées entre elles pour les intérêts de leur commerce.

VILLAGES. Un village prend le nom de *bourg* lorsqu'il est considérable : c'est ce qu'on nomme *aldée* chez les Espagnols, *adouar* chez les Arabes et les Barbaresques, *clan* chez les Ecossais, *kraal* chez les Hottentots, et enfin *ostrog* en Russie. Un petit village est un *hameau*.

Chez les peuples *Nomades*, c'est-à-dire errans et voyageurs, comme les Tartares, il n'y a pas proprement de villages ; un certain nombre de familles qui vivent ensemble forment ce qu'on appelle une *horde*.

Une *peuplade* est chez les peuples sauvages de l'Amérique une espèce de grand village composé de huttes et habité par une même nation.

ÉPOQUES

des principales découvertes et des établissemens de Colonies.

Années.

1395. Les îles Canaries sont découvertes par des navigateurs génois et catalans.
1417. Jean de Béthencourt en fait la conquête.
1419. Ile de Madère, par Tristan Vaz et Jean Gonzalès, Portugais.
1432. Les Açores, par Cabral, Portugais.
1450. Les îles du Cap-Vert, par Antoine Nolli, Génois.
1471. La côte de Guinée, par Jean de Santarem et Pierre Escovar, Portugais.
1486. Le cap de Bonne-Espérance, par Diaz, Portugais.
1487. Le Congo, par Diégo Cam, Portugais.
1492. L'Amérique. Ile San-Salvador, l'une des Lucayes, dans la nuit du 11 au 12 octobre, par Christophe Colomb, Génois.
1493. Les îles Antilles, par Christophe Colomb.
1497. L'Acadie, par Sébastien Cabot.
1498. La Trinité, continent de l'Amérique, par Christophe Colomb.
1498. Les côtes orientales d'Afrique et la côte de Malabar, par Vasco de Gama, Portugais.
1499. L'Amérique ; côtes orientales, par Ojéda, accompagné d'Améric Vespuce (1).
1500. Fleuve des Amazones *ou* Maragnan, par Vincent Pinçon.
1500. Le Brésil, par Alvarès Cabral, Portugais.
1500. Ile de Terre-Neuve, par Cortéral, Portugais.
1502. Ile Sainte-Hélène, par Jean de Noya, Portugais.
1505. Ile de Ceylan, par Laurent Alméyda, Portugais.
1506. Ile de Madagascar, par le même.
1506. Terre du Saint-Esprit *ou* Nouvelles-Hébrides, par Quiros.
1508. Ile de Sumatra, par Siqueyra, Portugais.

---

(1) *Ce fut Améric Vespuce qui donna son nom à l'Amérique, que Christophe Colomb avait découverte.*

Moderne.

Années.
1508. Presqu'île de Malacca, par le même.
1510. Iles de la Sonde, par Abreu, Portugais.
1511. Iles Moluques, par Abreu.
1512. La Floride, par Ponce de Léon, Espagnol.
1513. La mer du Sud, par Vasco de Balboa.
1516. Rio-Janeiro (Brésil), par Diaz de Solis.
1516. Rio de la Plata (Paraguay), par le même.
1517. La Chine, par Fernand d'Andrada, Portugais.
1518. Le Mexique, par Fernand de Cordoue. (Fernand Cortès en fit la conquête en 1519.)
1520. La Terre de Feu, par Magellan.
1521. Iles des Larrons, par Magellan.
1521. Iles Philippines, par Magellan.
1522. Les Bermudes, par Jean Bermudez, Espagnol.
1523 et 1524. L'Amérique septentrionale, par Jean Verazani.
1527. La Nouvelle-Guinée, par Saavedra, Espagnol.
1532. Le Pérou; Pizarre en fait la conquête.
1533. La Californie, par Fernand Cortès.
1534 et 1535. Le Canada, par Jacques Cartier, Français.
1536 et 1537. Le Chili, par Diégo d'Almagro, Espagnol.
1541. Les îles Lieou-khieou et Haï-nan, par Faria et Mendez Pinto, Portugais.
1541. Le fleuve Mississipi, par Ferdinand de Soto.
1542. Le Japon, par Diego Jamoto et Christophe Borello, à l'ouest, et par Mendez Pinto, à l'est.
1556. Le détroit de Waïgatch (Nouvelle-Zemble), par Steven Borrough.
1567. Iles Salomon, par Mendana.
1576. Détroit de Frobisher, par Martin Frobisher.
1577. Ile Maurice *ou* île de France, par Pedro Mascarenhas, Portugais.
1585. Iles Tercères, par les Espagnols.
1585. Détroit de Davis, par John Davis.
1589. Côtes du Chili, dans la mer du Sud, par Pedro Sarmiento.
1594. Iles Malouines *ou* Falkland, par Hawkins.
1595. Iles Marquises de Mendoza, par Mendana.
1595. Iles de Santa-Cruz, par Mendana.
1606. O-taïti, par Quiros.
1608. Québec, fondée par Samuel Champlain.
1610. Détroit d'Hudson, par Henri Hudson.
1614. Plantation de la Nouvelle-Angleterre, par les Quakers.
1616. Baie de Baffin, par Baffin.

Années.
1616. Cap Horn, par Guillaume Schouten.
1616. Ile des États, par Le Maire.
1633. Plantation du Maryland.
1642. La Terre de Diémen, par Abel Tasman.
1642. La Nouvelle-Zélande, par Abel Tasman.
1643. Iles des Amis, par Abel Tasman.
1679. Colonisation de la Louisiane, par les Français.
1680. Plantation de la Pensylvanie, par Guillaume Penn.
1700. Archipel de la Nouvelle-Bretagne, par Dampier.
1728. Le détroit de Behring, par Behring, Danois.
1733. Colonisation de la Georgie, par les Anglais.
1739. Colonisation du Kamtchatka, par les Russes.
1768. Archipel des Navigateurs, par Bougainville.
1768. Archipel de la Louisiade, par Bougainville.
1772. La Terre de Kerguelen *ou* de la Désolation, par Kerguelen.
1774. La Nouvelle-Calédonie, par Cook.
1778. Iles Sandwich, par Cook.

Moderne.

TABLEAU

Comparatif des Monnaies étrangères aux Monnaies françaises, suivant leur valeur légale, dressé d'après l'Administration des Monnaies (1).

ANGLETERRE.

		Valeur en fr.	c.
Or.	Guinée de 21 schellings	26	47
	Demi	13	23,50
	Un quart	6	61,75
	Un tiers, ou 7 schellings	8	82,33
Argent.	Crown, ou couronne de 5 schellings	6	16
	Schelling	1	23,60

AUTRICHE ET BOHÊME.

Or.	Ducat de l'Empereur	11	86
	Ducat de Hongrie	11	90
	Souverain	17	58
	Demi	8	79
Argent.	Ecu, ou risdale de convention depuis 1753	5	19,50
	Demi-risdale, ou florin	2	59,75
	Vingt kreutzers	0	86,50
	Dix kreutzers	0	43,25

DANEMARCK ET HOLSTEIN.

Or.	Ducat courant depuis 1767	9	47
	Demi	4	73,50
	Ducat spécies 1791 à 1802	11	86
	Chrétien, 1773	20	95
Argent.	Risdale d'espèce, ou double écu de 96 skillings, depuis 1776	5	66
	Risdale courante, ou pièce de 6 marcs danois de 1750	4	96
	Marc danois de 16 skillings de 1776	0	94
	Marc de Lubeck de 16 schellings de 1740	1	53

---

(1) *L'évaluation de ces monnaies a été établie en supposant qu'elles sont droites de poids et de titre, c'est-à-dire qu'elles ont le poids et le titre que la loi exige dans chaque pays, sans aucune retenue.*

ESPAGNE.

Valeur en fr. c.

Or. Pistole ou doublon de 8 écus, 1772 à 1786..83 93
— de 4 écus 41 96,50
— de 2 écus..........................20 98,25
Demi-pistole, ou écu....................10 49,12

Nota. *Les pièces d'or frappées depuis 1786 ne peuvent être évaluées à cause de la grande variation dans le titre.*

Argent. Piastre, depuis 1772.....................5 43
Réal de 2, ou piécette, ou un cinquième de piastre...........................1 08
Réal de 1, ou demi-piécette, ou dixième de piastre...........................0 54
Réalillo, ou réal de veillon, ou vingtième de piastre...........................0 27

ETAT ECCLÉSIASTIQUE.

Or. Pistoles de Pie VI et de Pie VII...........17 27,50
Demi.................................8 63,75
Sequin, 1769, Clément XIV et ses successeurs............................11 80
Demi.................................5 90

Argent. Écu de 10 pauls ou 100 bayoques.........5 38,50
Trois dixièmes d'écu ou teston de 30 bayoques. 1 62
Un cinquième d'écu, ou papeto de 20 bayoques...............................1 08
Un dixième d'écu, ou paul ou 10 bayoques... 0 54

ÉTATS-UNIS.

Or. Double aigle de 10 dollars................55 21
Aigle de 5 dollars.....................27 60,50
Demi-aigle, ou 2 ½ dollars..............13 80,25

Argent. Dollar................................5 42
Demi.................................2 71
Un quart............................1 35,50

GÊNES (*États-Sardes.*)

Or. Sequin...............................12 01

HAMBOURG (*ville libre*).

Or. Ducat *ad legem Imperii*.................11 86
Ducat nouveau de la ville................11 76

Moderne.

Argent. Marc banco (monnaie imaginaire).......... 1 88
Marc, ou 16 schellings, d'après la convention de Lubeck................ 1 53
Risdale de constitution, ou écu de banque... 5 78

JAPON.

(Par approximation, n'ayant pas de renseignemens précis sur le droit de poids et de titre.)

Or. Kobang vieux de 100 mas................51 24
Demi de 50 mas.......................25 62
Kobang nouveau de 100 mas.............32 69
Demi de 50 mas 16 34,50
Argent. Tigo-gin, ou pièce de 40 mas..............14 40
Demi de 20 mas 7 20
Un quart de 10 mas.................... 3 60
Un huitième de 5 mas.................. 1 80

MOGOL.

(Par approximation.)

Or. Roupie du Mogol......................38 72
Demi.................................19 36
Un quart............................. 9 68
Pagode au croissant................... 9 46
—— à l'étoile...................... 9 35
Ducat de la Compagnie hollandaise........11 62
Demi................................. 5 81
Argent. Roupie du Mogol...................... 2 42
—— de Madras 2 40
—— d'Arcate...................... 2 36
—— de Pondichéry 2 42
Double fanon des Indes................. 0 63
Fanon................................ 0 31,50
Pièce de la Compagnie hollandaise........ 2 40

NAPLES.

Or. Le titre des ducats est trop variable pour pouvoir en donner l'évaluation en monnaies françaises..............................
Argent. Douze carlins de 120 grains, 1784 à 1808.. 5 10
Ducat de 10 carlins de 100 grains, 1784.... 4 25
Double carlin, depuis 1804 .... 0 85
Carlin, depuis 1804 .... 0 42,50

PARME.

Valeur en fr.. c.

Or.	Sequin......................................	11 95
	Pistole de 1784........................	23 01
	Pistole de 1786 à 1791..................	21 91,50
	Pièce de 40 livres, 1815................	40 0
	—— 20 livres, 1815..................	20 0
Argent.	Ducat de 1784 et 1796................	5 18
	Pièce de 3 livres, depuis 1790..........	0 68
	—— d'une livre 10 sous, depuis 1790....	0 34
	Pièce de 5 livres......................	5 0
	——— 2 liv.......................	2 0
	——— 1 liv.......................	1 0
	——— $\frac{1}{2}$ liv..............	0 50
	——— $\frac{1}{4}$ liv..............	0 25

NOTA. *Le titre du ducat de 1784 n'est pas aussi certain que celui de 1796.*

PAYS-BAS

(HOLLANDE ET BELGIQUE).

Or.	Ducat......................................	11 93
	Ryder.....................................	31 65
	Demi.....................................	15 82,50
	Vingt florins du roi Louis, 1808..........	43 14
	Dix florins *idem*........................	21 57
	——— 20 livres de Belgique, 1832....	20 0
Argent.	Florin de 20 sous ou 100 cents...........	2 15,94
	Escalin, ou pièce de 6 sous...............	0 64
	Ducaton ou ryder......................	6 85
	Ducat ou risdale.......................	5 48
	Livre de Belgique, 1832................	1 0

PERSE.

(*Par approximation comme le Japon.*)

Or.	Roupie....................................	36 75
	Demi......................................	18 37,50
Argent.	Double roupie de 5 abassis...............	4 90
	Roupie de 2 $\frac{1}{2}$ abassis............	2 45
	Abassi....................................	0 97
	Mamoudi................................	0 48,50
	Larin.....................................	1 03

PORTUGAL.

Or.	Moeda-douro lisbonnine de 4800 reis......	33 96

Moderne.

Valeur en fr. c.

Meia moeda demi-lisbonnine de 2400 reis..	16	98
Quartino, quart de lisbonnine de 1200 reis..	8	49
Meia-dobra, portugaise de 6400 reis.......	45	27
Demi-portugaise de 3200 reis..............	22	63,50
Pièce de 16 testons de 1600 reis...........	11	31,75
Pièce de 12 testons de 1200 reis...........	8	02
—— de 8 testons de 800 reis	5	66
Cruzade de 480 reis	3	30

Argent. Cruzade neuve de 480 reis................. 2 94
1000 reis............................ 6 12,5

PRUSSE.

Or. Ducat..............................117 7
Frédéric............................20 80
Demi 10 40
Argent. Risdale, ou thaler de 24 bons gros de 1767
à 1807............................ 3 71,63
Demi, ou 12 bons gros................ 1 85,81
Gros............................... 0 15,48

RAGUSE.

Or. Néant........................
Argent. Talaro, dit ragusine.................... 3 90
Demi.............................. 1 95
Ducat............................. 1 37
12 grossettes 0 41
6 grossettes....................... 0 20,50

RUSSIE.

Or. Ducat de 1755.....................11 79
—— de 1763......................11 59
Impériale de 10 roubles, 1755.............52 38
Demi de 5 roubles, 1755................26 19
Impériale de 10 roubles, 1763.............41 29
Demi de 5 roubles, 1763................20 64,50
Argent. Rouble de 100 copecks de 1750 à 1762....... 4 61
—— de 1763 à 1807.................. 4 0

SARDAIGNE (*États-Sardes*).

Or. Carlin, depuis 1768....................49 33
Demi 24 66,50

Géographie

Valeur en fr. c.

Pistole	28	45
Demi	14	22,50

Argent. Écu, depuis 1768.................. 4 70
Demi-écu........................... 2 35
Quart d'écu ou une livre............... 1 17,50
Écu neuf de 5 livres, 1816............. 5 0

SAVOIE ET PIÉMONT (*États-Sardes*).

Or. Sequin........................... 119,50
Double neuve pistole de 24 liv........... 30 0
Demi de 12 livres.................... 15 0
Carlin, depuis 1755.................. 150 0
Demi............................. 75 0
Pistole neuve de 20 livres, 1816......... 20

Argent. Écu de 6 livres, depuis 1755........... 7 07
Demi-écu........................... 3 53,50
Un quart, ou trente sous............... 1 76,75
Demi-quart, ou quinze sous............ 0 88,37
Écu neuf de 5 livres, 1816............. 5

SAXE.

Or. Ducat............................. 11 86
Double Auguste, ou 10 thalers........... 41 49
Auguste, ou 5 thalers................. 20 74,50
Demi-Auguste...................... 10 37,25

Argent. Risdale d'espèce, ou écu de convention depuis 1763........................... 5 19,50
Demi, ou florin de convention.......... 2 59,75
Thaler de 24 bons gros................ 3 89,63
Florin vieux, ou $\frac{2}{3}$ de Saxe et de Pologne, 1694 à 1699............................ 2 42
Un gros, ou 32e. de risdale, ou 24e. de thaler 0 16,21

SICILE.

Once d'or, depuis 1748................... 13 73
Écu d'argent de 12 tarins.................. 5 10

SUÈDE.

Or. Ducat............................. 11 70
Demi............................. 5 85
Un quart.......................... 2 92,50

Argent. Risdale d'espèce de 48 escalins, ou schellings, de 1720 à 1802...................... 5 75,73

Moderne. 41

		Valeur en fr. c.
	Deux tiers de risdale, ou double plotte de 32 schellings	3 83,82
	Un tiers, ou 16 schellings	1 91,91

SUISSE.

Or.	Pièce de 32 francs	47 63
	—— de 16	23 81,50
	Ducat de Zurich	11 77
	—— de Berne	11 64
	Pistole de Berne	23 76
Argent.	Écu de Bâle de 30 batz, ou 2 florins	4 56
	Demi-écu, ou florin de 15 batz	2 28
	Franc de Berne depuis 1803	1 50
	Écu de Zurich de 1781	4 70
	Demi, ou florin depuis 1781	2 35
	Écu de 40 batz de Bâle et Soleure, depuis 1798	5 90
	Pièce de 4 francs, Berne, de 1799	5 88
	—— de 4 francs, Suisse, en 1803	6 0
	—— de 2 francs, Suisse, en 1803	3 0
	—— d'un franc, Suisse, en 1803	1 50

TURQUIE.

(*Par approximation comme le Japon.*)

Or.	Sequin zermahboud du sultan Abdoul-Hamet, 1774	8 72
	Nisfie, ou ½ zermahboud, id.	4 36
	Roubbié, ou ¼ sequin fondoukli	2 43,33
	Sequin zermahboud de Sélim III	7 30
	Demi	3 65
	Un quart	1 82,50
	Un tiers	2 42,33
Argent.	L'allmichlec de 60 paras, depuis 1771	3 52
	Groueh, piastre de 40 paras, ou 120 aspres, 1771	1 35
	Yaremlec de 20 paras, ou 60 aspres, 1757	0 99
	Roubb de 10 paras, ou 30 aspres, 1757	0 49,50
	Para de 3 aspres, 1773	0 04
	Aspre, dont 120 pour la piastre de 1773	0 01,33
	Piastre de 40 paras, ou 120 aspres, 1780	2 0
	Pièce de 5 piastres de Mahmoud, 1811	4 13,67

VENISE.

Valeur en fr. c.

Or.	Sequin..................................12	0
	Demi................................... 6	0
	Oselle..................................47	07
	Ducat................................... 7	49
	Pistole..................................21	36
Argent.	Ducat effectif de 8 livres piccolis......... 4	18
	Écu à la croix........................... 6	70
	Justine ou ducaton....................... 5	91
	Talaro................................... 5	32
	Oselle................................... 2	07
	Ducat courant de 6 $\frac{1}{5}$ livres piccolis, ou 124 sous monnaie de compte................. 3	33,95
	Livre.................................... 0	52

DIVISION GÉNÉRALE
DU GLOBE TERRESTRE.

La surface du globe terrestre présente trois continens séparés les uns des autres par des mers. Le premier, situé dans l'hémisphère oriental, était le seul connu des Anciens; il fut le théâtre où se passèrent tous les événemens que nous retrace leur histoire. Il porte le nom d'*Ancien monde*; on l'a divisé en trois grandes parties: l'Europe, l'Asie et l'Afrique.—La première, au Nord-Ouest de ce continent, est située en grande partie dans la Zone tempérée; elle est bornée au Nord par la mer Glaciale arctique, à l'Est par l'Asie dont les monts Ourals, le fleuve Oural, la mer Caspienne, les monts Caucase, la mer Noire, la mer de Marmara et l'Archipel la séparent; au Sud par la Méditerranée; et enfin à l'Ouest par l'Océan Atlantique.—L'Asie, la plus grande des trois parties de ce continent, est bornée en partie par l'Europe; elle l'est encore par un golfe considérable qui, sous le nom de mer Rouge, la sépare presqu'entièrement de l'Afrique, à laquelle elle ne tient que par un isthme étroit; ses autres bornes sont: au Sud la mer des Indes; à l'Est le Grand-Océan, et au Nord la mer Glaciale arctique.—L'Afrique est placée à une distance à peu près égale des deux pôles. L'équateur la coupe en deux parties inégales; elle est entourée par l'Océan Atlantique, la mer des Indes, la mer Rouge et la Méditerranée.

Le second continent, nommé Nouvelle-Hollande, est situé dans le même hémisphère. On pourrait lui donner le nom d'île, étant partout entouré par la mer, si sa grandeur, qui égale presque celle de l'Europe, ne l'assimilait aux continens; l'intérieur de ce vaste pays est inconnu. Au Nord-Est de ce continent on trouve la *Nouvelle-Guinée*, la *Nouvelle-Bretagne*, la *Nouvelle-Calédonie* : ces îles sont en général peu connues. — Le continent de la Nouvelle-Hollande, avec les îles voisines, porte le nom d'*Australie* ; il forme, avec l'archipel d'Asie ou la *Notasie* et la multitude d'îles répandues dans le Grand-Océan et que l'on comprend sous le nom de *Polynésie*, une cinquième partie du monde appelée Océanie.

L'hémisphère occidental renferme l'Amérique ou *Nouveau monde*, vaste continent moins étendu que l'ancien, mais infiniment plus grand que la Nouvelle-Hollande. On le divise en *Amérique méridionale* et en *Amérique septentrionale* ; ces deux parties, presque séparées par un golfe considérable, communiquent entre elles par un isthme peu large.

Le Grand-Océan, qui entoure toutes les portions du Globe, prend, relativement aux contrées qui l'avoisinent, ou aux Zones sous lesquelles il se trouve, divers noms. Au-delà des cercles polaires sont la *mer Glaciale arctique*, au N., et la *mer Glaciale antarctique*, au S. ; — entre elles et l'équateur, à l'Ouest de l'Amérique, est le *Grand-Océan* (faussement appelé mer du Sud et mer Pacifique) et qui se partage en 3 grandes divisions : l'*Océan Boréal* au N., l'*Océan Equinoxial* au milieu, et l'*Océan Austral*, au S. —L'*Océan Atlantique* est celui qui sépare l'ancien du nouveau continent : il se partage aussi en plusieurs divisions, telles que la Manche, la mer du Nord, etc., et forme, à l'exception de la mer Blanche, qui fait partie de la mer Glaciale arctique, les principales mers intérieures de l'Europe, la Méditerranée et la Baltique; il forme aussi la mer des Antilles, en Amérique. — La *mer des Indes* est celle qui est entre l'Afrique, l'Asie et la Nouvelle-Hollande.

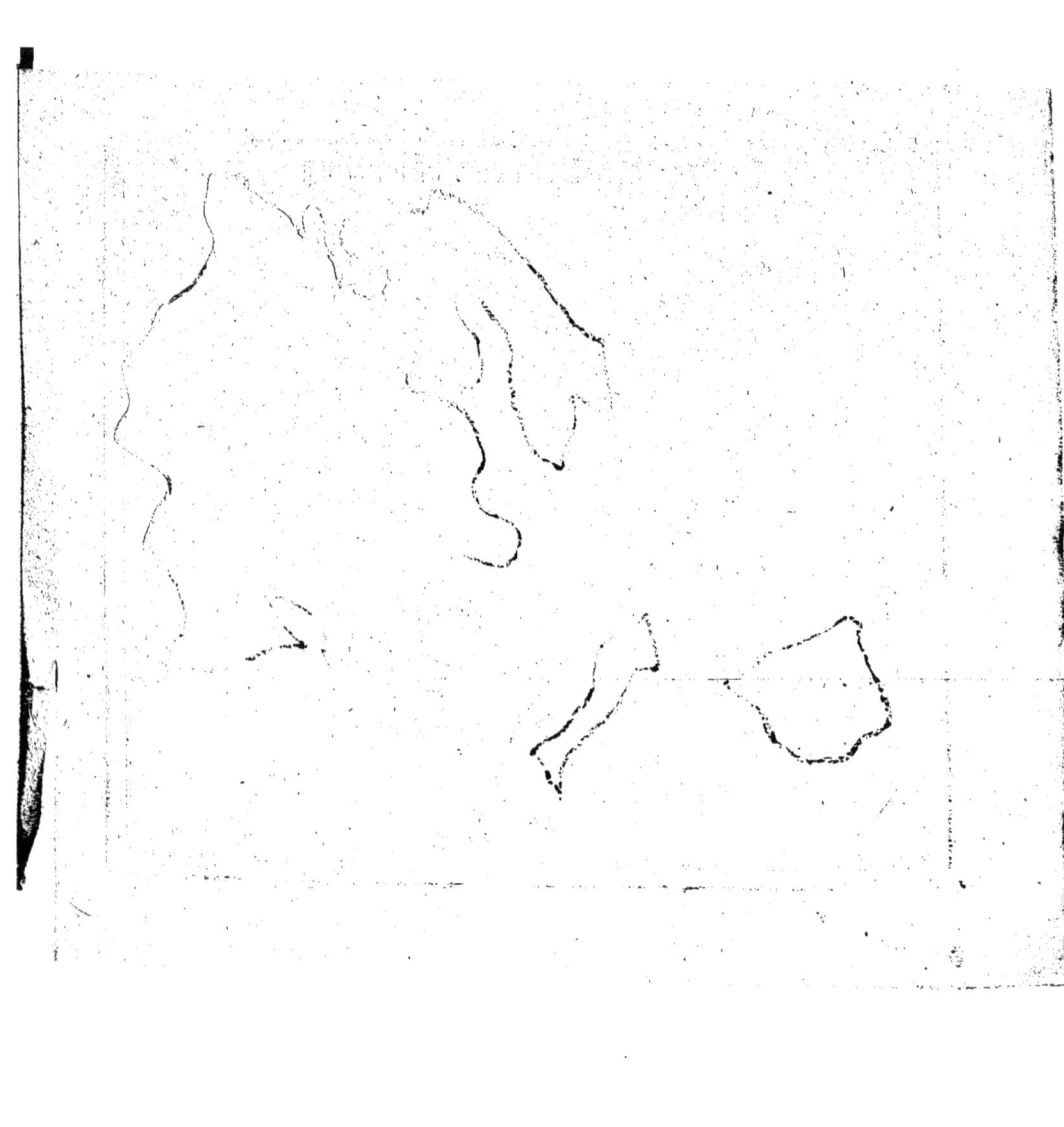

EUROPE.

Quoique l'Europe soit la plus petite des cinq parties du monde, elle l'emporte sur les autres par l'industrie et la civilisation de ses habitans ; elle est le centre des arts, des belles-lettres et du commerce. Elle est située dans la partie septentrionale de la Zone tempérée, et l'air y participe plus du froid que du chaud. Le grand nombre de mers intérieures et de golfes qui entrecoupent cette partie de l'Ancien continent, ainsi que les îles qui l'entourent, en rendant l'étude de la navigation nécessaire, ont forcé l'homme à perfectionner cet art si utile. Son terroir naturellement fertile, et arrosé par un grand nombre de rivières, offre des ressources dont il a profité en portant l'agriculture à sa perfection. Le sein de la terre lui présente des avantages non moins précieux en lui offrant les plus utiles productions du règne minéral.

Nous avons déjà dit quelles étaient les bornes qui séparent l'Europe des quatre autres parties du monde. Sa longueur, du cap St.-Vincent, en Portugal, au détroit de Waïgatch, situé au Nord de la Russie d'Europe, est d'environ 1300 lieues, et sa largeur, du cap Matapan, en Morée, au cap Nord, en Laponie, est de 900 lieues ; on évalue sa superficie à 500,000 lieues carrées.

L'Europe peut être divisée en dix-sept parties principales :

Au Nord, on trouve les îles Britanniques, le Danemarck, la Suède avec la Norwège, et la Russie avec la Pologne ;

Vers le milieu, la France, les états de la Confédération Germanique, la Suisse, l'Autriche, les Pays-Bas, la Prusse et la république de Cracovie ;

Au Sud, le Portugal, l'Espagne, l'Italie, les îles Ioniennes, la Turquie d'Europe et la Grèce.

DE LA FRANCE.

Ce pays, quoique habité par les Gaulois, nation renommée par sa force et sa bravoure, fut soumis aux Romains comme presque tout le reste de l'Europe, peu de temps avant Jésus-Christ; Jules-César employa dix années à en faire la conquête. Les Gaules restèrent simple province romaine jusque vers l'an quatre-cent vingt de Jésus-Christ, que les Francs, ou Français, nation germanique, qui y avaient déjà fait quelques incursions, s'y établirent sous le roi Pharamond.

Comme la France est au milieu de la zone tempérée, l'air y est fort sain, et la terre fertile en toutes sortes de grains, en vins excellens, en fruits, en lin, chanvre, etc. On y fait une très-grande quantité de bon sel; il y a beaucoup de mines de fer. La France, qui est bornée à l'ouest par l'Atlantique et au sud par la Méditerranée, a des ports excellens qui facilitent son commerce de vin, d'eau-de-vie, d'huile d'olive, de blé, de sel, de toiles, de draps, de coton, de rubans, d'étoffes de soie et de laine, etc.

Les Français ont un air libre, une humeur enjouée et agréable, de la générosité, de l'honnêteté envers les étrangers. Ils ont inventé beaucoup de choses, et en ont perfectionné un grand nombre; ils sont braves, bons soldats, spirituels, adroits et magnifiques, aimant les sciences, les arts et les exercices du corps.

La langue française est si estimée, soit par la simplicité et la clarté de sa construction, soit par les chefs-d'œuvre en vers et en prose que la France a produits, que les autres peuples de l'Europe en ont fait une langue de communication, et que les princes eux-mêmes s'en servent dans la rédaction des traités qu'ils font entre eux.

Le royaume de France est un des plus anciens et des plus florissans royaumes de l'univers; il a commencé dès l'an quatre cent vingt. Les Vandales, les Suèves, les Alains, etc., ayant cherché à ébranler l'empire Romain, les Goths osèrent le saper dans ses fondemens en ravageant l'Italie même. Tandis qu'ils pillaient Rome, et qu'en 402 ils s'établissaient en Espagne, de l'aveu du faible Honorius, empereur de nom, les Francs ou Français, avec les Saliens et autres peuples germaniques voisins du Rhin, aiguisaient leurs armes : ils passèrent ce fleuve vers l'an 420, sous Pharamond, leur chef, et le premier roi de cette monarchie; les Pays-Bas et la Picardie furent les premières conquêtes qu'ils firent sur les Romains. Clovis, leur cinquième roi, embrassa le christianisme, lui et son peuple, et poussa les bornes de cet état naissant presque aussi loin qu'elles sont aujourd'hui. Charlemagne, le deuxième roi de la seconde race, les recula bien avant en Espagne, en Italie et en Allemagne; il fut couronné à Rome empereur d'Occident en 800, et rétablit ce titre que ceux de ses descendans qui régnèrent en Allemagne y ont porté. François Ier se mit en vain sur les rangs pour le revendiquer et le disputer à Charles-Quint.

La religion catholique est celle de la majorité des Français.

Le gouvernement de la France est une monarchie constitutionnelle.

Les principaux corps de l'état sont la chambre des pairs et la chambre des députés, qui, réunies avec le roi, forment le pouvoir législatif.

La justice est rendue en France : 1°. par une cour de cassation séante à Paris. Cette cour, qui est présidée, lorsque toutes les sections sont réunies, par le garde-des-sceaux, ministre de la justice, prononce sur les demandes en cassation contre les jugemens et les arrêts en dernier ressort rendus par les tribunaux; elle a aussi droit de censure et de discipline sur les cours royales.

48 *Géographie*

2°. Par une cour des comptes, séante également à Paris. Cette cour juge les comptes et les recettes du trésor, des receveurs-généraux des départemens, des régies et administrations, en un mot, toutes les questions du contentieux administratif.

3°. Par vingt-sept cours royales réparties dans les principales villes de la France. Chaque cour royale se divise en cinq chambres, savoir : trois chambres pour les matières civiles, une chambre d'appel de police correctionnelle, et une chambre de mise en accusation.

Chaque cour royale a dans son ressort plusieurs tribunaux de première instance et de commerce, et elle prononce sur les appels des causes jugées par ces tribunaux.

Les cours d'assises sont présidées par un conseiller pris dans les trois chambres civiles, ou dans la chambre d'appel de police correctionnelle; il est assisté d'autres conseillers ou des juges du tribunal de première instance. Tous les débats ont lieu en présence de douze jurés pris parmi les citoyens les plus imposés: ces jurés répondent affirmativement ou négativement aux questions qui leur sont soumises par le président du tribunal, relativement à la culpabilité de l'accusé; les juges appliquent la loi et prononcent en conséquence de cette réponse.

Voici les noms des villes où siègent les vingt-sept cours royales :

Villes.	Départemens.
1. Agen,	Lot-et-Garonne.
2. Aix,	Bouches-du-Rhône.
3. Amiens,	Somme.
4. Angers,	Maine-et-Loire.
5. Bastia,	Corse.
6. Besançon,	Doubs.
7. Bordeaux,	Gironde,
8. Bourges,	Cher.
9. Caen,	Calvados.

Moderne.

VILLES.	DÉPARTEMENS.
10. Colmar,	Haut-Rhin.
11. Dijon,	Côte-d'Or.
12. Douay,	Nord.
13. Grenoble,	Isère.
14. Limoges,	Haute-Vienne.
15. Lyon,	Rhône.
16. Metz,	Moselle.
17. Montpellier,	Hérault.
18. Nancy,	Meurthe.
19. Nîmes,	Gard.
20. Orléans,	Loiret.
21. Paris,	Seine.
22. Pau,	Basses-Pyrénées.
23. Poitiers,	Vienne.
24. Rennes,	Ille-et-Vilaine.
25. Riom,	Puy-de-Dôme.
26. Rouen,	Seine-Inférieure.
27. Toulouse,	Haute-Garonne.

4°. Par autant de tribunaux de première instance qu'il y a de préfectures et de sous-préfectures, excepté pour le département de la Seine qui n'en a qu'un. Ces tribunaux ne forment qu'une seule chambre ou sont divisés en deux et même trois chambres, selon le nombre de juges qui y siégent; lequel nombre est déterminé selon l'importance du lieu.

5°. Par des tribunaux de commerce répartis dans les principales villes du royaume.

6°. Par des justices de paix établies dans les chefs-lieux de canton.

Treize villes, dans le royaume, ont chacune un hôtel des monnaies. Les pièces qui s'y fabriquent sont marquées d'une ou plusieurs lettres ainsi qu'il suit :

A. Paris.
B. Rouen.
D. Lyon.
H. La Rochelle.
I. Limoges.
K. Bordeaux.
L. Bayonne.

M. Toulouse.
Q. Perpignan.
T. Nantes.
BB. Strasbourg.
MA. Marseille.
W. Lille.

CROZAT.

Le royaume de France renferme 32,600,000 habitans.

Il est arrosé par cinq grands fleuves, en y comprenant le Rhin qui ne lui appartient pas entièrement.

La *Seine* et la *Garonne* coulent vers le nord-ouest ; la *Loire* se dirige d'abord du sud au nord et ensuite directement à l'ouest ; le *Rhin* coule vers le nord, et le *Rhône* vers le sud. Le Rhône se décharge dans la Méditerranée, les autres portent leurs eaux dans l'Océan.

La Seine prend sa source dans le département de la Côte-d'Or, passe à Troyes, à Melun, à Paris, à Mantes, à Rouen, et a son embouchure dans la Manche près et vis-à-vis du Hâvre. Elle reçoit à droite l'Aube, la Marne et l'Oise ; à gauche l'Yonne et l'Eure.

La Loire prend sa source dans les Cévennes, passe à Roanne, à Nevers, à Orléans, à Blois, à Tours, à Saumur, à Nantes, et se jette dans l'Atlantique, un peu au-dessous de Paimbœuf. Elle reçoit à droite la Maine, que forment la Mayenne et la Sarthe grossie du Loir ; à gauche l'Allier, le Cher, l'Indre, la Vienne et la Sèvre-Nantaise.

La Garonne prend sa source dans les Pyrénées et passe à Toulouse, à Agen et à Bordeaux. Elle reçoit à droite l'Arriège, le Tarn, le Lot et la Dordogne avec laquelle se réunissant elle prend le nom de Gironde pour se rendre dans l'Atlantique ; à gauche elle reçoit le Gers.

Le Rhône a sa source au mont St.-Gothard en Suisse, passe à Genève après avoir traversé le lac de ce nom, ensuite à Lyon, à Vienne, à Valence, à Avignon, à Arles, et se jette dans la Méditerranée par plusieurs bouches. A droite il reçoit l'Ain, la Saône, l'Ardèche et le Gard ; à gauche l'Isère, la Drôme et la Durance.

Le Rhin, dont une partie de la rive gauche seulement appartient à la France, y reçoit l'Ill et la Lauter.

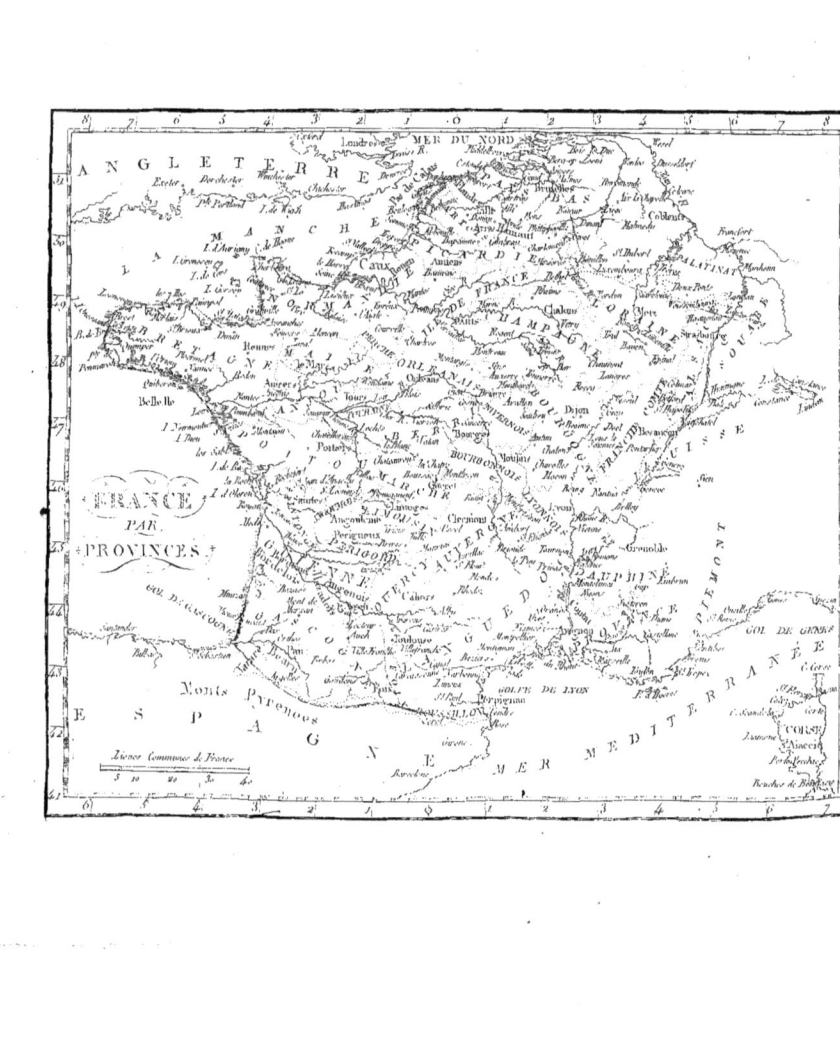

ANCIENNE DIVISION

DE LA FRANCE

PAR GOUVERNEMENS.

On divisait autrefois la France de plusieurs manières, soit, par rapport à son gouvernement ecclésiastique, en dix-huit archevêchés;

Soit, par rapport à l'administration de la justice, en juridictions des treize parlemens qui ont été supprimés et remplacés par un plus grand nombre de cours royales;

Soit relativement à l'administration civile, en intendances ou généralités;

Soit enfin en trente-trois gouvernemens militaires ou provinciaux, y compris la Corse. Cette dernière division était la plus généralement adoptée.

Il y en avait huit vers le nord : la Flandre française, la Picardie, l'Artois, la Normandie, l'Ile-de-France, la Champagne, la Lorraine et l'Alsace (1).

Dix-sept étaient au milieu: la Bretagne, le Maine, l'Anjou, la Touraine, l'Orléanais, le Poitou, le Berry, le Nivernais, le Bourbonnais, la Bourgogne, la Franche-Comté, l'Aunis, la Saintonge et l'Angoumois, la Marche, le Limousin, l'Auvergne et le Lyonnais.

Il en restait huit au midi: la Guyenne et la Gascogne,

---

(1) Pour aider la mémoire dans l'arrangement de ces gouvernemens, qui est assez difficile, on a suivi l'ordre naturel auquel les jeunes gens se sont accoutumés dans la lecture, en commençant par en haut, et allant de gauche à droite.

La Flandre était seule, de même que la Picardie et l'Artois; mais les cinq autres gouvernemens du nord faisaient comme une seule ligne; les dix-sept du milieu étaient en trois lignes, l'une de cinq, et les deux autres chacune de six; et enfin les sept du midi étaient compris dans la dernière ligne.

le Béarn, le comté de Foix, le Roussillon, le Languedoc, le Dauphiné, la Provence et l'Ile de Corse.

Il y avait encore huit gouvernemens sur le même pied que ces trente-trois; mais on n'avait pas cru devoir en embarrasser la division générale de la France, parce qu'ils avaient très-peu d'étendue, et que dans la plupart il n'y avait qu'une ville avec ses environs : c'étaient ceux de Paris, de Saumur, du Hâvre-de-Grâce, du Boulonnais, de Metz, Verdun, Toul et Sedan.

DES HUIT GOUVERNEMENS

DU NORD.

I. GOUVERNEMENT

DE LA FLANDRE FRANÇAISE.

Ce gouvernement comprenait la Flandre française, le Cambrésis et le Hainaut français. Il compose aujourd'hui presque tout le département du Nord.

La Flandre française était un pays d'États. Elle a des ports sur la mer du Nord, est très-fertile en blé, très-peuplée, très-riche, et a plusieurs villes considérables.

Les principales rivières de cette province sont : l'Escaut, qui se jette dans la mer du Nord, et ses affluens, la Lys et la Scarpe.

Villes principales.

FLANDRE FRANÇAISE PROPRE : Lille, *capitale*,—Dunkerque, — Gravelines, — Bergues, — Cassel, — Armentières, — Orchies, — Saint-Amand, — Douay.

CAMBRÉSIS : Cambray, *chef-lieu*,—Cateau-Cambrésis.

HAINAUT FRANÇAIS : Valenciennes, *chef-lieu*, — Condé, — Maubeuge, — Philippeville, — Avênes, — Landrecies, — Givet, — Le Quênoy, — Bouchain.

II. GOUVERNEMENT

de Picardie.

La Picardie, au sud de l'Artois, province qui n'a jamais été aliénée de la couronne, est fertile en blé, en fruits et en pâturages; on y fait un grand commerce d'étoffes de toutes façons, qui s'y fabriquent; la Manche la borne à l'ouest. Depuis quelques années le canal de Saint-Quentin joint la Somme à l'Escaut. Cette province forme actuellement le département de la Somme, partie de celui du Pas-de-Calais et partie de celui de l'Aisne.

Les plus grandes rivières de la Picardie sont : la Somme, qui se jette dans la Manche, et l'Oise, qui se jette dans la Seine. La rivière de Somme a cela de particulier, qu'elle ne gèle presque jamais, et ne diminue presque point en été.

La disette du bois fait que le peuple brûle des tourbes en Picardie.

La Picardie était divisée en Haute, vers l'orient, et en Basse, vers l'occident.

La *Haute-Picardie* avait quatre parties :

1°. L'Amiénois: Amiens, *capitale*, — Corbie, — Doulens, — Picquigny, — Conty, — Poix.

2°. Le Santerre: Péronne, *chef-lieu*, — Montdidier, — Roye, — Chaulnes.

3°. Le Vermandois : St.-Quentin, *chef-lieu*, — Ham, — Vermand.

4°. La Thiérache : Guise, *chef-lieu*, — La Fère, *ville de guerre*, — Vervins.

La *Basse-Picardie* avait aussi quatre petits pays :

1°. Le pays Reconquis : Calais, *chef-lieu*, — Guines, — Ardres.

2°. Le Boulonnais : Boulogne, *chef-lieu*, — Étaples, — Ambleteuse.

3°. Le Ponthieu : Abbeville, *chef-lieu*, — Montreuil, — Crécy, — St.-Ricquier.

4.° Le Vimeux : St.-Valery-sur-Somme, *chef-lieu*.

III. GOUVERNEMENT
d'Artois.

Le comté d'Artois, entre la Flandre française et la Picardie, fertile en blé et en pâturages, était une des dix-sept provinces des Pays-Bas : c'était un pays d'États. Les Espagnols le cédèrent aux Français par la paix des Pyrénées, à la réserve des villes d'Aire et de Saint-Omer, qu'ils prirent ensuite, et qu'on leur laissa par le traité de Nimègue du mois d'août 1678. Cette province forme aujourd'hui la plus grande partie du département du Pas-de-Calais.

Les principales villes de l'Artois sont : Arras, *capitale*, — Saint-Omer, — Aire, — Hesdin, — Bapaume, — Béthune, — Saint-Pol.

IV. GOUVERNEMENT
de Normandie.

La Normandie, au sud de la Picardie, a tiré son nom des peuples du Nord, qui, ayant long-temps exercé le métier de pirates le long des côtes de France, y pénétrèrent plus avant du temps du roi Charles-le-Chauve, et y firent des dégâts incroyables pendant environ soixante-et-dix ans. Charles-le-Simple fut obligé, en 912, de traiter avec leur chef, Rollon ou Raoul, de lui céder cette province avec titre de duché relevant de la couronne, et de lui donner en même temps sa fille Gisèle en mariage; elle se nommait alors Neustrie.

Les ducs de Normandie, ses successeurs, ont été si puissans, qu'ils ont fait plusieurs fois la guerre aux rois de France. Guillaume-le-Conquérant, l'un de ces ducs, ayant des droits sur l'Angleterre, y descendit avec une armée, et s'en fit couronner roi en 1066, après avoir vaincu son compétiteur. La Normandie fut réunie ainsi à l'Angleterre; mais en 1204, cette province fut rendue à la France sous le règne de Philippe-Auguste. Jean, surnommé *Sans-Terre*, roi d'Angleterre et duc de Normandie, étant accusé d'avoir fait assassiner son neveu Arthur, fut ajourné devant les pairs de France. Sur son refus d'y comparaître, il fut déclaré atteint et convaincu de ce crime, et condamné à perdre les terres qu'il avait en France, lesquelles furent confisquées et acquises à la couronne. Philippe, ponctuel à exécuter cet arrêt, entra en Normandie à la tête d'une armée et s'en rendit maître.

Le duc de Normandie était le second des trois anciens ducs et pairs séculiers; au sacre des rois il portait la seconde bannière carrée.

La Normandie était une des plus considérables provinces du royaume, par sa situation sur la Manche qui la borde à l'ouest et au nord, par son commerce, sa fertilité, et le grand nombre de ses villes et de ses villages. Les pâturages, qui y sont excellens, nourrissent quantité de bons chevaux, et tant de bœufs qu'elle en envoie chaque semaine plusieurs centaines à Poissy, pour la consommation de Paris. On n'y recueille point de vin, si ce n'est dans sa partie méridionale; mais on y supplée par le cidre et le poiré, qu'on tire des pommes et des poires qui y viennent en abondance.

Les principales rivières de la Normandie sont : la Seine, l'Orne et la Vire, qui se jettent dans la Manche, et l'Eure, qui se jette dans la Seine.

Cette province était divisée en Haute et Basse : la Haute, à l'orient, comprenait les trois diocèses de Rouen, de Lisieux et d'Evreux ; la Basse, à l'occident, réunissait les quatre diocèses de Séez, d'Avranches, de Bayeux et de Coutances. De ces sept diocèses on a composé les départemens de la Seine-Inférieure, de l'Eure, du Calvados, de la Manche, et une partie de celui de l'Orne.

1°. LE DIOCÈSE DE ROUEN comprenait :

Le *Vexin Normand*, où sont : Rouen, *capitale*,— Les Andelys, — Gisors.

Le *pays de Caux* : Dieppe, *chef-lieu*, — Eu, — Le Hâvre, — Caudebec, — Harfleur, — Fécamp.

Le *pays de Bray* : Gournay, *chef-lieu*, — Forges, *eaux minérales*, — Aumale, — Neufchâtel.

Le *Roumois* : Quillebœuf, *chef-lieu*.

2°. LE DIOCÈSE DE LISIEUX renfermait le *Lieuvin* et le *pays d'Auge* : Lisieux, — Honfleur, — Pont-Audemer, — Bernay.

3°. Diocèse d'Évreux : Évreux, — Vernon, — Louviers, — Elbeuf, — Bernay, — Verneuil, — Conches.

4°. Diocèse de Séez : Séez, — Alençon, — Argentan, — Falaise, — Domfront.

5°. Le diocèse de Bayeux se divisait en *Bessin* et *Bocage* : Bayeux, — Caen, — Vire.

6°. Diocèse de Coutances : Coutances, — Saint-Lô, — Carentan, — Valognes, — Cherbourg, — Granville.

7°. Diocèse d'Avranches : Avranches.

V. GOUVERNEMENT

de l'Ile-de-France.

L'Ile-de-France, à proprement parler, est le pays compris entre les rivières de Seine, de Marne, d'Oise et d'Aisne; mais le gouvernement de ce nom était plus étendu, et on y avait ajouté quelques autres cantons.

Cette province est fertile et bien cultivée, offre des forêts et des pâturages, et produit en abondance du blé, des légumes et des fruits; elle est au sud de la Picardie et à l'est de la Normandie.

Les principales rivières sont : la Seine, la Marne, l'Oise et l'Aisne.

Le gouvernement de l'Ile-de-France comprenait onze petits pays, dont on a composé les départemens de la Seine, de Seine-et-Oise, de Seine-et-Marne, de l'Oise, avec une partie de ceux de l'Aisne, de l'Yonne et d'Eure-et-Loir.

Lieux principaux.

1°. Ile-de-France propre : Paris, *capitale*. — Saint-Denis, — Montmorency, — Vincennes, — Charenton.

2°. Parisis : Louvres, *chef-lieu*.

3°. Brie française : Brie-Comte-Robert, *chef-lieu*, — Lagny, — Crécy, — Corbeil, — Rosay.

4°. Hurepoix : Dourdan, *chef-lieu*, — Arpajon, — Montlhéry, — Longjumeau.

5°. Gatinais français : Melun, *chef-lieu*, — Nemours, — Fontainebleau, — Pont-sur-Yonne.

6°. Mantois : Mantes, *chef-lieu*, — Meulan, —

Poissy, — Saint-Germain-en-Laye, — Versailles, — Saint-Cyr, — Dreux, — Anet.

7°. Vexin français: Pontoise, *chef-lieu*, — Magny, — Chaumont.

8°. Beauvaisis : Beauvais, *chef-lieu*, — Clermont.

9°. Valois : Crêpy, *chef-lieu*, — Senlis, — Compiègne, — Villers-Coterets, — La Ferté-Milon.

10°. Soissonnais : Soissons, *chef-lieu*.

11°. Laonnais : Laon, *chef-lieu*, — Liesse, — Noyon.

VI. GOUVERNEMENT
de Champagne.

Ce gouvernement comprenait la Champagne propre et la Brie champenoise, à l'est de l'Ile-de-France, et forme aujourd'hui les départemens de la Marne et de la Haute-Marne, avec partie de ceux de Seine-et-Marne, de l'Aube, de l'Yonne, de l'Aisne et des Ardennes.

La Champagne avait autrefois des comtes qui la possédaient en souveraineté, et qui ont fait plusieurs fois la guerre aux rois de France.

Le comte de Champagne était le second des trois anciens comtes et pairs séculiers ; au sacre des rois il portait la bannière royale.

La Champagne et la Brie ont été réunies à la couronne dès 1284, par le mariage de Jeanne, reine de Navarre, comtesse de Champagne et de Brie, avec Philippe-le-Bel.

La terre n'y produit guère de blé, mais on y recueille du seigle en abondance, et quantité d'excellens vins.

Les rivières de la Champagne sont : la Seine ; l'Yonne, l'Aube et la Marne, qui se jettent dans la Seine ; l'Aisne, affluent de l'Oise, etc.

La Champagne propre se divisait en Haute Champagne, vers le nord, et Basse, vers le midi.

La Brie champenoise était divisée en Haute, Basse et Pouilleuse.

La *Haute-Champagne* avait trois parties :

1°. Le Rémois : Reims, *chef-lieu*, — Sainte-Menehould, — Aï, — Épernay.

★ 3

2°. Le Perthois : Vitry-le-François, *chef-lieu*, — St.-Dizier.

3°. Le Rethelois : Rethel, *chef-lieu*, — Rocroy, — Mézières.

La *Basse-Champagne* comprenait :

1°. La Champagne propre : Troyes, *capitale*, — Châlons-sur-Marne.

2°. Le Vallage : Joinville, *chef-lieu*, — Bar-sur-Aube, — Clervaux.

3°. Le Bassigny : Langres, *chef-lieu*, — Chaumont.

4°. Le Senonais : Sens, *chef-lieu*, — Joigny, — Tonnerre, — Chablis.

La *Brie Champenoise* : Château-Thierry, *chef-lieu* de la Brie-Pouilleuse ; — Meaux, *chef-lieu* de la Haute-Brie, — Coulommiers, — Sézanne ; — Provins, *chef-lieu* de la Basse-Brie.

VII. GOUVERNEMENT

de Lorraine.

La Lorraine, à l'est de la Champagne, était un des plus considérables duchés de l'Europe. Les derniers ducs étaient d'une maison illustre par son ancienneté et par les grands hommes qui en sont sortis. Il n'y avait guère de maisons souveraines dans l'Europe qui ne fussent alliées à celle de Lorraine, dont le chef est assis aujourd'hui sur le trône impérial d'Autriche.

Cet état comprenait le duché de Lorraine, le duché de Bar, et les Trois-Evêchés, qui y étaient enclavés ; il compose présentement les départemens des Vosges, de la Meurthe, de la Moselle et de la Meuse.

La terre y produit abondamment du blé, du vin et tout ce qui est nécessaire à la vie : on y trouve des puits salés qui fournissent une grande quantité de sel.

Les principales rivières de la Lorraine sont : la Meuse, la Moselle, qui se jette dans le Rhin, et la Meurthe et la Sarre, qui se jettent dans la Moselle.

La Lorraine séparait la France et l'Alsace ; on s'en emparait ordinairement au commencement de chaque guerre avec l'Allemagne.

Le duché de Lorraine comprenait trois bailliages, qui étaient ceux de Nancy, de Vauge et de Vaudrevange.

1°. LE BAILLIAGE DE NANCY : Nancy, *capitale*. — Lunéville, — Nomény.

2°. LE BAILLIAGE DE VAUGE : Mirecourt, — St.-Dié, — Remiremont, — Plombières.

3°. LE BAILLIAGE DE VAUDREVANGE : Vaudrevange.

Le duché de Bar, à l'ouest de la Lorraine propre, relevait de la couronne de France, et les ducs en rendaient hommage au roi. Ses principales villes étaient : Bar-le-Duc, *chef-lieu*, — Commercy, — Pont-à-Mousson, — Saint-Mihiel.

Les trois évéchés de METZ, TOUL et VERDUN, avec leurs domaines, sont à la France depuis 1552, que Henri II s'en empara, suivant le traité qu'il avait fait avec les princes allemands de la ligue de Smalkalde, au secours desquels il marchait contre Charles-Quint. Cet empereur les voyant soutenus, traita avec eux, et vint assiéger Metz avec toutes ses forces ; mais le duc de Guise détruisit son armée, et le força à lever le siége en 1553.

VIII. GOUVERNEMENT
D'ALSACE.

L'Alsace, qui est à l'est de la Lorraine, faisait autrefois partie de l'Allemagne ; elle fut cédée à la France par la paix de Munster en 1648, à la réserve des villes impériales, qu'elle eut ensuite par la paix de Nimègue, et de Strasbourg, que Louis XIV prit en 1681.

L'Alsace est très-fertile en blé ; elle en fournit une grande quantité à la Suisse.

Elle était divisée en Haute et Basse, et en Sundgau, qui était au sud de la Haute. On en a formé les départemens du Haut-Rhin et du Bas-Rhin.

1°. BASSE-ALSACE : Strasbourg, *capitale*. — Haguenau, — Fort-Louis, — Sélestat, — Landau, — Saverne.

2°. HAUTE-ALSACE : Colmar, *chef-lieu*, — Neuf-Brisach.

3°. SUNDGAU : Béfort, *chef-lieu*, — Férette, — Huningue, — Mulhouse : cette dernière était alliée des Suisses.

Géographie

DES DIX-SEPT GOUVERNEMENS

DU MILIEU.

IX. GOUVERNEMENT

de Bretagne.

La Bretagne, jadis l'Armorique, au sud-ouest de la Normandie, a eu des souverains qui prirent le nom de rois, mais qui, obligés dans la suite de faire hommage aux rois de France, et ensuite au duc de Normandie, se contentèrent du nom de comte, et portèrent enfin celui de duc.

François II, dernier duc, ne laissant qu'une fille nommée Anne, pour héritière de ses états, elle épousa le roi Charles VIII, et après la mort de ce prince, Louis XII, son successeur. Sa fille aînée épousa François 1er., et, par ces mariages, la Bretagne a été unie à la couronne, et n'en a jamais été aliénée depuis. C'était un pays d'États; ils s'y tenaient tous les deux ans.

La Bretagne a de bons pâturages, d'où l'on tire quantité de chevaux, et où l'on fait beaucoup de beurre excellent et renommé. Le terroir, peu fertile en blé, y produit en abondance du chanvre et du lin dont on fait de la toile, des voiles, des cordages, et du fil dit de Bretagne, que l'on transporte dans les pays étrangers : c'est en cela que consiste son plus grand commerce. On y recueille fort peu de vin, seulement vers Nantes. Le milieu n'est pas cultivé : ce ne sont que des landes.

C'est dans la partie basse de ce pays que l'on parle le langage appelé *bas-breton*, qui est l'ancienne langue celtique, langue qui a été reconnue pour être celle des plus anciens habitans connus de l'Europe.

La Vilaine, qui se jette dans l'Atlantique vis-à-vis de Belle-Ile, est la principale rivière de cette province; la Loire s'y décharge aussi au-dessous de Nantes.

Moderne.

La Bretagne était divisée en Haute et Basse, la première vers l'orient, et la deuxième vers l'occident.

Elle est actuellement divisée en cinq départemens, celui d'Ille-et-Vilaine, celui de la Loire-Inférieure, celui du Morbihan, celui des Côtes-du-Nord et celui du Finistère.

La Haute-Bretagne avait cinq évêchés.

1°. Nantes : Nantes,—Châteaubriand,—Guérande,—Le Croisic,—Ancenis.

2°. Rennes : Rennes, *capitale.*—Vitré,—Saint-Aubin,—Fougères.

3°. Dol : Dol.

4°. Saint-Malo : Saint-Malo,—Dinan,—Montfort.

5°. Saint-Brieux : Saint-Brieux,—Lamballe.

La Basse-Bretagne avait quatre évêchés.

1°. Tréguier : Tréguier,—Morlaix,—Lannion.

2°. Saint-Pol-de-Léon : Saint-Pol-de-Léon,—Brest,—Landerneau.

3°. Quimper, canton de Cornouailles : Quimper,—Quimperlé.

4°. Vannes : Vannes,—Port-Louis,—Lorient,—Auray,—Redon,—Hennebon.

X. GOUVERNEMENT

du Maine.

Ce gouvernement, qui comprenait le Maine, divisé en Haut et Bas, et le Perche, à l'est de la Bretagne, forme aujourd'hui la majeure partie des départemens de la Mayenne et de la Sarthe, avec une portion de ceux de l'Orne et d'Eure-et-Loir.

Le Maine est assez fertile en blé, en vin et en chanvre; et l'on y nourrit quantité de volaille dont on fait un grand débit à Paris.

Les principales rivières du Maine sont la Sarthe et la Mayenne.

Le Mans, *capitale*, *chef-lieu* du bas-Maine,—Laval,—Mayenne, *chef-lieu* du Haut-Maine,—Beaumont-le-Vicomte,—La Ferté-Renaud,—Château-du-Loir.

PERCHE.

Le Perche était une province fort petite, où le terroir est gras et fertile : on y fabrique beaucoup de serges, de draps et de cuirs, surtout à Nogent-le-Rotrou.

Mortagne, *chef-lieu*,—Bellême,—Nogent-le-Rotrou.

L'abbaye de la Trappe, à 3 lieues de Mortagne et 37 de Paris, était renommée par la vie austère de ses religieux. La réforme sévère qu'on y admirait y fut établie vers l'an 1664 par son abbé Armand-Jean le Bouthillier de Rancé, mort le 27 octobre 1700.

XI. GOUVERNEMENT
D'ANJOU.

L'Anjou, au sud du Maine, est un pays agréable et fertile, surtout en bon vin : c'était ordinairement l'apanage des fils de France qui portaient le nom de ducs d'Anjou. Ses abondantes carrières d'ardoises en fournissent Paris et plusieurs autres villes.

Cette province, divisée par la Loire en Haut et en Bas Anjou, est devenue le département de Maine-et-Loire, sauf quelques-unes de ses parties annexées à ceux de la Mayenne et de la Sarthe; les principales rivières de ce pays sont la Loire, le Loir qui se perd dans la Sarthe, et la Sarthe et la Mayenne, dont la réunion y forme la Maine, affluent de la Loire.

Le HAUT-ANJOU : Angers, *capitale*,—Château-Gonthier,—La Flèche,—Baugé.

Le BAS-ANJOU : Saumur, *chef-lieu*,—Les Ponts-de-Cé.

XII. GOUVERNEMENT
DE TOURAINE.

La Touraine, à l'est de l'Anjou et au sud du Maine, est un pays fort agréable et très-fertile en toutes choses, surtout en fruits excellens : ce qui l'a fait nommer *le jardin de la France*. Elle se divisait en Haute au N. et Basse au S., et forme à peu de chose près le département d'Indre-et-Loire.

Les Tourangeaux sont spirituels et enjoués, témoin leur Rabelais, leur Grécourt, etc.

Moderne. 63

Les principales rivières de la Touraine sont : la Loire, le Cher, l'Indre et la Vienne, qui se jettent dans la Loire, et la Creuse, qui se jette dans la Vienne.

La Haute-Touraine : Tours, *capitale*, — Luynes.

La Basse-Touraine : Amboise, — Loches, — Châtillon-sur-Indre, — Chinon.

XIII. GOUVERNEMENT

d'Orléanais.

Ce gouvernement, qui est au midi de Paris, compose présentement le département du Loiret en majeure partie, et ceux d'Eure-et-Loir et de Loir-et-Cher ; une portion en a aussi été attribuée aux départemens de Seine-et-Marne et de Seine-et-Oise. Il comprenait l'Orléanais propre, au nord ; la Beauce et le Blaisois, à l'ouest ; la Sologne, au sud, et la plus grande partie du Gâtinais, à l'est. Ces pays sont des meilleurs et des plus agréables de France.

Ses rivières sont : la Loire, le Loiret, qui se jette dans la Loire, et le Loing, qui se jette dans la Seine.

L'Orléanais propre est fertile en blé, en vins et en excellens fruits.

1°. Orléanais propre : Orléans, *capitale*, — Beaugency, — Cléry.

2°. La Beauce, qui renfermait le *pays Chartrain*, le *Dunois* et le *Vendômois* : Chartres, *chef-lieu*, — Nogent-le-Roi, — Maintenon, — Châteaudun, — Vendôme.

3°. Blaisois : Blois, *chef-lieu*, — Chambord.

4°. Gatinais-Orléanais : Montargis, *chef-lieu*, — Nemours, — Etampes, — Gien, — Briare, — Pithiviers.

5°. Sologne : Romorantin, *chef-lieu*.

XIV. GOUVERNEMENT

de Poitou.

Le Poitou, au sud de l'Anjou, sur les côtes de l'Atlantique, a été divisé en trois départemens, ceux de la Vienne, des Deux-Sèvres et de la Vendée. Cette ancienne province est très-fertile, surtout en blé ; elle nourrit aussi beaucoup de bestiaux, qui font le principal revenu du pays ; on y trouve une grande quantité de vipères.

Les Poitevins aiment, dit-on, le repos, la joie et la danse ; ils sont communément spirituels et braves. Cette province a donné naissance à un grand nombre de théologiens, jurisconsultes, médecins et littérateurs.

La Vienne, qui se jette dans la Loire, et qui est navigable depuis Châtellerault, est la seule rivière un peu considérable qui arrose le Poitou.

Le Haut-Poitou, à l'orient, est plus étendu, plus beau, plus sain et plus fertile que le Bas, qui est vers la mer.

1°. HAUT-POITOU : Poitiers, *capitale*, — Châtellerault, — Loudun, — Saint-Maixent, — Parthenay.

2°. BAS-POITOU : Fontenay-le-Comte, *chef-lieu*, — Luçon, — Maillezais, — Niort, — Les Sables-d'Olonne.

XV. GOUVERNEMENT

DE BERRY.

Le Berry, situé à l'est du Poitou et au sud de l'Orléanais, avait le titre de duché ; il était d'ordinaire l'apanage d'un fils de France. Il est maintenant divisé en deux départemens, celui du Cher et celui de l'Indre. Le terroir de ce pays est très-fertile en blé et en vin, et ses pâturages nourrissent quantité de bestiaux ; les laines en sont fort bonnes : on en emploie sur les lieux une partie en étoffes communes, le reste se débite dans les autres manufactures. Il y a aussi des mines de fer.

Le Cher, qui se jette dans la Loire, et qui est peu navigable, divise cette province en Haut-Berry, à l'est, et en Bas-Berry, à l'ouest.

1°. HAUT-BERRY : Bourges, *capitale*, — Sancerre, — Dun-le-Roi.

2°. BAS-BERRY : La Châtre, — Châteauroux, — Issoudun, *chef-lieu*, — Le Blanc.

Moderne.

XVI. GOUVERNEMENT
de Nivernais.

Le Nivernais, entre le Berry et la Bourgogne, a beaucoup de mines de fer, quantité de bois et de charbon de terre, et des carrières où l'on trouve de très-belles pierres à bâtir. Cette province a formé le département de la Nièvre et une petite partie de celui de l'Yonne.

Nevers, *capitale*,—La Charité,—Clamecy,—Château-Chinon,—Saint-Pierre-le-Moûtier.

XVII. GOUVERNEMENT
de Bourbonnais.

Le Bourbonnais, au sud du Berry et du Nivernais, tire son nom d'une ville nommée Bourbon-l'Archambaud. Il se divise en Haut et Bas, le premier à l'orient et le second à l'ouest, et forme à peu près le département de l'Allier.

La principale rivière navigable de cette province est l'Allier, qui se jette dans la Loire.

Le Haut-Bourbonnais : Moulins, *capitale*,— Gannat,— Vichy.

Le Bas-Bourbonnais : Bourbon-l'Archambaud, — Saint-Amand,—Montluçon.

XVIII. GOUVERNEMENT
de Bourgogne.

Ce gouvernement, qui était au sud de la Champagne, comprenait le duché de Bourgogne, la Bresse, le Bugey, etc. Il compose aujourd'hui les départemens de la Côte-d'Or, de Saône-et-Loire et de l'Ain, avec partie de ceux de l'Yonne et de l'Aube.

La Bourgogne a eu long-temps le titre de royaume, mais ce royaume était beaucoup plus étendu que ne fut depuis cette province. Elle eut ensuite celui de duché, et depuis l'an 1030, ses ducs ont été du sang royal de France : les derniers étaient fort puissans, et avaient encore la Franche-Comté et les Pays-Bas.

Charles, surnommé le *Téméraire*, le dernier de tous, ne laissa en mourant qu'une fille nommée Marie, qui épousa en 1477 Maximilien d'Autriche, fils de l'empereur Frédéric, et porta dans cette maison la Franche-Comté et les Pays-Bas. Pour le duché de Bourgogne, il fut réuni à la France par Louis XI, et il n'en a pas été séparé depuis.

Le duc de Bourgogne était le premier des trois anciens ducs et pairs séculiers ; au sacre des rois il portait la couronne et ceignait l'épée au roi.

La Bourgogne était un pays d'Etats ; ils s'y tenaient de trois ans en trois ans. Elle est considérable par sa grandeur et par ses bons vins ; c'était pourtant une des provinces où le peuple était le plus misérable en bien des endroits, à cause de la servitude de la glèbe qui faisait partie des droits seigneuriaux ; mais plusieurs seigneurs, entre autres les ecclésiastiques, en avaient affranchi leurs serfs à l'exemple de Louis XVI dans ses domaines.

Ses principales rivières sont : la Saône, qui se jette dans le Rhône ; l'Yonne et la Seine.

On divisait la Bourgogne en douze petits pays.

1°. Le Dijonnais : Dijon, *capitale*, — Auxonne, — Nuits, — Beaune.

2°. L'Auxois : Semur, *chef-lieu*, — Saulieu, — Avallon.

3°. L'Auxerrois : Auxerre, *chef-lieu*, — Coulanges.

4°. Le Pays de la Montagne : Châtillon-sur-Seine, *chef-lieu*, — Bar-sur-Seine.

5°. L'Autunois : Autun, *chef-lieu*, — Bourbon-Lancy, — Arnay-le-Duc.

6°. Le Chalonnais : Châlons-sur-Saône, *chef-lieu*.

7°. Le Charollais : Charolles, *chef-lieu*, — Paray.

8°. Le Maconnais : Mâcon, *chef-lieu*, — Cluny.

9°. La Bresse : Bourg, *chef-lieu*, — Pont-d'Ain.

10°. Le Bugey : Belley, *chef-lieu*.

11°. Le pays de Gex : Gex, *chef-lieu*, — Ferney.

12°. La principauté de Dombes : Trévoux, *chef-lieu*.

XIX. GOUVERNEMENT
de Franche-Comté,

La Franche-Comté, ou le comté de Bourgogne, à l'est de la Bourgogne et au sud de l'Alsace et de la Lorraine, après avoir eu des souverains particuliers, a passé aux derniers ducs de Bourgogne, dont l'héritière la porta en mariage à Maximilien d'Autriche : leur petit-fils Charles-Quint unit cette province à l'Espagne. Louis XIV la conquit pendant l'hiver de 1668; elle fut rendue à l'Espagne par le traité d'Aix-la-Chapelle en la même année. Enfin ayant été reprise en 1674, elle est demeurée à la France par la paix de Nimègue de 1678, et l'on en a formé les départemens de la Haute-Saône, du Doubs et du Jura.

Les rivières principales sont la Saône et le Doubs; celle-ci se jette dans la Saône.

On divisait la Franche-Comté en quatre bailliages.

1°. Celui d'Amont : Vesoul, — Gray, — Luxeuil.
2°. Celui de Besançon : Besançon, *capitale*.
3°. Celui de Dôle : Dôle, — Ornans.
4°. Celui d'Aval : Salins, — Arbois, — Poligny, — Lons-le-Saunier, — Saint-Claude.

XX. GOUVERNEMENT
d'Aunis.

L'Aunis, petit pays à l'extrémité du Bas-Poitou, vers l'Atlantique, est très-fertile et peuplé.

Il fait présentement partie du département de la Charente-Inférieure.

La Rochelle, *capitale*, — Rochefort, — Marans.

XXI. GOUVERNEMENT
de Saintonge.

Ce gouvernement comprenait la Saintonge et l'Angoumois : la première complète le département de la

Charente-Inférieure, et l'Angoumois forme seul celui de la Charente. La Saintonge, au sud de l'Aunis, est une petite province très-fertile en blé et en vin; la Charente la divisait en Haute et Basse.

1°. Saintonge : Saintes, *capitale*, — Saint-Jean-d'Angély, — Tonnay-Charente, — Marennes.

2°. Angoumois : Angoulême, *chef-lieu*, — Cognac, — Jarnac.

XXII. GOUVERNEMENT
de Marche.

La Marche, à l'est du Poitou et au nord-est de l'Angoumois, est devenu le département de la Creuse, sauf une partie attribuée à celui de la Haute-Vienne. C'est un pays élevé où le territoire, peu propre pour le blé, ne produit que du seigle et de l'avoine; il y a aussi de bons pâturages le long des rivières qui y prennent leur source. On y a établi des manufactures de tapisseries et de gros draps de bure. Elle se divisait en Haute et Basse.

1°. La Haute-Marche, à l'est : Guéret, *capitale*, — Aubusson.

2°. La Basse-Marche : Le Dorat.

XXIII. GOUVERNEMENT
de Limousin.

Cette province, au sud de la Marche, qui comprend présentement le département de la Corrèze, avec une portion de celui de la Haute-Vienne, est peu fertile et ne produit que du seigle, de l'orge et des châtaignes, qui servent en partie à la subsistance des habitans. Elle se divisait en Haut et Bas.

Les Limousins sont laborieux et suppléent par leur travail à la stérilité de leur pays : il en vient un grand nombre travailler pendant l'hiver à Paris.

1°. Haut-Limousin : Limoges, *capitale*, — Saint-Léonard.

2°. Bas-Limousin : Tulle, *chef-lieu*, — Brives.

XXIV. GOUVERNEMENT
d'Auvergne.

L'Auvergne, à l'est du Limousin, était divisée en Haute et Basse, la première vers le midi, et la seconde vers le nord. Cette province est aujourd'hui partagée en deux départemens, celui du Puy-de-Dôme et celui du Cantal ; une partie est aussi entrée dans celui de la Haute-Loire.

La Haute-Auvergne, pays fort montueux et peu fertile, a beaucoup de bons pâturages où l'on nourrit un grand nombre de bestiaux, et où l'on fait des fromages excellens et d'une grosseur extraordinaire.

La Basse-Auvergne, qui produit du blé et du vin en abondance, est un des plus agréables pays du royaume, surtout dans la contrée dite la Limagne, où est Riom. Les mulets d'Auvergne sont fort estimés. Les Auvergnats sont adroits et laborieux; ils fabriquent une quantité prodigieuse de papier fort blanc, de dentelles, de tapisseries, de camelots, d'étamines, de chaudrons, etc.

L'Allier est la seule rivière considérable de l'Auvergne; la Dordogne, qui va former la Gironde avec la Garonne, y prend sa source au mont Dor.

1°. Haute-Auvergne : Saint-Flour, *chef-lieu*, — Aurillac, — Murat.

2°. Basse-Auvergne : Clermont-Ferrand, *capitale*, — Riom, — Thiers, — Issoire, — Brioude.

XXV. GOUVERNEMENT
de Lyonnais.

Ce gouvernement, à l'est de l'Auvergne, comprenait le Lyonnais propre, le Forez et le Beaujolais. Ces divers pays forment aujourd'hui les départemens du Rhône et de la Loire.

Le Lyonnais propre est un pays fort agréable où le terroir est fertile en blé, en fruits et en bons vins.

1°. Lyonnais propre : Lyon, *capitale*. — Saint-Chamond, — Condrieu.

2°. Forez : Montbrison, *chef-lieu*, — Saint-Étienne, — Roanne, — Feurs.

3°. Beaujolais : Villefranche, *chef-lieu*, — Beaujeu.

DES HUIT GOUVERNEMENS
DU MIDI.

XXVI. GOUVERNEMENT
DE GUYENNE.

Cette province avait autrefois le nom d'Aquitaine, avec le titre de royaume; elle a été ensuite gouvernée par des ducs, sous le même nom, et dans le douzième siècle, sous le nom de Guyenne qu'on lui donna. Eléonore, héritière de cet état, épousa Louis VII, *dit le Jeune,* roi de France, en 1137, et, par ce mariage, la Guyenne fut réunie à la couronne : Louis, mécontent de la conduite de cette princesse pendant son voyage à la Terre-Sainte, l'ayant répudiée à son retour, elle épousa six semaines après Henri d'Anjou, duc de Normandie, qui devint peu après roi d'Angleterre, et lui porta pour dot la Guyenne et le Poitou en 1150.

La Guyenne se trouva par-là le théâtre d'une guerre presque continuelle entre les Anglais et les Français. Prise et reprise, démembrée alternativement par les uns et par les autres, elle fut enfin réunie à la France sous Charles VII, en 1453, et n'en a plus été séparée.

Le duc de Guyenne était le dernier des trois anciens ducs et pairs séculiers; au sacre des rois il portait la première bannière carrée.

Le gouvernement de Guyenne, le plus grand de la France, s'étendait le long des côtes de l'Atlantique, depuis la Saintonge jusqu'à Bayonne; il comprenait la Guyenne et la Gascogne, qui composent présentement les départemens de la Gironde, de la Dordogne, du Lot, de Lot-et-Garonne, de Tarn-et-Garonne, de l'Aveyron, des Landes, du Gers et des Hautes-Pyrénées. Leurs principales rivières sont la Garonne et la Dordogne, dont la réunion forme la Gironde, qui se jette dans la mer, le Gers et le Lot qui se jettent dans la Garonne, et l'Adour qui se jette dans la mer un peu au-dessous

de Bayonne. Ses habitans, nommés Gascons, sont adroits, actifs, braves, sobres et spirituels.

De la Guyenne.

Cette province, presque toute au nord de la Garonne, en comprenait six autres plus petites, qui étaient la Guyenne propre, dite aussi le Bordelais, sur la mer, et toujours à l'est, le Bazadois, l'Agénois, le Périgord, le Quercy et le Rouergue.

La Guyenne propre est très-fertile en vins connus sous le nom de *vins de Grave*, du gravier dans lequel ils croissent : on les transporte sur mer dans les pays étrangers, et par-là ils deviennent excellens.

1°. Guyenne propre : Bordeaux, *capitale*, — Libourne, — Blaye, — Coutras.

2°. Bazadois : Bazas, *chef-lieu*, — La Réole.

3°. Agénois : Agen, *chef-lieu*, — Tonneins.

4°. Périgord : Périgueux, *chef-lieu*, — Bergerac.

5°. Quercy : Cahors, *chef-lieu* du Haut-Quercy, — Figeac, — Montauban, *chef-lieu* du Bas-Quercy.

6°. Rouergue : Rhodez, *chef-lieu*, — Villefranche.

De la Gascogne.

La Gascogne comprenait huit petits pays, qui étaient les Landes, le Condomois, l'Armagnac qui renfermait l'*Estarac*, la Chalosse qui contenait le *Tursan* et le *Marsan*, le pays des Basques qui se divisait en *Labour* et *Soule*, le Bigorre, le Comminge et le Couserans.

Les Landes sont vers la mer.

1°. Landes : Dax, *chef-lieu*, — Tartas.

2°. Condomois : Condom, *chef-lieu*, — Nérac.

3°. Armagnac : Auch, *chef-lieu* de l'Armagnac propre, — Lectoure, — Mirande, *chef-lieu* de l'Estarac.

4°. Chalosse : Aire, *chef-lieu* du Tursan, — Saint-Sever, *chef-lieu* de la Chalosse propre, — Mont-de-Marsan, *chef-lieu* du Marsan.

5°. Pays des Basques : Bayonne, *chef-lieu* du Labour, — Saint-Jean-de-Luz, — Mauléon, *chef-lieu* de la Soule.

6°. Bigorre : Tarbes, *chef-lieu*, — Bagnères.

7°. Comminge : Saint-Bertrand, *chef-lieu*, — Lombès.

8°. Couserans : Saint-Lizier, *chef-lieu*.

XXVII. GOUVERNEMENT

de Béarn.

Ce gouvernement comprenait le Béarn et la Basse-Navarre, qui font aujourd'hui la majeure partie du département des Basses-Pyrénées.

Le Béarn, au sud de la Chalosse ou Gascogne propre, était une principauté dont Henri IV était souverain, aussi bien que de la Basse-Navarre : quand il parvint à la couronne, elle fut réunie à la France. Le pays est montagneux et ne produit guère que du millet, de l'orge et du gibier ; les vallées nourrissent un grand nombre de chèvres.

1°. Béarn : Pau, *capitale*, — Lescar, — Oleron, — Orthès.

2°. Basse-Navarre : Saint-Jean-Pied-de-Port, *chef-lieu*, — Saint-Palais.

XXVIII. GOUVERNEMENT

du Comté de Foix.

Ce gouvernement, d'une fort petite étendue, à l'est du Couserans dans les Pyrénées, ne comprenait que le comté de Foix, qui était un pays d'États : il fait présentement partie du département de l'Arriège ; le terroir n'y est pas fertile, à cause des montagnes. Il y a eu des comtes de Foix célèbres, desquels Henri IV descendait par sa mère, petite-fille de Catherine de Foix.

Foix, *capitale*, — Pamiers, — Saverdun.

XXIX. GOUVERNEMENT

de Roussillon.

Le Roussillon, avec titre de comté, sur la Méditerranée, au sud du Languedoc, dépendait autrefois de la Catalogne, province d'Espagne. Louis XIII l'ayant pris sur les Espagnols, il fut réuni à la couronne de France par la paix des Pyrénées en 1659. Il est devenu le département des Pyrénées-Orientales. Ce pays, peu fertile, mais qui a beaucoup de pâturages, a souvent été le théâtre de la guerre.

Perpignan, *capitale*,— Salves,— Collioure,— Bellegarde,— Mont-Louis.

XXX. GOUVERNEMENT
de Languedoc.

Ce gouvernement, au sud du Lyonnais et de l'Auvergne, bordé au sud par la Méditerranée, comprenait le Languedoc propre et les Cévennes. Il est présentement divisé en divers départemens, savoir : ceux du Tarn, de l'Aude, de la Haute-Loire, de l'Hérault, du Gard, de la Lozère et de l'Ardèche, indépendamment d'une partie de celui de la Haute-Garonne.

Ce pays, après avoir été soumis aux Romains, sous le nom de Gaule Narbonnaise, passa, vers 412, aux Visigoths, qui le joignirent au royaume d'Espagne qu'ils fondaient : ils en furent dépouillés. Il y eut ensuite des comtes de Toulouse qui possédèrent presque tout le Languedoc : le dernier d'entre eux, nommé Raymond, voulant soutenir les hérétiques Albigeois, ses sujets, se vit attaqué de toutes parts par les croisés, que commandaient le comte Simon de Montfort et Saint-Dominique, surnommé l'Encuirassé, et fut dépouillé en partie ; il l'aurait été entièrement, si, en 1228, il n'avait donné sa fille unique, Jeanne, à la reine Blanche, mère de Saint-Louis, pour son troisième fils Alphonse, qui fut fait en même temps comte de Poitou : ces deux époux dans la suite suivirent Saint-Louis au siége de Tunis : ils y furent témoins de sa mort, et moururent tous deux au retour, sans laisser d'enfans. Philippe-le-Hardi, fils de St.-Louis, prit alors possession du Languedoc, du consentement des peuples, et le réunit à la couronne.

Le Languedoc passe pour la province la plus agréable et la plus fertile du royaume : il abonde en blé, en vins très-bons, en bestiaux, en gibier, en huile d'olives, en raisins muscats, en figues et autres fruits excellens : le poisson y est fort commun ; on y trouve en abondance tout ce qui est nécessaire pour passer délicieusement la vie, principalement dans le Bas-Languedoc.

Les rivières de cette province sont : le Tarn, qui passe à Alby et se jette dans la Garonne, et l'Aude, qui passe à Carcassonne et se jette dans la Méditerranée ; la Garonne n'y entre que pour voir Toulouse, la Loire n'y a que sa source et le Rhône ne fait que la baigner à l'est.

Le canal du Midi, ouvrage digne de la grandeur de Louis XIV, fait communiquer l'Atlantique à la Méditerranée par un espace de quarante-cinq lieues : le célèbre *Riquet*, auteur de ce projet, était de Béziers ; il l'exécuta depuis 1667 jusqu'en 1680 : il fallut couper des montagnes et amener de l'eau, avec des dépenses énormes, au grand réservoir près de Castelnaudary, d'où elle est distribuée aux écluses vers l'une ou l'autre mer.

Le Languedoc était un pays d'États ; ils s'y tenaient tous les ans. On le divisait en Haut et Bas : le premier vers l'occident, le second vers l'orient.

Le Haut-Languedoc, *chef-lieu*, Toulouse, contenait sept diocèses, et le Bas, *chef-lieu*, Montpellier, en contenait onze.

Les sept diocèses du Haut-Languedoc étaient :
1°. Toulouse, *capitale*. — 2°. Alby. — 3°. Lavaur et Puylaurens. — 4°. Castres. — 5°. Castelnaudary et St.-Papoul. — 6°. Rieux. — 7°. Mirepoix.

Les onze diocèses du Bas-Languedoc étaient : 1°. Alet et Limoux. — 2°. Carcassonne. — 3°. Saint-Pons de Thomières. — 4°. Narbonne. — 5°. Béziers. — 6°. Agde, Cette et Pézénas. — 7°. Lodève. — 8°. Montpellier, Lunel et Frontignan. — 9°. Nimes, Beaucaire et Aigues-Mortes. — 10°. Uzès et Le Pont-St.-Esprit. — 11°. Alais.

Des Cévennes.

On donne le nom de Cévennes, non-seulement aux montagnes qui s'étendent depuis la source de la Loire jusque vers Lodève, mais aussi à trois petits pays voisins qui sont : le Gévaudan, le Vivarais et le Velay,

Moderne. 75

où le terroir n'est fertile que dans les vallées, principalement le long du Rhône, dans le Vivarais.

1°. Gévaudan : Mende, *chef-lieu*, et Marvejols. — 2°. Vivarais : Viviers, *chef-lieu*, Aubenas et Tournon. — 3°. Le Velay : Le Puy, *chef-lieu*.

XXXI. GOUVERNEMENT

de Dauphiné.

Le Dauphiné, entre le Languedoc et la Savoie, au sud de la Bresse, a eu des souverains particuliers qui portaient le nom de *Dauphins* de Viennois. Le dernier de ces princes, Humbert II, ayant perdu ses enfans, et ne pouvant souffrir les continuelles attaques d'Amédée, duc de Savoie, résolut de quitter le monde et de donner son pays à un prince capable de le venger de ce duc; sa noblesse le pressait d'ailleurs de ne pas écouter le pape, qui de son côté convoitait cette province : il donna donc son état à Philippe de Valois, en 1349, sous la condition que les fils aînés de France porteraient le nom et les armes de Dauphin. Humbert se fit prêtre aussitôt, et mourut en 1350.

Le Dauphiné était un pays d'États, mais on ne les avait point convoqués depuis 1728, et on y avait établi des élections. Louis XVI avait rétabli l'administration provinciale par arrêt du conseil du 20 avril 1779, et depuis on a formé de ce pays les départemens de la Drôme, de l'Isère et des Hautes-Alpes.

Les rivières du Dauphiné sont : le Rhône, qui se jette dans la Méditerranée; le Guiers, qui sépare la Savoie de cette province; l'Isère et la Drôme; la Durance y prend sa source : toutes se jettent dans le Rhône.

Le Dauphiné était divisé en Haut et Bas.

Le Haut-Dauphiné est couvert de montagnes fort hautes qui font que l'hiver y est long : le terroir y est cependant assez fertile, les vallées y produisent quelques grains, et les montagnes ont d'excellens pâturages.

Le Bas-Dauphiné, le long du Rhône, est plus fertile que le Haut : on y recueille du blé, du vin et des olives.

Le Haut-Dauphiné comprenait six petits pays :

1°. Le Grésivaudan : Grenoble, *capitale*, et La Mure.— 2°. Le Royanais : Pont-de-Royans.—3°. Les Baronnies : Le Buis —4°. Le Gapençois : Gap et Tallard.—5°. L'Embrunois : Embrun, Guillestre et Mont-Dauphin. — 6°. Le Briançonnais : Briançon.

Le Bas-Dauphiné comprenait quatre petits pays : 1°. Le Viennois : Vienne et Romans. — 2°. Le Diois : Die. — 3°. Le Valentinois : Valence et Montélimart. — 4°. Le Tricastin : Saint-Paul-Trois-Châteaux.

XXXII. GOUVERNEMENT
de Provence.

La Provence, au sud du Dauphiné, a eu long-temps ses propres souverains, sous le nom de comtes. Raymond Bérenger II n'ayant que deux filles, Marguerite et Béatrix, maria l'aînée à Saint-Louis en 1234 (avec dix mille francs de dot, dit-on, somme considérable pour ce temps-là), et la cadette à Charles, comte d'Anjou, frère de Saint-Louis; il institua ensuite cette cadette pour son héritière : ce qui mit la Provence dans la maison d'Anjou. Elle fut unie à la couronne, en 1481, par Louis XI, que Charles d'Anjou, comte du Maine et de Provence, dernier mâle de sa maison, institua son héritier.

Cette province est aujourd'hui divisée en trois départemens : celui des Bouches-du-Rhône, celui du Var et celui des Basses-Alpes ; une portion est aussi entrée dans celui de Vaucluse. Tous ces pays sont en général très-agréables et très-fertiles : ils produisent peu de blé, mais assez de vin pour en envoyer au dehors ; on y fait le meilleur sel et les plus douces huiles du royaume. On y recueille en abondance des oranges, des citrons, des grenades, des figues et d'autres excellens fruits dont on fournit presque toute la France.

C'est aussi dans cette province que se fabriquent les essences et pâtes parfumées.

Les rivières de la Provence sont : la Durance, affluent du Rhône, le Rhône et le Var, qui se jettent dans la Méditerranée, et le Verdon, qui se jette dans la Durance.

Il y avait plusieurs enclaves au-delà et en-deçà du Var, qui appartenaient réciproquement au roi de France et au roi de Sardaigne ; mais par le traité de 1760 ces puissances se sont cédé leurs possessions ultérieures, et le milieu du lit du Var sert de bornes entre la Provence et le comté de Nice.

La Camargue, île située entre les bras du Rhône vers son embouchure, a des pâturages si gras, qu'on y trouve les plus gros bœufs de l'Europe, qui y sont presque sauvages.

La Crau est un champ assez spacieux, séparé de la Camargue par un bras du Rhône, et qui, quoique pierreux, produit du vin.

La Provence était divisée en Haute et Basse : la Haute comprenait six diocèses, la Basse en contenait sept.

Les six diocèses de la *Haute-Provence* étaient : 1°. Apt. — 2°. Sisteron et Forcalquier. — 3°. Digne et Seyne. — 4°. Riez. — 5°. Sénez et Castellane. — 6°. Glandève et Entrevaux.

Les sept diocèses de la *Basse-Provence* étaient : Arles et Tarascon. — 2°. Aix, Brignolles, Saint-Maximin et Barjols. — 3°. Marseille. — 4°. Toulon et Hyères. — 5°. Fréjus, Draguignan et Saint-Tropez. — 6°. Grasse et Antibes. — 7°. Vence.

Du comtat Venaissin et de la principauté d'Orange.

Ces cantons sont tous deux très-fertiles.

Le comtat Venaissin, dans lequel on comprend aujourd'hui celui d'Avignon, était sous la domination du Pape, qui tenait un vice-légat à Avignon pour gouverner le pays. Cette province forme présentement, avec la principauté d'Orange, le département de Vaucluse.

1°. Le COMTAT VENAISSIN : Avignon, *capitale*, — Cavaillon, — Carpentras, — Vaison.

2°. LA PRINCIPAUTÉ D'ORANGE : Orange, *chef-lieu*.

XXXIII. GOUVERNEMENT
DE CORSE.

(*Voyez le département de la* CORSE.)

NOUVELLE DIVISION
DE LA FRANCE
PAR DÉPARTEMENS.

Le royaume de France est divisé en quatre-vingt-six départemens dont les noms sont pris des montagnes, rochers, fontaines, rivières ou mers remarquables qui se trouvent dans chacun d'eux.

Chaque département est administré par un préfet qui réside dans le *chef-lieu* du département, et se subdivise en arrondissemens ou sous-préfectures, gouvernées par des sous-préfets. Ces sous-préfectures sont subdivisées en cantons ou justices-de-paix, qui comprennent chacun un certain nombre de communes. Il y a pour chaque commune un maire, un ou plusieurs adjoints et un conseil municipal.

En outre la France est encore divisée en vingt-sept cours royales pour l'administration de la justice (*Voyez page* 48); la circonscription des 26 académies de l'université correspond à peu près à celle des cours royales. Il y a de plus vingt divisions militaires et trente-deux arrondissemens forestiers. Enfin, il y a 14 archevêchés et 66 évêchés, dont chacun a des portions de départemens, un département, ou même plusieurs départemens dans sa circonscription.

La France possède aussi plusieurs colonies hors de l'Europe; nous en parlerons à la suite des départemens.

Afin de mettre plus de méthode et de clarté dans l'ordre descriptif des départemens, nous supposerons la France divisée en trois régions par des lignes horizontales. Nous appellerons la première, qui occupe le haut d'une carte de France, *région du Nord*; la se-

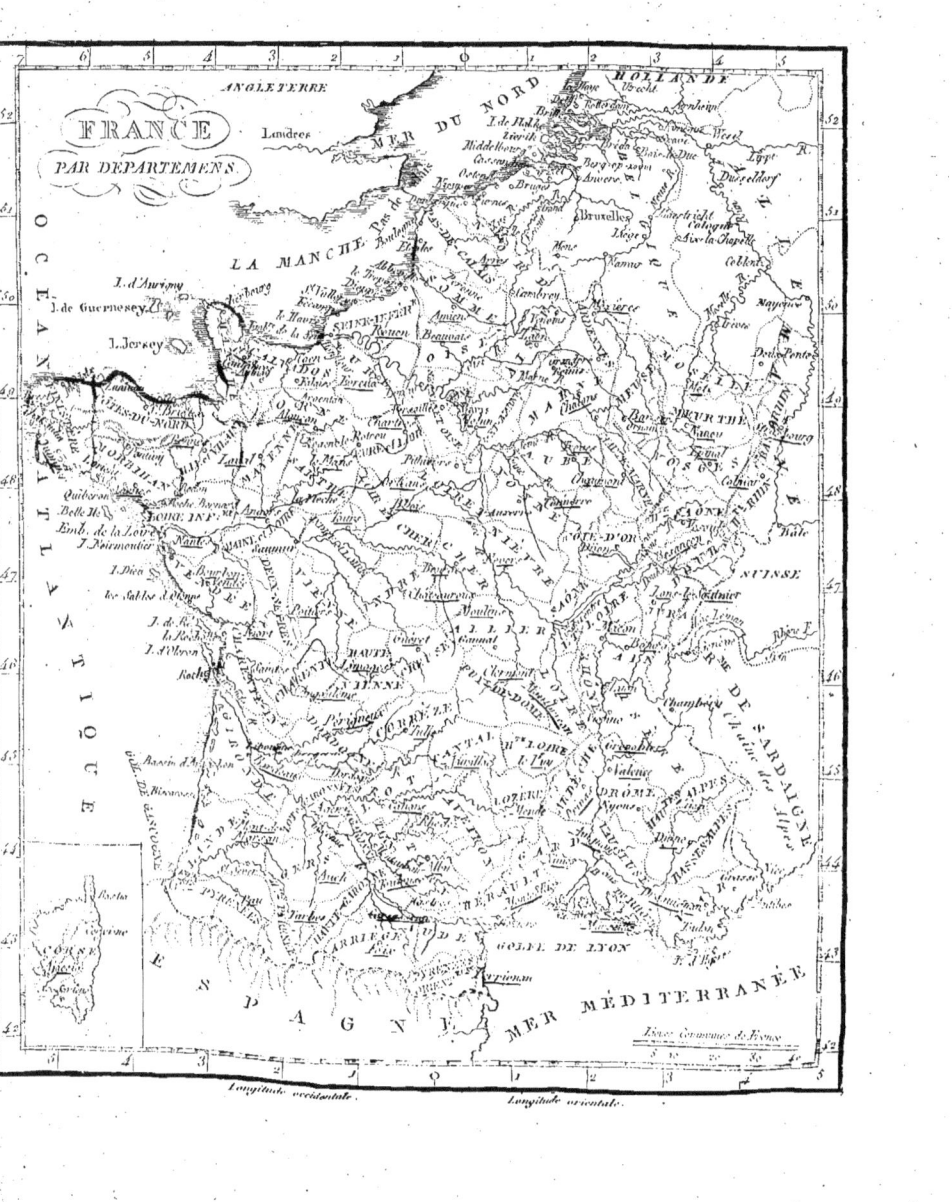

conde, qui est au milieu, *région du Milieu*, et la troisième, qui est au bas de la carte, *région du Sud*.

RÉGION DU NORD.

1. Le département de l'AISNE, ainsi appelé d'une rivière de ce nom, est formé d'une partie de la Champagne, de la Picardie et de l'Ile-de-France. *Bornes* : au N. le département du Nord, — à l'E. ceux des Ardennes et de la Marne, — au S. celui de Seine-et-Marne, — à l'O. ceux de l'Oise et de la Somme.

Rivières principales : l'Aisne, l'Oise et la Marne. La superficie est de 375 lieues carrées, et la population de 513,000 habitans. Productions du sol : blé, fruits, légumes, haricots, surtout ceux de Soissons, bois, cidre, bestiaux. Industrie : toiles, glaces, vitriol. — 1re. division militaire, diocèse de Soissons, cour royale d'Amiens. — Chef-lieu : *Laon*. Quatre sous-préfectures (1) : *Soissons, Saint-Quentin, Château-Thierry, Vervins*.

LAON (prononcez *Lan*) est située sur une hauteur, à 26 l. N. E. de Paris ; elle a 8,400 habitans. Sa situation lui procure une belle vue et un air aussi vif que sain. Cette ville fut un des principaux boulevards de la Ligue, et fut remise par capitulation, en 1574, à Henri IV. Elle a soutenu plusieurs sièges.

SOISSONS, ville très-ancienne et *évêché*, sur l'Aisne, a été la capitale d'un royaume qui en portait le nom. Clovis y avait fixé le siége de son empire après la bataille de 486, qu'il gagna contre Siagrius ; et Charles-le-Simple y fut battu en 922. Son évêque avait le droit de sacrer les rois de France en l'absence de l'archevêque de Reims. On y voyait la célèbre abbaye de St.-Médard. Sa population est de 8,150 habitans.

SAINT-QUENTIN, à 35 l. N. N. E. de Paris, sur la Somme, fait un riche commerce de la batiste, qui s'y fabrique ; les Espagnols ayant assiégé cette place en 1557, l'ar-

---

(1) Dans l'énumération des sous-préfectures, nous ne comptons point, pour éviter les répétitions, celle qui est établie dans le chef-lieu du département.

mée française qui s'en approcha le jour de Saint-Laurent pour y jeter des secours, fut attaquée dans sa retraite, et mise entièrement en déroute : la ville fut prise d'assaut quelques jours après. Ce fut en mémoire de cette victoire que le roi d'Espagne Philippe II fit bâtir le superbe palais de l'Escurial, dont il dédia la chapelle à Saint-Laurent. Le canal qui joint la Somme et l'Oise à l'Escaut a pris le nom de cette ville. 17,700 habitans.

Château-Thierry, à 12 l. N. E. de Meaux, sur la Marne, a vu naître La Fontaine. 4,700 habitans.

Vervins est célèbre par la paix de 1598, entre Henri IV et Philippe II, roi d'Espagne. 2,600 habitans.

La Fère, petite ville, près du confluent de la Serre et de l'Oise, à 5 l. N. O. de Laon, est remarquable par son arsenal et son école d'artillerie. 2,800 hab. — Auprès est le bourg de St.-Gobain, célèbre par sa manufacture de glaces, la plus considérable de la France.

2. Le département des Ardennes est formé de la partie nord de la Champagne; il est ainsi appelé de la vaste forêt des Ardennes qu'il renferme en partie. *Bornes*: au N. la Belgique, — à l'E. le département de la Meuse, — au S. celui de la Marne, — à l'O. le département de l'Aisne. Rivières principales : l'Aisne et la Meuse. Sa superficie est de 270 lieues carrées, et sa population de 289,622 habitans. Productions : blé, bois, mines de fer, carrières d'ardoise et de marbre. Industrie : acier, draps, serge. — 2e. division militaire; diocèse de Reims et cour royale de Metz. — Chef-lieu : *Mézières*. Quatre sous-préfectures : *Sedan, Rethel, Rocroy, Vouziers*.

Mézières, située sur la Meuse, n'a que 4,000 habitans. Le chevalier Bayard la défendit en 1521 contre Charles-Quint, qu'il contraignit d'en lever le siége. Elle est bien fortifiée et est à 47 l. N. E. de Paris.

Sedan, ville forte, sur la Meuse, à 25 l. N. E. de Reims, était autrefois une principauté souveraine ; Frédéric Maurice, duc de Bouillon, la céda à la France en 1642, et eut en échange les duchés d'Albret et de Château-Thierry et le comté d'Evreux ; il y a de belles manufactures de draps noirs. C'est la patrie de Turenne. 13,700 habitans.

Rethel, sur l'Aisne, petite ville érigée en duché, sous le nom de Mazarin, en 1663. Pop. : 6,600 habitans.

Rocroy, ville forte, est connue par la fameuse bataille gagnée sur les Espagnols, en 1643, par le Grand-Condé, dans sa première jeunesse. 3,630 habitans.

Vouziers, sur l'Aisne, à 10 l. S. de Mézières. 2,000 habitans.

Charleville, sur la Meuse, près de Mézières. 7,800 h.

3. Le département du Calvados doit son nom à des rochers très-élevés qui bordent une partie de ses côtes. Il est formé de la partie nord-ouest de la Normandie. *Bornes* : au N. la Manche, — à l'E. le dép. de l'Eure, — au S. celui de l'Orne, — à l'O. celui de la Manche. Rivières principales : l'Orne, la Toucques et la Vire. Superficie : 285 lieues carrées. Population : 494,702 habitans. Productions : pâturages, grains, pommes à cidre; bois de construction; mines de fer. Industrie : toile, acier, pelleteries. — 14e. division militaire; diocèse de Bayeux, cour royale de Caen. — Chef-lieu : *Caen.* Cinq sous-préfectures : *Bayeux, Lisieux, Pont-l'Évêque, Falaise, Vire.*

Caen (prononcez *Can*), sur l'Orne et l'Odon, à 55 lieues O. de Paris et à 30 l. S. O. de Rouen, est belle et assez grande, et avait une célèbre université. Elle a vu naître Malherbe, Segrais, Sarrazin, l'illustre Huet, évêque d'Avranches, etc. Sa population est de 39,140 hab.

Bayeux, *évêché*, située sur la petite rivière d'Aure, à 7 l. O. p. N. de Caen, avait jadis une célèbre école de Druides. 10,300 habitans.

Lisieux, ancienne et belle ville, au confluent de la Toucques et de l'Orbec, à 11 l. E. de Caen, compte 10,260 hab.

Falaise, à 9 l. S. E. de Caen, est célèbre par la naissance de Guillaume-le-Conquérant, et par une foire considérable, dite de *Guibray*, qui s'y tient tous les ans au mois d'août. 10,000 hab.

Vire, sur la Vire, à 14 l. S. O. de Caen, a une fabrique considérable de draps communs. 8,100 hab.

4. Le département des Côtes-du-Nord est formé de

la partie nord de la Bretagne. Il doit son nom à sa position. *Bornes*: au N. la Manche, — à l'E. le dép. d'Ille-et-Vilaine, — au S. celui du Morbihan, — à l'O. celui du Finistère. Rivières principales: la Rance et le Blavet. Superficie: 383 lieues carrées. Population: 598,872 habitans. Productions: blé, grains, lin, chanvre, fruits, pâturages, miel, bestiaux, beurre, suif et eaux minérales. Industrie: toiles, suif, cuirs. — 13°. division militaire; diocèse de St.-Brieux, cour royale de Rennes. — Chef-lieu: *St.-Brieux*. Quatre sous-préfectures: *Loudéac, Guingamp, Dinan, Lannion*.

St.-Brieux, *évêché*, sur la petite rivière de Gouet, à 89 l. O. de Paris, compte 10,420 hab.

Guingamp avait été érigé en duché-pairie, sous le nom de Penthièvre. 6,100 hab.

Dinan, sur la Rance, compte 8,050 habitans. Elle a des eaux minérales.

Loudéac a 7,000 hab., et Lannion, 5,380 hab.

5. Le département de l'Eure, formé de la partie sud-est de la Normandie, doit son nom à l'Eure qui le traverse. *Bornes*: au N. le dép. de la Seine-Inférieure, à l'E. ceux de l'Oise et de Seine-et-Oise, — au S. ceux d'Eure-et-Loir et de l'Orne, — à l'O. le dép. du Calvados. Rivières principales: la Seine, l'Eure, l'Iton et l'Aure. Superficie: 315 lieues carrées. Population: 424,250 habitans. Productions: grains, excellens pâturages, bois, charbon et bestiaux. Industrie: toile, cloux, draps. — 14°. division militaire, diocèse d'Evreux, cour royale de Rouen. — Chef-lieu: *Evreux*. Quatre sous préfectures: *Pont-Audemer, Les Andelys, Bernay, Louviers*.

Evreux, *évêché*, ancienne ville située sur l'Iton, à 21 l. O. p. N. de Paris, a 9,970 habitans. Près de là est le magnifique château de Navarre qui appartenait au duc de Bouillon.

Les Andelys, sur la rive droite de la Seine, à 8 l. S. de Rouen, a une fabrique de bons draps. Le grand Corneille y mourut. Le fameux peintre Nicolas Poussin naquit à Villers, près de cette ville. 5,215 habitans.

Louviers, sur l'Eure, à 5 l. S. de Rouen, est célèbre

Moderne. 83

par ses manufactures de draps, les plus beaux qui se fabriquent en France. 9,900 hab.

Ivry, bourg, à 18 l. N. O. de Paris, entre Evreux et Dreux, est connu par la bataille qu'Henri IV y gagna en 1590 contre les Espagnols qui venaient au secours de la Ligue.

6. Le département de la Manche doit son nom au canal de la Manche, le long duquel il est situé. Il est formé de la partie sud-ouest de la Normandie. *Bornes* : à l'O. et au N. la Manche, — à l'E. la Manche et les départemens du Calvados et de l'Orne, — au S. les départemens de la Mayenne et d'Ille-et-Vilaine. Rivières principales : la Vire, la Taute, le Beuvron, la Selune et la Sée. Superficie : 349 lieues carrées. Population : 591,846 habitans. Productions : blé, chanvre, grains, pommes, garance, soude, pâturages, chevaux et bestiaux. Industrie : toiles, coutils, glaces. — 14e. division militaire ; diocèse de Coutances, cour royale de Caen. — Chef-lieu : *Saint-Lô*. Cinq sous-préfectures : *Cherbourg, Valognes, Mortain, Avranches, Coutances*.

Saint-Lô, sur la Vire, fabrique beaucoup de serges à deux envers et de rubanneries ; 8,420 habitans.

Cherbourg, à 15 l. N. de Coutances, est le seul port de la Manche qui puisse recevoir des vaisseaux de guerre. Cette ville compte 18,500 habitans.

Avranches, à 35 l. S. O. de Caen, petite ville assez jolie, a une bonne citadelle. 7,300 habitans. Le savant Huet fut évêque de cette ville.

Coutances, *évêché*, à 76 l. O. de Paris, compte 9,000 habitans. Sa cathédrale est un des beaux morceaux d'architecture gothique.

Granville est une ville de 7,350 habit., connue par ses armateurs ; son port est bon pour les petits bateaux.

Le Mont-Saint-Michel, à 3 l. d'Avranches, avait une abbaye célèbre par ses reliques et son trésor : on prend le temps du reflux pour y monter. Son château est aujourd'hui une prison d'Etat.

Les îles de Jersey, d'Aurigny et de Guernesey, sur les côtes de ce département, étaient autrefois de la Normandie et […] d'hui de l'Angleterre.

7. Le département de la MARNE, qui doit son nom à la Marne qui le traverse, est formé de la partie du milieu de la Champagne. *Bornes* : au N. les départemens de l'Aisne et des Ardennes, — à l'E. ceux de la Haute-Marne et de la Meuse, — au S. celui de l'Aube, — à l'O. celui de Seine-et-Marne. Rivières principales : la Marne, l'Aisne, la Suippe et la Véle. Sa superficie est de 405 lieues carrées, et sa population, de 337,080 habitans. Productions : blé, vins, chanvre et bestiaux. Industrie : toiles, draps, papier. — 2ᵉ. division militaire ; diocèse de Châlons, à l'exception de l'arrondissement de Reims, qui dépend de celui de cette ville ; cour royale de Paris. — Chef-lieu : *Châlons-sur-Marne*. Quatre sous-préfectures : *Reims, Vitry-le-Français, Épernay, Sainte-Menehould*.

CHÂLONS-SUR-MARNE, évêché, ville belle et ancienne, sur la Marne, à 33 l. E. de Paris. C'était une ville considérable de la Gaule Belgique; Tétricus y fut défait par l'empereur Aurélien, et les plaines des environs, nommées Catalauniques, sont célèbres par la défaite d'Attila en 451, et par la retraite de l'armée prussienne en 1792. On y remarque la cathédrale, bâtie au 13ᵉ. siècle, et l'hôtel-de-ville, 12,420 habitans.

REIMS, la plus belle ville du département, sur la Véle, à 31 l. N. E. de Paris, est le siége d'un archevêque, le premier des trois anciens ducs et pairs ecclésiastiques; il avait le privilége de sacrer les rois de France. Le portail de l'église métropolitaine est très-beau. Reims est la patrie du grand Colbert et du naturaliste Pluche. On y compte 36,000 habitans.

ÉPERNAY, jolie ville, sur la Marne, est renommée par les vins que produisent les vignobles des environs. 5,320 hab. — *Aï*, autre petite ville de ce département, est également célèbre par ses vins.

VITRY-LE-FRANÇAIS, sur la Marne, est de forme carrée, et bâtie en bois; ses rues sont alignées, et elles se coupent à angles droits. Cette ville, qui renferme 7,000 habitans, fut fondée en 1545 par François 1ᵉʳ. Elle est à 7 l. S. E. de Châlons.

8. Le département de la MEURTHE doit son nom à la Meurthe, qui le traverse pour se jeter dans la Mo-

selle, près de Nancy. Il est formé de la partie sud-ouest de la Lorraine. *Bornes*: au N. le département de la Moselle,—à l'E. le département du Bas-Rhin,— au S. celui des Vosges,— à l'O. celui de la Meuse. Rivières principales : la Meurthe, la Seille, la Sarre et la Vezouze. Sa superficie est de 325 lieues carrées, et sa population, de 415,568 habitans. Productions: blé, vins, tabac, chanvre, garance, safran, mines de fer, bois de construction. Industrie : verreries, lainages. —3e. division militaire; diocèse et cour royale de Nancy. — Chef-lieu : *Nancy*. Quatre sous-préfectures : *Lunéville*, *Toul*, *Château-Salins*, *Sarrebourg*.

Nancy, capitale, *évêché*, à 67 l. E. de Paris, près de la Meurthe, était le séjour ordinaire des ducs de Lorraine; c'est une grande et belle ville, ornée d'une place et de bâtimens magnifiques élevés par le roi Stanislas. L'église collégiale, érigée en 1742, à laquelle le chapitre de Saint-Georges fut uni, devint évêché en 1778. Elle est la patrie du célèbre *Callot*, d'*Israël Sylvestre*, de madame de *Graffigny*, du P. *Maimbourg*, des *Adam*, sculpteurs, de St.-Lambert, etc. 30,000 hab.

Lunéville, jolie ville, avec un château magnifique où les ducs de Lorraine tenaient leur cour; elle a été la résidence de Stanislas, roi de Pologne, duc de Lorraine et de Bar. Elle avait le titre de comté dès le douzième siècle. C'est à Lunéville que fut conclue, en 1801, une paix entre la France et l'empereur d'Allemagne. 12,400 habitans.

9. Le département de la Meuse, formé de la partie ouest de la Lorraine, doit son nom à la Meuse qui le traverse. *Bornes*: au N. le département des Ardennes et la Belgique, — à l'E. les départemens de la Meurthe et des Vosges, — au S. celui de la Haute-Marne,—à l'O. celui de la Marne. Rivières principales: la Meuse, l'Ornain, le Chiers et l'Aisne. Superficie : 318 lieues carrées. Population : 314,588 habitans. Productions : blé, grains, chanvre, vins, bois et bestiaux. Industrie : fer, coton, bonneteries.— 2e. division militaire; diocèse de Verdun, cour royale de Nancy. —

Chef-lieu : *Bar-le-Duc*. Trois sous-préfectures : *Verdun, Commercy, Montmédy*.

Bar-le-Duc ou Bar-sur-Ornain, à 50 l. E. de Paris, était l'apanage des fils aînés des anciens ducs de Lorraine. Elle fut bâtie en 951, par Frédéric Ier., duc de Lorraine. On y compte 12,500 habitans.

Verdun, *évêché*, grande, ancienne et très-forte ville, sur la Meuse qui la coupe en deux, à 59 l. E. de Paris. Elle fut autrefois ville libre et impériale. Son commerce consiste principalement en confitures et en dragées que l'on estime beaucoup. C'est la patrie du brave Chevert. Population : 10,000 habitans.

Montmédy, sur le Chiers, est une ville forte, à 68 l. E. N. E. de Paris. 2,195 habitans.

Vaucouleurs, à 10 l. S. E. de Bar-le-Duc, est une petite ville très-ancienne, qui compte 2,160 habitans. Auprès, est le village de *Domremy*, célèbre par la naissance de Jeanne-d'Arc.

Saint-Mihiel, ville sur la Meuse. 5,830 habitans.

10. Le département de la Moselle, formé de la partie nord de la Lorraine, doit son nom à la Moselle qui l'arrose. *Bornes* : au N. le grand-duché de Luxembourg et les possessions prussiennes, — à l'E. le cercle bavarois du Rhin, — au S. les départemens du Bas-Rhin et de la Meurthe, — à l'O. celui de la Meuse. Rivières principales : la Moselle, la Nied, la Sarre et la Seille. Superficie : 332 lieues carrées. Population : 417,003 habitans. Productions : grains, vins, légumes, pommes de terre, chanvre, lin, bois, pâturages, mines de fer et de houille. Industrie : draps, bonneterie. —3e. division militaire ; diocèse et cour royale de Metz. — Chef-lieu : *Metz*. Trois sous-préfectures : *Sarreguemines, Thionville, Briey*.

Metz, *évêché*, sur la Moselle, est une belle ville, à 62 l. E. de Paris. Elle avait autrefois un parlement. Les Sarrazins la ruinèrent de fond en comble en 731. Elle fut la capitale des anciens rois d'Austrasie. Louis XIV ayant soumis Metz, la possession en fut confirmée à la France par le traité de Westphalie. Les fortifications que le maréchal de Belle-Ile y a fait faire la rendent presque imprenable. C'est la patrie du maréchal Fabert. On y compte 45,000 habitans.

Thionville, place très-forte, sur la Moselle, à 6 l. N. de Metz, renferme 5,650 habitans. Les Prussiens l'assiégèrent sans succès en 1792.

Sarreguemines, près de la Sarre. 4,200 hab.

11. Le département du Nord, formé de la Flandre française, doit son nom à sa position. *Bornes* : au N. la mer du Nord, — à l'E. la Belgique, — au S. les départemens de l'Aisne et de la Somme, — à l'O. le département du Pas-de-Calais. Rivières principales : la Lys, l'Escaut, la Sambre, la Deule et la Scarpe. Superficie : 305 lieues carrées. Population : 989,938 habitans. Productions : blé, seigle, menus grains, houblon, lin, chanvre, charbon de terre. Industrie : toile, dentelles, savon. — 16e. division militaire; diocèse de Cambray, cour royale de Douay. — Chef-lieu : *Lille*. Six sous-préfectures : *Douay, Dunkerque, Valenciennes, Hazebrouck, Cambray, Avênes*.

Lille, à 47 lieues N. de Paris, sur la Deule, qui se jette dans la Lys, ancienne capitale de la Flandre française, est grande, fort belle, et une des villes les plus marchandes de la France : on y fait beaucoup d'étoffes, principalement de fort beau camelot. Louis XIV la prit en 1667. Les fortifications en ont été depuis augmentées, surtout d'une forte citadelle. Le prince Eugène de Savoie, général de l'armée de l'Empereur, l'assiégea en 1708, et la prit après un long siége et une vigoureuse résistance : elle fut rendue à la France par la paix d'Utrecht, en 1713. En 1792, les Autrichiens la bombardèrent sans succès. Les principales productions naturelles des environs de cette ville sont les graines grasses de toute espèce, qui se préparent par plus de 200 moulins à vent répandus aux alentours. On y compte 70,000 âmes.

Douay, à 7 l. S. de Lille, sur la Scarpe, rivière navigable qui se jette dans l'Escaut, est une grande ville, qui avait une université fondée par Philippe II, roi d'Espagne, en 1562, et un parlement, qui y avait été transféré de Tournay. Louis XIV la prit aussi en 1667. Elle est située à 43 l. N. de Paris et renferme 19,000 habitans.

Dunkerque, port, à 70 l. N. de Paris et 19 N. O. de Lille, était une des plus considérables villes de la Flandre : le maréchal de Turenne la prit en 1658, après la bataille des Dunes, qu'il gagna sur don Juan d'Autriche : les Anglais l'assiégeaient par mer, les Français par terre. Elle fut remise aux premiers, comme on en était convenu ; mais en 1662, Charles II, roi d'Angleterre, la vendit à Louis XIV, qui en avait fait une des meilleures places de France, avec un port magnifique et très-fréquenté : ses fortifications ont été ruinées avec son port, suivant la paix d'Utrecht, confirmée par celle d'Aix-la-Chapelle en 1748, et celle de Versailles en 1763. A la paix de 1783, les dispositions de ces traités humilians pour la France, relatives à cette place, furent annulées. Dunkerque est l'une des villes les plus commerçantes de la France. Elle a donné naissance au célèbre marin Jean-Bart. Sa population est de 25,000 habitans.

Gravelines, à 6 l. S. O. de Dunkerque, sur la rivière d'Aa et près de la mer, dans un terrain marécageux. C'est une place très-forte ; l'air y est malsain. 4,193 habitans.

Cassel, sur une montagne isolée, à 7 l. S. de Dunkerque, célèbre par la victoire que Philippe de Valois remporta sur les Flamands en 1328, et par celle que Philippe d'Orléans gagna en 1677 sur les Hollandais, commandés par Guillaume, prince d'Orange, depuis roi d'Angleterre. 4,240 habitans.

Cambray, évêché, à 40 l. N. de Paris, sur l'Escaut, rivière navigable qui se jette dans la mer du Nord ; autrefois ville impériale, elle est connue par son archevêque, Fénelon, et par ses belles toiles. Louis XIV la prit en personne en 1677. Elle a 17,650 habitans.

Valenciennes, à 50 l. N. E. de Paris, sur l'Escaut, est une ville forte et assez marchande. Louis XIV l'assiégeant en personne en 1677, elle fut prise d'assaut en plein midi, après cinq jours de tranchée. En 1794 elle fut prise par les Autrichiens, qui furent obligés de l'évacuer trois mois après, ainsi que Landrecies, après la défaite du prince de Saxe-Cobourg par le maréchal Jourdan. On y fabrique des camelots, de la dentelle, de la batiste, etc. Elle a 19,000 habitans.

Condé, petite ville, sur l'Escaut, à 3 l. N. O. de Valenciennes, et très-forte : 5,400 hab. C'est de là que la branche de Bourbon-Condé tire son nom.

Le Quênoy, à 4 l. S. E. de Valenciennes, et Landrecies, à 7 l. S. E. de la même ville, sont deux petites places bien fortifiées : la première fut prise par le prince Eugène en 1711 ; l'année suivante il assiégea la seconde ; et ce fut là que ce grand général vit borner le cours de ses prospérités contre la France, ayant été forcé d'en lever le siége par l'habileté du maréchal de Villars qui le battit à Denain, et s'empara dans cette petite place et celle de Marchiennes de tous ses magasins, et des provisions de la campagne : ce qui mit à son tour ce prince sur la défensive.

Maubeuge, ville forte, à 11 l. E. de Valenciennes, sur la Sambre, rivière navigable qui se jette dans la Meuse, avait un fameux chapitre de chanoinesses. Elle possède une manufacture d'armes à feu. 6,240 habit.

12. Le département de l'Oise doit son nom à l'Oise, qui le traverse. Il est formé de la partie nord-ouest de l'Ile-de-France. *Bornes :* au N. le département de la Somme, — à l'E. celui de l'Aisne, — au S. ceux de Seine-et-Marne et de Seine-et-Oise, — à l'O. les départemens de l'Eure et de la Seine-Inférieure. Rivières principales : l'Oise, le Thérain et l'Aisne. Superficie : 308 lieues carrées. Population : 397,725 habitans. Productions : blé, vin, lin, chanvre, légumes, bois, soude, bestiaux, eaux minérales. Industrie : toile, éventails, miroirs, tapisseries. — 1re. division militaire ; diocèse de

Beauvais, et cour royale d'Amiens.-Ch.-lieu: *Beauvais*. Trois sous-préfectures : *Clermont, Senlis, Compiègne*.

Beauvais, sur le Thérain, à 17 l. N. de Paris, ville belle et marchande, est le siége d'un évêque qui en était jadis le seigneur spirituel et temporel; il était le premier des trois anciens comtes et pairs ecclésiastiques, et il portait le manteau royal au couronnement des rois. L'église cathédrale serait un chef-d'œuvre, si elle était achevée; mais il n'y a de bâti que le chœur, qui est d'une élévation et d'une légèreté admirables. Le duc de Bourgogne, Charles-le-Téméraire, croyant emporter cette ville d'emblée en 1472, y donna un assaut général; les bourgeois commençaient à plier, lorsque les femmes de la ville, conduites par Jeanne Hachette, accoururent à la brèche, où, combattant avec intrépidité, elles repoussèrent les ennemis : depuis cette époque, il s'y faisait tous les ans une procession célèbre, dite la *procession de l'assaut*, où les femmes marchaient les premières, même avant le corps de ville. On y compte 13,000 habitans. C'est la patrie du grammairien Restaut et du savant abbé Lenglet-Dufresnoy.

Outre le commerce de toiles que fait cette ville, il y a une riche manufacture de tapisseries établie en 1664 par l'illustre Colbert. On y exécute les grands sujets, quoiqu'en *basse-lice*; elle a été cependant plus connue jusqu'ici par ses jolies tentures de pastorales et de fêtes champêtres recherchées dans toute l'Europe.

Clermont, sur une hauteur, à 6 l. E. de Beauvais, renferme 2,720 habitans.

Senlis, sur la petite rivière de Nonette, à 10 l. S. E. de Beauvais, est bâtie sur le penchant d'un coteau presque entouré d'une grande forêt. On y compte 5,100 habitans. L'église de Senlis est célèbre par la hauteur et par la délicatesse du travail de son clocher.

Compiègne, sur l'Oise, à 12 l. E. de Beauvais, a un très-beau château royal, bâti à la moderne. La Pucelle d'Orléans y fut prise en 1430. La forêt de Compiègne est tout près de la ville. 8,880 habitans.

13. Le département de l'Orne est formé de la partie

ouest du Perche et de la partie sud de la Normandie. Il tire son nom de la rivière d'Orne, qui y prend sa source. *Bornes :* au N. les départemens du Calvados et de l'Eure, — à l'E. celui d'Eure-et-Loir, — au S. ceux de la Sarthe et de la Mayenne, — à l'O. celui de la Manche. Rivières principales : l'Orne, la Sarthe et l'Huîne. Sa superficie est de 322 lieues carrées, et sa population s'élève à 441,881 habitans. Productions : blé, chanvre, grains, pâturages, salines, bois de construction, chevaux et bestiaux ; eaux minérales, carrières de marbre. Industrie : toile, dentelle, savon. — 14e. division militaire ; diocèse de Séez, cour royale de Caen. — Chef-lieu : *Alençon*. Trois sous-préfectures : *Domfront, Argentan, Mortagne*.

ALENÇON, grande et belle ville, située sur la Sarthe, dans une campagne fertile, à 38 l. O. S. O. de Paris, est recommandable par ses toiles, ses dentelles, dites *point d'Alençon*, et par ses pierres que l'on nomme diamans d'Alençon. Population : 15,000 habitans.

A 3 l. N. de Mortagne, dans un vallon entouré de montagnes, est l'ancienne abbaye de la *Trappe*, jadis occupée par des Bernardins réformés, et célèbre par le silence et les austérités que pratiquaient ses religieux.

14. Le département du PAS-DE-CALAIS se forme de l'Artois, du Boulonnais et du pays Reconquis ; il doit son nom au détroit qui le sépare de l'Angleterre. Bornes : au N. le Pas-de-Calais, — à l'E. le département du Nord, — au S. celui de la Somme, — à l'O. la Manche. Rivières principales : la Lys, la Scarpe, la Canche, l'Authie et l'Aa. Superficie : 357 lieues carrées. Population : 655,215 habitans. Productions : blé, seigle, chanvre, lin, houblon, laines, charbon de terre. Industrie : toiles, draps, raffineries. — 16e. division militaire ; diocèse d'Arras, cour royale de Douay. — Chef-lieu : *Arras*. Cinq sous-préfectures : *Béthune, Boulogne, Montreuil, St-Omer, St-Pol*.

ARRAS, *évêché*, ancienne capitale de l'Artois, située sur la Scarpe, à 38 l. N. de Paris. Louis XIII prit cette ville en 1640 sur les Espagnols. 23,420 habitans.

Boulogne, à l'embouchure de la Liane, a des bains de mer fréquentés et 20,860 hab., sans compter près de 5,000 Anglais.

Saint-Omer, sur l'Aa, à 17 l. N. N. O. d'Arras, est une ville grande, belle et forte qui fut prise par les Français en 1677 après la défaite des Alliés près de Cassel. On y fabrique des draps, serges, pannes, etc. Population : 19,500 habitans.

Lens, petite ville, sur le ruisseau de Souchets, à 4 l. N. E. d'Arras, est célèbre par la victoire que le grand Condé, alors duc d'Enghien, y remporta sur l'archiduc Léopold, en 1648. Pop. : 2,560 habitans.

Calais, ville maritime, à 70 l. N. de Paris et 8 l. S. E. de Douvres en Angleterre, est avantageusement située pour le commerce sur le détroit ou *Pas de Calais*. Assiégés par les Anglais en 1347, les habitans se défendirent courageusement une année entière, et ne se rendirent que faute de vivres. Edouard III ne voulant pas leur accorder de capitulation, se laissa enfin toucher par la générosité de six principaux bourgeois, qui vinrent en chemise et la corde au cou, se dévouer à la mort, pour sauver leurs concitoyens : il accorda la vie aux habitans ; mais ils furent dépouillés et chassés : toutes les villes du royaume les reçurent généreusement et à l'envi. Cette ville ne fut reprise que plus de deux cents ans après, en 1558, par le duc de Guise. Le port y est assez bon : on s'y embarque pour l'Angleterre. Elle a 10,440 habitans.

15. Le département du Bas-Rhin est ainsi appelé de son éloignement de la source du Rhin. Il est formé de la partie nord de l'Alsace. *Bornes* : au N. le cercle bavarois du Rhin, — à l'E. le Rhin, — au S. le département du Haut-Rhin, — à l'O. les départemens de la Meurthe, de la Moselle et des Vosges. Rivières principales : le Rhin, la Bruche, l'Ill et la Lauter. Superficie : 375 lieues carrées. Population : 540,213 habitans. Productions : il est très-fertile en blé et en seigle ; mines de différens métaux, eaux minérales. Industrie : laine, poudre à tirer, etc. — 5ᵉ. division militaire ; diocèse de Strasbourg, cour royale de Colmar. — Chef-lieu : *Stras-*

bourg. Trois sous-préfectures: *Wissembourg, Sélestat, Saverne.*

STRASBOURG, *évêché*, ancienne capitale de l'Alsace, est située sur l'Ill, à 93 l. E. de Paris. Elle n'est éloignée du Rhin que d'un quart de lieue. Louis XIV s'en rendit maître en 1681; la paix des Pyrénées et la paix de Ryswyk lui en confirmèrent la possession.

La citadelle et plusieurs autres forts la rendent presque imprenable. Les six premiers magistrats de cette ville devaient faire preuve de roture : au contraire, les chanoines de la cathédrale devaient être au moins comtes de l'empire, et faire preuve de seize quartiers; l'évêque devait être pris de leur corps, et c'était le plus riche évêché de la France : il valait plus de cinq cent mille francs par an. Le clocher de cette église est parfaitement beau; c'est une tour haute de 574 pieds, avec sept cents marches. Son horloge a passé pour un ouvrage incomparable par la quantité de ses machines, qui font mouvoir tous les astres qui y sont représentés, et tourner divers cadrans qui marquent les heures du jour, les phases de la lune et le cours des planètes. Les Luthériens y ont quelques églises; c'est dans l'une d'elles, celle de St.-Thomas, qu'est enterré le maréchal de Saxe. La population de Strasbourg est de 50,000 habitans.

SAVERNE, petite ville, à 9 l. N. O. de Strasbourg, où l'on voyait la belle maison de plaisance des évêques de Strasbourg, qui a été brûlée en 1779, contient 5,106 habitans.

LE FORT-LOUIS a été construit en 1689 par le maréchal de Vauban, sur une île du Rhin, à 9 l. N. de Strasbourg.

16. Le département de la SEINE est formé du centre de l'Ile-de-France, et doit son nom à la Seine, qui le traverse en entier. *Bornes* : au N., à l'E., au S. et à l'O. le département de Seine-et-Oise. Rivières principales : la Seine, la Bièvre et la Marne. Superficie : 24 lieues carrées. Population : 1,013,373 habitans. Productions : blé, vins médiocres, gibier, volaille, légumes, fruits. Industrie : librairie, ouvrages de goût dans

tous les genres.— 1ʳᵉ. division militaire ; diocèse et cour royale de Paris.— Chef-lieu : *Paris*. Deux sous-préfectures : *Saint-Denis*, *Sceaux*.

Paris est la capitale du royaume de France, et l'était de l'Ile-de-France en particulier. C'est une ville des plus considérables par son antiquité, sa grandeur, la magnificence de ses monumens, le nombre de ses habitans, ses richesses et son commerce. Les sciences et les arts y fleurissent également ; son université était la plus célèbre de l'Europe, surtout pour la faculté de théologie. Il y a quatre académies royales qui composent un institut royal : l'académie française, l'académie des sciences, celle des inscriptions et belles-lettres et celle des beaux-arts. Elle a encore une société de chirurgie établie en 1731, et confirmée par le roi en 1748, et une société royale de médecine établie en 1776. On y compte en outre plusieurs sociétés de sciences et arts, telle que la société d'encouragement, la société d'agriculture, etc. La Seine la divise en deux parties, l'une au nord et l'autre au midi. Le quartier appelé *Cité* est au milieu de la ville dans une île que forme la Seine ; du temps des premiers rois de France, Paris n'occupait qu'une partie de cette île, et passait cependant pour une place importante, à cause de sa situation.

Il y a cinq principales bibliothèques à Paris : celle du Roi, rue de Richelieu ; celle du collége Mazarin, celle de l'Arsenal, celle de Sainte-Geneviève et celle de la Ville. On y remarque particulièrement le musée royal de peinture et de sculpture, le musée d'histoire naturelle au Jardin des Plantes, le conservatoire des arts et métiers, etc.

Paris a plus de onze cents rues, et environ cinquante mille maisons (1) ; il y avait quarante-six paroisses, qui ont été réduites à douze, et à vingt-quatre succursales, et plus de trente hôpitaux, dont le premier est l'Hôtel-

---

(1) Dès l'an 1685, on y en comptait vingt-trois-mille deux cent vingt-trois, sans celles qui étaient sur les derrières. *Paris, ancien et nouveau*, tome I, p. 6.

Dieu. Cette ville contient, d'après le dernier recensement, 900,000 habitans. Paris, autrefois évêché, fut érigé en archevêché par le pape Grégoire XV, l'an 1672: Louis XIV y avait attaché en 1672 la seigneurie de Saint-Cloud, avec titre de duché-pairie; la maison d'Orléans ne possédait dans ce bourg que le beau palais de ce nom, qui aujourd'hui est une maison royale, où le roi passe ordinairement la belle saison.

Depuis environ trente ans, la ville de Paris a été considérablement embellie par les nombreux travaux qu'on y a exécutés. Aucune ville de l'univers ne peut le lui disputer, ni pour la somptuosité et le nombre de ses édifices publics ou particuliers, ni pour la grandeur et la beauté de ses quais, ni pour la magnificence de ses nouveaux monumens nationaux, ni pour l'étendue de son commerce, ni pour l'industrie de ses habitans : aussi tous les étrangers à qui leur fortune permet de voyager, s'empressent-ils de la visiter.

SAINT-DENIS, à 2 l. N. de Paris, ville autrefois célèbre par son abbaye et son riche trésor, est la sépulture ordinaire des rois de France et des princes et princesses du sang royal. Louis-le-Grand avait attaché le revenu de la mense abbatiale à la maison de Saint-Cyr, proche Versailles, fondée pour l'éducation de deux cent cinquante demoiselles nobles, en 1686; cette dernière maison est maintenant une école militaire établie par le gouvernement, où sont formés des officiers pour l'armée. La population de Saint-Denis est de 9,700 âmes.

VINCENNES, bourg à une l. E. de Paris, a un château où plusieurs rois ont fait leur séjour. Charles V y est né. La tour du château était jadis une prison d'état. Population : 2,890 habitans.

SCEAUX, bourg à 1 l. et demie S. de Paris, avait un très-beau château bâti par Colbert, avec un grand et superbe parc; l'un et l'autre ont été détruits à l'époque de la révolution. Ce bourg est connu par ses marchés de bestiaux pour l'approvisionnement de Paris. 1,700 habitans.

17. Le département de la Seine-Inférieure est ainsi nommé de ce que la Seine y a son embouchure. Il est formé de la partie nord de la Normandie. Bornes : au N. et à l'O. la Manche, — à l'E. les départemens de la Somme et de l'Oise, — au S. celui de l'Eure. Rivières principales : la Seine, l'Arques, l'Epte et la Brêle. Superficie : 357 lieues carrées. Population : 693,683 habitans. Productions : grains, chanvre, lin, pâturages, bestiaux; fruits, beaucoup de pommes à cidre; toile, dentelles, drap. — 14ᵉ. division militaire; diocèse et cour royale de Rouen. — Chef-lieu : *Rouen*. Quatre sous-préfectures : *Dieppe*, *Le Havre*, *Neufchâtel*, *Yvetot*.

Rouen, à 28 l. N. O. de Paris, est le siége d'un archevêque qui prenait autrefois le titre de primat de Neustrie. Cette ville, riche, grande, peuplée et fort marchande, avait trente-six paroisses, et plus de cinquante couvens de religieux et religieuses. Elle a un port sur la Seine, où il vient des vaisseaux de 250 tonneaux; les plus grands s'arrêtent et déchargent les marchandises à Quillebœuf, vingt lieues au-dessous. L'ancien pont de cette ville est d'une structure particulière : il est de bois, pavé et construit sur des bateaux; il hausse et baisse avec le flux et le reflux. Cette ville est la patrie des deux *Corneille* et de *Fontenelle*; de *Jacques* et de *Henri Basnage*, de *Samuel Bochard*, du P. *Daniel*, du P. *Brumoy*, du peintre *Jouvenet*, etc. Les rues y sont petites et étroites, et les maisons mal bâties; mais on y remarque de superbes édifices gothiques. Ses principales fabriques sont celles des toiles et autres étoffes connues sous le nom de rouenneries. C'est à Rouen que les Anglais firent périr Jeanne d'Arc qui sauva la France sous Charles VII. 95,000 habitans.

Le Havre, ville située à l'embouchure de la Seine, à 20 l. O. de Rouen, est bien bâtie et a un très-bon port. Louis XIV l'a rendue presque imprenable : c'était un des départemens de la marine de France sur l'Océan; elle a donné naissance aux *Scudéry* et à *Bernardin-de-St.-Pierre*. 27,000 habitans.

Moderne. 97

Dieppe, à 14 l. N. O. de Rouen, est une jolie ville, avec un bon port; elle fut bombardée par les Anglais en 1694, et on l'a rebâtie plus belle et plus régulière. Ses habitans découvrirent la Guinée au milieu du quatorzième siècle, et en rapportèrent des dents d'éléphans, qu'ils s'appliquèrent à travailler : ils y réussirent, et ils ont fait depuis un riche commerce de toutes sortes d'ouvrages d'ivoire. Ce commerce est bien tombé, depuis que le luxe et la mode ont fait succéder à l'ivoire des matières plus précieuses, l'or et l'argent. 16,100 habitans.

Caudebec, sur la Seine, à 7 l. O. N. O. de Rouen, a vu tomber aussi sa fabrique de chapeaux du même nom, à mesure que notre ancien commerce du Canada a rendu plus communs ceux que l'on fait de poil de castor, et que d'autres fabriques de ce genre ont été établies dans plusieurs autres villes de France. 2,900 habitans.

Yvetot, petite ville, à 2 l. N. E. de Caudebec, a été honorée par quelques-uns de nos historiens du titre de royaume, sur un fondement qui paraît romanesque. Elle appartenait à la maison d'Albon. 9,100 habitans.

Aumale, petite ville, à 15 l. N. E. de Rouen : elle avait titre de duché, et est connue par les belles serges qui s'y fabriquent. 2,000 habitans.

Le bourg de Forges, à 9 l. N. E. de Rouen, est renommé pour ses eaux minérales; et la ville d'Elbeuf, sur la Seine, à 4 l. S. de Rouen, pour ses draps.

18. Le département de Seine-et-Marne doit son nom à sa situation relativement à ces deux rivières. Il est formé de la partie sud-est de l'Ile-de-France. *Bornes* : au N. les départemens de l'Oise et de l'Aisne, — à l'E. ceux de la Marne et de l'Aube, — au S. ceux de l'Yonne et du Loiret, — à l'O. celui de Seine-et-Oise. Rivières principales : la Seine, la Marne, le Grand-Morin et l'Yonne. Superficie : 310 lieues carrées. Population : 323,893 habitans. Productions : blé, vins médiocres, grains, fromages (surtout ceux de Brie), pâturages, chasselas (dit de Fontainebleau), bois, charbon, pierres à meules de moulin. Industrie : verrerie, acier. — 1re. division militaire; diocèse de Meaux, cour royale de Paris. — Chef-lieu : *Melun*;

Crozat. — Géogr. Mod. 5

quatre sous-préfectures : *Fontainebleau*, *Provins*, *Meaux*, *Coulommiers*.

MELUN, ancienne ville, située sur la Seine, qui la divise en trois parties, à 10 l. S. E. de Paris, est mal bâtie et l'air y est peu sain. C'est la patrie d'Amyot, traducteur de Plutarque. 7,000 habitans.

MEAUX, à 10 l. N. E. de Paris, ancienne capitale de la Brie champenoise, *évêché*, est jolie et peuplée ; son terroir est fertile en blé, vin et bois. C'est de ses prairies que viennent ces fromages de Brie si renommés. Le grand Bossuet, son évêque, l'a rendue célèbre. 8,540 habitans.

BRIE-COMTE-ROBERT, ou BRIE-SUR-YÈRES, petite ville, ancienne capitale de la Brie française, à 7 l. S. E. de Paris, fut fondée par Robert de France, comte de Dreux. Ses marchés sont considérables. 2,800 habitans.

MONTEREAU, petite ville, au confluent de l'Yonne et de la Seine, a un pont où Jean-Sans-Peur, duc de Bourgogne, fut assassiné en 1419. Elle a 4,160 habitans.

FONTAINEBLEAU, belle ville, au milieu d'une vaste forêt ; célèbre par son château royal. 8,122 habitans.

19. Le département de SEINE-ET-OISE se forme de la partie sud de l'Ile-de-France. Il est ainsi nommé parce qu'il est baigné par ces deux rivières. *Bornes* : au N. le département de l'Oise, — à l'E. celui de Seine-et-Marne, — au S. celui du Loiret, — à l'O. ceux de l'Eure et d'Eure-et-Loir ; il entoure le département de la Seine. Rivières principales : la Seine, l'Oise et la Marne. Superficie : 298 lieues carrées. Popul. : 448,180 hab. Productions : blé, vins, cidre, légumes, fruits, bois, bestiaux et laine. Industrie : armes, porcelaine. — 1re. division militaire ; diocèse de Versailles ; cour royale de Paris. —Chef-lieu : *Versailles*. Cinq sous-préfectures : *Etampes*, *Pontoise*, *Mantes*, *Corbeil* ; *Rambouillet*.

VERSAILLES, *évêché*, ville et château royal, est située à 4 l. O. de Paris. On ne peut rien voir de plus magnifique ni de plus régulier que le château ; la chapelle est d'un goût exquis, les appartemens sont d'une très-grande richesse ; Louis XIV, qui n'a rien négligé pour l'embellir, y a dépensé près de deux cents millions, sans y comprendre les jardins, qui ont été replantés par Louis XV. Il s'était établi dans cette ville depuis 1792 une manufacture d'armes qui a produit un grand nombre de chefs-d'œuvre dans ce genre; elle n'existe plus. Versailles renferme 28,500 habitans. C'est la patrie de Philippe V, roi d'Espagne, de Louis XV et de l'abbé de l'Epée.

Pontoise, à 7 l. N. O. de Paris, est ainsi nommée de la rivière d'Oise, sur laquelle elle est située. Les Anglais s'en emparèrent d'une façon singulière, en 1433 : dans un temps de neige, ils s'approchèrent des murs pendant la nuit, habillés de blanc eux-mêmes; et avec des échelles blanches, ils l'escaladèrent avant que les sentinelles s'en aperçussent. Cette ville a 5,460 habitans.

Le parlement de Paris a été quelquefois transféré à Pontoise, comme il arriva en 1720 et en 1753.

Mantes, à 9 l. N. E. de Versailles, a un très-beau pont sur la Seine. 4,150 habitans. A une lieue est le château de Rosny.

Corbeil, sur la Seine, à 8 l. S. E. de Versailles, fut vainement assiégée par le duc de Bourgogne, en 1418, et par les calvinistes, en 1562; mais le duc de Parme la prit en 1595, après un mois de siége. 3,800 habitans.

Rambouillet a un ancien *château royal* et 3,150 h.

Poissy, ancienne petite ville, sur la rive gauche de la Seine, à 6 l. N. O. de Paris, est remarquable par son marché de bestiaux. C'est la patrie de saint Louis. 2,850 habitans.

Saint-Germain-en-Laye est située sur une hauteur, auprès d'une forêt, à 5 l. O. de Paris. Son château royal, bâti depuis plusieurs siècles, a été considérablement augmenté par Louis XIV. On y admire une superbe terrasse. Cette ville est la patrie de Henri II, de Charles IX et de Louis XIV. On y compte 11,000 habitans.

Montmorency, petite ville à 4 l. N. de Paris, érigée en duché-pairie par Henri II, en faveur du fameux connétable de Montmorency, le fut depuis en 1633, sous le titre d'Enghien, en faveur de Henri de Bourbon, né posthume. 1,800 habitans.

MONTLHÉRY, petite ville, à 7 l. S. O. de Versailles. Il s'y donna en 1465 une bataille entre Louis XI et Charles, duc de Berry, son frère : 1570 habitans.

20. Le département de la SOMME doit son nom à la rivière qui l'arrose. Il est formé de la Haute-Picardie. *Bornes :* au N. le département du Pas-de-Calais,—à l'E. ceux du Nord et de l'Aisne,—au S. ceux de l'Oise et de la Seine-Inférieure, — à l'O. la Manche. Rivières principales : la Somme et l'Authie. Superficie : 330 lieues carrées. Population : 543,704 habitans. Productions : grains, pâturages, tourbe, chanvre. Industrie : toile, bonneterie.— 16e. division militaire; diocèse et cour royale d'Amiens. —Chef-lieu : *Amiens.* Quatre sous-préfectures : *Abbeville, Doullens, Montdidier, Péronne.*

AMIENS, *évêché*, sur la Somme, à 26 l. N. de Paris, est grande et assez forte; il y a une riche fabrique de petites étoffes de laine et de poils de chèvre, pluches, camelots, velours, pannes à ramages, façon de velours d'Utrecht ; sa pâtisserie de canards est estimée. Elle est remarquable par le traité de paix conclu entre la France et l'Angleterre en 1802. C'est la patrie de Voiture, de l'historien Du Cange et du poète Gresset. On y compte 45,000 habitans.

Le cours nommé *l'Hautoy* est une promenade charmante; il est bien placé, bien planté, avec un grand canal et d'autres belles pièces d'eau. Les Espagnols prirent Amiens par ruse en 1597 : ils firent déguiser en paysans des soldats qui conduisaient une charrette chargée de noix, et sitôt que la porte fut ouverte, ils en délièrent un sac que la garde s'avisa de piller ; aussitôt les prétendus paysans se saisirent d'eux et de la porte, et, soutenus à propos, se rendirent maîtres de la ville.

Henri IV la reprit glorieusement la même année, et y fit bâtir une citadelle. La nef de l'église cathédrale passe pour une des plus belles de France.

PÉRONNE, place assez forte, est à 33 l. N. de Paris. Louis XI y fut arrêté par le comte de Charollais; et avant lui Charles-le-Simple y était mort enfermé dans le château. La Somme en remplit les fossés. On y fabrique des toiles. Sa population est de 3,802 habitans.

ABBEVILLE, sur la Somme, à 10 l. N. O. d'Amiens, est grande et peuplée; elle a donné naissance à plusieurs géographes, aux deux célèbres Sanson, à Pierre Duval, etc. Cette ville a une riche manufacture de serges, de bouracans, de pluches, et principalement de ces beaux draps dits de Van Robais, du nom d'un habile ouvrier que Louis XIV y attira de Hollande, et combla de bienfaits: les bâtimens de cette manufacture sont beaux, commodes, vastes, et annoncent la magnificence de ce roi; l'ordre qui règne parmi les milliers d'ouvriers qui travaillent est admirable. On emploie dans ces draps de la laine d'Espagne. On y en fabrique chaque année pour des sommes considérables. On compte dans la ville 19,220 habitans.

CRÉCY, bourg, à 4 l. N. d'Abbeville, n'est fameux que par la bataille que Philippe de Valois y perdit en 1346 contre les Anglais, beaucoup plus faibles que lui, mais qu'il attaqua imprudemment, au lieu de les harceler et de les envelopper: il y périt trente mille hommes de troupes réglées, et le lendemain autant de milices, et les Anglais n'étaient guère que douze à treize mille; mais on prétend qu'ils s'y servirent de canons, les premiers qu'on eût encore vus.

SAINT-VALERY-SUR-SOMME, petit port, à l'embouchure de la Somme, dont l'entrée est périlleuse, à 4 l. N. O. d'Abbeville. 3,300 habitans.

RÉGION DU MILIEU.

21. Le département de l'AIN se forme de la partie sud-est de la Bourgogne, qui comprenait la Bresse, le Bugey, la principauté de Dombes et le pays de Gex. Il doit son nom à l'Ain, qui le traverse. *Bornes*: au N. les départemens de Saône-et-Loire et du Jura, — à l'E. la Savoie et le canton suisse de Genève, — au S. le département de l'Isère, — à l'O. ceux du Rhône et de Saône-et-Loire. Rivières principales: le Rhône, la Saône, la Veyle et l'Ain. Superficie: 287 lieues carrées. Population: 346,030 habitans. Productions: blé, menus grains, vins, fruits, pâturages, volaille et bestiaux.

Industrie: cotonnades, tapis, verreries. — 7e. division militaire; diocèse de Belley, cour royale de Lyon. — Chef-lieu: *Bourg*. Quatre sous-préfectures: *Belley, Nantua, Trévoux, Gex.*

BOURG, ancienne capitale de la Bresse, sur le bord de la Reyssouse, à 86 l. S. E. de Paris, renferme 9,000 habitans. C'est la patrie du grammairien Vaugelas et de l'astronome Lalande.

NANTUA, sur un petit lac du même nom, est une ville très-industrieuse. 3,701 habitans.

FERNEY, à 2 l. S. de Gex, est célèbre par le séjour de Voltaire. 1,700 habitans.

22. Le département de l'ALLIER se forme du Bourbonnais, et doit son nom à l'Allier, qui le traverse. *Bornes:* au N. les départemens de la Nièvre et du Cher, — à l'E. ceux de Saône-et-Loire et de la Loire, — au S. le département du Puy-de-Dôme, — à l'O. ceux de la Creuse et du Cher. Rivières principales: l'Allier, la Loire et le Cher. Superficie, 376 lieues carrées. Population: 298,300 habitans. Productions: blé, grains, vins, charbon de terre, poissons, bestiaux, fer et eaux minérales. Industrie: quincailleries, pelleteries. — 15e. division militaire; diocèse de Moulins, cour royale de Riom. — Chef-lieu: *Moulins*. Trois sous-préfectures: *Gannat, Montluçon, La Palisse.*

MOULINS, *évêché*, ancienne capitale du Bourbonnais, grande et belle ville, sur l'Allier, presqu'au centre de la France, dans une campagne agréable et fertile, à 60 l. S. E. de Paris, renferme 14,700 habitans. C'est la patrie des maréchaux de Berwick et de Villars.

BOURBON-L'ARCHAMBAULT, OU LES BAINS, petite ville à 6 l. O. de Moulins, et VICHY, petite ville à 15 l. S. S. E. de Moulins, sont célèbres par leurs eaux minérales chaudes. La première a donné son nom à la maison royale de France, dont elle est l'ancien domaine: Robert de Clermont, fils de St.-Louis, épousa l'héritière du Bourbonnais, et eut d'elle Louis, premier du nom, duc de Bourbon, dont Henri IV descendait.

SEPT-FONDS, abbaye de Citeaux, à 6 l. E. de Moulins, était connue par sa réforme semblable à celle de la Trappe.

23. Le département de l'AUBE, formé de la partie sud de la Champagne, doit son nom à l'Aube, qui se jette dans la Seine un peu au-dessous de Troyes. *Bornes*: au N. le département de la Marne, — à l'E. celui de la Haute-Marne, — au S. ceux de la Côte-d'Or et de l'Yonne, — à l'O. ceux de l'Yonne et de Seine-et-Marne. Rivières principales : la Seine et l'Aube. Sa superficie est de 305 lieues carrées, et sa population, de 243,661 habitans. Productions : peu de blé, mais vins excellens, beurre, laines et bestiaux. Industrie : toile, bonneteries. — 18e. division militaire ; diocèse de Troyes, cour royale de Paris. — Chef-lieu : *Troyes*. Quatre sous-préfectures : *Bar-sur-Aube, Nogent-sur-Seine, Arcis-sur-Aube, Bar-sur-Seine.*

TROYES, *évêché*, ancienne et grande ville, sur la Seine, à 36 l. S. E. de Paris, était autrefois la capitale de la Champagne ; les comtes y faisaient leur résidence. Elle a vu naître le fameux Girardon, sculpteur, et le peintre Mignard. Population : 29,150 habitans.

BAR-SUR-AUBE compte 3,900 habitans. Elle fut ruinée par Attila.

24. Le département de la CHARENTE doit son nom à la Charente, qui le traverse. Il est formé de l'Angoumois et d'une partie de la Saintonge. *Bornes :* au N. les départemens des Deux-Sèvres et de la Vienne, — à l'E. celui de la Haute-Vienne, — au S. le département de la Dordogne, — à l'O. celui de la Charente-Inférieure. Rivières principales : la Charente, la Vienne et la Dronne. Superficie : 286 lieues carrées. Population : 562,540 habitans. Productions : grains, vins, eau-de-vie, lin, bois merrain, mines de fer, bétail. Industrie : charronnage, fonderie de canons, faïence. — 20e. division militaire ; diocèse d'Angoulême, cour royale de Bordeaux. — Chef-lieu : *Angoulême*. Quatre sous-préfectures : *Cognac, Ruffec, Confolens, Barbezieux.*

ANGOULÊME, *évêché*, sur la rive gauche de la Charente, à 91 l. S. S. O. de Paris, est une assez belle ville. Son principal commerce consiste en papier. L'amiral Coligny prit cette ville en 1568. On y compte 15,300 hab.

Cognac, sur la Charente, à 9 l. O. d'Angoulême, est une petite ville fort connue pour ses excellentes eaux-de-vie. François 1er. y prit naissance. 3,410 habitans.

Jarnac, petite ville, à 2 l. E. de Cognac, est fameuse par la victoire que remporta Henri, duc d'Anjou, frère de Charles IX, sur les calvinistes, en 1569; le prince de Condé, qui les commandait, y fut tué par Montesquiou. 2,282 habitans.

25. Le département de la Charente-Inférieure est formé d'une partie de la Saintonge et du pays d'Aunis. Il doit son nom à la Charente, qui y a son embouchure. *Bornes* : au N. les départemens de la Vendée et des Deux-Sèvres,— à l'E. celui de la Charente, — au S. E. le département de la Dordogne, — au S. celui de la Gironde, — à l'O. l'Atlantique. Rivières principales : la Gironde, la Seudre et la Charente. Superficie : 333 lieues carrées. Population : 445,250 habitans. Productions : blé, vins, lin, chanvre, eau-de-vie, sel, poissons. Industrie : porcelaine, bonneteries. — 12e. division militaire; diocèse de La Rochelle, cour royale de Poitiers. — Chef-lieu : *La Rochelle*. Cinq sous-préfectures : *Saintes, Rochefort, St.-Jean-d'Angély, Marennes, Jonzac*.

La Rochelle, *évêché*, à 97 l. S. O. de Paris, est une ville qui n'est pas d'une grande étendue, mais jolie, bien bâtie et riche; le siège épiscopal de Maillezais y fut transféré en 1648. Les calvinistes rebelles prirent cette ville en 1568, et ce fut leur place d'armes jusqu'en 1628, où elle se rendit après un siége qui coûta à Louis XIII plus de quarante millions, le cardinal de Richelieu, qui le dirigeait, ayant été obligé de faire construire une digue de 747 toises, pour empêcher tout secours par mer. Les vaisseaux qui font le commerce d'Amérique abordent d'ordinaire dans ce port qui est commode et sûr : l'entrée en est défendue par deux tours éloignées l'une de l'autre seulement de sept toises, avec une chaîne qui ferme le port pendant la nuit. La Rochelle a donné naissance au célèbre Réaumur. Elle a 14,640 hab.

Saintes, autrefois capitale de la Saintonge, à 16 l. S. E. de La Rochelle, est très-ancienne. Du temps des Romains, c'était une ville considérable; aujourd'hui elle ne contient que 10,440 âmes. On y voit des restes d'antiquités.

Rochefort, à 7 l. S. de La Rochelle, est une jolie ville située près de l'embouchure de la Charente, et bien fortifiée. Elle fut bâtie en 1664, par Louis XIV. Elle a une fonderie de canons, une fort belle corderie, de beaux magasins pour les vaisseaux, et un magnifique hôpital. Son port est commode. L'air y est malsain. 14,040 habitans.

St.-Jean-d'Angély, à 6 l. N. de Saintes, sur la Boutonne, avait d'assez belles fortifications que Louis XIII fit démolir. 6,031 habitans.

Taillebourg, sur la Charente, à 2 l. N. de Saintes, est célèbre par la bataille de ce nom, gagnée sur les Anglais par Saint Louis en 1242.

Soubise, simple bourg, près de l'embouchure de la Charente, avait le titre de principauté.

L'île d'Oleron, fertile en blé et en vin, a le bourg d'Oleron assez bien fortifié: 16,300 habitans.

L'île de Rhé est extrêmement fertile en vin; on en fait des eaux-de-vie fort estimées: 9,800 habitans.

Ces deux îles dépendent du département de la Charente-Inférieure.

26. Le département du Cher est formé de la partie orientale du Berry. Il doit son nom au Cher, qui le traverse. *Bornes:* au N. le département du Loiret, — à l'E. celui de la Nièvre, — au S. les départemens de la Creuse et de l'Allier, — à l'O. ceux de l'Indre et de Loir-et-Cher. Rivières principales: le Cher, la Loire et l'Allier. Superficie: 360 lieues carrées. Population: 256,060 habitans. Productions: blé, vin, chanvre, lin, bois, châtaignes, moutons, laines très-estimées. Industrie: draps, verreries, tuileries. — 15e. division militaire; diocèse et cour royale de Bourges. — Chef-lieu: *Bourges.* Deux sous-préfectures: *St.-Amand, Sancerre.*

Bourges, *archev.*, à 60 l. S. de Paris, dans une belle plaine, presqu'au centre de la France, sur les petites rivières d'Yèvre et d'Auron, est une grande ville,

* 5

assez considérable, dont l'archevêque prenait la qualité de patriarche et primat d'Aquitaine; mais celui de Bordeaux lui disputait ce titre. C'est le lieu de naissance de Louis XI, qui y fonda une université. Son église cathédrale est l'un des plus beaux édifices de l'Europe. Sa population est de 19,740 habitans.

Cette ville a vu naître le P. *Bourdaloue* et le P. *d'Orléans*, jésuites célèbres.

SANCERRE, à 10 l. N. E. de Bourges, est une petite ville fameuse par l'horrible famine qu'elle souffrit pendant le siége de près de huit mois qu'elle soutint, en 1573, contre le roi Charles IX. On y mangea les cuirs, les parchemins, et les bêtes les plus immondes; un père et une mère s'y nourrirent même de la chair de leur enfant, mort de besoin. Elle se rendit enfin à discrétion, et fut presque toute détruite. 3,040 habitans.

27. Le département de la CÔTE-D'OR doit son nom à une petite chaine de montagnes très-fertiles en vignobles. Il se forme de la partie orientale de la Bourgogne. *Bornes* : au N. les départemens de la Haute-Marne et de l'Aube, — l'E. ceux de la Haute-Saône et du Jura, — au S. le département de Saône-et-Loire, — à l'O. ceux de la Nièvre et de l'Yonne. Rivières principales : l'Armançon, l'Ouche, la Seine et la Saône. Sa superficie est de 579 lieues carrées, et sa population, de 375,900 habitans. Productions : grains, vins, moutarde (de Dijon), miel, cire, mines de fer et de plomb, carrières de marbre. Industrie : toile, laine, charbon. — 18e. division militaire; diocèse et cour royale de Dijon. — Chef-lieu : *Dijon*. Trois sous-préfectures : *Beaune*, *Semur*, *Châtillon-sur-Seine*.

DIJON, *évêché*, ancienne capitale de la Bourgogne, à 73 l. S. O. de Paris, est grande, bien peuplée et fort ancienne; c'était en cette ville que se tenaient les états de la province. Elle fut incendiée en 1137; elle eut un parlement en 1477, un évêque en 1731, une université pour le droit, des académies des sciences et de peinture. On y admire la flèche de l'églises St.-Benigne, ainsi que le portail de NotreDame et de St.-Michel. Elle a produit des grands hommes en tout genre, tels que Jean-

Moderne.

sans-Peur, Philippe-le-Bon, Saumaise, Crébillon, Piron, le musicien Rameau, le célèbre Bossuet, etc. Sa population est de 25,560 habitans.

Hors de la ville était un riche monastère de Chartreux, où reposaient les cendres des ducs de Bourgogne, sous des tombeaux magnifiques, qui ont été détruits en 1793.

A 5 l. S. de Dijon, on trouve Cîteaux, fameuse abbaye, chef-d'ordre.

Celle de Cluny, aussi chef-d'ordre, est à 4 l. N. O. de Mâcon. Son église était la plus grande de toute la France.

BEAUNE, à 9 l. S. de Dijon, est aussi une ville fort ancienne. Le pays des environs est fertile, principalement en vins excellens. 9,910 habitans.

28. Le département de la CREUSE est formé de la partie nord-est du Limousin et de la partie orientale de la Marche. Il doit son nom à la Creuse, qui l'arrose. *Bornes :* au N. le dép. de l'Indre, — à l'E. ceux de l'Allier et du Puy-de-Dôme, — au S. celui de la Corrèze, à l'O. celui de la Haute-Vienne. Rivières principales : la Creuse, la Gartempe et le Cher. Sa superficie est de 383 lieues carrées, et sa population, de 265,385 habitans. Productions : seigle, menus grains, pâturages, châtaignes, bestiaux, laines, sel. Industrie : gros draps, tapis, toile. — 15e. division militaire ; diocèse et cour royale de Limoges. — Chef-lieu : *Guéret*. Trois sous-préfectures : *Aubusson, Bourganeuf, Boussac*.

GUÉRET, ancienne capitale de la Haute-Marche, est située dans un fond, près de la Creuse, à 86 l. S. de Paris. 3,930 habitans.

AUBUSSON, à 8 l. S. E. de Guéret, sur la Creuse, possède une manufacture de tapisseries estimées. 4,850 hab.

29. Le département du DOUBS est formé de la partie du centre de la Franche-Comté, et doit son nom au Doubs, qui le traverse. *Bornes :* au N. les départemens du Haut-Rhin et de la Haute-Saône, — à l'E. et au S. la Suisse, — à l'O. le dép. du Jura. Rivières principales : le Doubs, l'Oignon et la Loue. Superficie : 265 lieues

carrées. Population : 265,535 habitans. Productions : blé, vins, pâturages, bestiaux, bois, charbon de terre, ardoises, marbres, mines de fer, fromages. Industrie : armes, clous, verreries. — 6ᵉ. division militaire, diocèse et cour royale de Besançon.—Chef-lieu : *Besançon.* Trois sous-préfectures : *Montbéliard*, *Pontarlier*, *Baume-les-Dames.*

Besançon, *archevéc.*, à 100 l. S. E. de Paris, est une ville belle, forte et très-ancienne, avec une bonne citadelle sur un rocher élevé qui domine la ville; elle était au nombre des villes impériales avant l'échange que l'empereur Ferdinand III en fit, en 1644, avec le roi d'Espagne pour Frankenthal. Elle fut assiégée et prise les deux fois que Louis-le-Grand conquit la Franche-Comté. Elle offre plusieurs restes d'antiquités romaines, tels que les murs d'un amphithéâtre, les ruines de quelques temples et d'un arc de triomphe. Sa population est de 30,000 hab.

30. Le département d'Eure-et-Loir se forme de la partie ouest de l'Orléanais, et prend son nom de ces deux rivières qui le traversent. *Bornes* : au N. le département de l'Eure, — à l'E. ceux de Seine-et-Oise et du Loiret, — au S. celui de Loir-et-Cher, — à l'O. ceux de l'Orne et de la Sarthe. Rivières principales : l'Eure, l'Huîne et le Loir. Superficie : 210 lieues carrées. Sa population est de 278,820 habitans. Productions : blé, vins, grains, bois, laines. Industrie : draps, coton, papier. — 1ʳᵉ. division militaire : diocèse de Chartres, cour royale de Paris.—Chef-lieu : *Chartres.* Trois sous-préfectures : *Nogent-le-Rotrou*, *Châteaudun*, *Dreux.*

Chartres, ancienne capitale de la Beauce, sur un terrain élevé et sur l'Eure, à 20 l. S. O. de Paris, a 15,400 habitans. Sa cathédrale est un des plus beaux monumens de la France; on admire surtout les clochers.

Dreux, à 7 l. N. N. O. de Chartres, est la patrie du poète Rotrou. Il s'y livra, en 1562, sous Charles IX, une fameuse bataille, où le prince de Condé fut fait prisonnier. Henri IV la prit en 1593. Population : 6,300 habitans.

31. Le département du Finistère, qui est formé de

la partie ouest de la Bretagne, doit son nom à sa position à l'extrémité occidentale du royaume. *Bornes* : au N., la Manche, à l'O. et au S. l'Atlantique, — à l'E. les départemens des Côtes-du-Nord et du Morbihan. Rivières principales : l'Aulne, la Morlaix, le Landerneau et l'Odet. Superficie : 343 l. carrées. Popul. : 524,395 hab. Productions : blé, grains, vins, chanvre, miel, cire, beurre, chevaux, bestiaux, ardoises, plomb et poissons de toute espèce. Industrie : toile, cire, cuirs, suif. — 13e. division militaire ; diocèse de Quimper, cour royale de Rennes. — Chef-lieu : *Quimper*. Quatre sous-préfectures : *Brest, Morlaix, Quimperlé, Châteaulin.*

QUIMPER, sur l'Odet, *évêché*, à 132 l. O. de Paris, renferme 9,860 habitans ; elle est assez mal bâtie.

BREST est une place forte, à 146 l. O. p. S. de Paris ; son port est un des plus beaux et des meilleurs de l'Europe : il est dans une baie dont l'entrée est fort étroite. Les vaisseaux y sont toujours à flot. C'est le premier département de la marine de la France ; et comme on y fait les armemens les plus considérables, il y a de fort beaux magasins et un bel arsenal. Elle a 29,900 habitans.

MORLAIX, à 16 l. N. N. E. de Quimper, a un petit port sur la Manche, avec une rade commode. 10,000 habitans.

32. Le département d'ILLE-ET-VILAINE se forme de la partie orientale de la Bretagne, et doit son nom aux deux rivières qui l'arrosent. *Bornes* : au N. la Manche et le département de ce nom, — à l'E. celui de la Mayenne, — au S. celui de la Loire-Inférieure, — à l'O. les départemens des Côtes-du-Nord et du Morbihan. Rivières principales : la Vilaine, la Rance et l'Ille. Superficie : 275 lieues carrées. Sa population est de 547,052 habitans. Productions : blé, grains, lin, chanvre, bois, bestiaux, mines de plomb, beurre, huîtres et poissons. Industrie : toile, serge, chapeaux. — 13e. division militaire, diocèse et cour royale de Rennes. — Chef-lieu : *Rennes*. Cinq sous-préfectures : *St.-Malo, Vitré, Fougères, Redon, Montfort-sur-Meu.*

RENNES, *évêché*, ancienne capit. de la Bretagne, à 89

l. O. p. S. de Paris, était le siége d'un parlement et le lieu où se tenaient ordinairement les Etats. La ville est embellie depuis l'incendie de 1720, qui y consuma 850 maisons. On y compte 30,000 habitans.

Saint-Malo, à 89 l. O. p. S. de Paris, est une petite ville très-peuplée et fort marchande, avec un bon port, dont l'entrée est difficile à cause des rochers qui s'y trouvent. Elle n'est jointe à la terre que par une chaussée longue d'environ un quart de lieue. Les Malouins acquirent beaucoup de réputation et de richesses dans les dernières guerres de Louis XIV, par la quantité de prises qu'ils firent sur les Anglais et les Hollandais. Sa population est de 10,000 habitans.

33. Le département de l'Indre doit son nom à l'Indre, qui le traverse, et il se forme de la partie ouest du Berry. *Bornes* : au N. le département de Loir-et-Cher, — à l'E. celui du Cher, — au S. ceux de la Haute-Vienne et de la Creuse, — à l'O. ceux d'Indre-et-Loire et de la Vienne. Rivières principales : la Creuse et l'Indre. Sa superficie est de 332 lieues carrées, et sa population, de 245,289 habitans. Productions : blé, vins, bois, chanvre, bestiaux, moutons, volaille, laines, plumes d'oie. Industrie : bonneterie, cuirs. — 15e. division militaire; diocèse et cour royale de Bourges. — Chef-lieu : *Châteauroux*. Trois sous-préfectures : *Issoudun, Le Blanc, La Châtre*.

Châteauroux est situé dans une belle et vaste plaine, sur l'Indre, à 66 l. S. S. O. de Paris. Son commerce le plus important est celui de laines qui ont beaucoup de réputation. On y compte 11,590 habitans.

Issoudun fabrique de bons draps. 17,100 habitans.

34. Le département d'Indre-et-Loire doit son nom à ces deux rivières qui le traversent. Il est formé de la Touraine. *Bornes* : au N. le département de la Sarthe, — à l'E. ceux de Loir-et-Cher et de l'Indre. — au S. celui de la Vienne, — à l'O: celui de Maine-et-Loire. Rivières principales : la Loire, l'Indre, la Vienne et le Cher. Superficie : 342 lieues carrées. Population : 297,106 habitans. Productions : blé, vins, liqueurs, fruits, pruneaux renommés, anis, huile, plumes d'oie, pier-

res à fusil. Industrie : papier, cuirs, laines. — 4e. division militaire; diocèse de Tours, cour royale d'Orléans. — Chef-lieu : *Tours*. Deux sous-préfectures : *Chinon*; *Loches*.

Tours, *archevêché*, sur la Loire, à 57 l. S. O. de Paris, est une ville très-ancienne, belle et assez grande. Elle a une fort belle cathédrale dédiée à Saint-Gatien. Saint-Martin, à l'autre extrémité de la ville, était une des plus anciennes et des plus illustres collégiales du monde chrétien ; cette église fut pillée dans les guerres civiles par les calvinistes, qui enlevèrent une quantité étonnante d'ornemens précieux, de vases, de reliquaires, etc, dont la dévotion des princes, et surtout de ceux des premières races des rois français, l'avait enrichie.

On fabrique à Tours beaucoup d'étoffes de soie. Cette ville est la patrie de Destouches et du père Rapin, auteur du poème latin *des Jardins*. On y compte 23,240 habit.

Marmoutier, célèbre abbaye aux portes de Tours, appartenait à la congrégation de Saint-Maur. L'église et les bâtimens étaient admirables.

Le Plessis-lès-Tours, à un quart de lieue de la ville, était une maison royale dans laquelle Louis XI passa les dernières années de sa vie. Il fit faire au bout du parc, pour Saint-François-de-Paule, qu'il avait attiré d'Italie, une belle maison qui fut le berceau de l'ordre des Minimes.

Chinon, ancienne ville, située sur la Vienne, dans un pays agréable et fertile, à 9 l. S. O. de Tours, compte 6,916 habitans. Cette ville fut le séjour de Charles VII lorsque les Anglais occupaient Paris et une grande partie de la France. Rabelais naquit auprès de Chinon.

Amboise, au-dessus de Tours, sur la Loire, à 48 l. S. O. de Paris, a un assez beau château, où Charles VIII naquit, passa sa jeunesse, et mourut subitement en regardant jouer à la paume. On fabrique dans cette petite ville de grosses étoffes, qui portent le nom de draps d'Amboise. Elle est célèbre par la conjuration qui porte son nom. 4,613 habitans.

Loches, à 55 l. S. O. de Paris, petite ville, sur l'Indre, peu éloignée de Fromenteau, où naquit la célèbre Agnès Sorel, qui se servit de l'ascendant qu'elle avait sur l'esprit de Charles VII pour le porter à la gloire, soutenir son trône chancelant, et arracher aux Anglais le sceptre français, qu'ils tenaient presque entier. 4,800 habit.

La Haye, gros bourg près de Loches, a vu naître dans le dix-septième siècle, René Descartes, un des plus grands philosophes qui aient existé.

Richelieu, à 11 l. N. de Poitiers, n'était qu'un village avant que le cardinal de Richelieu, qui en fit bâtir toutes les maisons belles et régulières avec un magnifique château, fit ériger cette nouvelle ville en duché en 1631. Elle a 8,200 habitans.

35. Le département du Jura est formé de la partie sud de la Franche-Comté. Il doit son nom à une chaîne de montagnes assez élevées qui le sépare de la Suisse. *Bornes :* au N. le département de la Haute-Saône, — à l'E. celui du Doubs et la Suisse, — au S. le département de l'Ain, — à l'O. ceux de la Côte-d'Or et de Saône-et-Loire. Rivières principales : l'Ain, la Loue et le Doubs. Superficie : 256 lieues carrées. Population : 312,504 hab. Productions : peu de grains, vins, eau-de-vie, fromages de Gruyère, gibier et volaille, carrières de plâtre, salines, eaux minérales. Industrie : cotons filés, cuirs, tôle. — 6e. division militaire; diocèse de St.-Claude et cour royale de Besançon. — Chef-lieu : *Lons-le-Saunier.* Trois sous-préfectures : *Dôle, Poligny, Saint-Claude.*

Lons-le-Saunier, sur la petite rivière de Vaillière, est une ville ancienne et médiocrement belle, de 8,000 hab. Sa situation est très-agréable. Le sol très-fertile et les coteaux voisins produisent d'excellens vins blancs. Cette ville tire son nom des sauneries qu'elle renferme, destinées à l'exploitation des sources salées. A 105 l. de Paris.

Dôle, sur le Doubs, à 10 l. S. O. de Besançon, était autrefois capitale; ses fortifications ont été démolies, et son université transférée à Besançon. 9,930 habitans.

Arbois, à 11 l. S. O. de Besançon, est une ville célèbre par le bon vin de ses environs. 6,749 habitans.

Saint-Claude, *évêché*, petite ville, à 23 l. S. de

Besançon, fut presque détruite en 1799 par un incendie. Elle avait une abbaye célèbre qui forma après sa sécularisation un chapitre noble ; 5,230 habitans.

SALINS, ville située entre deux montagnes, à 8 l. S. de Besançon, doit son nom à une source salée qui sert à faire du sel, dont le domaine tire un grand revenu. 6,560 h. Elle fut presque détruite par un incendie en 1825.

36. Le département de LOIR-ET-CHER doit son nom à ces deux rivières qui le traversent. Il se forme de la partie sud-ouest de l'Orléanais. *Bornes* : au N. le département d'Eure-et-Loir, — à l'E. ceux du Loiret et du Cher, — au S. celui de l'Indre, — à l'O. ceux d'Indre-et-Loire et de la Sarthe. Rivières principales : la Loire, le Loir, le Cher et la Saudre. Superficie : 340 lieues carrées. Population : 235,750 habitans. Productions : grains, vins, bois et eau-de-vie. Industrie : draps, cotonnades. — 4e. division militaire ; diocèse de Blois, et cour royale d'Orléans. — Chef-lieu : *Blois*. Deux sous-préfectures : *Vendôme, Romorantin*.

BLOIS, *évêché*, ancienne ville, sur la Loire, est à 46 l. S. O. de Paris ; c'est dans son château que le duc de Guise, chef de la Ligue, fut tué avec son frère le cardinal, aux états qu'Henri III y avait convoqués en 1586. Gaston de France, qui s'y était retiré après les troubles de la minorité de Louis XIV, avait commencé à le rebâtir à la moderne ; il n'est pas achevé. Le pont de cette ville est un des plus beaux de l'Europe ; il est surtout remarquable par un obélisque de cent pieds de hauteur, et d'un travail fort délicat. Blois est la patrie de Louis XII, et de Henri de Lorraine, duc de Guise. On y compte 13,140 habitans.

VENDÔME, sur le Loir, à 8 l. N. O. de Blois, a 7,780 habitans. Tous les ans on délivrait à Vendôme, le jour de Saint-Lazare, un prisonnier condamné à mort, mais dont le crime était rémissible ; c'est Louis de Bourbon qui avait fait ce vœu lorsqu'après la bataille d'Azincourt il devint prisonnier des Anglais.

ROMORANTIN, sur la Saudre, ville de 6,990 âmes, à 12 l. S. E. de Blois, était le principal lieu du petit pays dit la *Sologne*.

37. Le département de la Loire est formé de la partie ouest du Lyonnais et d'une partie du Forez. Il doit son nom à la Loire, qui le traverse. *Bornes* : au N. le département de Saône-et-Loire, — à l'E. les départemens du Rhône et de l'Isère, — au S. ceux de la Haute-Loire et de l'Ardèche, — à l'O. ceux du Puy-de-Dôme et de l'Allier. Rivières principales : la Loire, le Rhône et le Furand. Superficie : 260 lieues carrées. Population : 391,216 habitans. Productions : grains, vins, fruits, chanvre, charbon de terre, mines de fer, eaux minérales. Industrie : quincaillerie, rubans. — 19e. division militaire, diocèse et cour royale de Lyon. — Chef-lieu : *Montbrison*. Deux sous-préfectures : Saint-Etienne, Roanne.

Montbrison, ancienne capitale du Forez, est située sur le Vizezy, à 114 l. S. S. E. de Paris; 5,270 habitans. Il y a des eaux minérales dans son territoire.

Saint-Etienne, à 7 l. S. E. de Montbrison, renferme 33,070 âmes. Elle a des manufactures d'armes, de coutellerie, de quincaillerie, de serrurerie et de rubans de soie, qui jouissent de beaucoup de réputation. Son territoire renferme des mines d'excellent charbon de terre. Cette ville est située sur un ruisseau appelé le *Furand*, dont les eaux sont particulièrement propres à la trempe de l'acier.

Roanne, sur la rive gauche de la Loire, à 11 l. N. de Montbrison, renferme 9,260 habitans. Cette ville n'était guère qu'un village au commencement du 18e. siècle.

38. Le département de la Loire-Inférieure est ainsi nommé de la Loire, qui le traverse pour s'aller jeter dans la mer sur les côtes de ce département. Il est formé de la partie sud-est de la Bretagne. *Bornes* : au N. le département d'Ille-et-Vilaine, — à l'E. celui de Maine-et-Loire, — au S. celui de la Vendée, — à l'O. l'Atlantique et le département du Morbihan. Rivières principales : la Loire, la Vilaine, l'Erdre et la Sèvre-Nantaise. Superficie : 388 lieues carrées. Population : 470,093 habitans. Productions : blé, grains, chanvre, bois, bestiaux, car-

Moderne. 115

rières de marbre, poissons de toute espèce. Industrie: toile, draps, velours. — 12ᵉ. division militaire; diocèse de Nantes, cour royale de Rennes.—Chef-lieu: *Nantes*. Quatre sous-préfectures: *Paimbœuf, Châteaubriant, Ancenis, Savenay.*

NANTES, *évêché*, à 95 l. S. O. de Paris, est la ville la plus peuplée, la plus marchande et la plus riche de la Bretagne; son commerce maritime est considérable. Les gros vaisseaux ne peuvent pas remonter la Loire jusqu'à Nantes, et s'arrêtent à Paimbœuf, huit lieues au-dessous. La ville a un beau château, et les environs en sont charmans. La population de Nantes est de 88,000 hab.

Henri IV y donna, en 1593, en faveur des calvinistes, le fameux *édit de Nantes*, révoqué en 1685 par Louis XIV.

PAIMBŒUF, qui n'était qu'un hameau au commencement du 18ᵉ. siècle, est devenu un endroit assez important, par le commerce maritime de Nantes. 3,700 habit.

39. Le département du LOIRET se forme de la partie nord de l'Orléanais, et doit son nom à la petite rivière de Loiret qui se jette dans la Loire au-dessous d'Orléans. *Bornes* : au N. les départemens d'Eure-et-Loir, de Seine-et-Oise et de Seine-et-Marne, — à l'E. celui de l'Yonne, —au S. ceux de la Nièvre et du Cher, — à l'O. celui de Loir-et-Cher. Rivières principales: la Loire, le Loing et le Loiret. Superficie : 357 lieues carrées. Population : 305,278 habitans. Productions du sol : grains, vins, vinaigre, safran, eau-de-vie, beurre et laines. Industrie : bonneterie, papier, raffineries de sucre. — 1ʳᵉ. division militaire; diocèse et cour royale d'Orléans. — Chef-lieu : *Orléans*. Trois sous-préfectures: *Montargis, Gien, Pithiviers.*

ORLÉANS, ville belle, grande et fort marchande, *évêché*, à 28 l. S. S. O. de Paris, s'appelait *Genabum* lorsque César la prit et la brûla; Aurélien la répara et lui donna son nom (*Aurelianum*). Cette ville était l'apanage des seconds fils de France; elle était autrefois la capitale d'un royaume qui en portait le nom. Elle fut assiégée par les Anglais à la fin de 1428 : Charles VII, qui était à Chinon, ayant fait attaquer un grand convoi de provisions de carême qui venait au camp anglais, le fameux comte de Dunois, qui commandait les Français, fut défait; cette bataille fut nommée la bataille des Harengs. Les assiégés, à l'extrémité, allaient capituler, quand ils furent secourus par une jeune fille nommée *Jeanne d'Arc*, célèbre sous le nom de *Pucelle d'Orléans* : elle entra dans la ville avec le secours qu'on lui avait confié; en enlevant tous les forts des Anglais dans les fréquentes sorties qu'elle faisait, elle les força de lever le siége le 8 mai 1429. Le pont sur la Loire est magnifique. La cathédrale est une des plus belles églises de France. La population d'Orléans est de 42,000 âmes.

Cléry, à 3 l. S. O. d'Orléans, est une petite ville dont l'église est dédiée à Notre-Dame : on y voyait le tombeau de Louis XI et sa statue en marbre; elle était anciennement en argent.

Montargis, sur le Loing, ville assez jolie, à 30 l. S. de Paris, était de l'apanage du duc d'Orléans. Patrie du peintre Girodet. 6,790 habitans.

Briare, sur la Loire, à 18 l. S. E. d'Orléans, est très-connu à cause du canal de ce nom qui y commence, et qui, par une quarantaine d'écluses, pendant douze lieues de chemin, joint la Loire au canal de Loing, près de Montargis, et par-là à la Seine à Moret : il fut achevé le 20 mars 1614, après plusieurs interruptions. 2,730 habitans.

Le canal d'Orléans fut fait vingt ans après dans le même dessein; il commence un peu au-dessus d'Orléans, débouche dans le Loing à Buges, deux lieues au-dessous de Montargis, traverse en grande partie la forêt d'Orléans, et a 30 écluses.

40. Le département de Maine-et-Loire est formé de la plus grande partie de l'Anjou. Il est ainsi nommé de la rivière que forme la réunion de la Sarthe et de la Mayenne, et de la Loire qui traverse ce département. *Bornes* : au N. les départemens de la Sarthe et de la Mayenne, — à l'E. celui d'Indre-et-Loire, — au S. ceux de la Vienne, des Deux-Sèvres et de la Vendée, — à l'O. celui de la Loire-Inférieure. Rivières principales : la

Loire, la Maine, la Sarthe, la Mayenne et le Loir. Superficie : 386 lieues carrées. Population : 467,870 habit. Productions : blé, grains, vins, lin, chanvre, fruits, bois, eau-de-vie, ardoises, marbre, chevaux et bestiaux. Industrie : salpêtre, verreries, raffineries de sucre. — 4e. division militaire; diocèse et cour royale d'Angers. — Chef-lieu : *Angers.* Quatre sous-préfectures : *Saumur, Baugé, Beaupréau, Segré.*

ANGERS, *évêché*, sur la Maine, à 68 lieues S. O. de Paris, est grande et bien bâtie, et a un château-fort : la cathédrale est un grand vaisseau isolé et sans bas-côtés.

Il se faisait dans cette ville, à la Fête-Dieu, une procession célèbre, dite *le Sacre.* Elle possédait une université dont la fondation remontait à Saint-Louis. 35,000 habitans.

SAUMUR, à 73 l. S. de Paris, est une petite ville sur la Loire, mal bâtie, avec un château ancien et fort, où l'on enfermait souvent des prisonniers. 10,660 habitans.

On a ouvert depuis plusieurs années, à trois lieues de Saumur, près de la petite ville de Doué, une abondante mine de charbon de terre; et l'on a trouvé à côté un ouvrage des Romains, dont a parlé Juste-Lipse, qui en fait la description : c'est un amphithéâtre vaste et profond, à l'épreuve du temps, puisqu'il a été creusé à la pointe du ciseau dans un roc vif. On voit encore au fond, autour de l'arène, les loges pour les animaux qu'on y faisait combattre.

La petite ville de *Fontevrault*, à 3 l. S. E. de Saumur, avait une célèbre abbaye de filles.

41. Le département de la HAUTE-MARNE est ainsi appelé de la Marne qui y prend sa source. Il est formé de la partie sud-est de la Champagne. *Bornes* : au N. les départemens de la Marne et de la Meuse, — à l'E. le département des Vosges, — au S. ceux de la Côte-d'Or et de la Haute-Saône, — à l'O. les départemens de la Côte-d'Or et de l'Aube. Rivières principales : la Marne, la Meuse, la Suize et l'Aube. Superficie : 331 lieues carrées. Population : 249,827 habitans. Productions : blé, vins, chanvre, pâturages, bestiaux, bois et mines de fer. Industrie : draps, gants, cuirs. —

18e. division militaire; diocèse de Langres, et cour royale de Dijon. — Chef-lieu: *Chaumont*. Deux sous-préfectures: *Langres*, *Vassy*.

CHAUMONT, située sur une montagne, entre la Suize et la Marne, à 59 l. E. S. E de Paris, renferme 6,320 habitans. C'est la patrie du sculpteur Bouchardon.

LANGRES, *évêché*, sur une montagne, près de la Marne, à 8 l. S. S. E. de Chaumont, est située dans le point le plus élevé de la France. Elle fut prise et brûlée par Attila; elle éprouva le même sort de la part des Vandales. On a trouvé plusieurs antiquités romaines dans ses environs. Patrie de Diderot. 8,000 habitans.

JOINVILLE, sur la Marne, à 10 l. S. O. de Bar-le-Duc, a eu pour seigneur, *Jean*, *Sire de Joinville*, qui a écrit l'histoire de Saint-Louis, et qui est inhumé dans l'église du château. Cette ville avait été érigée en principauté en faveur des Guises. C'est la patrie du fameux cardinal de Lorraine. On lui donne 3,035 habitans.

BOURBONNE-LES-BAINS, sur l'Apance, est célèbre par ses eaux minérales chaudes, à 7 l. E. N. E. de Langres.

42. Le département de la MAYENNE doit son nom à la Mayenne, qui le traverse; il est formé d'une partie du Maine et de la partie septentrionale de l'Anjou. *Bornes*: au N. les départemens de l'Orne et de la Manche, — à l'E. celui de la Sarthe, — au S. celui de Maine-et-Loire, — à l'O. celui d'Ille-et-Vilaine. Rivière principale: la Mayenne. Superficie: 276 lieues carrées. Population: 352,586 habitans. Productions: blé, grains, vins, chanvre, lin, fruits, soie, eau-de-vie, miel et huile de noix. Industrie: toiles, boissellerie. — 4e. division militaire; diocèse du Mans, cour royale d'Angers. — Chef-lieu: *Laval*. Deux sous-préfectures: *Mayenne*, *Château-Gonthier*.

LAVAL, ville médiocre, sur la Mayenne, à 65 l. O. p. S. de Paris, compte 16,410 habitans. Elle a de nombreuses fabriques de toiles dont les produits sont très-estimés.

MAYENNE, à 7 l. N. N. E. de Laval, sur la rivière

Moderne.

de son nom, a 10,000 habitans On y fabrique beaucoup de toiles et de mouchoirs.

Chateau-Gontiier, sur la Mayenne, à 6 l. S. de Laval, fabrique également des toiles. 6,150 habitans.

43. Le département du Morbihan doit son nom au Morbihan, canal qui sert d'entrée au golfe de Vannes. Il est formé de la partie sud de la Bretagne. *Bornes :* au N. le département des Côtes-du-Nord, — à l'E. celui d'Ille-et-Vilaine, — au S. l'Atlantique et le département de la Loire-Inférieure, — à l'O. celui du Finistère. Rivières principales : la Vilaine et le Blavet. Sa superficie est de 358 lieues carrées, et sa population s'élève à 433,522 habitans. Productions : grains, pâturages, bestiaux, chevaux et beaucoup de poissons. Industrie : cire, toile, charbon. — 13e. division militaire ; diocèse de Vannes, cour royale de Rennes. — Chef-lieu : *Vannes*. Trois sous-préfectures : *Lorient*, *Ploërmel*, *Pontivy*.

Vannes, *évêché*, communique à l'Atlantique par le canal du Morbihan, et a un port capable de contenir plusieurs vaisseaux. C'était une république du temps de César. 110,00 habitans. Elle est à 126 l. O. p. S. de Paris.

Lorient, à 135 l. O. p. S. de Paris, est une jolie ville, avec un bon port, qu'on commença à bâtir en 1735, dans la même baie que Port-Louis : la vente des marchandises des Indes qui s'y faisait tous les ans, y attira bien des habitans. Les Anglais tentèrent en vain de s'en emparer en 1746. On y compte 18,325 hab.

Belle-Ile, île à 12 l. S. de Lorient, fait partie de ce département. Elle a environ 5 l. de long sur 2 de large, et renferme 8,240 habitans. On y trouve des plaines assez fertiles et des rochers escarpés.

44. Le département de la Nièvre, qui se forme du Nivernais, doit son nom à la Nièvre, qui se jette dans la Loire à Nevers. *Bornes :* au N. les départemens de l'Yonne et du Loiret, — à l'E. ceux de la Côte-d'Or et de Saône-et-Loire, — au S. celui de l'Allier, — à l'O. celui du Cher. Rivières principales : la Loire, l'Yonne, l'Allier et la Nièvre. Superficie : 373 lieues carrées.

Sa population s'élève à 282,521 habitans. Les productions sont les mêmes que dans le département de l'Allier. Industrie : ancres, clous, cuirs. — 15e. division militaire ; diocèse de Nevers, cour royale de Bourges. — Chef-lieu : *Nevers*. Trois sous-préfectures : *Clamecy*, *Cône*, *Château-Chinon*.

Nevers, *évêché*, ancienne capitale du Nivernais, est bâtie en amphithéâtre sur la Loire, à 60 l. S. S. E. de Paris. C'est la patrie du poète Adam Billaut, connu sous le nom de maître Adam ou du menuisier de Nevers. 15,150 habitans.

Cône, sur la rive droite de la Loire, à 11 l. N. N. O. de Nevers, a une fabrique d'ancres pour la marine. 5,987 habitans.

Château-Chinon, sur l'Yonne, à 13 l. E. de Nevers, a une manufacture considérable d'étoffes de laine. 3,870 habitans.

45. Le département du Puy-de-Dôme doit son nom au Puy-de-Dôme, montagne élevée de 817 toises au-dessus du niveau de la mer. Il est formé de la partie nord de l'Auvergne. *Bornes :* au N. le département de l'Allier, — à l'E. celui de la Loire. — au S. les départemens du Cantal et de la Haute-Loire, — à l'O. ceux de la Corrèze et de la Creuse. Rivières principales : l'Allier, la Dore et la Sioule. Sa superficie est de 465 lieues carrées, et sa population, de 573,106 habitans. Productions : blé, vins, fruits, lin, chanvre, eau-de-vie, huile de noix, fromages, eaux minérales. Industrie : toile, quincaillerie. —19e. division militaire ; diocèse de Clermont-Ferrand, cour royale de Riom. — Chef-lieu : *Clermont-Ferrand*. Quatre sous-préfectures : *Riom*, *Thiers*, *Ambert*, *Issoire*.

Clermont-Ferrand, *évêché*, ancienne capitale de l'Auvergne, à 98 l. S. de Paris, est grande et peuplée. Dans un concile qui s'y tint en 1096, fut prêchée par le pape Urbain V, et résolue, la première croisade, dans laquelle le reste de six cent mille croisés, qui arriva jusqu'à Jérusalem, prit cette ville et y couronna Godefroy de Bouillon.

Clermont a vu naître le célèbre *Pascal;* et ce fut

Moderne.

sur le Puy-de-Dôme, montagne voisine, que ce grand génie fit faire les premières expériences sur la pesanteur de l'air. Cette ville n'est pas moins glorieuse d'avoir eu Massillon pour évêque. Popul. : 30,000 hab.

On voit dans cette ville une source pétrifiante qui a formé insensiblement une muraille de plus de 140 pas de long, et d'une hauteur de 15 à 20 pieds en certains endroits, ainsi qu'un petit pont sous lequel passe la petite rivière de Tiretaine.

Riom, à 3 l. N. de Clermont-Ferrand, capitale du ci-devant duché d'Auvergne, est situé dans le beau canton dit la *Limagne*; la ville est jolie, mais peu commerçante. 12,400 habitans.

A 8 l. N. de Clermont-Ferrand, la maison d'Orléans possédait le duché de Montpensier et le Dauphiné d'Auvergne, où est Aigueperse, petite ville de 3,220 habitans, auprès de laquelle on voit une fontaine où l'eau bout à gros bouillons, quoique froide au toucher; Aigueperse a donné naissance au chancelier Michel de l'Hôpital.

46. Le département du Haut-Rhin est formé de la partie de l'Alsace la plus rapprochée de la source du Rhin, d'où lui vient le nom de Haut-Rhin. *Bornes*: au N. le département du Bas-Rhin, — à l'E. le Rhin, — au S. la Suisse, — à l'O. les départemens des Vosges, de la Haute-Saône et du Doubs. Rivières principales : le Rhin, la Savoureuse et l'Ill. Superficie : 360 lieues carrées. Population : 424,258 habitans. Productions : grains, légumes, lin, chanvre, fruits, garance, vins, bois, mines de fer et de plomb, charbon de terre. Industrie : laine, coton, papier. — 5ᵉ. division militaire; diocèse de Strasbourg, cour royale de Colmar. — Chef-lieu : *Colmar*. Deux sous-préfectures : *Béfort, Altkirch*.

Colmar, ville autrefois impériale, est située près de l'Ill, dans une belle plaine, à 120 l. E. p. S. de Paris. Population : 15,500 habitans.

Neuf-Brisach est une petite ville bâtie sous Louis XIV; et fortifiée par Vauban d'une manière nouvelle, vis-à-vis du Vieux-Brisach, le Rhin entre deux : c'est une des

Crozat. — *Géogr. Med.*

plus régulières de l'Europe : les rues y sont tirées au cordeau ; elle est à 16 l. S. de Strasbourg. 2,010 habit.

Mulhouse, ville située sur l'Ill, à 6 l. S. de Colmar, était alliée aux Suisses. Il y a de riches manufactures de draps, de mousselines, de toiles de coton, etc. : 14,000 habitans.

Huningue, petite ville, près de Bâle, sur le Rhin ; ses fortifications ont été détruites par les alliés en 1815. Elle a 1,500 habitans.

47. Le département du Rhône doit son nom au Rhône, qui le baigne. Il est formé de la partie est du Lyonnais. *Bornes :* au N. le département de Saône-et-Loire, — à l'E. ceux de l'Ain et de l'Isère, — au S. le département de la Loire, — à l'O. ceux de Saône-et-Loire et de la Loire. Rivières principales : le Rhône et la Saône. Sa superficie est de 137 lieues carrées, et sa population s'élève à 434,430 habitans. Productions : grains, vins, marrons, pâturages et mines de fer. Industrie : soieries, velours, coton. — 7e. division militaire ; diocèse et cour royale de Lyon. — Chef-lieu : *Lyon.* Une seule sous-préfecture : *Villefranche.*

Lyon, *archevêché*, grande et célèbre ville, au confluent du Rhône et de la Saône, à 104 l. S. E. de Paris. Elle fut fondée 41 ans avant J.C., par le consul Munacius-Plancus, sur la rive droite de la Saône, lorsqu'elle fut détruite par un incendie terrible, dans l'espace d'une nuit ; Lyon fut dans la suite rebâti où il est actuellement. On voit encore quelques vestiges des magnifiques ouvrages des Romains.

L'hôtel-de-ville de Lyon est le plus beau de l'Europe, après celui d'Amsterdam.

Il y a le long du Rhône un superbe quai, dont la longueur est de plus d'une lieue. On admire encore à Lyon le grand hôpital, bâti sur les dessins de Soufflot ; l'ancienne abbaye de St.-Pierre, l'église cathédrale de St.-Jean, le dôme de l'église des Chartreux, la bibliothèque publique renfermant 120,000 vol., etc.

En 1793, les Lyonnais, s'étant révoltés, soutinrent pendant trois mois, avec leurs propres forces, un siége mémorable, contre une armée républicaine de plus de 60,000 hommes, et ne se rendirent qu'à la dernière extrémité, après des actes d'une valeur éprouvée.

La richesse de Lyon vient de ses superbes fabriques d'étoffes de soie, d'or et d'argent, dont elle fournit toute l'Europe, et de quelques autres fabriques dont les produits sont estimés. Sa population est de 160,000 âmes. Elle possède une académie des belles-lettres et un collège royal.

Les dehors de Lyon, le long du Rhône et de la Saône, sont ornés de quantité de belles maisons de campagne.

Cette ville a vu naître les empereurs Claude et Marc-Aurèle, le botaniste de Jussieu et le graveur Audran. Plusieurs autres personnages célèbres dans la littérature, les sciences et les arts, y ont pris naissance.

VILLEFRANCHE, jolie petite ville, près de la Saône, à 6 l. N. N. O. de Lyon, ne consiste guère qu'en une grande et belle rue, longue de 1,200 pas.

Elle est assez commerçante, et renferme 6,460 habitans. Elle avait une académie de belles-lettres, fondée en 1695.

BEAUJEU, petite ville, à 5 l. S. O. de Mâcon, a donné son nom à l'ancienne province de Beaujolais. On y voit encore le château des anciens seigneurs. Ses environs sont remplis d'excellens vignobles. 1,600 habitans.

CONDRIEU, petite ville connue par ses bons vins blancs, est à 5 l. S. de Lyon, sur le Rhône. 3,900 hab.

48. Le département de la HAUTE-SAÔNE est formé de la partie septentrionale de la Franche-Comté. Il doit son nom à sa position relativement à la Saône. *Bornes* : au N. le département des Vosges, — à l'E. celui du Haut-Rhin, — au S. ceux du Doubs et du Jura, — à l'O. ceux de la Haute-Marne et de la Côte-d'Or. Rivières principales : la Saône, le Drugeon et l'Oignon. Sa superficie est de 283 lieues carrées, et sa population, de 338,910 habitans. Productions : blé, vins, maïs, fruits, pâturages, bois, sel, bétail, charbon de terre, marbres, mines de fer, cuivre, plomb et eaux minérales. Industrie : tuileries, verreries. — 6e. division militaire ; diocèse et cour royale de Besançon. —

Chef-lieu : *Vesoul.* Deux sous-préfectures : *Gray*, *Lure.*

VESOUL, qui n'a que 5,600 habitants, a été en partie ruinée par les guerres. Elle est située sur le Drugeon, à 90 l. E. p. S. de Paris.

GRAY, à 10 l. S. O. de Vesoul, sur la Saône, a 6,000 habitans, et fait un commerce considérable de farines.

49. Le département de SAÔNE-ET-LOIRE doit son nom à ces deux rivières qui le traversent. Il est formé de la partie sud-ouest de la Bourgogne. *Bornes :* au N. le département de la Côte-d'Or, — à l'E. ceux du Jura et de l'Ain, — au S. ceux du Rhône et de la Loire, — à l'O. les départemens de l'Allier et de la Nièvre. Rivières principales : la Loire, la Saône, le Doubs, l'Arroux et le canal du Centre. Superficie : 451 lieues carrées. Population : 525,970 hab. Productions : blé, grains, vins, chanvre, bois, bestiaux, eaux minérales et charbon de terre. Industrie : cristaux, bonneteries. —18e. division militaire ; diocèse d'Autun, cour royale de Dijon.— Chef-lieu : *Mâcon.* Quatre sous-préfectures : *Châlons-sur-Saône*, *Autun*, *Louhans*, *Charolles.*

MACON, ancienne ville, sur la rive droite de la Saône, à 95 l. S. E. de Paris, contient 11,000 hab. Ses rues sont étroites et mal percées. On recueille dans son territoire de bons vins qui portent son nom.

CHALONS-SUR-SAÔNE, ancienne et assez jolie ville, est située à 90 l. S. E. de Paris, et renferme environ 12,220 habitans. Elle est environnée de vastes prairies, de campagnes fertiles et de belles forêts. Au 6e. siècle elle fut ruinée par Attila, et Lothaire la réduisit en cendres en 834.

AUTUN, *évêché*, sur l'Arroux, à 19 l. S. O. de Dijon, est la ville de France qui a les plus beaux restes d'antiquité, et en plus grand nombre ; son évêque était président né des Etats de Bourgogne. Elle est assez grande pour contenir 25,000 âmes, mais elle n'en renferme que 9,930. Les Sarrazins l'ont ruinée en 730. La reine Brunehaut y fut inhumée.

PARAY-LE-MONIAL, petite ville de 3,400 habitans, à l'O. de Charolles, est riche par ses mines de fer.

Charolles, petite ville assez ancienne, à 10 l. O. N. O. de Mâcon, ne compte que 3,000 habitans. Elle est à peu de distance du canal du Centre, qui unit la Saône et la Loire, et qui est d'une grande utilité pour l'exportation des bois et des charbons du département.

Bourbon-Lancy, petite ville, à 8 l. E. de Moulins, est connu par ses bains chauds d'eaux minérales.

50. Le département de la Sarthe est formé de la partie est du Maine. Il doit son nom à la Sarthe, qui le traverse. *Bornes* : au N. le département de l'Orne, — à l'E. ceux d'Eure-et-Loir et de Loir-et-Cher, — au S. ceux d'Indre-et-Loire et de Maine-et-Loire, — à l'O. le département de la Mayenne. Rivières principales : la Sarthe, l'Huîne et le Loir. Superficie : 333 lieues carrées. Sa population s'élève à 457,372 habitans. Productions : blé, millet, luzerne, grains, vins, bois, gommes, bestiaux, mines de fer, carrières de marbre et d'ardoises. Industrie : toiles, laines, cuirs. — 4e. division militaire; diocèse du Mans, cour royale d'Angers. — Chef-lieu : *Le Mans*. Trois sous-préfectures : *Mamers*, *La Flèche*, *St.-Calais*.

Le Mans, *évêché*, ancienne ville, sur la Sarthe, près de son confluent avec l'Huîne, à 54 l. O. p. S. de Paris, a une fabrique de belles étamines qui en portent le nom. On y fait un grand commerce de cire qu'on travaille et qu'on blanchit, et dont on fabrique de très-belle bougie. Elle a 19,800 habitans.

La Flèche, sur le Loir, à 56 l. S. O. de Paris, est une petite ville fort jolie. Les Jésuites y avaient autrefois un magnifique collége fondé par Henri IV ; le cœur de ce roi était conservé dans une chapelle de l'église, avec celui de son épouse Marie de Médicis. La Flèche renferme une école militaire préparatoire et 6,421 habit.

51. Le département des Deux-Sèvres doit son nom à deux petites rivières qui y prennent leur source. Il se forme de la partie centrale du Poitou. *Bornes* : au N. le département de Maine-et-Loire, — à l'E. celui de la Vienne, — au S. ceux de la Charente et de la Charente-Inférieure, — à l'O. celui de la Vendée. Rivières principales : la Sèvre-Niortaise et la Sèvre-Nantaise. Su-

perficie : 321 lieues carrées. Sa population s'élève 294,854 habitans. Productions : grains de toute espèce, laine et bestiaux. Industrie : bonneterie, planches. — 12ᵉ. division militaire; diocèse et cour royale de Poitiers. — Chef-lieu : *Niort*. Trois sous-préfectures : *Bressuire, Parthenay, Melle*.

Niort, ancienne ville, sur la Sèvre-Niortaise, à 10 l. S. O. de Paris, est grande mais mal bâtie. Madame de Maintenon naquit dans une prison de cette ville. Population : 16,200 habitans.

Bressuire, à 15 l. N. de Niort, a tellement souffert dans le temps de la guerre de la Vendée, qu'il n'y reste qu'une seule maison. Aujourd'hui on y compte 1,100 habitans.

52. Le département de la Vendée est formé de la partie ouest du Poitou. Il doit son nom à la Vendée, petite rivière qui le traverse. *Bornes* : au N. les départemens de la Loire-Inférieure et de Maine-et-Loire, — à l'E. celui des Deux-Sèvres, — au S. celui de la Charente-Inférieure, — à l'O. l'Atlantique. Rivières principales: la Vendée, la Laye et la Sèvre-Niortaise. Sa superficie est de 345 lieues carrées, et sa population, de 330,350 habitans. Productions: blé, grains, chanvre, lin, vins, pâturages, chevaux, mulets, bœufs et salines. Industrie : toiles, laine, papier. — 12ᵉ. division militaire; diocèse de Luçon, cour royale de Poitiers. — Chef-lieu : *Bourbon-Vendée*. Deux sous-préfectures: *Fontenay-le-Comte, Les Sables-d'Olonne*.

Bourbon-Vendée ou Napoléonville, bâtie sur l'emplacement de La Roche-sur-Yon, à 114 l. S. O. de Paris, compte 3,910 habitans. La difficulté des chemins rend cette ville peu commerçante.

Les Sables-d'Olonne est un port de mer assez commerçant. On y compte 5,000 habitans.

Sur les côtes de ce département sont les deux petites îles de Noirmoutier et d'Yeu, ayant chacune environ 3 l. de long sur deux de large.

53. Le département de la Vienne doit son nom à la Vienne, qui le traverse. Il est formé de la partie est du Poitou. *Bornes*: au N. les départemens d'Indre-et-Loire,

et de Maine-et-Loire, — à l'E. celui de l'Indre, — au S. ceux de la Charente et de la Haute-Vienne, — à l'O. celui des Deux-Sèvres. Rivières principales : la Vienne, la Creuse et le Clain. Superficie : 372 lieues carrées. Sa population s'élève à 282,731 habitans. Productions : blé, grains, vins, chanvre, miel, pruneaux et cidre. Industrie : bonneteries, laines. — 12º. division militaire ; diocèse et cour royale de Poitiers. — Chef-lieu : *Poitiers*. Quatre sous-préfectures : *Châtellerault, Loudun, Montmorillon, Civray.*

POITIERS, anc. capitale du Poitou, *évéché*, à 86 l. S. O. de Paris, est l'une des plus grandes villes de France ; mais elle est mal bâtie et mal peuplée, ayant dans son enceinte beaucoup de jardins, et même des terres labourables. Le roi Charles V avait anobli les maires de cette ville.

Ce fut près de Poitiers, à Vouillé, que Clovis battit les Visigoths, en 507, tua leur roi Alaric, et poussa de là les bornes du nouveau royaume de France presque jusqu'aux Pyrénées. Ce fut encore près de cette ville, à Maupertuis, que se donna, en 1356, la bataille si funeste à la France, où les Anglais firent prisonnier le roi Jean. La population de cette ville est de 23,130 habitans.

LOUDUN, à 12 l. N. N. O. de Poitiers, est une petite ville autrefois célèbre par la prétendue possession de ses religieuses Ursulines, ensorcelées, disait-on, par Urbain Grandier, qui en était curé, et qui fut brûlé vif en 1654. Sa population est de 5,100 habitans.

CHATELLERAULT, à 7 l. N. E. de Poitiers, fait beaucoup de coutellerie fort estimée. Elle est située sur la Vienne, que l'on y passe sur un beau pont bâti par Sully. Elle a 9,440 habitans.

54. Le département de la HAUTE-VIENNE doit son nom à la Vienne, qui le traverse. Il est formé de la partie nord du Limousin. *Bornes* : au N. les départemens de l'Indre et de la Vienne, — à l'E. celui de la Creuse, — au S. ceux de la Corrèze et de la Dordogne, — à l'O. celui de la Charente. Rivières principales : la Vienne, la Tardouère et la Gartempe. Superficie : 304 lieues carrées. Population : 285,130 habitans. — Productions :

peu de grains, maïs, truffes, châtaignes, bois, cire, che vaux, mines d'antimoine, terre à porcelaine. Industrie : laine, papier. — 15ᵉ. division militaire; diocèse e cour royale de Limoges. — Chef-lieu : *Limoges*. Troi sous-préfectures : *St.-Yrieix, Bellac, Rochechouart.*

Limoges, *évêché,* sur la Vienne, à 97 l. S. S. O. d Paris, est une ville très-ancienne et fort commerçante La plupart des maisons y sont construites en bois. On compte 27,070 habitans. Elle est la patrie du poët Dorat, de Marmontel et du chancelier d'Aguesseau.

Saint-Léonard, petite ville, sur la Vienne, à 5 l. E. d Limoges, possède une grosse fabrique d'étoffes et de pa pier. 5,705 habitans.

55. Le département des Vosges est formé de la parti sud de la Lorraine; les montagnes des Vosges lui o donné leur nom. *Bornes :* au N. les départemens de l Meurthe et de la Meuse, — à l'E. ceux du Haut-Rhin du Bas-Rhin, — au S. le département de la Haute-Saôn — à l'O. celui de la Haute-Marne. Rivières principales la Meuse, la Moselle, la Meurthe, la Saône et le Mouzo Superficie : 295 lieues carrées. Sa population s'élè à 397,990 habitans. Productions : blé, grains, vin chanvre, lin, pommes de terre, pâturages, bétail fromages, bois, mines de fer et eaux minérales. Indu trie, dentelle, fil, coton. — 3ᵉ. division militaire; diocè de Saint-Dié, et cour royale de Nancy. — Chef-lieu *Epinal.* Quatre sous-préfectures : *Saint-Dié, Mir court, Remiremont, Neufchâteau.*

Epinal, située sur la Moselle, à 98 l. E. p. S. de Pari compte 9,070 habitans. Aux environs il y a des papete ries renommées.

Mirecourt, à 7 l. N. O. d'Épinal, compte 5,600 ha bitans. On y fabrique de la dentelle et toutes sortes d'in trumens de musique à cordes.

Remiremont, sur la Moselle, à 6 l. S. E. d'Epinal avait une abbaye célèbre par son chapitre de chano nesses, qui étaient tenues de faire preuve de grande no blesse. 4,690 habitans.

Saint-Dié, sur la Meurthe, *évêché*; 7,710 hab.

56. Le département de l'Yonne se forme de la parti

Moderne.

nord de la Bourgogne. Il doit son nom à l'Yonne, qui se jette dans la Seine à Montereau. *Bornes :* au N. les départemens de l'Aube et de Seine-et-Marne, — à l'E. celui de la Côte-d'Or, — au S. le département de la Nièvre, — à l'O. celui du Loiret. Principales rivières : l'Yonne, le Loing et l'Armançon. Superficie : 435 lieues carrées. Population : 352,487 habitans. Productions : blé, avoine, vins, chanvre, tan, bestiaux, laine et charbon. Industrie : draps, velours, papier.— 18e. division militaire; diocèse de Sens, cour royale de Paris. — Chef-lieu : *Auxerre*. Quatre sous-préfectures : *Sens*, *Joigny*, *Avallon*, *Tonnerre*.

AUXERRE (prononcez *Ausserre*) est située sur le penchant d'un coteau baigné par l'Yonne, à 44 l. S. E. de Paris. Elle est entourée de vignobles qui produisent de bons vins. Popul. : 12,400 hab.

SENS, *archevêché*, au confluent de la Vanne et de l'Yonne, à 31 l. S. E. de Paris, est une ville fort ancienne et déjà célèbre du temps de César. Son archevêque prenait la qualité de primat des Gaules. Le vin de son territoire, qui, du temps de Henri IV, passait pour un des meilleurs de la France, a bien perdu de sa qualité. 9,280 habitans.

JOIGNY, sur la rive droite de l'Yonne, à 37 l. S. E. de Paris, compte 5,540 habitans. Ses vins sont estimés.

FONTENAY, village à 4 l. S. d'Auxerre, est célèbre par la bataille qui s'y donna le 25 juin 841 entre Charles-le-Chauve et deux de ses frères : il y périt plus de cent mille Français.

RÉGION DU SUD.

57. Le département des BASSES-ALPES est formé de la partie nord-est de la Provence, et il doit son nom à la partie des Alpes qui le sépare du Piémont. *Bornes :* au N. le département des Hautes-Alpes, — à l'E. le Piémont, — au S. le département du Var, — à l'O. ceux de Vaucluse et de la Drôme. Rivières principales : la

* 6

Durance, le Verdon, l'Asse et la Bléone. Sa superficie est de 375 lieues carrées, et sa population, de 159,500 habitans. Productions : grains, vins, câpres, figues, olives, oranges, citrons, sardines et thon. Industrie : bonneterie, drap. — 8°. division militaire; diocèse de Digne, cour royale d'Aix. — Chef-lieu : *Digne*. Quatre sous-préfectures : *Sisteron*, *Forcalquier*, *Barcelonnette*, *Castellanne*.

DIGNE, située sur la Bléone, à 193 l. S. E. de Paris, a dans son territoire des eaux minérales très-estimées. 4,000 habitans.

SISTERON, au confluent du Buech et de la Durance, à 7 l. N. O. de Digne, a une bonne citadelle, et compte 4,430 habitans.

58. Le département des HAUTES-ALPES doit son nom à la partie des Alpes qui le sépare de l'Italie. Il est formé de la partie orientale du Dauphiné. *Bornes* : au N. le département de l'Isère et la Savoie, — à l'E. le Piémont, — au sud le département des Basses-Alpes, — à l'O. celui de la Drôme. Rivières principales : la Durance, le Buech et le Drac. Superficie : 286 lieues carrées. Sa population s'élève à 129,102 habitans. Productions : peu de grains, vins, bois, mines de fer, manne. Industrie : toile, tanneries, poterie. — 7°. division militaire; diocèse de Gap, cour royale de Grenoble. — Chef-lieu, *Gap*. Deux sous-préfectures : *Embrun* et *Briançon*.

GAP, *évêché*, ancienne ville, près du Buech, à 171 l. S. E. de Paris, renferme 7,220 habitans. Elle a été prise en 1692 par le duc de Savoie, et brûlée en grande partie; mais elle a été rebâtie plus belle qu'auparavant.

EMBRUN, sur la Durance, à 22 l. S. E. de Grenoble, fut pris en 1692 par le duc de Savoie, qui en fit démolir les murailles. 3,070 habitans.

MONT-DAUPHIN, à 3 l. N. E. d'Embrun, est une place fortifiée pour couvrir le pays.

BRIANÇON, ville située sur une montagne, à 7 l. N. N. E. d'Embrun, passe pour une des plus hautes de l'Europe;

elle est des plus fortes depuis qu'elle est défendue par trois bastions construits sur un roc escarpé. En 1590, Lesdiguières enleva cette place aux Ligueurs. 3,030 habit.

59. Le département de l'ARDÈCHE doit son nom à l'Ardèche, qui le traverse. Il se forme de la partie nord-est du Languedoc. *Bornes* : au N. le département de la Loire, — à l'E. celui de la Drôme, — au S. celui du Gard, — à l'O. ceux de la Lozère et de la Haute-Loire. Rivières principales : la Loire, le Rhône et l'Ardèche. Superficie : 300 lieues carrées. Sa population s'élève à 340,734 habitans. Productions : blés, vins, châtaignes, miel, cire, soie. Industrie : soieries, bas, teintures. — 9e. division militaire; diocèse de Viviers, cour royale de Nîmes. — Chef-lieu : *Privas*. Deux sous-préfectures : *Tournon*, *L'Argentière*.

PRIVAS, petite ville, à 3 l. du Rhône et à 158 S. E. de Paris, renferme 4,350 habitans. Les calvinistes s'y étant retirés et fortifiés, Louis XIII en fit le siége en personne et la soumit en 1629.

TOURNON, petite ville agréablement située sur le Rhône, à 10 l. N. E. de Privas, a 3,980 habitans. Elle a un très-beau collége royal.

VIVIERS, *évêché*, sur le Rhône. 2,540 habitans.

60. Le département de l'ARRIÈGE se forme du comté de Foix et de la partie sud-est de la Guyenne. L'Arriège, qui l'arrose, lui donne son nom. *Bornes* : au N. et à l'O. le département de la Haute-Garonne, — à l'E. ceux de l'Aude et des Pyrénées-Orientales, — au S. les Pyrénées. Rivières principales : l'Arriège, le Salat, le Lers et la Rize. Superficie : 244 lieues carrées. Sa population est de 253,121 habitans. Productions : peu de grains, vins, bois, pâturages, bestiaux, mines de fer, eaux minérales. Industrie : draps, savon, verreries. — 10e. division militaire; diocèse de Pamiers, et cour royale de Toulouse. — Chef-lieu : *Foix*. Deux sous-préfectures : *Pamiers*, *St.-Girons*.

FOIX, ancienne ville située au pied des Pyrénées, sur l'Arriège, à 193 l. S. O. de Paris. 4,860 habitans.

PAMIERS, *évêché*, sur l'Arriège, dans une plaine riante et fertile, à 4 l. N. de Foix, renferme 6,050 habitans.

Elle a été souvent saccagée, et n'est pas peuplée en raison de son étendue.

61. Le département de l'AUDE se forme de la partie sud du Languedoc. Il doit son nom à l'Aude. *Bornes :* au N. les départemens de l'Hérault, du Tarn et de la Haute-Garonne, — à l'E. celui de l'Arriège, — au S. le département des Pyrénées-Orientales, — à l'O. la Méditerranée. Rivières principales : l'Aude et le Gly, le canal du Midi. Superficie : 418 lieues carrées. Sa population est de 270,125 habitans. Productions : grains, vins, eau-de-vie, fruits, olives, miel très-renommé, pâturages, eaux minérales. Industrie : draps, tanneries. — 10e. division militaire ; diocèse de Carcassonne, cour royale de Montpellier. — Chef-lieu : *Carcassonne*. Trois sous-préfectures : *Narbonne, Castelnaudary, Limoux*.

CARCASSONNE, évêché, ancienne ville, à 193 l. S. de Paris, est située sur l'Aude qui la divise en deux parties, dont la Haute, que l'on nomme *Cité*, renferme le château avec l'église principale, et est environnée d'une triple enceinte de fortifications. Le canal du Midi forme un superbe bassin sous les murs de la partie Basse. Cette ville fut prise par Louis VIII sur les Albigeois en 1226. On y compte 17,400 habitans.

NARBONNE, à 206 l. S. de Paris, a plusieurs beaux monumens, et surtout le canal par lequel elle communique à la mer, lequel est évidemment un ouvrage romain : son archevêque, président né des états de Languedoc, prenait la qualité de primat. On estime fort le miel des environs de cette ville, dont la population est de 10,250 âmes.

CASTELNAUDARY, à 9 l. O. N. O. de Carcassonne, près du canal du Midi, était le chef-lieu du duché de Lauragais ; elle est célèbre par le combat de son nom, où les mécontens, qui s'étaient attachés à Gaston, duc d'Orléans, furent défaits le premier septembre 1632 : le duc de Montmorency, qui les recevait dans son gouvernement, y fut pris, et eut la tête tranchée à Toulouse, le 30 novembre de la même année. 9,900 habitans.

62. Le département de l'AVEYRON se forme de la

partie est de la Guyenne, dite le Rouergue. Il doit son nom à la rivière d'Aveyron. *Bornes* : au N. le département du Cantal, — à l'E. ceux de la Lozère et du Gard, — au S. les départemens de l'Hérault et du Tarn, — à l'O. celui du Lot. Rivières principales : le Lot, le Tarn, la Trueyre et l'Aveyron. Superficie : 474 lieues carrées. Population : 359,056 habitans. Productions : peu de grains, chanvre, laine, safran, fruits, pâturages, bestiaux et moutons. Industrie : tanneries, bonneteries. — 9e. division militaire; diocèse de Rhodez, cour royale de Montpellier. — Chef-lieu : *Rhodez*. Quatre sous-préfectures : *Villefranche*, *Milhau*, *Saint-Affrique*, *Espalion*.

Rhodez, *évêché*, ancienne capitale du Rouergue, près de l'Aveyron, sur une éminence, à 168 l. S. de Paris, renferme 8,250 habitans. Ses rues sont étroites, sales et montueuses, et les maisons mal bâties. La cathédrale, édifice gothique assez beau, a un clocher renommé pour sa hauteur; c'est le seul monument remarquable que possède cette ville.

Villefranche-d'Aveyron, à 9 l. O. de Rhodez, sur l'Aveyron, renferme 9,600 habitans. C'est la patrie du maréchal de Belle-Ile.

Milhau, à 10 l. S. E. de Rhodez, sur le Tarn, compte 9,810 habitans.

63. Le département des Bouches-du-Rhône est ainsi appelé, parce que ce fleuve a son embouchure aux confins de ce département. Il est formé de la partie sud-ouest de la Provence. *Bornes* : au N. le département de Vaucluse, — à l'E. celui du Var, — au S. la Méditerranée, — à l'O. le département du Gard. Rivières principales : le Rhône, le Petit-Rhône, la Durance et l'Arc. Superficie : 395 lieues carrées. Population : 359,473 habitans. Productions : blé, vin, fruits, olives, laine et soie. Industrie : laines, huiles, essences. — 8e. division militaire; cour royale d'Aix, et diocèse de cette ville, à l'exception de l'arrondissement de Marseille, qui forme le diocèse de Marseille. Chef-lieu : *Marseille*. Deux sous-préfectures : *Aix*, *Arles*.

Marseille, ville fondée six cents ans avant J. C., sous le règne de Tarquin l'Ancien, par une colonie de Phocéens (1), est bien bâtie, très-riche et très-marchande. Son port, un des plus sûrs de la Méditerranée, est toujours couvert de vaisseaux qui font le commerce du Levant; les grands vaisseaux ne peuvent y entrer, et s'arrêtent à une demi-lieue de Marseille, à l'île d'If, qui a un château du même nom : elle est à 203 l. S. de Paris. Elle renferme 125,400 hab.

En 1720, cette ville fut ravagée par une peste qui enleva plus de la moitié de ses habitans. M. de Belzunce, qui alors en était évêque, prodigua les soins les plus touchans aux pestiférés, sans redouter pour lui-même les attaques de la contagion.

Marseille a donné naissance au sculpteur Puget et au rhéteur Dumarsais. Pétrone est né dans ses environs.

Aix, *archev.*, à 191 l. S. de Paris, est une ville médiocrement grande, mais belle et régulière. Elle a été bâtie par C. Sextius, cent vingt ans avant Jésus-Christ. Elle était le chef-lieu d'un parlement. Le titre de l'archevêché d'Embrun a été réuni au sien, en vertu du dernier concordat. On y compte 22,600 habitans. Son territoire produit de bons vins et des huiles renommées.

Arles, sur le Rhône, à 15 l. O. d'Aix; son archevêque avait la qualité de primat; cette ville a plusieurs monumens de l'antiquité, des obélisques, un amphithéâtre, etc. Elle a été la capitale d'un royaume qui portait son nom, et qui fut établi en 879, par Bozon, duc de Provence; ce royaume appartint ensuite aux empereurs d'Allemagne. En 1231, Arles fut érigée en république; cent vingt ans après elle fut réunie aux états des comtes de Provence. La population de cette ville est de 20,250 hab.

Tarascon, à 19 l. N. O. de Marseille, est une ancienne et jolie ville, sur la rive gauche du Rhône, vis-à-vis de Beaucaire avec laquelle elle communique par un pont suspendu. La population de cette ville est de 10,967 habitans.

---

(1) Phocée était une ville de l'Asie Mineure, au nord de Smyrne.

Moderne. 135

Salon, petite ville assez jolie, entre Aix et Arles ; sa population est de 5,987 âmes. Elle a vu naître le célèbre bailli de Suffren, ainsi que le fameux astrologue *Michel Nostradamus*, médecin de Charles IX, mort en 1566; on y voyait son tombeau dans l'église des Cordeliers.

La Ciotat, ville maritime, à 5 l. S. E. de Marseille, renferme 5,427 habitans. Son port est assez fréquenté.

Martigues, ville maritime, à 6 l. N. O. de Marseille, se divise en trois parties distinctes et séparées : l'une, nommée l'*Ile*, est bâtie dans une île au milieu du détroit qui joint l'étang de Berre à la Méditerranée ; les deux autres, appelées *Ferrières* et *Jonquières*, sont bâties sur les bords de l'étang. Martigues fait un grand commerce de poissons. 7,380 habitans.

64. Le département du Cantal est formé de la partie sud de l'Auvergne. Il doit son nom au Cantal, montagne très-élevée qu'il renferme. *Bornes* : au N. le département du Puy-de-Dôme, — à l'E. ceux de la Lozère et de la Haute-Loire, — au S. le département de l'Aveyron, — à l'O. ceux du Lot et de la Corrèze. Rivières principales : la Dordogne, la Truyère, l'Alagnon, le Cer et le Lot. Superficie : 385 lieues carrées. Population : 258,600 habitans. Productions : seigle, châtaignes, bestiaux, chevaux, mulets, eaux minérales. Industrie : toile, cuirs, papier. — 19e. division militaire; diocèse de Saint-Flour, cour royale de Riom. — Chef-lieu : *Aurillac*. Trois sous-préfectures : *Saint-Flour*, *Mauriac*, *Murat*.

Aurillac, à 126 l. S. de Paris, est située sur la Jordane. Elle a des promenades agréables et un château élevé qui commande toute la ville. C'est la patrie du pape Sylvestre II, du cardinal et du maréchal de Noailles. Population : 10,000 habitans.

Saint-Flour, *évêché*, ancienne capitale de la Haute-Auvergne, sur une montagne de difficile accès, à 11 l. E. N. E. d'Aurillac, fabrique beaucoup de chaudronnerie.

C'est la patrie du poëte tragique Dubelloy et du général Desaix. Population: 6,470 habitans.

65. Le département de la Corrèze doit son nom à la petite rivière qui l'arrose. Il est formé de la partie sud du Limousin. *Bornes :* au N. les départemens de la Creuse et de la Haute-Vienne, — à l'E. ceux du Cantal et du Puy-du-Dôme, — au S. le département du Lot, — à l'O. celui de la Dordogne. Rivières principales : la Corrèze, la Dordogne et la Vézère. Superficie : 233 l. carrées. Sa population s'élève à 294,834 habitans. Productions : moins de froment que de châtaignes, vins, chanvre, bois, truffes, bestiaux, ardoises. Industrie : huile de noix, armes. — 20ᵉ. division militaire; diocèse de Tulle, cour royale de Limoges. — Chef-lieu : *Tulle.* Deux sous-préfectures : *Brives* et *Ussel.*

Tulle, *évêché,* au confluent de la Corrèze et de la Solane, à 115 l. S. O. de Paris, compte 9,000 habitans. Elle doit son origine à un monastère fondé au 10ᵉ. siècle.

Brives, jolie et ancienne ville, sur la Corrèze, à 15 l. S. de Limoges, patrie du cardinal Dubois, a été surnommée *la Gaillarde,* à cause de l'aménité et de la vivacité de ses habitans. 8,031 habitans.

Turenne, à 7 l. S. O. de Tulle, dépendant du duché de Bouillon, fut acheté par Louis XV, et réuni à la couronne en 1738.

Pompadour, village remarquable par son superbe haras, était autrefois un marquisat, à 6 l. N. de Brives.

Ventadour, petite ville de 3,000 habitans, à 12 l.N.E. de Tulle, donnait son nom à un duché-pairie qui avait pour chef-lieu Ussel.

66. Le département de la Dordogne doit son nom à la Dordogne, qui le traverse. Il est formé du Périgord. *Bornes :* au N. les départemens de la Haute-Vienne et de la Charente, — à l'E. ceux du Lot et de la Corrèze, — au S. le département de Lot-et-Garonne, — à l'O. ceux de la Charente-Inférieure et de la Gi-

ronde. Rivières principales : la Dordogne, la Vézère, la Dronne, le Bandiat et l'Isle. Superficie : 449 lieues carrées. Population : 482,750 habitans. Productions : grains, vins, truffes, châtaignes, mines de fer, meules de moulin. Industrie : aiguilles, faïence. — 20°. division militaire; diocèse de Périgueux, cour royale de Bordeaux. — Chef-lieu : *Périgueux*. Quatre sous-préfectures : *Bergerac*, *Sarlat*, *Ribérac*, *Nontron*.

PÉRIGUEUX, *évêché*, ancienne capitale du Périgord, sur l'Isle, à 115 l. S. S. O. de Paris, renferme 8,960 h. Les restes d'un amphithéâtre romain, la tour *Vésune* et plusieurs autres monumens, attestent l'antiquité de cette ville, qui fut plus d'une fois ruinée par les Barbares.

BERGERAC, sur la rive droite de la Dordogne, à 10 l. S. O. de Périgueux, renferme 8,560 habitans. Louis XIII ayant pris cette ville sur les religionnaires en 1521, en fit raser les fortifications.

67. Le département de la DRÔME doit son nom à cette rivière qui l'arrose. Il est formé de la partie ouest du Dauphiné. *Bornes* : au N. et à l'E. le département de l'Isère, — à l'E. celui des Hautes-Alpes; — au S. ceux des Basses-Alpes et de Vaucluse, — à l'O. celui de l'Ardèche. Rivières principales : la Drôme, l'Isère, le Roubion et l'Aigues. Superficie : 337 lieues carrées. Population : 299,556 habitans. Productions : blés, vins, olives, fruits, pâturages, laine, soie, eaux minérales. Industrie : toile, draps, papier. — 7°. division militaire; diocèse de Valence, cour royale de Grenoble. — Chef-lieu : *Valence*. Trois sous-préfectures : *Montélimart*, *Die*, *Nyons*.

VALENCE, *évêché*, ancienne capitale du Valentinois, division du Dauphiné, est située sur la rive gauche du Rhône, dans une position agréable, à 144 l. S. E. de Paris. Elle est entourée de bonnes murailles, et a un parc d'artillerie. Elle avait une université. On lui donne 10,410 habitans.

MONTÉLIMART, sur le Roubion, à 10 l. S. de Valence, renferme 7,600 habitans.

68. Le département du GARD est formé de la partie orientale du Languedoc. Son nom lui vient d'une rivière qui le traverse. *Bornes :* au N. les départemens de l'Ardèche et de la Lozère, — à l'E. ceux des Bouches-du-Rhône et de Vaucluse, — au S. la Méditerranée et le département de l'Hérault, — à l'O. le département de l'Aveyron. Rivières principales : le Gard que forment le Gardon d'Anduze et le Gardon d'Alais, le Rhône et la Vidourle. Superficie : 291 lieues carrées. Population : 357,384 habitans. Productions : grains, vins, olives, eau-de-vie, soie, charbon de terre. Industrie : draps, soieries, cuirs. — 9e. division militaire ; diocèse et cour royale de Nîmes. — Chef-lieu *Nîmes*. Trois sous-préfectures : *Alais*, *Uzès*, *Le Vigan*.

NÎMES, *évêché*, à 175 l. S. E. de Paris, est une ville dont l'antiquité est prouvée par les restes de très-beaux ouvrages des Romains, surtout par un amphithéâtre assez bien conservé et connu sous le nom d'*Arènes*, et par l'édifice appelé *maison carrée*. Il s'y fabrique quantité de bas de soie. *Fléchier*, illustre orateur chrétien, mort en 1710, en a été évêque. Elle renferme 41,270 hab.

Entre Nîmes et Uzès, on voit un autre ouvrage des Romains ; c'est le fameux *pont du Gard*, sur la rivière de ce nom : ce pont, qui joint deux montagnes, a trois étages d'arcades les unes sur les autres, dont les plus hautes soutenaient un aqueduc qui portait l'eau à Nîmes. On ignore l'auteur d'un ouvrage si admirable ; quelques-uns l'attribuent à l'empereur Antonin.

On voit au sud de Nîmes deux petites places, qui nous prouvent qu'une longue suite de siècles peut faire des changemens bien considérables en certains endroits de la surface de la terre ; ce sont AYMARGUES et AIGUES-MORTES : la première était, au neuvième siècle, au bord de la mer, qui en est aujourd'hui à trois lieues ; la seconde était encore un bon port de mer, profond et sûr au milieu du treizième siècle : Louis IX s'y embarqua pour l'Afrique en 1248 et 1269. Actuellement elle est déjà éloignée de plus d'une lieue de la mer. François Ier

Moderne. 139

et Charles-Quint y eurent une entrevue en 1538. Cette ville renferme 2,900 habitans.

Alais, au pied des Cévennes, sur le Gardon de son nom, à 9 l. N. O. de Nîmes, a une citadelle bâtie en 1689 sous Louis XIV. En 1629, cette ville, dont les habitans s'étaient révoltés pour cause de religion, fut prise par Louis XIII. On y compte 12,077 habitans.

Beaucaire, située sur le Rhône, vis-à-vis de Tarascon, à 176 l. S. E. de Paris, renferme 9,970 habitans, et est célèbre par sa foire annuelle qui réunit un nombre prodigieux de négocians.

69. Le département de la Haute-Garonne est formé de la partie ouest du Languedoc. Il doit son nom à la Garonne qui le traverse, mais éloignée de son embouchure. *Bornes :* au N. le département de Tarn-et-Garonne, — à l'E. ceux du Tarn et de l'Aude, — au S. le département de l'Arriège et les Pyrénées, à l'O. les départemens des Hautes-Pyrénées et du Gers. Rivières principales : la Garonne, la Save et l'Arriège. Superficie : 373 lieues carrées. Population : 427,860 habitans. Productions : blé, grains, vins, fruits, eau-de-vie, pâturages, bestiaux, bois merrain. Industrie : toile, draps, indiennes. — 10e. division militaire; diocèse et cour royale de Toulouse. — Chef-lieu : *Toulouse.* Trois sous-préfectures : *Saint-Gaudens, Muret, Villefranche.*

Toulouse, *archev.*, ancienne capit. du Languedoc, à 172 l. S. de Paris, est une des plus belles villes de la France. Elle est située sur la Garonne, un peu au-dessus de l'endroit où cette rivière reçoit le fameux canal du Midi. Toulouse avait autrefois un amphithéâtre, un capitole et plusieurs autres monumens superbes, mais les Visigoths les ruinèrent de fond en comble. Il y avait dans cette ville une université fondée en 1229. Elle possède plusieurs sociétés littéraires, parmi lesquelles on distingue l'académie des Jeux Floraux, fondée en 1323, par Clémence Isaure.

On admire à Toulouse l'hôtel-de-ville, qui est magnifique, et le moulin du *Basacle* où les eaux font jouer seize meules. Cette ville a donné naissance à la célèbre Clémence Isaure, au jurisconsulte Cujas, aux poètes Maynard, Campistron et Palaprat. Sa population s'élève à 60,000 habitans.

70. Le département du GERS doit son nom au Gers qui le traverse. Il est formé de la partie orientale de la Guyenne. *Bornes* : au N. le département de Lot-et-Garonne, — au S. ceux des Basses-Pyrénées et des Hautes-Pyrénées, — à l'E. ceux de la Haute-Garonne et de Tarn-et-Garonne,—à l'O. celui des Landes. Rivières principales : le Gers et l'Adour. Superficie : 428 lieues carrées. Population : 312,160 habitans. Productions : blé, menus grains, vins, lin, sources minérales. Industrie : toile, laine, salpêtre. — 10e. division militaire; diocèse d'Auch et cour royale d'Agen.—Chef-lieu : *Auch*. Quatre sous-préfectures : *Condom, Lectoure, Lombès, Mirande.*

AUCH, *archev.*, sur la croupe d'une colline élevée, près du Gers, à 190 l. S. O. de Paris, renferme 9,850 hab. Son église cathédrale est une des plus belles de France.

CONDOM, sur la Baïse, à 8 l. N. N. O. d'Auch, renferme 7,200 habitans. Cette ville est entourée de vignobles. Elle eut pour évêque le célèbre Bossuet, qui passa ensuite à l'évêché de Meaux.

LECTOURE, ville bâtie sur un roc escarpé, à la droite du Gers, a soutenu plusieurs sièges ; c'est la patrie du maréchal Lannes. Popul. : 6,500 hab.

71. Le département de la GIRONDE, formé de la partie nord-ouest de la Guyenne, doit son nom au fleuve formé par la jonction de la Garonne et de la Dordogne. *Bornes* : au N. le département de la Charente-Inférieure, — à l'E. ceux de la Dordogne et de Lot-et-Garonne, — au S. celui des Landes, — à l'O. l'Atlantique. Rivières principales : la Dordogne, la Garonne, l'Isle et la Gironde. Superficie : 373 lieues carrées. Sa population est de 554,285 habitans. Productions : grains, vins renommés, eau-de-vie, bois, liége, sel, térébenthine, résine, bestiaux. Industrie : bonneterie, teinture. — 11e. division militaire; diocèse et cour royale de Bordeaux.—Chef-lieu : *Bordeaux*. Cinq sous-préfectures : *Bazas, Blaye, La Réole, Lesparre* et *Libourne.*

Bordeaux, *archev.*, ancienne capitale de la Guyenne propre, à 156 l. S. O. de Paris, est une belle ville, fort riche et fort marchande, dont l'archevêque prenait le titre de primat d'Aquitaine. Son port, l'un des plus beaux de la France, était défendu par le *Château-Trompette*, fortifié par Vauban, démoli en 1797, et remplacé par de belles promenades. Ce port est toujours rempli de vaisseaux étrangers; ils enlèvent tous les ans plus de cent mille tonneaux de vin et d'eau-de-vie.

La ville a la forme d'une demi-lune; elle a plusieurs belles places et de longs et larges quais. On y trouve plusieurs antiquités romaines, telles que le *palais Galien* et la *Porte-Basse*. Bordeaux a donné naissance au poète Ausone, à St.-Paulin, etc. La population de cette ville est de 109,470 âmes.

A l'embouchure de la *Gironde*, Henri IV a fait bâtir un phare de cent cinquante pieds de haut, nommé *la Tour de Cordouan*, sur un rocher isolé.

Blaye, jolie petite ville, sur la droite de la Gironde, dont sa citadelle et le fort du Pâté, situé au milieu du fleuve, commandent la navigation, a d'actives relations avec Bordeaux; on y compte 3,860 habitans.

Coutras, petite ville, près du confluent de la Dronne et de l'Isle, à 4 l. N. E. de Libourne, est connue par la bataille que Henri, roi de Navarre, depuis Henri IV, gagna, le 20 octobre 1587, contre les catholiques commandés par le duc de Joyeuse, qui y fut tué.

Langon, à 4 l. N. de Bazas, et Saint-Emilion, à 2 l. E. de Libourne, sont renommés pour leurs vins.

Lesparre, petite ville, à 14 l. N. O. de Bordeaux, est dans un canton nommé Médoc, à la gauche de la Gironde, où l'on trouve des pierres transparentes comme celles d'Alençon, nommées *Cailloux de Médoc*.

Libourne, jolie ville, au confluent de l'Isle et de la Dordogne, fait un commerce de cabotage important et renferme 9,840 habitans.

72. Le département de l'Hérault est formé de la partie du sud du Languedoc. Il doit son nom à l'Hérault, qui le traverse pour aller se jeter dans la Méditerranée. *Bornes* : au N. les départemens du Gard et de

l'Aveyron, — à l'E. celui du Gard, — au S. la Méditerranée et le département de l'Aude, — à l'O. le département du Tarn. Rivières principales : l'Hérault, la Vidourle et l'Orbe. Superficie : 319 lieues carrées. Population : 346,207 habitans. Productions : blé, vins, eau-de-vie, olives, châtaignes, garance, fruits, soies, salines, vert-de-gris. Industrie : draps, soieries, vernis. — 9ᵉ. division militaire, diocèse et cour royale de Montpellier. — Chef-lieu : *Montpellier*. Trois sous-préfectures : *Béziers*, *Lodève*, *St.-Pons*.

MONTPELLIER, *évêché*, à 185 l. S. E. de Paris, est une ville fameuse par son école de médecine, qui est une des plus célèbres de l'Europe ; on admire le jardin royal des plantes, le premier qui ait existé en Europe. Il y a toujours des étrangers à Montpellier, attirés par la beauté de la ville et du climat, par la pureté de l'air, la bonté des vivres et l'affabilité des habitans. Cette ville, qui compte environ 36,000 habitans, est peu ancienne ; ce n'était, au commencement du 10ᵉ. siècle, qu'un petit village qui s'accrut des ruines de Maguelonne, dont l'évêché y fut transféré en 1536.

LUNEL, ville de 6.260 habitans, et FRONTIGNAN, célèbres par leurs vins muscats, sont près de Montpellier, de même que BALARUC, connu par ses eaux minérales.

BÉZIERS, à 5 l. N. E. de Narbonne, sur l'Orbe et sur le canal du Midi, est un séjour si charmant, qu'on dit proverbialement, que *si Dieu voulait demeurer sur la terre, il demeurerait à Béziers*. Béziers possède 16,800 habitans. C'est la patrie de Paul Riquet, l'entrepreneur du canal du Midi, de l'historien Pélisson, du Père Vanière et du géomètre de Mairan.

LODÈVE, ancienne ville, à 12 l. N. O. de Montpellier, a de belles manufactures de draps et d'autres étoffes de laine, dont on fournit les Echelles du Levant. 9 920 habitans.

CETTE, port commerçant, compte 10,640 habitans.

73. Le département de l'ISÈRE doit son nom à l'Isère, qui le traverse. Il se forme de la partie septentrionale du Dauphiné. *Bornes :* au N. le département de l'Ain, —

Moderne. 143

l'E. celui des Hautes-Alpes et la Savoie, — au S. les épartemens des Hautes-Alpes et de la Drôme, — à l'O. eux du Rhône, de la Loire et de la Drôme. Rivières principales : le Rhône, la Romanche, la Bourbince, e Drac et l'Isère. Superficie : 286 l. carrées. Population : 550,258 habitans. Productions : peu de grains, ins, chanvre, pâturages, fromages, charbon de terre t mines de fer. Industrie : toile, draps, soie. — 7e. division militaire ; diocèse et cour royale de Grenoble.— hef-lieu : *Grenoble*. Trois sous-préfectures : *Vienne*, t.-*Marcellin*, *La Tour-du-Pin*.

Grenoble, *évêché*, ancienne capitale du Dauphiné, à 381 S. E. de Paris, est une ville fort ancienne, dont l'éêque prenait la qualité de prince de Grenoble. Son nom ui vient de l'empereur Gratien, fils de Valentinien II. lle était le siège d'un parlement. On y cultive les ettres et les sciences avec succès. C'est la patrie du oète Bernard, du mécanicien Vaucanson, des abbés Condillac et Mably. On y compte 24,900 habitans.

Vienne, sur le Rhône, à 7 l. S. de Lyon, est une ville rès-ancienne, et c'est une des premières qui aient reçu la umière de l'Évangile dans les Gaules. Son archevêque renait la qualité de primat. Il s'y tint en 1311 un concile, dans lequel l'ordre des Templiers fut aboli : l'orgueil, le luxe et les richesses étaient leurs plus grands rimes ; on en fit brûler plusieurs, et leurs maisons urent données, sous le nom de commanderies, aux chevaliers de l'ordre de St.-Jean de Jérusalem, si célèbres ous le nom de chevaliers de Malte.

On fabrique à Vienne d'excellentes lames d'épées, les ancres et autres ouvrages pareils. On dit que Pilate y mourut en exil. On trouve dans cette ville des restes précieux d'antiquités romaines. C'est dans les environs que se recueillent les vins de *Côte-Rôtie*. On y compte 14,080 habitans.

La Grande Chartreuse, chef d'ordre très-fameux, est à 5 l. N. N. E. de Grenoble ; c'est un lieu affreux, entouré de montagnes et de précipices, mais devenu agréable par les travaux des religieux.

Le Pont-de-Beauvoisin, petite ville, aussi au nord

de Grenoble, mais plus loin, à 130 l. de Paris, est sur la limite de la France et de la Savoie : le pont qui y traverse le Guiers est commun aux deux états. 2,140 hab.

Sassenage, bourg, à 1 l. O. de Grenoble, est connu par ses fromages.

74. Le département des Landes est formé de la partie sud de la Guyenne. Il doit son nom à une grande étendue de terrain inculte, sablonneux et stérile, et ne produit guère que des sapins et des bruyères. *Bornes*: au N. le département de la Gironde, — à l'E. ceux du Lot-et-Garonne et du Gers, — au S. le département des Basses-Pyrénées, — à l'O. l'Atlantique. Rivières principales : l'Adour, la Douze, la Midouze et le Gave de Pau. Superficie : 480 lieues carrées. Population 281,504 habitans. Productions : seigle, menus grains, vins, liége, résine. Industrie : toile, planches, résine. — 11e. division militaire; diocèse d'Aire, cour royale de Pau. — Chef-lieu: *Mont-de-Marsan*. Deux sous-préfectures : *St.-Sever*, *Dax*.

Mont-de-Marsan, au confluent de la Douze et du Midon, qui y forment la Midouze, rivière navigable, à 180 l. S. O. de Paris, renferme 8,300 habitans. Elle fut bâtie, en 1140, par Pierre, vicomte de Marsan.

Dax, ancienne capitale de toutes les Landes, sur l'Adour, à 11 l. S. O. de Mont-de-Marsan, renferme 4,720 habitans. Au milieu de la ville est un bassin large et profond toujours plein d'une eau presque bouillante qui forme un ruisseau et va se jeter dans l'Adour. Cette ville fut ruinée, en 910, par les Sarrazins.

Aire, *évêché*, sur l'Adour, compte 3,700 habitans.

75. Le département de la Haute-Loire doit son nom à la Loire, qui le traverse. Il est formé de la partie sud de l'Auvergne et du Vélay (Languedoc). *Bornes*: au N. les départemens de la Loire et du Puy-de-Dôme, — à l'E. celui de l'Ardèche, — au S. celui de la Lozère, — à l'O. celui du Cantal. Rivières principales : la Loire, l'Alagnon, l'Allier et la Borne. Superficie : 267 lieues carrées. Population : 292,078 habitans. Productions : grains, vins, pâturages excellens, bétail, mines de plomb. Industrie : dentelles, épingles. — 19e. division militaire ; diocèse du Puy, cour

royale de Riom. — Chef-lieu: *Le Puy*. Deux sous-préfectures: *Brioude*, *Yssengeaux*.

Le Puy, *évêché*, ancienne capitale du Velay, sur le mont Corneille, près de la Borne et de la Loire, à 130 l. S. E. de Paris, est une ville assez grande et bâtie en amphithéâtre. L'église cathédrale est un beau et grand vaisseau d'architecture gothique. La population de cette ville est de 15,000 habitans.

Brioude, sur l'Allier, à 12 lieues N. O. du Puy: 5,100 habit. A une demi-lieue est un pont d'une seule arche, bâti par les Romains.

76. Le département du Lot se forme de la partie nord de la Guyenne, dite le Quercy. Il doit son nom au Lot, qui l'arrose. *Bornes*: au N. le département de la Corrèze, — à l'E. ceux du Cantal et de l'Aveyron, — au S. le département du Tarn-et-Garonne, — à l'O. ceux de la Dordogne et de Lot-et-Garonne. Rivières principales: le Lot et la Dordogne. Superficie: 376 lieues carrées. Population: 283,827 habitans. Productions: grains, vins, truffes, eaux-de-vie, huile de noix, laine et bestiaux. Industrie: draps, bonneteries.— 20°. division militaire; diocèse de Cahors, cour royale d'Agen. — Chef-lieu: *Cahors*. Deux sous-préfectures: *Figeac*, *Gourdon*.

Cahors, *évêché*, à 143 l. S. O. de Paris, sur le Lot, qui l'entoure presque de tous côtés, fut prise d'assaut en 1580 par Henri IV, qui n'était encore que roi de Navarre. Comme il n'avait que quinze cents hommes, et que la garnison était de deux mille, elle se défendit, et l'on se battit cinq jours et cinq nuits dans les rues de la ville: on s'y servit du pétard pour la première fois. Elle a vu naître *Clément Marot*. Sa population est de 12,050 habitans.

Figeac, sur le Sellé, à 10 l. N. E. de Cahors, renferme 6,390 habitans.

77. Le département de Lot-et-Garonne doit son nom à ces deux rivières qui l'arrosent. Il est formé de l'Agénois. *Bornes*: au N. le département de la Dordogne, — à l'E. ceux du Lot et de Tarn-et-Garonne, — au S. celui du Gers, — à l'O. les départemens des

Landes et de la Gironde. Rivières principales : le Lot, la Garonne, le Gers, le Dropt et la Baïse. Superficie : 309 lieues carrées. Population : 346,885 habitans. Productions : grains, chanvre, vins, fruits, eau-de-vie, bestiaux. Industrie : linge de table, laine. — 20e. division militaire ; diocèse et cour royale d'Agen. — Chef-lieu : *Agen*. Trois sous-préfectures : *Marmande, Nérac, Villeneuve-sur-Lot*.

AGEN, *évêché*, ancienne et belle ville, est située sur la rive droite de la Garonne, dans une contrée fertile, à 184 l. S. O. de Paris. Sa population est de 12,640 hab.

MARMANDE, sur la Garonne, à 10 l. N. O. d'Agen, fait un commerce considérable de vins, d'eau-de-vie et de blé. 7,350 habitans.

NÉRAC, jolie ville, sur la Baïse, qui la divise en deux, a un château où résidèrent les rois de Navarre et les ducs d'Albret. Elle est à 5 l. O. p. S. d'Agen, et renferme 6,350 habitans.

78. Le département de la LOZÈRE se forme de la partie nord-est du Languedoc, dite Gévaudan. Il doit son nom à la Lozère, une des plus hautes montagnes des Cévennes. *Bornes :* au N. les départemens de la Haute-Loire et du Cantal. — à l'E. celui de l'Ardèche, — au S. celui du Gard, — à l'O. celui de l'Aveyron. Rivières principales : l'Allier, le Lot et le Tarn. Superficie : 275 lieues carrées. Population : 140,347 habitans. Productions : peu de grains, chanvre, châtaignes, bestiaux, eaux minérales. Industrie : laine, fil, teinture. — 9e. division militaire ; diocèse de Mende, cour royale de Nîmes. — Chef-lieu : *Mende*. Deux sous-préfectures : *Marvéjols, Florac*.

MENDE, *évêché*, ancienne capit. du Gévaudan, est située dans un vallon, sur le Lot, à 145 l. S. S. E. de Paris. Cette ville, qui compte 5,850 habit., n'a de remarquable que ses fontaines, et le clocher de la cathédrale, élevé de 260 pieds au-dessus du pavé.

MARVÉJOLS, dans un beau vallon, sur la Coulagne, à 4 l. O. N. O. de Mende, fut ruinée de fond en comble en 1585, par le duc de Joyeuse qui la prit sur les calvinistes ; elle s'est rétablie depuis. 3,900 habitans.

79. Le département des BASSES-PYRÉNÉES se compose du Béarn, de la Basse-Navarre et de la partie sud-ouest de la Guyenne. Il doit son nom à la chaîne des Pyrénées, qui court, en s'abaissant, vers la mer. *Bornes :* au N. les départemens des Landes et du Gers, — à l'E. le département des Hautes-Pyrénées, — au S. les Pyrénées, — à l'O. les Pyrénées et l'Atlantique. Rivières principales : l'Adour et la Nive. Superficie : 388 lieues carrées. Population : 428,401 habitans. Productions : maïs, vins, pâturages, bestiaux, bois, eaux-de-vie. Industrie : pelleteries, cuirs. — 11e. division militaire; diocèse de Bayonne, cour royale de Pau. — Chef-lieu : *Pau.* Quatre sous-préfectures : *Bayonne, Orthès, Oleron, Mauléon.*

PAU, sur une montagne, à la droite du Gave de Pau, à 200 l. S. S. O. de Paris, est une ville passablement grande et bien bâtie. Henri IV y naquit le 15 décembre 1553 : on y montre son berceau, qui y est respectueusement conservé. Cette ville avait un parlement. C'est la patrie du roi actuel de la Suède, Charles-Jean XIV. Population : 11,300 habitans.

BAYONNE, *évêché*, à 205 l. S. S. O. de Paris, est une ville forte, riche et commerçante. Elle a un assez bon port sur l'Adour, qui y reçoit la Nive, vers son embouchure. Les Bayonnais sont bons marins, et vont à la pêche de la morue sur le banc de Terre-Neuve. Sa population est de 14,776 habitans.

ORTHÈS, sur le Gave de Pau, à 10 lieues N. O. de Pau : 7,121 habitans.

SAINT-JEAN-DE-LUZ, port, à 4 l. S. O. de Bayonne, est la dernière place forte de la France du côté de l'Espagne. Les cérémonies du mariage de Louis XIV avec Marie-Thérèse d'Autriche s'y célébrèrent le 9 juin 1660. Population : 2,860 habitans.

ANDAYE, bourg, près de l'embouchure de la Bidassoa, est célèbre par sa bonne eau-de-vie.

Entre Andaye et Fontarabie, sur la petite rivière de Bidassoa, vers son embouchure, on trouve l'île des Faisans, dont le milieu sépare l'Espagne de la France. On l'appelle aussi île *de la Conférence,* parce que c'est là que Louis XIV et Philippe IV, roi d'Espagne, jurèrent, en 1660, la paix conclue par le traité qu'on appelle *des Pyrénées*.

Le vicomté de Soule, entre la Basse-Navarre et le Béarn, avait la petite ville de Mauléon, à 10 l. O. S. O. de Pau, qui n'a que 1,050 habitans.

80. Le département des Hautes-Pyrénées est formé du Bigorre. Il doit son nom à la chaîne des Pyrénées, qui y présente ses sommets les plus élevés. *Bornes* : au N. le département du Gers, — à l'E. celui de la Haute-Garonne, — au S. les Pyrénées, — à l'O. le département des Basses-Pyrénées. Rivières principales : l'Adour, le Gers. Superficie : 255 lieues carrées. Population : 231,035 habitans. Productions : maïs, vins, eau-de-vie, bois, eaux minérales. Industrie : laine, papier, cuirs. — 10e. division militaire; diocèse de Tarbes, cour royale de Pau. — Chef-lieu : *Tarbes*. Deux sous-préfectures : *Bagnères, Argelès*.

Tarbes, *évêché*, dans une belle plaine, sur la rive gauche de l'Adour, à 193 l. S. O. de Paris, renferme 9,710 habitans. En 1750, elle a éprouvé une secousse de tremblement de terre qui a comblé une vallée voisine.

Bagnères, petite ville, sur l'Adour, à 5 l. S. S. E. de Tarbes, a 7,600 habitans. Ses eaux minérales et thermales y attirent tous les ans beaucoup d'étrangers.

81. Le département des Pyrénées-Orientales doit son nom à la chaîne des Pyrénées qui y a son extrémité orientale. Il comprend le Roussillon. *Bornes* : au N. le département de l'Aude, — à l'E. la Méditerranée, — au S. les Pyrénées, — à l'O. le département de l'Arriège. Rivière principale : le Tet. Superficie : 212 lieues carrées. Population : 7,052 habitans. Productions : vins estimés, grains, eau-de-vie, fruits, olives, miel, soie, soude, laine. Industrie : ouvrages en fer. — 10e. division militaire; diocèse de Perpignan, cour royale de Montpellier. — Chef-lieu : *Perpignan*. Deux sous-préfectures : *Céret, Prades*.

Perpignan, sur le Tet, *évêché*, à 228 l. S. de Paris, est une place forte, avec une bonne citadelle : elle fut prise sur les Espagnols en 1642 ; c'était le siége d'un conseil supérieur. Cette ville, qui est bâtie en partie sur une colline et en partie en plaine, contient 17,120 habitans.

Mont-Louis, à 11 l. S. O. de Perpignan, est une forteresse que Louis XIV fit bâtir en 1680, au pied des monts Pyrénées, pour couvrir les frontières de la France de ce côté-là.

Céret, près du Tech, à 6 lieues et demie S. O. de Perpignan, compte 3,251 hab.

Rivesaltes, bourg, à 2 l. N. de Perpignan, est renommé par ses bons vins muscats. Pop. : 3,210 habit.

82. Le département du Tarn doit son nom au Tarn qui l'arrose. Il se forme de la partie nord-ouest du Languedoc. *Bornes :* au N. le département de l'Aveyron, — à l'E. ceux de l'Aveyron et de l'Hérault, — au S. celui de l'Aude, — à l'O. les départemens de la Haute-Garonne et de Tarn-et-Garonne. Rivières principales : le Tarn et l'Agout. Superficie : 259 lieues carrées. Population : 335,844 habitans. Productions : grains, vins, légumes, chanvre, lin, anis, safran, eau-de-vie, châtaignes, pâturages, cire, charbon de terre, mines de fer et de plomb. Industrie : laine, verreries. — 10e. division militaire ; diocèse d'Alby, cour royale de Toulouse. — Chef-lieu : *Alby*. Trois sous-préfectures : *Castres*, *Gaillac*, *Lavaur*.

Alby, *archevêché*, sur le Tarn, à 169 l. S. de Paris, renferme 11,670 habitans. Cette ville est la patrie de l'infortuné navigateur La Peyrouse. Il s'y tint, en l'an 176, un concile contre les sectaires nommés *Albigeois*. Parmi la série de ses évêques, on trouve quinze cardinaux, dont Bernis, poëte célèbre, fut le dernier.

Castres, située sur la rivière d'Agout, à 9 l. S. S. E. d'Alby, renferme 16,418 âmes. Ses habitans, qui étaient presque tous calvinistes, se constituèrent en une espèce de république, sous Louis XIII ; mais ce prince les força de reconnaître son autorité, et fit démolir leurs fortifications.

Gaillac, sur le Tarn, à 5 l. O. d'Alby, contient 7,730 habitans.

83. Le département de Tarn-et-Garonne doit son nom aux deux rivières qui l'arrosent. Il se compose de parties enlevées aux départemens du Lot, de la Haute-Garonne, du Tarn et de l'Aveyron. *Bornes* : au N. le département du Lot, — à l'E. ceux de l'Aveyron et du Tarn, — au S. celui de la Haute-Garonne, — à l'O. les départemens du Gers et de Lot-et-Garonne. Rivières principales : le Tarn, la Garonne et l'Aveyron. Superficie : 200 lieues carrées. Population : 242,510 habit. Productions : blé, vin, cire, bois, bestiaux. Industrie : toiles, indiennes. — 10e. division militaire; diocèse de Montauban, cour royale de Toulouse. — Chef-lieu : *Montauban*. Deux sous-préfectures : *Castel-Sarrazin*, *Moissac*.

Montauban, *évêché*, à 170 l. S. S. O. de Paris, sur le Tarn, est une ville fort belle et bien bâtie, qui, après avoir soutenu différens siéges en faveur des calvinistes, fut soumise en 1629; ses fortifications furent alors rasées. On y compte 25,500 habitans.

Castel-Sarrazin, qui renferme 7,100 habitans, est située sur la Garonne, à 4 l. O. de Montauban.

Moissac a une population de 10,170 habitans; elle es située sur le Tarn, entre l'Aveyron et la Garonne, à 6 l. N. O. de Montauban.

84. Le département du Var doit son nom au Var, qui le baigne à l'E. pour aller se jeter dans la Méditerranée. Il est formé de la partie sud-est de la Provence. *Bornes* : au N. le département des Basses-Alpes, — à l'E. le comté de Nice, — au S. la Méditerranée, — à l'O. le département des Bouches-du-Rhône. Rivières principales : le Var, le Verdon et l'Argens. Superficie : 295 lieues carrées. Population : 317,501 habitans. Productions : grains, vins, câpres, olives, figues, citrons, oranges, sardines. Industrie : savon, papier, draps. — 8e. division militaire; diocèse de Fréjus, et cour royale d'Aix. — Chef-lieu : *Draguignan*. Trois sous-préfectures : *Toulon, Grasse, Brignolles*.

Draguignan est située sur la petite rivière de Pis, dans un territoire fertile et agréable, à 220 l. S. E. de Paris. Elle renferme 9,810 habitans.

Toulon, place forte, est un des plus beaux ports qu'il y ait sur la Méditerranée : il est destiné aux vaisseaux de guerre, et son entrée est si étroite qu'il n'y peut passer qu'un vaisseau à la fois ; il a un fort bel arsenal, avec de beaux magasins. Toulon est à 218 l. S. S. E. de Paris et à 15 l. E. de Marseille ; elle fut prise en 1792 par les Anglais et les Espagnols, et reprise peu de temps après par les Français. On y compte 30,000 habitans.

Grasse est une jolie ville, à 24 l. N. E. de Toulon. Sa population est de 12,720 habitans.

Hyères est une petite ville, à 13 l. S. O. de Draguignan ; elle compte 10,142 habitans. Ses environs offrent des bois d'orangers, de grenadiers et de pêchers. Cette ville est la patrie de Massillon. Au S. E. sont les îles d'Hyères, au nombre de trois ; elles sont à peu près incultes.

Les îles de Lerins sont au nombre de deux, à 10 l. S. E. de Draguignan : la plus rapprochée de la côte et la plus grande, qui s'appelle Sainte-Marguerite, a une bonne citadelle ; le fameux Masque de Fer y fut détenu prisonnier sur la fin du 17e. siècle.

Fréjus, *évéché*, petite ville proche de la mer, à 7 l. S. E. de Draguignan, compte 2,670 habitans. Elle est fort ancienne ; son nom, *Forum-Julii*, lui fut donné par Jules-César. Son port, autrefois considérable, s'est comblé. Cette ville a eu pour évêque le cardinal de Fleury, ministre sous Louis XV.

85. Le département de Vaucluse doit son nom à la fontaine que Laure et Pétrarque ont rendue si célèbre par leurs amours. Il est formé du Comtat d'Avignon, du Comtat-Venaissin, de la principauté d'Orange et du district d'Apt en Provence. *Bornes* : au N. le département de la Drôme, — à l'E. celui des Basses-Alpes, — au S. le département des Bouches-du-Rhône, — à l'O. celui du Gard. Rivières principales : la Durance et le Rhône. Superficie : 194 lieues carrées. Population : 239,120 habitans. Productions : blé, grains, vins, olives, fruits, safran, garance, soie et laine. Industrie : toiles peintes, soieries. — 8e. division militaire ; diocèse d'Avignon, cour royale de Nîmes. —

Chef-lieu: *Avignon*. Trois sous-préfectures : *Carpentras, Orange, Apt*.

Avignon, *archev.*, ancienne capit. du Comtat-Venaissin, dans une belle situation, sur le Rhône, à 175 l. S. E. de Paris, est une ville très-belle. Le pape Clément VI en acheta, en 1348, la propriété à Jeanne, reine de Naples et comtesse de Provence, pour la somme de 80,000 florins ; les papes y séjournèrent 68 ans. Cette ville fut réunie à la France en 1791. C'est la patrie du chevalier Folard. La population de cette ville est de 30,000 habit.

Orange, ancienne ville, à 5 l. N. d'Avignon, est située dans une belle plaine, sur la petite rivière de Meyne. Elle est célèbre par les monumens antiques que l'on y voit, surtout par un magnifique arc de triomphe, érigé en mémoire de la victoire de Marius sur les Cimbres. 9,123 habitans.

Carpentras est une ville assez jolie, sur l'Auzon, à 5 l. N. E. d'Avignon. Elle fut long-temps la capitale du Comtat. Popul. : 9,820 hab.

Apt, sur la petite rivière de Calavon, à 11 l. E. d'Avignon, présente quelques restes d'antiquités romaines. 5,710 habitans.

86. Le département de la Corse est formé des deux départemens du Golo et du Liamone, réunis en un seul en 1811. Superficie : 500 l. carrées. Population : 195,410 habitans. — 17e. division militaire ; diocèse d'Ajaccio et cour royale de Bastia. — Chef-lieu : *Ajaccio*. Quatre sous-préfectures : *Bastia, Calvi, Corté, Sartène*.

L'île de Corse, séparée de la Sardaigne par le détroit des Bouches de Bonifacio, est située dans la Méditerranée, au sud-est du Continent Français. Elle appartenait aux Génois qui, détestés des habitans, prirent le parti de la céder à la France en 1768 ; cette puissance est venue à bout de la soumettre en 1769. Les Anglais la prirent en 1794 ; mais ils furent forcés de l'évacuer deux ans après : depuis ce temps, les Français l'ont toujours eue en leur possession. L'air y est malsain, et le terroir montagneux, pierreux, peu fertile et mal cultivé. Les vallées y produisent assez de froment, et les collines quantité de fruits, d'olives, dont les Corses font de mauvaises huiles; des figues, des raisins, des amandes et des châtaignes dont on fait du pain : on y pêche du corail près du cap Bonifacio. Les Corses passent pour être brusques, cruels et extrêmement vindicatifs. La vengeance y est comme héréditaire : on a vu des Corses passer quinze jours dans un bois, et y vivre de racines pour attendre leur ennemi et le tuer au passage.

Depuis que les Français sont les maîtres de l'île, ils travaillent au bonheur de ces insulaires en adoucissant leurs mœurs par l'éducation, et en leur enseignant à tirer parti de leurs productions.

AJACCIO, *évêché*, est une jolie ville bâtie sur le golfe de son nom, sur le côté occidental de l'île, à 290 lieues S. E. de Paris. C'est la patrie de Napoléon Bonaparte. Elle compte 9,531 habitans.

BASTIA, sur la côte orientale et vers le nord, est assez mal bâtie, et ses rues sont étroites. Elle a un port assez bon pour les petits bâtimens. 9,600 habitans.

CALVI, à 16 l. N. d'Ajaccio, a un port et un bon fort. 2,160 habitans.

CORTÉ, dans le milieu de l'île, est assez jolie et très-forte. 3,282 habitans.

SARTÈNE, à 9 l. S. S. E. d'Ajaccio et à 28 l. S. S. O. de Bastia, a 2,715 habitans.

COLONIES FRANÇAISES.

EN AMÉRIQUE : la Martinique, la Guadeloupe, la Guyane, etc.

EN AFRIQUE : Alger, Gorée et le Sénégal, l'île de Bourbon.

EN ASIE : Pondichéry, Karikal, Chandernagor, Mahé.

On trouvera la description de ces colonies dans la partie du monde où elles sont situées.

* 7

DIVISION ADMINISTRATIVE
DE LA FRANCE.

La France est divisée en quatre-vingt-six départemens, administrés par un Préfet auquel sont subordonnés un ou plusieurs Sous-Préfets.

1. AIN. *Préfecture* : Bourg. — *Sous-Préfectures* : Belley, Gex, Nantua, Trévoux.
2. AISNE. *Préfecture* : Laon. — *Sous-Préfectures* : Château-Thierry, St.-Quentin, Soissons, Vervins.
3. ALLIER. *Préfecture* : Moulins. — *Sous-Préfectures* : Gannat, La Palisse, Montluçon.
4. ALPES (BASSES). *Préfecture* : Digne. — *Sous-Préfectures* : Barcelonnette, Castellane, Forcalquier, Sisteron.
5. ALPES (HAUTES). *Préfecture* : Gap. — *Sous-Préfectures* : Briançon, Embrun.
6. ARDÈCHE. *Préfecture* : Privas. — *Sous-Préfectures* : L'Argentière, Tournon.
7. ARDENNES. *Préfecture* : Mézières. — *Sous-Préfectures* : Rethel, Rocroy, Sedan, Vouziers.
8. ARRIÈGE. *Préfecture* : Foix. — *Sous-Préfectures* : Pamiers, St.-Girons.
9. AUBE. *Préfecture* : Troyes. — *Sous-Préfectures* : Arcis-sur-Aube, Bar-sur-Aube, Bar-sur-Seine, Nogent-sur-Seine.
10. AUDE. *Préfecture* : Carcassonne. — *Sous-Préfectures* : Castelnaudary, Limoux, Narbonne.
11. AVEYRON. *Préfecture* : Rhodez. — *Sous-Préfectures* : Espalion, Milhau, St.-Affrique, Villefranche.
12. BOUCHES-DU-RHÔNE. *Préfecture* : Marseille. — *Sous-Préfectures* : Aix, Arles.
13. CALVADOS. *Préfecture* : Caen. — *Sous-Préfectures* : Bayeux, Falaise, Lisieux, Pont-l'Evêque, Vire.
14. CANTAL. *Préfecture* : Aurillac. — *Sous-Préfectures* : Mauriac, Murat, St.-Flour.

15. CHARENTE. *Préfecture* : Angoulême. — *Sous-Préfectures* : Barbezieux, Cognac, Confolens, Ruffec.
16. CHARENTE-INFÉRIEURE. *Préfecture*: La Rochelle. — *Sous-Préfectures* : Jonzac, Marennes, Rochefort, Saintes, St.-Jean-d'Angély.
17. CHER. *Préfecture* : Bourges. — *Sous-Préfectures*: St.-Amand, Sancerre.
18. CORRÈZE. *Préfecture* : Tulle. — *Sous-Préfectures* : Brives, Ussel.
19. CORSE. *Préfecture* : Ajaccio. — *Sous-Préfectures*: Bastia, Calvi, Corté, Sartène.
20. CÔTE-D'OR. *Préfecture* : Dijon. — *Sous-Préfectures* : Beaune, Châtillon-sur-Seine, Semur.
21. CÔTES-DU-NORD. *Préfecture* : St.-Brieux. — *Sous-Préfectures*: Dinan, Guingamp, Lannion, Loudéac.
22. CREUSE. *Préfecture*: Guéret.—*Sous-Préfectures*: Aubusson, Bourganeuf, Boussac.
23. DORDOGNE. *Préfecture* : Périgueux. — *Sous-Préfectures* : Bergerac, Nontron, Ribérac, Sarlat.
24. DOUBS. *Préfecture* : Besançon. — *Sous-Préfectures* : Baume-les-Dames, Montbéliard, Pontarlier.
25. DRÔME. *Préfecture* : Valence. — *Sous-Préfectures* : Die, Montélimart, Nyons.
26. EURE. *Préfecture* : Evreux. — *Sous-Préfectures* : Les Andelys, Bernay, Louviers, Pont-Audemer.
27. EURE-ET-LOIR. *Préfecture* : Chartres. — *Sous-Préfectures* : Châteaudun, Dreux, Nogent-le-Rotrou.
28. FINISTÈRE. *Préfecture* : Quimper. — *Sous-Préfectures*: Brest, Châteaulin, Morlaix, Quimperlé.
29. GARD. *Préfecture* : Nîmes. — *Sous-Préfectures*: Alais, Uzès, Le Vigan.
30. GARONNE (HAUTE). *Préfecture* : Toulouse.— *Sous-Préfectures* : Muret, St.-Gaudens, Villefranche-de-Lauragais.
31. GERS. *Préfecture* : Auch. — *Sous-Préfectures*: Condom, Lectoure, Lombès, Mirande.
32. GIRONDE. *Préfecture* : Bordeaux. — *Sous-Préfectures* : Bazas, Blaye, Lesparre, Libourne, La Réole.
33. HÉRAULT. *Préfecture* : Montpellier. — *Sous-Préfectures* : Béziers, Lodève, St.-Pons.

34. Ille-et-Vilaine. *Préfecture :* Rennes. — *Sous-Préfectures :* Fougères, Montfort, Redon, St.-Malo, Vitré.

35. Indre. *Préfecture :* Châteauroux. — *Sous-Préfectures :* Issoudun, Le Blanc, La Châtre.

36. Indre-et-Loire. *Préfecture :* Tours. — *Sous-Préfectures :* Chinon, Loches.

37. Isère. *Préfecture :* Grenoble. — *Sous-Préfectures :* St.-Marcellin, La Tour-du-Pin, Vienne.

38. Jura. *Préfecture :* Lons-le-Saunier. — *Sous-Préfectures :* Dôle, Poligny, St.-Claude.

39. Landes. *Préfecture :* Mont-de-Marsan. — *Sous-Préfectures :* Dax, St.-Sever.

40. Loir-et-Cher. *Préfecture :* Blois. — *Sous-Préfectures :* Romorantin, Vendôme.

41. Loire. *Préfecture :* Montbrison. — *Sous-Préfectures :* Roanne, St.-Etienne.

42. Loir (Haute). *Préfecture :* Le Puy. — *Sous-Préfectures :* Brioude, Yssengeaux.

43. Loire-Inférieure. *Préfecture :* Nantes. — *Sous-Préfectures :* Ancenis, Châteaubriant, Paimbœuf, Savenay.

44. Loiret. *Préfecture :* Orléans. — *Sous-Préfectures :* Gien, Montargis, Pithiviers.

45. Lot. *Préfecture :* Cahors. — *Sous-Préfectures :* Figeac, Gourdon.

46. Lot-et-Garonne. *Préfecture :* Agen. — *Sous-Préfectures :* Marmande, Nérac, Villeneuve-sur-Lot.

47. Lozère. *Préfecture :* Mende. — *Sous-Préfectures :* Marvéjols, Florac.

48. Maine-et-Loire. *Préfecture :* Angers. — *Sous-Préfectures :* Baugé, Beaupreau, Saumur, Segré.

49. Manche. *Préfecture :* St.-Lô. — *Sous-Préfectures :* Avranches, Cherbourg, Coutances, Mortain, Valognes.

50. Marne. *Préfecture :* Châlons-sur-Marne. — *Sous-Préfectures :* Epernay, Reims, Ste.-Menehould, Vitry-le-Français.

51. Marne (Haute). *Préfecture :* Chaumont. — *Sous-Préfectures :* Langres, Vassy.

Moderne. 157

52. MAYENNE. *Préfecture :* Laval. — *Sous-Préfectures :* Château-Gonthier, Mayenne.

53. MEURTHE. *Préfecture :* Nancy. — *Sous-Préfectures :* Château-Salins, Lunéville, Sarrebourg, Toul.

54. MEUSE. *Préfecture :* Bar-le-Duc. — *Sous-Préfectures :* Montmédy, Verdun, Commercy.

55. MORBIHAN. — *Préfecture :* Vannes. — *Sous-Préfectures :* Lorient, Ploërmel, Pontivy.

56. MOSELLE. *Préfecture :* Metz. — *Sous-Préfectures :* Briey, Sarreguemines, Thionville.

57. NIÈVRE. *Préfecture :* Nevers. — *Sous-Préfectures :* Château-Chinon, Clamecy, Cône.

58. NORD. *Préfecture :* Lille. — *Sous-Préfectures :* Dunkerque, Valenciennes, Hazebrouck, Douay, Cambray, Avênes.

59. OISE. *Préfecture :* Beauvais. — *Sous-Préfectures :* Clermont, Compiègne, Senlis.

60. ORNE. *Préfecture :* Alençon. — *Sous-Préfectures :* Argentan, Domfront, Mortagne.

61. PAS-DE-CALAIS. *Préfecture :* Arras. — *Sous-Préfectures :* Béthune, Boulogne, Montreuil, St.-Omer, St.-Pol.

62. PUY-DE-DÔME. *Préfecture :* Clermont-Ferrand. — *Sous-Préfectures :* Ambert, Issoire, Riom, Thiers.

63. PYRÉNÉES (BASSES). *Préfecture :* Pau. — *Sous-Préfectures :* Bayonne, Mauléon, Oleron, Orthès.

64. PYRÉNÉES (HAUTES). *Préfecture :* Tarbes. — *Sous-Préfectures :* Argelès, Bagnères.

65. PYRÉNÉES-ORIENTALES. *Préfecture :* Perpignan. — *Sous-Préfectures :* Céret, Prades.

66. RHIN (BAS). *Préfecture :* Strasbourg. — *Sous-Préfectures :* Saverne, Sélestat, Wissembourg.

67. RHIN (HAUT). *Préfecture :* Colmar. — *Sous-Préfectures :* Altkirch, Belfort.

68. RHÔNE. *Préfecture :* Lyon. — *Sous-Préfecture :* Villefranche.

69. SAÔNE (HAUTE). *Préfecture :* Vesoul. — *Sous-Préfectures :* Gray, Lure.

70. SAÔNE-ET-LOIRE. *Préfecture :* Mâcon. — *Sous-Préfectures :* Autun, Châlons-sur-Saône, Charolles, Louhans.

71. Sarthe. *Préfecture* : Le Mans. — *Sous-Préfectures* : La Flèche, Mamers, St.-Calais.
72. Seine. *Préfecture* : Paris. — *Sous-Préfectures* : St.-Denis, Sceaux.
73. Seine-et-Marne. *Préfecture* : Melun. — *Sous-Préfectures* : Coulommiers, Fontainebleau, Meaux, Provins.
74. Seine-et-Oise. *Préfecture* : Versailles. — *Sous-Préfectures* : Corbeil, Etampes, Mantes, Pontoise, Rambouillet.
75. Seine-Inférieure. *Préfecture* : Rouen. — *Sous-Préfectures* : Dieppe, Le Hâvre, Neufchâtel, Yvetot.
76. Sèvres (Deux). *Préfecture* : Niort. — *Sous-Préfectures* : Bressuire, Melle, Parthenay.
77. Somme. *Préfecture* : Amiens. — *Sous-Préfectures* : Abbeville, Doulens, Montdidier, Péronne.
78. Tarn. *Préfecture* : Alby. — *Sous-Préfectures* : Castres, Gaillac, Lavaur.
79. Tarn-et-Garonne. *Préfecture* : Montauban. — *Sous-Préfectures* : Castel-Sarrazin, Moissac.
80. Var. *Préfecture* : Draguignan. — *Sous-Préfectures* : Toulon, Grasse, Brignolles.
81. Vaucluse. *Préfecture* : Avignon. — *Sous-Préfectures* : Apt, Carpentras, Orange.
82. Vendée. *Préfecture* : Bourbon-Vendée. — *Sous-Préfectures* : Fontenay, Les Sables-d'Olonne.
83. Vienne. *Préfecture* : Poitiers. — *Sous-Préfectures* : Châtellerault, Civray, Loudun, Montmorillon.
84. Vienne (Haute). *Préfecture* : Limoges. — *Sous-Préfectures* : Bellac, Rochechouart, St.-Yrieix.
85. Vosges. *Préfecture* : Epinal. — *Sous-Préfectures* : Mirecourt, Remiremont, Neufchâteau, St.-Dié.
86. Yonne. *Préfecture* : Auxerre. — *Sous-Préfectures* : Joigny, Avallon, Sens, Tonnerre.

Moderne.

DIVISION MILITAIRE
DE LA FRANCE.

La France est partagée en 20 divisions militaires; chaque division comprend un certain nombre de départemens, et a un chef-lieu où réside le gouverneur.

1re. Paris, chef-lieu.—*Départemens* : Seine, Seine-et-Oise, Aisne, Seine-et-Marne, Oise, Loiret, Eure-et-Loir.

2e. Chalons-sur-Marne, chef-lieu.—*Départemens* : Ardennes, Meuse, Marne.

3e. Metz, chef-lieu. — *Départemens* : Moselle, Meurthe, Vosges.

4e. Tours, chef-lieu. — *Départemens* : Sarthe, Indre-et-Loire, Maine-et-Loire, Mayenne, Loir-et-Cher.

5e. Strasbourg, chef-lieu. — *Départemens* : Haut-Rhin et Bas-Rhin.

6e. Besançon, chef-lieu. — *Départemens* : Doubs, Jura, Haute-Saône.

7e. Lyon, chef-lieu. — *Départemens* : Rhône, Ain, Isère, Drôme, Hautes-Alpes.

8e. Marseille, chef-lieu. — *Départemens* : Basses-Alpes, Vaucluse, Bouches-du-Rhône, Var.

9e. Montpellier, chef-lieu. — *Départemens* : Ardèche, Gard, Lozère, Hérault, Aveyron.

10e. Toulouse, chef-lieu. — *Départemens* : Aude, Pyrénées-Orientales, Arriège, Haute-Garonne, Hautes-Pyrénées, Tarn, Gers, Tarn-et-Garonne.

11e. Bordeaux, chef-lieu. — *Départemens* : Landes, Gironde, Basses-Pyrénées.

12e. Nantes, chef-lieu. — *Départemens* : Charente-Inférieure, Loire-Inférieure, Deux-Sèvres, Vendée, Vienne.

13e. Rennes, chef-lieu.—*Départemens* : Côtes-du-Nord, Finistère, Ille-et-Vilaine, Morbihan.

14ᵉ. Rouen, chef-lieu. —*Départemens* : Manche, Calvados, Orne, Seine-Inférieure, Eure.

15ᵉ. Bourges, chef-lieu. — *Départemens* : Cher, Indre, Allier, Creuse, Nièvre, Haute-Vienne.

16ᵉ. Lille, chef-lieu. — *Départemens* : Nord, Pas-de-Calais, Somme.

17ᵉ. Bastia, chef-lieu. — *Département* : Corse.

18ᵉ. Dijon, chef-lieu.—*Départemens* : Aube, Haute-Marne, Yonne, Côte-d'Or, Saône-et-Loire.

19ᵉ. Clermont-Ferrand, chef-lieu. — *Départemens* : Loire, Cantal, Puy-de-Dôme, Haute-Loire.

20ᵉ. Périgueux, chef-lieu. — *Départemens* : Corrèze, Lot, Lot-et-Garonne, Dordogne, Charente.

DIVISION ECCLÉSIASTIQUE

DE LA FRANCE.

La France ecclésiastique se divise en 14 Archevêchés et 66 Evêchés, dont voici le tableau.

Archevêché : Paris. — *Suffragans* : Chartres, Meaux, Orléans, Blois, Versailles, Arras, Cambray.

Archevêché : Lyon, avec le titre de Vienne. — *Suffragans* : Autun, Langres, Dijon, Saint-Claude, Grenoble.

Archevêché : Rouen. — *Suffragans* : Bayeux, Evreux, Séez, Coutances.

Archevêché : Sens, avec le titre d'Auxerre. — *Suffragans* : Troyes, Nevers, Moulins.

Archevêché : Reims. — *Suffragans* : Soissons, Châlons-sur-Marne, Beauvais, Amiens.

Archevêché : Tours. — *Suffragans* : Le Mans, Angers, Rennes, Nantes, Quimper, Vannes, Saint-Brieux.

Archevêché : Bourges. — *Suffragans* : Clermont-Ferrand, Limoges, Le Puy, Tulle, Saint-Flour.

Archevêché : Alby. — *Suffragans* : Rhodez, Cahors, Mende, Perpignan.

Archevêché : Bordeaux. — *Suffragans* : Agen, Angoulême, Poitiers, Périgueux, La Rochelle, Luçon.

Archevêché : Auch. — *Suffragans* : Aire, Tarbes, Bayonne.

Archevêché : Toulouse, avec le titre de Narbonne. — *Suffragans* : Montauban, Pamiers, Carcassonne.

Archevêché : Aix, avec le titre d'Arles et d'Embrun. — *Suffragans* : Marseille, Fréjus, Digne, Gap, Ajaccio.

Archevêché : Besançon. — *Suffragans* : Strasbourg, Metz, Verdun, Belley, Saint-Dié, Nancy.

Archevêché : Avignon. — *Suffragans* : Nîmes, Valence, Viviers, Montpellier.

DES PAYS-BAS.

On comprend sous le nom de Pays-Bas toute l'étendue de pays qui se trouve entre l'Allemagne, la mer du Nord et la France, et qui a reçu cette dénomination de sa surface, qui est généralement au-dessous du niveau de la haute mer, dont elle est garantie par des digues immenses élevées et entretenues à grands frais; elle se divise en deux royaumes, régis constitutionnellement : 1°. la Belgique ou Pays-Bas ci-devant autrichiens, au S.; 2°. la Hollande ou Provinces-Unies, au N.

Les Francs y firent leurs premières conquêtes, quand ils passèrent le Rhin et fondèrent la monarchie. Vers la fin de la deuxième race de nos rois, les gouverneurs de chaque place et de chaque province, devenus forts par la faiblesse de ces princes qui n'avaient plus que le nom de roi, se rendirent indépendans sous le nom de ducs, comtes, seigneurs, etc.; Hugues-Capet, pour se les attacher, en montant sur le trône, leur confirma ces usurpations à titre de souverainetés héréditaires. Par alliances, par conquêtes, par traités, etc., ces provinces, au nombre de dix-sept, passèrent presque toutes sous la domination des ducs de Bourgogne; Marie, fille unique de Charles-le-Téméraire, le dernier de ces ducs, les porta en mariage à Maximilien d'Autriche, dont le petit-fils, Charles-Quint, étant parvenu à la couronne d'Espagne, unit les Pays-Bas à ce royaume.

Sous le règne de son fils Philippe II, roi d'Espagne, la plupart de ces provinces se révoltèrent (1): la crainte de l'inquisition que ce roi y voulait établir, l'excessive sévérité du duc d'Albe qui en était gouverneur, et surtout l'esprit d'indépendance, inspiré par le calvi-

---

(1) En 1579.

nisme, en furent les principales causes; Guillaume de Nassau, prince d'Orange, était le chef des révoltés.

Philippe II et ses successeurs firent tous leurs efforts pour dompter ces rebelles, et le duc de Parme en réduisit une partie; mais les huit provinces les plus septentrionales se maintinrent si bien avec le secours de la France et de l'Angleterre, que les Espagnols, épuisés par des efforts aussi longs qu'inutiles, furent enfin obligés de les reconnaître pour un Etat libre, indépendant et souverain : ce qui se fit à la paix de Munster, l'an 1648. On les nomma *Provinces-Unies*.

Des dix-sept provinces des Pays-Bas, les neuf qui demeurèrent sous la domination de l'Espagne furent appelées alors *Pays-Bas Espagnols* ou *Catholiques*; mais l'empereur s'en étant rendu maître dans la guerre de 1701, elles lui furent cédées par la paix d'Utrecht, en 1713 : ce qui fait qu'on les nomma *Pays-Bas Autrichiens*. Ces neuf provinces autrichiennes étant devenues, dans la révolution, la conquête des Français, la possession leur en fut confirmée par le traité de Lunéville, et en 1810, la république des Provinces-Unies, après avoir formé d'abord la république Batave, puis en 1807 le royaume de Hollande, fut également réunie à la France.

En 1814, un nouveau royaume fut formé des provinces de la Belgique et de la Hollande, en faveur du prince d'Orange-Nassau, ancien stathouder des Provinces-Unies, dont les droits furent reconnus et sanctionnés en 1815, par le congrès de Vienne : on le désigna sous le nom de royaume des Pays-Bas. En 1830, à la suite d'une révolution en Belgique, ces deux contrées se sont séparées de nouveau.

DE LA BELGIQUE.

Le terroir de la Belgique est très-fertile en blé et en toutes sortes de grains; mais on n'y recueille point de vin : la boisson ordinaire est la bierre. On ne voit point d'endroits dans l'Europe où il y ait autant de villes considérables si près l'une de l'autre.

Les Belges sont laborieux, ont beaucoup d'affa[bilité] et de franchise, et sont très-attachés aux França[is] dont ils parlent la langue et auxquels ils ont été réuni[s] pendant près de vingt ans; la majeure partie sont ca[-]tholiques.

Les rivières les plus remarquables de ce royaum[e] sont : la Meuse, l'Escaut, la Sambre, la Lys qui s[e] jette dans l'Escaut, etc. Il y a aussi deux canaux consi[-]dérables : celui de Gand à Bruges et à Ostende, et celu[i] de Bruxelles à Anvers, lesquels facilitent le transpor[t] des marchandises.

La Belgique, à laquelle on a joint, en 1795, la prin[-]cipauté épiscopale de Liége, ayant été alors réunie à l[a] France, y forma huit départemens : ceux de la Dyle, de la Lys, de l'Escaut, de Jemmapes, des Deux-Nèthe[s] de Sambre-et-Meuse, de l'Ourthe et de la Meuse Inférieure; elle se divise maintenant en sept provinces le Brabant-Méridional, la Flandre-Occidentale, l[a] Flandre-Orientale, le Hainaut, et les provinces d'An[-]vers, de Namur et de Liége, qui se subdivisent en ar[-]rondissemens et en cantons. Quant à l'ancien départe[-]ment de la Meuse-Inférieure, il a été annexé au royaum[e] de Hollande, sous le nom de province de Limbourg.

1°. Le Brabant-Méridional comprend trois arron[-]dissemens : *Bruxelles*, chef-lieu, *Louvain* et *Nivelle*[s]

BRUXELLES, *capitale* du royaume, sur la Senne, qu[i] se jette dans la Dyle, grande ville bien bâtie et for[t] peuplée, à 75 l. N. E. de Paris, était la demeur[e] ordinaire des gouverneurs des Pays-Bas catholiques. O[n] y admire la campanille de l'hôtel-de-ville qui a 56[4] pieds d'élévation, l'église de Sainte-Gudule et ses beau[x] tableaux, la fontaine des Trois-Pucelles qui jettent l'ea[u] par leurs mamelles, Notre-Dame du Sablon, où est l[a] chapelle sépulcrale des princes de la Tour-Taxis, tout[e] revêtue de marbre noir.

Le couvent, dit le Grand Béguinage, était comm[e] une petite ville dans Bruxelles, ayant des murs, de[s] fossés, des rues : chaque béguine avait sa demeure et s[a] portion de bien à part; les 800 béguines qui l'habitaient n'y faisaient des vœux que pour le temps qu'elles y restaient.

Il se fabrique à Bruxelles beaucoup de dentelles, de belles tapisseries et de très-beaux camelots.

Cette ville fut prise, en 1746, par le maréchal comte de Saxe, qui y fit prisonnière une très-nombreuse garnison; elle a été rendue, comme les autres places des Pays-Bas, par la paix d'Aix-la-Chapelle en 1748. Les Français y entrèrent en 1794. Elle renferme 90,000 habitans.

Louvain, à 4 l. E. N. E. de Bruxelles, sur la Dyle, qui, avec la Nèthe, forme le Rupel, tributaire de l'Escaut, est une ville fort grande, mais désagréable, très-sale et mal peuplée; elle a une fameuse université qui y attire un grand nombre d'étudians. Elle a été prise par les Français, comme Bruxelles, en 1746 et en 1794; elle est connue par sa bonne bierre. Popul.: 24,000 habitans.

Nivelle, à 5 l. S. de Bruxelles, avait un chapitre de chanoinesses qui devaient être nobles; il fut fondé par Sainte-Gertrude. On donne le nom de *Jean de Nivelle* à un homme de fer qui est au haut d'une tour, droit sur ses pieds, et qui sonne les heures de l'horloge de la ville avec un marteau. 7 800 habitans.

Ramillies, à 4 l. N. O. de Namur. vit, en 1706, la déroute des Français commandés par le maréchal de Villeroy.

Waterloo, village, à 4 l. S. E. de Bruxelles, a donné son nom à la fameuse bataille du 18 juin 1815, où l'armée française fut si malheureusement défaite par les alliés.

2°. La Flandre-Orientale a trois arrondissemens: *Gand*, chef-lieu, *Dendremonde* et *Oudenarde*.

Gand, à 70 l. N. de Paris, est une ville grande, belle, riche, et l'une des plus marchandes de la Belgique, et renferme 70,000 âmes; elle est située au confluent de l'Escaut, de la Lys, de la Liève et de la Moère, qui, avec différens canaux, la coupent en 26 îles. Il y avait deux grands béguinages ou monastères de filles qui vivaient en communauté, sans prendre d'engagemens indissolubles, et une maison de charité, dont le gouvernement était admirable, en faisant tourner au profit de la maison le travail de tous les gens sans aveu qui y étaient renfermés. Cette ville fut prise par les Français en 1745, et rendue en 1749 (1). Elle est beaucoup plus petite que Paris : ainsi le dicton qu'on prête à Charles-Quint, *que Paris aurait tenu dans son gant (Gand)*, est manifestement faux. Ce prince y naquit le 24 janvier 1500; l'on y voit sa statue au haut d'une colonne sur une place.

DENDREMONDE, au confluent de la Dendre et de l'Escaut, à 7 l. E. de Gand. 8,500 habitans.

— 3°. La Flandre-Occidentale se divise en quatre arrondissemens : *Bruges*, chef-lieu, *Courtray*, *Furnes* et *Ypres*.

BRUGES, à 8 l. O. N. O. de Gand, sur le canal du même nom, est une grande et belle ville; on voit à la Ste.-Chapelle les tombeaux de la célèbre *Marie*, héritière de Bourgogne, et de son père *Charles-le-Téméraire*, tué au siége de Nancy. Philippe-le-Bon, père de ce prince, y institua, en 1430, l'ordre de la *Toison d'Or*. Elle fut prise, en 1745, par les Français, et rendue comme les autres par la paix d'Aix-la-Chapelle. Le canal de Bruges vient d'Ostende et se termine à Gand; il porte des vaisseaux de 400 tonneaux. Bruges est la patrie de Jean de Bruges, qui inventa l'art de peindre à l'huile. Pop. : 35,000 hab.

OSTENDE, à 4 l. O. de Bruges, a un bon port. Cette ville, très-petite, mais forte, coûta plus de dix millions et près de quatre-vingt mille hommes aux Espagnols qui la prirent en 1604, sous les ordres de l'archiduc Albert, après trois ans et près de trois mois de

---

(1) Nous n'avons pas besoin de dire, en parlant de chaque ville de la Belgique, qu'elle a été prise en 1794, puisque cette année-là, toute cette grande contrée tomba au pouvoir des Français, qui la divisèrent en départemens.

siége. Les Français la prirent en 1745 en moins de quinze jours; en 1798, 300 Français mirent en fuite 1000 Anglais qui y étaient déjà débarqués et firent un grand nombre de prisonniers. Popul. : 10,800 hab.

Ypres, sur l'Yprelée, à 6 l. N. O. de Lille, prise par les Français en 1744, a eu pour évêque le fameux *Cornelius Jansénius*, chef des jansénistes. 15,600 habitans.

Menin, sur la Lys, à 3 l. S. E. d'Ypres, que Louis XIV avait rendue une des plus fortes places de la Flandre, ont prise en 1744, et ses fortifications furent rasées.

Iseghem, à 2 l. N. O. de Courtray, avait titre de principauté.

4°. Le Hainaut renferme trois arrondissemens : *Mons*, chef-lieu, *Charleroi* et *Tournay*.

Mons, grande et forte ville, sur la Trouille, à 59 l. N. de Paris, avait un illustre chapitre de chanoinesses toutes nobles, fondé par Sainte-Waltrude; hors le temps de l'office canonial, elles étaient habillées en séculières, et faisaient rarement des vœux avant un âge très-mûr. Elle fut prise par Louis XIV en personne, en 1691. Il y a beaucoup de mines de charbon de terre aux environs. 20,000 habitans.

Saint-Guislain, à 2 l. O. de Mons, ainsi nommée à cause de l'abbaye de ce nom qu'elle renfermait, petite place assez forte, dans des marécages, a des écluses qui fortifient Mons en inondant les terres voisines.

Tournay, sur l'Escaut, à 7 l. E. de Lille, ville grande mais mal peuplée, fut prise par Louis XV en 1745, après qu'il eut gagné sur les alliés, qui voulaient secourir la place, la célèbre bataille de Fontenoy, ainsi nommée du village de Fontenoy, à une lieue de Tournay; sa citadelle, dont Louis XIV avait fait un chef-d'œuvre en ce genre, a été démolie. On y trouva, en 1655, le tombeau de Childéric 1er. Sa cathédrale est magnifique. Popul. : 24,000 hab.

Ath, à 3 l. N. N. O. de Mons, jolie petite ville, assez forte, sur la Dendre, a été prise en 1745, et les fortifications en ont été démolies : elle a 8,000 hab.

Enghien, à 6 l. N. de Mons, petite place, avec titre

de duché, qui était celui d'un des princes de Bourbon; les princes de Ligne l'ont acquise d'Henri IV.

Fleurus, village à 6 l. O. de Namur, est connu par la bataille que le maréchal de Luxembourg y gagna au mois de juillet 1690, contre les alliés, commandés par le prince de Waldeck. En 1794, le général Jourdan, depuis maréchal de France, y gagna une grande bataille contre les Anglais et les Autrichiens; cette victoire fit tomber toute la Belgique au pouvoir de la France. Les vastes plaines de Fleurus ont encore été témoins de la bataille de Ligny en 1815, où les Français eurent l'avantage et qui précéda le désastre de Waterloo.

Jemmapes, village, près de Mons; les Français y battirent les Autrichiens en 1792.

Chimay, petite ville, à 7 l. S. E. de Maubeuge, avait le titre de principauté.

Seneffe, à 6 l. N. E. de Mons, célèbre par la victoire que le prince de Condé remporta, en 1674, sur le prince d'Orange.

Steinkerque, village à l'est d'Ath, est célèbre par le sanglant combat de ce nom, dans lequel le maréchal de Luxembourg, quoique surpris par une fausse lettre d'un espion, remporta la victoire sur Guillaume, prince d'Orange, le 5 août 1692.

5°. La province de Namur contient trois arrondissemens : *Namur*, chef-lieu, *Dinant* et *Philippeville*.

Namur, à 60 l. N. E. de Paris, ville médiocrement grande, au confluent de la Sambre et de la Meuse, était très-forte, surtout par son château, qui est sur une hauteur escarpée ; ses fortifications, démolies en partie par ordre de Joseph II, furent rasées par les Français en 1794. Les Français la prirent en 1746, aussi bien que Charleroi, place forte voisine, et rendirent ces places comme les autres, en 1748, par la paix d'Aix-la-Chapelle. Louis XIV l'avait prise en personne, en 1692. 18,200 habitans.

6°. La province d'Anvers se divise en trois arrondissemens : *Anvers*, chef-lieu, *Malines* et *Turnhout*.

Anvers, grande ville, forte et bien bâtie, à 78 l. N.

de Paris, sur l'Escaut; la Hollande, en lui enlevant son commerce (1), avait tari la source de ses richesses; elle fut prise par les Français en 1746, et rendue. On y admire l'église Saint-Charles Barromée, la superbe tour de la cathédrale et les tableaux qui en font l'ornement. Il y avait un évêque. Elle a vu naître le savant *Ortelius*, géographe de Philippe II, mort en 1598; les peintres Teniers, Van-Dyck et Rubens. Le gouvernement français en fit nettoyer et agrandir le bassin, y établit un superbe chantier de construction, et en releva les fortifications, de manière à en faire une place du premier ordre. Anvers compte 65,000 habitans.

MALINES, *archev.*, à 4 l. N. N. E. de Bruxelles, belle ville bien bâtie, sur la Dyle. On y fabrique beaucoup de dentelles fort estimées. Elle communique à Louvain par un canal et par une chaussée. 18,000 habitans.

7°. La province de Liége a trois arrondissemens: *Liége*, chef-lieu, *Huy* et *Marche*.

LIÉGE, ville grande, belle et commerçante, au confluent de l'Ourthe et de la Meuse, à 80 l. N. E. de Paris. Elle appartenait ci-devant à son évêque, et était remplie de chapitres, d'abbayes et de paroisses. On y fabrique quantité d'armes à feu, et toutes sortes d'ouvrages en fer. On y remarque l'hôtel-de-ville et les fontaines. Les Autrichiens la bombardèrent en 1793. Liége est la patrie du musicien Grétry. Populat.: 50,000 habitans.

SPA est une petite ville, à 4 l. S. E. de Liége, qui possède des eaux minérales très-fréquentées.

HUY, à 5 l. S. O. de Liége, renferme des manufactures de toiles imprimées et des forges. Cette ville a un beau pont sur la Meuse.

NERWINDE, village près de Tirlemont, à 7 l. E.

---

(1) Il était autrefois si considérable, qu'Antoine Fugger, originaire d'Augsbourg, laissa à ses héritiers six millions d'écus d'or, sans compter d'autres richesses acquises par le commerce dans l'espace de soixante-dix ans. Les seigneurs de cette maison portaient le titre de comtes de l'Empire, et se sont alliés aux plus illustres familles d'Allemagne; ils dépendent aujourd'hui du royaume de Bavière.

Crozat. — *Géogr. Mod.* 8

S. E. de Louvain, est connu par la bataille gagnée en 1695, par M. de Luxembourg sur le prince d'Orange.

Raucoux, à l'ouest et auprès de Liége, a vu la déroute des alliés battus par les Français, en 1745.

DE LA HOLLANDE.

Ce royaume est situé au nord de la Belgique, le long de la mer du Nord; c'était autrefois une république qui portait le nom de Provinces-Unies, à cause de l'union que les provinces de cet état firent entre elles à Utrecht en 1579, pour conserver leur liberté : ce sont celles qui forcèrent le roi d'Espagne à les reconnaître pour un état indépendant, à la paix de Munster en 1648. Elles ont pris aussi le nom de *Hollande*, du nom particulier de la plus considérable d'entre elles, et les habitans celui de *Hollandais*. Les Provinces-Unies étaient d'abord au nombre de huit; mais elles furent réduites à sept. Elles donnaient leurs voix en cet ordre dans les assemblées : le duché de Gueldre et le comté de Zutphen, qui ne font plus qu'une province; les comtés de Hollande et de Zélande; les seigneuries d'Utrecht, de Frise, d'Over-Yssel et de Groningue.

Ces provinces étaient autant de républiques, qui toutes ensemble n'en faisaient qu'une, qu'on nommait *les états-généraux des Provinces-Unies des Pays-Bas*. Chacune d'elles était un état souverain, qui se gouvernait selon ses lois et ses coutumes; les villes mêmes étaient de petites républiques gouvernées par un sénat, et jouissaient du pouvoir souverain en plusieurs choses, quoique soumises à leurs états provinciaux dans tout le reste.

Le gouvernement de cette contrée était démocratique, mêlé d'aristocratie : les états de chaque province étaient composés de nobles, qui tous ensemble avaient une voix, et des députés des villes, qui avaient chacune la leur. Mais quelques villes (Amsterdam, par exemple) étaient régies par un sénat dont les membres occupaient leur place pendant toute leur vie. C'était le sénat qui élisait les députés ou représentans de la province de Hollande; le peuple ne se mêlait ni de l'élection des représentans, ni de celle des magistrats. Les députés que chaque province choisissait, formaient à La Haye trois assemblées, qui étaient les états-généraux, le conseil-d'état et la chambre des comptes.

Les états-généraux des Provinces-Unies étaient toujours assemblés à La Haye, et prenaient le titre de *hautes-puissances;* cette assemblée avait la principale direction des affaires, et donnait audience aux ministres étrangers : quelques affaires s'y réglaient à la pluralité des voix; d'autres demandaient le consentement unanime des provinces, comme lorsqu'il s'agissait de la paix ou de la guerre, des alliances, de la valeur de la monnaie, etc. Dans les affaires qui se réglaient à la pluralité des voix, on n'opinait pas par têtes, mais par nombre de provinces, qui y envoyaient chacune autant de députés qu'elles voulaient, mais qui n'avaient tous ensemble qu'une voix. Chaque province y présidait sa semaine selon son rang ; et c'était à son député président que les ministres étrangers devaient s'adresser, quand ils voulaient avoir audience ou présenter quelque mémoire.

Le *conseil-d'état* exécutait les résolutions prises dans l'assemblée des états-généraux; il était composé de douze députés. La Gueldre y en avait deux ; la Hollande, trois; la Zélande, deux; la seigneurie d'Utrecht, un; la Frise, deux; la seigneurie d'Over-Yssel, un; la seigneurie de Groningue, un. Les affaires dont ils connaissaient étaient réglées à la pluralité des voix.

La *chambre des comptes*, composée aussi des députés de chaque province, connaissait des finances.

La révolution qui arriva dans ces provinces en 1747, produisit quelque changement dans le gouvernement. Le peuple, las d'être soumis à des magistrats dont il regardait les places comme héréditaires et tyranniques, crut que la proximité des armées françaises le mettait dans le cas où les Romains demandaient un dictateur : dans plusieurs villes il s'assembla tumultueusement et en armes aux portes du sénat, demandant un *stathouder*, de ce ton qui ne souffre point de refus. Chaque ville, chaque province, reconnut donc pour stathouder, ou gouverneur-général, le prince Guillaume de

Nassau-Orange, gendre du roi d'Angleterre; et pour ne pas faire une révolution passagère, comme le péril qui l'occasionait, le peuple, qui se borne rarement à une première demande, voulut que le stathoudérat fût permanent dans cette maison, et héréditaire même aux filles.

Les prérogatives du stathouder étaient de départager les avis lorsqu'ils étaient partagés, et de donner la prépondérance à celui dont il était; de nommer à toutes les charges civiles et militaires. Pour soutenir sa dignité, les provinces lui avaient accordé la propriété de certains districts, et les états-généraux une pension de 25,000 florins. Les Français, lors de leur conquête de la Hollande, en 1795, firent disparaître cette dignité, qui fut remplacée par un directoire. En 1807 la Hollande prit le titre de royaume; en 1810 elle fut réunie à l'empire Français et divisée en huit départemens; enfin, en 1814, elle fut séparée de la France, et forma avec la Belgique, le royaume des Pays-Bas, qui a été détruit en 1830; elle forme maintenant une monarchie séparée et constitutionnelle.

Le terrain de plusieurs provinces de la Hollande est plus bas que la surface de la mer, qui les inonderait, si elle n'était arrêtée par des digues aussi dispendieuses que belles et hardies. Il y a même en quelques endroits, sur ces digues, de petits canaux dans lesquels des moulins à vent élèvent et versent les eaux de pluie, et celles qui ont pu filtrer au travers des digues.

La Hollande ne produit ni vin ni blé; ses terres basses et aquatiques ne peuvent guères être employées qu'en pâturages: ils y sont excellens, et nourrissent des bestiaux dont on tire une quantité étonnante de beurre et de fromage. Mais la plus grande richesse des Hollandais est venue de leurs manufactures et de leur négoce, tant sur mer que sur terre: c'est par-là qu'ils ont suppléé à la stérilité de leur pays. Ils ont étendu leur commerce par toute la terre, mais principalement aux Indes-Orientales, d'où la compagnie qui en portait le nom tirait des profits immenses: elle était si puissante qu'elle entretenait près de quatre-vingt mille hommes, ou portant les armes, ou travaillant pour elle; cette célèbre compagnie était présidée par le prince Stathouder. La compagnie des Indes-Occidentales n'était pas à beaucoup près si considérable. Le commerce hollandais est bien déchu depuis que l'Angleterre s'est, pour ainsi dire, emparée de celui du monde entier.

On ne peut assez admirer ce qu'a pu produire la liberté, ou plutôt le ton impérieux des lois qui seules règnent dans ces provinces depuis long-temps. Chaque citoyen, en contribuant pour les besoins de l'état, est persuadé qu'il contribue pour lui-même. Si un magistrat le vexe, il invoque la loi, qui le délivre de sa tyrannie. Mais à cet amour de la patrie qui fait naître la liberté dans le cœur d'un citoyen, il fallait joindre le courage, la constance dans les travaux, l'économie, l'activité dans le commerce, qui animent les Hollandais, pour parvenir au degré de puissance où ils étaient.

Les Hollandais sont bons, laborieux, sensés, sérieux, habiles dans le commerce et la navigation; ils sont très-sobres, cependant ils consomment beaucoup de tabac, de café, de thé et de liqueurs fortes. On les accuse d'avoir trop d'avidité pour le gain, mais on ne peut leur refuser un grand fonds de probité et d'exactitude. Les Hollandaises sont propres, laborieuses, économes et très-attachées à leurs devoirs.

La religion dominante de la Hollande est la presbytérienne-calviniste; les autres religions y sont permises.

Le Rhin, arrivé dans ce royaume, s'y divise en quatre grosses branches: le Wahal, qui se décharge dans la Meuse; l'Yssel, qui se perd dans le Zuyderzée; le Leck, qui se jette dans la Meuse, et la branche qui conserve le nom de Rhin: cette dernière, qui se perdait dans les sables au-dessous de Leyde depuis l'an 860, que l'Océan, s'étant débordé, ruina son embouchure, se rend de nouveau dans la mer, par un canal.

Les différentes branches du Rhin, la Meuse, et quantité de canaux qu'on a creusés, facilitent le transport des marchandises, et contribuent à rendre dans ce pays le commerce aussi étendu qu'actif.

La Hollande se divise en dix provinces: la province

de Gueldre, la Hollande proprement dite, la Zélande, la province d'Utrecht, la Frise, l'Over-Yssel, la province de Groningue et celle de Limbourg, le Brabant-Septentrional et le Drenthe.

La province de Gueldre a :
- Nimègue, *place forte.*
- Bommel, *place forte.*
- Arnheim, *chef-lieu, place forte.*
- Hardewick, *université, place forte.*
- Zutphen, *place forte.*
- Doësbourg.

Nimègue, à 10 l. S. d'Amsterdam, est une ville assez forte, sur le Wahal; elle fut prise en 1672 par les Français, qui s'emparèrent de quantité d'autres places, après leur fameux passage du Rhin à la nage. Nimègue est fameuse par le traité de paix qui y fut conclu le 10 août 1678 entre les Français et les alliés. Son hôtel-de-ville est magnifique. Popul. : 13,000 habitans.

Ce qu'on appelle *le haut quartier de Gueldre* n'est point aux Hollandais en entier : ils y ont Venloo, à 4 l. S. O. de Gueldre, et quelques autres lieux ; mais la ville même de Gueldre appartient au roi de Prusse, depuis la paix d'Utrecht.

Dans la Hollande on remarque :
- Amsterdam, *port, chef-lieu.*
- Harlem.
- Leyde, *université.*
- La Haye, *capitale.*
- Delft.
- Rotterdam, *port.*
- Dordrecht.
- La Brille.

Cette province est extrêmement peuplée, quoique l'air y soit humide, froid et malsain; la terre y est aussi fort marécageuse, couverte de glaces en hiver, et n'a que des pâturages : l'eau n'y est ni pure ni saine. On y brûle communément de la tourbe qui fait un feu sombre et une fumée de mauvaise odeur : ce qui a fait dire au savant Grotius, que *les quatre élémens n'y valent pas grand'chose.* La mer inonderait ce pays, si elle n'était rretenue par de fortes digues qu'on entretient avec le plus grand soin.

Amsterdam, à 126 l. N. de Paris, est grande, belle, riche, fort marchande, bien peuplée, et une des plus considérables villes de toute l'Europe; on y compte 210,000 habitans. Quoique son port ne soit pas fort profond, il est toujours couvert d'un très-grand nombre de vaisseaux. On y admire l'hôtel-de-ville, la bourse pour sa grandeur, l'édifice de l'amirauté, la beauté des grandes rues, qui la plupart sont tirées au cordeau, avec des canaux dans le milieu, bordés de tilleuls, etc. Le célèbre Ruyter y a son tombeau.

Leyde, grande et belle ville, sur le Rhin, à 8 l. S. O. d'Amsterdam, est célèbre par son université établie par Guillaume, prince d'Orange, en 1575, par son beau jardin de plantes médicinales, et par le siège qu'elle soutint en 1574, pendant cinq mois, contre les Espagnols, qui furent obligés de le lever: on y conserve avec soin les squelettes de quelques pigeons qui, pendant ce siège, portaient au prince d'Orange les lettres des assiégés. Ses rues sont larges et belles; plusieurs sont entrecoupées de canaux. On y compte 50 îles, 145 ponts et 30,000 hab.

Rotterdam, sur la Meuse et la Rotte, à 12 l. S. d'Amsterdam, est la ville la plus riche et la plus marchande de ces provinces, après Amsterdam, à cause de son port qui est fort bon. C'est la patrie d'*Erasme*, qui a une statue de bronze élevée sur l'un des ponts de la ville. Popul.: 65,000 hab.

La Haye, capitale de tout le royaume, à 12 l. S. O. d'Amsterdam, est le lieu où se tiennent les états-généraux et où réside le roi. Quoique n'ayant ni portes ni murs, son étendue, le nombre et la beauté de ses édifices, ses agréables promenades, lui assignent un rang parmi les plus belles villes de l'Europe; on y compte 50,000 hab. Les deux frères Jean et Corneille de Witt y furent massacrés le 30 août 1672, pour s'être opposés à l'établissement d'un stathouder. N'ayant pas titre de ville, ce bourg ne députait pas aux états.

Ryswyk, château, près de La Haye, est fameux par la paix de 1697, entre Louis XIV et les alliés.

Dordrecht, ou Dort, port, à l'embouchure de la Meuse, à 15 l. S. O. d'Amsterdam, est dans une île qui tenait autrefois au continent, et qui en fut séparée en 1421 par une inondation qui engloutit soixante-douze bourgs et villages, et fit périr 100,000 individus. Cette ville est riche, et avait droit de parler la première aux états. Il s'y tint au mois de novembre 1617, jusqu'en mai 1618, un synode fameux. Cette ville a vu naître le fameux géographe *Paul Merulla*, mort en 1607. Dans l'église neuve se voit le mausolée de Guillaume, prince d'Orange. 18,500 habitans.

Harlem, à 4 l. O. d'Amsterdam, dispute l'invention de l'imprimerie à la ville de Mayence. C'est là qu'est née la folie des tulipes, moins utile à la ville que les toiles, les basins, les batistes, les étoffes de laine et de soie, et la rubannerie qui s'y fabriquent. Popul. : 21,000 hab.

Delft, à 2 l. de Rotterdam, a une riche fabrique de belle faïence; on y voit le mausolée des princes d'Orange et le tombeau de l'amiral Tromp. 13,800 habit.

Le Texel est une île avec un port, d'où partent et où arrivent les gros vaisseaux; elle est à l'embouchure du Zuyderzée, et c'est par là que passent tous les vaisseaux qui vont à Amsterdam, qui en est à 18 l. S.

La Zélande a : { Middelbourg, *chef-lieu*.
{ Flessingue, *port*,

La province de Zélande, fort fertile en grains, est composée de sept îles, dont celle de Walcheren, la plus considérable, a Middelbourg, à 8 l. N. E. de Bruges, ville assez belle, et riche par son commerce, surtout de vins de France. Il y a un collége de l'amirauté, une chambre de la compagnie des Indes, etc. On y trouve aussi Flessingue, *place forte*, avec un bon port, vis-à-vis de la pointe de Flandre, à l'embouchure de l'Escaut; c'est la patrie de l'amiral Ruyter. Cette ville fut bombardée et prise en 1809 par les Anglais, qui détruisirent et comblèrent le port, que les Hollandais rétablirent après leur départ; mais bientôt après une maladie épidémique les força de se rembarquer. Popul.: 6,000 hab.

Moderne. 177.

La province d'Utrecht a : { Utrecht, *chef-lieu, université.*
{ Amersfort.

Utrecht, à 8 l. S. E. d'Amsterdam, appartenait autrefois avec sa seigneurie à son archevêque ; Henri de Bavière, qui en fut le dernier, s'étant fait chasser par les habitans, il transporta son droit à l'empereur Charles-Quint, qui s'empara de cette province : elle est assez agréable et jouit d'un air fort sain. Cette ville, grande et belle, est célèbre par la paix de 1713. Elle a donné naissance au pape *Adrien VI*. Le canal qui conduit d'Utrecht à Amsterdam, est bordé de maisons et de jardins magnifiques. Popul. : 33,000 hab.

Amersfort, sur l'Ems, a des manufactures d'excellent tabac, et ses environs sont très-agréables et très-fertiles.

La Frise a : { Leeuwarden, *chef-lieu, grande et belle ville.*
{ Harlingen, *port. place forte.*
{ Franeker, *université.*

La Frise est fertile en blé dans quelques endroits ; il y a d'excellens pâturages, où l'on nourrit quantité de bétail, principalement de très-beaux chevaux.

La province d'Over-Yssel a : { Deventer, *place forte.*
{ Zwolle, *chef-lieu, place forte.*

La seigneurie d'Over-Yssel appartenait aux archevêques d'Utrecht ; Henri de Bavière, le dernier d'entre eux, la céda à Charles-Quint.

La province de Groningue a pour chef-lieu Groningue, ville grande, belle et forte, avec une célèbre université, à 34 l. N. E. d'Amsterdam. Popul. : 27,000 hab. Les Ommelandes, c'est-à-dire pays circonvoisins, n'ont que des bourgs et des villages, avec d'immenses pâturages, où l'on nourrit quantité de chevaux pour le charroi.

Les Hollandais, sous le titre de généralité ou de pays conquis, possédaient une partie du duché de Brabant et du comté de Flandre, qu'on appelle pour cela *Brabant Hollandais* et *Flandre Hollandaise*, avec le territoire de Maëstricht près de Liége, et la partie du duché de

* 5

Limbourg où est Wick. Les habitans de ce pays étaient sujets des Hollandais, et ne participaient pas aux fonctions publiques.

Le Brabant Hollandais ou Brabant - Septentrional a :
- Bois-le-Duc, *chef-lieu*, *place forte*.
- Bréda, *place forte*.
- Berg-op-Zoom, *place forte*.
- Grave, *place forte*.

Bois-le-Duc, à 18 l. S. d'Amsterdam, est une grande ville, très-forte à cause de ses marais. Elle fut prise par le prince d'Orange en 1629 sur les Espagnols. Popul. : 13,000 hab.

Berg-op-Zoom, à 6 l. N. d'Anvers, place très-forte, et qui peut être secourue par un canal qui communique à la Meuse, et qui est bordé de forts, fut assiégée en vain par le duc de Parme en 1581, et par Spinola en 1622. Les Français la prirent d'assaut après deux mois de siége, le 16 septembre 1747, sous les ordres du maréchal de Lowendal; elle fut rendue en 1748.

Bréda, à 9 l. S. O. de Bois-le-Duc, est une place très-forte dont les eaux et les marais augmentent les fortifications. Ses rues sont larges et bien percées, et ses maisons très-propres. Il s'y fit, en 1667, un traité entre les Anglais et les Hollandais. C'est la patrie du fameux sculpteur Desjardins. 11,000 habitans.

La province de Drenthe est un démembrement de la seigneurie d'Over-Yssel.

La province de Drenthe renferme :
- Coevorden, *place forte*.
- Meppel.
- Steenwyck.
- Assen, *chef-lieu*.

Coevorden, à 15 l. S. de Groningue, est une des plus fortes villes de la Hollande; c'est le chef-d'œuvre du fameux ingénieur Cohorn. Elle est entourée d'un marais.

Steenwyck, à 13 l. S. O. de Groningue, est la patrie du fameux voyageur Oléarius.

La province de Limbourg renferme Maëstricht, Ruremonde et Tongres. Maëstricht est une grande et belle ville et l'une des plus fortes de l'Europe. Elle est située sur la rive gauche de la Meuse, à 22 l. E. de Bruxelles et à 94 l. de Paris. On y compte 19,000 habitans. Près de la ville est la célèbre montagne de St.-Pierre, où l'on voit d'immenses carrières.— Ruremonde est une assez belle ville, à 10 l. N. E. de Maestricht, au confluent de la Roër et de la Meuse. Son commerce est important.— Tongres, à 4 l. S. O. de Maestricht, était une ville considérable et capitale d'un grand pays du temps de Jules César. Elle ne renferme aujourd'hui que 3,000 hab.

Il arriva en Hollande, au 13e. siècle, une inondation de la mer du Nord, à la suite de laquelle il se forma un golfe de trente lieues de longueur, qu'on nomme le Zuyderzée. A son entrée, sont situées plusieurs îles dont les principales sont celles du Texel et de Wieringen. La première est séparée du continent par un détroit qui porte aussi le nom de Texel : c'est la plus grande des îles du Zuyderzée; sa côte orientale offre une rade commode où les vaisseaux marchands se rassemblent pour attendre le vent qui doit les pousser vers Amsterdam. L'île de Wieringen renferme des terres labourables qui sont d'un bon rapport.

A ce royaume est annexé le grand-duché de Luxembourg, qui dépend de la Confédération-Germanique, et est situé au nord des départemens français de la Moselle et de la Meuse; il forma, de 1795 à 1814, le département des Forêts.

Ce pays est couvert en grande partie par la forêt des Ardennes, et il n'est pas peuplé en raison de son étendue; sa principale richesse consiste dans de nombreuses usines pour la fabrication du fer; quoique peu fertile, il nourrit beaucoup de troupeaux. La ville de LUXEMBOURG, capitale de ce grand-duché, à 88 l. de Paris, est située sur l'Alzette; c'est une des villes les plus fortes de l'Europe. 9,500 habitans.

DE L'ALLEMAGNE.

L'Allemagne, appelée autrefois Germanie, est une vaste contrée à l'est de la France et des Pays-Bas; elle avait autrefois le titre d'empire, qu'elle tenait de la maison de Charlemagne, roi de France et empereur. L'empire Romain ayant été partagé entre les deux fils de Théodose, la partie orientale, échue à Arcade, fut appelée empire d'Orient, empire de Constantinople ou Bas-Empire; la partie occidentale, échue à Honorius, garda le nom d'empire de Rome ou d'Occident: ce dernier s'éteignit peu après l'invasion des peuples du Nord, qui ravagèrent l'Italie et s'y établirent. Le titre d'empire Romain ne fut rétabli qu'en 800, sur la tête de Charlemagne, roi de France : ce prince possédait la plus grande partie de la Germanie et de l'Italie. Son fils, Louis-le-Débonnaire, ayant partagé ses états entre ses enfans, et fait l'un d'eux, qui se nommait Louis, roi de Germanie ou de Bavière, le titre d'empereur passa, quelques années après, dans cette branche des descendans de Charlemagne, et resta depuis aux Germains ou Allemands.

L'air en Allemagne est tempéré et fort sain, et la terre y est très-fertile, principalement aux environs du Rhin et du Danube : elle produit suffisamment du blé et d'autres grains; le vin, surtout celui du Rhin, y est assez estimé. On y trouve quantité de forêts remplies de gibier, de cerfs, de sangliers, etc. Les Allemands sont robustes, braves, francs, laborieux, patiens dans les travaux, et adroits dans les ouvrages manuels : aussi leur est-on redevable de plusieurs belles inventions.

La noblesse en Allemagne a beaucoup d'influence et jouit de la plus grande considération; on y préfère, sans balancer, une fille noble, sans bien, à la plus riche bourgeoise. On louerait avec moins de scrupule une telle délicatesse, si l'intérêt ne marchait pas si près d'elle: mais personne n'ignore qu'il fallait pouvoir faire preuve

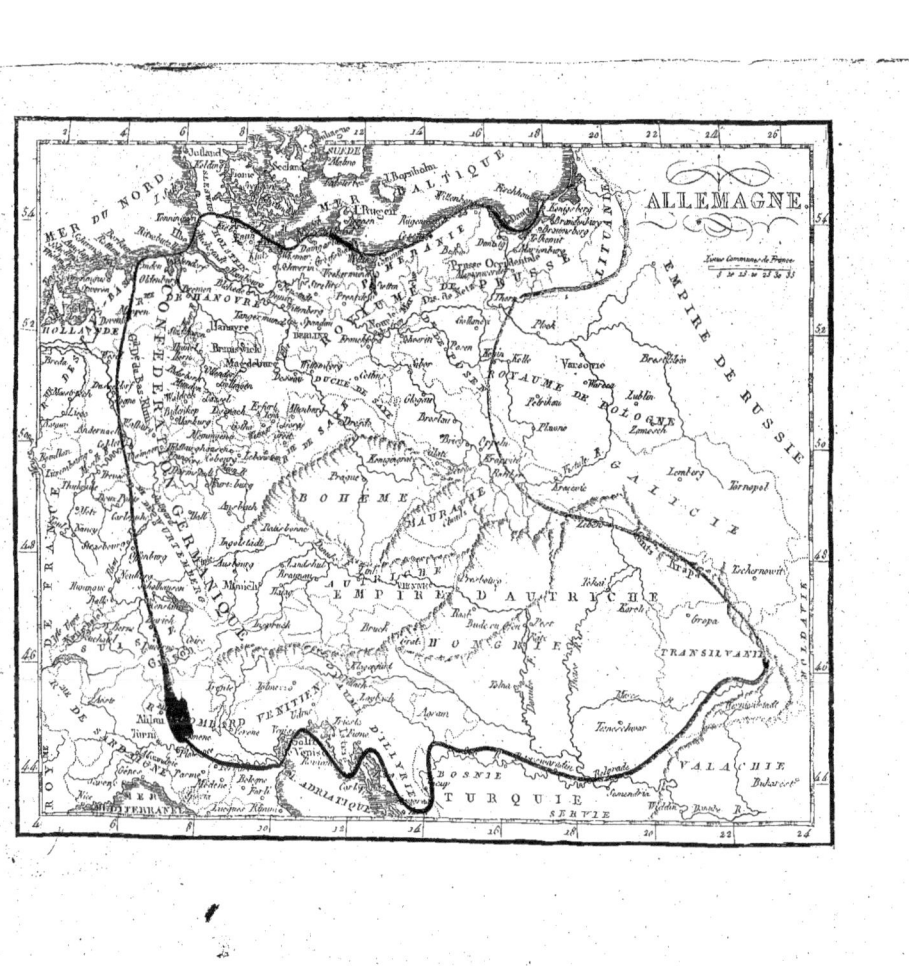

de noblesse avant d'oser aspirer à ces riches bénéfices d'Allemagne, canonicats, abbayes, évêchés et archevêchés, qui étaient, il y a environ trente ans, presque autant de souverainetés indépendantes.

L'Allemagne était un état différent de tous les autres, et tout à fait singulier. Quantité de princes, tant séculiers qu'ecclésiastiques, souverains, chacun dans ses propres états, et indépendans les uns des autres; un grand nombre de villes libres qui se gouvernaient elles-mêmes en forme de républiques; tout cela réuni pour le bien général sous un chef électif, nommé empereur, qui n'avait de vraie autorité que dans ses propres états: tels étaient l'Allemagne et son gouvernement; et comme le titre d'empereur n'ajoutait rien aux possessions de celui qui en était revêtu, on avait soin d'élire un prince assez puissant pour soutenir de lui-même cette dignité: c'est ce qui avait rendu l'empire comme héréditaire dans la maison d'Autriche, la plus puissante de l'Allemagne : privilège qui excitait souvent la jalousie des monarques prussiens.

L'élection de l'empereur se faisait autrefois par les princes allemands, séculiers et ecclésiastiques ; mais par la célèbre constitution de l'empereur Charles IV, dite la Bulle d'Or, de 1336, le nombre des électeurs fut fixé à sept : trois ecclésiastiques, les archevêques de Trèves, de Cologne et de Mayence, et quatre séculiers, le roi de Bohême, le comte palatin du Rhin, le duc de Saxe et le marquis de Brandebourg ; mais en 1648 on fut obligé, par la paix de Munster, d'établir un huitième électorat pour le fils de Frédéric V, comte palatin du Rhin, qui avait été dépouillé de ses états et de son titre d'électeur en 1622, et mis au ban de l'empire, pour s'être fait proclamer roi de Bohême, et dont le titre avait été conféré au duc de Bavière. Enfin, en 1692, l'empereur Léopold créa un neuvième électorat en faveur d'Ernest de Brunswick, duc de Hanovre, dont le fils Georges monta sur le trône d'Angleterre en 1714 ; mais depuis l'extinction de la maison de Bavière en 1777, les électorats Palatin et de Bavière furent réunis, et il n'y eut plus que huit électeurs. Chaque électeur portait le titre d'une des premières charges de l'empire : l'électeur de Mayence prenait celui de chancelier d'Allemagne et de plus était directeur des archives de l'empire; celui de Trèves se disait chancelier des Gaules; et celui de Cologne, chancelier d'Italie; le duc de Bavière était grand-guidon ou grand-maître de l'empire, et portait la pomme d'or; l'électeur de Saxe, grand-écuyer, portait l'épée; celui de Brandebourg, grand-chambellan, portait le sceptre; le Palatin était grand-trésorier ou surintendant des finances, etc. Lorsque l'empire était vacant, ou que l'empereur était absent, et qu'il n'y avait point de roi des Romains, les électeurs Palatin et de Saxe étaient vicaires ou régens de l'empire; le duc de Bavière disputait ce droit au premier. Quand l'empereur voulait s'assurer d'un successeur, il le faisait élire par les électeurs, *roi des Romains :* alors il lui succédait après sa mort; et si auparavant l'empereur sortait d'Allemagne, ou qu'il fût hors d'état de gouverner, le roi des Romains avait la conduite des affaires, comme vicaire-général de l'empire.

L'empereur prenait les titres de *toujours Auguste,* de *César* et de *Sacrée Majesté.* Il était bien le chef de l'empire, mais il ne le gouvernait pas seul : l'autorité souveraine résidait dans les assemblées générales, appelées *diètes,* qu'il avait seul le droit de convoquer, et auxquelles il envoyait des commissaires pour y présider à sa place. Ces assemblées étaient composées de trois corps ou colléges: le premier était celui des électeurs; le second, celui des princes; et le troisième, celui des villes libres qu'on appelait *impériales,* parce qu'elles faisaient partie du corps de l'empire, et qu'elles jouissaient de plusieurs priviléges que les autres n'avaient pas. Les électeurs et les princes y envoyaient leurs députés, de même que les villes impériales. Lorsque le collége des électeurs et celui des princes étaient de différens avis, ils prétendaient que le collége des villes ne pouvait pas décider, quoiqu'il fût obligé de consentir quand ils étaient d'un même avis. C'étaient dans ces assemblées que résidait le droit de faire la paix ou la guerre, d'établir les impositions générales, et de régler toutes les affaires importantes de l'empire; mais leurs délibérations n'avaient force de loi que quand l'empereur y avait donné son consentement, et c'était là un de ses principaux droits. Il avait encore celui de donner l'investiture des fiefs, et de disposer de ceux qui étaient dévolus à l'empire, faute de successeur, ou par confiscation.

Les électeurs et les autres souverains d'Allemagne avaient une autorité absolue dans leurs terres; ils y pouvaient établir des impositions, lever des troupes, faire des alliances, même avec les étrangers, pourvu qu'elles ne fussent pas préjudiciables à la confédération. Ils avaient droit de vie et de mort sans appel sur leurs sujets, et jugeaient définitivement leurs causes civiles, à la réserve de certains cas, dans lesquels on pouvait appeler de leurs jugemens. Il y avait deux cours pour ces sortes d'appels: l'une était la *chambre impériale*, qui avait son siége à Spire; mais les Français ayant ruiné cette ville en 1688, elle fut transférée à Wetzlar, petite ville à 12 l. N. de Francfort; l'autre était le *conseil aulique*, qui se tenait à Vienne. Ces cours jugeaient encore les affaires qui arrivaient à la noblesse immédiate, c'est-à-dire celle qui ne dépendait que de l'empereur.

Le grand nombre des souverains de l'Allemagne avait des intérêts souvent opposés, ce qui était cause qu'elle avait de la peine à unir toutes ses forces et l'empêchait d'agir promptement. Sans cela, et si quelques princes allemands n'eussent pas trafiqué de leurs soldats en les vendant aux puissances étrangères, cet état, qui était une pépinière inépuisable de gens de guerre, aurait été beaucoup plus redoutable à ses voisins.

En 1806, le gouvernement français, enhardi par les victoires de nos armées, fit déclarer à la diète de Ratisbonne qu'il ne reconnaissait plus la constitution de l'empire germanique; cette déclaration intimida les princes d'Allemagne, dont quelques-uns avaient embrassé par divers motifs les vues de ce gouvernement: dès-lors, tous les membres de ce grand corps qui subsistait depuis tant de siècles se trouvèrent désunis, et l'empereur d'Allemagne, ne pouvant faire mieux, q[ue] ce titre pour prendre celui d'empereur d'Autriche, était beaucoup plus réel. Les membres dispersés d[e la] confédération ne tardèrent pas à se réunir, bon [gré] malgré, et en formèrent une autre sous la protectio[n de] la France : elle prit le nom de *Confédération du R[hin.]* Les succès des alliés en 1814 rendirent à l'Allemagn[e la] liberté qu'elle avait perdue, et le congrès assembl[é à] Vienne posa les bases d'une nouvelle confédérat[ion] dont la diète de Francfort s'occupe chaque jour à c[réer] les lois organiques ; cette nouvelle confédération p[orte] le nom de *Confédération Germanique.*

Il y a trois principales religions en Allemagne, [la] *catholique, la luthérienne et la calviniste* (1) : la p[re-] mière est plus étendue que chacune des deux autr[es;] mais les deux autres, jointes ensemble, l'emportent [sur] elle. La première est dominante dans les états de l'e[m-] pereur et du roi de Bavière; la seconde est celle qu['on] suit principalement dans les ci-devant cercles de [la] haute et basse Saxe, dans une bonne partie de ceux [de] Westphalie, de Franconie, de Souabe et du Rhin, [et] dans la plupart des villes impériales; la troisième [est] celle qu'on professe le plus dans les états du landgra[ve] de Hesse-Cassel, du roi de Prusse et dans quelques autr[es] provinces.

La ville de Vienne, en Autriche, peut passer pour [la] capitale de l'Allemagne, parce que depuis Charles-Qu[int,] tous les empereurs ont été de la Maison d'Autriche, [et] y ont fait leur résidence jusqu'à la mort de Charles V[I,] le dernier mâle de cette maison, mort en 1740. M[a-] rie-Thérèse d'Autriche, sa fille aînée, impératrice [et] reine de Hongrie, y rétablit le siége de l'empire av[ec] François-Étienne de Lorraine, empereur, son épou[x :] ce siége avait été transféré à Munich par l'élévati[on] de l'électeur de Bavière à la dignité impériale.

---

(1) Si la révolution religieuse qui vient de commencer [en] Allemagne se consomme, il n'y aura plus ni luthériens, ni c[al-] vinistes, mais seulement des *évangéliques*, par la réunion [de] ces deux sectes sous cette dénomination.

Les principales rivières d'Allemagne sont : le Danube, qui se jette dans la mer Noire, le Rhin, l'Elbe, le Weser, qui se jettent dans la mer du Nord, et l'Oder, qui se jette dans la Baltique. L'Allemagne était divisée en neuf cercles, qui étaient comme de grandes provinces qui comprenaient chacune plusieurs états, dont les princes, les prélats, les comtes et les députés des villes s'assemblaient pour les affaires communes ; chaque cercle avait un ou deux directeurs et un colonel. Les directeurs avaient le pouvoir de convoquer l'assemblée des états de leur cercle ; le colonel commandait aux gens de guerre, et comme tous les membres de l'empire devaient contribuer à ses besoins, chaque cercle était obligé de fournir un certain nombre de cavaliers ou de fantassins, ou une somme d'argent (1) par mois pour les nécessités publiques, suivant la taxe portée par la matricule ou le registre des états de l'empire. Les neuf cercles étaient ceux d'Autriche, de Bavière, de Souabe, de Franconie, du Haut-Rhin, du Bas-Rhin, de Westphalie, de Basse-Saxe et de Haute-Saxe; mais les Français, en étendant leurs conquêtes jusqu'au Rhin, firent disparaître les parties des cercles du Haut-Rhin, du Bas-Rhin et de Westphalie, qui se trouvaient à la gauche de ce fleuve. Pour en dédommager les princes propriétaires, le traité de Lunéville leur adjugea des indemnités sur les souverainetés ecclésiastiques et sur nombre de villes impériales : c'est ce qui fit changer de face à une partie de l'Allemagne, en donnant de nouvelles démarcations à certains territoires; le nombre des électeurs fut aussi augmenté. Les villes impériales sont marquées par ces lettres *imp.* : il n'en restait que cinquante-deux, de quatre-vingt-quatre qu'il y en avait autrefois ; le traité des indemnités les réduisit à six. Bientôt après tous les cercles disparurent entièrement, et il n'y eut plus de villes impériales.

Il y avait aussi en Allemagne des villes qu'on appelait *Anséatiques*, qui s'étaient associées pour le maintien de leur commerce : il s'y en était joint quelques-

---

(1) Cette somme ou contingent se nommait *Mois romain.*

unes de France, d'Espagne, d'Italie, etc.; mais les cin[q]
ou six qui entretenaient cette confédération, étaie[nt]
toutes en Allemagne, excepté Dantzick : je les marquera[i]
par les lettres *ans*.

I. LE CERCLE D'AUTRICHE.

Ce cercle, au sud de la Bohême et de la Bavière[,] comprenait les pays héréditaires de la maison d'Autrich[e] qui sont : l'archiduché d'Autriche, les duchés de Styrie[,] de Carinthie et de Carniole, le comté de Tyrol, [et] une partie de la Souabe : ce pays appartient à l'empereu[r] roi de Hongrie, en qualité d'héritier de la maison d'A[u]triche. L'Autriche est assez fertile en blé, en vin et e[n] safran : il y a quelques mines de soufre. La Styrie, pay[s] de montagnes, comme les suivans, est fertile en quelque[s] endroits, stérile et déserte en beaucoup d'autres, et [a] beaucoup de mines de fer. La Carinthie est de même pe[u] fertile. La Carniole produit en quelques endroits d[u] blé, du vin et de l'huile. Le Tyrol, à l'est de la Suiss[e] et au nord de l'Italie, quoique plein de montagnes qu[i] sont presque toujours couvertes de neige, est néanmoin[s] assez peuplé et fertile en plusieurs endroits. Il y a de[s] mines de vif-argent et de fer; ces dernières y sont s[i] abondantes, et le fer-blanc y est si commun, que le[s] églises et les châteaux en sont couverts. Les habitans [y] sont fort sujets aux goîtres (1).

La maison d'Autriche vient de celle de *Hapsbourg* originaire de Suisse, au canton de Berne. Rodolphe d[e] Hapsbourg ayant été élu empereur en 1273, temps o[ù] l'Allemagne était dans un état déplorable, sans lois, san[s] police, sans commerce, ce prince habile et courageux [y] rétablit l'ordre, la sûreté des chemins et la paix; e[t] l'Autriche étant venue à vaquer par la mort de son jeun[e] duc, mis à mort au royaume de Naples par ordre d[e] Charles, frère de saint Louis, que le pape avait mis e[n] possession de ce royaume, Rodolphe en donna d'abor[d]

---

(1) Tumeurs spongieuses qui viennent à la gorge, causées, [à] ce qu'on croit, par les eaux de neige fondue qu'on y boit.

Moderne.

le gouvernement à Albert, son fils, et bientôt après l'investiture, comme d'un fief dévolu à l'empire. Depuis ce temps, les princes de cette maison ont préféré le nom d'Autriche à celui de Hapsbourg, en lui donnant le titre d'archiduché et plusieurs autres priviléges, comme d'exercer la justice sans appel, d'être censé avoir reçu de l'empereur l'investiture, en la lui demandant trois fois; de pouvoir, comme l'empereur, créer des gentilshommes, des comtes et des barons dans tout l'empire, etc. Cette maison a donné seize empereurs à l'Allemagne, et six rois à l'Espagne; elle s'est éteinte par la mort de l'empereur Charles VI: l'impératrice reine de Hongrie, sa fille et son héritière, par son mariage avec le prince François de Lorraine, qu'elle mit sur le trône impérial, fit succéder la maison de Lorraine à celle d'Autriche; c'est leur petit-fils François Ier. qui est actuellement revêtu de la dignité impériale d'Autriche.

L'Autriche a :
- Vienne, *capitale de tout l'empire, archevéché, université, place forte.*
- Lintz, *place forte.*
- Neustadt, *évéché.*

La Styrie a :
- Grætz, *capitale, évéché.*
- Cilly, *chef-lieu d'un comté.*

La Carinthie a :
- Clagenfurt, *capitale, évéché.*
- Gurck, *ancien évéché.*

La Carniole a :
- Laybach, *capitale, évéché.*
- Goritz, *archevéché, place forte.*

Le Tyrol a :
- Inspruck, *capitale.*
- Brixen, *évéché.*
- Trente, *évéché.*

La Souabe autrichienne, ou le Brisgau, a :
- Constance, *évéché, place forte.*
- Fribourg, *université, place forte, démolie en 1744.*
- Brisach, *fortifications démolies.*

Il y avait encore quatre villes dites *Forestières*, parce qu'elles sont voisines de la *Forêt-Noire*; ce sont: Rhinfeld, Seckingen, Lauffembourg et Waldshut.

Le Brisgau et les deux villes forestières de Secking[en] et de Waldshut appartiennent aujourd'hui au grand-d[uché] de Bade ; Rhinfeld et Lauffembourg sont à la Suisse.

VIENNE, à 280 l. S. E. de Paris, est située sur la rivi[ère] de son nom et sur un bras du Danube. La cité ou vi[lle] proprement dite n'a en général que des rues étroites [et] tortueuses, mais les faubourgs, qui sont séparés de [la] ville par une esplanade, sont magnifiques. La populati[on] de Vienne est de 270,000 âmes. Elle était plus forte aut[re-] fois qu'elle ne l'est aujourd'hui ; elle est devenue ri[che] par la résidence que les empereurs de la maison d'A[u-] triche y ont faite depuis deux siècles, et fut érigée [en] archevêché en 1721. Le palais, dit la *Vieille Cour*, est [un] bâtiment vieux et sans goût, qui est très-orné intérie[u-] rement, mais qui à l'extérieur n'annonce guère la gra[n-] deur des princes qui l'habitent ; non plus que celui de [la] *Favorite*, bâti depuis un certain nombre d'années. Il [y a] d'autres beaux palais particuliers. La cathédrale a [un] des plus beaux clochers de l'Allemagne ; les églises [qui] ont appartenu aux jésuites sont fort belles. L'arsenal [est] bien fourni. La bibliothèque publique contient 200,0[00] vol. et 100,000 manuscrits. Les Turcs assiégèrent [en] vain cette ville en 1529 et en 1683, avec des arm[ées] formidables ; les Français y sont entrés deux fois da[ns] les dernières guerres, en 1805 et en 1809 : cette de[r-] nière campagne fut terminée par un traité conclu da[ns] cette capitale entre les plénipotentiaires de France [et] d'Autriche.

Wagram est un village situé près de la rivi[ère] de Russbach, à 5 l. N. E. de Vienne. Il est célèbre p[ar] la défaite de l'armée autrichienne par les Franç[ais] en 1809.

La maison d'Autriche est actuellement maîtresse [de] la partie de l'Istrie où est Trieste, à 29 l. N. E. [de] Venise, port qui commence à être très-fréquenté par d[es] marchands de toutes nations ; de la partie du Frioul [où] est Goritz, à 4 l. E. d'Udine, ville érigée en archevêc[hé] par Benoît XIV en 1751, après l'extinction du patria[r-] cat d'Aquilée, ville autrefois fort célèbre et maintena[nt] ruinée : il y a un autre archevêché à Udine pour partie du Frioul qui appartenait à l'état de Venise ; elle possède aussi la partie de la Croatie où est Carlstadt ou Carlowitz, à 40 l. E. de Trieste.

Par les derniers traités elle a acquis l'Istrie Vénitienne, dont le chef-lieu est Capo-d'Istria ; la Dalmatie, dont les principales villes sont Zara et Spalatro, et le territoire de l'ancienne république de Raguse. Elle a réuni ces diverses possessions sous le titre de *royaume d'Illyrie*.

L'évêque de Trente était prince de l'empire, et seigneur de l'évêché sous la protection de la maison d'Autriche. Cette ville, à 135 l. S. O. de Vienne, est fort connue par le concile général qui s'y tint dans le seizième siècle.

L'évêché de Brixen, à 16 l. N. de Trente, donnait à à son évêque le titre de prince de l'empire ; il était aussi sous la protection de la maison d'Autriche. Ces deux évêchés ont été réunis au Tyrol.

L'empire d'Autriche, avec la Bohême et la Hongrie, peut mettre aisément trois cent mille hommes sur pied, eu égard à sa population, qui est d'environ trente millions d'âmes. Malheureusement, ses finances sont dans un mauvais état, et son commerce languit faute de numéraire.

II. LE CERCLE DE BAVIÈRE.

La Bavière, qui donnait le nom à ce cercle, à l'ouest de l'Autriche, est très-fertile en blé et en vin, mais très-peu commerçante. Ce cercle renfermait les duchés de Bavière et de Neubourg, l'archevêché de Saltzbourg, les évêchés de Ratisbonne, de Passau, etc. ; le duc de Bavière et l'archevêque de Saltzbourg en étaient les directeurs. Ce dernier était très-puissant ; il était légat-né du saint-siége et primat d'Allemagne.

Les états de Bavière contiennent le duché de Bavière, à la droite du Danube, et le palatinat de Bavière, à la gauche, avec quelques autres petits états. Depuis l'extinction de cette maison en 1777, ses biens ont été dévolus à la maison palatine du Rhin. Le duché de Neubourg appartenait déjà à l'électorat palatin du Rhin.

Le duché de Ba- / Munich, *capitale.*
vière avait : / Ingolstadt, *université*, *place forte*
/ Straubing.
\ Landshut.

Le palatinat de / Amberg, *capitale.*
Bavière avait : / Sulzbach, *principauté.*
/ Ratisbonne, *évêché.*
/ Passau, *évêché, place forte.*
\ Chiemsée, *évêché.*
/ Freysingen, *évêché.*
\ Neubourg.
\ Donawerth, *place forte impériale*

Munich, capitale de l'ancien électorat et aujourd'h[ui] du royaume de Bavière, située sur l'Isar, à 198 [l.] E. de Paris, est assez grande et assez belle; on y comp[te] 60,000 habitans : le palais royal est magnifique, tant p[ar] ses appartemens, ses peintures et ses jardins, que par s[es] meubles précieux et ses grandes richesses.

Ingolstadt, à 18 l. N. de Munich, est la place la pl[us] forte de la Bavière : son arsenal passe pour un des pl[us] beaux d'Allemagne ; il y a une université; elle est s[ur] le Danube.

Ratisbonne, ville ci-devant impériale, sur le Danub[e,] à 16 l. N. de Munich, est grande et belle : les diètes [de] l'empire qui s'y tenaient la rendaient fort considérabl[e;] la cathédrale était aux catholiques, mais le magistr[at] était protestant. Il y a quelques années que son évêch[é] fut érigé en archevêché, en faveur de l'ancien électe[ur] de Mayence. Par le concordat qui a eu lieu depu[is] entre le pape et le roi de Bavière, cette ville est rede[-] venue épiscopale, et l'archevêché a été transféré [à] Munich. Popul. : 20,000 hab.

Hochstædt, village près du Danube, à 2 l. N. O. d[e] Dillingen, vit en 1714 la défaite entière des Français [et] des Bavarois par le prince Eugène et Marlborough.

Eckmuhl est célèbre par la victoire du 22 avril 1809, où les Français battirent 110,000 Autrichiens commandé[s] par le prince Charles.

Les états de l'électeur de Bavière ont été érigés e[n]

royaume en 1805, et ce prince a été reconnu pour roi, par le traité de Presbourg, du mois de décembre de la même année. Outre les pays dont nous venons de parler, il possède le margraviat de Bayreuth, plusieurs villes ci-devant impériales en Franconie, le duché de Wurtzbourg, la principauté d'Aschaffembourg, et une province sur la rive gauche du Rhin, formée par une partie du ci-devant département français du Mont-Tonnerre, et dont les principales villes sont Kayserslautern, Deux-Ponts et Spire.

La population du royaume de Bavière est d'environ 3,600,000 âmes.

III. LE CERCLE DE SOUABE.

La Souabe, à l'est de la France, est un des meilleurs pays de l'Allemagne, et produit abondamment du blé et du vin; on y trouve d'excellens pâturages, et des fontaines salées, des bains renommés et quelques mines. Ce cercle contenait un grand nombre d'états ecclésiastiques et séculiers, dont les principaux étaient : le duché de Wurtemberg, luthérien; le marquisat de Bade-Baden, catholique; le marquisat de Bade-Dourlach, luthérien; la principauté de Furstemberg, l'évêché de Constance, celui d'Augsbourg, etc. Les directeurs de ce cercle étaient l'évêque de Constance et le duc de Wurtemberg : on y comptait jusqu'à trente-une villes impériales.

Le duché de Wurtemberg avait :
- Stuttgart, *capitale.*
- Tubingue, *université luthérienne.*
- Wurtemberg.
- Augsbourg, *impériale.*
- Ulm, *place forte.*
- Heilbronn.
- Offembourg. A l'électeur de Bade.

Stuttgart, belle ville, renferme 30,000 habitans et un palais magnifique.

Augsbourg, une des plus belles villes d'Allemagne, grande et bien bâtie, à 67 l. E. de Strasbourg, entre le Werlach et le Lech, fait quantité de beaux ouvrages d'orfévrerie, d'horlogerie et d'ivoire : son évêque fait sa résidence à Dillingen, sur le Danube : ce fut dai cette ville que les protestans d'Allemagne signèrent fameuse confession de foi, dite *confession d'Aug bourg*, qu'ils présentèrent à l'empereur Charles-Quin en 1530. Pop. : 32,000 hab. Elle est au roi de Bavièr

Nordlingue, ville impériale, à l'ouest de Donawert à 16 l. N. O. d'Augsbourg, est connue par la bataille c ce nom gagnée par le duc d'Enghien, depuis prince c Condé, et par Turenne, en 1645, sur le général Merc qui y fut tué.

Rastadt, près de Bade, à 8 l. N. E. de Strasbourg renferme un superbe château où se conclut la pai de ce nom en 1714, par le prince Eugène et le ma réchal de Villars, entre l'Allemagne et la France. E 1798, il s'y tint un congrès qui ne produisit d'autre r sultat que l'assassinat des plénipotentiaires françai: dont on ignore encore le motif.

Le duc de Wurtemberg, élevé par l'influence d gouvernement français à la dignité électorale, le fu en 1805, à la dignité royale, par le même gouvernemen cette dignité lui a été confirmée en 1815 par le congr de Vienne. Le royaume de Wurtemberg comprend au jourd'hui, outre le duché de ce nom, la principauté c Hohenlohe, celle d'Ellwangen, les villes impérial d'Heilbronn, de Hall, de Gemund, de Biberach, l comtés de Hohenberg, de Kœnigsegg, d'Aulendorf, landgraviat de Fellembourg, la ville d'Ulm, et un partie du territoire situé sur la rive gauche de l'Illes Sa population est d'environ 1,300,000 âmes.

IV. LE CERCLE DE FRANCONIE.

Ce cercle, au nord de la Souabe, très fertile en b et en vin, quoique rempli de forêts, renferme les évê chés de Bamberg, de Wurtzbourg et d'Aichstædt, l marquisats de Culmbach et d'Anspach, dont les prince sont de la maison de Brandebourg, etc. Le marquis c Culmbach, qui résidait à Bayreuth, et l'évêque de Bam berg en étaient les directeurs. Ces pays appartiennent maintenant au roi de Bavière.

Les principales villes de ce cercle étaient :
- Nuremberg, ci-devant impériale.
- Altorf.
- Bamberg, *évêché*.
- Würtzbourg, *évêché, université*.
- Anspach.
- Aichstædt, *évêché*.

Nuremberg, à 150 l. E. de Paris, sur la Preignitz, renferme 30,000 hab. ; elle est célèbre par sa beauté et son commerce d'étoffes, de montres, de quincailleries et d'ouvrages d'ivoire parfaitement travaillés. On y gardait tous les ornemens qui servaient au couronnement de l'empereur, la couronne d'or de Charlemagne, le sceptre, l'anneau, le globe, la dalmatique, l'épée, etc. Les habitans de Nuremberg achetèrent leur liberté en 1417 de leur burgrave Frédéric, qui acquit en même temps de l'empereur Sigismond le marquisat de Brandebourg pour quatre cent mille florins.

Bamberg, grande et belle ville, à 12 l. N. de Nuremberg, près du confluent du Main avec la Rednitz, a un évêque qui relève immédiatement du Saint-Siége et précède tous les évêques d'Allemagne : les quatre grands officiers héréditaires de l'empire étaient aussi les siens par un édit de l'empereur Henri II, réputé saint, de même que son épouse Cunégonde.

Würtzbourg, à 16 l. O. de Bamberg, sur le Main, est une ville assez grande et bien peuplée. A la réception des chanoines de la cathédrale, le postulant était obligé de passer au milieu des chanoines rangés en haie, et d'en recevoir des coups de verges sur le dos : cérémonie bizarre, établie peut-être pour exclure les princes de l'empire qui ne voulaient pas s'assujettir à cet acte humiliant. Cette ville était la capitale du grand-duché de Würtzbourg, qui comprenait une grande partie de la Franconie, et qui fut cédé à l'électeur de Bavière, à l'exception de quelques bailliages, d'après le règlement des indemnités.

Marienthal ou Mergentheim, à 6 l. S. O. de Würtzbourg, est le chef-lieu de l'ordre Teutonique (1).

---

(1) Cet ordre fut établi par un vertueux pélerin allemand,

Crozat. — *Géogr. Mod.*

V. LE CERCLE DU HAUT-RHIN.

Ce cercle, à l'ouest de la Franconie, contenait l[es] évêchés de Worms, de Spire et de Bâle, le landgravi[at] de Hesse-Cassel, les états de plusieurs princes de [la] maison palatine, le duché de Deux-Ponts, celui d[e] Simmeren, etc. L'évêque de Worms et l'électeur pa[latin du Rhin, comme duc de Simmeren, en étaient l[es] directeurs.

Les principales villes de ce cercle étaient:
- Spire, *évêché*, aujourd'hui à la Ba[vière.
- Philisbourg, *place forte*, au grand duc de Bade.
- Worms, *évêché*, au grand-duc d[e] Hesse-Darmstadt.
- Francfort-sur-le-Main, ville libre.
- Cassel, *place forte*, au grand-duc d[e] Hesse-Cassel.

Spire, ville impériale, à 22 l. N. de Strasbourg, au[trefois considérable, mais ruinée par les guerres, d[e] même que Worms, à 8 l. N. de Spire, avait dans so[n] territoire la forte citadelle de Philisbourg, à 2 l. S. d[e] Spire, où l'empereur mettait garnison en temps d[e] guerre; elle a été prise plusieurs fois par les Français[;] le maréchal de Berwick fut tué au dernier siège en 1734[;] elle capitula peu après. Popul.: 3,700 hab.

Le duché de Deux-Ponts, à 22 l. N. O. de Strasbourg et Birkenfeld, comté à 8 l. S. E. de Trèves, apparte[r]naient à une branche de la maison palatine.

Francfort-sur-le-Main, à 136 l. N. E. de Paris, ville l[i]bre, grande, riche et commerçante, a deux foires célèbre[s] surtout par la vente des livres. Ses fabriques sont peu d[e] chose, mais son commerce de commission et d'entrepô[t]

---

du temps de la croisade de Philippe-Auguste et de Richard Cœur-de-Lion, avec des priviléges pareils, à peu près, à ce[ux] des chevaliers de Saint-Jean de Jérusalem et des Templiers. C[et] ordre, qui possédait autrefois la Prusse, la Livonie, etc., n[a] plus que quelques commanderies; ses richesses ont passé dans [la] maison de Brandebourg, depuis l'établissement de la réform[e] luthérienne en Allemagne; et depuis 1806, il n'en est presqu[e] plus question.

Moderne.

est immense. On conservait à Francfort la fameuse bulle d'or de Charles IV. C'était dans cette ville que se faisait l'élection de l'empereur ; et c'est aujourd'hui le lieu où se tiennent les assemblées de la diète germanique. Entre Francfort et Aschaffembourg, maison de plaisance de l'archevêque de Mayence, le roi d'Angleterre, Georges II, gagna en juin 1743 la bataille dite d'*Ettingen*, contre les Français auxquels toutes les circonstances devaient la faire gagner. Popul. : 46,000 hab.

Excepté l'abbaye de Fulde, à 23 l. N. E. de Francfort, dont l'abbé était évêque et prince souverain, la maison de Hesse possédait le reste du cercle du Haut-Rhin ; elle est divisée en trois branches. Les sujets du grand-duc et électeur de Hesse-Cassel, à 40 l. N. de Francfort, sont luthériens et calvinistes : ce prince forme la branche aînée, et il est le plus puissant ; celui de Hesse-Darmstadt, à 6 l. S. de Francfort, est luthérien ; Hesse-Hombourg en est une branche, à 3 l. N. de Francfort ; et celui de Hesse-Rhinfeld est catholique, à 6 l. S. de Coblentz, sur la rive gauche du Rhin.

VI. LE CERCLE DU BAS-RHIN.

Ce cercle, au nord de celui du Haut-Rhin, confinait aux Pays-Bas, et comprenait les quatre électorats de Cologne, de Trèves, de Mayence et du palatinat du Rhin, avec quelques autres petits états. Le terroir y est fertile en blé et vin. Ses directeurs étaient l'archevêque de Mayence et l'électeur Palatin.

Les villes principales de ce cercle étaient :
- Heidelberg, *université*. } Au grand-duc de Bade.
- Manheim.
- Mayence, *université*. A la Hesse-Darmstadt.
- Coblentz, *place forte*. } Au roi de Prusse, comme grand-duc du Bas-Rhin.
- Trèves.
- Bonn, *place forte*.

Heidelberg, sur le Necker qui se jette dans le Rhin, capitale du palatinat du Rhin, était bien déchue depuis que les électeurs eurent établi leur résidence à Manheim, à 3 l. O. de Heidelberg ; celle-ci est une jolie ville au confluent du Necker et du Rhin (1), à 130 l. E. N. E. de Paris.

Mayence, à 129 l. N. E. de Paris, sur la rive gauche du Rhin, vis-à-vis de l'embouchure du Main, est une grande ville, et assez forte; son archevêque, qu'on *disait plus puissant de la plume que de l'épée*, n'était pas riche; mais c'était le premier des électeurs et le président des diètes de l'Empire. Il avait seul droit de couronner l'empereur dans son diocèse, et dans tout autre, alternativement avec l'archevêque de Cologne. Les habitans de Mayence prétendent que c'est chez eux que la poudre à canon fut inventée vers l'an 1300, et l'imprimerie vers l'an 1440; la ville d'Harlem, en Hollande, leur dispute ce dernier art, et le premier est très-incertain. Le dernier électeur de Mayence devint, sous Bonaparte, prince primat de la Confédération et grand-duc de Francfort. Cette ville, qui était jadis le chef-lieu du ci-devant département français du Mont-Tonnerre, fait aujourd'hui partie des possessions du grand-duc de Hesse-Darmstadt, sur la rive gauche du Rhin. Popul. : 26,000 hab.

Coblentz, à 22 l. N. E. de Trèves, est une jolie ville, au confluent de la Moselle et du Rhin, où résidait l'archevêque de Trèves, qui, outre Trèves, sa capitale, à 99 l. N. E. de Paris, possédait la riche abbaye de Pruym entre Trèves et Limbourg.

Bonn, à 11 l. N. O. de Coblentz, est une assez forte place, où l'archevêque de Cologne faisait sa résidence.

VII. LE CERCLE DE WESTPHALIE.

Ce cercle, au nord des cercles du Haut-Rhin et du Bas-Rhin, et à l'est des Provinces-Unies, comprenait les évêchés de Paderborn, d'Osnabruck, de Munster et de Liége, les duchés de Juliers, de Clèves et de Berg, le comté de la Marck, etc. Les pays de ce cercle qui sont vers le midi, sont très-fertiles; ceux qui sont vers le nord n'ont guère que des pâturages. Outre les chevaux, bœufs,

---

(1) On parlait beaucoup de l'immense et célèbre tonneau ou foudre d'Heidelberg, qui tenait, dit-on, 750 tonnes de Paris. *Voyez le voyage d'Italie de Misson*, tome I.

Moderne.

etc., on y nourrit quantité de porcs qui fournissent ces fameux *jambons* dits *de Mayence*. L'électeur de Brandebourg, comme duc de Clèves, et l'électeur palatin du Rhin, comme duc de Juliers, en étaient alternativement directeurs, avec l'évêque de Munster.

Les principales villes de ce cercle étaient :
- Osnabruck, *évêché*. Au roi de Hanovre.
- Paderborn, *évêché*. ⎫
- Munster, *évêché*, *place forte*. ⎪
- Clèves, *duché*. ⎪
- Dusseldorf, *place forte*. ⎬ Au roi de Prusse, comme grand-duc du Bas-Rhin.
- Cologne, *archevêché*, *impériale*, *hanséatique*, *université*. ⎪
- Juliers, *duché*, *place forte*. ⎪
- Aix-la-Chapelle, *impériale*. ⎭
- Liége, *évêché*. A la Belgique.

Munster, à 143 l. N. E. de Paris, grande et belle ville, était impériale quand elle fut assiégée et subjuguée, en 1661, par son évêque Van Galen. Cette ville est célèbre par la paix de 1648, dite aussi paix de Westphalie, qui termina la fameuse guerre de Trente ans, où le cardinal de Richelieu avait pris parti pour les princes protestans contre la maison d'Autriche. Les intérêts des Suédois avec l'Allemagne furent réglés en même temps à Osnabruck ; et par ce traité l'évêché d'Osnabruck devait être conféré alternativement à un catholique et à un protestant : de façon qu'à la mort de l'électeur de Cologne, qui en était pourvu, il passa en 1764 à un prince de la maison de Brunswick, fils du roi d'Angleterre, Georges II. Popul.: 15,000 hab.

La succession de la maison de Clèves étant tombée à plusieurs sœurs du dernier duc, mort sans enfans en

1609, cette discussion alluma la guerre en Allemagne; Henri-le-Grand allait marcher au secours des prétendans contre la maison d'Autriche qui voulait s'en saisir, quand il fut assassiné. En attendant la décision solennelle, on fit de cette riche succession un partage provisoire qui subsista long-temps, entre l'électeur de Brandebourg et le duc de Neubourg, électeur palatin: le premier prit le duché de Clèves, le comté de la Marck, etc., et l'électeur palatin eut le duché de Juliers, celui de Berg, etc.

On trouve Clèves, à 5 l. S. E. de Nimègue, et Wesel, dans le duché et à 10 l. S. E. de Clèves; Juliers, dans le duché de ce nom, à 7 l. O. de Cologne, sur la Roër, et Dusseldorf, à 9 l. N. E. de Juliers, dans celui de Berg. Cette dernière ville, qui est sur la rive droite du Rhin, est jolie, et l'électeur palatin y résidait quelquefois. Les trois communions sont permises dans les états de Clèves et de Juliers.

Cologne, à 124 l. N. E. de Paris, sur la rive gauche du Rhin, ville très-ancienne, très-grande et très-commerçante, avait plus de deux cents églises. Les chanoines de la métropole devaient être princes, ou du moins comtes de l'empire. Elle était indépendante de son archevêque pour le temporel. Popul.: 56,000 hab.

Aix-la-Chapelle, à 110 l. N. E. de Paris, est connue pour avoir été quelquefois le lieu de la résidence de Charlemagne et de quelques-uns de ses successeurs, et pour être celui de sa sépulture: on y couronnait les empereurs, et les bourgeois envoyaient au lieu où ils se faisaient couronner, l'épée de cet empereur, le livre des évangiles et les reliques de Saint-Etienne. Cette ville, qui a des eaux chaudes minérales estimées, auxquelles elle doit son nom, a vu conclure la paix entre la France et l'Espagne en 1668, et entre la France et les alliés, en 1748. Popul.: 34,000 hab.

Nassau est le chef-lieu d'une principauté, qui a donné son nom à une des plus illustres familles d'Allemagne, à 5 l. S. E. de Coblentz.

Oldembourg, à 29 l. N. de Munster, était le chef-lieu d'un comté situé vers l'embouchure du Weser. Ce comté était au roi de Danemarck ; c'était le patrimoine de ses pères avant qu'ils eussent cette couronne. Il est renommé pour ses bons chevaux ; le roi de Danemarck l'a donné au duc de Holstein en échange du duché de Holstein en 1773. Le pays d'Oldembourg est aujourd'hui un duché de la confédération Germanique.

Le comté d'Ostfrise, où est Emden, à 18 l. N. O. d'Oldembourg, bon port et forte place, fut vendu par les états-généraux au roi de Prusse, en 1744 ; il est aujourd'hui dans le royaume de Hanovre.

Verden, à 20 l. N. O. de Hanovre, évêché sécularisé en 1648, est passé au duc de Hanovre, avec titre de duché, et fait aujourd'hui partie du royaume de ce nom.

VIII. LE CERCLE DE BASSE-SAXE.

Ce cercle, au sud du Danemarck, confinait à la mer du Nord et à la Baltique ; il comprenait l'évêché d'Hildesheim, le duché de Magdebourg, les états de la maison de Brunswick, les duchés de Holstein, de Mecklembourg, etc. Il est très-fertile en toutes sortes de grains, et fournit quantité de bestiaux. Le duc de Hanovre, comme duc de Brême, et le roi de Prusse, comme duc de Magdebourg, en étaient directeurs alternativement avec le duc de Brunswick.

Les principales villes de ce cercle étaient :
- Hildesheim, *évêché catholique.*
- Magdebourg, *duché.*
- Brunswick, *duché, place forte.*
- Wolfenbuttel, *place forte.*
- Hanovre, *duché.*
- Gœttingue, *université.*
- Brême, *duché.*
- Lunebourg, *duché.*
- Hambourg, *impériale, hanséatique, place forte.*
- Lubeck, *impériale, hanséatique, place forte, évêché luthérien.*
- Rostock, *hanséatique, université, port.*
- Wismar, *port.*

L'évêché d'Hildesheim, à 6 l. S. E. de Hanovre, le seul catholique de ce cercle, était toujours conféré à un prince puissant par lui-même.

Magdebourg, ville fortifiée, sur l'Elbe, à 50 l. S. E. de Hambourg, duché, était autrefois un archevêché qui fut sécularisé à la paix de Munster en faveur de la maison de Brandebourg, de même que la principauté d'Halberstadt, à 11 l. S. O. de Magdebourg, et qui était évêché. Cette ville fut prise par les Français le 8 novembre 1806. Popul. : 37,000 hab.

Les possessions de la maison de Brunswick, outre Brunswick, à 22 l. O. de Magdebourg, et Wolfenbuttel, à 2 l. S. de Brunswick, comprenaient quatre états : le duché de Hanovre, à 8 l. O. de Brunswick; le duché de Brême, à 36 l. N. O. de Brunswick (autrefois archevêché, mais sécularisé à Munster en faveur de la Suède, qui le céda en 1719 au duc de Hanovre); ceux de Lunebourg, à 14 l. S. E. de Hambourg, et de Lauembourg, à 5 l. N. E. de Lunebourg, qui sont venus au même duc du droit de son épouse.

Le duché de Holstein était partie au duc de ce nom et partie au roi de Danemarck. Le duc de Holstein a cédé sa partie au roi de Danemarck, qui lui a donné en échange les comtés d'Oldembourg et de Delmenhorst en 1773.

Hambourg, ville libre, à 187 l. N. E. de Paris, est une des plus grandes et des plus riches de l'Allemagne. Elle est située entre l'Alster et l'Elbe, à l'endroit où ce dernier fleuve se partage en plusieurs bras et où il forme ensuite un superbe canal large de deux lieues. Cette ville, qui doit son origine à une forteresse bâtie par Charlemagne contre Gatric, roi de Danemarck, compte aujourd'hui 110,000 habitans. En 1813, les Français qui en étaient les maîtres la mirent en état de défense contre les alliés : ce qui lui causa des pertes dont elle ne s'est pas encore relevée.

Lubeck, à 15 l. N. E. de Hambourg, ville libre, près de la Baltique, avec un beau port, belle, riche et marchande, est la première des villes hanséatiques; l'évêque, qui est luthérien, n'a aucune juridiction sur la ville :

Moderne. 201

c'est toujours un prince de la maison de Holstein qui est élu. Cette ville, qui est aujourd'hui l'une des quatre qui entrent dans la Confédération Germanique, fut prise par les Français en 1806. Popul. : 30,000 hab.

Le duché de Mecklembourg est le moins fertile de ce cercle; outre Rostock, à 28 l. E. de Lubeck, on y trouve Gustrow, à 5 l. S. de Rostock; Schwerin, à 15 l. S. E. de Lubeck; Strélitz, etc.

IX. LE CERCLE DE HAUTE-SAXE.

Ce cercle, au sud de la Baltique, renfermait la Saxe, l'électorat de Brandebourg, le duché de Poméranie, etc., sans aucune ville impériale. Le luthéranisme y est dominant. La Saxe, fertile surtout en blé, comprend le landgraviat de Thuringe, la Misnie, le duché et l'électorat de Saxe. Le duché de Saxe et la Misnie appartenaient à l'électeur de Saxe, qui porte aujourd'hui le titre de Roi; la Thuringe était possédée par divers princes. La maison de Saxe est une des plus anciennes et des plus illustres de l'Europe : elle se divisa en 1464 en deux branches, dites *Ernestine* et *Albertine*, du nom des deux princes Ernest et Albert; la branche aînée Ernestine fut dépouillée par Charles-Quint du titre d'électeur, qu'il transféra à la branche cadette, qui était restée catholique.

La branche aînée est subdivisée en quatre : Weimar, Altembourg, Meiningen et Cobourg-Gotha.

La principauté d'Anhalt-Dessau, à 15 l. N. de Leipsick, et celle d'Anhalt-Bernbourg, à 9 l. O. de Dessau.

Le marquisat et l'électorat de Brandebourg appartiennent au ci-devant électeur de ce nom, qui porte le titre de roi depuis plus de cent ans, et qui est un des plus puissans princes de l'Allemagne. L'empereur Léopold, pour faire entrer l'électeur Frédéric III dans la grande ligue contre Louis XIV, érigea en royaume la Prusse ducale qui appartient à ce monarque.

La Poméranie est divisée par l'Oder en occidentale et orientale : la première était à la Suède; la France la

* 9

prit en 1807, ainsi que l'île de Rugen dans la mer Baltique; et la seconde était au roi de Prusse. La Poméranie suédoise a été cédée, en 1815, au Danemarck, en échange de la Norwège qui appartient aujourd'hui au roi de Suède ; quelque temps après, le Danemarck l'a échangée avec le roi de Prusse pour la partie du Lauembourg située sur la rive droite de l'Elbe.

Ce cercle n'avait qu'un directeur, qui était le duc de Saxe.

La Thuringe a :	Weimar, que quelques-uns de ses ducs ont rendu célèbre. Gotha. Eisenach. Erfurth, *place forte*. Iéna (1).	
Le duché de Saxe a :	Halle, *capitale, université*. Wittemberg, *capitale, université*.	Au roi de Prusse.
La Misnie a :	Dresde, *capitale*. Leipsick, *université*.	Au roi de Saxe.
Le Brandebourg a :	Berlin, *capitale, place forte*. Brandebourg. Francfort-sur-l'Oder, *université*.	
La Poméranie suédoise a :	Stralsund, *place forte*.	Au roi de Prusse.
La prussienne a :	Stettin, *capitale, place forte*.	

Dresde, belle ville, grande, peuplée et très-forte, à 228 l. N. E. de Paris, est le séjour ordinaire du roi de Saxe, qui y possède un beau palais, orné des plus grandes raretés en peinture et histoire naturelle. Cette ville, qui était toute luthérienne, renferme aujourd'hui un grand nombre de catholiques, depuis que les anciens électeurs le sont devenus, pour pouvoir oc-

---

(1) Petite ville près de laquelle les Français remportèrent contre les Prussiens, la fameuse bataille du 14 octobre 1806.

cuper le trône de Pologne. Les ravages de Frédéric II, roi de Prusse, la réduisirent à de fâcheuses extrémités, et elle n'a pas moins souffert en 1813, du siége qu'elle soutint contre les alliés, lorsque Napoléon en eut fait sa place d'armes. 55,000 habitans.

Leipsick, à 100 l. N. O. de Vienne et à 16 l. N. O. de Dresde, est située entre la Saale et la Mulde, au confluent de la Pleiss, de l'Elster, de la Bar et de la Luppe. c'est une ville belle, riche, fort commerçante, où il se tient trois foires célèbres; son université ne l'est pas moins. Les journaux littéraires de Leipsick nous prouvent que les arts et les sciences y fleurissent. En octobre 1813, l'armée française y éprouva un grand désastre.

Berlin, grande ville et place forte, sur la Sprée, à 236 l. N. E. de Paris et à 120 l. N. O. de Vienne, est la capitale du royaume de Prusse; elle est peuplée et très-marchande; on y remarque un bel arsenal, un observatoire, un superbe palais où réside le roi, une église catholique, etc. Elle renferme 198,000 hab.

Potsdam, à 8 l. S. O. de Berlin, est une ville assez considérable, avec une belle maison de plaisance du roi de Prusse.

NOUVELLE DIVISION

DE L'ALLEMAGNE.

Par suite de la campagne de 1806, l'empire Germanique avait été entièrement détruit, et son antique constitution entièrement changée. Le gouvernement français érigea en royaumes quelques états, en créa d'autres sous le titre de grands-duchés, et fit disparaître un bon nombre de ceux qui jusqu'alors avaient été libres et indépendans. Une nouvelle confédération, qui se forma entre ces états créés ou modifiés, sous le nom de confédération du Rhin, reconnut Napoléon pour son protecteur. La Confédération Germanique actuelle comprend trente-huit états, grands et petits.

Les royaumes de nouvelle création sont : celui de Bavière, qui se compose de tout l'ancien cercle de Bavière, de l'évêché de Bamberg, du margraviat de Bayreuth, du margraviat d'Anspach, de l'évêché d'Aichstadt, des ci-devant villes impériales de Nuremberg, de Windheim, de Rothembourg et de Weissemberg en Franconie, des pays d'Augsbourg, de Burgau, de Mindelheim, de Schwabach, Kempten et Rhotenfels, des villes d'Augsbourg, Kempten, Dunkelsbühl, Nordlingue, Memmingen, Kaufbeuren, des principautés de Schwartzenberg et d'Oëttingen en Souabe, et de l'ancien évêché de Ratisbonne, etc. Munich en est la capitale.

Celui de Würtemberg se compose de l'ancien cercle de Souabe et de beaucoup d'autres pays qu'on y a joints. Stuttgart en est la capitale.

Celui de Saxe, dont Dresde est la capitale, a été diminué de moitié par le congrès de Vienne. Il ne comprend qu'une partie du marquisat de Misnie, le territoire de Leipsick, le comté de Schœnbourg, l'Erzgebirge, le Voigtland et la Haute-Lusace.

A ces trois nouveaux royaumes, il faut en ajouter un quatrième, celui de Hanovre, dont la capitale porte le même nom. Il comprend l'ancien électorat de Hanovre, la principauté d'Hildesheim, la ville de Goslar et son territoire, la principauté d'Ostfrise, les duchés de Lunebourg et de Brême, la partie basse du comté de Lingen, une partie du pays de Munster, etc.

Outre ces quatre royaumes, la Confédération Germanique comprend les provinces autrichiennes et prussiennes d'Allemagne, et les états suivans, savoir : le grand-duché de Bade, la Hesse-Électorale ou principauté de Hesse-Cassel, le grand-duché de Hesse-Darmstadt; le Danemarck, pour le Holstein; le royaume de Hollande, pour le grand-duché de Luxembourg; le grand-duché de Saxe-Weimar, les duchés de Saxe-Altembourg, de Saxe-Cobourg-Gotha, de Saxe-Meiningen; les duchés de Brunswick et d'Oldembourg; les grands-duchés de Mecklembourg-Schwerin et de Mecklembourg-Strélitz; les principautés d'Anhalt-Dessau, d'Anhalt-Bernbourg, d'Anhalt-Cœthen, de Schwartzbourg-Sondershausen, de Schwartzbourg-Rudolstadt, de Hohenzollern-Hechingen, de Hohenzollern-Sigmaringen, de Lichtenstein, de Waldeck, de Reuss, de Schaumbourg-Lippe, de Lippe-Detmold, etc., et les villes libres de Lubeck, de Hambourg, de Brême et de Francfort-sur-le-Main.

Les affaires de cette nouvelle confédération sont confiées à une diète fédérative, dans laquelle ses membres votent par leurs plénipotentiaires, et que préside le ministre d'Autriche. Cette assemblée décide à la pluralité des voix les questions qui lui sont soumises. Elle siége à Francfort-sur-le-Main.

Tous les princes confédérés se sont engagés à défendre contre toute agression tant l'Allemagne entière que chaque état individuel compris dans leur union. Ils se sont aussi engagés à ne se faire la guerre sous aucun prétexte, et à soumettre leurs différends à la diète plutôt que de poursuivre la réparation de leurs griefs par la force des armes.

Nous allons décrire en peu de mots les divers états confédérés que nous avons nommés, à l'exception des quatre royaumes dont nous avons d'abord parlé, et des états de l'Autriche et de la Prusse dont il sera encore question.

Le grand-duché de Bade renferme une partie du comté de Wertheim, les parties du palatinat du Rhin et des anciens évêchés de Spire et de Worms situées sur la rive droite de ce fleuve; le margraviat de Bade; l'Ortenau, le Brisgau, la principauté de Furstemberg, l'ancien évêché de Constance et autres petits pays. Capitale : Carlsruhe, où le grand-duc fait sa résidence.

La Hesse-Électorale comprend l'ancien landgraviat de Hesse-Cassel et plusieurs autres pays au nombre desquels sont l'évêché de Fulde, le comté de Hanau et une partie de la ci-devant principauté souveraine d'Isembourg. Capitale : Cassel, sur la Fulde.

Le grand-duché de Hesse-Darmstadt se compose de

la Haute-Hesse, du landgraviat dont il porte le nom, d'une partie de la principauté d'Isembourg, de la ville et du territoire de Mayence, et de quelques autres possessions sur la rive gauche du Rhin. Capitale : Darmstadt.

Le duché de Nassau, renfermé entre le Rhin et le grand-duché de Hesse-Darmstadt, formait autrefois deux états qui appartenaient à deux princes de la même famille, savoir : Nassau-Weilbourg et Nassau-Usingen. Wiesbaden en est la capitale.

Le grand-duché de Saxe-Weymar comprend le pays de ce nom, celui de Saxe-Eisenach, une partie du comté de Henneberg, le cercle de Neustadt, etc. Capitale : Weymar. On y trouve Iéna, ville célèbre par son université, et par la victoire signalée que les Français y remportèrent sur l'armée prussienne, le 14 octobre 1806.

Le duché de Saxe-Altembourg s'est formé d'une partie de celui de Saxe-Gotha, démembré en 1825. Capitale, Altembourg.

Le duché de Saxe-Meiningen comprend une partie de la principauté de Cobourg et la majeure partie du comté de Henneberg. Capitale : Meiningen, sur la Werra, résidence du duc.

Le duché de Saxe-Cobourg-Gotha renferme la plus grande partie de la principauté de Saxe-Cobourg et du duché de Saxe-Gotha. Capitale : Cobourg.

Le duché de Brunswick comprend de plus la principauté de Wolfenbuttel et le comté de Blankenbourg. Capitale : Brunswick, ville grande et fortifiée.

Les grands-duchés de Mecklembourg-Schwerin et de Mecklembourg-Strélitz ont pour capitale Schwerin et Neu-Strélitz.

Le duché d'Oldembourg comprend l'évêché de Lubeck et le duché d'Oldembourg. Capitale : Oldembourg.

Les trois principautés d'Anhalt-Dessau, d'Anhalt-Bernbourg et d'Anhalt-Coethen sont enclavées dans la Prusse allemande. Leurs surnoms sont les noms de leurs capitales.

Le comté de Schwartzbourg-Sondershausen est enclavé, partie dans la Prusse allemande, partie dans la Saxe ; celui de Schwartzbourg-Rudolstadt l'est tout entier dans la Saxe. Sondershausen et Rudolstadt en sont les capitales.

La principauté de Hohenzollern, enclavée dans le royaume de Würtemberg, est partagée entre deux princes de la même famille, dont l'un porte le nom de Hohenzollern-Hechingen, et l'autre de Hohenzollern-Sigmaringen. Hechingen et Sigmaringen en sont les deux capitales.

La principauté de Lichtenstein, voisine de la Suisse, a pour capitale Vadutz.

La principauté de Waldeck, à l'ouest de la Hesse-Électorale, a pour capitale Corbach.

La principauté de Reuss est enclavée dans le duché de Saxe. Elle est divisée en deux branches, savoir : la branche cadette, capitale, Gera, et la branche aînée, capitale, Greitz.

La principauté de Schaumbourg-Lippe a pour capitale Buckebourg, résidence du prince ; et celle de Lippe-Detmold, Detmold, où le prince de ce nom fait sa résidence.

Pour ce qui regarde les quatre villes libres de Lubeck, Hambourg, Brême et Francfort, *voyez* ce qui en a été dit plus haut.

DE L'AUTRICHE.

L'Autriche, qui n'était jusqu'en 1806 qu'un des neuf cercles de l'empire d'Allemagne, compose aujourd'hui avec la Bohême, la Hongrie, etc., tous les états de l'empereur d'Autriche, titre que ce prince s'est réservé lors de l'abdication forcée qu'il fut obligé de faire le 6 août 1806 de son titre d'empereur d'Allemagne.

L'empire d'Autriche, dont Vienne est la capitale, se forme aujourd'hui de tout ce qui formait l'ancien cercle d'Autriche, des royaumes de Bohême et de Hongrie, de la Transylvanie, de la Gallicie, province démembrée de la Pologne, et dont la capitale est Léopold ou Lemberg ; de la Moravie et de la Silésie autrichienne, de la Styrie, du royaume Lombard-Vénitien, dont nous parlerons à l'article de l'Italie ; du *royaume d'Il-lyrie*, qui contient l'Istrie, la Carniole et la Carinthie, et du royaume de Dalmatie, où se trouve Raguse avec son territoire.

La Bohême, la Hongrie et la Transylvanie faisant partie de l'empire d'Autriche, la description de ces contrées vient naturellement à la suite de l'aperçu général sur cet état, dont les provinces allemandes ont déjà été citées plus haut.

Dans ces différens pays, les paysans ne possédaient rien en propre ; ils étaient, comme en Pologne, les vrais esclaves des seigneurs, et les êtres les plus malheureux du monde. L'empereur Joseph II et ses successeurs ont considérablement allégé leur joug.

DE LA BOHÊME.

Le royaume de Bohême, au nord de l'Autriche, a eu des rois électifs. L'empereur Othon IV fit admettre le roi de Bohême au nombre des électeurs en 1208, et comme les rois de Bohême recevaient ce royaume en fief de l'empire, les empereurs ont prétendu que, faute d'héritiers, ils avaient droit d'en disposer comme des autres fiefs dévolus à l'empire ; mais comme les rois de Bohême se sont peu à peu détachés de l'empire, et qu'ils ne contribuaient point aux charges des états du royaume, ils prétendaient avoir droit d'élire leur roi. Ferdinand d'Autriche (qui fut depuis empereur, premier de ce nom), ayant épousé Anne, sœur unique de Louis II, roi de Hongrie et de Bohême, mort sans enfans, se fit élire roi de Bohême en 1527 ; et cette couronne est demeurée depuis dans la maison d'Autriche, qui se l'est fait déclarer héréditaire par le traité de Westphalie en 1648, quoiqu'il y ait toujours pour la forme une espèce d'élection.

L'air de ce royaume, quoique assez froid, est malsain, surtout dans la Bohême propre, où il cause quelquefois des maladies contagieuses. Le terroir y est assez fertile en grains, en pâturages et en safran ; mais il y vient peu de vin : on y trouve de l'or, des diamans, etc. La Bohême est un pays fort élevé, puisque l'Elbe, l'Oder, etc., y ont leurs sources. La religion catholique y est dominante, mais il y a un grand nombre de luthériens et quelques calvinistes. Cet état comprenait autrefois la Bohême propre, qui forme le royaume actuel, le duché de Silésie à l'est, le margraviat de Moravie au sud-est, et celui de Lusace au nord; mais en 1620 la Lusace fut engagée à l'électeur de Saxe, et en 1648 elle lui fut cédée entièrement; et en 1815, la Basse-Lusace a été donnée à la Prusse par le congrès de Vienne; la Haute-Lusace est restée unie au royaume de Saxe.

La Silésie faisait autrefois partie du royaume de Pologne; elle fut unie à la Bohême en 1312. Une bonne partie de cette riche et fertile province a été enlevée à l'impératrice-reine de Hongrie, par Frédéric II, roi de Prusse. Ce héros, après plusieurs batailles qu'il avait gagnées en personne, s'en fit confirmer, par le traité de Dresde, la cession qui lui en avait été faite par celui de Breslau, en 1742; et la possession lui en fut de nouveau confirmée par la paix d'Aix-la-Chapelle en 1748.

La Bohême propre a :
- Prague, *capitale, archevêché, université.*
- Leitmeritz, *évêché.*
- Eger, *place forte.*
- Pilsen.
- Pisck.

La Moravie a :
- Olmutz, *évêché.*
- Brünn, *capitale, évêché.*
- Austerlitz.

La Lusace a :
- Gorlitz, *capitale, évêché.* } à la Prusse.
- Sorau.
- Bautzen, à la Saxe.

La Silésie a :
- Breslau, *capitale, évêché, place forte.*
- Glogau, *place forte.*
- Ratibor.

Prague, capitale de tout le royaume, à 54 l. N. O. de Vienne et à 240 N. E. de Paris, sur la Moldau, est assez mal bâtie; cependant c'est une des grandes villes de l'Europe, avec de très-beaux édifices sacrés et profanes, surtout l'église métropolitaine. Cette ville a souffert plusieurs siéges; ce fut près de ses murailles que Maximilien, duc de Bavière, général de l'armée de Ferdinand II, remporta une célèbre victoire en 1620 sur Frédéric V, électeur palatin, qui, comptant sur son beau-père Jacques Ier., roi d'Angleterre, avait imprudemment accepté la couronne de Bohême que les états révoltés contre l'empereur lui avaient offerte. La prise de cette ville, que les Français enlevèrent d'emblée en 1742, leur fut peut-être moins glorieuse que la retraite qu'ils firent au milieu de l'hiver en pays ennemi, manquant de tout, et devant des troupes infiniment supérieures, sous les ordres du maréchal de Broglie. En 1807 elle se rendit aux Français. Popul.: 105,000 hab.

Breslau, à 52 l. N. E. de Prague, sur l'Oder, ville grande, peuplée, et riche par son commerce, principalement de toiles très-fines, est belle, avec de grandes places et des églises magnifiques. L'hôtel-de-ville est un des plus beaux d'Allemagne. Popul.: 78,000 hab.

Austerlitz, jolie petite ville à 5 l. S. E. de Brünn, est à jamais mémorable par la bataille du 2 décembre 1805, où les Français remportèrent une victoire complète sur l'armée Austro-Russe.

Bautzen ou Budissen, ville du royaume de Saxe, située sur la Sprée, à 11 l. E. N. E. de Dresde, est célèbre par la victoire remportée le 22 mai 1813, par l'armée française sur les Prussiens et les Russes.

DE LA HONGRIE.

Le royaume de Hongrie, à l'est de l'Autriche, devint électif à la mort de son roi Louis II, en 1526. Ferdinand d'Autriche, qui en avait épousé la sœur unique, prétendit lui succéder, et se fit couronner par une partie des états. Jean de Zapolski, woïwode ou gouverneur de Transylvanie, se fit élire de son côté; mais trop faible pour un tel rival, il eut recours aux Turcs qui, saisissant l'occasion, le rétablirent comme en passant, et suivirent

Ferdinand jusqu'à Vienne, dont il leur fallut cependant lever le siége. Il fut arrêté alors, par un accord solennel, que Jean resterait sur ce trône sa vie durant, mais qu'après lui il appartiendrait à Ferdinand. A la mort de Jean en 1540, sa veuve fit élire par ses créatures un fils qu'il lui laissait, et appela une seconde fois les Turcs qui s'emparèrent des principales places de cet état, et le reste demeura à Ferdinand. Les Turcs ont souvent tâché d'en chasser les Autrichiens; mais ils en furent chassés eux-mêmes dans la guerre de 1683, par l'empereur Léopold, qui fit déclarer ce royaume héréditaire dans sa maison par les états du pays, assemblés à Presbourg en 1687.

L'air est malsain en Hongrie, parce que la terre y est mal cultivée, à cause de l'esclavage des paysans qui n'y possèdent rien, mais qui louent chaque année, des seigneurs, une étendue de terrain dont ils donnent une partie du produit; le reste sert à les faire vivre misérablement dans les trous qu'ils se creusent le plus souvent dans la terre. Cependant le terroir y est très-fertile en grains, en fruits, et les pâturages y sont excellens; il y a, comme dans tous les endroits incultes, une quantité extraordinaire de gibier et de bêtes sauvages. Le vin de Hongrie, dit de *Tokay* (1), est le plus délicieux de l'Europe. On y trouve aussi des mines d'or et d'argent. L'esclavage du commun du peuple est à charge au souverain, qui voudrait bien engager les seigneurs à les en délivrer; il leur en donne l'exemple sur ses terres. En 1780, Joseph II déclara la ville de Cinq-Eglises libre. Si la servitude est abolie en Hongrie, elle deviendra un état considérable, étant à portée d'être très-peuplée par les émigrations continuelles qui s'y font de la Turquie. Jusqu'ici les émigrans n'ont fait que changer de maîtres en Hongrie; s'ils trouvent un sort plus favorable, ces émigrations se multiplieront; l'industrie y naîtra, s'ils

---

(1) Ville sur le Bodrog qui se jette dans la Theiss, rivière qui se joint au Danube.

participent aux priviléges du clergé, des magistrats et des bourgeois qui composent les états ou la diète, où tout ce qui a rapport à ce royaume se décide.

Les Hongrois ont plus d'inclination pour la guerre que pour les arts et pour le négoce; ils ont une grande facilité à parler plusieurs sortes de langues, et surtout la latine qui leur est très-familière. La religion catholique est la plus suivie en Hongrie; mais il y a un grand nombre de protestans. Il n'y a que deux archevêchés et six évêchés. Après le Danube, ses principales rivières sont : la Theiss, la Save et la Drave, qui s'y jettent; elles sont très-poissonneuses.

La Hongrie se divise en Haute-Hongrie vers l'orient à la gauche du Danube, Basse-Hongrie à la droite vers l'occident, et Esclavonie, au S. Ce pays renferme 9 millions d'habitans.

La Haute-Hongrie a :
- Presbourg, *chef-lieu*.
- Neusohl, *place forte*.
- Neutra, *évêché*.
- Kaschau.
- Erlau, *évêché, place forte*.
- Pesth, *université*.
- Grand-Waradin, *évêché, place forte*.
- Témesvar, *place forte*.
- Tokay.

Presbourg, sur le Danube, à 13 l. E. de Vienne, appelé *Posony* par les habitans, chef-lieu de la Haute Hongrie, est une ville assez belle, où l'on couronne les rois de Hongrie. Une armée française qui arriva d'Italie y fit son entrée le 5 décembre 1805, et ce fut le 26 du même mois qu'y fut signé le traité de paix qui termina cette campagne de trois mois, si glorieuse pour les Français. Popul. : 38,000 hab.

Pesth, sur la rive gauche du Danube, la ville la plus considérable de la Hongrie, vis-à-vis de Bude; avec une célèbre université. On y compte 62,000 habitans.

Moderne. 213

La Basse-Hongrie a :
- Bude, *capitale, place forte.*
- Szigeth, *place forte.*
- Gran *ou* Strigonie, *archevêché.*
- Komorn, *place forte.*
- Raab, *ou* Javarin, *évêché, place forte.*
- Kanischa, *place forte.*
- Albe-Royale.
- Veszprim, *évêché.*
- Cinq-Eglises, *place forte.*

L'Esclavonie a :
- Poséga, *capitale.*
- Essek, *évêché.*

Bude ou Ofen, sur le Danube, à 42 l. S. E. de Vienne, capitale de toute la Hongrie, une des plus belles du royaume, du temps que les rois y faisaient leur séjour, fut ruinée et brûlée en 1686 par les Turcs, auxquels on l'enleva en la prenant d'assaut. 29,000 habitans.

Témesvar, sur la rivière de Témes, vers les frontières de la Transylvanie, à 60 l. S. E. de Bude, est la dernière place considérable que les Turcs aient possédée en Hongrie. Le prince Eugène la prit en 1716, après avoir battu leur armée. Elle est la capitale du Bannat de ce nom.

Kanischa ou Canischa, à 40 l. S. E. de Vienne, sur les frontières de la Styrie, près de la Drave, la plus forte place de cet état, se rendit aux Turcs en 1600, et aux Impériaux en 1690, faute de vivres, après un long blocus.

Carlowitz, bourg dans l'Esclavonie, célèbre par la paix qui y fut conclue en 1699 entre les Impériaux et les Turcs.

DE LA TRANSYLVANIE.

La Transylvanie, à l'est de la Hongrie, dépendait de ce royaume; elle en fut séparée en 1541, et fut ensuite gouvernée par des princes électifs qui étaient vassaux du grand-seigneur. Michel Abaffi, le dernier de ces princes, se mit sous la protection de l'empereur en 1687, et reçut des garnisons allemandes dans ses places; depuis sa mort en 1690, la Transylvanie a été uniquement possédée par l'empereur, à qui les Turcs l'ont cédée pa[r] le traité de Carlowitz en 1699. Le pays, où l'air e[st] tempéré et assez sain, et qui a quelques mines de sel et même d'or et d'argent, est fertile en blé et en bo[n] vin; il est d'ailleurs rempli de montagnes et de vast[es] forêts, et les eaux y sont mauvaises; son gouverne[ment est le même que celui de Hongrie, mais il en e[st] distinct.

Les principales villes sont :
{ Hermanstadt, *évêché, place forte.*
Albe-Julie, *évêché.*
Klausembourg, *capitale.* }

Hermanstadt, à 125 l. S. E. de Vienne, sur la riviè[re] de Zebin, est une ville assez grande, belle et bien bâ[-]tie (1). Popul. : 18,300 habitans.

Klausembourg, sur le Petit-Szamos; résidence d[u] gouverneur. Elle est bien bâtie et renferme aussi 18,0[00] habitans.

DE LA PRUSSE.

La Prusse, au nord de la Pologne, avait des sou[-]verains idolâtres; au treizième siècle, les chevalie[rs] Teutoniques la subjuguèrent en la convertissant. Leu[r] grand-maître Albert de Brandebourg se fit luthérien, [et] la sécularisa. La partie qui le reconnut passa à son fil[s] et à sa mort sans postérité, à l'électeur de Brandebourg. Ainsi la Prusse était divisée en deux parties : celle qu[i] était du royaume de Pologne se nommait *royale*, l'autr[e] partie dite *ducale*, était aux électeurs de Brandebourg, et elle fut érigée en royaume en 1701; depuis 1773, l[e] roi de Prusse en possède la totalité.

---

(1) La maison de Ragotski, dont un prince s'était retiré e[n] France, était d'Hermanstadt.

Moderne.

Par suite des campagnes de 1806 et 1807, le roi de Prusse avait perdu une grande partie de ses états : d'abord le duché de Berg ; dans l'électorat de Brandebourg, la Vieille-Marche, et toute sa portion de la Pologne ; mais les campagnes de 1814 et de 1815 lui ont rendu ce qu'il avait perdu, et même ont agrandi ses possessions de plusieurs pays qu'il n'avait pas auparavant, entre autres d'une bonne partie du royaume de Saxe et d'un grand territoire sur la rive gauche du Rhin.

La Prusse royale avait trois palatinats.

On y trouve :
- Dantzick, *capitale, place forte, port ci-devant hanséatique.*
- Culm, *évêché.*
- Thorn.
- Elbing, *port, place forte.*

La Prusse ducale (1) a :
- Mariembourg, *place forte.*
- Kœnigsberg, *capitale, port, université.*
- Memel, *port, place forte.*
- Tilsit (2).

Dantzick, ville libre, et ci-devant impériale et hanséatique, à 300 l. N. E. de Paris, au fond du golfe de son nom, sur la mer Baltique, est considérable d'ailleurs par sa beauté, sa grandeur, ses richesses et son commerce. Les églises y sont magnifiques, et les maisons bien bâties. Quoiqu'elle dépendît en plusieurs choses de la Pologne, c'était cependant une ville libre, gouvernée par un sénat, nommé *la Régence.* On y battait monnaie au coin du roi de Pologne, et la justice s'y rendait en son nom. Son port sur la Vistule,

---

(1) C'est dans cette partie de la Prusse que se trouvent les villes d'Eylau et de Friedland, remarquables, la première par la victoire signalée des Français sur les Russes, le 8 février 1807, et la seconde, par une nouvelle victoire, du 16 juin 1807, sur les Russes qui y perdirent 17,500 hommes tués et 40,000 prisonniers.

(2) Sur le Niémen, petite ville à jamais célèbre par le traité de ce nom, entre la France, la Russie et la Prusse.

quoique peu profond, reçoit les vaisseaux de toutes les nations, qui y portent toutes les marchandises dont a besoin la Pologne, et en emportent du blé, de la cire, du chanvre, etc. Les magistrats de Dantzick sont luthériens, comme la plupart des habitans. Il y a aussi beaucoup de calvinistes et quelques catholiques, auxquels on permet l'exercice de leur religion. Depuis que le roi de Prusse est souverain de la Prusse royale, Dantzick est bien déchue; il a réuni à sa souveraineté les terres que les Dantzickois avaient achetées de la république de Pologne, de sorte qu'il s'est rendu maître de l'entrée de leur port, et fait payer de gros droits à tout ce qui veut y entrer. Cette ville, qui fut prise par les Français en 1807, après un long siège, où les Russes qui la défendaient perdirent beaucoup de monde, fut déclarée libre par le traité de Tilsit; elle est revenue à la Prusse. Popul.: 54,000 habitans.

Oliva, près de Dantzick, était un riche monastère de l'ordre de Citeaux, connu par la paix d'Oliva en 1660, entre la Suède et la Pologne.

Thorn, sur la Vistule, à 57 l. N. O. de Varsovie, a donné naissance à Copernic (*voy*. page 6). C'était une ville libre, mais tout entourée de possessions prussiennes.

Le royaume de Prusse, qui, outre la Prusse-Ducale, comprend une grande partie de l'Allemagne et une portion de l'ancienne Pologne, se divise en 10 provinces, dont 7 appartiennent à la Confédération Germanique: le Brandebourg, la Poméranie, la Saxe, la Silésie, la Wesphalie, le Clèves-Berg et le Bas-Rhin: ces trois dernières forment le grand-duché du Bas-Rhin; la Prusse-Ducale a pris le nom de Prusse-Orientale, la Prusse-Royale, celui de Prusse-Occidentale, et la partie polonaise, celui de grand-duché de Posen. Berlin en est la capitale. *Voir*, pour les détails, l'article *Allemagne*.

DE LA SUISSE.

La Suisse, à l'est de la France, autrefois province de l'Allemagne, était, avant 1798, une république divisée en treize cantons indépendans les uns des autres, mais confédérés pour leur conservation mutuelle. Cette confédération commença l'an 1308 par les cantons de Schwitz, d'Uri et d'Unterwald, qui ne pouvant souffrir la tyrannie d'un gouverneur que l'empereur Albert (fils du fameux Rodolphe de Hapsbourg, tige de la maison d'Autriche) leur avait envoyé, le tuèrent (1) et secouèrent le joug : ils vainquirent ensuite plusieurs fois les Autrichiens, et surtout en 1315, dans une bataille décisive qui mit le sceau à leur liberté.

Le nom de *Suisse* fut donné dès-lors à la république naissante de celui du canton de Schwitz. Les autres cantons s'unirent à ces premiers en différens temps : Lucerne en 1332, Zurich en 1351, Zoug et Glaris en 1352, Berne en 1353, Fribourg et Soleure en 1481, Bâle et Schaffhouse en 1501, et Appenzell en 1513. Le gouvernement était en quelque manière aristocratique dans les quatre cantons protestans de Zurich, de Berne, de Bâle et de Schaffhouse, et dans ceux de Lucerne, de Soleure et de Fribourg : les seuls bourgeois des capitales de ces cantons pouvaient avoir part au gouvernement, et le faisaient bien sentir au peuple qu'ils gouvernaient en qualité de baillis ; au lieu qu'il était entièrement démocratique dans les cantons d'Uri, de Schwitz, d'Unterwald, de Zoug, de Glaris et d'Ap-

---

(1) Ce gouverneur se nommait *Gessler*; il obligeait les Suisses à rendre hommage non-seulement à sa personne, mais même à son bonnet : un nommé *Guillaume Tell*, qui n'avait pas voulu s'y soumettre, fut condamné à abattre d'un coup de flèche une pomme sur la tête de son fils ; il y réussit, et peu après il tua Gessler, et cria le premier : *liberté!*

penzell, où tous les habitans des bourgs et villages pou vaient également prétendre aux emplois.

Des treize anciens cantons quatre sont protestans *Bâle*, *Schaffhouse*, *Zurich* et *Berne* ; sept sont catho liques, *Soleure*, *Fribourg*, *Unterwald*, *Uri*, *Schwitz* *Zoug* et *Lucerne* ; et deux sont mêlés de protestans e de catholiques, savoir : *Glaris* et *Appenzell*. Les can tons catholiques tenaient leurs assemblées particulière: à Lucerne, les protestans à Aarau, et tous ensemble à Bâle. Chaque canton porte ordinairement le nom de sa ville ou de son bourg le plus considérable. Le canton de Berne, le plus grand et le plus puissant de tous, pou vait armer soixante mille hommes.

Les Suisses, autrefois les Helvétiens, sont courageux, robustes, laborieux, fidèles, et religieux observateurs de leur parole : quoique grossiers en apparence, ils sont bons politiques et entendent bien leurs intérêts ; ils ai ment la guerre, et ils passent pour de bons soldats, fermes surtout et inébranlables dans un choc ; et comme leur liberté est en sûreté derrière leurs montagnes, ils en sortent volontiers, et vont gagner l'argent de plu sieurs puissances de l'Europe, en portant les armes à leur service. Les mœurs des Suisses sont en général sim ples et réglées, le vice y déshonore ; un ecclésiastique déréglé serait sûr d'être dégradé ; on n'y voit point de spectacles, la danse n'est permise qu'aux noces, le luxe des habillemens est interdit. Un citoyen qui manquerait à ses devoirs de chrétien, se perdrait de réputation.

La Suisse passe pour le pays le plus élevé de l'Europe ; les montagnes couvertes de neiges et les glaciers dans les vallées, qui ne fondent jamais en entier dans l'été, for ment les sources de deux des plus grands fleuves de l'Europe : le Rhin, qui va vers l'occident, et le Rhône, qui coule vers le midi ; l'Aar, qui se jette dans le Rhin, y prend aussi la sienne et sort des gla ciers. Le sommet de ces hautes montagnes est stérile, l'air y est froid ; à mi-côte on trouve des terrains assez fertiles et des pâturages qui nourrissent beaucoup de bestiaux ; les basses vallées présentent des terroirs pro ductifs, et l'air y est tempéré. La liberté, mère de l'industrie, y répare les désavantages du sol; il n'y a pas de pays plus peuplé, et chacun y a le nécessaire. Ses principaux lacs sont ceux de Genève, de Neuchâtel, de Zurich et de Constance; ils sont fort poissonneux.

NOUVELLE DIVISION

DE LA SUISSE.

La Suisse est trop voisine de la France pour ne pas s'être ressentie des secousses que cette dernière puissance a imprimées à l'Europe. Les Français y étaient entrés en 1798 et en avaient changé la constitution. Aujourd'hui elle est rendue à son indépendance, et s'est constituée en une république fédérative qui se compose de vingt-deux cantons, y compris ses anciens alliés. De ces vingt-deux cantons, huit sont catholiques, six protestans, et huit moitié catholiques et moitié protestans. Nous les indiquerons par les seules lettres *c.* pour les catholiques, *p.* pour les protestans, et *c. p.* pour ceux moitié catholiques et moitié protestans.

Les vingt-deux cantons dont se compose actuellement la Suisse, sont : Appenzell, *c. p.* Appenzell et Herisau, *capitales.* — Argovie, *c. p.* Aarau, *capit.* — Bâle, *p.* Bâle, *capit.* — Berne, *p.* Berne, *cap.* — Fribourg, *c.* Fribourg, *capit.* — Genève, *p.* Genève, *capit.* — Glaris, *c. p.* Glaris, *capit.* — Grisons, *c. p.* Coire, *capit.* — Lucerne, *c.* Lucerne, *capit.* — Neuchâtel, *p.* Neuchâtel, *capit.* — Saint-Gall, *c. p.* Saint-Gall, *capit.* — Schaffhouse, *p.* Schaffhouse, *capit.* — Schwitz, *c.* Schwitz, *capit.* — Soleure, *c.* Soleure, *capit.* — Tésin, *c. p.* Bellinzone, Lugano et Locarno, *capit.* — Thurgovie, *c. p.* Frauenfeld, *capit.* — Unterwald, *c.* Stantz, *capit.* — Uri, *c.* Altorf, *capit.* — Valais, *c.* Sion, *capit.* — Vaud, *c. p.* Lausanne, *capit.* — Zoug, *c.* Zoug, *capit.* — Zurich, *p.* Zurich, *capit.*

Les villes les plus remarquables de la Suisse sont :
- Bâle, *université*.
- Schaffhouse, *place forte*.
- Zurich.
- Berne.
- Soleure, *place forte*.
- Fribourg, *place forte*.
- Lausanne.
- Genève, *place forte*.
- Coire.
- Lucerne.
- Zoug.
- Sion.
- Aarau.

Bâle, à 123 l. E. par S. de Paris, sur le Rhin, est une ville très-ancienne, alliée depuis 1501 aux Suisses, et capitale du canton de ce nom ; elle est grande, belle et une des plus considérables de la Suisse. Son église cathédrale est magnifique, aussi bien que la maison-de-ville ; elle fait encore un grand commerce, surtout en quincaillerie : cette ville est célèbre par son imprimerie, par son université fondée par le pape Pie II en 1459, et par le concile qui s'y tint en 1431. C'est la patrie *des Bernoulli*, fameux mathématiciens, du peintre *Holbein*, et de *Buxtorff*, auteur de plusieurs ouvrages estimés sur la langue hébraïque. Parmi les objets curieux qu'elle renfermait, on voyait dans un ancien cimetière attenant à la cathédrale la fameuse Danse des Morts, d'Holbein. Popul. : 15,000 habitans.

L'évêque de Bâle, depuis le calvinisme, résidait à Porentruy, à 9 l. S. O. de Bâle, qui dépend aujourd'hui du canton de Berne, après avoir été le chef-lieu du département français du Mont-Terrible : c'était la capitale de l'évêché de Bâle, démembrement de l'ancien évêché dont l'évêque était resté seigneur ; mais ses sujets étaient protestans et jouissaient de grands priviléges.

Schaffhouse, capitale de son canton, à 16 l. E. de Bâle, est médiocrement grande ; mais les rues en sont larges, et les maisons bien bâties ; elle a un beau pont sur le Rhin, qui forme à Lauffen une magnifique cataracte.

Moderne. 221

La maison-de-ville, l'arsenal et la bibliothèque méritent d'être vus. 7,000 habitans.

Zurich, capitale de son canton, à 16 l. S. E. de Bâle, sur la Limmat qu'on y traverse sur deux beaux ponts, et située à un des bouts du lac du même nom, est une ville ancienne, grande, bien bâtie et riche; on y fabrique beaucoup de soieries. Elle a une bibliothèque publique et un très-bel arsenal; elle avait la préséance dans l'assemblée des treize cantons. Popul. : 12,000 hab.

Berne, capitale du canton de ce nom, à 20 l. S. de Bâle, est riche et magnifiquement bâtie. Des portiques qui règnent le long des rues mettent à couvert du soleil et de la pluie : cette ville est étroite et longue, comme la péninsule formée par l'Aar sur laquelle elle est bâtie. Popul. : 16,000 habitans.

Le château de Hapsbourg, dont les comtes ont été la tige de la maison d'Autriche, est au nord de Berne, sur l'Aar.

Lausanne, à 20 l. S. O. de Berne, capitale du canton de Vaud, étant devenue protestante, l'évêché en a été transféré à Fribourg. Cette ville est bien bâtie, située sur une hauteur près du lac de Genève : elle a un collège, et l'on y cultive les sciences et la littérature française; patrie de Tissot, célèbre médecin. Elle est très-fréquentée par les étrangers. 14,000 habitans.

Soleure, ville la plus ancienne de la Suisse (1), capitale de son canton, à 11 l. S. de Bâle, et au pied de la chaîne du Jura, est assez bien fortifiée, et divisée par l'Aar en grande et petite ville : les jésuites y avaient un beau collège, et l'ambassadeur de France y faisait sa résidence ordinaire. 4,000 habitans.

Fribourg, capitale du canton de ce nom, à 7 l. S. O. de Berne, sur la Sarine, est grande et assez belle, quoique sur le penchant d'une montagne raboteuse; elle est gouvernée par un grand et par un petit conseil. Un évêque y fait sa résidence. Pop. : 7,500 habitans.

Gruyères, à 6 l. S. S. E. de Fribourg, est connu par ses fromages.

---

(1) *In Celtis nihil est SALODURO antiquius, unis Exceptis Treveris, quarum ego dicta soror.*

Morat, jolie petite ville, à l'O. de Fribourg, sur l[e] lac de son nom; célèbre par la victoire que les Suisses remportèrent sur Charles-le-Téméraire, duc de Bou[r]gogne, en 1476.

Le canton d'Unterwald n'a que le bourg de Stantz à 3 l. S. de Lucerne.

Le canton d'Uri n'a de place considérable que [le] bourg d'Altorf, à 6 l. S. E. de Lucerne. Ce bourg est [la] patrie de Guillaume Tell, que l'on peut regarder comm[e] le premier fondateur de la liberté helvétique.

Schwitz, qui donne le nom à ce canton, est un bour[g] qui n'a qu'une seule église et quelques maisons rel[i]gieuses, à 4 l. S. E. de Lucerne.

Lucerne, capitale de son canton, à 19 l. S. E. [de] Bâle, à l'extrémité d'un très-beau lac, à l'endroit d'[où] la Reuss en sort, sans être grande, est bien peuplé[e,] riche et commerçante; les jésuites y avaient un bea[u] collége. Cette ville est le grand passage pour aller [en] Italie par le mont St.-Gothard. 6,500 habitans.

Zoug, petite ville de son canton, à 5 l. N. E. de L[u]cerne, a un hôtel-de-ville assez beau.

Glaris, à 10 l. E. de Schwitz, n'est qu'un bourg dont les habitans, en partie réformés et en partie ca[tholiques, font l'office les uns après les autres dans [la] même église.

Appenzell, dont un canton tire son nom, est un gr[and] bourg, riche et bien peuplé, à 16 l. E. de Zurich; s[es] habitans sont moitié réformés, moitié catholiques.

Coire, évêché, à 21 l. S. E. de Zurich, est la princ[i]pale ville du canton des Grisons. La partie catholique [de] la ville est très-petite.

Sion, évêché, à 20 l. E. de Genève, près du Rhôn[e,] est la capitale du Valais; son évêque était prince [de] l'empire. Le Valais a formé un département frança[is] sous le nom de Simplon.

Genève, sur le Rhône, à sa sortie du lac de so[n] nom, ville riche, marchande et fort peuplée, et la pl[us] considérable de toute la Suisse, à 144 l. S. E. de Par[is.] Elle a appartenu autrefois aux ducs de Savoie. Elle av[ait] un évêque qui prenait la qualité de *prince de Genèv[e.]*

mais les habitans, en embrassant les nouvelles opinions de Calvin, le chassèrent, et il a fait depuis sa résidence à Annecy, en Savoie. Genève, lors de la révolution française, fut réunie à la France, et devint chef-lieu du département du Léman. C'est en 1814 que son territoire, agrandi du côté de la France et de la Savoie, fut incorporé à la confédération Suisse. Popul. : environ 25,000 habitans.

St.-Gall, à 15 l. E. de Zurich, est la capitale du canton de son nom qui était autrefois une espèce de république alliée des Suisses. 9,000 habitans.

Neuchâtel, sur le lac de ce nom, à 94 l. S. E. de Paris; son territoire avait le titre de principauté, et comprenait celle de Vallangin qui y était réunie. A la mort de madame de Nemours, princesse de Neuchâtel, en 1707, la principauté de Neuchâtel reconnut le roi de Prusse; ce prince la céda en 1806 au gouvernement français. Elle forme aujourd'hui le canton suisse du même nom.

Plusieurs petits bailliages, comtés, etc., enclavés dans les treize anciens cantons, ne faisaient partie de la confédération qu'à titre de sujets, tels entre autres que le comté de Baden, dont la capitale, à 4 l. O. de Zurich, est belle, riche et marchande; elle a des eaux minérales renommées. La paix y fut conclue entre l'empereur et le roi de France en 1714.

DE L'ITALIE.

L'Italie, si célèbre autrefois, et la maîtresse du monde, en est du moins encore un des plus beaux pays : les Alpes la séparent au nord de la France, de la Suisse et de l'Allemagne; la mer Méditerranée la baigne à l'ouest et au sud, et la mer Adriatique à l'est; la chaîne des Apennins la traverse dans toute sa longueur. L'air en général y est sain, quoique fort chaud; et la terre,

qui y est très-fertile, produit abondamment du blé, d[u]
vin, de l'huile, des oranges, des citrons, des grenade[s]
et beaucoup d'autres fruits excellens : on y nourrit quan[-]
tité de vers à soie, ce qui en fait un des meilleurs re[-]
venus.

Les Italiens, qu'on accusait de trop aimer le repos[,]
ont bien prouvé dans ces derniers temps qu'il ne leu[r]
avait manqué jusqu'alors que l'occasion de se montre[r]
les rivaux des nations belliqueuses, par leur courag[e]
dans les combats, et par leur patience à supporter l[es]
fatigues de la guerre. Ils sont grands politiques, spir[i-]
tuels, propres aux sciences, aux affaires et surtout au[x]
beaux-arts ; ils excellent dans l'architecture, la peintur[e,]
la sculpture, la poésie et la musique : les beautés qu[e]
l'Italie offre dans ces différens genres y attirent un[e]
foule d'étrangers. On leur a reproché jusqu'ici d'êt[re]
jaloux à l'excès, et vindicatifs au point de ne se pas fai[re]
un grand scrupule d'un assassinat. Les rapports qu'i[ls]
ont eus avec les Français ont contribué à les corriger d[u]
premier défaut ; quant à l'amour de la vengeance q[ui]
les caractérisait, on doit l'attribuer en grande partie [à]
la facilité avec laquelle le meurtrier savait se soustrair[e]
au châtiment de son crime : le grand nombre et le pe[u]
d'étendue des différens états de l'Italie lui offraient l[e]
moyen de s'échapper en peu de temps, quelquefois e[n]
peu d'heures ; ensuite les églises, très-nombreuses e[n]
Italie, lui présentaient un asyle inviolable, chaque églis[e]
étant un lieu sacré où, par une piété mal entendue, o[n]
ne pouvait arrêter un assassin qu'après des formalité[s]
pendant lesquelles les ecclésiastiques mêmes, qu[i]
croyaient leur honneur intéressé à le sauver, lui faci[-]
litaient les moyens de fuir. Heureusement on est reven[u]
dans toute l'Italie de ce préjugé dangereux, et l'on n[e]
croit plus aujourd'hui que le sanctuaire puisse servir d[e]
refuge au crime : à peine les églises s'y ouvrent-elle[s]
aux plus légers délits. L'empressement des Italiens pou[r]
les honneurs et les grands titres, et la facilité d'en fair[e]
créer par les souverains pontifes qui s'y succèdent si fré[-]
quemment, et qui sont pris indistinctement dans toute[s]
les provinces et dans toutes les grandes familles, avaien[t]

rempli ce pays de principautés, de duchés, de comtés et de marquisats, et surtout d'archevêchés et d'évêchés (1).

La religion catholique est la seule professée en Italie; l'inquisition, qu'on y avait établie, n'a jamais partagé la rigueur ou plutôt la cruauté de l'inquisition d'Espagne: elle ne sévissait que contre les crimes publics et avérés, qui auraient été punis dans tout autre état.

La langue italienne, formée du latin, est fort agréable et fort douce; elle est plus pure dans la Toscane qu'en aucun autre lieu, et c'est à Rome qu'on la parle avec le plus de facilité et de douceur. Elle se prête facilement aux modulations de la musique et aux expressions de la poésie.

Les rivières les plus considérables de l'Italie sont: le Pô et l'Adige, qui prennent leur source dans les Alpes et se jettent dans la mer Adriatique; l'Adda et le Tésin, qui se jettent dans le Pô; l'Arno et le Tibre, qui prennent leur source dans les Apennins et se jettent dans la Méditerranée. Le lac Majeur et ceux de Côme et de Garde, près des Alpes, sont les principaux.

L'Italie est une grande presqu'île, qui représente assez bien la figure d'une botte. Elle se partageait entre plusieurs souverains, dont les principaux étaient le Pape, le roi de Naples, l'empereur d'Allemagne, la république de Venise, celle de Gênes, le duc de Savoie, le grand-duc de Toscane, le duc de Modène, le duc de Parme, etc. Elle n'a point, à proprement parler, de ville capitale; mais si quelqu'une avait droit à ce titre, ce serait sans doute la ville de Rome.

On divise l'Italie en septentrionale et en méridionale, qui comprennent ensemble dix états particuliers: la première, qui est l'ancienne Lombardie, en a six: les royaumes de Sardaigne et Lombard-Vénitien, la principauté de Monaco, et les duchés de Parme, de Modène et de Lucques. La seconde en a quatre: le grand-duché de Toscane, l'Etat Ecclésiastique, la république

---

(1) Quarante-quatre archevêchés et deux cent cinquante évêchés.

de St.-Marin et le royaume de Naples. On joint à l'Italie plusieurs îles considérables qui sont aux environs.

I. ROYAUME DE SARDAIGNE.

Ce royaume se compose des pays connus anciennement sous les noms de duché de Savoie, Piémont, comté de Nice et république de Gênes.

De la Savoie.

La Savoie est un ancien duché qui est plus considérable par son étendue que par la qualité du pays : l'air y est froid, à cause du grand nombre de ses montagnes qui sont presque toujours couvertes de neiges ; et le terroir en est peu fertile, si ce n'est en quelques endroits où l'on recueille assez de blé et de vin. Il est borné au sud par les départemens français de l'Isère et des Hautes-Alpes et par le Piémont, à l'est par ce dernier pays, au nord par la Suisse et le lac de Genève, à l'ouest par le Rhône, qui le sépare du département français de l'Ain, et par le Guiers, qui le sépare de celui de l'Isère. Par le traité de 1601, le Rhône et sa rive du côté de la Savoie appartenaient à la France en toute souveraineté ; mais par le traité de 1760, c'est le milieu du cours de ce fleuve qui fait la séparation des deux pays.

La maison de Savoie est très-ancienne et fort illustre, et possède cet état souverain par ordre de succession depuis plus de sept cents ans ; le duc portait le titre de vicaire perpétuel de l'empire, et prenait la qualité de *roi de Chypre*, à cause des droits qu'il prétendait avoir sur cette île par la donation qu'en fit, en 1487, à l'un de ses ancêtres (Charles, duc de Savoie), Charlotte de Lusignan, fille et héritière de Jean, dernier roi de Chypre : elle avait épousé Louis de Savoie, oncle de Charles. La loi salique était reçue en Savoie, aussi bien qu'en France, et les filles n'y héritaient point de la souveraineté.

Le duc de Savoie, par le traité d'Utrecht, en 1713,

fut mis en possession de la Sicile, avec le titre de *roi*; mais cette île lui ayant été enlevée par les Espagnols, en 1710, la Sardaigne lui fut donnée en échange, et il porte le titre de *roi de Sardaigne*; son fils aîné a pris celui de *prince de Piémont*.

Les Savoyards sont bons, fidèles, industrieux, laborieux et économes. La religion catholique est la seule qu'ils professent.

On divise la Savoie en six parties, dont trois vers le nord, qui sont le Genevois, le Chablais, le Faucigny, et trois vers le midi, la Savoie propre, la Tarantaise et la Maurienne. La Savoie étant passée sous la domination de la France dans la révolution forma le département du Mont-Blanc et la plus grande partie de celui du Léman. En 1815 elle fut rendue au roi de Sardaigne, à l'exception de quelques parties du Chablais qui ont servi à l'agrandissement du canton de Genève.

Le Genevois a : [Annecy, *évêché*.

Le Chablais a : { Thonon.
{ Ripaille.

Le Faucigny a : [Bonneville.

La Savoie propre a : { Chambéry, *capitale*, *parlement*, *cour des comptes*.
{ Montmélian.

La Tarantaise a : { Moutiers.
{ Saint-Maurice.

La Maurienne a : [Saint-Jean-de-Maurienne, *évêché*.

Chambéry, sur la Laisse, *archevêché*, à 132 l. S. E. de Paris, capitale de la Savoie, et le siége d'un parlement nommé le *sénat*, est assez bien bâtie, avec un bon château : les maisons de la principale rue, bâties en portiques assez élevés, forment de belles galeries qui servent de promenades couvertes. C'est la patrie de *Vaugelas* et de *St.-Réal*. A trois lieues nord de Chambéry est situé le bourg d'Aix, qui renferme des bains d'eaux minérales très-fréquentés. Popul. : 12,000 hab.

Annecy, petite ville, sur le lac de son nom, devint la résidence de l'évêque de Genève, lorsqu'il fut chassé par les Calvinistes, vers le milieu du seizième siècle. Elle a reçu une grande illustration de St-.François de Sales, l'un de ses évêques. Popul. : 5,467 hab.

Montmélian, à 3 l. S. E. de Chambéry, avait une forteresse, que sa situation sur un rocher très-escarpé rendait inabordable : Henri IV l'avait prise cependant en 1600, et le maréchal de Catinat en 1691. Reprise de nouveau au commencement du dernier siècle, elle avait été démantelée : les Espagnols l'ont rendue, en 1747, au roi de Sardaigne en meilleur état, y ayant rétabli les fortifications telles qu'elles étaient.

Ripaille est célèbre par la retraite du duc de Savoie, Amédée VIII, qui y menait la vie délicieuse qui a donné naissance au proverbe, *faire ripaille* : alors le concile de Constance l'élut pape sous le nom de Félix V; mais il abdiqua la thiare peu après, comme il avait abdiqué ses états. Il y avait une chartreuse belle et riche : elle est située sur les bords du lac de Genève.

Les Alpes, qui séparent la Savoie du Piémont, offrent des sites qui font horreur et qu'on admire : ici, c'est une partie de montagne qui s'est écroulée, comme à Randan où le sol est actuellement à la hauteur du clocher dans lequel on entre par les fenêtres ; là, c'est une montagne fendue en deux, qui laisse voir des abîmes affreux. Le mont Cenis, qui est le passage le plus fréquenté, a trois lieues de pente du côté du Piémont, et cette pente était si rapide, que l'on n'y pouvait descendre en voiture malgré les sinuosités du chemin ; aujourd'hui, on le traverse aisément par la grande route que le gouvernement français y a fait construire, malgré les énormes difficultés du terrain. Sur le sommet, il y a un hôpital où les passans sont reçus pendant trois jours ; il y en a également un sur le Grand-Saint-Bernard, si célèbre par le passage de l'armée française en 1800. Sur le sommet du mont Cénis est une plate-forme entourée d'autres montagnes plus élevées et toujours couvertes de neiges ; cette plate-forme contient un lac d'une lieue de circonférence et très-poissonneux, et d'où sort la petite rivière de Cenise, affluent de la Doire-Ripaire ou Petite-Doire.

Du Piémont.

Le Piémont, après avoir eu ses princes particuliers, passa par alliance aux ducs de Savoie dès le onzième siècle. Ce pays, quoique montagneux en bien des endroits, est assez fertile en blé, en vin et en fruits; vers le comté de Nice on cultive des oliviers; la culture du mûrier et l'éducation des vers-à-soie forment la principale richesse de ce pays, ainsi que celle du Milanais et de quelques autres parties de la Lombardie. On y recueille aussi une grande quantité de riz. L'autorité de l'inquisition en Piémont était bornée à y avoir un simple vicaire du Saint-Office, qui n'y pouvait rien sans le concours de la puissance séculière.

Les Français, en s'emparant du Piémont et des autres états italiens du roi de Sardaigne, en avaient formé les départemens du Mont-Blanc, du Pô, de la Doire, de la Sésia, de la Stura, des Alpes-Maritimes, du Tanaro et de Marengo. En 1814, le roi de Sardaigne est rentré en possession de ce pays, qui se divise en plusieurs contrées.

La principauté de Piémont a :
- Turin, *capitale, archevêché, université, place forte.*
- Ivrée, *évêché, place forte.*
- Suse, *place forte, avec un bon château sur un roc.*
- Pignerol, *démolie, érigée en évêché en 1749.*
- Carignan, *petit bourg avec titre de principauté.*
- Coni, *place forte.*
- Démont, *bourg et fort.*
- Oneille, *principauté, port, sur la Méditerranée.*

Le duché d'Aoste a : { Aoste, *place forte.*

Le marquisat de Verceil a : { Verceil, *évêché qui relevait autrefo[is] du pape.*
Masseran, *principauté.*
Bielle.

Le comté d'Asti a : { Asti, *évêché, avec un bon châtea[u]*
Verroue, *place forte.*

Le marquisat de Saluces a : { Saluces, *capitale, évêché.*
Carmagnole, *simple bourg*, *pla[ce] forte.*
Château-Dauphin, *place forte.*

Turin, séjour du roi de Sardaigne, à 196 l. S. E. [de] Paris, sur le bord du Pô, est une ville neuve, réguli[ère] et belle, avec une forte citadelle qui a un puits d'u[ne] telle largeur, et où l'on a pratiqué une pente si douc[e] que les chevaux peuvent descendre jusqu'en bas. L[es] maisons, de quatre à cinq étages, sont bâties en briqu[e.] Il faut voir la chapelle du Saint-Suaire, à la cathédral[e,] la statue de Sainte-Thérèse de la Gros, à Sainte-Chri[s]tine; l'intérieur du palais du roi, qui possédait avant [la] conquête de cette ville par les Français, en 1798, u[ne] magnifique galerie de tableaux. L'arsenal est bâti to[ut] à neuf. Il y a une bibliothèque très-riche et un cabin[et] d'antiquités. Popul. : 90,000 hab.

Le siége que les Français mirent devant Turin [en] 1706, leur fut funeste; ils se virent forcés dans leu[rs] lignes par le prince Eugène, beaucoup plus faib[le] qu'eux; et cette déroute fit passer le Milanais et [le] royaume de Naples dans la maison d'Autriche.

La Vénerie, maison de plaisance, à 2 lieues au no[rd] de Turin, fut pillée par les Français en 1693, après [la] bataille de Marsaille (1), gagnée par le maréchal [de] Catinat.

Rivoli, jolie ville, avec un beau château royal, [d'un] bon air, jouit d'une belle vue et est à 3 l. O. de Turi[n.]

---

(1) Bourg près de Pignerol.

Moderne.

Ce nom est devenu un titre de duché pour l'un des plus braves généraux français, en récompense de la valeur avec laquelle il combattit en cet endroit en 1797.

Cérisoles, village entre Albe et Carmagnole, est célèbre par la bataille de ce nom, gagnée en 1544 sur les Espagnols, par le comte d'Enghien, âgé de 22 ans.

Coni, belle ville, forte et peuplée, à 14 l. S. de Turin, au confluent de la Stura et du Gesso, fut assiégée en vain par les Français et les Espagnols en 1744, quoique le roi de Sardaigne, qui s'était approché pour la secourir, eût été battu. Pop. : 16,700 habitans.

Verroue, place très-forte, sur le Pô, à 8 l. N. E. de Turin, fut prise par le duc de Vendôme en 1705, après un siége célèbre par sa longueur.

On peut joindre au Piémont le Montferrat, qui a été cédé aux ducs de Savoie en différentes parties et en différens temps, et les parties du Milanais qui furent cédées au roi de Sardaigne en 1708, 1735 et 1753, pour acheter son alliance.

Le Montferrat a :
{ Casal, *capitale, évêché, place forte*. Popul. : 16,000 hab.
Trino, *évêché*.
Acqui, *place forte, eaux minérales*.
Albe, *évêché*.

Le Milanais sarde a :
{ Alexandrie, *ville forte*, près de laquelle est le village de Marengo, célèbre par une grande victoire des Français sur les Autrichiens en 1800. Popul. : 30,000 hab.
Tortone.
Novare.

Du comté de Nice.

Ce pays a fait autrefois partie de la Provence; il est séparé du département français du Var par la rivière de ce nom et a formé pendant plusieurs années le département des Alpes-Maritimes.

Nice, à 186 l. S. S. E. de Paris, capitale du com[té] de ce nom, est une jolie ville avec une mauvaise plag[e] dont la plupart des géographes font gratuitement un b[on] port, et les restes d'une citadelle que sa situation, s[ur] un roc qui s'avance dans la mer, rendait très-forte : [le] roi de Sardaigne y a fait creuser un port à couvert [de] ce rocher, et à côté de la place. Cette ville fut prise p[ar] les Français et les Espagnols en 1744, de même que V[il]lefranche, petite ville voisine, avec un port com mandé et défendu ci-devant par le célèbre fort de Mo[n]talban qui est démoli. Popul. : 19,000 habitans.

De l'ancienne république de Gênes.

L'état de la république ou côte de Gênes, dite autr[e]fois Ligurie, est un pays fort montagneux, qui s'éten[d] en demi-cercle sur la Méditerranée, où l'on recueil[le] cependant d'excellens vins et quantité d'olives. Ava[nt] 1805, le gouvernement de cet état était aristocratiqu[e] et la souveraineté résidait dans un grand-conseil com posé de nobles, qui y entraient à vingt-deux ans. Le séna[t] qui avait l'administration ordinaire des affaires, était com posé de douze sénateurs qui avaient à leur tête le do[ge] ou duc, que l'on changeait tous les deux ans. Quand o[n] joignait au sénat le corps qu'on nommait *la chambre*[,] composé de huit procurateurs biennaux, et des ancie[ns] doges qui étaient procurateurs perpétuels, ce cor[ps] prenait alors le nom de *collége* ; et quand il était réun[i] avec deux cents nobles, âgés au moins de vingt-sept an[s,] il formait le *conseil-d'état*, qui connaissait de la paix[,] de la guerre, des alliances, etc. Cette république ava[it] très-peu de revenus, quoique les particuliers en fusse[nt] fort riches et eussent de grands fonds dans toutes l[es] banques de l'Europe; l'on peut juger de-là que le gou vernement en était bien combiné. La république d[e] Gênes était fort puissante avant la découverte de l'Amé rique, événement qui n'a pas été moins nuisible à l[a] puissance et au commerce de Venise, de Pise et de l[a] plupart des autres états d'Italie; pendant la révolutio[n] française elle prit le nom de république Ligurienne, e[t]

Moderne.

en 1805, elle demanda et obtint sa réunion à la France où elle forma les départemens des Apennins, de Gênes et de Montenotte. En vertu de l'acte du congrès de Vienne de 1814, tout son territoire appartient aujourd'hui au roi de Sardaigne, sous le titre de duché.

La côte de Gênes a :
- Gênes, *capitale, archevéché, port, place forte.*
- Savone, *évêché, place forte.*
- Final, *place forte.*
- Albenga, *évêché.*
- La Spezzia, *qui donne son nom à un golfe.*
- Sarzane, *évêché, place forte.*

Gênes, à 207 l. S. E. de Paris, grande et forte ville, riche et peuplée, est bâtie en amphithéâtre au bord de la mer, avec un port aussi grand que sûr; on la nomme la *Superbe*, à cause de la magnificence de ses bâtimens, auxquels les montagnes voisines fournissent du marbre en abondance. Elle a une riche manufacture d'étoffes de soie, velours, damas, etc. Elle a été livrée à des factions et à des révolutions sans nombre; elle passa successivement sous la domination du marquis de Montferrat, des ducs de Milan, des empereurs, des rois de France, etc. Enfin le célèbre *André Doria*, mécontent de la France qu'il servait, s'étant allié à Charles-Quint en 1528, chassa les Français de Gênes, sa patrie, et pouvant s'en faire souverain, il lui rendit la liberté et y établit le gouvernement républicain. Popul. : 85,861 hab.

Louis XIV la fit bombarder en 1684, et le doge fut obligé de venir se présenter à Versailles à l'audience de ce monarque. Les Autrichiens s'en emparèrent en 1746, et en furent chassés par le peuple révolté; ils y revinrent en 1747, et ne purent la prendre : les Français, sous les ordres du maréchal de Richelieu, et les Espagnols y jetèrent du secours. Le siége que les Génois réunis aux Français ont soutenu en 1800 est des plus mémorables : les Austro-Russes attaquaient la ville par terre, tandis que les Anglais la bloquaient par mer; 20,000 personnes y périrent de faim et d'une maladie qui enlevait jusqu'à 600 personnes par semaine. La garnison fut e[nfin] forcée de capituler, mais deux jours après les Fra[n]çais y rentrèrent par suite de la bataille de Mareng[o.] Gênes a donné naissance à *Christophe-Colomb.*

Savone, autrefois ville libre, à 10 l. S. O. de Gêne[s,] a été subjuguée par les Génois, qui en ont comblé [le] port en partie. Elle a été dans les derniers temps le s[é]jour du pape Pie VII avant sa translation à Fontain[e]bleau. 10,600 habitans.

Final, à 13 l. S. O. de Gênes, capitale d'un ma[r]quisat de même nom, appartenait au roi d'Espagn[e;] l'empereur s'en étant emparé, le vendit aux Génois [en] 1713 : ce fut la pomme de discorde. Le roi de Sardaig[ne] s'étant fait donner Final par l'impératrice-reine [de] Hongrie et le roi d'Angleterre, auxquels ce pays n'a[p]partenait pas, les Génois prirent parti contre ces pu[is]sances et se mirent à deux doigts de leur perte; m[ais] enfin ils la conservèrent.

II. PRINCIPAUTÉ DE MONACO.

Ce petit état, resserré entre le comté de Nice, dans [le] royaume de Sardaigne, et la Méditerranée, est sous [la] protection du roi de Sardaigne depuis 1814.

Monaco, capitale, à 5 l. E. N. E. de Nice. Son prin[ce,] en se mettant en 1640 sous la protection de la Franc[e,] qui y tenait garnison, fut fait duc de Valentinois, e[tc.]

III. ROYAUME LOMBARD-VÉNITIE[N.]

Cet état, qui dépend de l'empire d'Autriche auq[uel] il a été annexé par le congrès de Vienne, en 1814, [a] remplacé en partie le royaume d'Italie, formé au co[m]mencement de ce siècle, par les Français, du territo[ire] de la république Italienne, qui s'était formée elle-mê[me] des pays connus anciennement sous les noms de duch[é] de Milan et de Mantoue et de république de Venise.

Du duché de Milan.

Le duché de Milan, ou Milanais, à l'E. du P[ô,]

mont, a eu des ducs particuliers, et a été long-temps le théâtre de la guerre entre eux, les Français, les Espagnols et les Italiens. Les rois de France Louis XII et François Ier. ayant des prétentions légitimes sur ce duché, du chef de Valentine de Milan, héritière de sa maison, épouse de Louis d'Orléans, second fils de Charles V, s'en rendirent plusieurs fois les maîtres et le perdirent de même. Charles-Quint en étant demeuré paisible possesseur, le donna à son fils Philippe, qui fut depuis roi d'Espagne : ses successeurs l'ont possédé jusqu'en 1706, que le prince Eugène s'en empara pour la maison d'Autriche, à laquelle il est resté ; le terroir y est fertile et produit du riz et beaucoup de soie ; l'exportation de l'argent du fisc à Vienne ruinait le pays.

Dans le duché de Milan on remarque :
- Milan, *capitale*, *archevêché*, *université*.
- Pavie, *évêché*, *université*.
- Crémone, *évêché*, *place forte*.
- Pizzighettone, *place forte*.
- Lodi, *évêché*.
- Côme, *évêché*.

Milan, capitale du royaume, ville très-marchande et très-peuplée, surnommée *la Grande*, est située sur l'Olona, à 160 l. S. E. de Paris ; elle compte 135,000 habitans et a 4 lieues de tour. Son château passe pour un des plus forts de l'Italie ; son église cathédrale, dite le *Dôme*, plus petite à la vérité que Saint-Pierre de Rome, la surpasse par sa magnificence. Le théâtre est l'un des plus vastes et des plus riches de l'Europe. Le *forum* est devenu le plus bel ornement de la ville ; la bibliothèque Ambroisienne est fort curieuse.

Marignan, à 4 l. S. E. de Milan, vit la longue et sanglante bataille de ce nom que les Suisses perdirent en 1525 contre François Ier, qui la gagna en personne à l'âge de vingt ans.

Pavie, à 7 l. S. de Milan, était sur le Tésin autrefois la capitale du royaume des Lombards, détruit par Charlemagne ; les rois y faisaient leur séjour : François Ier l'assiégeant en 1525, le connétable de Bourbon et les autres

généraux de Charles-Quint vinrent au secours, défir[ent]
l'armée de François Ier. et le firent prisonnier. Mais L[au]-
trec, pour venger ce désastre, la prit et la saccagea [en]
1527, et elle ne s'en est pas relevée; elle avait u[ne]
chartreuse très-riche. Popul. : 21,000 hab.

Crémone, à 16 l. S. E. de Milan, est célèbre par [la]
valeur de trois ou quatre mille Français et Irlanda[is]
qui, y étant en garnison, y furent surpris en 1702 [par]
six mille hommes d'élite que le prince Eugène y av[ait]
fait entrer la nuit; mais la garnison se battit tout le j[our]
et chassa les Allemands. Popul. : 23,256 hab.

Lodi, sur l'Adda, petite ville célèbre par le passage [du]
pont de ce nom, effectué par les Français en 1796, s[ous]
le feu le plus terrible d'une armée autrichienne, [qui]
fut mise ensuite en pleine déroute. Popul. : 12,400 h[ab].

Alexandrie, Valence, Novare et Tortone, assez b[on]-
nes villes, ont été cédées en 1708, 1735 et 1753, [par]
l'empereur, au roi de Sardaigne, avec quelques aut[res]
moindres, comme Vigévano, Mortare, etc., ainsi [que]
leur territoire.

Du duché de Mantoue.

Le duché de Mantoue, ou Mantouan, au nord de ce[lui]
de Modène, était un fief de l'empire d'Allemagne. Le d[er]-
nier duc, qui était de la maison de Gonzague, s'ét[ant]
déclaré pour la France en 1700, l'empereur le mi[t au]
ban de l'empire, et se saisit de Mantoue, qui fut pill[ée]
et du Mantouan; ce duc étant mort à Venise en 17[0?]
sans enfans mâles, l'empereur n'en voulut point in[ves]-
tir les branches cadettes de Gonzague, et ses succ[es]-
seurs le gardèrent de même. Virgile est né à Pieto[la]
aux environs de Mantoue.

Le duché de Man- { Mantoue, *évêché, place forte.*
toue a :   { Gonzague, *petite ville.*

Mantoue, à 14 l. N. E. de Parme, est située au mi[lieu]
d'un lac formé par la rivière de Mincio, et cette sit[ua]-
tion la rend extrêmement forte : on n'y peut en[trer]
que par deux chaussées, qui ont chacune un pont-le[vis]

Les Autrichiens la prirent en 1620 et en 1701 ; ils la pillèrent et y ruinèrent quantité de choses d'un prix inestimable, qui étaient dans le palais du duc. En 1797 les Français s'en emparèrent par capitulation après un long blocus, et la défaite d'une armée autrichienne, qui était venue à son secours ; mais elle a été rendue en 1814. On n'y compte pas plus de 25,000 habit., au lieu de 50,000 qu'elle avait du temps de ses ducs.

De la ci-devant république de Venise.

La république de Venise, à l'est du Milanais, la plus ancienne de l'Europe, fut fondée dès le milieu du cinquième siècle par les Vénètes, habitans des campagnes voisines, qui, pour se soustraire aux ravages que faisaient les débris des troupes d'Attila, se réfugièrent dans les îles ou lagunes sur lesquelles Venise est bâtie. Cette république, autrefois très-puissante par ses flottes et son commerce, possédait les bords de la mer Adriatique qui l'environnent, et plusieurs îles dans cette mer ; elle a possédé les îles de Chypre et de Candie et une grande partie de la Morée. Son gouvernement était aristocratique, et entre les mains de la noblesse, à la tête de laquelle était un doge, c'est-à-dire, un duc ou chef qu'elle élisait, et dont la charge était à vie ; mais elle avait le droit de le déposer, lorsqu'il devenait incapable de servir la république. Il présidait à tous les conseils, où il n'avait que sa voix comme les autres ; les jugemens se rendaient en son nom. Le jour de l'Ascension, il faisait en grande pompe, sur un vaisseau nommé le Bucentaure, la cérémonie d'épouser la mer Adriatique, ou golfe de Venise, dont la république s'arrogeait la souveraineté, et où il jetait même un anneau en signe d'alliance. Il y avait trois principaux conseils pour l'administration de l'état :

I. *Le grand-conseil*, composé de tous les nobles Vénitiens qui avaient l'âge de vingt-cinq ans, élisait tous les magistrats et faisait toutes les lois ;

II. *Le conseil des priés*, qui était le sénat de Venise,

composé de cent-vingt sénateurs, décidait de tout ce qu[i] regardait la guerre, la paix, les trêves et les alliances;

III. *Le collége* était composé de vingt-six sénateurs[;] il donnait audience aux ambassadeurs, portait leur d[e]mande au sénat et en rapportait les réponses.

Le conseil des dix, composé de dix sénateurs, jugea[it] les crimes d'état : on le renouvelait tous les ans, [et] chaque mois trois de ces sénateurs étaient à leur tou[r] inquisiteurs d'état, avec tant de pouvoir, qu'ils pou[-]vaient condamner à mort toute sorte de personnes, et l[e] doge même, sans en rendre compte au sénat; mais [il] fallait que les trois voix s'accordassent, sans quoi l'affair[e] était portée au conseil des dix. Un gouvernement despo[-]tique n'aurait guère été plus terrible que cette inquisi[-]tion : des gueules de lion répandues sur la place Sain[t-]Marc recevaient les dépositions de quiconque en voula[it] faire; les trois inquisiteurs faisaient l'usage qu'ils ju[-]geaient convenable de ces funestes billets. *Le consei[l] spirituel*, qui réglait les affaires de la religion, et qu[i] avait le patriarche de Venise pour président, était l[e] seul où pussent entrer les nobles Vénitiens ecclésias[-]tiques; ils étaient exclus de tous les autres et de toute[s] les charges, afin que la cour de Rome ne pût jama[is] pénétrer dans les secrets de l'état. Comme il s'éteignai[t] de temps en temps quelque famille noble, on en inscri[-]vait aussi quelquefois de nouvelles au *livre d'or*, moyen[-]nant cent mille ducats; mais ces nouveaux nobles étaien[t] choisis avec soin.

Cet état comprenait douze petites provinces :

Le Dogado ou duché a : { Venise, *capitale, archevêché*, *port*.

Le Bergamasque a : { Bergame, *évêché, place forte*.

Le Crémasque a : { Crême, *évêché, place forte*.

Le Brescian a : { Brescia, *évêché, place forte*.

Le Véronèse a : { Vérone, *évêché*. Peschiera, *place forte, sur le lac de Garde*.

Moderne.

Le Vicentin a :	[Vicence, *évêché*, *place forte*.
Le Padouan a :	[Padoue, *évêché*, *université*.
La presqu'île ou Polésine de Rovigo a :	Rovigo. Adria, *évêché*.
La Marche Trévisane a :	Trévise, *évêché*, *grande et belle ville*.
Le Frioul a :	[Udine, *archevêché*.
L'Istrie a :	[Capo-d'Istria, *évêché*.
La Dalmatie a :	Spalatro, *archevêché*, *port*, *place forte*.

On y pourrait joindre quatre petits cantons qui, non plus que le Crémasque, ne devraient pas entrer dans une division générale; ce sont: le Feltrin, où est Feltre, petite ville, évêché, à 16 l. N. O. de Venise; le Bellunèse, où est Bellune, aussi évêché, à 7 l. N. E. de Feltre; le Cadorin, qui a une ville dite Piave-di-Cadore, à 6 l. N. de Bellune, et la Morlaquie, le long du golfe de Venise.

De toutes ces provinces, deux seulement ne dépendent pas du royaume Lombard-Vénitien: l'Istrie a été réunie au royaume d'Illyrie, et la Dalmatie forme celui du même nom.

Venise, belle et grande ville, à 245 l. S. E. de Paris, est une des plus peuplées et des plus commerçantes de l'Europe; son archevêque prend le titre de patriarche. Elle est surnommée *la Riche*, à cause des richesses que lui procurent ses fabriques de miroirs, de cristaux, de points de Venise, de velours, de damas, de brocards, de draps d'or, ses raisins dits de Corinthe, etc. Elle a soixante-douze paroisses, sur soixante-douze îles qui communiquent entre elles par plusieurs centaines de petits ponts: le principal, nommé le Rialto, est beau et hardi, d'une seule arche, sur le Grand canal, qui est long de près d'une lieue; on parcourt la ville par ce canal et par tous les autres qui y tiennent lieu de rues, sur des bateaux sans nombre nommés gondoles: chaque famille a ses gondoles au lieu de carrosses. L'arsenal de Venise était le plus beau de l'Europe et le mieux fourni; il y avait de quoi armer cent mille hommes. Outre plusieurs palais magnifiques, on y admire celui de Saint-Marc, l'église revêtue de marbre en-dehors et en-dedans, et la place du même nom; la cour de ce palais est entourée de superbes bâtimens, de même que la place avec des portiques à colonnes de marbre. Au-dessus de la principale porte de l'église, on voit les quatre superbes chevaux de bronze doré, enlevés de Constantinople par les croisés vénitiens et français, quand ils prirent cette ville, au commencement du 13°. siècle: ces chevaux furent enlevés par les Français en 1798, et conduits à Paris où ils servirent, jusqu'en 1815, à l'ornement de la place du Carrousel et de l'arc-de-triomphe érigé sur cette place; ce fut après la seconde entrée des alliés dans la capitale de la France, qu'ils furent de nouveau transportés à Venise, pour être rétablis à leur ancienne place. La voûte de l'église, qui est couverte d'une très-belle mosaïque, est soutenue par 36 colonnes de marbre noir; les portes de bronze, ornées de bas-reliefs, sont celles de Sainte-Sophie de Constantinople; les plus précieuses reliques, pierreries et curiosités du trésor de Saint-Marc, sont les dépouilles de la même ville. La tour qui est sur la place a 316 pieds de haut: elle a double muraille, et l'on y monte par une pente insensible pratiquée entre les deux murailles. Une coutume assez singulière à Venise et dans d'autres villes d'Italie, c'était de voir sur la même place des prédicateurs de l'évangile et des baladins, qui se disputaient l'auditoire; mais les derniers l'emportaient ordinairement sur les premiers. Popul.: 120,000 hab.

En 1797, les Français se rendirent maîtres de cette ville, ainsi que de toutes ses provinces de terre-ferme. Par le traité de Campo-Formio, conclu la même année entre la France et l'empereur d'Allemagne; elle fut cédée à ce monarque avec les provinces situées au-delà du golfe. Le traité de Presbourg, en 1805, la fit rentrer avec les mêmes provinces sous la domination française, et elle fut réunie au royaume d'Italie; mais en 1814

Moderne. 241

elle rentra sous la domination de l'Autriche, qui en a fait la seconde capitale du royaume Lombard-Vénitien. Quant aux provinces au-delà du golfe, comme l'Istrie, la Dalmatie, etc., et les îles Illyriennes, elles furent réunies sous le titre de provinces Illyriennes, et annexées à l'empire Français; en 1814, ces provinces retournèrent à l'Autriche, qui en forma, avec quelques autres provinces, les royaumes d'Illyrie et de Dalmatie.

Bergame, grande ville, riche et marchande, à 10 l. N. E. de Milan, est située sur une montagne. Les laines et les soies y sont un objet considérable de commerce; il y a beaucoup de manufactures de tapisseries. Cette ville compte environ 24,000 habitans.

Vérone, sur l'Adige, à 25 l. O. de Venise, grande ville ancienne, a trois châteaux qui en font une place assez forte : elle a pour preuve de son antiquité un bel arc de triomphe et un amphithéâtre presque entier, qui pouvait contenir plus de vingt mille spectateurs assis. Elle a été illustrée par la naissance de *Catulle*, de *Vitruve*, de *Pline l'Ancien*, de *Paul Véronèse*, etc. Ses rues sont étroites, sales et tortueuses; l'hôtel-de-ville est un bel édifice. Popul. : 42,000 habitans.

Brescia, à 38 l. O. de Venise, fabrique une grande quantité d'armes à feu; en 1796, le feu du ciel y fit sauter un magasin à poudre qui la détruisit presque entièrement. Popul. : 34,200 hab.

Vicence, à 15 l. O. de Venise, grande et forte ville, assez belle, dans une situation charmante, entre deux montagnes, a une célèbre académie de belles-lettres. Les dix colléges de son université, fondée par Charlemagne, étaient peu fréquentés, à cause des assassinats qui y étaient fréquens, dit-on, par la facilité qu'en donnaient les portiques qui rétrécissent et obscurcissent les rues; on voit dans cette ville d'excellens morceaux d'architecture du célèbre Palladio, qui en était natif. Populat. : 29,600 habitans.

Padoue, à 10 l. O. de Venise, sur la Brenta et le Bacchiglione, ville ancienne, grande et mal peuplée, a une université célèbre et un fameux couvent, nommé *Saint-Antoine de Padoue*. C'est la patrie de Tite-Live.

Crozat. — *Géogr. Mod.* 11

Le tremblement de terre de 1756 a détruit une partie de cette ville, et surtout son magnifique hôtel-de-ville. Popul. : 47,000 habitans.

Udine, ville médiocre et archevêché, à 22 l. N. N. E. de Venise, dans le Frioul, était le lieu de la résidence du patriarche d'Aquilée, depuis que la ville de ce nom est ruinée ; mais Benoît XIV ayant supprimé ce patriarcat en 1751, a érigé un archevêché à Udine, pour la partie du Frioul qui appartenait aux Vénitiens, et un à Goritz, à 4 l. d'Udine, pour la partie qui appartenait à la maison d'Autriche. Udine est connue par sa fabrique de bon tabac. 16,000 hab. C'est près de cette ville qu'est le château de Campo-Formio, devenu célèbre par le traité signé le 12 octobre 1797, entre les Français et l'empereur d'Allemagne.

IV. DUCHÉS DE PARME, DE PLAISANCE

ET DE GUASTALLA.

Cet état, au sud du Milanais, après bien des révolutions, étant tombé au pouvoir des papes, Paul III, de la maison de Farnèse, en investit, en 1345, Louis Farnèse, à condition de dix mille écus d'hommage au Saint-Siége ; ses descendans l'ont possédé jusqu'en 1738, qu'Elisabeth Farnèse, reine d'Espagne, le céda à l'empereur, pour conserver le royaume de Naples à son fils Don Carlos. L'impératrice-reine de Hongrie, par la paix d'Aix-la-Chapelle, en 1748, le rendit à Don Philippe, deuxième fils d'Elisabeth, en y joignant le duché de Guastalla ; son fils y supprima l'inquisition en 1769. Ces duchés, qui ne forment qu'un seul état, appartiennent aujourd'hui à l'archiduchesse Marie-Louise, fille aînée de François Ier., empereur d'Autriche.

Le duché de Parme a : { Parme, *capitale*, *évêché*, *université*, *place forte*.

Le duché de Plaisance a : { Plaisance, *évêché*, *université*, *place forte*.

Parme, sur la Parma, à 126 l. S. E. de Paris, belle

et assez forte ville par sa citadelle, a une université et un beau collége. On y admire son grand théâtre, le plus beau qui existe. Les fromages dits Parmesans viennent de ses environs. A côté de cette ville se donna en 1734 la bataille de Parme, où les Impériaux abandonnèrent le champ de bataille aux Français. Popul. : 30,000 habitans.

Plaisance, à 13 l. N. O. de Parme, ainsi nommée de la beauté de sa situation, au confluent de la Trébie et du Pô, est bien bâtie et plus grande que Parme, quoiqu'elle ne renferme que 15,000 habitans.

Guastalla, près du Pô, à 8 l. S. de Mantoue, petite ville, a vu la bataille de son nom en 1634, gagnée sur les Autrichiens par les Français et les Piémontais. 5,500 habitans.

Colorno, petite ville au nord de Parme, a une maison de plaisance appartenant aux ducs de Parme.

V. DUCHÉ DE MODÈNE.

Le duché de Modène, ou Modenais, à l'est de Parme, dépendait de l'empire, et devait à l'empereur quatre mille écus de redevance tous les ans. Cet état comprend aussi les duchés de Reggio et de Massa-Carrare.

Le duché de Modène a : { Modène, *capitale, évêché, place forte.*
Carpi.

Le duché de Reggio a : { Reggio, *évêché.*
Bersello, *place forte.*

Modène, ville forte et ancienne, à 15 l. S. E. de Parme, sur la Secchia et le Panaro, d'où sort un canal qui traverse la ville. Cette ville est la résidence ordinaire du duc, dont le palais est magnifique. Populat. : 20,000 habitans.

Reggio est la patrie de l'Arioste. 14,000 hab.

Carrare est renommée par les beaux marbres statuaires que l'on y exploite. 8,500 habitans.

Le duché de La Mirandole est un petit état voisin qui a une ville du même nom, petite et médiocrement forte, à 7 l. N. E. de Modène; il appartenait à la maison des Pics, qui a été célèbre, dans le quinzième siècle, par le prodigieux savoir de Jean Pic de la Mirandole. L'empereur Charles VI s'en saisit dans la guerre de 1700, et le vendit au duc de Modène, auquel il appartient encore.

VI. GRAND-DUCHÉ DE TOSCANE.

Le grand-duché de Toscane, entre l'état de l'Église et la Méditerranée, comprend le Florentin, le Pisan et le Siennois, qui étaient autrefois trois républiques. La maison de Médicis qui les subjugua, était une des plus considérables de la république de Florence : elle s'éleva au-dessus des autres dans le milieu du quinzième siècle, par le mérite et les belles qualités de Côme de Médicis, surnommé *le père du peuple*, et de son fils Laurent, protecteur des arts et des sciences, et leur restaurateur. Ils méritaient la souveraineté qu'Alexandre usurpa en 1531, avec l'appui de l'empereur Charles-Quint, qui le fit duc de Florence; le pape Pie V donna en 1569 le titre de *grand-duc* à Côme de Médicis, successeur d'Alexandre. Cette maison a donné deux reines à la France, Catherine, épouse d'Henri II, et Marie, épouse d'Henri IV. Le dernier grand-duc de Toscane, Jean Gaston, étant mort sans enfans en 1737, cet état passa entre les mains de François, duc de Lorraine et empereur, par la cession de la reine-douairière d'Espagne, Elisabeth Farnèse, qui en était héritière. C'est un archiduc d'Autriche, frère de l'empereur François Ier., qui le possède aujourd'hui en toute souveraineté. Ses revenus s'élèvent à dix millions. Le terrain est pierreux et n'est pas très-fertile, mais ce qu'il produit est excellent; il y croît du blé, du vin, de l'huile, des citrons, des oranges, du lin et du safran. On y recueille beaucoup de soie. On trouve dans la Toscane des carrières de marbre, d'albâtre (1), de porphyre (2), des mines d'alun, de fer et même d'argent.

Le territoire des anciennes républiques de Pise et de Sienne a été réuni à celui de Florence en différens temps.

Ces divers pays, par suite des victoires des Français, furent érigés, en 1801, en royaume sous le nom de royaume d'Etrurie, en faveur du fils du dernier duc de Parme, mort en 1803. En 1807, la reine d'Etrurie céda ses états à la France, à laquelle ils furent réunis en 1808 et divisés en trois départemens. Le dernier grand-duc de Toscane avait reçu en indemnité le territoire de l'évêché de Saltzbourg en Allemagne, avec quelques autres pays; il est rentré en possession de ses états en 1814.

Le Florentin a :
- Florence, *capitale, archevêché, université, place forte.*
- Pistoie, *évêché.*
- Arezzo, *évêché.*

Le Pisan a :
- Pise, *archevêché, université.*
- Livourne, *port, place forte.*

Le Siennois a : Sienne, *archevêché, université.*

Florence, ville superbe, bien bâtie, située sur l'Arno, à 268 l. S. E. de Paris, au milieu de montagnes couvertes d'oliviers, de vignes et de charmantes maisons de plaisance. Le palais ducal y est superbe, richement meublé, avec une galerie remplie de raretés sans nombre et sans prix : c'est là que se voient la fameuse Vénus de Médicis, que l'on croit être de Praxitèle, les Lutteurs, le Paysan qui aiguise sa coignée en prêtant l'oreille à une conjuration, et autres chefs-d'œuvre de l'art et de la nature, tels qu'un dia-

---

(1) L'albâtre est une espèce de marbre blanc, un peu transparent et aisé à tailler. On en fait des vases, des statues et d'autres objets précieux.

(2) Le porphyre est un marbre très-précieux, dur, ordinairement rouge, et quelquefois veiné de blanc.

mant de cent trente-neuf carats et demi, une tê[te]
de tigre d'une seule turquoise grosse comme un œu[f,]
etc. La plupart de ces chefs-d'œuvre des arts avaie[nt]
été transportés au musée de Paris; en 1815, ils e[n]
furent enlevés pour être rendus à leur ancien maître[.]
Le grand-duc tient sa cour au palais Pitti, qui e[st]
superbe et magnifiquement meublé; quoiqu'éloigné d[u]
palais ducal, il y est joint par une galerie. La plac[e]
qui est devant le palais est ornée de portiques, d'un[e]
fontaine environnée de douze figures de bronze, d[e]
statues équestres, de groupes de bronze et de marbre[:]
aucune place dans les autres villes de l'Europe n'es[t]
ornée de statues aussi précieuses.

La cathédrale, revêtue de marbre et surmonté[e]
d'un dôme, n'est pas dans le goût gothique, quoiqu[e]
commencée en 1296 : la grandeur et l'élévation d[e]
cette basilique font l'admiration de ceux qui la voient[;]
le portail n'est pas fini. En face, se voit la chapell[e]
du baptistaire, où se font tous les baptêmes de [la]
ville : c'était un ancien temple de Mars ; l'intérieu[r]
est incrusté de marbre, le dehors est orné de statues[,]
et l'entrée a deux colonnes de porphyre et trois porte[s]
de bronze chargées de bas-reliefs, par Michel[-]
Ange. C'est à Saint-Laurent qu'est la chapelle se[-]
pulcrale des ducs : on peut bien juger qu'ils n'y on[t]
pas épargné les ornemens, en pierres précieuses, e[n]
bronzes dorés et en statues : près de Saint-Laurent e[st]
la fameuse bibliothèque de ce nom, remplie de manu[s]
crits précieux.

Les environs de Florence sont couverts de maison[s]
de campagne; le Poggio et le Pratolin, maisons d[u]
grand-duc, sont aussi admirables dans leur genre qu[e]
Florence dans le sien. Les Toscans parlent bon italien[,]
mais avec moins de grâce, dit-on, que les Romains[.]
Florence est la patrie d'*Améric Vespuce*, qui a donn[é]
son nom à l'Amérique; de *Galilée*, qui le premier [a]
démontré que la terre tourne autour du soleil; d[e]
St.-Philippe de Neri, du trop célèbre *Machiavel*[,]
de *Michel-Ange*, de *Boccace*, du fameux poète *L[e]
Dante*, de *Lulli*, célèbre musicien, du Pape Léon X[,]
etc. On compte à Florence 80,000 habitans.

Pise, grande et belle ville, peu commerçante, sur l'Arno, à 17 l. O. de Florence, a une très-belle place et une belle cathédrale, dont la tour, quoique très-élevée, penche sensiblement. Le marbre y est prodigué dans tous les édifices ; les ponts et une partie des murs de la ville en sont bâtis. Son université est une des premières de l'Italie.

De vastes marais, qui entouraient cette ville, ont été rendus en grande partie à l'agriculture, soit par les soins des grands-ducs, soit par ceux du gouvernement français, dont un grand nombre d'utiles entreprises ont beaucoup contribué dans ces derniers temps à la prospérité de plusieurs pays d'Italie. Lorsque la ville de Pise jouissait de toute sa splendeur, elle comptait 150,000 habitans ; aujourd'hui à peine y en a-t-il 20,000, et l'herbe croît dans les rues.

Sienne, à 12 l. S. de Florence, est une ville fort ancienne, assez belle, et dont la cathédrale, bâtie à la gothique, est parfaitement belle, grande et revêtue de marbre en-dehors et en-dedans. 24,000 habitans. Philippe II la céda avec son territoire au duc de Florence, en 1558, retenant seulement quelques places maritimes dans sa dépendance, savoir : Orbitello, Porto-Ercole et Piombino, principauté où le roi de Naples tenait garnison comme à Porto-Longone dans l'île d'Elbe. Cette petite principauté de Piombino fait aujourd'hui partie des états du grand-duc de Toscane, ainsi que l'île d'Elbe, où l'on remarque, outre Porto-Longone, la ville et le port de Porto-Ferrajo.

Livourne, très-belle et très-forte ville, bâtie dans le goût moderne et avec tant de régularité que de la place principale on aperçoit toutes les portes, à 10 l. O. p. S. de Florence, fait un grand commerce, et est comme l'entrepôt des marchandises d'Italie et des Echelles du Levant, à cause de la franchise de son port, confirmée à Venise en 1738. Elle a 50,000 habitans.

VII. DUCHÉ DE LUCQUES.

Ce duché, formé en 1814, du territoire de la petite république et de la ville de son nom, a été cédé par l'empereur d'Autriche à l'infante d'Espagne Marie Louise, ci-devant reine d'Etrurie, en indemnité de l'état de Parme, Plaisance et Guastalla.

La république de Lucques était un état presque enclavé dans la Toscane, sous la protection de l'Empire dont elle était un fief. Son gouvernement était aristocratique, et dépendait d'un conseil de cent-vingt nobles qui avait pour chef un magistrat nommé *gonfalonier*, choisi entre les nobles, et qui n'était que deux mois en charge, de même que les conseillers qu'on lui donnait pour l'administration des affaires, avec la participation du conseil.

Le duché de Lucques a :
- Lucques, *capitale, archevêché, place forte.*
- Viareggio, *port.*

Lucques, ville assez grande et forte, sur le Serchio, 13 l. O. de Florence, a une fabrique de si jolies étoffes de soie, qu'elle est surnommée *Lucques l'Industrieuse*. Elle fait un grand commerce de ses olives, qui sont les meilleures de l'Italie. Quand les étrangers entraient dans Lucques, on leur ôtait leurs armes, qu'on ne leur rendait que lorsqu'ils en sortaient. Il y avait un autre usage particulier à cette ville : pour sauver à ses magistrats le risque et même le soupçon de partialité dans la décision des affaires un peu importantes, on faisait venir des villes voisines des juges habiles, qui, ne connaissant pas même le nom des parties, prononçaient leurs arrêts sans prévention et sans scrupule. Les remparts de Lucques, larges, élevés, bien revêtus et bien plantés, offrent une promenade charmante. Ce petit pays où l'agriculture est plus en vigueur que partout ailleurs renferme 140,000 hab., et Lucques, sa capit., 18,000. Distance de Paris : 249 lieues.

Viareggio, simple bourg, à 5 l. O. de Lucques, en est le seul port, si l'on peut donner ce nom à une plage avec un simple canal, qui ne reçoit que des felouques et des barques.

VIII. ÉTAT DE L'ÉGLISE.

L'État de l'Église, à l'est et au nord de la Toscane, est ainsi nommé, parce que le pape, qui en est le souverain, est le chef de l'Eglise. Cet état est considérable, s'étendant depuis la Méditerranée jusqu'à la mer Adriatique; mais il s'en faut bien qu'il ait la puissance dont il est susceptible. Il y règne une certaine apathie et un manque d'industrie qui nuit au souverain comme au peuple. Les premières possessions des papes ont été les donations que Pépin-le-Bref et son fils Charlemagne firent à l'Eglise des dépouilles des rois lombards; Charles-le-Chauve, petit-fils de Charlemagne, céda au pape la souveraineté sur Rome, dont il jouissait comme empereur. Le pape est élu par les cardinaux, dont le nombre est fixé à soixante-dix; pour faire cette élection, ils s'assemblent dans un lieu auquel on donne pour lors le nom de *conclave* : c'est ordinairement le palais de Saint-Pierre de Rome, dit le Vatican. Il faut avoir les deux tiers des voix des cardinaux qui se trouvent au conclave, pour être élevé à la papauté; mais un tiers des voix suffit pour donner l'exclusion à un sujet proposé. Les provinces qui sont aux environs de Rome sont gouvernées immédiatement par le pape, les autres le sont par des légats ou des délégués : il nomme dans chaque province un général pour les troupes, les gouverneurs des villes, des ports, des forteresses, etc.; mais les podestats et autres petits officiers des villes sont élus par les habitans. Les trois chefs du sacré collége, qui sont le doyen ou premier cardinal-évêque, le premier cardinal-prêtre, et le premier cardinal-diacre, gouvernent l'état pendant la vacance du Saint-Siége.

L'état Ecclésiastique s'étend le long de la mer Adriatique, au sud du royaume Lombard-Vénitien et au nord de la Toscane, et sur la mer de Toscane, au sud-est de ce pays. En 1797, l'armée française ayant conquis une partie de cet état, il fut conclu peu de temps après, à Tolentino, entre un plénipotentiaire de France et le pape Pie VI, un traité, en vertu duquel quelques-unes de ses provinces furent réunies à la république Cisalpine, qui venait de naître. En 1810, des contestations survenues entre le gouvernement français et Pie VII, furent cause que tous les états romains, y compris la ville de Rome, furent réunis à la France, qui en forma un gouvernement-général, divisé en plusieurs départemens. En 1814, par suite des événemens politiques, Pie VII rentra en possession de tous ses états. L'état Ecclésiastique comprenait douze petites provinces, qui se divisent aujourd'hui en 13 délégations, 4 légations et 1 comarca.

La Campagne de Rome avait :
- Rome, *université.*
- Ostie, *université, évêché.*
- Tivoli, *évêché.*

Le Patrimoine de Saint-Pierre avait :
- Viterbe, *évêché.*
- Civita-Vecchia, *évêché, port, place forte.*

Le duché de Castro avait :
- Castro, *évêché.*

L'Orviétan avait : Orviette, *évêché.*

Le Pérousin avait : Pérouse, *évêché, université.*

L'Ombrie avait :
- Spolette, *évêché.*
- Foligno, *évêché,* près d'Assise.

La Terre de Sabine avait :
- Magliano, *évêché.*

La Marche d'Ancône avait :
- Ancône, *évêché, port.*
- Lorette, *évêché, place forte.*
- Fermo, *archevêché.*
- Macérata, *évêché.*

Le duché d'Urbin avait :
- Urbin, *archevêché.*
- Pesaro, *évêché, port,* sur la mer Adriatique.

La Romagne avait :
- Ravenne, *archevêché.*
- Rimini, *évêché.*

Le Ferrarais avait : { Ferrare, *évéché.*
Comacchio, *évéché,* dans des marais.

Le Bolonais avait : [Bologne, *archevéché, université.*

Rome, une des plus anciennes villes de l'Europe, chef-lieu de comarca, à 327 l. S. E. de Paris, sur le Tibre, fut fondée 753 ans avant J.-C. par Rémus et Romulus : elle eut six autres rois après Romulus; Tarquin-le-Superbe, qui en était le septième, fut chassé. Rome se mit en liberté, et s'érigea en république : ses consuls et ses généraux, à force de bravoure, d'intrépidité, de grandeur d'âme et de vertus, subjuguèrent de proche en proche les peuples de l'Italie, ceux d'une grande partie de l'Afrique, de l'Europe et de plusieurs contrées de l'Asie. N'ayant plus d'ennemis, elle dégénéra : le luxe amollit ses citoyens; les richesses rendirent plusieurs d'entre eux trop puissans pour être contenus dans l'obéissance : la guerre civile déchira ses entrailles. Jules-César, après la conquête des Gaules, voulut asservir la république; mais il fut assassiné dans le Sénat. Octave, son fils adoptif qui depuis, prit le nom d'Auguste, le vengea, et, sous le titre d'empereur, rendit Rome la plus superbe et la plus riche ville du monde. Durant la décadence de la puissance romaine, après la division de l'empire en *empire d'Orient* et en *empire d'Occident*, Rome, qui était la capitale de ce dernier, fut prise, pillée, brûlée plusieurs fois par les barbares, et perdit beaucoup de son ancienne splendeur. Elle est néanmoins encore une des plus grandes et des plus belles villes de l'Europe : elle a quantité d'églises magnifiques, de belles places, des palais superbes et de pompeux monumens de l'antiquité ; mais une partie de son enceinte est sans maisons. On y admire l'église de *Saint-Pierre,* la plus grande et la plus superbe de l'univers; le *Vatican,* qui est le palais du pape, est rempli de statues, telles que le Laocoon, la Cléopâtre, l'Apollon, l'Antinoüs, et de tableaux de Raphael, de Michel-Ange et autres fameux maîtres, et contient aussi une bibliothèque immense et une imprimerie où se trouvent les caractères de toutes les langues du monde; le *Château Saint-Ange*, forte et ancienne citadelle, vastes restes du mausolée d'Adrien; l'*Amphithéâtre de Vespasien*, dit le *Colysée*, ouvrage admirable, et long-temps abandonné à qui voulait le détruire pour en avoir les matériaux; la *Colonne Trajane*, au haut de laquelle Sixte V a fait placer une statue de saint Pierre, à la place de l'urne qui contenait les cendres de Trajan; le *Capitole*, le palais de *Monte-Cavallo*, résidence du pape, etc.; l'église de *Saint-Jean-de-Latran*, la plus ancienne de Rome; celle dite *Rotonde*, ou *le Panthéon*, édifice admirable, sans fenêtres et sans piliers, éclairé par le haut de la voûte, bâti par Agrippa, gendre et ami d'Auguste, etc. On évalue la population de Rome à environ 145,000 hab. Pendant l'occupation de cette ville par les Français, depuis 1810 jusqu'à 1814, de grands travaux y ont été exécutés pour son embellissement, et pour la restauration de ses anciens monumens. La campagne de cette ville est fort malsaine, et depuis long-temps presque inculte et déserte : le principe de cette désertion était que la chambre apostolique achetait tout le blé au prix et au poids qu'elle fixait pour le revendre à un autre : de là naissait le découragement des gens de la campagne; de leur découragement, le peu de culture; et du peu de culture, des eaux stagnantes qui causaient des fièvres et la mort. On a tenté plusieurs fois de dessécher ces marais que l'on appelle *marais Pontins*; pour parvenir à ce but, le pape Pie VI prit des mesures auxquelles le gouvernement français en ajouta d'autres, bien propres à produire l'effet désiré.

Le duché de Castro, ville ruinée, à 22 l. N. O. de Rome, appartenait aux ducs de Parme; la possession en a été confirmée au Saint-Siége, par le traité de Vienne de 1738.

Orviette, à 20 l. N. O. de Rome, ancienne et petite ville, sur une hauteur, est connue par la composition du contre-poison dit *orviétan*.

Pérouse, à 30 l. N. N. O. de Rome, chef-lieu de délégation, est près du lac du même nom, qui se nom mait autrefois *lac de Trasimène*, connu par la bataille qu'Annibal y gagna contre les Romains. 30,000 habit.

Lorette, petite place presque ouverte, à 45 l. N. E. de Rome, à une lieue de la mer Adriatique, avait un trésor immense dont elle était redevable à la dévotion qu'on a à une chapelle qui renferme, dit-on, la petite chambre que la Vierge occupait à Nazareth. Ce trésor fut enlevé par les Français en 1797; quelques années après, une partie en fut rendue au pape Pie VII.

Urbin, chef-lieu de la délégation d'Urbin-et-Pesaro, sur une montagne, à 49 l. N. N. O. de Rome, a donné naissance au fameux peintre *Raphael*, surnommé d'*Urbin*. 5,000 habitans.

Ravenne, chef-lieu de légation et autrefois d'un exarcat, ville célèbre et fort ancienne, à 63 l. N. O. de Rome, était le meilleur port des Romains sur la mer Adriatique : mais, placée sous plusieurs bouches du Pô, comme Aigues-Mortes l'était sous celles du Rhône, les atterrissemens continuels l'ont mise à une grande lieue de la mer : de là son peu de commerce et sa dépopulation. Gaston de Foix gagna, en 1512, une célèbre bataille près de cette ville. Popul. : 24,000 hab.

Ferrare, chef-lieu de légation, à 76 l. N. O. de Rome, sur un bras du Pô, est une grande ville très-forte, dont le Saint-Siége a dépouillé la maison d'Este, à laquelle il ne reste que Modène et Reggio. Patrie du Guarino, des Strozzi, des Bentivoglio, du poëte Monti, etc. 24,000 hab.

Bologne, chef-lieu de légation, grande, belle, peuplée et riche, à 70 l. N. O. de Rome et à 265 l. de Paris, est la seconde ville de l'état Ecclésiastique; elle renferme un grand nombre de beaux édifices et plus de deux cents églises. Au centre de la ville est la tour des Asinelli qui passe pour la plus haute d'Italie, ayant 376 pieds de hauteur. Sa population est de 64,000 habitans ; elle est dans un terrain si fertile, qu'on la surnomme *la Grasse* : il y a une fameuse université et une riche fabrique d'étoffes de soie. On la parcourt à couvert, sous de beaux portiques larges et élevés. Bologne est la patrie des peintres Le Guide, Carrache, Le Dominicain et L'Albane.

IX. ÉTAT DE St.-MARIN.

Ce petit état, enclavé dans celui de l'Eglise, se compose de la ville de Saint-Marin, à 5 l. N. O. d'Urbin, et d'une douzaine de villages, et forme une république sous la protection du Pape, gouvernée par deux magistrats ou capitaines que l'on change deux fois par an, et un conseil de quarante citoyens, moitié nobles, moitié plébéiens : la souveraineté réside dans le conseil-général, où chaque maison a un représentant; mais on l'assemble rarement. La ville capitale ne renferme que 5,500 habitans.

X. ROYAUME DE NAPLES.

Le royaume de Naples, au sud-est de l'état Ecclésiastique, est un pays charmant pour sa beauté, la pureté de son air, et sa fertilité en vins, grains, huiles et fruits excellens : ce qui a fait dire que c'est le *paradis de l'Italie*. On y élève beaucoup de bétail et des chevaux estimés; on y recueille beaucoup de soie et de très-bon safran. Après avoir appartenu aux Romains, aux Grecs et aux Sarrasins, des pèlerins et gentilshommes normands, dont le chef se nommait Robert Guiscard, le conquirent, aussi bien que la Sicile, dans l'onzième siècle. Les premiers de ces conquérans se contentèrent du nom de ducs de Calabre et de comtes de Sicile; mais Roger II prit le titre de roi, vers le milieu du 12e. siècle, *de l'aveu* du pape et des cardinaux qu'il tenait prisonniers. Ce royaume passa ensuite entre les mains des Allemands, puis des Français, le pape en ayant investi Charles d'Anjou, frère de St. Louis ; les Aragonais s'emparèrent de la Sicile, après le massacre des Français, en 1282, le jour de Pâques, au premier coup des vêpres : c'est ce qu'on nomme les *Vêpres Siciliennes*. Charles VIII, roi de France, conquit le royaume de Naples en quinze jours, en 1495, et le perdit presque en aussi peu de temps; Louis XII, son successeur, le conquit conjointement avec Ferdinand, roi d'Aragon, sur la branche d'Aragon qui y régnait. Une dispute sur les limites occasiona une guerre pendant laquelle les Espagnols s'en rendirent maîtres : ils l'ont gardé avec la Sicile jusqu'en 1707, que l'empereur s'en empara; les Espagnols le reprirent en 1734, aussi bien que la Sicile, et y couronnèrent Don Carlos, sous le nom de Charles III.

La guerre ayant éclaté entre ce pays et la France, Napoléon envahit ce royaume et y fit couronner son frère Joseph, auquel succéda Murat. Par suite des événemens de 1815, ce trône fut rendu au second fils de Charles III.

Dans ce pays l'agriculture est très-imparfaite et l'industrie bornée; Naples est la seule ville considérable du royaume, car ses provinces n'offrent que des villes déchues et ruinées. L'état de Naples était autrefois un fief de l'Eglise, et le roi en rendait tous les ans au pape le tribut d'une bourse de 7000 ducats d'or et d'une haquenée blanche; le roi actuel s'est affranchi de cet hommage.

Le royaume de Naples est sujet à des tremblemens de terre, auxquels il faut ajouter les éruptions du Vésuve, volcan terrible, auprès de Naples : on en voit d'effrayans effets dans la découverte de trois villes anciennes, *Herculanum*, *Pompéia* et *Stabia*, englouties par les laves que ce volcan vomit et par les cendres qu'il rejeta. La première, située entre Naples et le mont Vésuve, presque sous Portici, maison de plaisance du roi de Naples, fut abîmée l'an 63 de Jésus-Christ ; Pompéia et Stabia sont à peu de distance de celle-ci. On a déjà fait dans ces villes des fouilles qui ont procuré un grand nombre de monumens de l'antiquité, plus ou moins curieux, et celles qui ont lieu encore aujourd'hui promettent de nouvelles découvertes dans ce genre. Bénévent, à la fin du dix-septième siècle, et Messine, dans le dix-huitième, ont pensé éprouver le même sort.

Le royaume de Naples se divise en quatre grandes provinces, qui sont la Terre-de-Labour, l'Abruzze, la Pouille et la Calabre, subdivisées chacune en trois parties.

TERRE-DE-LABOUR.

La Terre-de-Labour propre a :
- Naples, *capitale, archevêché, université, port, place forte.*
- Capoue, *archevêché.*
- Gaëte, *port, place forte, évêché.*

La Principauté-Citérieure a :
- Salerne, *archevêché, université.*
- Amalfi, *archevêché, ville pauvre.*

L'Ultérieure a :
- Bénévent, *archevêché.*
- Monte-Fuscolo, *archevêché.*

ABRUZZE.

L'Abruzze-Citérieure a :
- Chieti, *archevêché.*
- Lanciano, *archevêché.*

L'Ultérieure a : [Aquila, *évêché.*

Le comté de Molise a : Molise.

POUILLE, ou plutôt APOUILLE.

La Capitanate a :
- Foggia, *évêché, capitale.*
- Manfredonia, *archevêché.*

La Terre-de-Bari a :
- Bari, *archevêché, place forte.*
- Trani, *archevêché.*

La Terre-d'Otrante a :
- Lecce, *archevêché, capitale.*
- Brindisi, *archevêché.*
- Otrante, *archevêché, port.*
- Tarente, *archevêché, port.*

CALABRE.

La Basilicate a : [Cirenza, *ou* Acérenza, *archevêché.*

La Calabre-Citérieure a :
- Cosenza, *archevêché.*
- Rossano.

L'Ultérieure a : [Reggio, *archevêché.*

Naples, à 474 l. S. E. de Paris, est une des premières villes de l'Europe par sa beauté, sa grandeur, et le nombre de ses habitans ; elle ne le cède qu'à Londres, Paris et St.-Pétersbourg : elle est ornée de quantité d'églises plus magnifiques par leurs ornemens intérieurs que par leur architecture, et de superbes palais. La chapelle sépulcrale qui est dans le palais des princes de S.-Severino, mérite d'être vue, à cause des statues qui l'ornent. L'université de Naples a sept colléges en plein exercice. L'ancien port de Naples, si grand et si sûr du temps des Romains, s'est tellement comblé, qu'on a bâti de solides maisons à la place même où les vaisseaux jetaient l'ancre : le nouveau port, formé par le môle, commence aussi à se remplir de sable. Cette ville a trois châteaux-forts, celui dit de *Saint-Elme*, qui est sur une petite montagne, et qui commande la ville et la mer ; le château de l'*Œuf*, qui prend son nom de la figure ovale de l'île sur laquelle il est bâti ; et le *château Neuf*, qui n'est séparé du palais du roi que par un fossé, par-dessous lequel il y a une galerie de communication. La beauté de la situation de Naples au fond d'un golfe magnifique, sur le penchant d'une colline, la bonté de son air, la fertilité des terres voisines, etc., la rendraient un séjour délicieux sans la proximité du Vésuve qui menace quelquefois de la détruire, et sans la multitude d'insectes et de reptiles qui infestent son territoire. La plupart des toits sont plats et couverts de vases de fleurs ; les belles rues sont pavées de grandes pierres fournies par les laves du Vésuve. La grande rue de Tolède a 800 toises de longueur. Le climat y est si doux, qu'il n'y a pas de cheminées dans les appartemens ; les feuilles n'y tombent que quand les nouvelles poussent. La petite île de Caprée, si célèbre par la retraite et les débauches de Tibère, est vis-à-vis de Naples, comme pour lui servir de môle (1). Il y a dans cette ville un établissement qui lui est commun avec Rome et quelques autres villes d'Italie ; il se nomme le *Mont-de-Piété* : c'est une espèce de grand bureau, dans lequel des personnes pieuses dé-

---

(1) Une particularité de cette île, c'est qu'au mois de mai, il y arrive d'Afrique tant de cailles, que la dîme de ce qu'on en prend fait le plus gros revenu de l'évêque.

posent de grosses sommes, qui sont employées à faire
avances gratuites à ceux qui veulent s'établir d[ans]
quelque commerce, à soutenir ceux dont le crédit
cille, à prévenir la chute de quelques-uns, à en rele[ver]
d'autres, etc., et tout cela secrètement et avec circ[ons]
spection : il est vrai que, pour ne pas tarir d'abor[d la]
source de ces secours, on reçoit des gages; mais [on]
les rend aux échéances; sinon on les vend faute [de]
paiement.

Les Napolitains ont beaucoup de goût pour la m[usi]
que et pour les spectacles. Comme dans toutes les gr[an]
des capitales, on trouve à Naples l'excessive misèr[e à]
côté de l'opulence, et même il n'est aucune ville [en]
Europe où l'indigence se montre sous un aspect a[ussi]
hideux et aussi effrontément que dans ces nombr[eux]
lazzaronis que le gouvernement n'a jamais pu détrui[re.]
Naples est la patrie du chevalier Bernin, du poète S[an]
nazar et d'Urbain VIII. Popul. : 364,000 hab).

Le Vésuve vomit de temps en temps des torrens [de]
flammes, de soufre, de minéraux et de substances mé[tal]
liques en fusion; il rejette également de l'eau bouillar[te]
et lance une immense quantité de cendres et de pier[res]
ponces. On compte 33 irruptions du Vésuve dep[uis]
l'an 79 jusqu'en 1779 ; les dernières ont eu lieu [en]
1799 et le 1er. juin 1806. Plusieurs naturalistes ont [eu]
le courage de gravir jusqu'au sommet et de descen[dre]
dans le cratère effrayant de ce volcan; Empédocle, p[hi]
losophe de l'antiquité, et Pline l'Ancien y périrent v[ic]
times de leur curiosité. Le mont Vésuve a 3,600 pi[eds]
de hauteur perpendiculaire au-dessus du niveau de [la]
mer et deux lieues et demi de circuit. C'est dans [les]
environs que l'on recueille le fameux vin appelé *Lac[ry]
ma-Christi*.

Pouzzoles, où l'on voit quelques antiquités, à 3 l.
de Naples, et Baies, près de Pouzzoles, n'ont presq[ue]
plus que leur nom.

Caserte, à 4 l. N. de Naples, a un château roy[al]
vaste et régulier, orné de statues et d'eaux jaillissan[tes]
qui en rendent le séjour délicieux.

Salerne, à 11 l. S. E. de Naples, a eu une fameuse école de médecine qui n'existe plus. 9,000 habitans.

Capoue, à 6 l. N. de Naples, sauva Rome, dit-on, par le changement que ses délices firent dans les soldats d'Annibal. La nouvelle Capoue, bâtie par les princes lombards, est à une demi-lieue des ruines de l'ancienne.

Gaëte, place assez forte, à 15 l. N. O. de Naples, a à son nord le Mont-Cassin, évêché, fameuse abbaye, où Saint-Benoît fonda son ordre dans le huitième siècle.

Bénévent, à 12 l. N. E. de Naples, avec son territoire, appartient au pape, auquel l'empereur Henri III le donna pour rachat de cent marcs d'argent dûs par l'évêque de Bamberg. 13,000 habitans.

Sulmona, ancienne ville et évêché, à 9 l. S. de Chieti, connue par la naissance d'*Ovide*, a le titre de principauté.

Bitonto, petite ville près de Bari, à 47 l. E. p. N. de Naples, est connue par la défaite des Allemands par les Espagnols en 1734.

Cannes, en ruines, dans la Terre-de-Bari, sur les bords de l'Ofanto, à quelques lieues de son embouchure, vit la terrible boucherie qu'Annibal fit des Romains l'an de Rome 537.

Brindisi, à 22 l. S. E. de Bari, a eu un port célèbre, qui est bouché. Cette ville est remarquable par la mort de Virgile et la naissance de Pacuve. Son port était le terme de la fameuse voie Appienne qui commençait à Rome. 10,000 habitans.

A l'ouest de Rossano, archevêché en Calabre, à 56 l. S. E. de Naples, on voit les ruines de *Sybaris*, ville si fameuse par la mollesse de ses habitans, qui ne souffraient ni serruriers, ni charpentiers, ni aucun ouvrier qui, par le bruit de sa profession, pût troubler leur voluptueuse indolence : à plus forte raison, les coqs étaient bannis de la ville.

Outre les productions communes avec le reste de l'Italie, et surtout quantité de soie, on trouve en Calabre, d'excellente manne (1), quantité de liéges (2) et, comme dans la Pouille, quelques tarentules (3).

XI. DES ILES DE L'ITALIE.

Il y a deux iles considérables aux environs de l'Italie, dans la Méditerranée, qui sont la Sicile et la Sardaigne, auxquelles on peut ajouter celle de Malte.

De la Sicile.

La Sicile est une grande île fertile et belle, au sud-ouest de la Calabre, dont elle n'est séparée que par un détroit large de près d'une lieue, nommé *Phare de Messine*, si célèbre par ses deux écueils, *Scylla* et *Charybde*. Elle a environ 70 lieues de longueur sur 40 de largeur. On y compte 1,800,000 habitans. Toutes les villes de l'intérieur sont presque désertes, ayant été construites sur des montagnes escarpées, pour servir de retraite aux habitans, et étant par conséquent d'un abord difficile. L'air de cette ile est assez sain, quoique très-chaud ; les tremblemens de terre y sont fréquens et y font de terribles ravages, aussi bien que le mont Etna ou Gibel, qui est comme le soupirail des feux souterrains de cette île : il en sortit tant de feux, de pierres calcinées et de matières bitumineuses, en 1669 et en 1693, que plusieurs bourgs et villages en furent ruinés trois lieues aux environs; peu s'en fallut dans le dernier siècle que la ville de Messine n'éprouvât le sort d'Her-

---

(1) La manne est un suc qui transsude et découle du tronc d'une espèce de frêne.

(2) Le liége est une espèce de chêne qui, comme le cannellier, quitte son écorce tous les ans : cette écorce, assez épaisse, mais molle et légère, sert à faire des bouchons.

(3) La tarentule est une espèce de grosse araignée venimeuse. On prétend, mais ce fait n'est pas encore bien prouvé, que sa piqûre cause un étourdissement léthargique, contre lequel il n'y a d'autre remède que la musique : au son de quelque instrument le malade se réveille peu à peu, et par des mouvemens convulsifs, des sauts et des cabrioles, il atténue et transpire le poison.

...lanum et de Pompéia, par une éruption de ce terrible volcan. Malgré ces deux fléaux, la Sicile est si fertile en grains, en vins et en excellens fruits, qu'on la nommait autrefois *le grenier du peuple romain*. Les principales sources de sa richesse sont aujourd'hui ses olives abondantes et sa belle soie : on y trouve des carrières d'agate, de jaspe (1), etc., et même des mines d'or et d'argent. On pêche de fort beau corail sur ses côtes occidentales. Par le traité d'Utrecht, l'empereur avait investi le duc de Savoie de la Sicile avec le titre de royaume : les Espagnols la lui ayant enlevée en 1718, furent contraints de la rendre en 1720 à l'empereur, qui la garda, et érigea en royaume la Sardaigne pour le duc de Savoie. La Sicile a été cédée en 1734 à don Carlos, avec Naples. Cette île devint la retraite du roi de Naples durant les règnes de Joseph Bonaparte et de Murat. Elle forme, avec le royaume de Naples, un seul état qui porte le nom de royaume des Deux-Siciles.

Les Siciliens sont spirituels, mais fins, dissimulés, inconstans et vindicatifs; ils manquent de cette activité et de cette industrie qui font la véritable richesse des nations : et quoiqu'ils habitent peut-être le sol le plus fertile de l'Europe, il y a beaucoup de misère parmi eux. Cette misère et cette inaction ont multiplié à un point extrême les bandits dans cette île ; le gouvernement n'a jamais pu réprimer leurs brigandages. Ces gens volent impunément les voyageurs, les fermiers, et tous les habitans chez qui ils peuvent pénétrer. Entre eux ce sont les plus honnêtes gens de l'île; sévères sur le point d'honneur, il ne manquent jamais à leur parole : aussi les voyageurs s'en font-ils escorter, et les grands n'ont pas honte de les employer dans certaines circonstances.

---

(1) Les agates et le jaspe sont des espèces de pierres du genre des silex, presque opaques, avec de belles couleurs variées à l'infini.

La Sicile était divisée en trois parties appelées val[
qui comprennent aujourd'hui sept provinces :

La vallée de Maz- { Palerme, *capitale*, *archevêché*,
zara a : { *place forte*.
{ Montreal, *archevêché*.
{ Mazzara, *évêché*, *port*, *place fo*

La vallée de De- { Messine, *archevêché*, *port*.
mona a : { Melazzo, *évêché*, *port*.
{ Catane, *évêché*.

La vallée de Noto { Syracuse, *évêché*.
a : { Augusta, *port*.
{ Noto.

Palerme, chef-lieu de province, à 70 l. S. S. C[
Naples, sur la côte septentrionale, au fond d'un g[
est une ville belle et bien bâtie, capitale de l'île,
y compte 160,000 habitans. Les édifices publics y
superbes : on y admire surtout une fontaine magnif[
dans la place du Palais-de-Justice. Le port de Pale[
est très-commerçant.

Messine, chef-lieu de province, à 44 lieues E[
Palerme, autrefois la principale ville de la Sic[
grande, belle, riche et marchande, avant que di[
fléaux l'eussent ravagée, a un des meilleurs ports d[
Méditerranée. Elle comptait 100,000 habitans, lors[
la peste de 1743 vint en enlever la plus grande pa[
Le tremblement de terre du 5 février 1783 en a fait
amas de décombres ; on a beaucoup travaillé à la r[
blir. Popul. : 80,000 hab.

Catane, chef-lieu de province, à 21 l. S. de Mess[
est au pied du mont Etna : ses environs produisent
plus beaux fruits et les plus beaux blés ; mais
grande partie est couverte d'une lave stérile, sorti[
la bouche du volcan ; au-dessus des endroits cultiv[
au pied de la montagne, se trouve une forêt qu[
ceint dans un espace de huit ou neuf milles ; le rest[
la montagne est couvert de neige et de glace, au mi[
desquelles se trouve la bouche de feu : cette neig[

Moderne. 263

ette glace font les délices des Siciliens; l'espace qu'elles occupent est d'environ huit milles en tout sens. Cette montagne immense a environ 183 milles de circuit à sa base, et une lieue de hauteur perpendiculaire; mais son penchant en a au moins dix, et cet espace considérable est recouvert de nombre de monticules que les irruptions ont formées. Popul.: 45,000 hab.

Syracuse, chef-lieu de province, à 44 lieues E. de Palerme, autrefois si célèbre, est aujourd'hui peu considérable; le temps, les guerres, les tremblemens de terre, l'ont ruinée. Le vin muscat qui porte son nom croît aux environs du mont Gibel ou Etna. Popul.: 5,000 hab.

Noto, près du cap Passaro, donnait son nom à la vallée où est Syracuse, dont elle est à 9 l. S.

Girgenti, chef-lieu de province, au milieu de la côte au sud, remplace la célèbre *Agrigente*, dont le tyran, nommé *Phalaris*, faisait enfermer ceux qu'il voulait faire périr dans un taureau d'airain sous le ventre duquel on avait allumé un grand feu. 14,000 hab.

Les îles de Lipari, au nord de la Sicile, sont fameuses dans la mythologie; Éole y tenait les vents enfermés, et Vulcain y avait une de ses forges. Elles sont au nombre de onze; *Lipari* est la principale: cette île renferme un petit volcan, et une ville qui porte aussi le nom de Lipari et a un évêché.

De la Sardaigne.

La Sardaigne est une grande île, qui, du roi d'Espagne, avait passé à l'empereur en 1620; elle a été cédée au duc de Savoie, avec titre de royaume en échange de la Sicile. L'air y est épais et malsain, le terroir peu fertile, et le peuple très-grossier; le souverain n'en tire presque rien et n'en peut espérer davantage. Elle se divise en deux parties: le Cap-Sassari, au N., et le Cap-Cagliari, au S.

La Sardaigne a :
{ Cagliari, *capitale*, *archevêché*, [pré]sidial.
Oristano, *archevêché*.
Sassari, *archevêché*.
Algheri, *évêché*.

Cagliari, à 80 l. S. O. de Rome, est une ville mé[diocre]ment grande et assez marchande. Le vice-roi y [fait] sa résidence.

De l'île de Malte.

L'île de Malte n'est qu'un rocher fort sec et pres[que] stérile, qui ne produit que quelques fruits, entre au[tres] des oranges, du raisin, etc. : on y apporte du blé de Sic[ile] et même de la terre pour faire des jardins. Charles-Q[uint] la donna en 1530 aux chevaliers de Saint-Jean de Jé[ru]salem, que les Turcs venaient de chasser de l'île [de] Rhodes, et qui prirent alors le nom de *Chevaliers* [de] *Malte* ; le chef de cet ordre, qui se nommait *Gra*[nd] *Maître*, et qui était souverain, faisait présenter tous [les] ans un faucon au vice-roi de Sicile, en qualité de [feu]dataire. L'ordre de Malte était composé de sept nati[ons] qu'on appelait *Langues*, savoir : celles de Proven[ce], d'Auvergne, de France, d'Italie, d'Aragon, d'Al[le]magne et de Castille ; il y en avait une huitième, [qui] était celle d'Angleterre, avant le schisme de ce royau[me]. Pour être reçu dans cet ordre, le plus illustre de [la] chrétienté, il fallait faire preuve de cent ans de [no]blesse, et au moins de quatre générations ; le cheval[ier] devait avoir au moins seize ans, ou dispense d'âge, [ou] être reçu page du grand-maître. Les chevaliers faisai[ent] des vœux de chasteté, de pauvreté et d'obéissance.

La capitale, appelée *La Valette*, à 425 l. S. S. E [de] Paris, en s'embarquant à Marseille, porte le nom [du] grand-maître qui l'a fait bâtir en 1566 : elle est gra[nde] et bien bâtie, avec des rues belles et larges, et [des] maisons dont les toits sont en plate-forme ; elle a [des] fossés taillés dans le roc, n'y ayant point de terr[e à] cinq cents pas aux environs, et les fortifications en s[ont] si régulières, que c'est une des plus fortes places [du monde].

monde : la plus ancienne des trois parties qui composent cette ville, se nomme ordinairement la *Cité-Victorieuse*, parce qu'en 1565, elle soutint, durant quatre mois, un siége terrible, où les Turcs perdirent quinze mille soldats et huit mille matelots. Mais ce que ne purent faire alors toutes les forces ottomanes pendant la guerre, les sourdes pratiques d'un prisonnier furieux pensèrent l'exécuter pendant la paix. Un Turc, né pour des actions plus glorieuses, petit-fils de visir, et pacha de l'île de Rhodes, mais prisonnier à Malte, y avait tramé, pendant plus d'un an de cabales et d'intrigues, une des plus affreuses conspirations que l'on puisse imaginer. Le jour de Saint-Pierre 1749, pendant l'absence de la plupart des bourgeois et des soldats, attirés à la cité Vieille, à deux lieues de la ville, à l'occasion de la fête, plus de quinze cents conjurés devaient poignarder le grand-maître, les chevaliers, la garnison et la bourgeoisie, et s'emparer de la place, où ils attendaient des secours des villes de Barbarie ; un Arménien et un juif nouvellement baptisé découvrirent le complot, et les chefs de l'entreprise avouèrent tout à la torture.

En 1798, l'île de Malte fut prise par les Français ; les Anglais, aidés des Russes, la leur reprirent deux ans après. Il fut stipulé par le traité d'Amiens, en 1802, qu'elle serait rendue à l'ordre de Malte ; mais les Anglais la gardèrent au mépris du traité, et la possèdent encore aujourd'hui.

Depuis cette révolution, l'ordre de Malte n'a plus de chef, ne reçoit plus de chevaliers, et, sans domicile comme sans gouvernement, il ne subsiste plus que de nom ; il est à croire que, malgré les efforts de quelques-uns de ses anciens membres, il ne sera jamais rétabli.

DE L'ESPAGNE.

L'Espagne, au sud de la France, forme, avec le Portugal, une grande presqu'île qui n'est séparée de la France que par les monts Pyrénées ; elle a 240 lieues de long sur 177 de large. Le terroir en est sec, pierreux, sablonneux et peu fertile; mais le blé, le vin, les fruits, le gibier, le bétail qu'elle produit, sont excellens. On en tire des soies, des vins, des chevaux fort estimés, des huiles très-douces, et des laines, les plus fines de l'Europe. On y trouve des mines de fer, de sel, de mercure, et même quelques-unes d'or et d'argent, que l'on a abandonnées depuis qu'on a découvert celles de l'Amérique. Ce royaume est mal peuplé, surtout vers le midi, où l'on marche souvent une journée entière sans trouver ni ville ni village ; plusieurs choses y contribuent, mais la cause principale de cette dépopulation réside dans le défaut d'activité et d'industrie, et dans le peu d'encouragement que reçoit l'agriculture.

L'Espagne est un état monarchique absolu et héréditaire, même aux filles : le roi peut faire la guerre, la paix, les trêves, etc., quand il lui plaît ; il a plusieurs conseils, dont les principaux sont celui de Castille et celui d'Aragon. Autrefois il s'y assemblait des états nommés Cortès, et semblables à peu près à nos anciens états généraux ; il y avait long-temps que cette coutume était abolie, lorsqu'en 1820, à la suite d'une insurrection, dont le foyer était dans l'île de Léon, le roi d'Espagne fut forcé d'accorder à son peuple une constitution qui avait la *représentation nationale* pour base, mais qui fut renversée en 1823 par les Français.

Comme le roi d'Espagne possédait autrefois la meilleure partie de l'Amérique et les îles Philippines, dans l'Océanie, on a dit que le soleil ne se couchait jamais sur

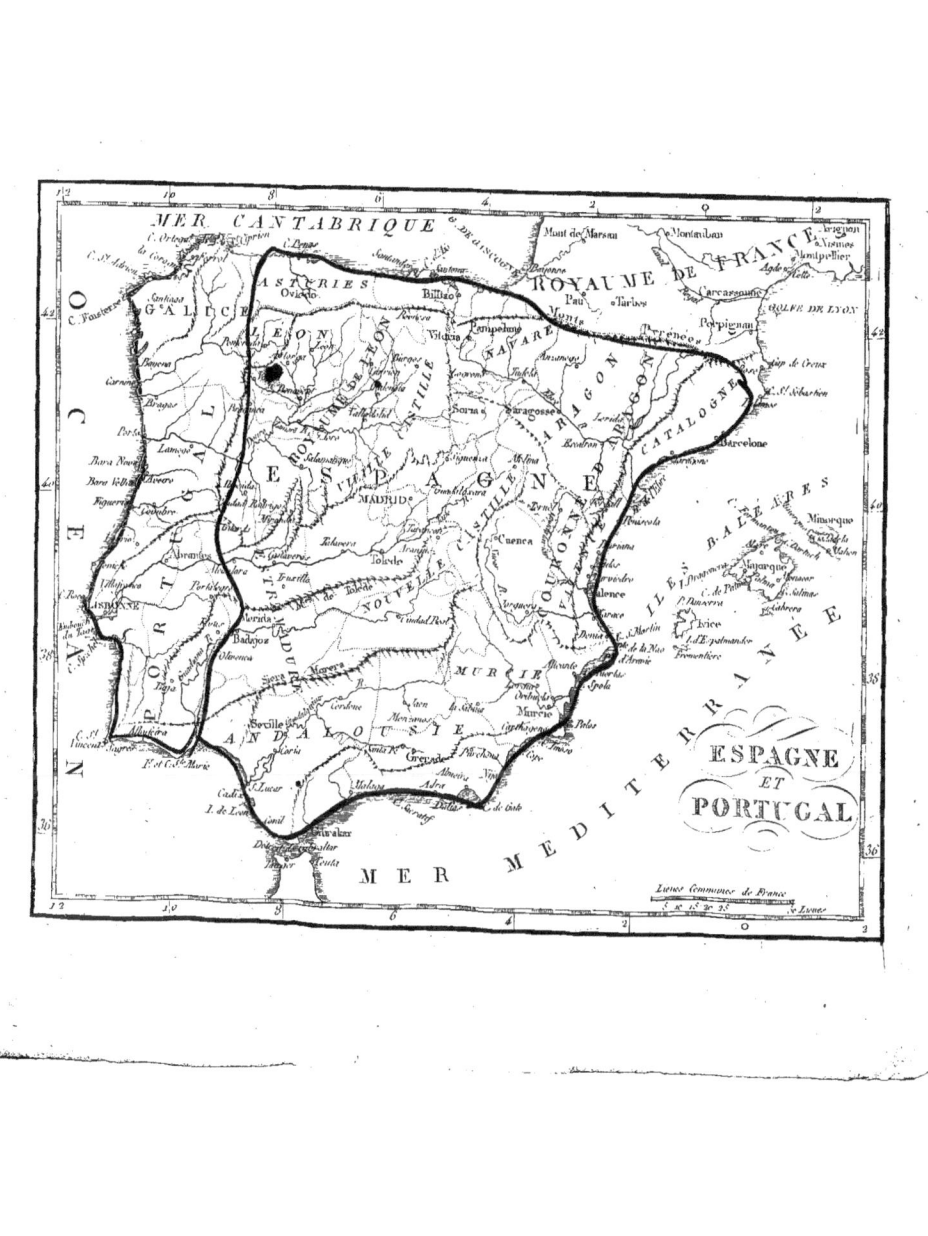

toutes ses terres. Avant 1808, l'Espagne tirait des sommes immenses de l'Amérique : il fut vérifié en 1618, que depuis la découverte de ce pays, on en avait reçu plus de mille cinq cent trente-six millions d'or; mais l'expérience a prouvé que la vraie richesse d'une nation consiste plutôt dans son industrie que dans la quantité d'or qu'elle tire de ses mines, car l'Espagne, obligée d'acheter avec cet or, dans les autres pays, une grande partie de ses objets de consommation, peut être considérée comme la plus pauvre des nations de l'Europe.

Les Espagnols sont graves, discrets, circonspects, sobres, lents à délibérer; mais fermes dans l'exécution, patiens dans leurs maux, et bons soldats, ainsi qu'ils l'ont prouvé dans la guerre qu'ils soutinrent chez eux contre les armées françaises depuis 1808 jusqu'à 1814, pour la défense de leur territoire. Ils ont l'esprit pénétrant et profond; la paresse qui leur est naturelle, les empêche de faire usage de ces dons; car ils négligent l'agriculture, les arts et le commerce. Ils ne se livrent guère qu'aux sciences contemplatives, à la théologie surtout. On les accuse d'être fiers, malpropres et fort orgueilleux. La langue espagnole est belle et majestueuse. Les Espagnoles sont vives et assez intéressantes. La religion catholique est la seule qu'on y souffre; l'inquisition, qui a été fort sévère, empêchait qu'on y professât d'autres religions, et sévissait contre ceux qui avaient des sentimens contraires à la doctrine chrétienne : elle a été supprimée. Il y a huit archevêchés en Espagne, avec six évêchés. Madrid est la capitale de ce royaume et le séjour des rois. Les principales rivières sont le Tage, le Duero, la Guadiana, le Guadalquivir, qui se déchargent dans l'Atlantique, et l'Ebre, qui se décharge dans la Méditerranée.

L'Espagne, après avoir été le théâtre d'une longue et sanglante guerre entre les Carthaginois et les Romains, fut soumise à ces derniers, jusque vers l'an 400 de Jésus-Christ, époque où les Goths, après avoir ravagé l'Italie et pillé Rome même, vinrent fonder le royaume d'Espagne sous le nom de Visigoths, ou Goths occidentaux : l'empereur Honori[us] donna même sa sœur en mariage à Atolphe, leu[r] premier roi, qui eut des successeurs pendant tro[is] siècles. Roderic, le dernier d'entre eux, ayant outra[gé] la fille d'un seigneur de sa cour, nommé Julien, [ce] seigneur qui était alors en ambassade auprès des Maur[es] ou Sarrasins, qui, sous les Califes, successeurs [de] Mahomet, venaient d'envahir toutes les côtes de Ba[r]barie, les excita à passer le détroit, et leur offrit tout[es] les facilités qui dépendaient de lui pour la conquê[te] de l'Espagne. Les Sarrasins suivirent ce conseil dic[té] par la vengeance; ils battirent et tuèrent Roderic [en] 713, chassèrent les Goths, et s'emparèrent de l'E[s]pagne, qu'ils gardèrent à leur tour presque tout e[n]tière pendant près de trois cents ans. Alors les chr[é]tiens, qui s'étaient réfugiés dans les montagnes d[es] Asturies, sous le commandement du prince Pélag[e,] commencèrent à repousser les Sarrasins. Sanche-l[e-]Grand, vers l'an 1000, avait déjà reconquis une part[ie] de la Castille, l'Aragon et la Navarre, qu'il partag[ea] entre ses enfans à titre de royaumes. Peu à peu les Sa[r]rasins furent chassés, et vers la fin du quinzièm[e] siècle, une grande partie de ceux qui restaient dans l[es] provinces méridionales furent forcés de repasser [en] Afrique, après la conquête du royaume de Grena[de] par Ferdinand V, dit le Catholique, roi d'Aragon[,] en 1492. Toutes les provinces ou royaumes d'Espag[ne] se trouvèrent alors réunies par le mariage de ce prin[ce] avec Isabelle, héritière de Castille : leur fille Jeann[e,] surnommée depuis *la Folle*, épousa Philippe, a[r]chiduc d'Autriche, fils de l'empereur Maximilien[,] et en eut le célèbre Charles-Quint, lequel réunit tou[te] l'Espagne, avec l'Amérique qui venait d'être déco[u]verte, aux états de la maison d'Autriche et aux Pa[ys-]Bas; Philippe II, son fils, perdit le nord de ce[tte] dernière contrée, qui s'érigea en république d[es] Provinces-Unies. Philippe III acheva l'entière expu[l]sion des Maures en 1610. Philippe IV eut Charles I[I] qui mourut sans enfans en 1700. Le royaume d'E[s]pagne passa alors, par le testament de ce dernier roi[,] de la maison d'Autriche dans celle de France en personne de Philippe V, petit-fils de Louis-le-Grand; il succéda à cette couronne moins par ce testament, que du chef de son aïeule paternelle Marie-Thérèse d'Autriche, sœur de ce Charles II, par la cession de son père, dauphin de France, et de son frère aîné, duc de Bourgogne. A sa mort en 1746, Ferdinand lui succéda et laissa, par sa mort, arrivée en 1759, le trône à don Carlos, roi de Sicile, son frère, enfant du second lit de Philippe V et d'Elisabeth Farnèse. En 1808, le roi Charles IV, fils du précédent, abdiqua l'exercice de la souveraineté en faveur du prince des Asturies, son fils, qui régna sous le nom de Ferdinand VII. Ce prince ne fut pas plutôt monté sur le trône, que Napoléon, qui avait formé le dessein de s'emparer de l'Espagne, le fit venir à Bayonne, où le roi Charles IV venait de se rendre : là ils furent l'un et l'autre, ainsi que les princes de leur famille, obligés de signer une renonciation de leurs droits à la couronne d'Espagne; après cette transaction forcée, ces deux monarques se virent contraints de vivre en France, sous la surveillance du gouvernement, et leur couronne fut placée par une armée française sur la tête de celui des frères de l'empereur qui occupait alors le trône de Naples. Indignés du traitement fait à leurs souverains, les Espagnols prirent les armes de tous côtés, et, soutenus par les Portugais et les Anglais, ils opposèrent aux Français une résistance opiniâtre, qui enfin fut couronnée du succès. En 1814, Ferdinand VII, qui était détenu depuis plus de cinq ans au château de Valençay (Indre), recouvra sa liberté, et alla reprendre possession du trône de ses ancêtres, qu'il laissa par sa mort, en 1833, à sa fille aînée Isabelle II, mineure, qui règne aujourd'hui sous la régence de Marie-Christine, sa mère.

Les rois d'Espagne ont établi une dignité qui est particulière à cet état : ceux qui en sont revêtus ont le titre de *grands d'Espagne*. Le privilége des grands de la première classe est de se couvrir avant de parler au roi; ceux de la seconde se couvrent quand ils ont commencé de parler, et ceux de la troisième ne se couvrent que quand ils ont fini.

L'Espagne est divisée en treize provinces, qui ont

presque toutes porté le titre de royaume. On e[n]
trouve trois sur l'Atlantique : la Biscaye, les Asturi[es]
et la Galice ; — une sur l'Atlantique et la Méditerra[-]
née : l'Andalousie ; — trois sur la Méditerranée : l[es]
royaumes de Murcie et de Valence, et la Catalogn[e]
— et six au milieu : l'Aragon, la Navarre, la Vieill[e]
Castille, la Nouvelle-Castille, le royaume de Léon [et]
l'Estrémadure.

I. BISCAYE.

Cette province, sur l'Atlantique, confine à la Franc[e].
Elle a des mines de fer, dont elle tire un grand produi[t],
de même que de la laine, du safran et de la rési[ne]
qu'on tire des forêts de pins (1). Son territoire e[st]
montueux et stérile en beaucoup d'endroits; il y a d[e]
vastes forêts et plus de 300 forges.

La Biscaye comprend la Biscaye propre, le Guipu[s-]
coa et l'Alava.

La Biscaye pro-
pre a :
{ Bilbao, *capitale*.
  Laredo, *port*.
  Santander, *port*, *évêché*.

Le Guipuscoa
a :
{ Tolosa.
  Saint-Sébastien, *port*, *place forte*.
  Fontarabie, *place forte*.
  Le Passage, *port*.

L'Alava a : [Vitoria, *petite ville*.

Bilbao, à 74 l. N. de Madrid, sur l'Ansa, à enviro[n]
2 l. de la mer, est une grande ville fort marchande[s]
et a un port très-fréquenté. Popul. : 15,000 hab.

II. ASTURIES.

Ce pays, plein de montagnes et de forêts, à l'oues[t]
de la Biscaye, sur l'Océan, n'est ni fertile ni peuplé[s]

---

(1) La sève ou liqueur qu'on tire des pins par incision se fig[e]
et se durcit en partie, c'est la *résine* ; la partie qui reste liquid[e]
est la *térébenthine*.

Moderne. 271

mais on y nourrit des chevaux fort estimés. Le fils aîné du roi d'Espagne porte le titre de *prince des Asturies*, parce que cette province fut la retraite des chrétiens, lorsque les Maures envahirent ce royaume.

On divise cette province en Asturie d'Oviédo et en Asturie de Santillane.

On y trouve :
- Oviédo, *capitale*, *évêché*, *université*.
- Avilés.
- Santillane.

Oviédo, à 83 l. N. O. de Madrid, était la capitale du petit royaume érigé par les chrétiens, quand ils s'y retirèrent l'an 718, et y élurent pour roi don Pélage, dont les successeurs chassèrent enfin les Maures de toute l'Espagne. 10,000 hab.

III. GALICE.

Cette province, autrefois royaume, à l'ouest des Asturies, sur l'Océan, est assez peuplée, quoique l'air y soit humide et malsain, et que son terroir soit montagneux et peu fertile; mais outre qu'on y recueille de très-bon vin et qu'on y nourrit quantité de bestiaux, il y a des mines d'or, de cuivre, de plomb, de fer et de mercure.

Dans la Galice on remarque :
- Compostelle, *capitale*, *université*, *archevêché*.
- Mondonédo, *évêché*.
- Lugo, *évêché*.
- Orensé, *évêché*.
- Tuy, *évêché*.
- La Corogne, *port*.
- Le Ferrol, *port*.

Compostelle ou Saint-Jacques de Compostelle, à 120 l. N. O. de Madrid, a été célèbre par le grand concours de pèlerins que lui attirait son église cathédrale, où l'on célébrait, comme à Rome, les jubilés par ouverture et fermeture de la Porte-Sainte : cette église, dédiée à Saint-Jacques, prétend avoir le corps de cet

Apôtre; on y a bâti un magnifique hôpital pour les p[è]-
lerins. 28,000 hab.

La Corogne, à 14 l. N. de Compostelle, a un [des]
plus beaux et des meilleurs ports de l'Océan. 25,000 h[ab].

Le Ferrol, à 5 l. N. de La Corogne, est une pet[ite]
ville dans le même golfe, avec un bon port et un ars[é]-
nal de la marine royale. 15,000 hab.

Le cap Finisterre, à 20 l. S. O. de La Corogne, es[t la]
partie la plus occidentale de l'Espagne.

Vigo, à 102 l. N. O. de Madrid, est un mauvais po[rt,]
avec une des plus belles baies de l'Europe, où les A[n]-
glais et les Hollandais battirent la flotte française [en]
1702, et ruinèrent les galions d'Espagne.

IV. ANDALOUSIE.

L'Andalousie, qui s'étend sur l'Océan jusqu'au [dé]-
troit de Gibraltar, et au-delà sur la Méditerranée, es[t la]
plus fertile des provinces d'Espagne : outre le blé, e[lle]
produit quantité d'excellens fruits, les meilleurs v[ins]
et les huiles les plus fines du royaume; et comme [les]
chevaux en sont estimés pour leur beauté et pour l[eur]
vitesse, on la nomme ordinairement *le grenier, la c[ave]*
et *l'écurie* de l'Espagne. On trouve de plus dans [ses]
montagnes, des mines de cuivre, d'antimoine (1)[, de]
plomb, de mercure, et même d'argent et d'aimant [(2).]
On fait sur ses côtes de très-beau sel, et l'on pêche d[ans]
ses mers une quantité prodigieuse de thons et aut[res]
poissons.

L'Andalousie comprend 4 grandes contrées qui [ont]
le titre de royaume et ont joui d'une grande prospé[rité]
sous la domination des Maures, savoir : le royaume [de]
Séville, à l'O., sur l'Atlantique; le royaume de G[re]-
nade, à l'E., sur la Méditerranée; et ceux de Cord[oue]
et de Jaen, au N., dans l'intérieur, au pied de la sie[rra]
Morena.

---

(1) L'antimoine est un métal blanc, fusible, mais [peu]
malléable. On s'en sert pour former certains alliages; en p[har]-
macie, on le prépare pour en faire un purgatif et un vomi[tif]
sous le nom d'*émétique*, de *régule d'antimoine*, etc.

(2) L'aimant, assez connu par ses effets admirables, n[']est
qu'une pierre minérale, noirâtre et très-dure; c'est comme [du]
fer imparfait.

Moderne.

Dans le royaume de Séville on remarque :
- Séville, *capitale, archevêché, université.*
- Cadix, *évêché, port, place forte.*
- Médina-Sidonia.
- Gibraltar, *port.*
- Moguer, *évêché.*

Séville, une des villes les plus considérables de l'Espagne, à 85 l. S. O. de Madrid, sur le Guadalquivir, est grande, bien bâtie, assez peuplée et commerçante. Les grands vaisseaux s'arrêtent à San-Lucar, à l'embouchure du fleuve, d'où les marchandises sont portées à Séville dans des barques. L'église cathédrale de cette ville est magnifique, et passe pour la plus belle et la plus grande d'Espagne ; son clocher, quoique de briques, est très-élevé et très-beau, avec des galeries, fenêtres, etc. La première horloge faite en Espagne fut placée dans cette église l'an 1400, etc. L'escalier sans marches y est si doux et si bien travaillé, qu'on peut monter au haut du clocher à cheval ou en voiture : le tremblement de terre de 1755 l'a fort endommagé. Le palais royal, la bourse, l'aqueduc, y sont admirés : enfin on peut juger de Séville par le proverbe espagnol, qui dit que, *qui n'a pas vu Séville, n'a rien vu de merveilleux ;* cependant cette opinion est fort exagérée. Séville est la patrie du vertueux Barthélemy de Las-Casas, le défenseur des Indiens opprimés ; de Michel Cervantes, l'auteur de Don-Quichotte ; de Saavédra, etc. Cette ville a essuyé en 1800 une violente épidémie, qui, en trois ou quatre mois, enleva trente mille individus. Popul. : 80,000 habitans.

Cadix, à 26 l. S. S. O. de Séville, est une ville grande, forte et très-riche, à l'extrémité N. O. de l'île de Léon, jointe à la terre-ferme par un pont ; ses rues sont étroites, malpropres et mal pavées. Les maisons sont élevées ; elles ont des toits plats avec des tourelles pour avoir la vue de la mer. On y manque d'eau douce ; son port, très-beau et très-sûr, lui procure un commerce immense de laines, de soieries, de sel, et de ces vins précieux de *Xerez*, de *Rota*, de *Tinto*, de *Malaga*, etc. ; les vi-

* 12

g nobles des trois premiers sont voisins de Cadix. C'e[st]
aussi dans ce port que se font surtout les embarqu[e-]
mens pour l'Amérique. On appelait la *flotte*, les vai[s-]
seaux de transport qui, avant l'indépendance des col[o-]
nies espagnoles, allaient en Amérique débarquer à l[a]
Véra-Cruz toutes les marchandises destinées pour [le]
Mexique et l'Amérique septentrionale : et on nomma[it]
galions, de très-gros navires qui, de conserve et e[s-]
cortés par plusieurs vaisseaux de guerre, portaie[nt]
à Porto-Belo toutes les marchandises destinées à l'Am[é-]
rique méridionale; une frégate qui les précédait alla[it]
annoncer le temps de leur arrivée, celui de la foire, [et]
donner une facture générale et des échantillons d[es]
marchandises.

La ville de Cadix fut assiégée inutilement par l[es]
Français en 1810 et 1811, et c'était dans ses mu[rs]
que les nouveaux cortès tenaient leur assemblée; [en]
1823, étant devenue de nouveau le dernier refuge d[es]
cortès, elle fut bloquée et réduite en peu de tem[ps]
à capituler. Son commerce a été presque anéanti p[ar]
la guerre avec la France, et surtout par l'insurrecti[on]
des colonies de l'Amérique espagnole. Popul. : 70,0[00]
habitans. Distance de Paris : 375 lieues.

Gibraltar, ville petite, mais très-forte, avec un tr[ès]
bon port, à 18 l. S. E. de Cadix, donne son nom au d[é-]
troit de cinq lieues de large, qui joint la Méditerran[ée]
à l'Atlantique et sépare l'Espagne de l'Afrique. Les A[n-]
glais l'enlevèrent en 1704 aux Espagnols, qui dep[uis]
ont fait de vains efforts pour la reprendre. 15,000 h[a-]
bitans.

Le royaume de Cordoue a : { Cordoue, *évêché*. Bujalance. Montilla.

Cordoue, sur le Guadalquivir, à 70 l. S. S. O. [de]
Madrid, évêché, ville très-ancienne, est bien déchue [de]
sa beauté; c'est la patrie des deux *Sénèque*, du po[ète]
Lucain, du médecin *Averrhoès* et du grand capitai[ne]
Gonzalve de Cordoue. La cathédrale, qui est gran[de]
et magnifique, est un vrai chef-d'œuvre de l'archit[ec-]
ture arabe : Abdérame, général des Maures, la fit co[n-]

truire pour servir de mosquée ; ce qui en reste a 600 pieds de long sur 250 de large. On y entrait autrefois par vingt-quatre portes de bronze, et 4,700 lampes d'argent l'éclairaient durant la nuit. Popul. : 30,000 hab.

Le royaume de Jaen a :
- Jaen, *évêché*.
- Andujar.
- Baeza.

Jaen, sur la rivière de son nom, au pied d'une montagne presqu'entièrement composée de marbre, est une ville ancienne et belle ; ses fabriques de soieries, si florissantes autrefois, sont bien déchues. 28,000 habitans.

Baeza, sur une colline, a été la résidence de plusieurs rois maures. 15,000 habitans.

Le royaume de Grenade a :
- Grenade, *capitale, archevêché, université*.
- Malaga, *évêché, port*.
- Alméria, *évêché, port*.
- Guadix, *évêché*.

Grenade, l'une des plus grandes villes de l'Espagne, entre le Dairo et le Xénil, à 90 l. S. de Madrid, est beaucoup moins peuplée et moins riche que lorsqu'elle appartenait aux rois maures, qui y faisaient leur résidence ; on y voit encore l'Alhambra ou palais de ces rois, qui est un bel édifice d'une architecture mauresque et qui tombe en ruine, aussi bien que celui que Charles-Quint y fit bâtir ; on y compte 70,000 habitans.

Malaga, à 102 l. S. de Madrid, est une ville renommée pour les bons vins que produit son territoire, dont elle fait un prodigieux débit, de même que de raisins, d'huiles et d'olives : les habitans de ce canton sont les plus laborieux de toute l'Espagne. Popul. : 52,000 hab.

Ce royaume, dans l'est de l'Andalousie, sur la Méditerranée, est le dernier où les Maures se soient maintenus en Espagne ; ils n'ont été soumis qu'en 1492, par Ferdinand, roi d'Aragon. Ce pays est très-fertile en vins, en raisins, en fruits délicieux, grenades, oranges, citrons, limons, olives, figues, câpres, amandes, etc. Il y a une quantité prodigieuse de mûriers blancs, et on en tire beaucoup de soie belle et estimée.

V. ROYAUME DE MURCIE.

Cette province, à l'est du royaume de Grenade, s[ur] la Méditerranée, produit peu de blé et de vin, pa[rce] que son territoire est fort sec, et qu'il y pleut raremen[t], mais on y recueille quantité d'oranges, de citrons, d['o]lives, d'amandes et autres fruits, qui passent pour meilleurs de toute l'Espagne. On y trouve des am[é]thystes (1), quantité de cannes à sucre, et de riches c[ar]rières ou mines d'alun (2).

Le royaume de   Murcie, *capitale*.
Murcie a :   Carthagène, *évêché*, *port*.

Murcie, à 8 l. S. E. de Madrid, sur la Ségura, une ville passablement grande ; le clocher de sa pr[in]cipale église a un escalier sans degrés, dont la ra[mpe] est si large et si douce, qu'un carrosse attelé p[eut] monter jusqu'en haut. Popul. : 35,000 hab.

VI. ROYAUME DE VALENCE.

Le royaume de Valence, l'une des plus agréa[bles] provinces d'Espagne, au nord de Murcie, sur la Mé[di]terranée, jouit d'un air aussi doux que si le printe[mps] y était perpétuel ; il n'est pas très-fertile en blé, n[i] il abonde en riz, en vins et en fruits délicieux, oliv[es,] citrons, oranges, et en cannes à sucre. Il est très-p[eu]plé, et ses habitans sont d'un esprit doux et sociab[le;] les femmes y sont les plus belles d'Espagne.

Le royaume de   Valence, *archevêché*, *université*.
Valence a :   Alicante, *port*.
                Orihuela, *évêché*, *port*.

Valence, à 66 l. E. p. S. de Madrid, près de la n[er]

---

(1) Les améthystes sont des pierres fines, violettes, tirant le rouge.
(2) L'alun est une espèce de sel minéral blanc en pier[re] formé par l'union de l'acide sulfurique avec l'alumine, s[orte] de terre pure. On l'emploie pour fixer les couleurs dans [les] étoffes, et dans l'encre, pour l'empêcher de percer le papie[r.]

Moderne.

sur la rive droite du Guadalaviar, est une grande ville assez belle et bien peuplée. Les rues sont propres, quoique non pavées, étroites et tortueuses; ses maisons sont mal bâties. Sa cathédrale avait d'immenses richesses, dont la plus grande partie a disparu dans les dernières guerres. Outre ses fruits, elle a une riche manufacture d'étoffes de soie. 70,000 habitans.

Alicante, à 30 l. S. de Valence, a un port très-fréquenté, où des vaisseaux de toute l'Europe embarquent continuellement le précieux vin qui en porte le nom, et quantité d'autres marchandises. 22,000 habitans.

VII. CATALOGNE.

La Catalogne, avec titre de principauté, au nord-est de Valence, sur la Méditerranée, est très-fertile en blé, en vins et en fruits, malgré ses montagnes, et l'air y est fort tempéré et fort sain. On y trouve des améthystes, du cristal de roche, de l'albâtre, du corail, des mines d'alun, de vitriol (1), de fer, et même d'or et d'argent. Les habitans font commerce de leurs étoffes et de leurs eaux-de-vie. La vivacité et l'inconstance des Catalans leur ont fait faire bien des fautes : ils se donnèrent à la France, mais furent rendus à l'Espagne à la paix des Pyrénées, en 1639; au commencement du dernier siècle, ils prirent opiniâtrément le parti de l'archiduc contre Philippe V, et rendirent leur province le théâtre de la guerre.

La Catalogne a :
- Barcelone, *capitale, évêché, université, port, place forte.*
- Tarragone, *archevêché, université.*
- Tortose, *évêché, place forte.*
- Lérida, *évêché, place forte.*
- Girone, *évêché, place forte.*
- Roses, *port, place forte.*

Barcelone, à 100 l. E. p. N. de Madrid, sur la Mé-

---

(1) Le vitriol est un sel formé par l'union de l'acide sulfurique et du fer. Il entre dans la composition de l'encre et des teintures.

diterranée, grande ville, bien bâtie, fort peuplée, marchande, est la plus propre et une des plus considérables de l'Espagne; elle soutint en 1706 un siége fameux contre les Espagnols et les Français, qui, à l'arrivée d'une escadre anglaise, furent obligés de le lever; les bourgeois et les moines mêmes se joignirent à la garnison. Cette ville assiégée de nouveau en 1714, ne se rendit qu'après onze mois de blocus, deux mois de tranchée ouverte, et un assaut des plus terribles. Popul. 130,000 habitans.

Tarragone, à 18 l. O. S. O. de Barcelone, bâtie, dit-on, par les Scipions, belle et célèbre du temps des Romains, est bien déchue; elle a un mauvais port, et est mal peuplée. 12,000 habitans.

Lérida, à 34 l. O. N. O. de Barcelone, place très-forte, sur la Sègre, est célèbre par la victoire que César remporta sur un parti qui suivait Pompée, et par divers siéges qu'elle a soutenus, surtout en 1707, contre le duc d'Orléans, auquel elle ne se rendit qu'après une très-vive résistance. 17,000 habitans.

Puycerda, ville forte, à 30 l. N. O. de Barcelone, est le chef-lieu d'un canton nommé Cerdagne situé au milieu des Pyrénées. Il y a des eaux minérales.

VIII. ARAGON.

Cette province, à l'ouest de la Catalogne, était autrefois un royaume qui avait une constitution particulière, et un gouvernement qu'on pourrait appeler représentatif: la Catalogne, Valence, Majorque, Minorque, le royaume de Naples, la Sicile et la Sardaigne en dépendaient. L'Aragon est un pays sec, montueux, mal cultivé et mal peuplé; on y recueille peu de blé et de vin, mais il y a des mines de fer.

Les principales villes sont :
{ Saragosse, *capitale*, *archevêché*, *université*.
Barbastro, *évêché*.
Huesca, *évêché*, *université*.
Tarazona, *évêché*.

Saragosse, sur la rive droite de l'Èbre, à 60 l. N.

E. de Madrid, est une ville fort ancienne, bien bâtie, et des plus grandes-d'Espagne. Les rois d'Aragon y faisaient leur résidence ordinaire; Philippe V a fait une citadelle de leur palais. En 1809, cette ville fut prise par les Français, après la plus opiniâtre résistance de ses habitans, qui se défendirent dans leurs maisons jusqu'à la dernière extrémité; les principaux édifices ont beaucoup souffert, ainsi que sa population, qui s'élève à 55,000 habitans.

IX. NAVARRE.

La Navarre, à l'ouest de l'Aragon, est un royaume que Ferdinand V usurpa en 1512 sur Jean d'Albret, aïeul maternel d'Henri IV; on la nomme aussi *Haute-Navarre* pour la distinguer de la *Basse-Navarre*, province de France, avec laquelle elle ne faisait autrefois qu'un même état. C'est un pays de montagnes et peu fertile; mais il produit cependant de bons vins et d'excellens fruits, et il s'y trouve beaucoup de bestiaux et de gibier.

La Navarre a : { Pampelune, *capitale*, *évêché*, *place forte*.
Estella, *évêché*.
Tudela.

Pampelune, ville ancienne et médiocrement grande, à 67 l. N. N. E. de Madrid, est une des plus fortes places de l'Espagne, sur les frontières de la France : elle se vante d'avoir été fondée par Pompée, lorsque ce Romain faisait la guerre à Sertorius. Popul. : 14,000 habitans.

Roncevaux, vallée entre Pampelune et la Basse-Navarre, dans les Pyrénées, est célèbre par la défaite de l'arrière-garde de l'armée de Charlemagne, et par la mort du fameux Roland, neveu de ce prince, si connu par nos anciens romans, et surtout par le poëme de l'Arioste.

Viana, sur l'Èbre, à 13 l. S. O. de Pampelune, était le titre des fils aînés des rois de Navarre.

X. VIEILLE-CASTILLE.

Cette province, au sud de la Biscaye et de la Navarre, n'est ni peuplée, ni fertile, ni cultivée, mais ses laines sont les plus estimées de l'Europe.

La Vieille-Castille a :
- Burgos, *capitale*, *archevêché*.
- Soria.
- Avila, *évêché*.
- Ségovie, *évêché*.
- Siguenza, *évêché*, *université*.

Burgos, à 47 l. N. de Madrid, est une grande ville bâtie en forme de croissant sur une montagne, et fort malpropre; dans son voisinage on trouve une fameuse abbaye de filles, appelée *las Huelgas*, dans laquelle il y avait cent-cinquante religieuses, filles de princes ou de grands seigneurs, et dont l'abbesse était dame de dix-sept autres couvens, de plusieurs villes, bourgs et villages. A l'extrémité méridionale de la ville, est un petit emplacement entouré de dalles, au milieu desquelles s'élève un monument qui rappelle la naissance et la mort du fameux Cid, dont la maison occupait cet espace. La cathédrale est un des plus beaux édifices gothiques qui existent. Popul. : 12,000 hab.

Ségovie, *évêché*, à 14 l. N. N. O. de Madrid, est renommée pour les beaux draps qu'on y fabrique et ses belles laines. 10,000 habitans.

Avila, petite ville, à 12 l. S. O. de Ségovie, est la patrie de sainte Thérèse.

Calahorra, ville ancienne, à 28 l. E. de Burgos, *évêché*, sur l'Èbre, a vu naître le célèbre rhéteur Quintilien.

XI. NOUVELLE-CASTILLE.

Cette province, au sud de la Vieille-Castille, était la plus considérable du royaume de Castille, qui comprenait encore la Vieille-Castille, l'Andalousie, les royaumes de Murcie et de Léon, la Galice, les Asturies et la Biscaye. C'est la plus grande province d'Espagne; quoique son terroir soit fort sec, et qu'il y ait peu de rivières, il est cependant assez fertile en blé et en vin.

La Nouvelle-Cas-tille a :
- Madrid, *capitale.*
- Tolède, *archevêché, université.*
- Guadalaxara.
- Ciudad-Real.

Madrid, à 280 l. S. de Paris, capitale du royaume depuis Philippe II, est grande et peuplée; mais elle est assez mal bâtie, fort sale et mal pavée. Le roi d'Espagne y a deux beaux palais; celui où il demeure ordinairement est le Buenretiro, qui est hors de l'enceinte de la ville, à l'est. Le Mançanarès, simple ruisseau qui passe à côté de Madrid, est tout honteux du superbe pont que Philippe II a fait construire pour le traverser. On remarque à Madrid la place Mayor, qui est très-grande et bordée de maisons uniformes : elle sert pour le marché, pour les combats de taureaux, etc.; une belle maison pour les enfans trouvés, qui y sont censés gentilshommes, et peuvent entrer dans quelques ordres de chevalerie; et une autre maison pour les seules filles enceintes, dont on a grand soin, etc. Il y a aux environs de Madrid plusieurs belles maisons royales, remplies d'excellens tableaux des plus grands maîtres : El-Pardo, à deux lieues nord, a un très-beau parc. La ville de Madrid fut prise par les Français en 1809, après une courte résistance. Elle est entourée de hautes montagnes dont le sommet est souvent couvert de neige. Sa population est de 200,000 habitans.

L'Escurial est un fameux village, à 11 l. N. O. de Madrid. Philippe II y fit bâtir, l'an 1563, un monastère en l'honneur de Saint-Laurent, pour avoir gagné sur les Français la bataille de Saint-Quentin, le jour de la fête de ce saint. Ce monastère a été donné aux hiéronymites qui y tenaient 200 moines. Il y a une bibliothèque de près de 130,000 volumes, et un appartement pour le roi et la cour. L'église est faite sur le modèle de celle de Saint-Pierre de Rome. La chapelle, les souterrains pour la sépulture des rois, et la bibliothèque, sont de la dernière magnificence: peintures du Titien, or, argent, pierreries, tout ce qu'il y a de plus précieux y abonde.

Aranjuez, sur le Tage à 10 l. S. de Madrid, a reçu de la nature ce que L'Escurial doit à l'art.

Saint-Ildéphonse, autre palais plus éloigné au N. de Madrid et à 2 l. de Ségovie, est d'un mauvais goût et mal bâti, mais les jardins en sont magnifiques.

Tolède, ancienne ville, sur le Tage, à 15 l. S. de Madrid, était autrefois la capitale et le lieu de la résidence des rois d'Espagne; son archevêché valait près d'un million de francs, et donne à son titulaire le titre de primat. Elle est aujourd'hui mal bâtie, pauvre et misérable. Popul.: 25,000 habitans.

Calatrava, à 15 l. S. de Tolède, près de la Guadiana dans le petit canton dit *la Manche*, et *Alcantara* sur le Tage, dans l'*Estrémadure*, près du Portugal à 50 l. N. O. de Séville, ont donné leur nom à de fameux ordres de chevalerie, fondés pour combattre les Maures, aussi bien que celui de Saint-Jacques. Il y en Espagne, outre ces trois ordres de chevalerie, celui de la Toison-d'Or et celui de Charles III: la décoration du premier ne s'accorde qu'aux têtes couronnées ou à des seigneurs d'une noblesse très-ancienne et très-illustre; celle du second s'accorde aux militaires et aux personnes qui se sont distinguées par d'importans services rendus à l'état.

XII. ROYAUME DE LÉON.

Le royaume de Léon, à l'est de la Galice, est assez fertile en blé, mais on y recueille peu de vin.

Le royaume de Léon a:
- Léon, *capitale*, *évêché*.
- Astorga, *évêché*.
- Palencia, *évêché*.
- Valladolid, *évêché*, *université*.
- Salamanque, *évêché*, *université*.

Moderne. 283

Léon, ville bâtie par les Romains du temps de Galba, à 70 l. N. O. de Madrid, a une cathédrale qui passe pour la plus belle d'Espagne. 6,000 habitans.

Valladolid, à 34 l. N. N. O. de Madrid, sur la Pisuerga, est une des plus grandes villes d'Espagne, belle, bien peuplée et commerçante, mais sans murailles : les rois de Castille y faisaient autrefois leur résidence, et l'on y voit encore leur palais. On y compte 24,000 habitans.

Salamanque, à 35 l. N. O. de Madrid, est célèbre par son université, qui est la première du royaume. 15,000 habitans.

XIII. ESTRÉMADURE.

L'Estrémadure confine au Portugal à l'O. et est montagneuse, mais bien arrosée et assez fertile.

On y remarque : { Badajoz, *capit.*, *évêché*, *place forte*.
Mérida.
Cacérès.
Plasencia.

Badajoz, sur la Guadiana, à 43 l. N. N. O. de Séville, est ancienne et mal bâtie. Elle fait un commerce très-actif avec le Portugal. 14,500 habitans.

DES ILES D'ESPAGNE.

Ce royaume ne possède que les îles Baléares, situées dans la Méditerranée, à l'orient du royaume de Valence; il y en a trois principales : Majorque, Minorque et Ivice. Les habitans en étaient autrefois célèbres par leur habileté à se servir de la fronde.

L'île Majorque, assez grande et assez fertile, a pour capitale Palma, siège d'un évêque et séjour du gouverneur ou vice-roi; cette ville a un bon port; ses habitans, au nombre de trente mille, sont bons armateurs, et pêchent du corail sur les côtes. Majorque a eu titre de royaume, et les deux autres en dépendaient.

L'île Minorque, peu fertile et couverte de montagnes, a pour capitale Port-Mahon, un des bons ports de la Méditerranée; cette ville, qui ne compte que 6,000 habitans, est très-forte : elle fut prise en 1708 par les Anglais, et par le maréchal duc de Richelieu, en 1756.

L'île d'Ivice, fertile en blé, en vin, en fruits, et où l'on fait beaucoup de sel, a une ville du même nom, qui 5,600 habitans et un assez bon port ; elle renferme 22,000 hab. Au midi de cette île est celle de Formentera, qui est peu habitée, dit-on, à cause des serpens dont elle est remplie. Popul. : 1,200 hab.

DU PORTUGAL.

Ce royaume est resserré entre l'Espagne et l'Océan Atlantique : quoiqu'un des moins étendus de l'Europe, il n'en est pas le moins important, tant par lui-même que par ses dépendances et son commerce : assez semblable à l'Espagne pour la qualité du pays, il est beaucoup plus peuplé. Le terroir y est très-fertile en vin, en olives, en oranges et en citrons. On y trouve des mines d'étain, de fer, de plomb et d'alun de roche, du cristal, des rubis (1), des émeraudes (2), des hiacynthes (3), des carrières de marbre blanc et de jaspe, et même des mines d'or et d'argent, et l'on y nourrit beaucoup de vers à soie. Le royaume de Portugal e

---

(1). Le rubis est une pierre précieuse autant que le diamant. On appelle *rubis balai* celui qui est couleur de rose, et *rubis spinelle* celui qui est couleur de feu. Quand un beau rubis oriental est d'une certaine grosseur, on le nomme *escarboucle*.

(2). L'émeraude est une pierre précieuse d'un beau vert, très dure, surtout celle d'Orient ; celles de Portugal et d'Amérique sont bien inférieures : il s'en est trouvé de si grosses, qu'on a cru pouvoir les mettre dans la classe du jaspe.

(3) La hiacynthe est une pierre précieuse d'une couleur d'ambre ou d'écarlate.

héréditaire, même aux filles et aux fils naturels, au défaut d'enfans légitimes. Le Portugal, qui, par sa situation, semble ne faire qu'une des provinces de l'Espagne, a presque toujours suivi le sort de cet état : sous le nom de *Lusitanie*, il fut soumis aux Romains; et à la décadence de leur empire, il devint le partage des peuples du Nord au commencement du cinquième siècle, et des Sarrasins au commencement du huitième. Les chrétiens, cachés d'abord dans les Asturies, se montrèrent de temps en temps, et repoussèrent les Maures. Vers l'an 1000, Sanche-le-Grand avait repris la Castille et l'Aragon : son petit-fils Alphonse VI, roi de Castille, ayant conquis sur eux une partie du Portugal, le donna à titre de comté à Henri de Bourgogne (prince français, descendant au quatrième degré du roi Robert), en lui faisant épouser sa fille naturelle. Alphonse, fils de Henri, ayant vaincu les Maures, tué jusqu'à cinq de leurs rois et pris Lisbonne, fut salué *roi* par son armée en 1139. Il eut des successeurs jusqu'en l'année 1578, que le jeune roi Sébastien, le dernier, fut tué ou perdu en Afrique à la bataille d'Alcazar, contre les Maures. Henri, son grand-oncle, fut couronné dans un âge décrépit. Deux ans après la mort de celui-ci, Philippe II, roi d'Espagne, du droit de son épouse et de celui de sa mère, se saisit du Portugal; son petit-fils, Philippe IV, le perdit en 1640, par un soulèvement général des Portugais, qui élevèrent sur le trône Jean IV, duc de Bragance, descendant d'un fils naturel de leur roi Jean Ier. Ce Jean IV eut deux fils, Alphonse, prince faible et de mauvaise conduite, qui fut interdit et envoyé à Tercère, et Pierre II, père de Jean V, et aïeul de Joseph, dont la fille Marie régnait encore en 1805. Après la mort de cette princesse, le prince régent, son fils, est monté sur le trône. En 1807, ce prince ayant refusé de fermer ses ports aux Anglais, les Français et les Espagnols entrèrent simultanément dans le Portugal, et le forcèrent d'aller établir sa résidence au Brésil; mais en 1820 ce monarque revint à Lisbonne, où, après avoir juré d'être fidèle à la constitution dite des Cortès, il prit de nouveau en mai les rênes du gouvernement, laissant au Brésil son fi aîné, en qualité de vice-roi; celui-ci, appuyé de la plu grande partie des Brésiliens, se fit proclamer en 182 empereur du Brésil, qui actuellement forme un ét. indépendant. Après la mort de son père, Don Pèdr abdiqua ses droits au trône en faveur de sa fille Don Maria II, aujourd'hui régnante. Les Portugais possède les îles Açores et plusieurs places en Afrique. Ils étaie autrefois fort puissans en Asie, mais les Hollandais le ont enlevé la meilleure partie des places qu'ils y tenaien cependant ils possèdent encore aujourd'hui Macao, plac importante dans le voisinage de la Chine. La religio catholique est la seule qui soit permise en Portuga l'inquisition y était fort sévère: mais elle a été sup primée. L'ordre militaire de ce royaume est l'ord du Christ. Les Portugais sont braves, sobres, plus l borieux que les Espagnols, et plus habiles en fait de n vigation et de commerce.

Les principales rivières du Portugal sont le Tag le Douro et la Guadiana.

Le Portugal se divise en six provinces: au N. so celles d'Entre-Douro-et-Minho et de Tras-os-Monte au centre, celles de Béira, d'Estrémadure et d'Ale téjo; au S., celle d'Algarve, qui a le titre de royaum

L'Entre-Douro-et-Minho a :
- Braga, *archevêché, chef-lieu.*
- Porto, *évêché, port.*

Le Tras-os-Montes a :
- Bragance, *chef-lieu.*
- Miranda de Douro, *évêché.*

Le Béira renferme :
- Coïmbre, *chef-lieu, évêché, univer sité fameuse.*
- Lamégo, *évêché.*
- La Guarda, *évêché.*

L'Estrémadure contient:
- Lisbonne, *chef-lieu, archevêche port.*
- Sétuval, *port.*

Moderne. 287

L'Alentéjo a : { Evora, *chef-lieu, archevêché, université.*
Elvas, *place forte.*
Portalègre, *évêché.*

L'Algarve a : { Lagos, *chef-lieu, port.*
Tavira, *port.*
Faro, *évêché, place forte, port.*

Lisbonne, capitale du Portugal, à 441 l. S. O. de Paris, est une grande ville, fort peuplée et fort marchande; sa position, en forme de croissant, lui donne un aspect aussi agréable que magnifique. Les rues étaient étroites et malpropres : le premier novembre 1755, un tremblement de terre la renversa en grande partie et l'incendie consuma le reste. Aujourd'hui elle est presqu'entièrement réparée : ses rues, larges et vastes, se coupent à angles droits; les maisons, bâties en pierres blanches, sont hautes, élégantes et uniformes. Il y a beaucoup de maisons religieuses des deux sexes.

Le palais du roi était situé sur le bord du Tage, qui, en cet endroit, a plus d'une lieue de large, et forme un port des plus sûrs de l'Europe, où les plus gros vaisseaux abordent et sont à couvert des vents à cause des montagnes voisines. Il y a plusieurs forts garnis de canon le long du Tage, jusqu'à son embouchure. L'on voit sur une place la statue du roi Joseph. Pendant la guerre d'Espagne, en 1807, elle tomba au pouvoir des Français, sous les ordres de Junot; mais plus tard une autre armée française, commandée par le maréchal Masséna, duc de Rivoli, fit tous ses efforts pour s'approcher de cette ville; des lignes garnies d'une formidable artillerie, l'obligèrent de renoncer au dessein de s'en rendre maître. Popul. : 260,000 hab.

Porto, la seconde ville du Portugal, à 57 l. N. de Lisbonne, sur le Douro, est grande, peuplée, marchande et riche; on en exporte une quantité prodigieuse de vins, dits *de Porto*, qu'on recueille aux environs. Popul. : 70,000 hab.

Braga, à 66 l. N. de Lisbonne, est une grande ville fort ancienne; son archevêque prend le titre de *primat d'Espagne*, qui lui est contesté par celui de Tolède Popul. : 18,000 hab. Outre les trois archevêchés, il a en Portugal dix évêchés.

DES ÎLES BRITANNIQUES.

Les îles Britanniques, au nord-ouest de la France et à l'ouest des Pays-Bas, consistent en deux grandes îles et en plusieurs petites : l'Angleterre, la principauté de Galles et l'Ecosse forment la première, qui porte le nom de Grande-Bretagne, et l'Irlande, la seconde.

DE L'ANGLETERRE.

L'Angleterre a environ 160 l. de longueur sur 110 de largeur. L'air y est beaucoup plus doux que le climat ne semble le promettre : les brouillards qui y sont fréquens, et les vents qui y sont plus humides que froids, y rendent l'hiver très-supportable. Le terroir y est assez fertile en grains et en fruits ; il n'y vient point de vin, non plus qu'en Ecosse et en Irlande ; mais outre ceux de Bourgogne, de Grave, de Porto, d'Espagne, etc., qui y abondent, on supplée à ce défaut par le bon cidre et l'excellente bierre qu'on y fait. On y trouve du gibier et du poisson, des mines d'étain, de plomb, de charbon et de fer. La principale source de ses richesses vient de ses pâturages : on y nourrit quantité de chevaux fins très-estimés, et des bestiaux sans nombre y fournissent viande, beurre, suif, fromages, cuirs. Comme l'air y est assez tempéré, et qu'il n'y a plus de loups, par les soins qu'on a mis à les détruire, des moutons sans nombre y restent jour et nuit dans les champs presque pendant toute l'année, ce qui rend leur laine plus belle et plus fine : on en fabrique de très-beaux draps, toutes sortes d'autres étoffes qu'on transporte

aux Indes orientales, en Perse, aux Échelles du Levant, dans les royaumes du Nord, et même en Espagne et en Portugal, pour l'Amérique. La situation de l'Angleterre, le grand nombre de ses ports, et le goût de la nation, y font fleurir le commerce : trop sensés pour y attacher la moindre idée ignoble et roturière, les cadets de la noblesse, même des grandes maisons, s'y sont livrés jusqu'à présent sans déroger et sans honte.

L'Angleterre se nommait autrefois *Albion* et *Bretagne*. Jules-César, après la conquête des Gaules, y fit une descente, mais sans faire de grands progrès; après lui, les empereurs romains s'en emparèrent peu à peu, et Adrien y fit élever une muraille depuis Newcastle jusqu'à Carlisle, pour arrêter les courses des Pictes et des Ecossais qu'on ne pouvait réduire : on en voit encore les restes. Au commencement du cinquième siècle, les Bretons, se voyant abandonnés des légions romaines dont on avait besoin dans les Gaules, appelèrent à leur secours des peuples de la Basse-Saxe, nommés *Angles* ou *Anglais* et *Saxons*. Ces défenseurs repoussèrent les Pictes ; mais chassant les Bretons eux-mêmes (qui se retirèrent dans le pays de Galles, et dans la partie des Gaules dite *Bretagne* de leur nom), ils y fondèrent sept petits royaumes, qui sont ceux de Kent, de Sussex, de Wessex, d'East-Anglie, de Northumberland, de Mercie et d'Essex ; dans le 9ᵉ. siècle, ils furent réunis par Egbert en un seul royaume qui prit le nom d'Angleterre. Edouard, le dernier des rois saxons, appela à son trône Guillaume, duc de Normandie, surnommé le *Conquérant*, parce qu'il lui en fallut faire la conquête : il y fut couronné l'an 1066. Après plusieurs de ses descendans, après les guerres civiles entre les maisons de Lancastre et d'York, sous le nom de *Rose rouge* et de *Rose blanche*, et la réunion de ces deux maisons dans la personne de Henri VII, Henri VIII, fils de ce prince, se sépara de l'Eglise catholique. Sa fille Marie voulut en vain rétablir la catholicité; Elisabeth, sa sœur, qui lui succéda, fille d'Henri VIII et d'Anne de Boulen, donna à la religion

établie par son père, la forme qu'elle a aujourd'[hui].
Elle appela pour lui succéder, Jacques, roi d'Éco[sse,]
fils de Marie Stuart, qu'elle avait fait décapi[ter.]
Charles, fils de Jacques Ier., condamné par des j[uges]
dévoués à Cromwell, eut la tête tranchée en 16[49.]
Charles II, son fils, ne remonta sur le trône [que]
dix ans après, à la mort de Cromwell. Jacques [II,]
son frère, lui succéda, et fut chassé trois ans après [par]
Guillaume, prince d'Orange, son gendre. Anne, d[eu-]
xième fille de Jacques Ier., régna depuis 1702 j[us-]
qu'en 1714. Après elle, les Anglais appelèrent [au]
trône Georges, duc de Hanovre, du droit de [sa]
grand'mère maternelle, Elisabeth Stuart, sœur de l['in-]
fortuné Charles Ier.; la postérité de ce prince est re[stée]
en possession de ce trône, qu'occupe aujourd'[hui]
Guillaume IV, monté sur le trône le 26 juin 183[0.]

    Le gouvernement d'Angleterre est un gouvernem[ent]
mêlé de monarchie, d'aristocratie et de démocra[tie:]
la couronne y est héréditaire, même aux filles. [La]
puissance des rois est bornée par les lois; ils dispos[ent]
de toutes les charges ecclésiastiques, militaires et civil[es;]
la justice se rend en leur nom; ils font des allianc[es,]
des trêves, la paix, et même la guerre quand il leur pla[ît,]
pourvu que ce soit avec le revenu qui leur est assig[né;]
mais ils n'ont pas le droit de mettre des impositions [sur]
l'état, de casser les lois anciennes, ni d'en faire de no[u-]
velles, sans le consentement du corps entier de la [na-]
tion, représenté par le Parlement, composé de de[ux]
Chambres, savoir: de celle *des Pairs* ou *Chamb[re]
haute* et de celle *des Communes* ou *Chamb[re]
basse;* c'est dans l'autorité de ce Parlement q[ue]
consistent l'aristocratie et la démocratie de cet ét[at.]
La première Chambre est composée des princes [du]
sang, des grands officiers de la couronne, des du[cs,]
des marquis, des comtes, des barons, des archevêq[ues]
et des évêques; la seconde est une assemblée des dép[u-]
tés des comtés, des villes, etc. Ces deux Chambres dé[li-]
bèrent séparément sur les mêmes affaires, et se co[m-]
muniquent ensuite leurs délibérations; rien ne se [ré-]
sout que de leur consentement, et les délibératio[ns]

n'ont force de loi qu'après que le roi les a autorisées.

Les Anglais sont habiles, braves, fiers, pleins d'indépendance ; la gloire et les récompenses attachées aux arts et aux sciences, en Angleterre, y excitent l'émulation et hâtent les succès. L'attachement que les Anglais ont pour leur pays et pour ses institutions, les porte souvent à dépriser les mœurs et les institutions de leurs voisins ; cependant les grands, et les personnes qui ont reçu de l'éducation, sont honnêtes, généreux, et savent apprécier les bonnes qualités de leurs voisins; mais le petit peuple est en général inhospitalier et brutal à l'égard des étrangers. Au reste, sous un extérieur simple, mais propre, les paysans jouissent d'une aisance que l'on trouve rarement ailleurs (1) ; il n'est donc pas étonnant qu'ils soient attachés à leur patrie. Les Anglais mangent peu de pain, mais beaucoup de viande, surtout du bœuf à moitié rôti ; ils font un grand usage des liqueurs fortes. Les femmes y sont attachées à leurs devoirs, et ont en général l'esprit très-cultivé. La religion de l'état est la calviniste, divisée en deux branches, l'épiscopale et la presbytérienne, qui ne diffèrent qu'à l'égard du gouvernement ecclésiastique et de quelques cérémonies. L'épiscopale est ainsi nommée, parce qu'elle a retenu les évêques, qui y gouvernent sous l'autorité du roi, qui en est le chef : elle est la dominante, et porte pour cette raison le titre de *religion anglicane*. La presbytérienne est celle dans laquelle le gouvernement dépend des ministres et des anciens. Il y a encore plusieurs autres religions en Angleterre : la catholique est la seule dont l'exercice public soit défendu (2). Les dimanches y sont observés avec une rigidité qui n'a point d'exemple ail-

---

(1) Cette prospérité des paysans n'est commune ni aux ouvriers, ni aux habitans des villes ; et dans le monde entier, il n'y a pas de royaume ou de république qui ait un si grand nombre de pauvres à nourrir.

(2) La secte des quakers est particulière à l'Angleterre. Comme le nommé Fox, qui en fut le législateur du temps de Cromwell, jouait l'inspiré, entrait en convulsion et faisait des contorsions, on a donné à ses sectateurs qui l'imitent, le nom de *quakers* ou *trembleurs*. Ils ne jurent jamais, et ne connaissent que le *oui* et le *non* ; ils ne rendent jamais injure pour injure, ni coup pour

leurs; il n'y a ni spectacles, ni jeux, ni danses, p
même dans l'intérieur des maisons, où l'on serait m
à l'amende si l'on y entendait chanter ou jouer c
quelques instrumens.

Il y a en Angleterre deux archevêchés, York
Cantorbéry, avec vingt-cinq évêchés. Il y a aussi deu
fameuses universités, l'une à Oxford, l'autre à Can
bridge : la première a dix-huit collèges très-riches,
une bibliothèque des plus belles, remplie de manuscri
précieux. La nécessité d'étudier et d'être habile pou
se distinguer dans le parlement, remplit ces deux un
versités d'écoliers zélés et laborieux.

Il y a dans ces deux villes deux imprimeries, au:
quelles nous sommes redevables d'excellentes éditio
d'un grand nombre d'auteurs grecs et latins.

L'ordre de la Jarretière est celui du roi; il n'y a qu
vingt-quatre chevaliers.

Un autre ordre est celui *du Bain*, dont la décoratic
se donne aux officiers des armées de terre et de m
qui se sont distingués par de belles actions.

L'Angleterre, d'après le dernier état publié par o
dre du Parlement, renferme 12,400,000 habitans.

Les principales rivières de l'Angleterre sont : la T
mise et l'Humber, qui se déchargent dans la mer c
Nord, la Saverne, qui se jette dans le canal de Br
tol, et la Mersey, tributaire de la mer d'Irlande.

L'Angleterre et la principauté de Galles contienne
ensemble cinquante-deux comtés, qu'on appelle en la
gage du pays *shires* : quarante dans la première,
douze dans la seconde : on en trouve six vers le nor
dix au midi, dix-huit au milieu, six à l'orient et dou
à l'occident, qui sont ceux de la principauté de Gallo
Le fils aîné du roi d'Angleterre porte le titre de *Prin
de Galles*.

---

coup, et conséquemment ils détestent la guerre. Ils tutoie
tout le monde, même le roi, et l'abordent sans le saluer. Cet
secte a presque disparu en Angleterre; mais elle est en vigue
aux États-Unis, surtout dans la Pensylvanie.

Moderne.

Les six comtés du nord sont :

Comtés.	Chefs-lieux.
Northumberland a :	[Newcastle, *place forte.* Popul. : 35,000 hab.
Cumberland a :	[Carlisle, *évêché.*
Westmoreland a :	[Appleby.
Durham a :	[Durham, *évêché le plus riche.*
York a :	[York, *archevêché.*
Lancastre a :	[Lancastre.

Les dix-huit comtés du milieu sont :

Chester a :	[Chester, *évêché, port.*
Derby a :	[Derby.
Nottingham a :	[Nottingham.
Lincoln a :	[Lincoln, *évêché.*
Stafford a :	[Stafford.
Leicester a :	[Leicester.
Rutland a :	[Okeham.
Shrop a :	[Shrewsbury.
Worcester a :	[Worcester, *évêché.*
Warwick a :	[Warwick.
Northampton a :	[Northampton.
Huntingdon a :	[Huntingdon.
Hereford a :	[Hereford, *évêché.*
Monmouth a :	[Monmouth.
Gloucester a :	[Gloucester, *évêché.*
Oxford a :	[Oxford, *évêché, université.*
Bedford a :	[Bedford.
Buckingham a :	[Buckingham.

Les six comtés de l'orient sont :

Comtés.	Chefs-lieux.
Norfolk a :	Norwich, *évêché*; grande belle ville. 55,000 hab.
Cambridge a :	Cambridge, *université*.
Suffolk a :	Ipswich.
Hertford a :	Hertford.
Essex a :	Chelmsford.
Middlesex a :	Londres, *capitale*, *évêché*.

Les dix comtés du midi sont :

Somerset a :	Bristol, *évêché*.
Wilts a :	Salisbury, *évêché*.
Berks a :	Reading.
Surrey a :	Guildford.
Kent a :	Cantorbéry, *archevêché*. Maidstone.
Cornouailles a :	Launceston.
Devon a :	Exeter; *évêché*.
Dorset a :	Dorchester.
Hants ou Southampton a :	Winchester, *évêché*.
Sussex a :	Chichester, *évêché*.

Le pays de Galles fut conquis en 1282 par Édouard

Ses douze comtés sont :

Anglesey, *île*, a : [Beaumaris.

Moderne.

Comtés.	*Chefs-lieux.*
Caernarvon a :	[Caernarvon.
Denbigh a :	[Denbigh.
Flint a :	[Flint.
Merioneth a :	[Dolgelly.
Montgomery a :	[Montgomery.
Cardigan a :	[Cardigan.
Radnor a :	[Presteigne.
Pembroke a :	[Pembroke, *port*.
Caermarthen a :	[Caermarthen.
Brecknock a :	[Brecon.
Glamorgan a :	[Cardiff, *port*.

Londres, capitale de l'Angleterre et du royaume-uni de la Grande - Bretagne et d'Irlande, à 98 l. N. O. de Paris, sur la Tamise, qui y forme un port magnifique, est la plus grande ville de l'Europe, et une des plus magnifiques, des plus peuplées, des plus riches et des plus marchandes du Monde. Elle paraît avoir été fondée entre les règnes de Constantin et de Néron; Constantin-le-Grand fut le premier qui l'entoura d'un mur de pierres de taille. C'était une ville sans élégance, incommode et insalubre, lorsque le terrible incendie de 1666 en consuma la plus grande partie; en mémoire de cette catastrophe on a élevé une belle colonne de 193 pieds de hauteur, au milieu de laquelle est pratiqué un escalier pour monter au sommet formé par une urne d'où s'échappe une flamme. Après cet incendie, Londres a été rebâtie avec plus de goût et de régularité. Elle renferme 1,275,000 habitans.

Les rois d'Angleterre y font leur séjour ordinaire dans le palais appelé *de Saint-James*, celui de *Whitehall* ayant été brûlé en 1698; ces deux palais sont médiocres en tout. Le parc de celui de Saint-James sert de promenade à la ville.

Westminster était autrefois une abbaye hors de la ville : elle est aujourd'hui dans son enceinte ; le palais de l'abbé est le lieu où le Parlement s'assemble. Son église, de style gothique, a un coup-d'œil qui surprend et qui plaît ; elle sert au couronnement des rois et à leur sépulture. On y voit aussi la sépulture de ceux qui ont excellé dans les sciences et les arts ; actuellement elle est desservie par des chanoines qui jouissent d'un revenu considérable.

On admire à Londres l'église de *Saint-Paul*, qui est aujourd'hui la plus belle de l'Europe après St.-Pierre de Rome : elle fut bâtie par Christophe Wren, qui employa 37 ans à la construire ; sa hauteur, depuis le pavé jusqu'à la croix de la coupole, est de 379 pieds. On remarque aussi *la Bourse*, qui efface celle d'Amsterdam ; *la Tour*, où l'on garde les ornemens qui servent au couronnement des rois, et où l'on met les prisonniers d'état ; l'Arsenal, la Monnaie, etc. *La Société royale* établie en 1663 par Charles II, est une illustre Académie des Sciences, composée de deux cents membres.

Les rues de Londres sont bien pavées, les grandes routes ne le sont point du tout ; mais les rouliers sont obligés d'avoir les bandes de leurs roues si larges qu'elles ne font point d'ornières. Les femmes ne sortent que montées sur de petites échasses de fer, placées sous leurs souliers, pour éviter la boue. De chaque côté des rues, il y a un trottoir pour les gens de pied ; mais pour éviter l'embarras, personne n'y porte de parapluie ; il y a une pompe à feu qui élève l'eau de la Tamise, et la distribue trois fois par semaine dans différens quartiers pour laver les maisons et les rues. Personne ne porte l'épée à Londres, que les médecins et les officiers militaires, quand ils ont leur uniforme ; sur les bords de la Tamise, la rivière entre deux, sont les jardins de Wauxhall et de Ranelagh, où l'on va se délasser. Il y a six ponts sur la Tamise, dont les plus beaux sont : celui de Londres, bordé de murailles qui empêchent de voir la rivière, si ce n'est par des embrâsures ; le pont de Westminster, d'où l'on a la plus belle vue du monde ; et le pont du Strand ou de Waterloo.

Londres est le centre de tout le commerce anglais et le port le plus fréquenté du monde ; cette ville fait à elle seule le quart des affaires du royaume. Tous les négocians et les manufacturiers d'Angleterre y ont des entrepôts ; et depuis Londres jusqu'à la mer, qui en est à 20 lieues, ce n'est qu'un magasin continuel de munitions navales et de chantiers de construction.

L'atmosphère de Londres est sans cesse obscurcie par l'épaisse fumée du charbon de terre dont on se sert uniquement pour le chauffage. Cette vapeur obscurcit et ternit tous les objets ; elle influe même, dit-on, sur le moral et produit, avec d'autres causes, cette maladie de langueur si commune en Angleterre, nommée *spleen*, qui n'est autre chose que cette tristesse concentrée qui fait naître le dégoût de la vie, et que nous appelons *consomption*, parce qu'elle consume peu à peu les forces de l'esprit et du corps.

En remontant la Tamise on trouve Chelsea, où il y a une magnifique manufacture de porcelaine et l'hôtel des invalides de l'armée. En descendant ce fleuve on voit l'hôpital maritime de Greenwich, où se trouve le plus bel observatoire de l'Angleterre, et du méridien duquel les Anglais comptent les degrés de longitude.

Cambridge, à 15 l. N. de Londres, ville assez grande et belle, tire son lustre de son université. 14,000 hab. C'est à deux lieues et demie de cette ville qu'est le village de Newmarket où se font les courses de chevaux les plus fameuses.

Oxford, à 16 l. O. de Londres, l'emporte sur Cambridge pour la multitude des collèges, les bibliothèques, les cabinets de curiosités ; mais ces deux villes se disputent la gloire de plusieurs magnifiques éditions d'auteurs grecs et latins. 16,000 habitans.

York, grande, belle et ancienne ville, à 50 l. N. de Londres, sur l'Ouse, était le séjour des empereurs Romains, quand ils passaient dans cette île (1) : c'est le titre d'un des fils puînés des rois d'Angleterre. Son

---

(1) Quelques-uns disent que Constantin-le-Grand, fils de Constantin-Chlore, y naquit.

archevêque a toujours disputé la préséance et la primatie à celui de Cantorbéry. Sa cathédrale est l'un des plus beaux édifices gothiques de l'Angleterre; la maison-de-ville est aussi très-remarquable. C'est la patrie de Sterne. Cette ville, qui a 21,000 habitans, est environnée de murs.

Cantorbéry, petite ville fort ancienne, à 20 l. E. de Londres, n'a plus rien de remarquable que son église métropolitaine; elle était la plus riche du royaume, avant qu'Henri VIII l'eût dépouillée de ses trésors et de son revenu. Son archevêque est le primat et le premier pair du royaume: il précède les ducs et même les grands officiers de la couronne, peut convoquer le synode national, et a droit de couronner le roi, en quelque ville qu'il se trouve. 10,200 habitans.

Bristol, belle, propre et bien bâtie, sur l'Avon, à 32 l. O. de Londres, est très-marchande. Les rues en sont étroites; la marée y fait remonter les gros vaisseaux. Le beurre qu'on fait aux environs est fort estimé, ainsi que l'eau qu'on y boit. 88,000 habitans.

Bath, évêché, à 3 l. E. de Bristol, est célèbre par ses eaux minérales, qui y attirent un grand concours de malades et même de gens qui se portent bien : les uns y cherchent la guérison, et les autres, la bonne société. 37,000 habitans.

Leeds, avec 84,000 habitans, Manchester, qui en a 164,000, Liverpool, port, avec 135,000 habitans, Birmingham, avec 108,000, sont des plus importantes et des plus commerçantes du royaume.

Portsmouth, sur la côte méridionale, vis-à-vis de la petite île de Wight, à 48 l. S. O. de Londres, est la plus forte place de l'Angleterre; son port est un des plus grands, des plus sûrs et des meilleurs de l'Océan; il y a de plus un chantier de construction et un hôpital pour 3,000 malades. 45,000 habitans.

Plymouth, sur la côte, à l'ouest, à 93 l. S. O. de Londres, entre les embouchures de la Plym et de la Tamar, a un port qui est le plus considérable de l'Angleterre après Portsmouth. Il est divisé en trois parties, et est défendu par plusieurs forts. Popul. : 56,194 hab.

Les maisons royales en Angleterre sont, outre celles dont nous avons parlé, celle de *Kensington*, qui n'est guère qu'à une lieue de Londres; celle de *Hampton-court*, bâtie par le cardinal de Wolsey, sur la Tamise, à quatre lieues au-dessus de Londres, et qui serait très-belle si elle était achevée; et celle de *Windsor*, à sept lieues de Londres, aussi sur la Tamise : c'est dans cette dernière que les chevaliers de la Jarretière sont installés et s'assemblent.

Il y a trois fameuses rades en Angleterre : celle *des Dunes*, au nord de Douvres; celle de *Spithead*, à l'ouest de Portsmouth; et celle de *Sainte-Hélène*, vis-à-vis de Portsmouth, sur les côtes de l'île de Wight.

Les îles qui sont aux environs de l'Angleterre sont : celles de Man et d'Anglesey, dans la mer d'Irlande; les Sorlingues, à la pointe de Cornouailles, et l'île de Wight, dans la Manche.

DE L'ÉCOSSE.

L'Écosse, située au nord de l'Angleterre avec laquelle elle ne forme qu'une seule et même île, en est séparée par des montagnes; elle renferme environ 2,100,000 habitans. Quoique l'air y soit grossier et froid, il est assez pur, puisqu'on y vit jusqu'à un âge très-avancé. Le terroir y est peu fertile, si ce n'est vers la partie méridionale, où l'on recueille un peu de froment, du seigle et de l'avoine; le reste est en pâturages. La partie orientale est la plus peuplée et la plus marchande. On en exporte de la laine, du plomb, des cuirs et du poisson salé.

La maison de Stuart était en possession de la couronne d'Ecosse depuis l'an 1370, lorsque Jacques VI succéda en 1603, sous le nom de Jacques Ier., à Elisabeth, reine d'Angleterre, comme son plus proche parent, et réunit les deux états : il prit le nom de *Roi de la Grande-Bretagne*, afin d'éviter de donner la préséance à l'un ou à l'autre royaume. La couronne d'Ecosse était héréditaire, même aux filles. Le revenu du roi y était fixé, et il ne pouvait établir aucune imposition, aucune nouvelle loi, ni abolir les anciennes, sans le consentement des états qui avaient le nom de *Parlement*, comme en Angleterre : ce parlement, qui était composé des trois ordres du royaume, a été réuni à celui d'Angleterre en 1706 seize pairs et quarante-cinq députés des villes y ont séance. Les Ecossais sont robustes, prudens, sages, honnêtes, ayant beaucoup d'inclination pour les lettres pour la guerre. Leur valeur et leur fidélité avaient mérité que les rois de France leur confiassent la garde de leur personne depuis saint Louis. Ceux qui habitent dans les montagnes et vers le nord sont à demi-sauvages. La religion calviniste presbytérienne est aujourd'hui dominante en Ecosse. Il y avait deux archevêchés Glasgow et Saint-André, et douze évêchés. La religion catholique est la seule qu'on y défende. La rivière plus considérable de l'Ecosse est le Tay, qui se décharge dans la mer du Nord. Il y a un grand nombre de lacs, entre autres ceux de Lomond, de Ness, etc. on voit dans le premier une petite île flottante, que vent fait quelquefois changer de place, et qui a de bons pâturages.

L'Ecosse est divisée par le Tay en deux parties, l'une septentrionale et l'autre méridionale, qui contiennent ensemble trente-trois comtés, dont treize dans la première et vingt dans la seconde.

Les treize de la partie septentrionale sont :

Comtés.	*Chefs-lieux.*
Caithness a :	[Wick, *port.*
Orcades a :	[Kirkwall.
Sutherland a :	[Dornoch.
Ross a :	[Tain.
Cromarty a :	[Cromarty.
Inverness a :	[Inverness, *place forte.*
Nairn a :	[Nairn.
Murray a :	[Elgin, *évêché.*

Moderne.

Comtés.	Chefs-lieux.
Banff a :	[Banff.
Aberdeen a :	[New-Aberdeen, *évêché*, *port*.
Kincardine a :	[Bervie.
Angus a :	[Forfar.
Perth a :	[Perth, *place forte*.

Les vingt comtés méridionaux sont :

Bute a :	[Rothesay.
Clackmannan a :	[Clackmannan.
Kinross a :	[Kinross.
Linlithgow a :	[Linlithgow.
Haddington a :	[Haddington.
Berwick a :	[Greenlaw.
Selkirk a :	[Selkirk.
Lanark a :	[Lanark.
Dumfries a :	[Dumfries.
Kirkcudbright a :	[Kirkcudbright.
Wigton a :	[Wigton.
Fife a :	[Cupar.
Stirling a :	[Stirling.
Mid-Lothian a :	{ Édimbourg, *capitale*, *évêché*, *université*.
Tweeddale a :	[Peebles.
Roxburgh a :	[Jedburgh.
Ayr a :	[Ayr, *port*.
Renfrew a :	[Renfrew.
Dumbarton a :	[Dumbarton, *place forte*.
Argyle a :	[Inverary.

Édimbourg, capitale de l'Ecosse, grande et belle vi[lle], à 255 l. N. O. de Paris, est sur une hauteur, avec [un] fort château : les rois y faisaient leur séjour. Le si[ége] de la justice de l'Ecosse est dans cette ville : elle a u[ne] université célèbre, aussi bien que celles de Glasgow [et] de New-Aberdeen. La principale rue d'Edimbou[rg,] grande, bien pavée, et bâtie presque tout entiè[re] en pierres de taille, a une très-belle apparence : ell[e a] près de deux tiers de lieue de longueur et est termi[née] par la masse imposante du château construit sur [un] rocher presque inaccessible ; ce château, qui passait po[ur] imprenable avant l'invention de l'artillerie, n'a [pas] moins de 20 étages de hauteur. On y remarque l'égl[ise] cathédrale, vaste bâtiment gothique dont le cloch[er] présente l'apparence d'une couronne impériale. La p[o]pulation d'Édimbourg est de 187,000 habitans.

Glasgow, archevêché, sur la Clyde, à 14 l. O. d'[E]dimbourg, est la plus importante ville de l'Ecosse. [Il] existe à Glasgow une célèbre imprimerie, sous l'anci[en] nom de Foulis, qui a donné à la littérature ancienne [de] bonnes éditions de plusieurs auteurs grecs et latins. P[o]pulation : 195,000 habitans.

New-Aberdeen, à 31 l. N. E. d'Edimbourg, a un po[rt] bon et sûr. Popul. : 27,000 habitans.

Les principales îles de l'Ecosse sont les Hébrides [ou] Westernes, à l'ouest ; les Orcades au nord, et l[es] Schetland au nord des précédentes ; leurs habita[ns] vivent de la pêche.

DE L'IRLANDE.

L'Irlande, à l'ouest de l'Angleterre, se nommait a[u]trefois *Hibernien*, et ses habitans *Hiberniens*. Cette î[le] a environ 110 l. du sud au nord, sur 62 l. de largeu[r.] L'air y est très-humide ; les vents d'ouest portent s[ur] cette île toutes les vapeurs d'un immense océan, par[ce] que depuis l'Amérique ils ne rencontrent aucune ter[re] qui rompe leur force. Le poisson y abonde ; les forê[ts] y sont remplies de bêtes fauves ; les pâturages y so[nt] excellens. Le commerce commence à y fleurir, depu[is]

[...]e les Irlandais ne sont plus astreints à ne vendre [qu']aux Anglais certaines marchandises. On en tire du [b]œuf salé pour la marine, du beurre, du fromage, des [cui]rs, du suif, des laines et des étoffes de laine, de la [ci]re, du miel, du lin, du chanvre, etc. On n'y voit point, [dit]-on, de serpens, ni d'animaux venimeux.

Henri II, roi d'Angleterre, usurpa cet état sur plu[sie]urs petits souverains qui le partageaient; son titre [éta]it une bulle du pape Adrien IV, Anglais de nation, [qu]i lui en faisait le don. Il fit prendre à son fils le titre [de] *seigneur d'Irlande*; et ses successeurs s'en sont con[ten]tés jusqu'à Henri VIII, qui prit celui de *roi d'Ir[la]nde*. Ce royaume avait son parlement particulier, [com]posé des seigneurs et des députés des comtés et des [vil]les, avant que, dans ces derniers temps, il eût été [ré]uni à celui d'Angleterre et d'Ecosse. Le gouverne[m]ent général du pays dépend d'un vice-roi que les rois [d']Angleterre y envoient, et qui a une très-grande au[to]rité; mais il est obligé de suivre les lois du royaume [et] les ordonnances du parlement britannique. Les Ir[la]ndais en général sont bien faits, braves et belliqueux, [ai]mant les exercices violens, qui leur rendent le corps [ro]buste, souple et dispos : constans dans leur amitié [co]mme dans leur haine, ils passent pour être tout bons [e]t tout méchans. Les femmes irlandaises sont belles, [gr]andes et bien faites. Dans cette île, les hivers y sont [m]oins froids et les étés moins chauds qu'en Angleterre, [et], malgré l'humidité du pays, on y vit long-temps et [en] bonne santé. La religion de l'état est la calviniste [ép]iscopale, quoique presque tous les habitans soient ca[th]oliques. Depuis quelques années, les catholiques ir[la]ndais présentaient au parlement britannique des pé[ti]tions à l'effet d'obtenir leur émancipation : elles [é]taient toujours restées sans succès; mais enfin cette [in]téressante portion du peuple anglais vient d'obtenir, [p]ar sa persévérance, la liberté de culte dont jouissent [l]es autres sujets de la Grande-Bretagne.

Rivières principales : le Shannon, le Barrow, la [S]uir, la Boyne, le Bann.

Les lacs de l'Irlande sont ceux d'Erne, de Nea[gh], Foyle, etc.

L'Irlande est divisée en quatre provinces, suiv[ant] quatre régions du monde : celle du nord est l'U[lster], celle de l'est se nomme Leinster, celle du midi, [Muns]ter, et celle du couchant, Connaught.

L'Ulster comprend neuf comtés.

Comtés.	Chefs-lieux.
Donegal a :	[Donegal.
Fermanagh a :	[Enniskillen, *simple bourg*.
Tyrone a :	[Omagh.
Londonderry a :	[Londonderry, *évêché*, *place*
Antrim a :	[Antrim.
Down a :	[Down-Patrick, *évêché*.
Armagh a :	[Armagh, *archevêché*, *bourg*
Monaghan a :	[Monaghan.
Cavan a :	[Cavan.

Le Leinster renferme douze comtés.

Longford a :	[Longford.
West-Meath a :	[Mullinger.
Meath a :	[Trim, *simple bourg*.
Dublin a :	[Dublin, *capit.*, *archevêché*,
Wicklow a :	[Wicklow, *port*.
Kildare a :	[Naas.
King's-county a :	[Philipstown.
Queen's-county a :	[Maryborough.
Kilkenny a :	[Kilkenny, *évêché*.

Moderne. 305

Comtés.	Chefs-lieux.
Carlow a:	[Carlow.
Wexford a:	[Wexford, *port, place forte.*
Louth a:	[Dundalk.

Le Munster a six comtés :

Waterford a:	[Waterford, *évêché, pl. forte, port.*
Tipperary a:	[Clonmell.
Cork a:	[Cork, *évêché, port.*
Kerry a:	[Tralee.
Limerick a:	[Limerick, *évêché, place forte.*
Clare a:	[Ennis.

Le Connaught contient cinq comtés :

Galloway a:	[Galloway, *port.*
Roscommon a:	[Roscommon, *évêché.*
Mayo a:	[Ballinrobe.
Sligo a:	[Sligo, *port.*
Leitrim a:	[Carrick.

Dublin, capit. de l'Irlande, *archev.*, une des principales villes des îles Britanniques, à 225 l. N. O. de Paris, est fort grande, en y comprenant ses vastes faubourgs : les places en sont très-belles ; les anciennes rues sont étroites, mais les nouvelles ont l'élégance de celles de Londres. C'est la seule université du royaume, et le lieu où le Parlement s'assemblait, et où le vice-roi fait sa résidence ordinaire. Son port, vers l'embouchure de la petite rivière de Liffey, la rend fort marchande,

quoique les grands vaisseaux n'y puissent pas mon[ter]
Popul. : 228,000 hab.

Limerick, à 41 l. S. O. de Dublin, dans une [île]
formée par le Shannon, est une ville médiocrem[ent]
grande, mais jolie, peuplée, assez forte et très-m[ar]
chande. Popul. : 60,000 hab.

Galloway, port, ville riche, forte et marchande[, à]
41 l. O. de Dublin. Popul. : 28,000 hab.

Cork est un port de mer florissant et compte plus [de]
100,000 habitans.

Armagh, autrefois ville fort célèbre, avec une u[ni]
versité fameuse, à 28 l. N. de Dublin, n'est plus qu['un]
bourg. La cathédrale est la seule chose qui y soit rem[ar]
quable. Il y a près d'Armagh un étang qui pétrifi[e le]
bois qu'on y enfonce.

Londonderry, à 36 l. N. O. de Dublin, est célèbre [par]
le siége qu'elle soutint en 1689 contre le roi Jacques [II,]
qui fut obligé de le lever, et de passer en Fran[ce.]
19,000 habitans.

Le lac Derg, à deux lieues du bourg de Do[n]
gal, à 40 l. N. O. de Dublin, a une petite île célè[bre]
par la caverne appelée communément *le Purgatoire [ou]
le Trou de Saint-Patrice*, et sur laquelle les crédu[les]
habitans du pays racontent une foule de choses merv[eil]
leuses ; ce lieu fut démoli vers l'an 1500.

En 1797, les Français firent une descente en Irlan[de ;]
malgré leur petit nombre, ils résistèrent pendant qu[el]
que temps à des forces infiniment supérieures ; enfin [ils]
furent obligés de se rendre prisonniers. Une seco[nde]
expédition ne fut pas plus heureuse ; les vaisseaux [qui]
portaient des troupes plus nombreuses, ayant été bat[tus]
par une escadre anglaise.

L'Irlande, d'après le recensement fait, en 182[1,]
par ordre du gouvernement britannique, renfer[me]
6,801,827 habitans.

DU DANEMARK.

Les états du roi de Danemark, au nord de l'Allemagne, ne renferment aujourd'hui que le royaume de Danemark, l'Islande et les îles Færoë; quant à la Norège, elle a été cédée en 1814 au roi de Suède.

Le Danemark est fort peuplé, et quoique l'air y soit froid, la terre y est assez fertile, et n'est pas même marécageuse. Ses excellens pâturages nourrissent tant de chevaux et de bœufs, qu'il en passe tous les ans plus de cinquante mille en Allemagne et en Hollande. Il y a aussi beaucoup de cerfs et de gibier, et la pêche y est très-bonne, surtout celle des harengs. Le royaume de Danemark est très-ancien; il a été électif jusqu'en 1660, époque où les états le rendirent héréditaire, même aux filles : ce qui fit perdre à la noblesse la plupart de ses priviléges. Les paysans y étaient autrefois serfs des seigneurs; mais la plus grande partie est aujourd'hui affranchie. Le roi actuel descend des comtes d'Oldembourg; et Christiern, le premier de cette maison, fut élu en 1448. L'ordre de l'Éléphant est le premier du royaume. Le péage ou tribut que paient au détroit du Sund les vaisseaux marchands qui entrent dans la mer Baltique, fait une partie du revenu du roi de Danemark. La noblesse danoise est magnifique, brave, propre aux sciences, etc.; le peuple en général est bon, affable, laborieux, ménager, et fort soumis à son prince. La religion luthérienne est celle de l'état : on y a conservé le crucifix et la confession auriculaire pour le peuple qui s'y soumet avant la communion. La religion calviniste y est tolérée, et la catholique n'y est plus défendue. Les rois ayant réuni à leurs domaines une grande partie des biens de l'Eglise, quand ils quittèrent la religion catholique, les sept évêchés luthériens sont fort pauvres.

Cet état consiste en terre-ferme et en îles. La terre-

ferme consiste principalement en une presqu'île (
appelait autrefois *Chersonnèse Cimbrique* et au[jourd']
d'hui *Jutland*; elle est divisée en Nord-Jutland ou [Jut]
land propre, que le roi de Danemark possédait se[ul,]
en Sud-Jutland ou duché de Sleswig, qu'il parta[ge]
avec le duc de Holstein, qui est d'une branche p[uînée]
de sa famille, avant l'échange de cette partie cont[re les]
comtés d'Oldembourg et de Delmenhorst en 177[3. Les]
autres provinces du continent sont les duchés de [Hol]
stein et de Lauembourg, qui font en outre partie [de la]
Confédération-Germanique.

Dans le Nord-Jutland on remarque :
- Aalbourg, *évêché*.
- Wibourg, *chef-lieu*, *évêché*.
- Aarhuus, *évêché*, *port*.
- Scanderbourg, *place forte*.
- Ribe, *évêché*, *port*.

Et dans le Sud-Jutland :
- Hadersleben, *port*.
- Apenrade, *port*.
- Friderickstad, *ville moderne*.
- Flensbourg, *port*.
- Sleswig, *chef-lieu*.
- Gottorp.

Le Holstein a :
- Gluckstadt, *chef-lieu*.
- Kiel, *port*.
- Altona, *port*.

Le Lauembourg a :
- Lauembourg, *chef-lieu*.

Wibourg, à 38 l. N. de Sleswig, près du gol[fe de]
Liim-Fiord, est le siége du conseil souverain de la [pro]
vince. Les rois de Danemark y allaient autrefois [rece]
voir l'hommage de leurs sujets.

Ribe, à 18 l. N. O. de Sleswig et à une lieue [de la]
mer, est la plus ancienne ville et la plus grand[e du]
Jutland; les Hollandais y embarquent tous le[s ans la]
quantité de bœufs qu'ils transportent dans leur [pays.]

Sleswig, capitale du duché de ce nom, qui éta[it au]
trefois fort considérable, est peu de chose aujourd[hui;]
elle est située sur le golfe de Slie, à 45 l. O. p[ar...]

Moderne. 309

Copenhague. Le duc faisait sa résidence ordinaire à Gottorp, château voisin magnifique, à 24 l. N. de Hambourg. Popul. : 7,000 hab.

Les plus considérables îles du Danemark sont celles de Seeland et de Fionie.

L'île de Seeland a beaucoup de lacs poissonneux : ses bois sont remplis de cerfs et de sangliers, et ses prairies, de bestiaux. La terre y est fertile en seigle, et le pays, fort peuplé : elle peut avoir soixante lieues de tour.

L'île de Seeland a
- Copenhague, *capitale, évêché, place forte, université.*
- Elseneur, *port.*
- Roskilde, *évêché.*
- Kioge, *port.*

Copenhague, capitale du royaume, à 240 l. N. E. de Paris, est une ville grande, belle, riche et marchande ; le roi y fait sa demeure : son port est un des meilleurs de l'Europe. Elle fut fondée dans le XIIe. siècle par des pêcheurs : elle présente de loin un aspect magnifique ; quatre citadelles la défendent. Son port est formé par un canal spacieux qui traverse la ville ; plusieurs rues ont des canaux et les vaisseaux viennent jusqu'aux portes des maisons. Le palais du roi est superbe ; on admire aussi la grande bibliothèque de la cour, qui renferme environ 195,000 volumes. La population de Copenhague s'élève à 110,000 habitans. Cette ville fut assiégée, en 1656, par Charles-Gustave, roi de Suède ; mais la valeur du roi Frédéric III, qui la défendait, obligea le roi de Suède à en lever le siége : ce fut cette belle défense qui détermina les Danois à rendre la couronne héréditaire dans la famille de Frédéric III. C'est aussi depuis ce siége que les bourgeois de Copenhague ont droit de porter l'épée. Au mois de septembre 1807, cette ville fut bombardée par les Anglais, et ses vaisseaux emmenés en Angleterre, parce que le roi n'avait pas voulu se déclarer contre la France.

L'université de Copenhague est la seule du royaume.

Cronenbourg est un château-fort qui commande le détroit du Sund, qui n'a là qu'une petite lieue de large.

Elseneur est la ville la plus commerciale du [Dane]mark, après Copenhague; tous les navires y acq[uittent le] péage. Elle a un bon port. 7,000 habitans.

Roskilde, évêché, ville très-ancienne, fut autre[fois la] capitale et la résidence des rois; on voit encore [leurs] tombeaux dans la cathédrale. Cette ville est aujou[rd'hui] peu de chose.

L'île de Fionie, qui est l'apanage des fils aînés d[es rois] de Danemark, est abondante en grains, en pât[urages] et en fruits, surtout en pommes, dont on fait d[u] cidre : on en exporte des bestiaux, et surto[ut des] chevaux fort estimés.

L'île de Fionie { Odense, *chef-lieu*, *évêché*.
a : { Nyborg, *place forte*.

La principale des îles qui dépendent du Daner[mark] est l'Islande, une des plus grandes de l'Atlantique se[pten]trional : plusieurs la prennent pour la *Thulé* des an[ciens]. Elle fut découverte, en 861, par un pirate Norr[wégien] et fut successivement visitée par les Norwégien[s, les] Suédois et les Danois, qui y formèrent quelque[s éta]blissemens. Dans le 13ᵉ siècle, l'île se soumit au[roi] de Norwège, et elle passa avec le royaume sous [la do]mination des rois de Danemark. Quoique l'air [y soit] extraordinairement froid, il y a des pâturage[s] abondans, et on y recueille un peu d'orge et d'a[voine] dont les habitans font de mauvais pain qu'ils la[issent] sécher long-temps; ils mangent beaucoup de p[oisson] sec. Il n'y a point d'autres arbres que les bouleaux [et les] genévriers. Les habitans de cette île sont robustes [mais] petits. La libéralité, la bonne foi et un vif attach[ement] pour la patrie caractérisent les Islandais; on ne c[onnaît] point chez eux le vol; ils sont peu industrieux et [natu]rellement mélancoliques. La pêche forme leur p[rinci]pale occupation. Leur trafic consiste en beurre, en [suif,] en cuir et surtout en poisson sec. Quoique situés p[resque] sous le cercle polaire, l'Islande a ses volcans : l'H[écla,] le plus considérable, a des éruptions très-fréqu[entes]. On trouve beaucoup de sources chaudes dans cet[te île;] on y remarque surtout le *Geyser*, fameuse source [d'eau] jaillissante.

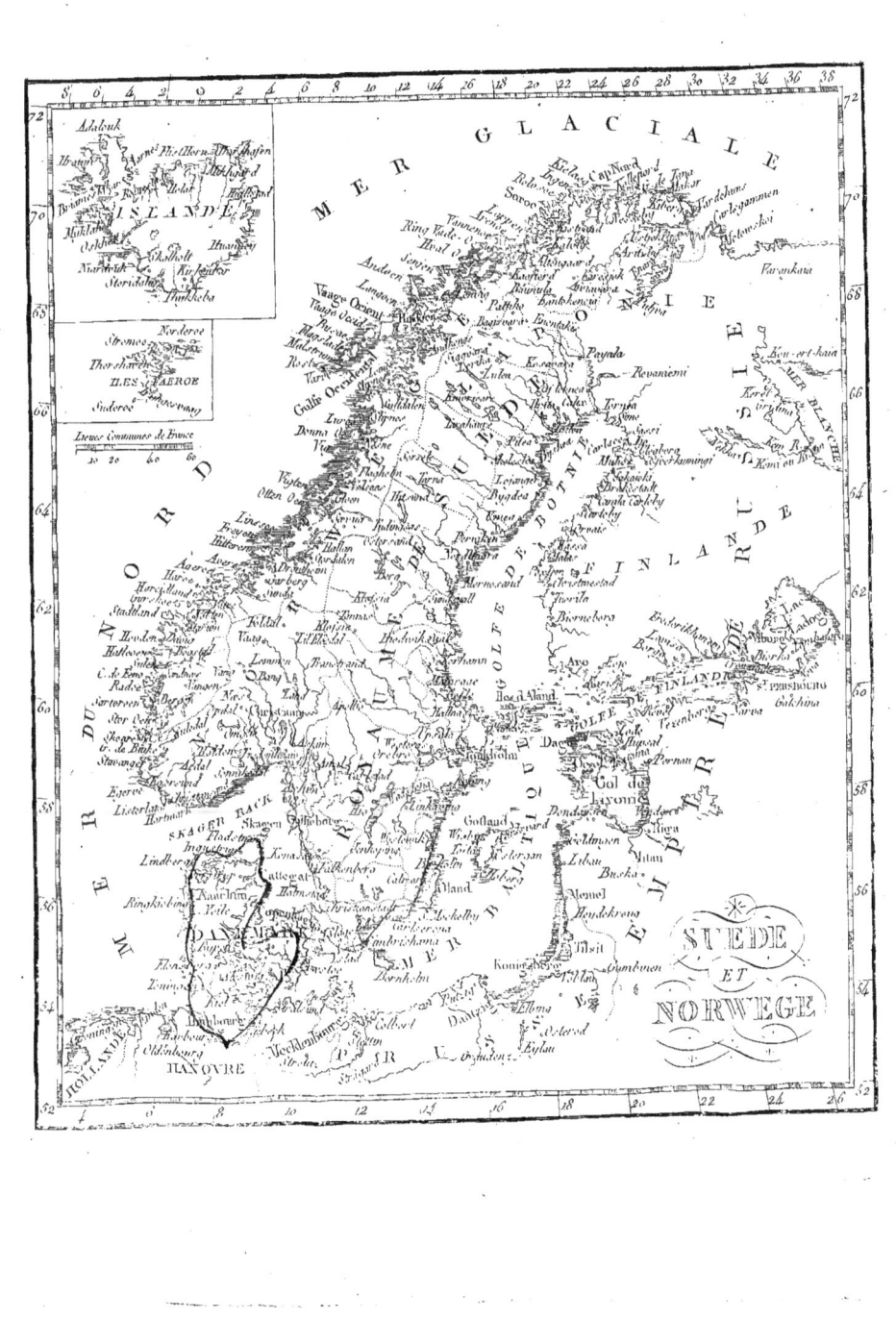

Moderne. 311

Islande a :
{ Skalholt, *évêché.*
{ Reikiavik, *chef-lieu.*

Les îles Færoë, entre l'Islande et les îles Schet-[land], dépendaient autrefois de l'Ecosse, et sont à pré[se]nt au Danemark et sous le gouvernement d'Islande.

DE LA SUÈDE
ET DE LA NORWÈGE.

La Suède, au nord de la Baltique et du Danemark, à l'est de la Norwège, est sous un climat qui ne connaît ni printemps ni automne : l'hiver rigoureux y dure neuf mois, et l'été les trois autres ; et comme alors le soleil est presque toujours sur l'horizon, les chaleurs y sont quelquefois insupportables. Malgré ces deux excès, l'air y est sain et l'on y vit long-temps. Le sol est en général mauvais, quoique l'on y trouve des vallées d'une fertilité étonnante. Il est coupé par un grand nombre de montagnes, de marais, de lacs et de vastes forêts. Le bétail y est assez commun, mais petit comme en Danemark. Il y a quantité d'ours, de renards, d'élans, etc., d'aigles, de faucons et d'autres oiseaux de proie. La plus grande richesse de la Suède vient de ses abondantes mines de cuivre et de fer ; on en tire aussi de la poix, de la résine, des mâts de vaisseaux et des fourrures ; et on y porte en échange de l'eau-de-vie, du vin, du sucre, du tabac, de l'huile, du sel, de la toile, du papier, des draps, des étoffes de soie, etc. Le royaume de Suède est fort ancien : il a été électif jusqu'en 1528, que les Suédois le rendirent héréditaire en faveur de Gustave Vasa, même en faveur des filles ; ce Gustave augmenta les domaines de la couronne des biens de l'Eglise, en introduisant en Suède la confession d'Augsbourg. Gustave-Adolphe *le Grand* ayant battu les Danois, les

Russes et les Polonais, et culbuté toute l'Allemagne
tué en 1633 à la bataille de Lutzen, laissant son t
à sa fille Christine, qui l'abdiqua vingt-un ans apr
faveur de son cousin Charles-Gustave, d'une bra
puînée de la maison Palatine, et fils d'une sœu
grand Gustave. Son fils Charles XI lui succéda,
celui-ci son fils Charles XII, si célèbre par ses ex]
tions presque romanesques. Ce prince ayant été tu
1718 au siége de Fridérichstad, les Suédois, rent
en quelque façon dans le droit d'élire leurs rois,
ronnèrent Ulrique-Éléonore, sœur de Charles, et
après, à sa recommandation, son époux Frédéric, :
prince héréditaire de Hesse-Cassel. Ce prince cont
à régner depuis la mort de la princesse sa femme en 1
mais comme il n'avait pas d'enfans, les Suédois cru
devoir choisir d'avance le prince qui devait lui su
der, et élurent pour cet effet Adolphe-Frédéri
Holstein, qui était évêque de Lubeck; il était cou
germain de Charles de Holstein, choisi de son côté [
succéder en Russie à sa tante l'impératrice Elisabet]

La Suède est un état purement monarchique, q
qu'on y tienne les états-généraux, qui y sont comp
de la noblesse, du clergé, des marchands et des paysa
la noblesse y députe les aînés des familles; le cler
deux prêtres de chaque communauté; les villes, d
marchands; et chaque territoire, deux paysans. Le sé
qui est un des corps qui subsistent toujours, et qui re
sente en quelque sorte ces états, balançait l'autorité
rois. Depuis la mort de Charles XII, Frédéric de F
stein en avait voulu secouer le joug; mais les seigne
de son parti avaient payé de leur tête la mauvaise co
binaison de leur entreprise. Son fils Gustave, plus h
reux, opéra la révolution en 1772, sans effusion
sang; d'après la nouvelle forme de constitution, le
assemble ou dissout les états à son gré; il dispose s
de l'armée, de la marine, des finances, et nomme
tous les emplois tant civils que militaires. Il ne peut,
est vrai, établir aucune loi nouvelle ni abolir les a
ciennes sans la délibération et le consentement des éta

En 1809, le roi Gustave IV ayant mécontenté la nation entière par le mauvais succès d'une guerre contre la Russie, fut chassé du trône, et banni de ses états avec son fils et la reine sa femme : la diète suédoise donna alors la couronne au duc de Sudermanie, oncle de ce prince, qui prit le nom de Charles XIII, et nomma prince héréditaire, le prince Christian de Danemark, qui mourut subitement peu de temps après. Les états s'assemblèrent de nouveau, et élurent prince royal de Suède, le maréchal français Jean Bernadotte, qui prit alors les noms de CHARLES-JEAN : son fils reçut en même temps le titre de duc de Sudermanie. Par la mort de Charles XIII, le prince royal est monté sur le trône en 1818, et son fils, le duc Oscar, lui a succédé dans le titre de prince royal.

Les Suédois sont bien faits, bons soldats, robustes, et capables de supporter les plus grandes fatigues ; ils sont magnifiques dans leurs habits et dans leurs maisons, et ont beaucoup d'inclination pour les belles-lettres, les sciences, et pour les voyages. On les accuse d'avoir trop de fierté. Quoique la religion luthérienne soit la seule permise en Suède, on y trouve cependant quelques catholiques et quelques calvinistes.

On divise la Suède en trois parties, subdivisées en 24 préfectures : ce sont le Nordland, au nord ; la Suède propre, au centre, et la Gothie ou Gothland, au sud.

I. Le Nordland, qui renferme la Laponie suédoise, a :
- Lulea.
- Umea.
- Hœrnesand.

II. La Suède propre a :
- Stockholm, *archevêché, capitale.*
- Upsal, *archevêché, université.*
- Nykœping, *évêché.*
- Carlstad.

III. La Gothie, d'où l'on croit que sortirent les Goths, est divisée en orientale, méridionale et occidentale ; on y trouve les deux grands lacs Wener et Wetter.

Elle renferme :
- Iœnkœping.
- Calmar, *port*, *place forte*.
- Christianstad, *port*, *place forte*.
- Carlscrone, *port*, *place forte*.
- Gothembourg, *port*, *place forte*.

Stockholm, sur le lac Mælar, près de la mer Baltique, fondée sur sept îles de rochers et deux presqu'îles, ville assez grande et assez marchande, à 380 l. N. E. de Paris, a un port vaste et sûr qui pourrait contenir mille vaisseaux ; à l'extrémité du port les rues s'élèvent en amphithéâtre dont le sommet est couronné par le *palais*, édifice magnifique. Les églises et les palais y sont ordinairement couverts de cuivre. On voit dans la place des Nobles, la statue pédestre de Gustave Vasa, que la noblesse lui fit ériger en 1773; dans une autre partie de la ville, on trouve un monument superbe consacré à la gloire du célèbre Linnée. La population de Stockholm est de 80,000 habitans.

Upsal, à 14 l. N. O. de Stockholm, sur la rivière de Sala, est une des plus anciennes villes du nord ; c'est un archevêché qui n'a point de concurrens pour la primatie de Suède, ni pour le droit de sacrer les rois. Il y a une célèbre université et la plus belle église du royaume où l'on voit les tombeaux de plusieurs rois de Suède. C'est le lieu ordinaire du couronnement des rois. Upsal a un observatoire où les Suédois placent leur premier méridien. Le célèbre Linnée est mort dans cette ville. Popul. : 5,000 hab.

Calmar, à 50 l. S. O. de Stockholm, est une des meilleures et des plus importantes villes de la Suède; les fortifications en sont régulières, et elle a une bonne citadelle et un bon port. Cette ville est remarquable par la fameuse union entre les trois royaumes du nord, la Suède, la Norwège et le Danemark, sous la reine Marguerite, en 1397. Popul. : 5,000 habitans.

Gothembourg, bon port, sur la Gotha, près de son embouchure dans le Cattégat, est la seconde ville du royaume pour son commerce et sa population. 22,000 habitans.

Hors cinq à six villes de Suède, qui sont encore médiocrement grandes, on doit se représenter les autres comme de gros villages.

La Laponie est toute située en-dedans du cercle polaire arctique, ce qui fait que durant l'été le soleil reste plusieurs mois sans se coucher, et que pendant l'hiver on a également une nuit de plusieurs mois; mais les crépuscules et de fréquentes aurores boréales dédommagent un peu ses malheureux habitans. Le froid y est excessif pendant cette saison; souvent le vase gèle sur les lèvres en buvant. La terre est presque toujours couverte d'une épaisse couche de neige qui menace d'engloutir le voyageur. Partout la terre est nue et stérile; on n'aperçoit çà et là que de la mousse et quelques arbustes rabougris. Pendant l'été la chaleur est excessive, et on est tourmenté par des myriades de cousins. On trouve dans ce pays plusieurs animaux dont la fourrure est recherchée; mais le plus précieux de tous est le renne, animal domestique qui est d'une grande utilité: il est de la figure du cerf, mais plus grand et plus fort; il sert à porter les fardeaux et à tirer les traîneaux avec une vitesse inconcevable. On fait usage de son lait, de sa chair, de sa peau; et la nourriture des rennes ne consiste guère qu'en une espèce de mousse, qui est presque la seule production de ces climats glacés. Les Lapons sont très-petits, n'ayant guères plus de quatre pieds ou de quatre pieds et demi de hauteur; ils sont forts et agiles, mais excessivement laids. Leur intelligence est très-bornée; ils sont colères et brutaux, mais probes, charitables et hospitaliers. Les poissons et la chair de leurs rennes forment leur principale nourriture. Quelque affreux que soit leur pays, ils s'y plaisent, et meurent d'ennui et de chagrin dans tout autre. Les Lapons en général ont peu de connaissances relatives à la religion; la plupart sont encore, en quelque façon, idolâtres. Comme ils changent de demeure, et transportent leurs méchantes cabanes faites de bois léger et couvertes de peaux, il ne faut point chercher de villes chez eux: ceux qui dépendent de la Suède ont ordre cependant de fixer leur demeure.

La Laponie est divisée en trois parties, dont [...] ont le même souverain : la Laponie norwég[ienne] et suédoise, et la Laponie russe.

La Laponie suédoise se divise en cinq marks ou [pré]fectures, qui portent chacune le nom de quelque rivière qui y passe.

Parmi plusieurs petites îles de la mer Baltiqu[e qui] appartiennent à la Suède, on remarque celles de G[ot]land et d'Œland.

DE LA NORWÈGE.

La Norwège, au nord du Danemark, est un[e contrée] couvert[e] de forêts et de montagnes, et presque stér[ile;] y fait un froid rigoureux en hiver; l'été y est très-c[haud,] mais extrêmement court. La principale richesse du [pays] consiste dans ses immenses forêts de pins, de sapi[ns et] d'autres bois qui fournissent des mâts, des bois de [cons]truction, de la résine, etc., et dans ses abond[antes] mines de fer, de cuivre, de cobalt et d'alun; o[n tire] aussi de la Norwège de très-belles fourrures. [Ce] royaume a eu des rois particuliers jusque sur la f[in du] quatorzième siècle, qu'Hakin, roi de Norwège, [épou]sant Marguerite, fille de Waldemar III, roi de D[ane]mark, réunit ces deux royaumes. En 1814, la [Nor]wège fut cédée à la Suède par le roi de Danem[ark,] qui reçut en échange la Poméranie suédoise; ce [ar]rangement fut sanctionné en 1815 par le congr[ès de] Vienne. Ce royaume, quoique réuni à la Suède, a [con]servé ses priviléges et ses états particuliers. Les [Nor]wégiens sont la plupart robustes, simples et b[ons,] mais un peu grossiers. La longévité est si comm[une] dans ces pays, qu'à cent ans un homme ne pass[e pas] pour être hors d'état de travailler.

La Norwège se divise en cinq diocèses :

Aggershuus a : { Christiania, *chef-lieu*, *univer*[sité,] *port*.

Bergen a : [Bergen, *chef-lieu*, *évéché*, *port*.

Drontheim a : [Drontheim, *chef-lieu*, *évéché*, *p*[ort.]

Moderne.

Christiansand a : { Christiansand, *chef-lieu*, *port*.
{ Stavanger, *port*.

Nordland a : { Alstahaug, *chef-lieu*.
{ Hammerfest, *port*.

Ce dernier gouvernement contient la Laponie Norwégienne.

Christiania, capitale du royaume, à 50 l. S. E. de Bergen, est le siége du conseil souverain de ce royaume et la demeure ordinaire du vice-roi : son port est assez commode et assez fréquenté. Popul. : 20,000 hab.

Fridérichstad, place forte, à 12 l. S. E. de Christiania, fut assiégée, au fort de l'hiver de 1718, par le roi de Suède Charles XII ; ce héros, intrépide jusqu'à paraître las de vivre, se tenant trop découvert sur le revers de la tranchée, y fut tué, le 11 décembre 1718, d'une balle dans la tête.

Bergen, la plus grande et la principale ville de la Norwège, mais mal bâtie, à 333 l. N. E. de Paris, a un port des plus beaux de l'Europe, et assez fréquenté. 21,000 habitans.

Drontheim, à 95 l. N. de Bergen, est bien déchue : c'était la résidence des rois de Norwège. On y compte cependant encore 11,800 habitans.

Le long de la côte de Norwège, on remarque près des îles Lofoden un gouffre appelé *Malstrœm*, plus célèbre et plus craint que dangereux : les vaisseaux bons voiliers le bravent aujourd'hui, et le traversent exprès diamétralement. Quelques géographes, amateurs du merveilleux, se font un jeu de lui faire attirer de plusieurs lieues, engloutir et revomir les vaisseaux.

DE LA RUSSIE.

La Russie, à l'est de la Suède et au nord de la T[ur]quie, est la plus grande de toutes les parties de l'[Eu]rope, même en n'y comprenant pas ses provinces [d'A]sie. Ses souverains, jusqu'au commencement du [dix-]huitième siècle, ont porté les noms de *grands-ducs*, *czars* et *autocrates*; mais depuis que Pierre-le-Gr[and] a tiré cet état de l'obscurité où il était, et qu'il est [de]venu policé et florissant, on lui donne avec raiso[n le] titre d'*empire*.

La vaste étendue de la Russie fait que la tempé[ra]ture y est très-variée. Dans la partie septent[rio]nale, pleine de lacs et de marais, l'hiver est long [et] rigoureux comme dans la Suède et la Norwège; les [dé]serts et les bois y sont peuplés d'ours, de renards, [de] rennes, et d'autres animaux précieux pour leurs fo[ur]rures, surtout d'hermines (1) et de martres-zibelines [(2).] Les provinces du milieu et les méridionales sont a[ssez] fertiles. Outre les fourrures qu'on y trouve, il y vi[ent] des grains, des fruits, du lin; on en tire du goudro[n,] de la poix, de la colle de poisson (3) de la cire et [du] miel, etc., des cuirs de bœufs, d'élans (4), etc., d[ont] quelques-uns prennent le nom de *cuirs de Roussi*,

---

(1) L'hermine est un petit animal sauvage, de la taille e[t de] la figure de nos plus petites belettes, avec le poil extrêmem[ent] blanc et le bout de la queue noir. On en fait des fourrures [pré]cieuses.

(2) La martre-zibeline est une espèce d'hermine ou de bel[ette] dont le poil est roux.

(3) La colle de poisson est une colle blanche que les Rus[ses] tirent de la chair molle et des entrailles d'un gros poisson no[m]mé *belluge*, qu'ils font bouillir à petit feu. On s'en sert en p[har]macie, dans nos manufactures, pour lustrer des étoffes, et l['on] en emploie pour clarifier les liqueurs.

(4) L'élan est un animal sauvage de la figure d'un cerf, m[ais] un peu plus gros; sa peau forte et épaisse sert, comme celle [du] buffle, à faire des vestes et autres habillemens presque à l'épre[uve] des armes blanches.

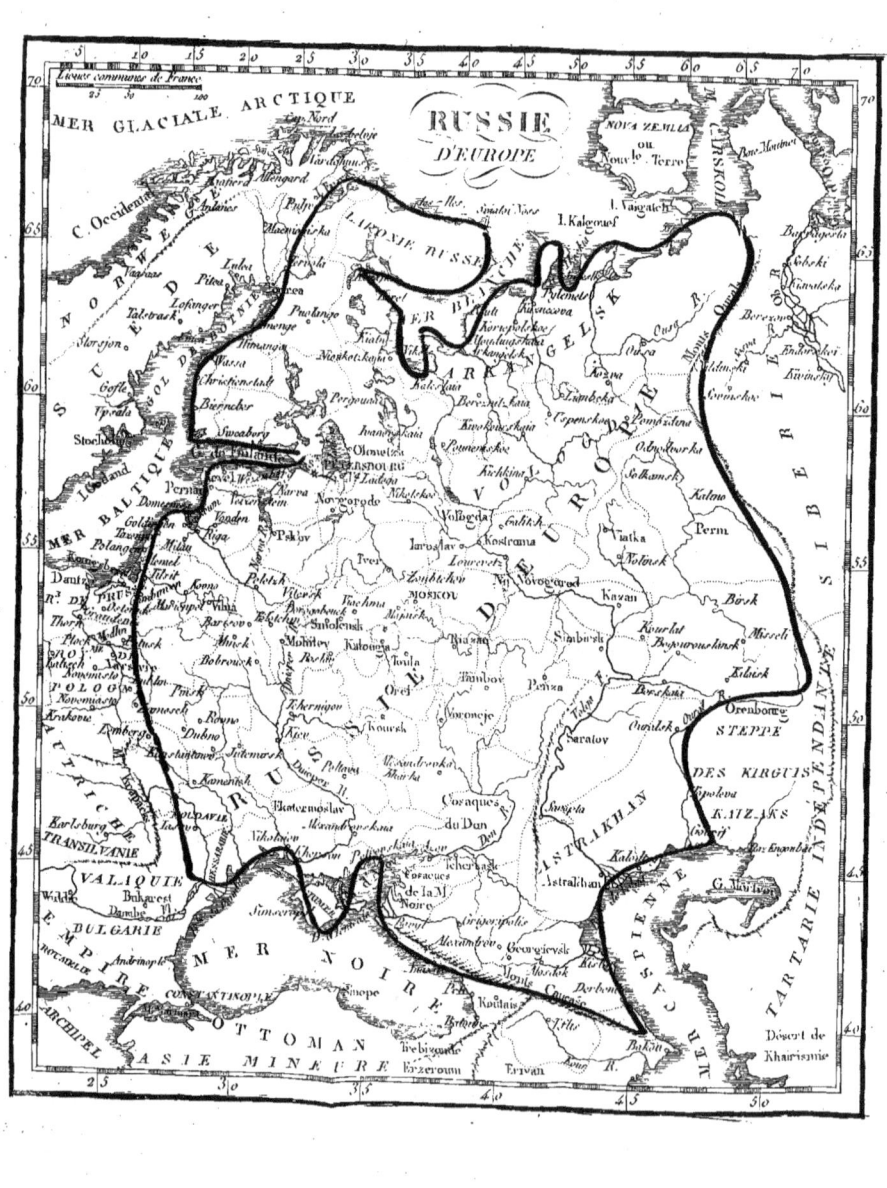

lieu de *cuirs de Russie*. La Russie en général fournit de beaux mâts et d'excellens bois pour la marine. L'eau-de-vie, la bierre, l'hydromel, le tabac, tout s'y fabriquait autrefois pour le compte de l'empereur, et se vendait à son profit.

La couronne y est héréditaire, même aux filles; mais le souverain, depuis l'empereur Pierre-le-Grand, a droit de désigner, dans sa famille, celui ou celle qui doit lui succéder.

Avant le czar Pierre, les Russes étaient d'une grossièreté inconcevable. Le manque d'universités et de collèges, et la défense de voyager sous peine de mort, les tenaient dans l'ignorance, la servitude et l'avilissement. Mais l'impératrice Catherine II a établi des écoles en différentes villes, et à Mohilew un collège, qui est une espèce d'université: elle favorisa de tout son pouvoir l'avancement des sciences; mais c'est à ses successeurs qu'il semble réservé d'achever son ouvrage, et on a tout lieu d'espérer qu'ils exécuteront ce que leur illustre aïeule n'a pu faire, et que peu à peu la servitude disparaîtra de cet empire, pour faire place à une sage liberté qui seule peut rendre les états florissans, et les sujets heureux.

La Russie a eu des souverains peu connus jusqu'à Vladimir, qui se fit chrétien vers l'an 1000, en épousant une fille de l'empereur des Grecs. A l'extinction de sa famille, après bien des troubles et des guerres civiles, Michel Féodorovitch, élu en 1613, rétablit le calme; c'est la tige de la famille régnante. Son fils Alexis lui succéda. Après sa mort en 1676, et celle de son fils aîné Féodor, empoisonné en 1692, le célèbre czar Pierre monta sur le trône pour l'illustrer. On y mit d'abord à côté de lui un autre frère paternel qu'il avait, nommé Jean, aveugle et épileptique; mais jusqu'à sa mort en 1696, il ne contribua au gouvernement de l'Etat que de son seul nom.

Pierre voulut parcourir les principaux États de l'Europe: il y examina les sciences et les arts dans leurs différentes branches, et emmena tout ce qu'il put déterminer de savans et d'artistes à le suivre. Devenu compagnon et émule des ouvriers, il ennoblissait toutes les professions en s'y exerçant lui-même : simple soldat d'abord, le mousquet sur l'épaule, il faisait l'exercice avec ses soldats, s'assujettissant à ne monter aux grades supérieurs que par son application et ses progrès ; il fit la même chose pour la marine, et en peu d'années il se trouva souverain d'une nouvelle nation. Avec cela un roi voisin (1), plus habile guerrier, mais moins sage, pour lui faciliter l'exécution de ses desseins, voulut bien se donner la peine de parcourir en armes ses vastes provinces, et, à force de battre les Russes, leur apprendre à tenir ferme, à se défendre, et enfin à l'attaquer à leur tour et à battre leur propre maître (2).

Pierre-le-Grand étant mort en 1726, Catherine, son épouse, que son mérite avait élevée jusqu'à lui, du rang le plus bas, lui succéda; et à sa mort, au bout de quinze mois, elle nomma pour lui succéder le petit-fils de son mari par une autre femme, Pierre II. On faisait les préparatifs pour son mariage en 1730, lorsqu'il mourut. Les Seigneurs Russes appelèrent alors Anne, fille de Jean, ou Iwanowna, veuve d'un duc de Courlande ; elle régna glorieusement jusqu'en 1740, et à sa mort elle déclara pour son successeur un enfant au berceau, fils de la duchesse de Béveren, sa nièce, petite-fille de Jean. Les Russes, jugeant les inconvéniens d'une longue minorité, par la hauteur du ministre (3) que l'impératrice Anne avait chargé de la régence, et par les ressorts employés par le duc et la duchesse de Béveren pour l'en dépouiller, mirent sur le trône, dès 1742, Elisabeth, fille de Pierre-le-Grand. Cette princesse, qui régna avec gloire, désigna pour son successeur le jeune Charles, duc de Holstein, son neveu, petit-fils de Pierre; celui-ci parvint à la couronne le 5 janvier 1762, et prit le nom de Pierre III. Au mois de juin suivant, il fut obligé de donner une déclaration, par laquelle il

---

(1) Charles XII, roi de Suède.
(2) C'était le titre que lui donnait le czar Pierre, qui ne parlait jamais de Charles XII qu'avec admiration.
(3) Le duc de Biren.

s'avouait incapable de régner. Sa femme fut déclarée impératrice, et a régné glorieusement sous le nom de Catherine II : c'est elle qui a créé l'ordre militaire de Saint-Georges en 1769; elle a fait plusieurs autres établissemens avantageux à l'empire, et l'on admire le code de législation qui porte son nom. Le fils qu'elle avait eu de l'empereur Pierre III, lui a succédé sous le nom de Paul Ier., et fut assassiné en 1801; son fils, Alexandre Ier., a gouverné cet état jusqu'au mois de novembre 1825, époque de sa mort, et un de ses frères (Nicolas Ier.) lui a succédé.

La religion des Russes est la chrétienne grecque : l'office s'y fait en langue vulgaire; ils communient sous les deux espèces, et n'admettent ni l'extrême-onction ni le purgatoire; leurs prêtres se marient; ils ont une dévotion extraordinaire aux images des saints, surtout à celle de leur patron saint Nicolas (1).

Pierre-le-Grand supprima en 1702 la dignité de patriarche, dont l'autorité était trop voisine de la sienne; pour la remplacer, il établit un synode, composé de prélats présidés par l'archevêque de Novogorod. Ce synode décide de tout ce qui est relatif à la discipline de l'église russe; mais ses décisions doivent être sanctionnées par l'empereur, qui est regardé comme le chef de la religion. Les Latins ont fait quelques tentatives pour la réunion des Russes à l'église romaine; et en 1718, quelques docteurs de Sorbonne présentèrent à ce sujet, à l'empereur Pierre-le-Grand, qui se trouvait alors à Paris, un mémoire qui, après avoir été examiné, ne produisit aucun effet.

L'usage de se raser et celui de fumer du tabac étaient regardés comme des hérésies; et le czar Pierre eut besoin de toute son adresse et de toute son autorité pour les introduire dans ses états.

Les principales rivières de la Russie européenne sont

---

(1) C'est encore l'usage parmi le peuple, que quand on entre dans une maison, on s'incline profondément devant l'image ou e patron, avant de saluer l'hôte, et quand on ne le voit pas d'abord, on demande : *où est Dieu?*

le Wolga, qui se jette dans la mer Caspienne; le Dniester et le Dniéper, qui se jettent dans la mer Noire; le Don, qui débouche dans la mer d'Azof; et la Dwina, qui se jette dans la mer Blanche, laquelle communique à l'Océan Glacial. On y trouve les deux plus grands lacs de l'Europe : celui de Ladoga, qui a bien 150 lieues de tour, et qui communique au golfe de Finlande par la Néva qui passe à Saint-Pétersbourg, et celui d'Onéga, qui a plus de 100 lieues de tour, et qui communique par un canal à celui de Ladoga.

La Russie, qui depuis quelques années s'est fort agrandie aux dépens de la Suède, à laquelle elle a arraché la Finlande en 1809, de la Pologne et de la Turquie, comprend maintenant la moitié de l'Europe et se divise en 53 gouvernemens et 4 provinces; St.-Pétersbourg en est la capitale. On la divisait autrefois en dix grandes provinces, dont quelques-unes étaient subdivisées en plusieurs autres.

I. L'Ingrie, réunie à la Russie vers le commencement du siècle dernier, avait déjà appartenu aux Russes auxquels les Suédois l'avaient enlevée en 1617. L'hiver y est si long et si rude, que les grains n'y arrivent pas toujours en maturité; elle est au fond du golfe de Finlande.

L'Ingrie a :
{ Pétersbourg *ou* Saint-Pétersbourg.
Schlusselbourg, *sur le lac* Ladoga.
Novogorod-Véliki *ou* Grande, *archevêché métropolitain.*
Biélozéro, *place forte, sur le lac de ce nom* (1).
Pskow.

Saint-Pétersbourg, à 5461. N. E. de Paris, est une ville fondée en 1703 par le czar Pierre-le-Grand, à l'embouchure de la Néva dans le golfe de Finlande. Elle est très-grande, belle, marchande, et le séjour ordinaire des souverains, avec un port, une citadelle, une aca-

---

(1) Biélo-Ozéro veut dire *Lac-Blanc*.

démie, un observatoire, un jardin des plantes, une bibliothèque publique, une fonderie, etc. On y voit la statue équestre du czar Pierre, que l'impératrice Catherine II a fait élever sur un rocher énorme, dont le transport a été un des plus grands efforts de la mécanique. Les gros vaisseaux restent à quatre lieues de la ville, à Cronstadt, port avec un château-fort dans une île; c'est la clef de Saint-Pétersbourg. Le soleil en hiver ne s'y lève qu'à dix heures et demie : aussi au solstice d'été, il n'est que trois heures sous l'horizon. L'étendue de cette ville est d'environ 4 lieues en tous sens. Sa population est d'environ 400,000 hab.

Pskow, grande, riche et marchande, avec titre de principauté, a appartenu aux Polonais; elle est à 60 l. S. O. de Pétersbourg.

II. La province d'Arkhangel ou de la Dwina, au nord de Moscou, en comprenait plusieurs autres qui avaient presque toutes le nom de leurs capitales.

On y trouve :
- Kola, en Laponie.
- Arkhangel, *port, archevêché.*
- Vologda, *archevêché.*
- Oustioug.

Arkhangel, à 200 l. N. de Moscou, à l'embouchure de la Dwina dans la mer Blanche, était la ville la plus commerçante de la Russie. St.-Pétersbourg lui a enlevé la plus grande partie de son commerce, qui consistait en pelleteries. 10,000 habitans.

III. La Livonie, au sud du golfe de Finlande, fut d'abord envahie par les chevaliers Teutoniques, sous le prétexte d'y établir le christianisme; ils en sécularisèrent ensuite les principales villes en se faisant luthériens, et leur grand-maître ne conserva que la Courlande. Les Suédois, les Russes et les Polonais l'ont eue alternativement; les Suédois l'enlevèrent aux Russes en 1617, et elle leur resta jusqu'en 1710, que Pierre-le-Grand la reprit. Cette province est très-riche et très-fertile, surtout en blé.

La Livonie a :
- Riga, *capitale.*
- Revel, *port.*
- Narva.

Riga, à 100 l. S. O. de Saint-Pétersbourg, est une ville grande, belle, riche et très-peuplée, vers l'embouchure de la Duna; c'est une des villes les plus commerçantes après Saint-Pétersbourg. Pop. : 36,000 hab.

Revel, à 50 l. N. de Riga, est un assez bon port, où se tiennent les vaisseaux russes. Popul. : 15,000 hab.

IV. La province de Smolensk a été de la Pologne, et fut conquise par le czar Alexis; les Polonais y renoncèrent par le traité de 1684.

On y trouve : [Smolensk, *archevêché*.

C'est une assez grande ville, mal peuplée, sur le Dniéper, à 75 l. O. de Moscou. En 1812 elle fut prise par les Français, après la défaite de l'armée russe, et incendiée. 12,000 habitans.

V. La province de Kiew était aussi à la Pologne : les Cosaques l'ont livrée aux Russes; et les Polonais la leur ont cédée moyennant une grosse somme. C'est un pays très-fertile en blé, et qui produit d'excellens pâturages.

On y trouve : { Kiew, *archevêché*, sur le Dniéper.
{ Pultawa, *place forte*.

Pultawa, à 200 l. S. de Moscou, est célèbre par la défaite de Charles XII, qui l'assiégea en 1709, et que le czar Pierre-le-Grand battit et força de se réfugier chez les Turcs.

VI. La province de Servitie ou de Novogorod, au nord de la Petite-Tartarie.

On y trouve : [Novogorod-Sewerski.

VII. La province de Moscou est très-fertile.

On y trouve : { Moscou, *capitale*.
{ Rostof, *archevêché*.
{ Iaroslaw.
{ Susdal, *archevêché*.

Moscou, capitale, sur la Moscowa, à 165 l. S. E. de Saint-Pétersbourg et à 700 l. E. de Paris, est une grande ville qui a bien quatre lieues de tour, mais assez mal peuplée, surtout depuis que les souverains n'y font plus leur séjour. Comme il n'y a point de pierres aux environs, elle n'était point pavée, et presque toutes les maisons y étaient en bois. Depuis le czar Pierre-le-Grand on a commencé à y voiturer des pierres, et à y bâtir des maisons à l'épreuve du feu qui y faisait de temps en temps des ravages : c'est cet inconvénient qui a obligé à diviser par de grandes murailles cette ville en quatre quartiers différens. Le palais du czar, grand et assez beau, est dans le quartier du centre. C'est dans la tour de l'église patriarcale qu'était cette prodigieuse cloche qui pesait 326,000 livres, et qui tomba dans un incendie en 1701 ; elle avait dix-neuf pieds de haut, dix-huit de diamètre et deux d'épaisseur. Pierre-le-Grand fonda à Moscou une superbe apothicairerie qui fournit toute la Russie ; il y établit un collège d'humanités, un de mathématiques et un de navigation. Les Français entrèrent dans cette ville en 1812, après la sanglante bataille de la Moscowa, où ils remportèrent la victoire. Avant leur entrée, le gouverneur y avait fait mettre le feu dans un grand nombre d'endroits ; les vainqueurs ne purent l'éteindre, et il consuma la plus grande partie de cette ville. En quittant Moscou, au mois de novembre, ils firent sauter le *Kremlin* ou palais des czars. Cette ville, rebâtie à neuf, ainsi que le Kremlin, est beaucoup plus belle maintenant. Popul. : 250,000 hab.

VIII. La province de Riazan a : { Riazan, *archev.*, grande ville ruinée
{ Woronej

Woronej, sur les bords d'un lac formé vers la source du Don, à 70 l. S. de Moscou, a été célèbre tant que les Russes ont eu Azof à l'embouchure de cette rivière dans la mer d'Azof, parce que le czar y avait établi un beau chantier ; elle peut reprendre son ancien état, puisque les Turcs l'ont cédée à la Russie en 1774.

IX. La province de Nijnii-No-vogorod a : { Nijnii-Novogorod, sur le Wolga.

X. La Petite-Tartarie a :
- Simféropol, *capitale.*
- Pérékop, *place forte, sur* l'isthme de son nom.
- Kherson, *port, chantier.*
- Caffa, *port, place forte.*
- Odessa, *port.*

La Petite-Tartarie est ainsi nommée, pour la distinguer de la Grande-Tartarie en Asie. Les Petits-Tartares sont cruels, errans, et faisant des courses dans les pays voisins pour les piller ; leur religion est la mahométane. Ils mangent peu de pain, mais beaucoup de viande, principalement de la chair de cheval. La partie de la Petite-Tartarie qui est vers le nord, est presque stérile ; elle est habitée par les Tartares Nogaïs, divisés en hordes ou assemblées de familles ; ils obéissent à des princes particuliers, et habitent dans des cabanes qu'ils transportent sur des chariots, quand ils veulent changer de lieu. La partie méridionale, sur la mer Noire, plus peuplée et plus fertile, dite autrefois *Chersonèse Taurique*, se nomme aujourd'hui *Presqu'île de Crimée* : son ancien prince, appelé *khan des Petits-Tartares*, était allié du grand-seigneur, qui pouvait le déposer et en nommer un autre, pourvu qu'il fût de la famille des *khans*.

Caffa, ville autrefois assez grande, belle et peuplée ; son principal commerce consiste en poisson salé qui se pêche dans la mer d'Azof.

Odessa, ville nouvellement bâtie entre les bouches du Dniéper et du Dniester, a un bon port sur la mer Noire. L'empereur Alexandre y a formé de beaux et utiles établissemens, dont le feu duc de Richelieu a eu long-temps la surveillance, en qualité de gouverneur ; un magnifique lycée vient aussi d'y être fondé pour l'éducation de la jeunesse tartare. 40,000 habitans.

Les Tartares d'Oczakow et ceux du Budziack habitent la partie qui est entre l'embouchure du Dniéper et celle du Danube ; et ce canton, qui se nomme *Bessarabie*, avait quelques lieux connus qui appartenaient aux Turcs.

Oczakow, bonne forteresse, enlevée aux Turcs par l'impératrice Anne, leur fut rendue, mais démolie. Elle est retournée depuis sous la domination russe.

Bender, sur le Dniéper, est devenu célèbre par le séjour qu'y fit le roi de Suède Charles XII, après sa défaite à Pultawa.

L'Ukraine (1), à l'est de la Pologne, forme un gouvernement et est habitée par les Cosaques; ce peuple est belliqueux, endurci au travail, et ennemi de toute dépendance. Tant que les Cosaques ont été attachés à la Pologne, ils composaient sa milice et la garantissaient des courses des Tartares; mais après plusieurs révoltes, ils en ont secoué le joug pour prendre celui de la Russie, qui leur en impose un fort léger, et qui s'en sert comme d'excellentes troupes légères, et très-propres à faire du dégât dans le pays ennemi. Ils professent la religion grecque, comme les Russes. Kharkow, capitale, a une population de 15,000 habitans.

DE LA LITHUANIE.

La Lithuanie, à l'est de la Pologne, avait autrefois des princes souverains qui prenaient le titre de *grand-duc*; elle a depuis été unie à la Pologne, non comme une province qui en fît partie, mais comme une principauté alliée. Elle a subi aussi le sort de la Pologne, et, comme elle, a été partagée. Elle avait son armée à part avec ses généraux indépendans de ceux de la couronne; cette armée campait, agissait, marchait, et prenait ses quartiers séparément. Quant aux charges de l'état, la Lithuanie était tenue de fournir le tiers des troupes de la couronne, mais seulement le quart du revenu assigné au roi, etc. Ce pays, plat et marécageux, est moins fertile et moins peuplé que la Pologne; ses forêts immenses sont remplies de bêtes sauvages, et en même temps d'abeilles qui y font leur miel dans le tronc des arbres; ce miel blanc et délicat a le goût de la violette. La noblesse de Lithuanie conservait ses préro-

---

(1) Ce mot veut dire frontière.

gatives avec une fierté et une hauteur extraordinaire elle était encore plus altière que celle de Pologne, et l[es] paysans y étaient plus esclaves et plus mal traités; [le] peuple aussi y était moins traitable et plus sauvage. L[a] religion dominante est la catholique.

La Lithuanie, qui comprenait la Petite-Russie, éta[it] divisée en huit palatinats, dont les trois à l'Orient pa[s-] sèrent sous la domination de la Russie avec la Livon[ie] Polonaise, en 1773.

On y trouve:
- Wilna, *capitale*, *évêché*, *unive[r-] sité*.
- Braclaw.
- Grodno.

Wilna, sur la Wilia, près de son embouchure da[ns] la Wibur, à 90 l. N. E. de Varsovie, est grande [et] peuplée, mais sans pavé et malpropre; toutes les ma[i-] sons y sont de bois, excepté le palais des anciens duc[s.] La liberté de conscience y est entière : aussi les Grecs y ont un évêque, et les Juifs, une synagogue; on y vo[it] même des Mahométans. 25,000 habitans.

Grodno, ville assez grande, près du Niémen, à 36 l. S. O. de Wilna, est le lieu où les diètes s'assemblaien[t.]

La Samogitie, à l'ouest de la Lithuanie, joignan[t] la mer Baltique, fut conquise et *convertie* par les cheva[-] liers Teutoniques; elle fut incorporée à la Pologn[e] en 1525. Son gouverneur se nommait *Staroste*; elle e[st] inculte et mal peuplée; mais c'est le seul endroit pa[r] où la Pologne peut communiquer à la mer, depuis qu[e] la Prusse Polonaise est passée au roi de Prusse.

On y trouve:
- Rossiéna, *capitale*.
- Mednick, *évêché*.

La Courlande, au nord de la Samogitie, sur la Bal[-] tique, faisait autrefois partie de la Livonie. Le grand maître de l'ordre Teutonique, Ketler, en se faisant lu[-] thérien, céda la Livonie au roi de Pologne, en se ré[-] servant la Courlande à titre de duché, relevant de l[a] Pologne. Mais le dernier duc de la maison de Ketle[r] étant fort âgé et sans enfans, ses sujets élurent pou[r] succéder le maréchal de Saxe en 1726; cette élection ne fut pas approuvée de la Pologne : ce fut Ernest, duc de Biren, favori de la czarine Anne, qui fut élu à sa recommandation en 1737, après la mort du duc.

La Courlande propre a : { Golding.
La Semigale a : { Mittau.

Mittau, sur l'Aa, à 100 l. N. de Varsovie, était le lieu de la résidence du duc, qui y avait un très-beau château; Louis XVIII y a résidé pendant quelques années, avant de se retirer en Angleterre. Popul. : 12,000 habitans.

La Lithuanie, qui, avec les autres provinces polonaises réunies à la Russie, la Podolie, la Wolhynie, les provinces de Bialistok et de Kiew, forme la partie occidentale de cet empire, a été divisé en six gouvernemens; chacune des autres contrées en forme un.

DE LA POLOGNE.

La Pologne, à l'est de l'Allemagne et au nord de la Hongrie, n'avait que le titre de *Duché :* ayant embrassé le christianisme en 964, elle prit celui de *Royaume*. L'union de la Pologne avec le grand-duché de Lithuanie commença en 1382, par le mariage d'Hedwige, fille du roi Louis, qui fut élue, à condition qu'elle épouserait Jagellon, grand-duc de Lithuanie, qui, de son côté, devait se faire baptiser; mais elle ne fut bien consommée qu'en 1501, où il fut décidé que ces deux états n'auraient qu'un même roi, dont l'élection se ferait en Pologne; que chaque état conserverait ses coutumes, ses grands officiers, etc. C'est pourquoi l'assemblée dans laquelle le roi était élu, était composée de personnes des deux nations, de même que le sénat et les diètes générales; mais chacun de ces états avait son grand-maréchal, son petit-maréchal, son grand-chancelier, son vice-chancelier, et son trésorier, qui étaient les officiers sénateurs. La Pologne avait le titre de *Royaume;* mais le corps de l'état prenait celui de

République. Le gouvernement y était monarchique et aristocratique.

Ce royaume était le seul de l'Europe qui fût électif. Le roi était élu dans une diète générale convoquée par l'archevêque de Gnesen, qui était le chef de la république pendant l'interrègne; cette diète se tenait en pleine campagne, à une demi-lieue de Varsovie, dans une espèce de grande halle dressée exprès. Quand le roi était élu, on lui faisait faire le serment de maintenir les priviléges de la république, qu'on appelait *Pacta conventa*; et après son couronnement, il disposait des bénéfices et des charges civiles et militaires. Il avait un revenu fixe, et ne pouvait, de son autorité particulière, lever aucun subside sur ses sujets, ni changer aucune loi.

L'aristocratie de cet état consistait dans le sénat et dans les diètes générales; le sénat, composé des évêques, des grands-officiers du royaume et du grand-duché, des Palatins (1) et des Castellans (2), réglait avec le roi les affaires ordinaires de l'état, et l'empêchait lui-même de rien entreprendre contre la liberté du pays. Les diètes générales, qui étaient des assemblées de toute la noblesse, devaient se tenir tous les deux ans, mais on les convoquait plus souvent, quand il s'agissait d'affaires importantes, de la paix, de la guerre, de trêves, d'alliances, de levées de deniers, etc. : ces diètes étaient composées du roi, du sénat et des *nonces* terrestres, qui étaient des gentilshommes députés par les diètes particulières de chaque palatinat; les députés de Dantzick, de Cracovie et de Wilna y avaient aussi entrée.

Avant de tenir une diète générale, le roi envoyait dans les palatinats des lettres circulaires qui annonçaient les affaires que Sa Majesté voulait proposer à l'assemblée. Là-dessus on tenait une diète particulière dans chaque palatinat, et l'on y délibérait sur les affaires dont il s'agissait; mais rien ne s'y résolvait que d'un

---

(1) Gouverneurs perpétuels des provinces.
(2) Gouverneurs perpétuels des villes.

consentement universel; et s'il arrivait qu'un simple gentilhomme s'opposât à la résolution de l'assemblée, il n'était pas permis de passer outre; le nonce terrestre, élu pour parler dans la diète générale, ne parlait point, et le palatinat, pour cette fois, n'avait point de voix dans la diète générale. Dans cette dernière, les affaires se concluaient de même par un suffrage unanime; mais un seul sénateur ou nonce, qui n'était pas du même sentiment que les autres, et qui en faisait sa protestation, arrêtait les résolutions de la diète: aussi elles se séparaient souvent sans rien décider; et quelquefois elles étaient ensanglantées.

Cet abus de la liberté devait naturellement amener l'anarchie. Les deux derniers rois, électeurs de Saxe, puissans par eux-mêmes, avaient soutenu l'état ébranlé; mais à la mort du dernier en 1765, on ne pouvait se flatter d'une unanimité pour l'élection de son successeur. L'impératrice de Russie entreprit de réunir de force l'unanimité des suffrages sur un Piast (Polonais); elle envoya une armée qui investit le lieu de l'élection: le comte Poniatowski fut élu. La même armée qui l'avait fait élire, étouffa les confédérations contraires; Stanislas-Auguste fut universellement reconnu. La czarine ayant éprouvé son pouvoir, entreprit de faire donner aux dissidens (on nommait ainsi ceux qui n'étaient pas catholiques) les mêmes droits qu'aux catholiques; elle y réussit, comme dans l'élection, par la force. Mais à peine les nonces de la diète l'eurent-ils quittée, qu'ils formèrent des confédérations de toutes parts; leur peu d'unanimité donna aux troupes russes la facilité de les dompter l'une après l'autre. La Turquie prit en vain la défense des Polonais confédérés; la Russie partout victorieuse maintint ce qu'elle avait fait passer dans la diète. Cinq années de guerre civile, et la peste qui s'ensuivit, avaient désolé la malheureuse Pologne, lorsqu'en 1773, l'impératrice de Russie, le roi de Prusse et la maison d'Autriche signifièrent aux Polonais qu'ils s'appropriaient une partie de leurs provinces. Les Polonais opposèrent des raisons à la force; elles ne furent pas écoutées. Une nouvelle diète assemblée et entourée d'une armée russe, approuva le partage et fut forcée d'accepter un nouveau plan de gouvernement. Un conseil permanent, composé du roi de trois évêques, parmi lesquels était le primat, d'onze sénateurs séculiers, de quatre membres du ministère du maréchal de la diète, de dix-huit conseillers de l'ordre équestre, et de quelques officiers subalternes avait la puissance législative, et présentait au roi trois candidats pour chacune des grandes places vacantes. Le roi, qui y nommait avant, ne pouvait plus choisir que dans ces candidats présentés; il ne nommait plus qu'aux places inférieures. Comme le conseil décidait à la pluralité des voix, et que ses décisions avaient force de loi jusqu'à l'assemblée de la diète, il pouvait le mettre à portée de s'en passer. La Pologne pouvait renaître de ses cendres; mais envahie de nouveau et partagée ensuite en 1793 et 1795 entre la Russie, l'Autriche et la Prusse, elle leur resta soumise tout entière, jusqu'à ce que les Français lui eurent rendu une partie de son existence, en enlevant en 1807 à la Prusse ce qu'elle s'en était appropriée. Alors, elle sembla renaître sous le titre de grand-duché de Varsovie, et sous le gouvernement du roi de Saxe; après cette nouvelle révolution la force armée polonaise fut mise entièrement à la disposition de la France. En 1812, l'armée française ayant chassé les Russes de la Lithuanie, il se fit une réunion de ce grand-duché à celui de Varsovie, et peu s'en fallut que l'ancien royaume de Pologne ne se relevât tout entier avec son ancienne majesté. En 1815 les trois puissances qui avaient fait le premier démembrement reprirent chacune leur part, à l'exception de la Russie, qui acquit alors une portion de l'ancienne partie prussienne, et forma un petit royaume dépendant de l'empire, et fondé sur une nouvelle constitution.

Le 29 novembre 1830, une insurrection éclata à Varsovie, s'étendit rapidement dans les provinces et eut pour résultat le rétablissement d'un gouvernement national et indépendant et l'expulsion totale des Russes mais ces derniers, après une guerre opiniâtre de dix mois, parvinrent enfin à rétablir leur domination.

Les Polonais en général sont grands, bien faits, robustes et braves; les nobles y sont honnêtes, affables et hospitaliers, ayant une facilité extraordinaire pour parler les langues étrangères, braves, et jaloux de la liberté jusqu'à l'excès. Les paysans y sont pauvres, misérables et grossiers; ils ne possédaient rien, mais ils ne contribuaient point aux charges de l'état. Les gentilshommes dont ils dépendaient avaient droit de vie et de mort sur eux, et les traitaient comme des esclaves : aussi, quand on parlait du revenu d'un gentilhomme, on ne disait pas qu'il avait huit ou dix mille livres de rente, mais qu'il avait tant de paysans. Le sort de ces malheureux est devenu beaucoup plus doux depuis que la Pologne a reçu d'autres lois. L'air de la Pologne est froid, humide et malsain. Ce pays est rempli de grandes forêts, et son terroir est en bien des endroits si fertile en grains, qu'elle fournit des blés à la Suède, à la Hollande, etc. Elle a de vastes pâturages, et on en tire quantité de cuirs, de même que du chanvre, du lin, du salpêtre, du miel, de la cire, etc. Il y a tant d'abeilles, surtout en Lithuanie, que le peuple y boit communément de l'*hydromel*, liqueur composée de miel fermenté.

Le sel en Pologne ne se tire point de l'eau de la mer qu'on fait évaporer comme en France et ailleurs : on le tire du fond des mines ou carrières en grosses masses; et ce qu'il y a de singulier, c'est qu'on ne le trouve qu'à une profondeur énorme, à près de deux cents toises, tandis qu'assez près de là, en Hongrie, il est presque à la surface de la terre. La mine de sel de Wiélitzka est surtout célèbre : on y voit une église ornée de pilastres et de statues de sel; on y voit aussi une chaire également taillée dans le sel.

La religion dominante de l'état est la catholique; il y a cependant des luthériens, des calvinistes, des grecs et beaucoup de juifs.

Les trois universités de cet état étaient à Cracovie, à Wilna et à Kœnigsberg; celle de Cracovie était fille de celle de Paris, qui lui envoya ses premiers professeurs en 1364.

Il n'y avait que deux archevêchés en Pologne, avec quinze évêchés.

Les principales rivières de la Pologne sont le Dniéper autrefois Borysthène, qui se jette dans la mer Noire; la Vistule, qui se jette dans la Baltique; le Bug, qui se jette dans la Vistule; le Niémen, qui se jette dans la Baltique; le Dniester et le Bog, qui se jettent dans la mer Noire.

Le nouveau royaume de Pologne renferme 4,000,000 d'habitans et se divise en 8 palatinats.

L'ancien royaume de Pologne était divisé en quatre parties : la Grande et la Petite Pologne, la Russie Rouge et la Prusse, qui contenaient ensemble vingt-deux palatinats ou gouvernemens. Dans chaque palatinat, il y avait un palatin ou gouverneur, avec un ou plusieurs castellans qui étaient comme les lieutenans des palatins.

I. La Grande ou Basse Pologne, à l'est de la Silésie, qui comprenait la Cujavie et la Mazovie, avait dix palatinats; la Grande Pologne propre en avait cinq, la Cujavie deux, dont un avait déjà passé sous la domination de la Prusse en 1773, et la Mazovie trois.

La Grande Pologne (1) avait :
- Varsovie.
- Gnesen, *archevêché.*
- Posnan, *évêché.* (2)
- Plock, *évêché, place forte.*

Varsovie, à 375 l. N. E. de Paris, située dans une grande plaine sablonneuse, sur la gauche de la Vistule, capitale du nouveau royaume, est une ville moins grande et moins belle que ses faubourgs, mais marchande et bien peuplée. Elle était le séjour ordinaire des rois de Pologne, et le lieu où l'on tenait très-souvent les diètes générales : on y compte plus de 100,000 habitans.

Gnesen, autrefois capitale de la Pologne, à 50 l. O.

---

(1) Cette partie de la Pologne, qui appartenait tout entière au roi de Prusse, avait été érigée en grand-duché par la France en faveur du roi de Saxe. Varsovie est aujourd'hui la capitale du nouveau royaume de Pologne.

(2) La ville de ce nom, qu'on appelle aussi Posen, est la capitale d'un grand-duché qui appartient au roi de Prusse.

Moderne. 335

le Varsovie, n'est plus importante que par la dignité de son archevêque, qui était primat du royaume, légat-né du Saint-Siége dans la Pologne, régent de l'état pendant l'interrègne, et le premier sénateur, ayant droit de couronner les rois et les reines.

II. La Petite ou Haute Pologne, au sud de la Grande, avait trois palatinats de même nom que leurs chefs-lieux; tout ce qui est à la droite de la Vistule, dans les palatinats de Cracovie et de Sandomir, a passé sous la domination de la maison d'Autriche en 1773, ainsi que celui de Lemberg et celui de Belz dans la Russie; ces nouvelles possessions portaient le nom de royaume de Galicie et de Lodomérie.

Les palatinats de la Petite Pologne étaient :
- Cracovie, *capitale*, *évêché*, *université*. Aujourd'hui ville indépendante.
- Sandomir, *place forte*.
- Lublin.

Cracovie, ancienne capitale du royaume, à 45 l. S. O. de Varsovie, est fort grande et assez belle, avec de beaux palais et des rues larges et droites, mal pavées et sales. La cathédrale, dédiée à saint Stanislas, patron de la Pologne, est le lieu où l'on couronnait les rois, et celui de leur sépulture. Le castellan de cette ville marchait devant son palatin, et était le premier sénateur laïque du royaume. C'est dans son palatinat, et dans les possessions autrichiennes, que se trouvent les fameuses mines de sel de Wiélitzka. C'est aujourd'hui une ville libre, en vertu de l'acte du congrès de Vienne. Popul. : 26,000 habit.

III. La Russie Rouge, à l'est de la Petite-Pologne, comprend la Volhynie et la Podolie. Elle avait six palatinats.

Ses principales villes sont :
- Lemberg, *archevêché*. A l'Autriche.
- Kaminieck, *évêché*, *place forte*. A la Russie.
- Braslaw. A la Russie.

DE LA TURQUIE.

La Turquie est un des plus vastes empires qu'il y ai[t] ; il a été fondé vers l'an 1300 par Othman, prince d[es] Turcs, peuple de race tartare, descendu des Scythe[s] entre le Pont-Euxin et la mer Caspienne. Othma[n] ayant fait de grandes conquêtes sur l'empereur Gre[c,] prit le titre de *Sultan;* et ses successeurs, dont le pl[us] fameux est Mahomet II, qui se rendit maître de Con[s]tantinople en 1453, ont étendu leur domination sur l[es] ruines de l'empire Grec, et le leur occupe à présent [ce] qui composait l'empire d'Orient du temps des Romain[s].

Le souverain de la Turquie a le nom de *Sultan;* [on] l'appelle communément *le Grand-Turc* ou *le Gran[d] Seigneur;* on lui donne le titre de *Hautesse,* au li[eu] de *Majesté,* et sa cour se nomme *la Porte.* Il est maît[re] absolu, et sans réserve, de la vie, de l'honneur et d[es] biens de ses sujets : ses ordres sont au-dessus de tout[es] les lois. Il est de droit l'héritier de tous les biens [de] ceux qui occupent des emplois publics. Lorsqu'ils meu[r]rent sans enfans, leurs biens sont dévolus au fisc ; ceu[x] qui ont des enfans les leur transmettent ordinairement[,] et cette grâce est accordée de même aux Grecs, e[n] payant environ trois pour cent à chaque changeme[nt] d'héritier. Mais cette transmission est toujours subor[]donnée à la volonté du sultan. Pour éviter cette espè[ce] de vexation, on cède le fonds à une Mosquée, et on s'e[n] réserve l'usufruit pour soi et ses enfans : alors tant qu'i[l] existe des descendans du donateur, ils jouissent tran[]quillement de ce bien; mais ils ne peuvent le vendre[.] Le respect que les Turcs ont pour leur souverain, es[t] sans bornes comme son autorité : ils sont persuadés qu[e] sa volonté est celle de Dieu même, et c'est un gran[d] bonheur que de perdre la vie en le servant; mais pa[r] l'effet naturel du despotisme, qui n'est que le droit d[u] plus fort, au moindre mécontentement, surtout quan[d]

les *janissaires* (1) s'en mêlaient, on le met à mort ou on le dépose. Dans les autres états despotiques, le chef de la révolte, comme le plus fort, succède au souverain déposé ; en Turquie, la religion fait toujours choisir le successeur dans la famille du déposé : de sorte que le chef de la révolte est souvent la première victime du successeur, et que ce peuple ne fait que changer de joug. Autrefois celui qui était déposé était sûr d'être sacrifié par son successeur, lui et tous les siens ; le nouvel empereur n'épargnait pas même ses frères, oncles, etc. Par une politique plus humaine, ils conservent aujourd'hui leurs proches, même celui qui est déposé.

Les Turcs peuvent avoir jusqu'à quatre femmes, et autant de concubines qu'ils désirent. Les enfans des unes et des autres jouissent des mêmes droits.

L'année des Turcs est lunaire ; et comme elle a environ onze jours de moins que l'année solaire, son commencement n'est pas fixe, et arrive successivement dans toutes les saisons.

L'ère des mahométans, ou manière de compter les années, se nomme *Hégire* ; elle commença vers le milieu du 7e. siècle, et à l'époque où le faux prophète Mahomet s'enfuit de La Mecque, pour se retirer à Médine, deux villes de l'Arabie-Heureuse.

La religion de l'état est la *mahométane*, qui tire son nom de *Makomet*, son auteur. Le livre qui la contient, nommé *Coran* (2), renferme sept préceptes principaux : *la circoncision, la prière, le jeûne, les ablutions, l'aumône, le pèlerinage et l'abstinence du vin.* La circoncision se fait chez les Turcs avec beaucoup de solennité. Leurs prières, courtes et fréquentes, se font cinq fois le jour : au lever de l'aurore, à midi, après

---

(1) Les janissaires étaient ces soldats célèbres qui composaient la milice de la Porte : cette infanterie indocile, presque toute composée de soldats, soit tartares, soit chrétiens, enlevés par les Turcs, etc., et élevés dès leur enfance dans ce dévouement à leur maître que doit fortifier l'ignorance où ils sont de leurs familles et de leur patrie même, a été supprimée par le sultan Mahmoud II. Leur chef, nommé *Aga*, était très-puissant.

(2) C'est-à-dire le Livre *par excellence*.

midi, au soleil couchant, et vers les dix heures du soir passé minuit, il est défendu de prier; elles consisten principalement en prosternemens et humiliations. L vendredi est chez eux le jour le plus solennel de la se maine, et est distingué par de plus longues prières parce que c'est le jour de la fuite de Mahomet qui a donné lieu à l'hégire. Pendant le *ramadan*, qui es leur carême, et qu'ils observent le neuvième mois de leur année, ils ne boivent et ne mangent qu'à la nuit et s'abstiennent même d'eau-de-vie et de tabac; un Turc qui romprait son jeûne scandaleusement et par mépris pour la loi, serait puni de mort. Les Turcs font beaucoup d'aumônes, et n'épargnent rien pour l'entretien des pauvres et des hôpitaux, qui sont chez eux d'une structure magnifique. Ils sont obligés d'aller une fois en leur vie à La Mecque, ville de l'Arabie, où Mahomet, leur prophète, a pris naissance; ils vont ensuite révérer son tombeau à Médine, mais sans obligation; le mufti dispense les gens de qualité de faire ce voyage, à condition d'y envoyer une personne à leur place, et de faire des aumônes aux pauvres. Les Turcs font ce pélerinage avec beaucoup de dévotion; ils sont quelquefois au nombre de plusieurs milliers de pélerins, auxquels le Grand-Seigneur donne un chef, pour empêcher les désordres qui pourraient y arriver (1). Quoique le vin soit très-expressément défendu aux Turcs, il y en a beaucoup néanmoins qui en boivent pendant la nuit; mais si quelqu'un, parmi le peuple s'entend, en est convaincu, on lui donne la bastonnade sur la plante des pieds.

Le mufti, qui est le chef de la religion, a une grande autorité, et les sultans même n'ont pas toujours été à l'abri de ses jugemens. Les imans, qui sont de simples prêtres, sont déposés par le visir, ainsi que le mufti, quand il le juge à propos, et alors ils rentrent

---

(1) C'est la manière de voyager en Turquie par caravane; car en Europe les Morlaques, en Asie, les Tartares et les Arabes, infestent le pays, et l'on n'y peut voyager en sûreté que quand on est les plus forts. Le Grand-Seigneur même paie les Arabes pour ne pas attaquer la caravane de La Mecque.

dans l'ordre ordinaire des laïcs. Le premier ministre se nomme *grand-visir*.

Cet empire est divisé en vingt-sept gouvernemens, dont cinq en Asie, vingt-un en Europe et un en Afrique. Les gouverneurs ont le nom de *béglerbeys* ou de *pachas* : ce dernier titre se donne à tous ceux qui ont des emplois considérables. Les premiers portent trois queues de cheval pour étendard, et sont appelés *pachas à trois queues* ; les seconds en portent deux, etc.

La Turquie d'Europe jouit en général d'un air fort tempéré. Les terres y seraient très-fertiles, mais les Turcs sont paresseux, et les chrétiens opprimés ne cultivent que ce qui est leur nécessaire. Le caractère des Turcs offre les plus singuliers contrastes : franc et loyal dans les transactions commerciales, il se montre perfide envers un ennemi désarmé ; humain et compatissant à l'égard des individus de sa religion et même des plus vils animaux, il devient féroce et sanguinaire pour ses ennemis et les hommes d'une autre religion que la sienne. Tout à la fois actif et indolent, altier et rampant, généreux et sordide, il présente un mélange indéfinissable de bonnes et mauvaises qualités. Il y a deux religions principales dans la Turquie d'Europe, la chrétienne et la mahométane qui est la dominante. Les chrétiens y sont en bien plus grand nombre que les mahométans, mais ils sont divisés en plusieurs sectes ; la plus grande partie suit le schisme de l'église grecque. On y trouve aussi beaucoup de juifs, parce qu'ils y professent leur religion avec une entière liberté. Le fleuve le plus remarquable de cet état est le Danube, qui se jette dans la mer Noire.

La Turquie d'Europe se divisait autrefois en partie septentrionale et en partie méridionale ; la dernière, qui s'en est détachée dans ces derniers temps, est maintenant un état indépendant sous le nom de Grèce.

Depuis quelques années, la puissance ottomane est bien déchue par la perte de plusieurs de ses provinces qui ont essayé de conquérir leur indépendance, ou sont passées à d'autres souverains.

La Crimée lui a été enlevée par la Russie, et la possession en a été assurée à celle-ci par le traité de 1783.

La Transylvanie, l'Esclavonie, la Bukowine, et partie de la Moldavie et de la Croatie, sont passées à la maison d'Autriche.

La Russie lui a encore enlevé en 1806 une partie de la Moldavie, et en 1812 la Bessarabie.

En 1808, une révolte de janissaires entraîna la déposition du sultan Sélim III; Mustapha IV, qui fut alors élevé sur le trône, en fut bientôt précipité. Après la mort tragique de ce prince, le grand-visir Mustapha Baraictar fut le principal auteur d'une révolution qu'il paya de sa vie, et qui plaça sur le trône, le 11 août 1808, MAHMOUD II, né en 1784, et dernier rejeton mâle de la maison ottomane.

DE LA TURQUIE D'EUROPE.

La Turquie d'Europe, au sud de la Russie et de la Hongrie, est divisée en 5 gouvernemens et comprend neuf parties: la Moldavie, la Valachie, la Bosnie, l'Albanie, la Servie, la Bulgarie, la Romélie, la Thessalie, et l'île de Candie dans la Méditerranée.

La Moldavie et la Valachie, à l'ouest de la Petite-Tartarie, et où la religion est la chrétienne grecque, produisent d'excellent vin, des chevaux estimés, quantité de bétail qui se nourrit abondamment de l'herbe que la fertilité du sol fait naître dans les endroits incultes; chacune a un prince grec nommé *woïwode* (1) ou *hospodar*, choisi par le Grand-Seigneur; celui de Moldavie paie de tribut 1,200,000 fr., et celui de Valachie, 1,800,000, sans y comprendre les présens qu'ils sont obligés de faire aux ministres de la Porte pour se maintenir: ce qui leur donne lieu d'exercer dans ces provinces des extorsions qui les anéantissent. Au lieu de profiter de la fertilité de la terre, elle reste inculte dans beaucoup d'endroits; les paysans, qui n'y possèdent rien, n'en cultivent que ce qui est nécessaire pour payer la rede-

---

(1) C'est-à-dire *capitaine*.

vance aux seigneurs, et se procurer le plus étroit nécessaire; la terre y devient marécageuse, l'air malsain. L'empereur d'Autriche s'est fait céder, en 1774, par la Porte, les terres qu'embrassent les différentes branches du Séreth, qui sont les meilleures de la Moldavie; il est aussi rentré en possession de la partie de la Valachie qu'il avait cédée en 1739.

La Moldavie a : { Soczow. Jassy, *capitale*.

La Valachie a : { Tergovisch. Boukharest, *capitale*.

Jassy, près du Pruth, est une place forte qui renferme 20,000 habitans.

Boukharest, grande ville, mais assez mal bâtie, est dans un territoire malsain; elle fait un commerce important. On y compte 70,000 habitans.

La Bosnie, au nord de la Dalmatie, dont Mahomet II fit écorcher tout vif, en 1463, le dernier roi Etienne (1), a plusieurs villes assez considérables.

La Bosnie a : { Bagnalouka, *place forte*. Bosna-Séraï, *capitale*.

Cette province renferme la Croatie Turque.

Bosna-Séraï est très-grande et commerçante et renferme 50,000 habitans.

Bagnalouka est le chef-lieu de la Croatie Turque et ne compte guère que 15,000 âmes.

L'Albanie, que baigne la mer Adriatique, forme la partie sud-ouest de la Turquie d'Europe et est couverte de montagnes; elle est habitée par des peuples grecs et mahométans d'un caractère indépendant et à moitié sauvages et qui se révoltent souvent contre la Porte, dont ils ont fréquemment occupé les armées; ils vivent de pillage et de rapines, et trouvent de faciles retraites dans la nature du sol de leur pays. Les Albanais sont appelés Arnautes par les Turcs.

---

(1) Sa femme, nommée Catherine, se retira à Rome, où elle mourut en 1478.

L'Albanie possède :
- Janina, *capitale*.
- Scutari, *évêché*.
- Durazzo, *port*.
- L'Arta, *port*.
- Prévésa, *place forte*.
- Delvino.
- Croïa.

Janina est célèbre pour avoir été la résidence du fameux Ali-pacha, si connu par ses rébellions; on compte 35,000 habitans.

Scutari, résidence d'un pacha, est sur les bords d'un joli lac auquel elle donne son nom; elle est défendue par une citadelle, et est grande. 15,000 habitans.

Croïa, à 24 l. S. E. de Raguse, était la capitale de l'Albanie, sous le fameux Georges Castriot, autrement Scanderbeg, qui gagna tant de batailles contre les troupes de Mahomet II, vers le milieu du 15°. siècle.

L'Arta, capitale de l'ancienne Epire, à 28 l. O. N. O. de Lépante, a un archevêque grec : cette ville est près du golfe de même nom, dit autrefois *golfe d'Ambracie*, de même que Prévésa et Butrinto, ci-devant aux Vénitiens. Figalo, autrefois *Actium*, est célèbre par la défaite d'Antoine par Octave, appelé depuis Auguste.

La Thessalie, au sud de la Romélie, est bordée l'est par l'Archipel; cette contrée, si célèbre autrefois lorsqu'elle faisait partie de l'ancienne Grèce, est bien déchue de sa prospérité; on y trouve cependant encore quelques cités importantes.

La Thessalie a :
- Larisse.
- Tricala, *capitale*.
- Volo, *port*.

Tricala, quoiqu'elle soit le siége de l'administration de la Thessalie, ne contient qu'environ 6,000 habitans; elle est sur l'ancien *Pénée*, qui arrose la belle vallée connue jadis sous le nom de Tempé.

Larisse, dans l'antiquité, était une ville considérable; elle a encore 20,000 âmes.

Moderne. 343

Volo possède un bon port sur le golfe auquel il donne on nom, et que forme l'Archipel.

En Thessalie, vers l'embouchure du fleuve Pénée, ont les fameuses montagnes d'*Olympe*, d'*Ossa*, etc., t la vallée de *Tempé*, qui ne ressemble plus aux harmantes descriptions que les poëtes en ont faites.

Au sud de Larisse, à 114 l. S. O. de Constantinople, st le bourg de Farsa, dans l'endroit où était située 'ancienne *Pharsale*, près de laquelle Jules-César vain-uit Pompée.

La Servie, la Bulgarie et la Romélie, au sud du Danube, pourraient être plus peuplées et plus fertiles u'elles ne sont. La Romélie ou Romanie comprend 'ancienne *Macédoine* et l'ancienne *Thrace*.

La Servie a :
- Belgrade, *capitale*, *place forte*.
- Sémendria.
- Nissa, *place forte*.
- Widdin.

La Bulgarie a :
- Sophie, *capitale*.
- Nicopoli.
- Brahilow.
- Roustchouk.
- Varna, *port*.
- Schoumla.

La Romanie a :
- Constantinople, *capitale*.
- Andrinople.
- Gallipoli, *place forte*.
- Salonique, *port*.

Belgrade, au confluent de la Save et du Danube, à 106 l. S. E. de Vienne, était une place très-forte, disputée souvent entre les Turcs et les Autrichiens, prise et reprise plusieurs fois ; elle fut cédée par Charles VI, peu avant sa mort en 1739, aux Turcs qui l'assiégeaient ; mais les fortifications en furent démolies. Elle était à l'empereur depuis 1717, que le prince Eugène l'avait enlevée aux Turcs, contre lesquels il gagna une grande bataille, dans le temps qu'ils s'approchaient pour en faire lever le siège ; ils en étaient les maîtres depuis 1521. Pop. : 30,000 habitans.

Tomi, connu par l'exil d'Ovide, est près de l'embouchure du Danube (1).

Sophie, située sur l'Isker, compte 50,000 habitans.

Roustchouk, sur le Danube, en a 30,000.

Brahilow, sur le même fleuve, a à peu près le même nombre d'habitans que la ville précédente.

Varna, bon port, sur la mer Noire, fut prise par les Russes en 1828, après un siège opiniâtre.

Schoumla, au pied des monts Balkan, est une place très-forte qui commande le défilé par où passe la grande route de Constantinople; les Russes s'en emparèrent en 1829 : ce qui leur permit de s'avancer dans la Romélie jusqu'à Andrinople. 20,000 habitans.

Constantinople, autrefois Byzance, et nommée par les Turcs *Stamboul*, à 660 l. S. E. de Paris, est la capitale de la Turquie. C'est une des plus grandes villes de l'Europe et la mieux située; elle est très-peuplée et sujette aux incendies et à la peste. Son port, dont la vue est très-agréable, passe pour le plus beau et le plus sûr de l'univers. Cette capitale de l'empire d'Orient fut prise par Mahomet II, le 29 mai 1453, sous le règne de l'empereur Constantin Dragosès; depuis ce temps-là les empereurs Turcs y ont presque toujours fait leur résidence. Elle n'a presque plus rien de son ancienne beauté : la plupart de ses rues sont étroites, ses maisons, basses et mal bâties; mais ses places sont belles, et ses mosquées ou temples sont superbes, principalement celle qui était autrefois l'église de Sainte Sophie. Cette ville est le siège du mufti et celui du patriarche, qui est le premier prélat de l'église grecque. Le faubourg de Péra est une espèce de ville chrétienne située au-delà du golfe qui sert de port et où les ambassadeurs font leur résidence. La population de Constantinople se compose de Turcs, de Grecs, d'Arméniens et de Juifs; on l'évalue à 500,000 habitans.

Le sérail ou palais du Grand-Seigneur est situé à l'extrémité du triangle que forme la ville, et dont les deux côtés sont baignés par les eaux du golfe et par celles de la mer de Marmara.

(1) Il y a un lac fameux, que les habitans appellent encore *Oœidowe Jesero*, lac d'Ovide. *Voyez* ce poète, *lib.* 1 *de Ponto ad Brutum*, et *Trist. lib.* 3, *eleg.* 9.

Le canal sur lequel la ville est bâtie, et qui communique de la mer de Marmara ou Propontide à la mer Noire ou Pont-Euxin, n'a guère qu'une demi-lieue de largeur. Au-delà et vis-à-vis, en Asie, est située la ville de Scutari, dont les environs sont couverts de charmantes maisons de campagne, qui appartiennent aux habitans riches de la capitale.

Andrinople, sur la Maritza, à 52 l. O. p. N. de Constantinople, est une ville fort agréable, où les Sultans font ordinairement leur résidence en été à cause de la bonté de son air, qui est plus pur que celui de Constantinople. Cette ville tire son nom de l'empereur Adrien, qui l'a bâtie ou du moins renouvelée, et a 110,000 habitans. En 1829, elle tomba au pouvoir des Russes, qui y conclurent ensuite un traité de paix avec les Turcs.

Gallipoli, à 40 l. S. O. de Constantinople, est une ville située sur un détroit qui porte son nom; il a mille pas de large, et est défendu par quatre châteaux appelés *les Dardanelles*, dont deux à l'entrée et deux à la sortie: ceux d'Europe, nommés *les châteaux de Romélie*, où l'on met les prisonniers d'Etat; les autres en Asie, appelés *les châteaux d'Anatolie*. Ce détroit, qui joint la mer de Marmara à l'Archipel, est le même que celui nommé *Hellespont*, où les châteaux de Sestos et d'Abydos ont été célèbres dans la Mythologie par les amours de Léandre et de Héro. 18,000 habitans.

Salonique, autrefois Thessalonique, à 130 l. S. O. de Constantinople, au fond du golfe de son nom, siège d'un archevêché, est une ville fort peuplée, et très-marchande. Les Juifs, qui y sont nombreux, y font presque tout le commerce, qui consiste en soie, cire, coton, tabac, etc. Saint-Paul a écrit deux lettres à ses habitans. Popul.: 70,000 hab.

Philippi, à 25 l. N. E. de Salonique, est célèbre par la déroute de Brutus et de Cassius qui s'y donnèrent la mort, dans la crainte de tomber entre les mains des vainqueurs Antoine et Octave; c'est à ses habitans qu'était adressée l'épître de Saint-Paul aux Philippiens.

Jénissar ou Zuchria, à 5 l. S. O. de Salonique, se

nommait autrefois *Pella*, et était capitale de la Macédoine du temps de Philippe et d'Alexandre-le-Grand.

Le mont Athos, en Macédoine, dans une presqu'île, est rempli de couvens de moines, qui vivent du travail de leurs mains et payent tribut au Grand-Seigneur.

L'île de Candie, autrefois *Crète*, à 200 l. S. S. O. de Constantinople, est la plus grande de la Méditerranée. Sa longueur est de 68 lieues, et sa plus grande largeur de 16. Elle était fameuse dans l'antiquité par son mont Ida, qui occupe le milieu de l'île, son labyrinthe et sa caverne de Jupiter. Sa surface est hérissée de montagnes. Elle est très-fertile en fruits, en grains et en vins excellens, dits de *Malvoisie*, etc. : elle produit des cannes à sucre, et l'on y fait de très-beau sel. Les Vénitiens en ont été les maîtres depuis le commencement du 13°. siècle jusqu'en 1669, que les Turcs prirent sa capitale. On y compte 300,000 âmes.

L'île de Candie a : { Candie, *capitale*, *port*, *place forte*. { La Canée, *port*, *place forte*.

Candie est une ville médiocrement grande, bien bâtie et très-forte ; elle est fameuse par la longue résistance qu'elle opposa aux Turcs, qui s'en rendirent maîtres en 1669, après un siége de plus de trois ans. 15,000 habitans.

DE LA GRÈCE.

La Grèce, si célèbre par les grands hommes qu'elle a produits, et par les sciences et les arts qui y florissaient, formait, il y a encore peu d'années, la partie méridionale de la Turquie d'Europe. Ce pays est aujourd'hui fort déchu de son ancienne splendeur, mal peuplé, presque inculte, et fort pauvre, surtout depuis la guerre entre la Porte et la Russie, terminée en 1774. Les Grecs s'étaient soulevés contre les Turcs : le Grand-Seigneur, dont le gouvernement était détesté des Grecs, ne trouva d'autres moyens de les soumettre qu'en les anéantissant ; il permit donc aux Albanais de courre sus aux révoltés. Ces soldats féroces, excités par l'espérance du pillage, ne s'acquittèrent que trop bien de leur commission par la destruction de ces malheureux. A la paix, les Albanais continuèrent leurs pillages; il fallut envoyer contre eux une armée, qui les détruisit à leur tour en 1779. Depuis, les Grecs se sont de nouveau insurgés, et après une lutte longue et pénible, ils sont enfin parvenus à former un état séparé qui a été érigé en royaume sous le nom de Grèce.

On divise la Grèce en terre-ferme et en îles.

La terre-ferme comprend 2 parties: 1°. la Livadie ou Grèce propre, au Nord, qui renferme l'Etolie, la Phocide, la Béotie et l'Attique; 2°. la Morée ou Péloponnèse, au Sud, qui se compose de l'Achaïe, de l'Argolide, de l'Arcadie, de l'Elide, de la Messénie et de la Laconie.

La Livadie a :
- Athènes, *archevêché*, *capitale*.
- Lépante, *place forte*.
- Livadie.

La Morée a :
- Malvoisie, *place forte*.
- Nauplie, *port*, *place forte*.
- Patras, *archevêché*, *place forte*.
- Misitra.
- Navarin, *port*.

Athènes ou Sétines, à 53 l. S. de Larisse, a quelques beaux restes d'antiquité et compte environ 15,000 habitans. On trouve à l'ouest les restes de l'ancienne Mégare, et, au nord de Mégare, Thiva, autrefois *Thèbes*, tous lieux auxquels il ne reste que la célébrité de leur nom; de même que *Delphes*, aujourd'hui Castri, si renommé par les oracles qu'y rendait Apollon, et *Marathon*, où Miltiade défit, avec 10,000 soldats, l'armée des Perses, forte de 100,000 hommes.

Près de Delphes sont les monts Parnasse, Hélicon, Pinde, etc., lieux consacrés à Apollon et aux Muses, comme le Permesse, ruisseau qui sortait du mont Hélicon, la fontaine appelée *Hippocrène*, etc.; les Thermopyles qui séparent la Livadie de la Turquie, et dans les défilés de laquelle Léonidas arrêta avec trois cents Spartiates l'armée de Xerxès.

Lépante, sur le golfe du même nom, à 142 l. S. O. de Constantinople, est une forte place, fameuse par la défaite entière de l'armée navale des Turcs en 1517, par les chrétiens, sous les ordres de Don Juan d'Autriche, fils naturel de Charles-Quint. 2,000 habitans.

Livadie, ville qui donne son nom à la province où elle se trouve, renferme 10,000 habitans.

La Morée, nommée autrefois *Péloponnèse*, est une péninsule qui ne tient à la Livadie que par l'isthme étroit de Corinthe; elle n'a presque plus que des ruines à montrer aux lieux où étaient *Corinthe*, *Sparte* ou *Lacédémone*, aujourd'hui Paléochori, *Argos*, *Mycène*, *Sicyone*, *Olympie* ou *Pise*, si connue par le temple et la statue de Jupiter Olympien, et par les jeux Olympiques qui s'y célébraient de quatre ans en quatre ans, etc.

Nauplie ou Napoli de Romanie est très-forte et a un bon port sur le golfe de son nom; elle a été le siége du gouvernement jusqu'à la fin de 1833. 10,000 habit.

Tripolitza, ancienne capitale de la Morée, près des ruines de *Mantinée*, était la résidence du Pacha avant l'insurrection de la Grèce : elle renferme 12,000 habit.

Misitra, près des ruines de Sparte, est défendue par un bon château et a 6,000 habitans.

Patras, ville forte et bon port, à l'entrée du golfe de Lépante, est assez commerçante; on y compte 10,000 habitans.

Navarin, petite ville, est célèbre par la victoire que les flottes réunies de l'Angleterre, de la France et de la Russie y remportèrent, en 1827, sur la flotte turque qui fut entièrement détruite.

Les îles de la Grèce sont à l'est de cet état, dans l'Archipel : on remarque particulièrement le groupe des Cyclades, l'île de Colouri et surtout celle de Négrepont.

L'île de Négrepont, autrefois *Eubée* et même *Chalcis* du nom de son chef-lieu, est très-fertile, et produit une grande quantité de coton. Elle appartenait aux Vénitiens, auxquels Mahomet II, sultan des Turcs, l'enleva en 1469. Le chef-lieu, de même nom que l'île, à 12 l. N. E. d'Athènes, est grande, marchande, bien fortifiée et peuplée de 16,000 hab.; elle communique avec la terre-ferme par un pont de pierre joint à un pont-

Moderne.

evis, qu'on lève pour laisser passer les galères et les vaisseaux. C'est dans ce canal, nommé *Euripe*, que se fait sentir un flux et reflux extraordinaire, quelquefois jusqu'à quatorze fois par jour : le courant des eaux que la mer Noire jette continuellement dans l'Archipel (1), par l'Hellespont, plus ou moins rapidement, plus ou moins soutenues par les vents sur les côtes de la Grèce, peut occasioner ce phénomène.

Stalimène, autrefois *Lemnos*, est à l'ouest de l'Hellespont.

Colouri, autrefois *Salamine*, célèbre par la victoire navale que la flotte des Grecs, commandée par Thémistocle, remporta sur celle de Xerxès, est dans le golfe d'Athènes.

Délos était une des îles Cyclades, ainsi nommées parce qu'elles sont groupées ensemble en forme de cercle.

DES ILES IONIENNES.

Les principales îles de la mer Ionienne, entre la Sicile et la Morée, sont celles de Corfou, autrefois *Corcyre*, de Sainte-Maure, de Zante et de Céphalonie, qui appartenaient aux Vénitiens, et sont très-fertiles en vins excellens, olives, fruits, etc. : elles ont des chefs-lieux de même nom; Théaki, l'ancienne *Ithaque*, patrie d'Ulysse, est auprès de Céphalonie. Il faut ajouter à ces cinq îles les deux suivantes : Cérigo, l'ancienne *Cythère*, et Paxo. Ces sept îles forment ce qu'on appelle la république des Sept-Iles. Les Français s'en emparèrent en 1798. Aujourd'hui elles forment une république indépendante sous la protection de l'Angleterre qui y tient garnison. Pop. : 240,000 habitans.

Corfou, capitale de la république, port, et la résidence du haut-commissaire anglais; elle a 18,000 hab.

Zante, ville très-commerçante, compte 20,000 habit.

---

(1) La mer Noire reçoit seule plus d'eau du Danube, du Dniéper, du Dniester et du Don, que la Méditerranée n'en reçoit de toutes les rivières qui s'y jettent.

ASIE.

L'Asie est la plus étendue et la plus anciennement connue des trois parties de notre continent : la m[er] Glaciale arctique baigne ses côtes au nord, le Gran[d] Océan à l'est, et la mer des Indes au sud ; à l'occident, el[le] touche à l'Europe ; l'isthme de Suez, resserré entre la M[é-] diterranée et la mer Rouge, la réunit à l'Afrique. C'e[st] en Asie que le premier homme fut créé ; et c'est de [là] que, par les enfans de Noé, sont sorties toutes les col[o-]nies qui ont peuplé la terre. JÉSUS-CHRIST y a pris nai[s-]sance, et y a accompli tous les mystères du Christi[a-]nisme. C'est de là que nous sont venues les science[s,] les arts et les principales religions. Elle a été le siè[ge] des plus anciennes monarchies, des Assyriens, d[es] Mèdes, des Perses et des Parthes.

La température des climats de l'Asie varie en rais[on] de leur situation. La terre y produit du blé, du vin, [du] riz, des fruits excellens, des aromates, des drogues, e[t] ce qui lui est particulier, beaucoup d'épiceries. On [y] trouve des mines d'or et d'argent, des pierreries et d[es] perles, des animaux sauvages, tels que le tigre, [le] léopard, l'hyène, le rhinocéros ; des animaux dome[s-]tiques fort utiles, le chameau, le dromadaire et l'éléphan[t.] Ses habitans fabriquent de belles étoffes, des porc[e-]laines, etc.

Les principaux souverains de l'Asie sont le Gran[d] Seigneur, l'empereur de Russie et le roi d'Angleterr[e,] qui résident en Europe, le roi ou sophi de Perse, l[es] empereurs de la Chine et du Japon.

Les Asiatiques sont en général portés à l'oisiveté e[t à] la jalousie. Leur caractère souple et servile semb[le] façonné pour le despotisme. Les religions dominant[es] de l'Asie sont la mahométane et la païenne.

Il y a sur la limite de l'Europe et de l'Asie un l[ac] assez grand pour mériter le nom de mer : c'est *la m[er]*

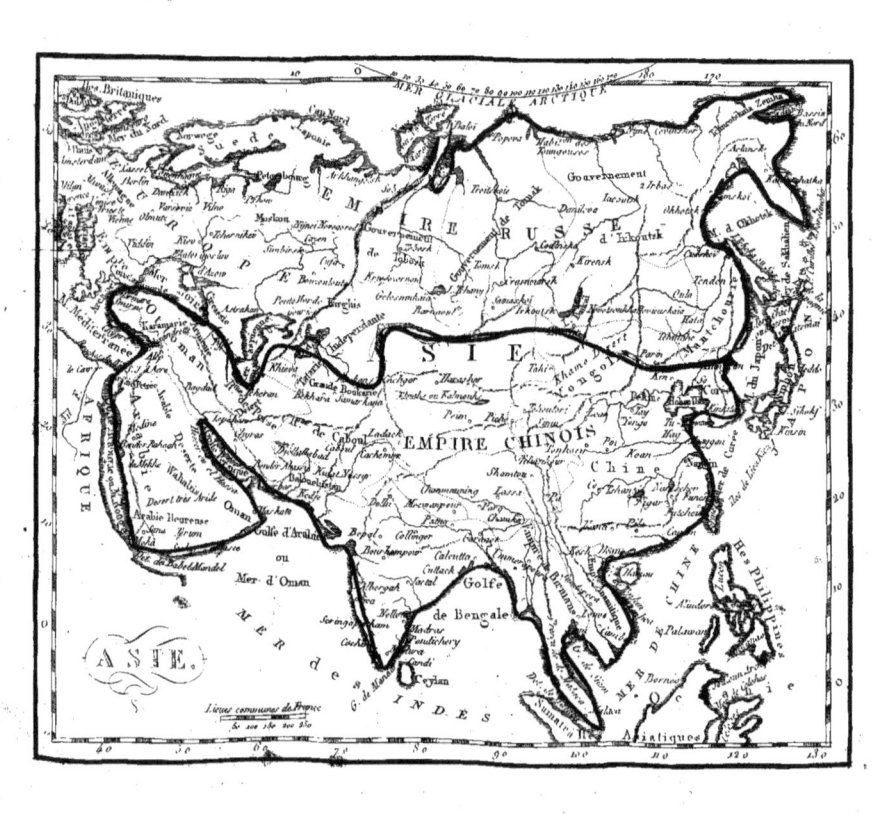

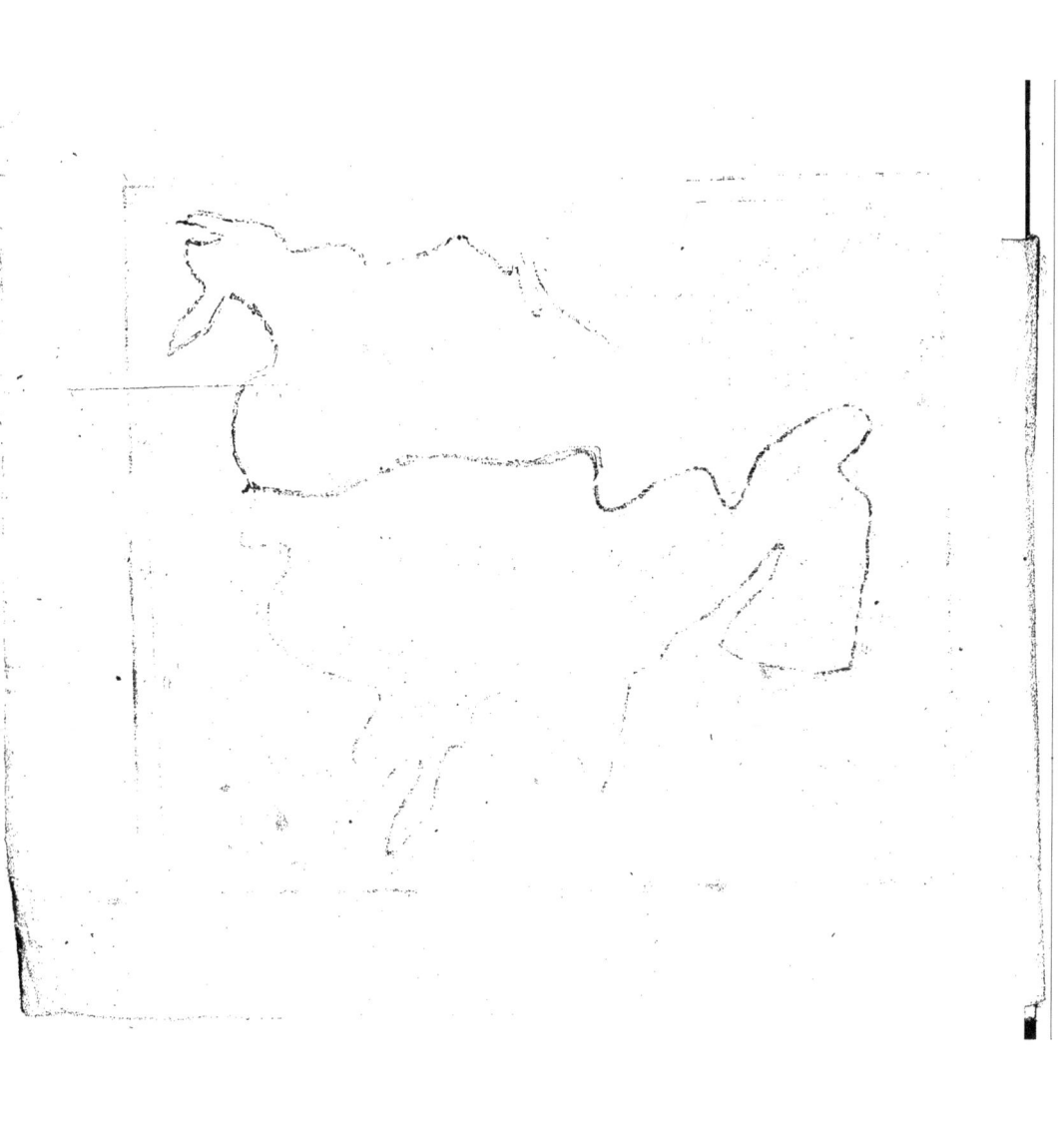

...spienne, qui a plusieurs centaines de lieues de circuit et est sans communication visible avec d'autres mers. Son eau, qui est salée dans le milieu, est douce vers les extrémités, parce qu'il s'y décharge plusieurs rivières, entre autres le Volga. Malgré la quantité d'eau que les fleuves y versent, elle ne déborde jamais, parce que l'évaporation enlève autant d'eau qu'elle en reçoit. La Méditerranée perd même plus d'eau par l'évaporation qu'elle n'en reçoit des rivières sans nombre qui s'y jettent, puisque, bien loin de se dégorger dans l'Océan, elle en tire continuellement les eaux par le courant du détroit de Gibraltar.

Le lac d'Aral, qui en est proche, vers l'est, et qui a 80 lieues de circuit, reçoit aussi de grandes rivières sans se déborder; il en est de même du lac Baïkal, au milieu de la Tartarie, vers les sources de la Léna et de l'Iéniséi.

Les principaux fleuves de l'Asie sont : le Chat-el-Arab, qui se forme par la réunion du Tigre et de l'Euphrate, dans la Turquie asiatique, et qui se jette dans le golfe Persique; le Gange et le Sind, qui se jettent dans la mer des Indes; le Hoang-ho, ou rivière Jaune, et le Kiang, ou rivière Bleue, dans la Chine, qui se jettent dans le Grand-Océan; l'Obi, la Léna et l'Iéniséi, dans la Sibérie, qui se jettent dans la mer Glaciale. On pourrait y ajouter le Chari'a ou Jourdain, dont la célébrité compense le peu de longueur de son cours, et qui se rend dans le grand lac appelé mer Morte, dans la Turquie d'Asie.

Le mont Taurus divise l'Asie en deux parties du couchant au levant, depuis l'Anatolie jusqu'aux extrémités de la Tartarie et de la Chine; il prend le nom de Caucase dans la Mingrélie et d'Himalaya dans le centre; ces dernières montagnes présentent les plus hautes sommités du globe.

L'Asie se divise en dix parties principales, qui sont : la Turquie asiatique, l'Arabie, la Perse, la Tartarie Indépendante, l'Afghanistan, le Béloutchistan, la Russie asiatique, l'Inde, la Chine et le Japon.

DE LA TURQUIE D'ASIE.

La Turquie d'Asie forme la partie sud-ouest [de] cette partie du monde; elle contient plusieurs pays [au]trefois fertiles, riches et fort peuplés, mais à prés[ent] presque tous ruinés, mal cultivés et presque déserts. Q[uel]ques villes sur les côtes de la Méditerranée font un gr[and] commerce avec les Européens, surtout avec les Fr[an]çais et les Anglais: on nomme ces places *Echelles [du] Levant*. Chaque nation a son consul dans chacu[ne] pour régler et juger les différends entre les comm[er]çans. On y achète des cuirs, du maroquin, des ta[pis] du coton (1), des étoffes de soie, etc. Les peuples de [la] Turquie sont mahométans; cependant on y tro[uve] beaucoup de Juifs, et encore plus de chrétiens Gre[cs] et des Latins dans les endroits où les Européens s[ont] établis.

La Turquie asiatique se divise en cinq grandes [ré]gions, qui se subdivisent en vingt-un pachalics; ce so[nt] l'Anatolie, la Syrie, l'Arménie, le Kurdistan, et l'[Al] Djézireh avec l'Irâc-Arabi. On y peut joindre qu[el]ques îles.

I. L'Anatolie, autrefois appelée *Asie Mineure*, [à] l'est de Constantinople, comprend l'Anatolie pro[pre] à l'ouest, la Caramanie au centre, l'Amasie au no[rd]est, et l'Aladulie au sud-est.

L'Anatolie propre a :
{ Kutahiéh, *capitale*.
Brousse, *autrefois capitale de [la] Bithynie*.
Smyrne, *port*.

---

(1) Le coton est la bourre et le duvet, ou la laine qui tapisse [les] petites loges où est contenue la graine de l'arbuste appelée cot[on]nier. On cultive aussi le *cotonnier herbacé*, plante annuel[le;] après la fleur, qui ressemble à celle de la mauve, paraît le fru[it] divisé en plusieurs loges remplies de coton.

La Caramanie a : { Coniéh, autrefois *Iconium*, capitale.
{ Sataliéh, port.

L'Amasie a : { Amasie, autrefois capitale du royaume de *Pont*.
{ Tokat.
{ Trébisonde, sur la mer Noire, autrefois capitale d'un petit empire de ce nom, possédé par la maison impériale des Comnènes.

L'Aladulie a : [Marach, *sur l'Euphrate*. •

Brousse, ou Pruse, au pied du mont Olympe, à 30 l. S. de Constantinople, était le siége des sultans turcs, avant qu'ils eussent pris Constantinople. Elle est fameuse dans l'histoire par la trahison de Prusias. 45,000 habitans.

Smyrne, sur la côte occidentale de l'Anatolie, au fond du golfe de son nom, à 16 l. N. N. O. des ruines d'Ephèse, à 73 l. S. O. de Constantinople, a un port très-fréquenté, et passe pour la meilleure des Echelles du Levant : on y achète des soies de Perse, des camelots, des fils et des toiles de coton, des tapis, des maroquins (1), etc. Le droit de la douane est de trois, de quatre, de cinq ou de huit pour cent, selon les nations, qui n'y sont pas traitées également : les Anglais et les Français y sont les plus favorisés. La peste et les tremblemens de terre sont les fléaux de cette ville. 125,000 habitans.

Scutari, vis-à-vis de Constantinople, se nommait autrefois *Chalcédoine*, célèbre par un concile général ; on y compte 35,000 habitans.

Isnik-Mid, autrefois *Nicomédie*, est sur le golfe de ce nom, à 20 l. S. E. de Constantinople. Dans le 13e. siècle, cette ville était la rivale de Constantinople ; aujourd'hui ce n'est plus qu'une misérable ville de 3,500 habitans.

---

(1) Le maroquin est la peau de bouc préparée. Le meilleur vient de Turcomanie et de Barbarie ; celui de Paris est inférieur.

Isnik, ou Nicée, sur le lac de son nom, est renommé par deux conciles généraux, l'un tenu en 325 contre les Ariens, et l'autre, en 787, contre les Iconoclastes ou Briseurs d'images, et est à 30 l. S. E. de Constantinople. 4,000 habitans.

Les ruines de Troie, vers le détroit des Dardanelles.

Fogi, autrefois *Phocée*, dont une colonie a, dit-on, fondé Marseille.

Ephèse, qui n'offre plus que des ruines, à 20 l. S. S. E. de Smyrne, est fameuse par son temple de Diane, brûlé par le fanatique Erostrate.

A l'est de Smyrne, sur le Pactole, sont les ruines de *Sardes*, capitale de la Lydie, où régnèrent Candaule, Gygès, Crésus, etc.

Halycarnasse, en face de l'île de Rhodes, capitale de la Carie, où régna Mausole avec Artémise, son épouse, qui lui érigea ce fameux tombeau, l'une des sept merveilles du monde, aussi bien que le temple d'Ephèse.

Le temple de Gnide en était voisin.

Angouri, autrefois *Ancyre*, à 75 l. E. de Brousse, vu la défaite de Bajazet par Tamerlan, au commencement du XV°. siècle; près de là Mithridate fut défait par Pompée.

Trébisonde, autrefois capitale de la Cappadoce, l'a été depuis d'un empire détruit par les Turcs; elle est à 225 l. E. de Constantinople. 16,000 habitans.

Tarsous, autrefois *Tarsus*, capitale de la Cilicie, patrie de saint Paul, etc., près de l'embouchure du Cara-sou (*Cydnus*). 30,000 habitans.

Tokat, une des plus grandes villes de la Turquie d'Asie, a 100,000 habitans.

II. LA SYRIE, sur le bord le plus oriental de la Méditerranée, comprend la Syrie propre, la Phénicie et la Judée, dite aussi Palestine et Terre-Sainte; le terrain, quoique très-fertile, y est presque inculte faute d'habitans.

La Syrie propre a :
- Alep, *capitale*.
- Antioche, *en ruines*.
- Alexandrette, *port malsain*.

La Phénicie a : {Damas, *capitale*.
{Tripoli de Syrie, *port*.

La Judée a : {Jérusalem, *capitale*.
{Jaffa, *port, autrefois* Joppé.

Alep, capitale de toute la Syrie, sur le Koueyk, est une des plus grandes villes de l'empire Turc, après Constantinople, et l'une des plus marchandes du Levant. Son trafic consiste principalement en étoffes de soie, en camelots de poil de chèvres qu'on y fabrique, en noix de galle (1), en savon, etc. Elle est dans les terres, à 28 l. E. d'Alexandrette, qui lui sert de port, et à 857 l. S. E. de Paris. Avant le tremblement de terre qui la ruina en 1822, elle renfermait plus de 200,000 habit.

Antioche, autrefois si fameuse, n'est plus qu'un lieu mal bâti, nommé *Antakiéh*, qui a cependant encore 18,000 habitans. Palmyre et Balbeck, dans le désert, n'ont plus que des ruines qui attestent leur ancienne magnificence.

Damas, à 45 l. N. de Jérusalem, est une belle ville située dans une plaine très-fertile, au pied de l'Anti-Liban, chaîne du mont Liban (2). Le commerce qui s'y fait de vins, de fruits, de soies, de laines, de prunes, de raisins, d'eaux de senteur, de sabres, d'autres armes, etc., la rend fort marchande. Les Juifs y font presque tout le commerce. 180,000 habitans.

Tripoli de Syrie, sur le bord de la mer, est ainsi nommée, parce qu'elle était autrefois composée de trois villes, dont l'une sur une éminence, une autre dans la plaine, et la troisième sur le bord de la mer. 16,000 habitans.

(1) Les noix de galle sont des excroissances formées sur des feuilles de chêne par la sève qui s'y extravase autour des piqûres qu'y font certaines mouches en y déposant leurs œufs. Ces noix forment la base des teintures en noir.

(2) Le Liban est renommé par ses cèdres qui sont des arbres à feuillage toujours vert, de la forme des sapins, mais bien plus gros. Le bois en est rougeâtre en dedans; il est dur et presque incorruptible. Son odeur est très-agréable; son amertume en éloigne les vers.

Canobin, à 10 l. E. de Tripoli de Syrie, fameux m[onastère] du mont Liban, est le lieu de la résidence du p[atriarche] des Maronites, chrétiens-catholiques qui y o[c]cupent trois ou quatre cents villages. Il prend le titre [de] patriarche d'Antioche, et a sous lui plusieurs archev[ê]ques et évêques.

Saïde, autrefois *Sidon*, n'est plus qu'une petite vi[lle] de 6,000 habitans.

Sour ou Sur, autrefois *Tyr*, est toute en ruin[es].

Jérusalem, à 800 l. S. E. de Paris par mer, est u[ne] ville médiocre, qui n'a plus rien de son ancienne spl[en]deur; elle n'est pas même au lieu précis où étaie[nt] son fameux temple et le superbe palais de Salomo[n], puisque la ville d'aujourd'hui est autour du Calvair[e] qui était hors des murs, et que le mont de Sion n'[est] plus dans son enceinte. Ses rues sont étroites et to[r]tueuses. Le 12 octobre de l'année 1808, un incend[ie] détruisit l'église du Saint-Sépulcre, dont l'encein[te] renferme ce qu'on appelle les *lieux saints*: au m[i]lieu d'un brasier si ardent qu'il avait calciné les marbr[es] les plus durs et fondu les métaux, la porte du Sai[nt-]Sépulcre, qui est en bois, demeura froide et intact[e], et l'intérieur du monument ne souffrit pas la moind[re] atteinte; ces faits sont consignés dans le Moniteur [du] 12 mai 1809.

Il y va encore quelques chrétiens visiter l'église [du] saint Sépulcre. Il y a un patriarche Grec et un co[u]vent de Franciscains dont le gardien est procureur-g[é]néral de la Terre-Sainte. Cette ville a 40,000 habita[ns].

Saint-Jean d'Acre, autrefois *Ptolémaïs*, est sur [la] côte septentrionale d'une baie, à 23 l. N. N. O. [de] Jérusalem; son port a été comblé, l'air y est peu sa[in]. En 1799, cette place, défendue par les Turcs et [les] Anglais, soutint contre les Français, l'un des siéges [les] plus mémorables que présente l'histoire des derniè[res] guerres. 20,000 habitans.

Samarie, Bethléem et Nazareth ne sont plus q[ue] des villages.

La mer Morte, appelée aussi lac Asphaltite, occu[pe] l'emplacement de Sodôme et de quatre autres vil[les] coupables qui furent consumées par le feu du ciel et ensuite englouties. Cette mer confirme ce que nous avons dit ci-dessus de la mer Caspienne : quoique ce lac n'ait pas une grande surface, puisqu'il n'a guère que soixante-dix milles de long sur près de vingt milles de large, il faut qu'il s'en évapore par jour plus de six millions de tonnes d'eau, puisque le Jourdain, la seule rivière considérable de la Judée, lui fournit seule cette quantité, et qu'on ne lui soupçonne pas de communication avec la mer. Les eaux de cette petite mer produisent plus de sel qu'aucune autre; elles ne sont pas si dangereuses que quelques géographes l'ont bien voulu croire: les oiseaux volent dessus sans aucun risque, les poissons y vivent comme ailleurs, et les hommes s'y baignent impunément (1).

III. Le gouvernement d'Al-Djézireh et d'Irâc-Arabi, autrefois *Assyrie*, à l'est de la Syrie, comprend l'ancienne *Mésopotamie* et l'ancienne *Chaldée* ou *Babylonie*.

L'Al-Djézireh a : [Réha ou Orfa.

L'Irâc-Arabi a : { Bagdad. Bassora.

Bagdad, ville forte et marchande, et résidence d'un pacha, est bâtie à la place de l'ancienne *Séleucie*, à 160 l. S. E. de Diarbékir : elle est sur le Tigre, vis-à-vis des ruines de Babylone, qui était sur l'Euphrate. Le commerce et la croyance qu'ont les Persans que leur prophète Ali y a demeuré, y attirent bien du monde. Les Turcs l'ont enlevée aux Persans dès 1638, après y avoir perdu 40,000 hommes et l'ont conservée. Cette ville fut la métropole du Califat sous les Sarrasins dans le XIIe. siècle. Elle est très-célèbre dans l'histoire. 95,000 habitans.

Bassora, sur le Chat-el-Arab, à 100 l. S. E. de Bagdad, donne son nom au golfe voisin. Les eaux du fleuve qui débordent dans les campagnes voisines, en rendent le séjour très-malsain. 60,000 habitans.

---

(1) Buffon, Histoire naturelle.

Réha, autrefois *Edesse*, renferme 35,000 habita[ns]
C'est dans ce pays qu'étaient Babylone, la To[ur]
de Babel, Arbelles, qui a vu la défaite de Dar[ius]
par Alexandre : on en ignore jusqu'à la situatio[n].

IV. L'Arménie turque, qui comprend aussi le Dia[r-]
békir, a beaucoup de chrétiens grecs qui y font to[ut]
le commerce ; les naturels s'occupent de leurs tro[u-]
peaux, et changent souvent de demeure pour trouv[er]
des pâturages ; ils sont aussi grands voleurs. C'[est]
dans cette contrée qu'est situé le mont Ararat, sur l[e-]
quel on prétend que l'arche de Noé s'arrêta.

L'Arménie a :
- Erzeroum, *capitale*.
- Kars.
- Bidlis.
- Diarbékir.
- Van.

Erzeroum, grande et belle ville sur l'Euphrate, [a]
un pacha et renferme 80,000 habitans.

Diarbékir, sur le Tigre, ville peuplée, riche [et]
marchande, à 230 l. de Constantinople et à 65 l. N.
d'Alep, fournit quantité de maroquin rouge, et de toi[les]
de coton de la même couleur. 40,000 habitans.

V. Le Kurdistan turc ne comprend que deux p[a-]
chalics : ceux de Mossoul et de Chehrezour.

Mossoul, à 52 l. S. E. de Diarbékir, belle ville, tr[ès]
marchande, aussi sur le Tigre, a une manufacture d[e]
toffes d'or. 35,000 hab. On croit qu'elle occupe l'empl[a-]
cement de l'ancienne *Ninive*.

VI. Les îles qui dépendent de la Turquie d'As[ie]
sont situées dans la Méditerranée et dans l'Archipel.

Chypre, la principale, vers les côtes de Syrie, e[st]
belle et très-fertile : les vins et les fruits y sont excellen[s ;]
l'air y est malsain.

Richard, roi d'Angleterre, allant à la Terre-Sain[te]
en 1189, prit cette île sur les Grecs, et la céda à G[uy]
de Lusignan, roi de Jérusalem, à qui Saladin ven[ait]
d'enlever cette ville. Charlotte de Lusignan, hériti[ère]

de Chypre, en épousant Louis de Savoie au milieu du quatorzième siècle, donna à cette maison son droit sur cette île. Son frère naturel, Jacques, l'en chassa, soutenu du Soudan d'Egypte, et ensuite des Vénitiens, qui lui firent épouser une Vénitienne, sous le titre de fille de saint Marc; elle survécut à Jacques, et donna ce royaume aux Vénitiens, qui l'ont conservé jusqu'en 1571.

Nicosie, capitale, port, est assez forte : c'est le siége d'un archevêque grec et du béglerbey. 16,000 habit.

Famagouste, bon port et forte ville, se défendit onze mois contre les Turcs, qui y perdirent quatre-vingt mille hommes; leur général en fit écorcher vif le gouverneur, Bagradin.

Les villes de Paphos et d'Amathonte y ont été célèbres par le culte qu'elles rendaient à Vénus.

L'île de Rhodes, au S. de l'Anatolie, peu fertile en grains, a de fort belles prairies, et l'on y recueille beaucoup de fruits; l'air y est si serein, qu'il ne se passe point de jour que le soleil n'y paraisse. Les chevaliers de Saint-Jean de Jérusalem, si célèbres depuis sous le nom de *chevaliers de Malte*, enlevèrent cette île aux Sarrasins en 1309, et les Turcs les en chassèrent en 1522. La capitale a le même nom que l'île, est très-forte, et renferme 8,000 habitans. Rhodes a été célèbre par son colosse ou statue d'Apollon, de soixante-dix coudées de haut : c'était une des sept merveilles du monde.

Les autres îles moindres, et qui sont dans l'Archipel, à l'occident de l'Anatolie, sont : Samos; Palmosa, autrefois *Patmos*, où St.-Jean l'Evangéliste a écrit son Apocalypse; Scio ou Chio, qui fournit de beau marbre, du mastic excellent, des fruits, du vin renommé, etc.; Métélin, autrefois Lesbos, fertile en bons vins et en fruits, etc., et dont le chef-lieu, Métélin, autrefois *Mitylène*, compte 10,000 habitans.

DE L'ARABIE.

L'Arabie, au sud-est de la Turquie d'Asie, entre le golfe Persique et la mer Rouge, est située en partie dans la Zone Torride ; elle a tant de sables, de déserts et de montagnes, sans rivières, et presque toujours sans pluie, que la terre y est stérile partout, si ce n'est vers les côtes. Son plus grand revenu consiste en perles, dattes, encens, parfums, drogues, corail, et en café excellent qui y croit.

Les habitans de ce pays sont fort basanés, et presque tous vagabonds et voleurs, surtout ceux des déserts : on les nomme *Bédouins*. Ils se vantent d'être les plus nobles du monde, et ne s'allient point avec d'autres nations. Ceux qui demeurent dans les villes, s'appliquent au commerce et aux sciences avec succès, principalement à la médecine et à l'astronomie. Ils sont tous Mahométans. Leurs ancêtres, aguerris par Mahomet, envahirent, sous le nom de *Maures* et de *Sarrasins*, une partie de l'Asie, l'Egypte, les côtes de l'Afrique, l'Espagne, et pénétrèrent même en France et jusqu'en Italie, où il y en avait encore au 10e. siècle.

L'Arabie se compose de six grandes contrées : le Nedjed, au centre, *capitale* Derréyéh ; le Lahsa, à l'E., *capitale* Lahsa ; l'Oman, au S. E., *capitale* Mascate ; l'Hadramaout, au S., *capitale* Mareb ; l'Yémen, au S. O., *capitale* Sana ; et l'Hedjaz, à l'O., *capitale* La Mecque. On la divisait autrefois en trois parties : l'Arabie Pétrée, l'Arabie Déserte et l'Arabie Heureuse.

1. L'Arabie Pétrée, à l'est de l'Egypte et au sud de la Judée, est un pays désert qui n'a rien de remarquable que le mont Sinaï, sur lequel Dieu donna la loi à Moïse. Ce fut là que les Israélites errèrent pendant quarante ans après leur sortie d'Egypte, dans le voisinage des Moabites, des Amalécites et des Madianites.

L'Arabie Pétrée avait : { Hérac, *capitale, autrefois* Pétra.
{ El-Tor, *village, avec une rade.*

Moderne.

2. L'Arabie Déserte, à l'est de la précédente, est presque entièrement stérile et fort peu habitée.

L'Arabie Déserte avait : { Anah, *sur l'Euphrate*.

3. L'Arabie Heureuse, au midi des deux autres, est ainsi nommée, parce qu'elle est la moins stérile ; mais ses habitans, qui sont fort paresseux, ne la cultivent pas bien. On y trouve beaucoup de benjoin (1), de myrrhe (2), d'encens et d'autres parfums, et peu de grains.

L'Arabie Heureuse avait : { La Mecque. / Médine. / Mascate, *port*. / Moka, *port*.

La Mecque, à 30 l. S. de Médine, est la capitale des états d'un chérif, prince fort respecté de tous les Mahométans, parce qu'il est de la famille de Mahomet ; cette ville est assez grande, bien bâtie, et fameuse par la naissance de ce prétendu prophète. Elle a la plus célèbre de toutes les mosquées mahométanes, et la plus fréquentée de l'univers ; elle attire chaque année un concours prodigieux de toutes les sectes de mahométans. 20,000 habitans. C'est aux environs de cette ville qu'on trouve le meilleur café (3).

---

(1) Le benjoin est une sorte de gomme ou de résine pure et claire, d'une odeur agréable, et facile à fondre : on le tire par incision d'un bel arbre dont les feuilles approchent de celles du citronnier. Il y en a de jaune et de blanc. Le meilleur vient de l'île de Bornéo et de Siam.

(2) La myrrhe est une gomme qui découle par incision d'un arbre, en larmes claires, légères et jaunâtres. Il en est de même de l'encens.

(3) L'arbre à café qui, dans nos serres, n'excède pas 6 ou 7 pieds, croît en Arabie jusqu'à la hauteur de 30 et 40, quoique fort menu. Ses branches et ses feuilles naissent deux à deux opposées, et de façon qu'une partie croise l'autre. De la fleur, qui est d'une agréable odeur, sort le fruit qui ressemble assez à un bigarreau, dont chacun contient deux grains de café. Cet arbre porte du fruit deux ou trois fois l'année. On en a fait une plantation à Cayenne, à la Martinique et dans l'île de Bourbon. On

Médine, à 90 l. S. de Jérusalem, moins grande que La Mecque, n'est pas moins importante parmi les Mahométans, parce que le tombeau de leur prophète Mahomet y est dans une superbe mosquée soutenue par quatre cents colonnes entourées de plus de trois mille lampes d'argent. On y voit une petite tour parée de lames d'argent et tapissée d'un drap d'or; c'est là qu'est le cercueil, sous un dais de toile d'argent en broderie d'or. Il n'est pas vrai que ce cercueil soit de fer, et que des pierres d'aimant le tiennent suspendu en l'air, comme quelques personnes se le sont imaginé; il est soutenu par des colonnes de marbre noir, très-déliées, et environné d'une balustrade d'argent chargée de quantité de lampes (1). 6,000 habitans.

Moka, sur la mer Rouge, à 15 l. N. du détroit de Bab-el-Mandeb, fait un grand commerce de café, qu'on nomme d'ordinaire café du Levant. 5,000 habitans. Le roi de Moka réside à Aden, belle et grande ville, au pied d'un rocher sur lequel est un fort, et qui a 6,000 habitans.

Zébid, autrefois Saba, à 40 l. N. de Moka, a été très-considérable.

Mascate, sur la mer des Indes, la ville la plus commerçante de l'Arabie, est la résidence d'un iman, dont la puissance s'étend jusque sur les côtes orientales de l'Afrique, et renferme 12,000 habitans.

Bahreïn, au roi de Perse, est vis-à-vis de l'île du même nom dans le golfe Persique : cette île est célèbre par la pêche des plus belles perles (2) après celles du cap Comorin.

---

ne peut le transporter qu'en caisse; car le fruit veut être planté en tombant de l'arbre. L'usage du café vint de Constantinople à Paris, vers 1672.

(1) Depuis que les Wahabis ou Wéchabites se sont révoltés contre l'autorité du Grand-Seigneur, les villes de La Mecque et de Médine ne renferment plus qu'une petite partie des trésors que la dévotion des pèlerins musulmans y avait accumulés.

(2) Les perles, si recherchées autrefois, et si négligées depuis qu'on en fait d'artificielles qui effacent les véritables, se trouvent dans certaines huîtres; elles sont attachées ensemble, et groupées en forme d'ovaire. On a cru que c'était le réservoir où ces animaux prenaient de quoi former cet intérieur brillant

DE LA PERSE.

Le terroir en Perse varie ainsi que le climat, selon les lieux : dans les plaines, la terre est sèche et sablonneuse ; dans les pays de montagnes et dans quelques provinces, elle est très-fertile : les fruits y sont excellens, surtout les melons, dont plusieurs pèsent jusqu'à vingt livres. La Perse produit tous les ans environ vingt mille balles de soie, chacune de deux cent seize livres, et une quantité immense de coton. On n'y trouve point de forêts, et il y a très-peu de rivières navigables, ce qui nuit infiniment au commerce, qui consiste en beaux tapis, en perles qu'on pêche près de l'île Bahreïn, et principalement en soie et en étoffes d'or, de soie et de coton.

Le souverain y dispose absolument de la vie et des biens de ses sujets. Cet état, après les successeurs de Cyrus, passa aux Grecs, qui avaient succédé à Alexandre ; il tomba ensuite sous la puissance des Parthes, peuple belliqueux que les Romains ne purent jamais soumettre. Les Perses s'y rétablirent, et après avoir fait trembler l'empire d'Orient, ils furent soumis par les Sarrasins, qui y introduisirent le mahométisme. Les Tartares, sous Tamerlan, s'en emparèrent ; Ussumcassan les en chassa, et ses descendans, les Sophis, s'y sont maintenus jusqu'à nos jours. Après une guerre de vingt ans qui détruisit cette famille et dépeupla ces belles provinces, Thamas-Kouli-khan, qui, de simple officier, s'était élevé jusqu'au trône, le rétablissait dans sa splendeur, quand il fut assassiné en 1747, à la tête de son armée. Après sa mort, ce malheureux royaume

---

la coquille, nommé *nacre de perle ;* mais on a reconnu depuis que c'était une sécrétion morbifique telle que la pierre et la gravelle dans les hommes. Aussi remarque-t-on que les huîtres dans l'écaille desquelles on trouve les plus belles perles, sont les plus malades et les plus maigres.

tomba dans l'anarchie. Sous le gouvernement du Sophi actuel, il est plus tranquille; mais une guerre malheureuse avec la Russie l'a forcé de céder, en 1827, à cette puissance, la province d'Arménie, dont Erivan était le chef-lieu. Les Français y sont très-considérés, et plusieurs officiers de cette nation occupent des grades distingués dans les troupes persanes.

Les Persans sont grands, bien faits, braves et bons soldats, principalement pour la cavalerie; spirituels, judicieux et civils, jusqu'à en être complimenteurs. Ils se font gloire de préférer les liens de l'amitié à ceux du sang. Loin de recevoir de l'argent des filles qu'ils épousent, ils en donnent aux parens, pour le soin qu'ils ont pris de leur éducation. Ils sont Mahométans de la secte d'Ali, gendre de Mahomet, et ont quantité de cérémonies superstitieuses.

La Perse, à l'est de la Turquie, dont elle est séparée par les monts Elvend, et à l'ouest des Indes, s'étend du sud au nord, depuis le golfe Persique jusqu'à la mer Caspienne; elle comprend onze provinces, qui sont: l'Irâc-Adjémi, le Khouzistan, le Farsistan ou Fars, le Kerman, le Khoraçan, le Kouhestan, le Ghilan, l'Aderbaïdjan, le Mazenderan, le Tabéristan et le Kurdistan.

Les villes les plus remarquables de la Perse sont :
- Téhéran, *capitale, residence actuelle du Sophi.*
- Ispahan, *ancienne capitale.*
- Recht.
- Balfrouch.
- Tauris.
- Cazbin.
- Schiraz.
- Gomroun, *port.*

Ispahan, chef-lieu de l'Irâc-Adjémi, sur le Zayendéh-roud, à 1177 l. S. E. de Paris, est une fort grande ville qui a plus de sept lieues de tour, en y comprenant ses faubourgs; mais elle n'est pas peuplée à proportion. Il y a quantité de jardins et de places publiques: celle qu'on nomme *le Meïdan*, où se tient le grand marché, est la plus belle du monde; les maisons qui l'entourent, comme la plupart de celles de la ville, ont leurs toits en terrasse : on s'y promène, et même on y couche en été, pour jouir de la fraîcheur de l'air. Cette ville est fort commerçante, et on y trouve les plus belles marchandises de l'Asie et de l'Europe; on en exporte des soies crues, des étoffes d'or, de soie et de coton, les plus belles de toute l'Asie, et des tapis les mieux travaillés qu'il y ait au monde. Il y avait dans cette ville, avant les troubles arrivés en Perse dans le 18e. siècle, trois couvens de religieux, l'un d'Augustins espagnols, l'autre de Carmes italiens, et le troisième, de Capucins français. Pop. : 200,000 habitans.

Cazbin, aussi dans la même province, fournit d'excellens vins, et est à 100 l. N. O. d'Ispahan. 60,000 hab.

Téhéran, au N. d'Ispahan, dans la même province, a aussi 60,000 habitans.

Tauris, chef-lieu de l'Aderbaïdjan, à 130 lieues N. O. d'Ispahan, est grande, belle, riche, fort marchande et très-peuplée : on y travaille en or, en soie, en coton et en peaux de chagrin (1). Son commerce s'étend jusque dans la Turquie, la Russie et la Tartarie. La grande place de cette ville est la plus vaste que l'on connaisse : 100,000 habitans.

Caschan, à 22 l. N. d'Ispahan, a une riche manufacture de brocards, de velours et de tapis.

Ardebil, à 10 l. E. de Tauris, a les tombeaux des rois de Perse.

Balfrouch, chef-lieu du Mazenderan, est très-commerçante et possède beaucoup de colléges renommés. 200,000 habitans.

Recht, chef-lieu du Ghilan, est près de la mer Caspienne et compte 80,000 habitans.

Chuchter, à 34 l. S. O. d'Ispahan, passe pour être l'ancienne *Suse*, séjour d'Assuérus. 16,000 habitans.

Schiraz, chef-lieu du Farsistan, grande et belle ville, dans un pays fertile, riche et délicieux, est près des ruines de *Persépolis*, à 90 l. S. d'Ispahan. 50,000 hab.

---

(1) Ce sont des peaux de chevaux et de mulets, préparées, sur lesquelles on a semé et pressé de la graine de moutarde, pour y imprimer ce grain qui en fait la beauté.

Gomroun ou Bender-Abbassy, dans la province de Kerman, est un bon port, sur le golfe Persique, d'où les Anglais ont ruiné tout le commerce que les Portugais faisaient à Ormus, île de ce golfe. 20,000 habitans.

DE L'AFGHANISTAN.

Cet état, appelé aussi royaume de Caboul, est à l'est de la Perse et à l'ouest de l'Inde; il a été formé de différentes provinces enlevées à ces deux contrées et en comprend cinq : l'Afghanistan propre, le Balkh, le Khoraçan, le Moultan et le Séistan.

On y remarque :
- Caboul, *capitale*.
- Candahar.
- Peychaver.
- Hérat.

Caboul, chef-lieu de l'Afghanistan propre, sur la rivière de son nom, résidence du roi, a 80,000 hab.

Candahar, au S. O. de Caboul, ville forte et très commerçante. 90,000 habitans.

Peychaver, à l'E. de Caboul, sur la rivière de ce nom, dans une riche vallée. 100,000 habitans.

Hérat, chef-lieu du Khoraçan, près du Tedzen, est une des places les plus commerçantes du royaume. 100,000 habitans.

Moultan, chef-lieu de la province de son nom, près du Tchenab, est une des plus grandes et des plus anciennes villes de l'Afghanistan.

DU BÉLOUTCHISTAN.

Cet état, qui appartenait jadis à la Perse, dont il s'est détaché dans le dernier siècle, est au sud de l'Afghanistan et baigné par la mer des Indes; il se divise en six provinces : le Djhalavan, le Kohistan, le Kotch Gandava, le Lotsa, le Mékran et le Saravan.

Les principales villes sont : { Kélat, *capitale.*
{ Gandava.

Kélat, chef-lieu du Saravan, résidence du khan ou roi, n'a que 20,000 habitans.

Gandava, chef-lieu du Kotch-Gandava, au S. E. de Kélat, a à peu près la même population.

DE L'INDE.

Ce pays, situé en partie sous la Zone Torride, à l'est de l'Afghanistan, a un air très-chaud, mais tempéré par les pluies et par les vents. La terre y est assez fertile, et il y croît une grande quantité de cannes à sucre, de riz et de millet. Le commerce immense qu'on y fait consiste en indigo, en salpêtre, en épiceries, en soie, en coton, et surtout en une quantité prodigieuse de toiles peintes et autres étoffes, et enfin en pierreries.

Les Portugais commencèrent à s'établir dans l'Inde vers la fin du quinzième siècle, et s'y rendirent très-puissans; mais les Hollandais les ont chassés de plusieurs postes.

Aujourd'hui les Anglais y dominent seuls dans une étendue d'environ cinq cents lieues, après avoir renversé la domination d'un grand nombre de petits souverains, et envahi en 1799 l'empire de Maïssour, qui appartenait à Tippou-Saëb.

Les Indiens ne manquent pas d'esprit, et sont fort affables, mais paresseux et mauvais soldats. La plupart sont idolâtres : il y en a aussi beaucoup de mahométans. Dans les lieux qui dépendent des Européens, on suit la religion de ceux qui en sont les maîtres. Plusieurs des idolâtres y croient à la métempsycose, vivant de riz et de légumes, sans oser manger rien qui ait eu vie, ni tuer aucun animal, même des plus incommodes; ce précepte de leur religion est relatif au pays qui produit peu de bétail, à cause de la rareté des pâturages. Leur idole principale se nomme *Brahma,* d'où leurs prêtres ont pris le nom de *Brahmanes*. Leurs faquirs, espèce de religieux, font consister leur plus haute dévotion dans le choix de l'attitude la plus gênante, qu'ils ne quittent plus qu'à la mort; ils se font attacher quelquefois avec des cordes souvent à des arbres, les bras renversés, les pieds en l'air, etc. Enfin la mesure de l'admiration, des applaudissemens et des prières qu'on leur adresse, est celle des tourmens auxquels ils s'exposent. Il y avait chez quelques-uns de ces païens un usage qui a été aboli presque partout : les femmes, sous peine d'être déshonorées, étaient obligées de se jeter dans le bûcher où brûlaient les corps morts de leurs époux.

En guise de tabac que l'on prend en Europe, les Indiens, pour amuser leur oisiveté, par contenance peut-être pour la conservation de leurs dents, mâchent continuellement du *bétel* (1).

Le peuple de l'Inde, comme celui de la Chine, qui devrait être plus éclairé, se prosterne pendant les éclipses, ou se met dans l'eau, afin que les planètes encouragées par ces postures dévotes, ne se laissent pas dévorer par le dragon.

L'Inde est divisée en trois parties : l'Hindoustan, renfermé entre le Sind et le Gange, qui se déchargent tous les deux dans la mer; le Dékhan ou la presqu'île en-deçà du Gange, et l'Indo-Chine ou la presqu'île au-delà du même fleuve.

1. L'HINDOUSTAN, outre ses riches mines d'or, de diamans et autres pierreries, produit des grains, de la soie et du coton : on y trouve des éléphans, des rhinocéros, des chameaux, des dromadaires, des buffles, des élans, des lions, des tigres, des léopards, des panthères, et quantité de singes. Comme les habitans de cet État ne sont que basanés, on les nomme *Mogols* ou *Blancs,* relativement à ceux des deux presqu'îles qui sont bronzés.

---

(1) Le bétel est une pâte formée avec la noix d'arec, broyée avec des feuilles de bétel et de la chaux. Le bétel est un arbuste dont les feuilles ressemblent à celles de nos saules; le suc qui en sort rougit les lèvres, conserve les dents, et est stomachique.

Moderne.

Avant l'invasion de l'Hindoustan par les Anglais, ce grand pays portait le nom *d'Empire du Mogol* : le prince à qui il appartenait, était mahométan, de la secte d'Omar, et l'un des plus riches souverains de l'univers. Ses revenus étaient immenses et ses armées innombrables; mais ce n'étaient que de mauvaises troupes, comme on l'a vu en 1734, lorsque Thamas-Kouli-khan le battit, prit sa capitale, en pilla les trésors, et emporta plusieurs milliards en Perse. L'empereur devint si méprisable à ses sujets, après cette expédition, que les nababs et les soubabs, qui étaient des gouverneurs de province, se rendirent indépendans dans leurs gouvernemens, moyennant une redevance annuelle, que l'on ne pouvait obtenir que les armes à la main. A la mort de chaque gouverneur, l'empereur devait lui nommer un successeur; mais celui qui était le plus fort savait bien obtenir son agrément, surtout dans la presqu'île en-deçà du Gange, où il n'avait presque plus de suprématie. Mais ce pays si peuplé, si fertile, dont les habitans sont si humains, a éprouvé les plus grands désastres par la jalousie des Français et des Anglais; ces nations étrangères protégeant divers prétendans à des nababies, ont excité des guerres civiles qui ont dévasté les provinces dont leurs possessions étaient entourées. La cupidité des Anglais, qui sont restés les plus forts, acheva de désoler ce pays, en accaparant les blés dans le Bengale où ils étaient absolument les maîtres, en y mettant un prix plus haut que les habitans ne pouvaient le payer : la famine fit alors périr un nombre infini d'habitans.

Le Mogol était divisé en une vingtaine de grands gouvernemens ou provinces, dont les gouverneurs étaient, comme des rois subalternes, obligés de venir alternativement garder l'empereur, et de lui entretenir en tout temps chacun une grande quantité de troupes.

L'Hindoustan comprend quinze provinces dont la plus grande partie appartient aux Anglais; ce sont : Cachemire, Aoude, Lahore, Dehly, Sindhy, Agrah, Malvah, Goudjérate, Bengale, Bahar, Allah-Abad, Gorval, Adjemyr, Kotch et Neypâl.

Les principales villes de l'Hindoustan sont :
{ Dehly.
Agrah.
Lahore.
Calcutta.
Surate. } Aux Anglais.
{ Démân, *place forte, port.*
Diu, *place forte.*
Patna.

Dehly, grande et forte ville, sur la Djemnah, à 540 l. E. d'Ispahan, était la résidence ordinaire du Grand-Mogol, qui y avait un superbe palais d'une demi-lieue de tour ; quoique bien déchue, elle a encore 200,000 habitans.

Surate, chef-lieu du Goudjérate, sur le Tapty, à 3 l. du golfe de Cambaye, est médiocrement grande, mais assez belle et fort peuplée. Son principal commerce consiste en étoffes de soie, de coton et d'or, en drogues, en épiceries, en perles et en diamans. On y voit des marchands de toutes les nations. Popul. : 160,000 hab.

Calcutta, capitale de toutes les possessions anglaises et chef-lieu du Bengale, sur l'Hougly, est l'entrepôt d'un commerce immense. 400,000 habitans.

Dacca et Mourched-Abad, chacune sur un bras du Gange, comptent 200,000 hab., ainsi que Bénarès, ville très-commerçante, et le centre de la littérature hindoue.

Démân et Diu, sur la côte occidentale de la presqu'île, appartiennent aux Portugais.

Chandernagor appartient aux Français, qui en tirent de l'indigo (1) et de la rhubarbe (2). Cette ville est

---

(1) L'indigo (qu'on cultive beaucoup plus en Amérique) est une plante de 4 ou 5 pieds de haut, qui se sème tous les ans, et ressemble à notre chanvre. On coupe toute la plante deux ou trois fois l'an : on la met infuser dans des cuves, et l'on y brasse tous les jours, jusqu'à ce que ses feuilles ou fécules battues, meurtries et détachées, se fondent en boue ou vase; on ôte alors l'eau, et on laisse ce sédiment sécher en pâte, et c'est l'indigo ou ce beau bleu qui a fait abandonner la culture du pastel qui en tenait lieu.

(2) La rhubarbe est assez connue. C'est la racine d'une plante qui s'élève à 4 ou 5 pieds.

située sur le bras du Gange appelé Hougly, ainsi que Sérampour, dont les Danois sont les maîtres.

Faire aujourd'hui la description de l'Hindoustan, c'est faire celle d'un empire dont les Anglais possèdent la plus grande partie, soit par eux-mêmes, soit par les princes ou leurs alliés qu'ils ont rendus leurs tributaires. Cette contrée renferme une foule de villes considérables; outre celles que nous avons déjà citées, on doit encore remarquer: Patna, qui a 300,000 habitans, ainsi que Laknau, capitale du nabab d'Aoude; et Lahore, capitale de l'état des Seykhs, qui possèdent aussi Cachemire, ville si célèbre par les châles qu'on y fabrique.

II. Le Dékhan ou la presqu'île occidentale de l'Inde comprend 18 provinces ou pays, dont les Anglais possèdent également la majeure partie: c'est là que se trouvaient autrefois les célèbres royaumes de Visapour, de Golconde, de Bisnagar, etc. On y remarque la côte de Coromandel, à l'est, et celle de Malabar, à l'ouest.

Les royaumes de Visapour et de Golconde, au nord de la presqu'île, ont été conquis par le fameux empereur mogol Aureng-Zeyb, dont le règne a été aussi brillant et la vie plus longue que celle de Louis XIV, dont il était contemporain.

Il y a deux riches mines de diamans dans l'ancien royaume de Golconde: celle de Coulour, dont les diamans sont fort gros; et celle de Raolconde, dont les diamans sont les plus fins et les plus estimés de l'Asie. On pêche sur les côtes de Coromandel, près du cap Comorin, les plus belles perles qu'on puisse trouver.

La côte de Malabar est un pays très-fertile en épiceries, en coton et en cocos ou noix d'Inde. L'arbre qui porte ces cocos est le plus utile de tous les arbres: c'est une espèce de palmier dont le bois est propre pour bâtir des maisons; la feuille sert à les couvrir, à faire des voiles et du papier: il en sort, par l'incision faite aux branches, une liqueur qui approche du vin, dont on fait de l'eau-de-vie et une espèce de sucre: de son fruit on tire une bourre qui sert à faire des cordages: le fruit lui-même, qui est de la grosseur d'un petit melon, est délicieux, et se mange de plusieurs façons, ayant le goût de la noisette et du cul d'artichaut : la noix ou la coque sert à faire des tasses ; de la moelle on fait de l'huile bonne à manger et à brûler : on en fait aussi du lait comme avec des amandes.

Les Portugais sont les maîtres de Goa, et les Danois, de Tranquebar. Les Français y ont Pondichéry, capitale de leurs possessions, et Karikal, sur la côte de Coromandel, à 1,900 l. S. E. de Paris par terre, et 4,000 par mer ; et Mahé, sur celle de Malabar, près de Calicut.

La presqu'île occidentale de l'Inde a :
- Goa, *archevêché, port.*
- Madras.
- Golconde.
- Masulipatam.
- Kétek.
- Bombay.
- Nagpour.

Madras, près de Pondichéry, est aux Anglais : les Français s'en emparèrent en 1747, et en enlevèrent de grandes richesses ; mais les Anglais la reprirent bientôt. Hayder-Aly-khan, leur fléau dans l'Inde, s'en empara en 1780, et Tippou-Saëb, son fils, cherchait à les chasser de leurs possessions, lorsqu'il fut tué en 1799, en défendant Seringapatam, sa capitale, qu'ils assiégeaient. Madras renferme 300,000 habitans.

Goa, ville fort riche et fort marchande, quoique mal peuplée, sur une île, à l'embouchure de la Mandova, est la plus considérable de celles que les Portugais ont dans les Indes orientales, et le séjour du vice-roi. Albuquerque la prit en 1510 pour le roi de Portugal. Les montagnes qui la resserrent, empêchent que les vents n'y tempèrent les grandes chaleurs. Il y avait une inquisition très-sévère. Le port de cette ville, le plus beau de l'Asie, n'est plus si fréquenté qu'autrefois ; mais les édifices publics, surtout les églises, y sont fort beaux. 25,000 habitans.

Golconde, autrefois une des plus grandes et des plus belles villes des Indes, est sur la côte orientale de la presqu'île.

Masulipatam, à l'est, fait un grand commerce de tissus de coton et a un bon port. 80,000 habitans.

Bombay, dans une île, sur la côte de Malabar, est une des villes les plus commerçantes de cette contrée; on y compte 150,000 habitans.

Kétek, place forte, aux Anglais, et Nagpour, résidence d'un radjah tributaire des Anglais, ont chacune 100,000 habitans.

III. L'Indo-Chine ou la presqu'île orientale de l'Inde renferme huit grandes contrées : le Cassay, les royaumes d'Assam et de Catchar, la presqu'île de Malacca; l'Indo-Chine anglaise, formée du royaume d'Aracan et de quelques autres provinces enlevées à l'empire Birman; l'empire Birman, formé des anciens royaumes d'*Ava* et de *Pégou*, vers le nord, réunis en un seul état depuis environ quarante-cinq ans; le royaume de Siam, et l'empire d'An-nam, qui se compose des anciens royaumes de *Camboge*, de *Tonkin* et de *Cochinchine*.

On tire du royaume d'Ava de fort beaux rubis, des saphirs (1), des émeraudes; il y croît du riz en abondance, et des fruits excellens.

La presqu'île orientale de l'Inde a:
- Ava.
- Rangoun.
- Siam.
- Malacca.
- Saïgon.

Siam, appelée aussi *Juthia*, capitale du royaume de Siam, est grande et assez belle; ses temples ont tous des clochers dorés. Le palais du roi est très-grand, et renferme des richesses immenses. On compte dans Siam 120,000 habitans. Le Meïnam, qui l'arrose, est rempli de gros crocodiles très-dangereux; cette rivière se déborde comme le Nil, et laisse sur les terres un limon qui leur fait produire du riz en abondance.

Outre l'or, qui y est très-commun, mais de bas aloi,

---

(1) Le saphir est une pierre précieuse couleur d'azur ou de bleu céleste.

on en tire de la laque (1), de l'ivoire, de la soie et des pierreries. Les richesses de cet état sont exagérées dans les mémoires de M. de Choisy; et, suivant M. le chevalier de Forbin, qui donne dans l'autre extrémité, c'est un pays pauvre et misérable.

L'éléphant blanc est l'objet du respect et même du culte dans ce royaume idolâtre. La forteresse de Bankok vers l'embouchure du Meïnam, fut cédée à Louis XIV, en 1686, par le roi de Siam, qui voulait faire alliance avec la France; après la révolution qui priva ce roi du trône et de la vie, cette place fut rendue à son successeur.

Mergui, sur la côte occidentale, appartient aux Anglais et fait un bon commerce.

La presqu'île de Malacca, qui est une branche occidentale et fort alongée de la presqu'île au-delà du Gange, est partagée entre plusieurs petits princes indépendans, excepté la ville même de Malacca qui est à l'extrémité, sur le détroit du même nom : les Hollandais s'en emparèrent en 1640, sur les Portugais, qui en étaient en possession depuis plus d'un siècle; la place est forte et avantageusement située pour le commerce. Aujourd'hui elle appartient aux Anglais. Ce canton serait fertile, s'il n'était pas couvert de bois. Les habitans sont appelés Malais.

La Cochinchine, dans une branche orientale de la même presqu'île, est très-fertile en riz et en toute sorte de fruits délicieux; il y a aussi du thé, du sucre, de la soie, de l'or, etc. Comme ses habitans ont de la douceur et de la droiture, les missionnaires y ont réussi; il y a beaucoup de chrétiens. La capitale, Hué ou Phuxuan, résidence de l'empereur d'An-nam, est grande, mais mal bâtie : c'est un port très-fréquenté. 40.000 habitans.

En 1788, l'évêque d'Adran, vicaire apostolique dans ce royaume, amena en France le jeune fils du roi; il

---

(1) La laque est une gomme rouge, claire et fragile, qu'on ramasse à Siam, au Pégou, au Malabar, etc., sur certains arbres dont elle est peut-être la transsudation recueillie et travaillée par de petits insectes ou fourmis dont ils sont couverts. C'est la base de la cire d'Espagne.

tait chargé de demander à Louis XVI des secours pour établir ce prince sur son trône, d'où il avait été chassé par un usurpateur. Les embarras où l'on se trouvait alors ne permirent au roi que d'accorder une seule frégate où s'embarquèrent plusieurs officiers d'artillerie : les canons et autres munitions de guerre devaient être pris dans l'Inde; cet ordre ne fut pas exécuté, et l'expédition n'eut aucun succès. Quelque temps après, les Anglais, voulant mettre le pied à la Cochinchine, sollicitèrent l'évêque d'Adran, alors ministre du roi qui avait été rétabli dans ses états, de leur obtenir cette faveur; mais ce missionnaire, se souvenant qu'il était français, fit rejeter leur demande.

Le Tonkin, au nord de la Cochinchine, est aussi très-fertile; il abonde en riz, en fruits excellens, en bestiaux, en poissons, en laque, en vernis et en belle soie. Les habitans, ingénieux et sociables, font un grand commerce avec les Hollandais et les Anglais, qui y ont des comptoirs dans la capitale même, nommée *Bac-Kinh* ou *Kécho*, sur la rivière de Sang-koï. Le comptoir français est à vingt lieues au-dessous, sur la même rivière, dans un petit bourg appelé *Héan*, d'où l'évêque missionnaire et son petit clergé ne peuvent aller à la capitale qu'à titre de mathématiciens, de géomètres ou d'horlogers.

Les sauterelles au Tonkin, comme dans tout l'Orient, en Egypte, etc., sont grosses et bonnes à manger, ou fraîches sur les charbons, ou salées : c'est de ces sauterelles que saint Jean vécut dans le désert.

DE LA CHINE.

La Chine, au nord-est des Indes, l'emporte sur tous les autres pays de l'Asie par sa fertilité, ses richesses, le nombre de ses habitans et la beauté de ses villes. Relativement à la vaste étendue de cet état, qui a bien cinq cents lieues de long sur plus de quatre cents de large, il y fait assez froid vers le nord, et très-chaud vers le midi; mais toutes les provinces du milieu jouissent d'un air fort tempéré et fort sain. Il y en a quelques-unes q[ui] ont des mines d'or et d'argent; dans toutes, la ter[re] produit abondamment des grains et des fruits excel[lens (1), surtout du riz, qui y fait la base de la nourri[ture]. Il y a quantité de bestiaux, de gibier et de poi[sson], de la soie, du coton, d'excellent thé (2), du sucre[,] du sel, etc.; tout y abonde. L'agriculture y est en ho[n]neur; et jusqu'aux montagnes les plus escarpées, tout est cultivé. L'empereur lui-même, tous les ans, da[ns] une fête solennelle, accompagné de ses fils, des gran[ds] de sa cour, et d'une centaine de paysans, laboure u[n] champ de sa main (3), et y sème du riz, du fromen[t,] des fèves et de deux sortes de millet. On fait à la Chi[ne] toutes sortes de belles étoffes et de très-belles porce[laines (4); on s'y sert cependant plus volontiers d[e]

---

(1) Entre plusieurs arbres extraordinaires, on y en trouve u[n] qui produit des pois dans leur cosse comme les nôtres; un a[u]tre, nommé *croton-porte-suif*, dont le fruit, semblable aux no[i]settes, étant écrasé, donne du suif presque pareil à celui que no[us] tirons de la graisse du mouton, et dont on fait de même de[s] chandelle; enfin, un arbre qui efface tous les autres, c'est l'a[loès, dit de la *Chine*. Le tronc de cet arbre admirable se divi[se] en plusieurs couches, dont le bois a différentes qualités et di[f]férens noms, bois d'aigle, bois de calambour et de calamba[c]. Son odeur est agréable, surtout quand on le brûle; on en pa[r]fume les habits, les appartemens, etc. Toutes les autres pa[r]ties de cet arbre rare et précieux ont des usages utiles, et o[n] en tire un cordial excellent. Nous ne devons pas oublier le bam[bou], espèce de roseau qui parvient à une grande hauteur, et a[c]quiert une dureté qui le rend propre à un grand nombre d'usag[es] domestiques. Il y a un autre arbre dont le bois, dur comme d[u] fer, est employé dans la construction des édifices, et dont o[n] fabrique des ancres de vaisseaux.

(2) Le thé est la feuille d'un arbre de 5 à 6 pieds, qui dure [6] ou 7 ans, et qu'on renouvelle; il ressemble assez à nos groseillier[s]. Les feuilles du thé-bohéa sont plus courtes et plus rondes que le[s] autres. On les cueille avec grand soin; on les fait sécher deu[x] ou trois fois sur des platines de cuivre sous lesquelles il y [a] du feu. Les plus petites feuilles du bout des branches, ainsi qu[e] les boutons, sont les plus précieuses; les grandes feuilles du ba[s] des branches sont à vil prix et pour le peuple : les trois classe[s] intermédiaires se vendent différens prix.

(3) Ce champ n'est pas dans un temple, comme le disent quel[ques géographes par inadvertance.

(4) La porcelaine est faite de deux sortes de matières : la pre[mière

vaisselle d'un bois léger enduit d'un beau vernis (1), tel que nous en voyons sur les boîtes qui nous en arrivent. Tout le monde connaît la beauté du papier qu'on fabrique dans cet empire avec une écorce d'arbre, ainsi que l'encre en bâtons, si utile à nos dessinateurs.

L'empire Chinois est prodigieusement peuplé, et l'on évalue le nombre de ses habitans à plus de 200 millions, population qui est presqu'égale à celle de toute l'Europe. La Chine propre seule en contient 170 millions. Il en résulte une coutume cruelle et que désapprouve la nature : il est permis d'exposer sur les chemins les enfans que l'on ne peut nourrir ; et le plus grand bien qu'aient fait dans ce pays les missionnaires, est d'avoir donné le baptême à ces petites victimes sacrifiées au besoin.

Selon l'Histoire générale des voyages, il y a en Chine quinze cent dix-huit villes, dont cent soixante du premier rang, deux cent cinquante-deux du second, etc., outre un nombre infini de villages grands et peuplés. La garnison de la seule capitale est de cent mille hommes, toute cavalerie ; et pour la garde de la grande muraille et des autres villes, le nombre des soldats va à près de huit cent mille ; mais ce seraient de mauvaises troupes contre les Européens.

Deux cents ans avant J. C., les Chinois, pour arrêter les Tartares, leurs voisins au nord, bâtirent une muraille longue de cinq cents lieues, haute de trois toises, et assez large pour que six chevaux y marchassent de front : elle n'est que de brique, et elle subsiste encore dans son entier en bien des endroits ; mais ce boulevard n'empêcha pas les Tartares de profiter d'une révolte de quelques

---

mière se tire en pierre des carrières ; on brise ces pierres, on les réduit en poudre, on les cuit dans l'eau où elles jettent de l'écume, et on les réduit en pâte. La deuxième est une terre moins blanche, mais glutineuse, et qui prend une dureté extraordinaire sous le vernis.

(1) Le vernis de la Chine, comme celui du Tonkin, est la sève extravasée d'un bel arbre de 12 à 15 pieds de haut. On y fait pendant l'été quantité d'incisions, à chacune desquelles on adapte le soir une coquille qui se remplit pendant la nuit. Ceux qui y travaillent prennent des précautions contre l'évaporation de cette sève, qui est dangereuse.

mandarins chinois, pour entrer dans ce vaste état en 1644, sous leur roi Tien-Min, et d'en faire la conquête. Son petit-fils Kang-Hi s'en trouva paisible possesseur en 1653, âgé de six ans, et commença à gouverner par lui-même en 1666 : il aimait les sciences, et devint lui-même savant ; il apprit la géométrie, les mathématiques, et un peu d'astronomie, des missionnaires jésuites qu'il combla de faveurs ; il permit le christianisme, protégea les arts, fut juste, et rendit son peuple heureux : c'est un des plus grands rois dont l'histoire moderne fasse mention. A sa mort il y avait bien cent vingt mille Chinois bons chrétiens ; mais son quatrième fils, Yong-Ching, qui lui succéda, ordonna, dès 1723, que les trois cents églises chrétiennes qui étaient dans ses états fussent démolies ; et il ne garda de missionnaires que les Jésuites, professeurs de géométrie et de physique, que son prédécesseur avait reçus à sa cour.

L'empire de la Chine est très-ancien ; et les annales chinoises, vérifiées par les missionnaires, d'après le temps des éclipses qui y sont annoncées, remontent à leur fondateur Fo-Hi, près de cent cinquante ans après le déluge ; et on leur connaît depuis Jésus-Christ, deux cent trente-six empereurs.

Les Chinois ont le front large, le visage carré, le nez court, les yeux petits, de grandes oreilles, et les cheveux noirs. La beauté des femmes riches consiste surtout à avoir les pieds très-petits : aussi on les leur serre si fort dès l'enfance, qu'à peine peuvent-elles se soutenir ; elles sont modestes, attachées à leur ménage, et ne sortent jamais (1). Les Chinois sont naturellement doux et patiens, ne connaissant ni juremens, ni sermens ; polis, sobres, industrieux, laborieux, grands politiques et grands formalistes ; mais égoïstes, orgueilleux, aimant le jeu passionnément, et méprisant les autres nations. Ils ont trouvé avant nous l'imprimerie, la poudre à canon, la boussole, les cloches, les postes, la porcelaine ; mais ils nous cèdent en astronomie,

---

(1) Ceci ne doit s'entendre que des femmes chinoises ; les tartares ont beaucoup plus de liberté.

en peinture, en sculpture, en musique, dans l'art de la guerre, de la navigation, etc. La plupart de ces arts sont trop frivoles pour des gens qui sont occupés sans cesse à repousser le besoin; la navigation leur serait plus utile, mais ils en savent assez pour des gens qui ne quittent pas les côtes. Ils ont une cloche qui pèse cent vingt mille livres; la plus grosse de France n'en pesait guère que trente-six mille, comme celle de Rouen, appelée *Georges d'Amboise*.

Les usages des Chinois sont si différens, pour la plupart, de ceux des Européens, qu'au risque de porter cet article peut-être plus loin que ne l'exige un abrégé, on ne peut guère se dispenser d'en détailler plusieurs.

La noblesse s'acquiert par la science et par le mérite, sans qu'on ait égard à la naissance, si ce n'est dans la famille royale. La justice s'y administre gratuitement; et les juges n'y peuvent faire mourir le moindre sujet, que l'empereur n'ait lu, examiné et confirmé en trois fois différentes la sentence qui le condamne. Avoir la tête tranchée est ignoble; être pendu est le supplice des grands. Souvent on est condamné à recevoir des coups de bâton sous la plante des pieds, ou sur les jambes. L'exécuteur de la justice, qui est un soldat, est respecté et honoré. L'empereur ne vit presque que de ses domaines, de ses fermes, de ses haras, etc.: lui seul, avec les princes et ses favoris, peut porter une ceinture jaune; et cette couleur est affectée aux grands de la cour, comme le rouge l'est aux mandarins, le noir et le bleu au peuple. Le blanc est la couleur du deuil. Les soldats, persuadés que leur mission est de défendre le peuple, ne lui font jamais ni injustice ni injure. Quoiqu'on y préfère les légumes à la viande, les boucheries y sont bien garnies, surtout de chiens, de chats, de rats, etc., comme au Tonkin et ailleurs : tuer un chien engraissé c'est tuer le veau gras. On y fait une espèce de vin blanc, et même du rouge avec le riz travaillé.

Un Chinois qui voudrait garder le célibat, serait déshonoré; car le plus grand bonheur pour eux est de laisser une nombreuse postérité. On fait des présens aux parens de la fille qu'on veut épouser, bien loin d'en recevoir de l'argent.

L'écriture chinoise est de haut en bas, et de droite à gauche; au lieu de plume on s'y sert de pinceau. La langue chinoise a bien 80,000 caractères, quoiqu'elle n'ait que 4 à 500 monosyllabes qui signifient différentes choses, selon le caractère ou l'accent qui y est joint, ou selon le ton de voix (1).

Les Chinois sont païens; mais ils ne reconnaissent qu'un seul Dieu immortel et supérieur à tous les autres. Leur religion est divisée en deux sectes principales : la première regarde leurs anciens rois vertueux et leurs philosophes comme des divinités, et leur bâtit des temples ; leur législateur Confucius est surtout considéré comme tel, et sa morale, sage et pure, est le fondement de leurs lois et des maximes de leur conduite. Les savans de cette secte se nomment *Lettrés*; ils adorent surtout le ciel ou le Dieu du ciel, sous les noms de *Tien* et de *Chang-ti*. La seconde secte, qui a fait plus de peine aux missionnaires, est celle de Fo ou Bouddha; ses prêtres, nommés *Bonzes*, entretiennent le peuple dans mille superstitions bizarres. Depuis que les princes tartares sont sur ce trône, il s'est introduit des mahométans dans l'état; il y a aussi quelques juifs qui y sont de temps immémorial. Quand une idole, que les bonzes ont donnée à une famille ou à une ville, n'exauce pas les prières qu'on lui adresse pour avoir de la pluie, ou pour la guérison d'un malade cher à la ville ou à la famille, on gronde non-seulement les bonzes, mais l'idole même; et quelquefois on l'expulse honteusement, et on la traîne à la rue avec des reproches.

Les deux principales rivières de la Chine sont : le Hoang-ho, ou la Rivière Jaune, et le Kiang, ou la Rivière Bleue, qui se jettent dans la mer de Corée, partie du Grand-Océan : ces deux cours d'eau sortent des montagnes de la Tartarie, à l'ouest, et coulent tous deux à l'est.

---

(1) Exemple : le mot *Tchu*, différemment prononcé, signifie ou seigneur, ou pourceau, ou cuisine, ou colonne.

L'empire Chinois, le plus vaste du globe après l'empire Russe, se compose de cinq grandes contrées : la Chine propre, la Corée; la Tartarie Chinoise, qui comprend la Mongolie, le Turkestan chinois et la Mandchourie ; le Thibet et le Boutan.

La Chine propre est divisée en dix-huit provinces : huit vers le nord et dix vers le midi. On trouve au nord celles de Pe-tchi-li, de Chen-si, de Chan-si, de Kan-sou, de Chan-toung, de Ngan-hoei, de Ho-nan et de Ssé-tchhouan ; au midi, sont celles de Kiang-sou, de Tché-kiang, de Kiang-si, de Fou-kian, de Kouang-toung, de Kouang-si, de Hou-pé, de Hou-nan, de Kouei-tchéou et de Yun-nan.

On compte à la Chine par onces d'argent.

Le taël est aussi une monnaie de compte, qui vaut environ 5 francs.

Le peuple ne se sert que d'une monnaie de cuivre dans le commerce.

Les principales villes de la Chine sont :
- Pékin, *capitale*.
- Nankin.
- Hang-tchéou, *dans le* Tché-kiang.
- Fou-tchéou, *dans le* Fou-kian.
- Canton.

Pékin, chef-lieu du Pé-tchi-li, à 2,350 l. E. de Paris par terre et 5,000 par mer, est une très-grande ville, qui, avec ses faubourgs, contient environ deux millions d'habitans; elle est presque carrée et divisée en deux villes : l'ancienne, où se placèrent les Tartares en s'en emparant il y a un siècle, et la nouvelle, que les Chinois se bâtirent à côté. Pékin a six lieues de tour sans les faubourgs, les rues y sont fort droites, très-larges, très-longues, et bordées de riches boutiques; mais n'étant point pavées, la poussière et la boue alternativement les rendent impraticables. On a soin cependant de balayer les principales, de les battre et de les arroser pendant l'été.

La police de cette ville est admirable. Chaque rue est fermée par une porte, après le coucher du soleil; et, de

distance en distance, il y a des sentinelles qui vei[llent]
au maintien du bon ordre.

Le palais impérial, qui a plus d'une demi-lieu[e de]
tour, renferme plusieurs autres palais, des jardins,
canaux, des lacs, et un grand nombre de ces joli[s pa-]
villons qu'on nomme *kiosques*.

A deux ou trois lieues de Pékin, vers le nord, [est]
situé le palais de plaisance, qui a plusieurs lieue[s de]
tour. L'empereur y fait sa résidence une partie de [l'an-]
née. On y trouve tout ce que la nature et l'art ont [pro-]
duit de plus curieux.

Nankin, chef-lieu du Kiang-sou, passa pour êtr[e la]
plus grande ville de la terre; mais elle est bien [dé-]
chue depuis 1368, que les empereurs n'y font [plus]
leur séjour; elle renferme cependant encore 800,000 [ha-]
bitans, et sa situation sur le Kiang la rend plus c[om-]
merçante que Pékin. La fameuse tour de porcelaine [est]
près de Nankin (1).

Canton, chef-lieu du Kouang-toung, sur le golf[e de]
son nom, est la seule ville de l'empire où les E[uro-]
péens soient admis; elle fait un commerce immen[se]
surtout en thé, et a environ 800,000 habitans.

Macao, à 350 l. S. de Pékin, dans une petite île [du]
golfe de Canton, était la meilleure, la plus forte e[t la]
plus riche ville que les Portugais possédassent [en]
Asie: elle était fortifiée et défendue par plusieurs f[orts]
situés sur les montagnes voisines; elle a titre d'*évéc[hé]*
avec plusieurs paroisses, couvents, etc. Il y a bien [des]
Portugais, et beaucoup plus de Chinois chrétiens. [Il]
s'y faisait un prodigieux commerce; et c'était l'en[tre-]
pôt par lequel on tirait de la Chine du sucre, de la c[ire,]
de la soie crue, de la soie filée à coudre, du fil d'or, [des]
satins, des taffetas, des damas, etc., du thé, de la p[or-]
celaine, etc.; aujourd'hui tout est bien changé. [De-]
puis 1744, un mandarin, qui dédaigne de demeu[rer]
dans la ville, la gouverne. Elle n'a presque plus [de]

---

(1) Cette tour a neuf étages et 884 degrés: les de[grés]
sont revêtus de vernis de différentes couleurs; le sommet es[t une]
pomme de pin d'or massif.

correspondance avec Lisbonne. Son commerce se réduit à envoyer chaque année un vaisseau à Timor, et deux à Goa.

L'île de Haï-nan, à son sud-ouest, et celle de Formose, à son nord-est, sont fertiles et habitées en partie par des Chinois, et en partie par les naturels, qui sont presque sauvages.

La Corée, grande presqu'île, à l'est de Pékin, n'est pas encore bien connue : elle est divisée en huit provinces, qui contiennent, dit-on, trois cent soixante villes. Le roi est vassal de l'empereur de la Chine, et reçoit de lui sa couronne. Les Coréens sont doux, sociables, simples et très-lâches.

Han-yang en est la capitale; c'est une grande ville où le roi réside. On n'ose y lever les yeux sur lui : quand il passe, on se cache, on ferme les fenêtres; on suspend aux murailles les requêtes qu'on veut lui présenter, et ses gardes les recueillent (1).

DE LA TARTARIE.

La Grande Tartarie, qui contient tout le nord de l'Asie, au-dessus de la Perse, des Indes, de la Chine et du Japon, occupe à elle seule le tiers de l'Asie.

En général, la terre y est presque partout inculte; les Tartares, qui vraisemblablement en auront tenté la culture en différens lieux, la laissent volontiers courte de pâturages et de bois pour leurs bestiaux, et par chasse d'ours blancs, de renards, d'hermines, de martres zibelines, etc. Les Tartares, généralement parlant, sont fainéans, malpropres et brutaux : ceux du milieu des terres, qui sont encore idolâtres, vivent uniquement du lait et de la chair de leurs bestiaux, et de leur chasse; ceux des frontières, vers le midi et l'est, qui se sont faits mahométans, exercent un continuel

---

(1) Histoire des Voyages, tome VI.

brigandage, et sont le fléau des caravanes (1). Ils ont le visage large et plat, le nez écrasé, et les cheveux noirs et gros comme du crin. Ils font sécher leur viande au soleil pour la conserver, et ils usent indistinctement du lait de vache, de brebis, de chèvre et de jument; en battant même ce dernier dans des outres, et le faisant aigrir, ils en tirent une liqueur spiritueuse qui peut enivrer.

Les Tartares errans, et qui campent en différens lieux pour trouver des fourrages, ont des chariots fort larges avec quatre grandes roues de sept à huit pieds de diamètre; leurs cabanes, qu'ils bâtissent là-dessus, et qui débordent encore les roues, leur font une grande salle ronde, percée par en haut pour la fumée : le nombre de ces chariots annonce la grandeur du Tartare; mais sans luxe et sans ambition, le pur nécessaire leur suffit; et excepté ceux des frontières, la plupart des autres, vivant comme nos anciens patriarches, de leurs amusemens mêmes, de la pêche, de la chasse, et du produit de leurs troupeaux, ignorent qu'il existe de l'or et de l'argent; et conséquemment ils n'ont aucune idée des peines qui en accompagnent la possession ou le désir.

On peut diviser la Tartarie en trois parties : la Tartarie Russe, ou Sibérie, au N., que nous décrirons avec la Russie d'Asie; la Tartarie Indépendante, à l'O. et au milieu, et la Tartarie Chinoise, à l'est; de la seconde dépend le Thibet, dont le chef est tributaire de la Chine.

La Tartarie Chinoise ou Orientale comprend le pays des Mandchoux, que les Russes nomment *Bogdois*: ce sont les vrais Mongols, qui ont au nord de la grande muraille de la Chine plusieurs bonnes villes, telles que Chin-yang, Kirin, Ninggouta, etc., et qui, franchissant cette muraille, il y a près de deux siècles, placèrent leur khan sur le trône de la Chine.

On doit mettre aujourd'hui dans la classe des Tartares Chinois les Kalkhas, et une grande partie des Eleuthes,

---

(1) Troupes de pèlerins, de voyageurs et de marchands, qui se font escorter contre les voleurs tartares et arabes.

que l'empereur Kang-Hi venait de soumettre, quand il fit avec les Russes le traité de Nertchinsk en 1689.

La Tartarie indépendante comprend la plus grande partie du pays des Mongols, et celui des Kalmouks ; ces derniers sont divisés en une cinquantaine de tribus, ou hordes, dont chacune a son khan ou son souverain, qui campe à part avec ses vassaux et ses troupeaux. Les khans du Thibet sont vassaux du Dalaï-Lama, ou grand-prêtre des Tartares idolâtres, qui lui-même est tributaire de la Chine : ce pontife réside à Pouta-la (1), dans un château sur une belle montagne, où il est servi par vingt mille prêtres ou lamas, qui le font passer pour immortel (2). Lhassa est la capitale du Thibet, et renferme 30,000 habitans.

Les Kalmouks sont laids, paresseux, grossiers et malpropres. Ils vivent tranquilles et heureux du seul produit de leurs bestiaux.

On appelle Tartares Nogaïs ceux qui habitent les côtes septentrionales de la mer Caspienne.

Les Ouzbeks, qui sont à l'est de cette mer, sont presque tous voleurs, et font des esclaves où ils peuvent : leur khan réside à Boukhara, capitale de la Grande-Boukharie, sur le Zer-Afchan ; les habitans de cette ville, au nombre d'environ 70,000, cultivent les lettres et font un commerce considérable.

Samarcande, ville grande et peuplée, à 40 l. E. par N. de Boukhara, a été la capitale de l'empire de Tamerlan et contient 50,000 habitans, et Balkh, à 60 l. S. de Boukhara, est habitée par des individus policés et laborieux, qui cultivent leurs terres, recueillent le coton et la soie, et en font même de jolies étoffes.

Le Turkestan, entre le pays des Ouzbeks et la Chine, comprend plusieurs états peu connus et peu importans.

---

(1) Pouta-la est à 30 degrés de latitude, dans l'extrémité orientale du Thibet, vers les frontières de la Chine.

(2) Ils conviennent avec les missionnaires chinois, que ce grand-prêtre meurt comme les autres lamas; mais ils prétendent que c'est l'âme immortelle de leur dieu Fo qui anime ces Pontifes, qui ne sont que ses organes l'un après l'autre. *Voy. l'Hist. des Voyages*, tom. VII, pag. 121.

Outre les fourrures, la Tartarie indépendante fournit en quelques endroits d'excellente rhubarbe, et la précieuse plante médicinale appelée *genseng*, dont on fait tant de cas à la Chine, qu'elle y est d'un prix exorbitant.

DE LA RUSSIE D'ASIE.

La Russie d'Asie se compose de deux parties séparées : 1°. la Sibérie ou Tartarie Chinoise, qui occupe tout le nord de l'Asie; 2°. la Caucasie, située au S. du Caucase, entre la Turquie d'Asie et la Perse.

La Sibérie comprend quatre gouvernemens, deux provinces, deux districts et un pays, dont les noms ne peuvent guère être connus que des géographes, et qui ne tenant encore aucun rang considérable sur la terre, n'y fournissent aucun événement intéressant; le froid insupportable qui y règne pendant neuf mois de l'année, que les rivières et la terre sont couvertes de neige et de glace, ne permet pas même qu'elles deviennent bien considérables. Ce pays est couvert de bois rabougri et de bruyères; le grain n'y vient pas en maturité : aussi les habitans n'y sont pas nombreux.

Tobolsk, archevêché, capitale de la Sibérie et chef-lieu du gouvernement de son nom, à 358 l. N. E. de Moscou, est sur l'Irtych, qui y reçoit le Tobol et qui se jette ensuite dans l'Obi, dont l'embouchure est dans la mer Glaciale. Popul. : 20,000 habitans.

Iéniséisk, à 300 l. E. de Tobolsk, sur l'Iéniséi, qui se jette dans la mer Glaciale.

Sélenga ou Sélenghinsk et Irkoutsk sont deux places assez importantes aux environs du grand lac Baïkal (1), à 200 l. S. E. de Tobolsk; la dernière, située

---

(1) Ce lac a bien cent lieues de long sur 12 ou 15 de large; et quoiqu'il reçoive plusieurs grandes rivières, il est encore très-élevé, puisque la Léna et l'Iéniséi prennent leur source aux environs.

sur l'Angara, est le chef-lieu d'un gouvernement et renferme 15,000 habitans.

On trouve encore, à l'est de ce lac, Nertchinsk, jolie ville dans une situation charmante, sur la rivière d'Amour, qui se jette dans la mer de Kamtchatka : ce doit être la dernière place des Russes du côté de la Chine, selon le traité qui y fut fait en 1689, entre ces deux états, pour les limites; on y fait un grand commerce de fourrures; il y a des mines d'or aux environs. 2,000 habitans.

Tomsk est le chef-lieu d'un gouvernement et compte 12,000 habitans.

Iakoutsk, chef-lieu de province, sur la Léna, contient 4,000 habitans.

Sur la côte orientale de la grande presqu'île de Kamtchatka se trouve le bon port de St.-Pierre et St.-Paul.

Les Samoyèdes, à l'est de l'embouchure de l'Obi, sont presque sauvages : ils sont robustes, joufflus, avec un nez écrasé; ils mangent la chair toute crue, les herbes de même, et logent dans des voûtes souterraines.

Les Russes ont enfin découvert et soumis toutes les parties de la Sibérie Orientale, jusqu'à la presqu'île de Kamtchatka inclusivement, qui s'étend jusqu'au nord du Japon, et même jusque dans le voisinage de l'Amérique; et ils en tirent de riches fourrures. Mais on n'en peut dire que cela : les habitans y vivent dans une misère à laquelle il faut être accoutumé de naissance pour la supporter : ils n'ont pas seulement la ressource des rennes, si communs dans la Laponie : ce sont des chiens qui tirent leurs traîneaux.

La Caucasie, au S. du Caucase, qui la sépare de l'Europe, se divise en 1 gouvernement, celui de Géorgie, *chef-lieu* Tiflis, et 6 provinces : le Chirvan, *chef-lieu* La Nouvelle-Chamakie; l'Abasie, *chef-lieu* Soukgoum-Kalé; l'Arménie russe, *chef-lieu* Érivan; la Gourie, *chef-lieu* Batoum; l'Iméréthie, *chef-lieu* Koutaïs; et la Mingrélie, *chef-lieu* Martvili. Les trois dernières avaient des princes qui payaient aux Turcs quelque tribut en esclaves et en filles, dont l'impératrice de Russie les a fait affranchir en 1774. L'idée de ce tribut révoltait les esprits en Europe, parce qu'on ne savait pas que les filles sont dans ce pays un objet de commerce, comme les denrées dans d'autres pays, et que c'était un tribut en nature de marchandises ; aujourd'hui, il ne sort pas moins de filles du pays, mais il n'en sort que pour de l'argent. Dans ces provinces, et surtout dans la Géorgie, les femmes sont d'une rare beauté. Les hommes y sont fiers, cruels et voleurs. Le grand nombre de leurs filles, qu'ils ont soin de bien élever, font leurs richesses ; ils les vendent pour le sérail du Grand-Seigneur, pour celui du roi de Perse, ceux des pachas, des autres officiers, des marchands, etc. On tire aussi de ce pays de la soie, du miel et des fourrures. Les Géorgiens professent une espèce de christianisme grec très-corrompu ; leurs évêques et leurs prêtres, ignorans, superstitieux et sans piété, font des sacremens un objet de trafic.

Érivan, belle ville, compte 10,000 habitans ; elle a été conquise sur les Persans en 1827.

Tiflis, sur le Kour, à 60 l. N. E. d'Érivan, est une ville assez belle, peuplée, forte, et faisant un bon commerce de soie. 15,000 habitans.

DES ÎLES DE L'ASIE.

L'Asie a un grand nombre d'îles considérables, qui peuvent se réduire à sept groupes principaux, savoir : les îles du Japon, les Laquedives, les Maldives, les Kouriles, les Aléoutiennes, l'île de Ceylan et celle de Tchoka ou Sakhalian au nord du Japon.

1. Les îles du Japon, à l'est de la Chine, dans le Grand-Océan, vers le 40e. degré de latitude, furent découvertes, en 1542, par des Portugais qui y furent jetés par une tempête ; ils y firent d'abord un commerce très-lucratif, et en tirèrent jusqu'à soixante millions par an,

sans ce que les Hollandais, qui peu à peu tâchèrent de s'y introduire, y gagnaient de leur côté. Les missionnaires y firent aussi des progrès étonnans; mais les richesses immenses qu'ils y amassaient les ayant rendus trop entreprenans, ils ne gardèrent plus de mesure: en renversant brusquement les idoles, ils s'attirèrent la haine des prêtres, qui d'abord les laissaient prêcher librement. Un simple prêtre portugais ayant refusé en 1596 de descendre de sa chaise à la rencontre d'un ministre favori de l'empereur, et les Hollandais ayant fait voir une lettre, vraie ou supposée, par laquelle les Portugais demandaient du secours pour s'emparer du Japon, la persécution commença et dura quarante ans. Outre les Portugais qui furent tous mis à mort, il y eut un nombre infini de Japonais qui souffrirent le martyre. Pour empêcher que le christianisme n'y soit professé, on fait tous les ans la cérémonie solennelle de faire fouler aux pieds le crucifix dans toutes les maisons suspectes, surtout à Nangasacki, ville de l'île de Kiou-siou, où abordent les Hollandais. L'air y est sain, mais ordinairement froid. Le terroir est en général peu fertile, si ce n'est en riz excellent et en thé; il produit néanmoins du blé et de l'orge en quelques endroits; mais les Japonais en nourrissent leurs chevaux: leur riz leur suffit avec leurs fruits. Le peuple y mange de grosses raves crues, cuites et confites. La grande richesse de ce pays vient de ses mines d'or et d'argent; il y en a aussi de très-belles d'étain. On y trouve des perles, dont la plupart sont rouges, et aussi estimées que les blanches. Les tremblemens de terre y sont très-fréquens; il y en eut un en 1730 à Méaco, qui fit périr un million d'hommes.

Le Japon forme un puissant empire, qui se compose des quatre grandes îles de Niphon, Kiou-siou, Sikokf et Yéso, et d'un grand nombre d'autres moins considérables répandues autour des premières.

Le peuple, pour tout impôt, donne à l'empereur une partie du riz qu'il recueille (1), et l'empereur paie ses officiers et ses troupes de la même monnaie.

Les Japonais sont spirituels, adroits, sociables, so-

---

(1) Cinquante millions de sacs.

bres et magnifiques; ils aiment les sciences, et y ont une grande disposition. Leurs coutumes sont opposées aux nôtres en bien des choses : les hommes et les femmes vont toujours la tête nue ; ils mettent le pied hors de leur chaussure pour saluer. Le noir est pour eux une couleur de réjouissance, et le blanc une couleur de deuil. Ils font consister la beauté de leurs dents à être fort noires, et ne boivent jamais que chaud. Depuis l'expulsion des Portugais, les Hollandais sont les seuls étrangers qu'ils reçoivent ; encore leur font-ils souffrir tant d'humiliations, qu'il est étonnant qu'ils n'abandonnent pas ce commerce. Aussitôt que leurs vaisseaux sont arrivés, les Japonais font mettre pied à terre à tout l'équipage, et enlèvent tout ce qu'il y a dans les vaisseaux, jusqu'aux voiles, aux canons et aux munitions : ensuite, quand il leur plaît, ils rechargent les mêmes bâtimens de porcelaines, de thé, de cabinets vernissés ou d'autres marchandises, sans en donner le choix, et remettent les vaisseaux dans le même état qu'ils sont arrivés, ce qui se fait avec assez de bonne foi ; mais ils donnent le moins d'or qu'ils peuvent. Cependant, pour leur usage, les Japonais préfèrent les vases vernis aux vases d'or.

Jusqu'en 1585, il n'y avait au Japon qu'un empereur résidant à Méaco, capitale : il réunissait l'empire et le sacerdoce ; mais alors un lieutenant-général de ses armées s'étant rendu indépendant, fixa son séjour à Yédo, ville peuplée, riche et très-grande, usurpant toute l'autorité, et ne laissant à l'empereur détrôné que les honneurs et les titres du souverain pontificat, sous le nom de *Daïro*. Ce prince passe sa vie à Méaco avec ses douze impératrices, dans l'étude, la poésie, la musique et l'oisiveté. On a tant de vénération pour sa personne qu'on n'ose le toucher ; et ce n'est que pendant son sommeil, et à titre de vol, qu'on coupe ses ongles, sa barbe et ses cheveux.

Quand l'empereur séculier ordonne que les Hollandais viennent à Yédo se prosterner à ses pieds, et lui faire des présens, il exige, pour divertir son sérail, qu'ils y représentent et jouent tous les usages d'Europe, omme de se saluer, se quereller, se battre, s'enivrer, leurer, chanter, danser, etc., et tout cela paraît à leurs eux des bouffonneries ridicules (1). Les grands chemins ar lesquels on conduit les Hollandais, sont larges, ropres, bien plantés de sapins, et toujours couverts 'allans et venans, de marchands, de pélerins, etc. Les maions mêmes des particuliers sont peintes et vernissées, et s plafonds, couverts de papiers à fleurs d'or et d'argent; s cloisons y sont mobiles et formées par de riches aravents.

L'île de Niphon, la plus importante, renferme Yédo, apitale de l'empire, résidence de l'empereur séculier, vec 1,000,000 d'habitans, et Méaco, ancienne capite, résidence de l'empereur ecclésiastique, avec 00,000 habitans.

L'île de Kiou-siou ou Ximo a pour capitale Nanga-acki, ville fort marchande par le commerce qu'elle ait avec les Chinois et les Hollandais; c'est le seul port e l'empire où les Européens puissent aborder.

L'île de Yéso est une très-grande île située sur la ôte orientale de l'Asie, dans le nord du Japon. Elle st très-peu connue. La capitale est Matsmaï, qui ompte 50,000 habitans.

II. L'île de Tchoka ou Sakhalian, séparée de la précédente par le détroit de La Pérouse, est une des îles les lus longues du globe. Ses habitans sont pauvres, mais ospitaliers et remplis de douceur; ceux qui occupent a partie méridionale se nomment Aïnos et sont tributaires des Japonais.

III. L'île de Ceylan, à l'est de la pointe méri-ionale de la presqu'île des Indes en-deçà du Gange, st extrêmement fertile, et jouit d'un air très-pur et rès-sain : ce peut bien être la *Taprobane* des anciens. lle produit quantité de cannelle (2), la meilleure qu'il

---

(1) *Voyez* Kempfer. Nous avons peine à croire que les Hollandais, dont le commerce de l'Orient est bien tombé, se écident encore aujourd'hui à être les saltimbanques des Ja-ionais.

(2) La cannelle est l'écorce d'un arbre dont il y a des forêts dans

y ait au monde, et d'autres épiceries. On y trouve toutes sortes de pierres précieuses, à la réserve du diamant. Cette île appartenait presque toute au roi de Candy. Les Portugais en possédaient une partie ; mais vers l'an 1606, les Hollandais les en chassèrent : leurs principales places étaient Colombo et Galbe. En 1815, les Anglais, à qui les Hollandais ont cédé cette colonie, déclarèrent la guerre au roi de Candy, s'emparèrent de sa personne et de ses trésors, et soumirent toute l'île à leur domination. Colombo, *port*, sur la côte occidentale, est la capitale de l'île et la résidence du gouverneur anglais ; on y compte 50,000 habitans. Le dedans du pays est fort peu connu : les habitans sont noirs et mal faits, mais fort adroits ; il n'y a point de pareils sauteurs dans le monde. Près de cette île on trouve celle de Manaar, qui est renommée pour la pêche des perles qui se fait aux environs.

IV. Les Maldives, au sud-ouest de la côte occidentale de la presqu'île en-deçà du Gange, sous la Ligne, îles petites, mais en grand nombre, ne sont fertiles qu'en oranges, citrons, grenades et cocos ; on y trouve du corail, de l'ambre gris et les plus belles écailles de tortues de toutes les Indes. L'air y est fort malsain, principalement pour les étrangers. Elles sont divisées en treize principales parties ou amas d'îles appelés *atollons*, rangés à peu près en ligne droite, et séparés par douze grands détroits remplis de crocodiles ; elles dépendent d'un roi qui prend la qualité de *Sultan, roi de treize provinces et de douze mille îles*. Il est mahométan, de même que ses sujets : il fait sa résidence ordinaire dans l'île de Malé, qui est la principale des Maldives, et qui n'a pas une lieue de tour. La monnaie de ces îles consiste, comme en Guinée, en petites coquilles nommées *cauris*.

V. Les Laquedives, au S. O. de la côte de Malabar, sont au nombre de 32, dont 19 seulement sont habitées.

---

cette île, et qui se dépouille tous les ans de son écorce. L'odeur en est douce, mais pénétrante : on croit que c'est le *Cinnamomum* des anciens.

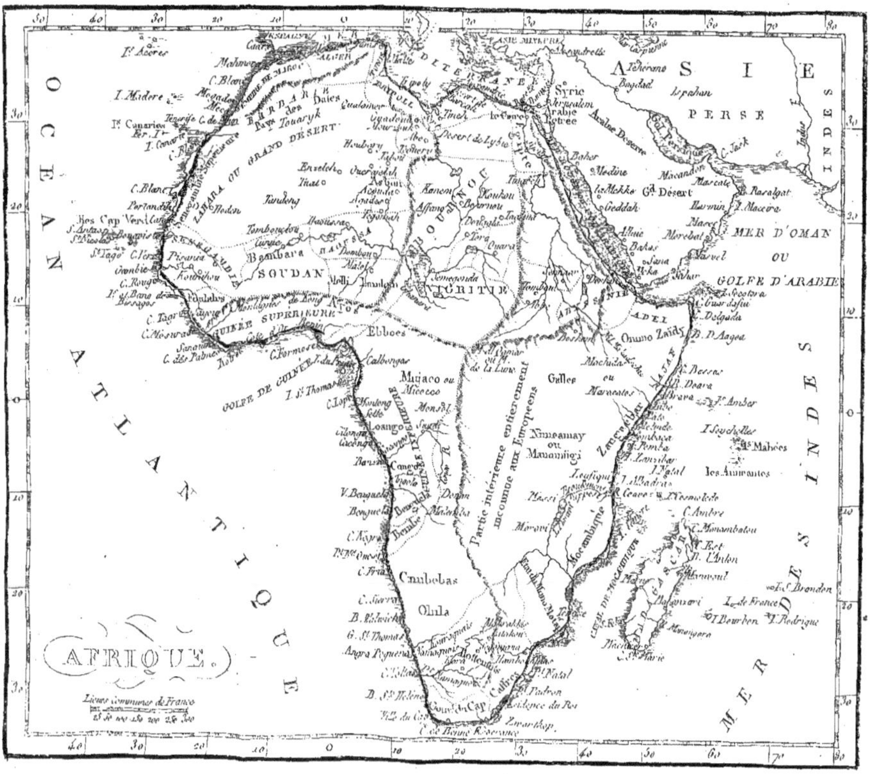
AFRIQUE
OCEAN ATLANTIQUE
MER DES INDES
ASIE
PERSE
INDES
MER D'OMAN OU GOLFE D'ARABIE
GOLFE DE GUINÉE
SOUDAN
NIGRITIE
ZAHARA OU GRAND DÉSERT
Bambara
Tombouctou
Ebboes
Loango
Congo
Benguela
Cimbebas
Ohila
Mujaco ou Micoco
Nimeamay ou Mauonugi
Gilles ou Maracates
Partie intérieure entièrement inconnue aux Européens
ADEL
Syrie
Arabie Déserte
Bagdad
Ispahan
Mecque
Médine
Geddah
Gd. Désert
Mozambique
I. Madère
Is. Canaries
Is. Açores
Is. du Cap Verd
I. St. Thomas
I. Seychelles
Is. Mahées
les Amirantes
I. de France
I. Bourbon
I. Rodrigue
Ste. Marie
Cap de Bonne Espérance
C. Blanc
C. Verd
C. Formose
C. Negro
C. Frio
C. Ambre
C. Guardafui
C. Jask
Cafres
Hottentots
Lieues Communes de France
25 50 100 150 200 250 300

AFRIQUE.

L'Afrique, plus petite que l'Asie, et plus grande que l'Europe, est moins peuplée et moins tempérée que l'une et l'autre : comme elle est presque toute sous la Zone torride, les chaleurs y sont extrêmes. La terre y est cependant assez fertile vers les côtes, mais il y a bien des pays où l'on trouve de vastes déserts, ou remplis de sables, ou stériles faute d'eau. L'Afrique a quelques mines d'or et d'argent, négligées par les habitans : les fruits qu'elle produit sont excellens, et l'on en tire des drogues admirables. Elle nourrit les mêmes animaux domestiques et sauvages que l'Europe ; mais il y en a beaucoup d'autres que nous n'avons point, comme des lions, des panthères, des tigres, des rhinocéros, des éléphans, des caméléons (1), des chameaux, des dromadaires, des singes, des crocodiles (2), des ânes sauvages, des civettes (3), des perroquets, des autruches, etc.

---

(1) Le caméléon est un petit animal de la figure d'un lézard, mais plus gros et plus long, qui ne vit pas d'air, comme le disent quelques auteurs ; car on lui voit manger des mouches, qu'il attrape en dardant sur elles sa langue, qui est extrêmement longue, mobile et gluante. On commence aussi à convenir qu'il ne prend pas la couleur des objets sur lesquels on le met, et que ses changemens sont bornés au vert, au jaune, au gris et au noir, couleurs décidées par différens mouvemens de sa peau, qui réfléchit différemment la lumière.

(2) Le crocodile est un animal amphibie (c'est-à-dire vivant sur la terre et dans l'eau), l'un des plus voraces et des plus dangereux. Il est de la figure du lézard, avec quatre jambes fort courtes, des écailles très-dures, et plusieurs rangées de dents effroyables ; c'est sa mâchoire inférieure qui est mobile, quoi qu'en disent quelques naturalistes. On en a vu de trente et trente-cinq pieds, quoique l'œuf d'où il vient ne soit pas plus gros qu'un œuf de poule.

(3) La civette est un petit animal de la figure d'un chat-tigre, allongé comme une fouine. On trouve sous son ventre un petit

On n'a pénétré que fort tard dans quelques parties intérieures de l'Afrique, que les Anciens ne connaissaient point : la plupart croyaient les pays de la Zone Torride inhabitables à cause de la grande chaleur ; mais, quoique le dedans de l'Afrique ne nous soit pas encore connu, on sait pourtant qu'il est habité et qu'il y a des pays très-fertiles. Les Portugais découvrirent dans le quinzième siècle la plus grande partie des côtes qui étaient inconnues aux Anciens ; les Français, les Hollandais et les Anglais y ont fait depuis de nouvelles découvertes.

Les Africains en général sont robustes, grossiers et farouches ; ils n'ont presque aucune connaissance des sciences ni des arts. La plupart n'ont point d'armes à feu ; et naturellement timides, ils ne savent point faire la guerre, à la réserve de ceux qui sont sur la mer Méditerranée, que le voisinage de l'Europe a aguerris, et de quelques Nègres de la Guinée. Les Arabes, qui se sont établis en Afrique dans les septième et dixième siècles, sont adroits et braves ; il y en a de polis, et qui ne manquent pas d'esprit ni de jugement, mais ils sont la plupart cruels, traîtres et trompeurs. Les Africains sont idolâtres ou mahométans ; il n'y a guère de chrétiens que dans l'Abyssinie, et dans les endroits où les Européens se sont établis.

La plupart des peuples de l'Afrique sont noirs, les autres sont fort basanés. On ne peut nier que l'ardeur du soleil n'ait contribué à les rendre tels ; mais ce n'est pas la seule cause, puisque les Américains qui sont dans le même climat n'ont pas le teint si noir, et que les Nègres qui naissent dans les pays froids conservent le même teint.

L'Afrique est une presqu'île jointe à l'Asie par l'isthme de Suez, qui sépare aussi la mer Rouge de la Méditerranée ; cet isthme n'est large que d'une trentaine de lieues. Plusieurs souverains d'Egypte ont essayé de

---

sac d'où l'on tire une liqueur onctueuse, épaisse et odoriférante de même nom. Quelques parfumeurs d'Europe nourrissent de ces animaux.

Moderne. 395

le couper ; et ç'a peut-être été un bonheur pour les côtes que baigne la Méditerranée, qu'on n'y ait pas réussi, la mer Rouge étant vraisemblablement plus élevée que la Méditerranée.

Il y a deux fleuves principaux en Afrique : le Nil, qui se décharge dans la Méditerranée, et le Diali-ba ou Niger, qui se décharge dans l'Atlantique. On y remarque trois caps fameux : le cap Vert à l'ouest, le cap de Bonne-Espérance au sud, et le cap Guardafui à l'est.

La chaîne de montagnes la plus considérable est celle du mont Atlas, qui sépare la Barbarie du Béled-ul-Djérid. Les autres sont, dans l'intérieur, les monts El-Kamar ou de la Lune et de Kong ; au sud, les monts Lupata et de Cuivre.

L'Afrique se divise en treize parties, qui sont : l'Égypte, la Barbarie, le Sahara, la Sénégambie, la Nigritie, la Guinée, la Cimbebasie, la Cafrerie, le royaume d'Adel, la côte d'Ajan, le Zanguebar, l'Abyssinie et la Nubie ; il y a outre cela quelques îles.

DE L'ÉGYPTE.

L'Égypte, sur les côtes orientales et septentrionales de l'Afrique, a été enlevée aux Mamelouks, qui s'en étaient emparés depuis le treizième siècle, par les Turcs en 1517. Ce pays était gouverné avant 1798 par vingt-quatre beys qui s'étaient rendus comme indépendans du Grand-Seigneur, quoiqu'ils lui payassent un tribut annuel. Ces chefs de Mamelouks furent détruits avec leurs troupes dans l'année dont nous venons de parler, par une armée française que le général Bonaparte y avait conduite, après avoir fait la conquête de l'Italie. En 1800, l'Égypte retourna sous la domination du Grand-Seigneur. Elle est aujourd'hui gouvernée par un pacha. Ce pays est fertile, quoique fort sablonneux ; il doit sa fertilité au débordement du Nil, qui l'inonde tous les ans : il commence vers le 15 juin, croît pendant quarante jours, et décroît pendant quarante autres ; la bonne crue est de vingt-quatre pieds : si elle est plus grande, l'eau étant trop long-temps à se retirer, empêche qu'on n'ensemence les terres basses ; si elle est moindre que seize pieds, il y a une partie des terres qui n'est point arrosée. Les pluies qui tombent alors en abondance dans les montagnes de l'Abyssinie, où est la source du Nil, causent ce débordement (1). Le limon que ce fleuve laisse sur les terres les engraisse ; mais il est le germe de la peste qui y naît tous les ans ; les hommes cependant qui échappent à ce fléau y vivent long-temps. Les animaux y sont aussi très-féconds, et l'eau du Nil en peut être une des causes. Les femmes ont ordinairement deux enfans à la fois, et très-souvent trois.

La quantité de blé que l'Égypte rapporte, la fit autrefois nommer *le grenier de l'empire romain*, comme elle l'est aujourd'hui de celui des Turcs, qui en sont les maîtres. On en transporte aussi du riz, des dattes (2), du séné (3), de la casse (4), et du baume excellent.

Les Égyptiens sont spirituels, adroits, et les meilleurs nageurs qu'il y ait au monde : on les accuse d'être fainéans, avares, fourbes, dissimulés, et adonnés au larcin. La plupart sont Mahométans ; on y trouve aussi des chrétiens latins et des schismatiques, appelés *Cophtes*,

_____

(1) Le Diali-ba, le Meï-nam, le rio de la Plata, et plusieurs autres fleuves de la Zone-Torride, se débordent de même tous les ans.

(2) Les dattes sont le fruit de différentes espèces de palmiers : ainsi il y en a de diverses sortes et de différentes grosseurs, depuis celle des pois jusqu'à celle des prunes médiocres ; il y en a sans noyaux. Ce fruit est bon et astringent ; de la chair des dattes on fait une espèce de beurre, et de la sève du même arbre on fait du vin de palmier assez bon, et qui peut enivrer.

(3) Le séné est la feuille d'un arbrisseau dont la tige n'a guère qu'une coudée, avec de petites branches flexibles comme l'osier : c'est un purgatif très-usité.

(4) La casse, purgatif doux et bienfaisant, est la pulpe du fruit d'un arbre grand comme nos noyers. Ce fruit est en gousses ou siliques longues d'un pied ou d'un pied et demi ; et la substance moelleuse y est enfermée dans des cellules d'un bout à l'autre.

Moderne.

qui sont soumis à un patriarche, qui prend le nom de *Patriarche d'Alexandrie.*

L'Égypte se divise en Haute, Moyenne et Basse. La Haute, appelée aujourd'hui *Saïd*, est l'ancienne Thébaïde, que peuplait un nombre prodigieux d'anachorètes; Fleury et Rollin rapportent que la ville d'Oxyrinque n'était peuplée que de moines des deux sexes qui chantaient jour et nuit les louanges de Dieu. Sa capitale, Thèbes, était fameuse par ses cent portes, par chacune desquelles elle pouvait faire sortir dix mille hommes armés: on voit encore de magnifiques ruines de cette cité célèbre; elles ont été dessinées et gravées par les artistes français. La Basse-Égypte ou Bahary est située entre les bouches du Nil; on la nomme autrement *Delta* parce qu'elle a la figure de cette lettre grecque, avec cette différence que la base de ce triangle Δ est vers la mer.

La Haute-Égypte a: { Girgéh, *chef-lieu.*
{ Cosseïr, *port.*

La Moyenne-Égypte a: { Minyéh, *chef-lieu.*

La Basse-Égypte a: { Le Caire, *capitale.*
{ Suez, *port.*
{ Alexandrie, *port.*
{ Damiette, *port.*

Le Caire, à 789 l. S. E. de Paris, près de la rive droite du Nil, est la seconde ville des états du Grand-Seigneur et la résidence du pacha ou vice-roi; elle a environ cinq lieues de circuit et a un beau château sur une hauteur. La ville est bien peuplée, et même assez marchande, quoique son commerce soit fort diminué, depuis qu'on va par mer aux Indes-Orientales d'où les marchandises venaient autrefois par Le Caire et par Alexandrie. Il y a diverses manufactures, et entre autres de ces beaux tapis, dits *tapis de Turquie.* On voit à trois ou quatre lieues de cette ville, sur la rive gauche du Nil, les fameuses pyramides qui ont passé autrefois pour une des sept merveilles du monde; elles servaient de tombeaux aux anciens rois d'Égypte. Il en subsiste encore trois, dont (1) la plus grande a 610 pieds de haut sur 682 de base. Plus loin que les Pyramides aussi à l'ouest du Caire, on trouve les puits, dits *de Momies* : c'était le lieu de la sépulture des anciens Égyptiens, dont on a trouvé les corps bien conservés par le moyen des sucs et des gommes aromatiques qui en ont pénétré et rempli tous les pores. Popul. : 250,000 habitans.

Memphis, autrefois capitale, n'a plus que quelques ruines au-dessous du Caire, sur la rive gauche du Nil. Le lac Mœris et le fameux labyrinthe, l'une des sept merveilles du monde, étaient aussi à l'ouest du Caire.

Dans la Basse-Égypte, Alexandrie, sur la Méditerranée, à 40 l. N. N. O. du Caire, autrefois si célèbre, est bien déchue, quoiqu'elle fasse à elle seule presque tout le commerce maritime de l'Égypte ; les murailles qui y restent, subsistent depuis Alexandre-le-Grand, son fondateur. 16,000 habitans.

Damiette, autrefois *Pelusium*, à 50 l. E. d'Alexandrie, fut prise par Saint-Louis en 1251, et rendue pour sa rançon : 30,000 hab. — Rosette, à 10 l. E. d'Alexandrie, compte 40,000 habitans. Chacune de ces deux villes donne son nom aux deux bras principaux par lesquels le Nil se jette dans la mer.

Suez, sur la mer Rouge, à l'E. du Caire, donne son nom à l'isthme qui joint l'Afrique à l'Asie ; elle n'a guère que 3,000 habitans.

DE LA BARBARIE.

La Barbarie, qui s'étend au sud de la Méditerranée, depuis l'Égypte jusqu'à l'Atlantique, est un des meilleurs pays de l'Afrique, et un des plus peuplés ; il est

---

(1) Voyez la description géographique des plaines d'Héliopolis et de Memphis, de M. de Fourmont, depuis la page 229 jusqu'à la fin ; on y trouve celle du Caire, où l'auteur suppose 600,000 habitans.

fertile en blé et en fruits, tels que citrons, oranges, figues, olives, raisins, amandes, etc., dont les habitans font un grand commerce, aussi bien que de peaux de maroquin et de chevaux fort estimés, qu'on appelle *Barbes*. L'air y est assez chaud, et le serait davantage, s'il n'était tempéré par les vents de la mer Méditerranée. Les Barbaresques sont cruels, avares, ignorans et remplis de perfidie. Ceux qui demeurent sur les côtes se servent de piques et d'armes à feu ; mais ceux qui habitent dans le milieu du pays ne combattent qu'avec des lances. La religion dominante de la Barbarie est le mahométisme ; il y a cependant beaucoup de juifs et quelques chrétiens. Le christianisme y a fleuri, et il y a eu jusqu'à trois cents évêchés ; Saint-Augustin, Saint-Cyprien, etc., étaient de l'église d'Afrique. Cette partie de l'Afrique formait, depuis le détroit de Gibraltar jusqu'à l'entrée du désert de Libye, ce que les Romains appelaient *province d'Afrique*. Depuis la fin du septième siècle jusque vers le milieu du huitième, les Arabes musulmans envahirent successivement cette grande contrée, et finirent par l'enlever entièrement à l'empire d'Orient.

La Barbarie comprend les régences de Tripoli et de Tunis, le territoire d'Alger et l'empire de Maroc ; ces états portent le nom de leurs capitales.

Le royaume de Tripoli, à l'ouest de l'Égypte, se divise en 4 parties : le Tripoli propre, le Fezzan, le Barcah et l'oasis de Gadamès, et est gouverné, de nom, en forme de république, par un conseil ou sénat, dont les membres sont électifs, mais de fait, et despotiquement, par le pacha qui est aussi électif, sous la protection du Grand-Seigneur, à qui il paie un tribut annuel. La plupart des habitans de Tripoli et de Tunis ne vivent que de leurs pirateries ; ils font beaucoup d'esclaves chrétiens, qu'ils traitent assez durement pour les forcer à payer leur rançon.

Le Barcah comprend les pays connus des Anciens sous les noms de Marmarique, de Cyrénaïque et de Libye : il n'est cultivé et peuplé que le long des côtes ; ailleurs il est stérile et inculte.

Dans la partie méridionale du désert de Barcah se

trouve la jolie oasis de Syouah, où l'on voit enco[re] les ruines du célèbre temple de Jupiter Ammon; c'e[st] comme une île de verdure au milieu d'une mer de sabl[e].

La ville de Tripoli, à l'ouest du Barcah, et à 272 [l.] S. E. de Marseille, est un port assez commerçant, [à] l'ouest du golfe de la Sidre, dit aussi *les Sèches de Ba[r]barie*, dangereux à cause des sables et des roche[rs]. 25,000 habitans.

Tunis, à 100 l. O. de Tripoli, ville grande, forte, riche et peuplée, est au fond d'un golfe dont l'entré[e] est défendue par le fort de la Goulette. St.-Louis mo[u]rut de la peste en 1270, en l'assiégeant.

La fameuse Carthage, rivale de Rome, était sur c[e] golfe, à trois lieues de l'endroit où est Tunis. Les mai sons de Tunis sont en terrasses, et n'ont qu'un étag[e]. L'eau douce y manque: on y supplée par des citerne[s]. 120,000 habitans.

Le territoire d'Alger, composé des provinces d'Al ger, de Constantine, de Zab, de Titeri et de Mascara, et d'un pays considérable à peu près indépendant e[t] habité par les Cabaïles ou Berbers, était autrefois gou verné despotiquement par un dey et peuplé presqu'en tièrement de pirates; mais les Français s'en sont em parés en 1830 et paraissent devoir le coloniser.

Alger, capitale, à 150 l. O. de Tunis, est une ville belle, grande, forte, peuplée, avec un excellent port; elle est bâtie en amphithéâtre: outre plusieurs beau[x] palais à la moderne, toutes les maisons à toits plats [y] sont couvertes de terrasses et de galeries, avec vue su[r] la mer. Ce repaire de pirates fut bombardé sous le règn[e] de Louis XIV, par l'amiral Duquesne; en 1816, il l[e] fut encore par une escadre anglaise qui endommagea considérablement le port, et brûla les vaisseaux qui s'y trouvaient. Cette ville tomba enfin le 5 juillet 183[0] entre les mains des Français qui s'en sont emparés à main armée, après avoir forcé le dey à chercher un refuge en Europe, et à leur abandonner tous ses droits sur cette régence. Le gouvernement d'Alger était sujet à de fréquentes catastrophes par l'insubordi nation de la milice. 40,000 habitans.

Les meilleures villes de cet état sont : Bone, près de l'emplacement d'Hippone, dont St.-Augustin était évêque; Bougie, jolie ville, assez forte; Oran, port et place forte, avec 20,000 hab.; Constantine, au S. E. d'Alger, qui possède de beaux restes de monumens romains et a 100,000 habitans, etc.

L'empire de Maroc se divise en cinq provinces : Draha, Fez, Maroc, Suse et Tafilet, et comprend de plus le Béled-ul-Djérid, ou pays des Dattes; cet état occupe le nord-ouest de l'Afrique, et est très-fertile en grains, fruits, huile, sucre, etc. Il y a des mines d'or et d'argent.

Maroc, capitale, dans une belle plaine; résidence du monarque ou Sultan. 30,000 habitans.

Fez, ville très-commerçante; on y cultive beaucoup la littérature. 200,000 habitans.

Mequinez, à quelques lieues de Fez, est dans une vallée jolie et fertile. 110,000 habitans.

Salé, forte ville et bon port, sur l'Atlantique, à 40 l. S. O. de Fez, compte parmi ses habitans un grand nombre de pirates.

Ceuta, port, sur le détroit de Gibraltar, Alhucemas, Melilla et Penon-de-Velez sont aux Espagnols, malgré les tentatives fréquentes des Africains pour s'en emparer.

Tanger, sur le même détroit, fut donné par les Portugais à Charles II, roi d'Angleterre, en 1662; les Anglais s'en dégoûtèrent et le démolirent vingt-deux ans après. C'est dans cette ville que résident aujourd'hui la plupart des consuls européens. 15,000 habitans.

Le Béled-ul-Djérid, l'ancienne Numidie, est mal peuplé et presque stérile, à cause de la sécheresse; les dattes qui y viennent en abondance, les chameaux et les autruches en font le principal revenu. Les Arabes y sont assez nombreux et à la solde des rois, comme les Suisses en Europe. Ils s'occupent à chasser aux autruches, qui sont les plus grands de tous les oiseaux, puisqu'il y en a de plus hautes qu'un homme à cheval; mais la plus grande partie de leur taille est en jambes et en cou. Leurs ailes ne leur servent point à voler; elles les étendent seulement pour courir plus vite, quand le vent leur e[st] favorable.

On voit ici dans les cabinets des curieux des œu[fs] d'autruches, dont quelques-uns pèsent douze à trei[ze] livres. Les Arabes mangent la chair de cet oiseau [et] vendent ses plumes aux Européens, qui en ornent l[es] chapeaux, le haut des dais, des lits (1), etc.

Ces Arabes ou Maures se sont établis le long d[es] côtes jusque vers la Nigritie, et reconnaissent l'empere[ur] de Maroc, sans lui payer tribut; ils y font tout le com-merce. Les principaux sont marabous ou docteurs [et] prédicateurs mahométans. Le peuple tient de leur ma[in] quelques sentences du Coran enfermées dans de p[e]tits sacs, et y a une grande confiance; on nomme c[es] talismans *Grigris*. Ils apportent à Arguin et sur l[es] côtes, de l'or qu'ils vont chercher dans les terres, d[es] esclaves qu'ils ont achetés, et de l'ambre gris (2) qu'[ils] ramassent sur le rivage.

DU SAHARA.

Le Sahara ou Grand Désert, au sud de la Barbarie, e[st] encore moins habité que le Béled-ul-Djérid, parce q[ue] la chaleur y est insupportable, et le sol aride et sablon-neux. La sécheresse y est si grande, qu'on voyage quel-quefois cinq ou six jours sans trouver de l'eau. On d[it] qu'un marchand européen y donna un jour mille duca[ts] pour une tasse d'eau : encore mourut-il peu de tem[ps] après avec celui qui la lui avait vendue. On voit da[ns] ces déserts une grande quantité de lions, de tigres

---

(1) Quand l'autruche est lasse, elle cache sa tête dans un tr[ou] ou derrière un arbre, et se laisse prendre.

(2) L'ambre gris est une espèce de bitume que la mer jette s[ur] les rivages, où il se durcit. Son odeur douce et agréable le f[ait] encore rechercher en Asie. Avant que la fatalité de la mode l'e[ût] banni de la France, chocolat, confitures, ragoûts, tout était [à] l'ambre gris.

d'autruches. Il y a, dit-on, tant de scorpions en quelques endroits, qu'on doit y marcher en bottines.

Ce pays est divisé en plusieurs déserts, dont la plupart prennent le nom de quelques peuples qui y habitent : les principaux sont ceux de Zuenziga, de Terga, de Lemta et de Berdoa. En général, les habitans du Sahara, qui portent le nom de Maures et qui sont mahométans, sont des hommes cruels, perfides et inhospitaliers.

DE LA SÉNÉGAMBIE.

La Sénégambie, au sud du Sahara, est ainsi appelée, des deux principaux fleuves qui l'arrosent, le Sénégal et la Gambie. La terre y est fort stérile, si ce n'est en quelques endroits où elle produit du millet, des dattes, du riz, du lin et du coton. Le commerce qu'on y fait consiste en cuirs, en ivoire, en gomme, en ambre gris, en poudre d'or, etc.; autrefois le trafic le plus important était la vente des esclaves, que les habitans enlevaient chez leurs voisins, et y ajoutant jusqu'à leurs propres femmes et leurs enfans, ils les vendaient aux Européens; ceux-ci les transportaient tous les ans en grande quantité en Amérique, pour les faire travailler aux mines, aux moulins à sucre, à cultiver la terre, avant que cet infâme commerce n'eût été aboli.

Les habitans sont en général paresseux et grossiers; ceux des villes professent le mahométisme : il y a aussi quelques idolâtres, surtout parmi ceux des déserts; ce sont les anciens Gétules.

Ce pays, outre les deux cours d'eau dont il reçoit son nom, est arrosé par le Diali-ba, l'ancien Niger, qui croît et décroît en même temps et de la même manière que le Nil.

Les Français, les Anglais et les Portugais possèdent sur les côtes de la Sénégambie plusieurs établissemens importans pour leur commerce.

Sur la Gambie se trouvent Albreda, aux Fra[n]çais; Jam[e]s et Bathurst, aux Anglais; les Portug[ais] ont Cacheo, qui compte 9,000 habitans.

Le fort de Gorée est au sud du cap Vert, dans u[ne] île de même nom, qui a un mouillage excellent et a[p]partient à la France.

Le fort de Bissao est dans une île de trente-ci[nq] lieues de circonférence, qui dépend de l'archipel d[e] Bissagos, au-dessous du rio Grande.

A l'embouchure du Sénégal, fleuve que l'on a p[ris] long-temps mal à propos pour un bras du Niger, [est] une île dans laquelle les Français ont bâti le fort et [la] ville de St.-Louis. Ils furent cédés aux Anglais avec to[ut] ce que les Français possédaient sur le fleuve par le trai[té] de 1763; les Français les reprirent en 1779.

DE LA NIGRITIE.

La Nigritie, vaste contrée qui occupe le centre d[e] l'Afrique, est divisée en plusieurs royaumes presque tou[s] inconnus, dont il suffit de voir les noms et la situatio[n] sur les cartes: les principaux sont ceux de Timbouctou, de Bambara, de Haoussa, de Darfour et de Bournou.

DE LA GUINÉE.

La Guinée, au sud de la Sénégambie et de la Ni[-]gritie, est un pays très-fertile, et où les chaleurs exces[-]sives du climat sont tempérées par la longueur et la fraî[-]cheur des nuits. La terre y produit du maïs, du mille[t] et du riz, souvent deux fois l'année. On y trouve du poivre et des cannes à sucre, des limons, des oranges, des ananas (1), et autres fruits excellens. Il y a des ar[-]

---

(1) Les ananas, de la figure des pommes de pin, sont des fruit[s] délicieux qui viennent sur des plantes de deux à trois pieds d[e] haut, comme nos artichauts. C'est peut-être le plus délicat de[s] fruits des Indes.

bres si gros, qu'à peine plusieurs hommes peuvent les embrasser : tel est le baobab.

Ce pays ne peut être qu'extrêmement peuplé, chaque Nègre ayant dix, vingt, et jusqu'à trente femmes ; les riches et les princes en ont plus de cent. La plupart de ces Nègres s'occupent de la pêche et du commerce : leurs marchés sont fournis de nos toiles, de nos étoffes et de nos quincailleries : il y a des Nègres fondeurs, des charpentiers, des potiers, etc. Les Négresses y sont propres et ménagères, aimant passionnément la danse : elles sont chargées des pénibles travaux de l'agriculture.

Ces Nègres en général sont bien faits et robustes, mais paresseux, fourbes, ivrognes, gourmands et malpropres. La base de leur nourriture est le pain de millet ; ils le broient, le pétrissent en gâteaux, et le font cuire sous la cendre. Ils mangent la viande presque pourrie et seulement séchée au soleil, et le poisson de même. Les moutons y ont du poil au lieu de laine ; ceux qu'on y a portés de l'Europe, de même que les bœufs, les chèvres, les poules, etc., y ont dégénéré et sont fort petits : les œufs de poules n'y sont que de la grosseur de nos œufs de pigeons. On y trouve des gazelles, douces, dociles, familières, et qui n'excèdent pas la taille de nos chats, surtout vers Akra, à l'est de Saint-Georges de la Mine ; il n'en est pas de même des bêtes farouches : les tigres y sont d'une grandeur et d'une férocité extrêmes. On y voit plus de trente espèces de singes, depuis la taille d'un chat jusqu'à celle de l'homme : ces derniers, que l'on appelle orang-outangs, ne marchent que sur deux pieds et ressemblent aux hommes. Il y a quantité d'oiseaux très-curieux et très-rares. Les salamandres qui y abondent, périssent dans le feu comme les autres lézards, auxquels elles ressemblent, malgré le préjugé qui en fait leur élément.

On tirait de la Guinée quantité d'esclaves, beaucoup d'ivoire et de poudre d'or. On évite d'acheter l'or fondu en *cœurs*, en *bracelets*, parce que les Nègres y mêlent beaucoup d'alliage.

On ne saurait refuser aux Français l'honneur de la découverte de ce pays, qu'ils firent vers le milieu du quatorzième siècle. Leur guerre civile sous Charles VI, vrai fléau du commerce, fit écrouler les fondemens [de] celui qu'ils auraient fait sur ces côtes: les établissseme[ns] qu'ils avaient formés au Petit-Dieppe et ailleurs, fure[nt] négligés; et les Portugais, les Anglais et les Hollandais e[n] firent de plus solides. Ces derniers ont forcé depuis l[es] Portugais à se retirer dans les terres, où ils se sont alli[és] aux naturels du pays.

Tous les Nègres de la Guinée sont idolâtres; et ave[c] une idée confuse d'un Dieu tout-puissant et unique, i[ls] rendent un culte particulier à plusieurs divinités suba[l]ternes, qu'ils nomment *fétiches* : telle est une espèce d[e] serpens, de même que les grands arbres, la mer, et[c.] Ces serpens, fort gros et longs de six pieds, sont fami[-]liers, se laissent prendre, et ne sont point venimeu[x.] Le serpent fétiche a un temple très-riche.

La Guinée est divisée en deux parties: la Guinée su[-]périeure et la Guinée inférieure.

La Guinée supérieure est divisée en neuf parties ap[-]pelées Côtes: ce sont celles de Gabon, de Biafra, d[e] Calabar, de Benin, des Esclaves, d'Or, des Dents, d[e] Graines et de Sierra-Leone; la côte des Dents est ains[i] appelée à cause du grand commerce qu'on y fait d[e] dents d'éléphans, et la côte d'Or, parce qu'on y trouv[e] des mines et de la poudre d'or : la principale ville d[e] cette dernière, Saint-Georges de la Mine, a enviro[n] quinze mille habitans. Les Hollandais y ont un bo[n] port, et un fort qui est un vrai palais, et qui command[e] la ville : ils ont une quinzaine d'autres forts le lon[g] des côtes. Les Anglais, qui ont Cap-Corse à côté, on[t] aussi des forts de distance en distance. Les Danois y on[t] Christianbourg, au nord-est de Cap-Corse.

Dans le golfe voisin, sur la côte des Esclaves, le com[-]merce des Nègres a été jusqu'ici facile et avantageux[.] Les Français, les Anglais et les Portugais avaient de[s] forts et des comptoirs jusqu'aux portes de Sabi, capi[-]tale du royaume de Juda; mais tous ces petits états on[t] été ruinés et dépeuplés par un roi voisin, puissant, rich[e] et guerrier, appelé roi du Dahomey : il prit, pilla e[t] brûla la ville d'Ardra en 1725, et trois ans après, cell[e] de Sabi : les comptoirs des Européens ne furent pa[s] épargnés; et en 1732, celui de Jacquin eut le même sort, quoiqu'on eût attiré contre ce prince conquérant les armes de deux nations voisines, dont les états s'étendent du côté de la Nubie (1). Ce prince avait de l'artillerie, de la vaisselle d'or, et près de deux mille femmes.

Après la poudre d'or, la monnaie courante à Juda et sur la plupart de ces côtes, est une espèce de petits coquillages appelés *cauris*, depuis la grosseur des pois jusqu'à celle des olives : on les apporte des Indes-Orientales.

Benin est à un roi puissant, dont la capitale, du même nom, a bien six lieues de tour et 60,000 habitans; mais, excepté le palais qui est immense, cette ville ressemble à un grand village. Les Nègres de ces états, plus policés que leurs voisins, sont civils, sociables et équitables : ils ne prient point Dieu, parce que, disent-ils, il est bon et ne peut faire de mal; mais ils prient le Diable, parce qu'il est méchant.

La Guinée inférieure, au sud de la Guinée supérieure, est assez semblable à cette contrée, quant à ses habitans, ses animaux, ses fruits, etc.; mais les chaleurs y sont bien moindres. Ce pays, que l'on appelle souvent aussi Congo, du nom d'un des états qu'il renferme, est divisé en sept royaumes : celui de Congo, qui est le principal, et ceux de Loango, d'Anziko, de Cacongo, d'En-Goyo, d'Angola et de Benguéla.

Le royaume de Loango, outre sa capitale, belle et grande, avec de belles rues plantées d'arbres, a plusieurs villes assez peuplées, mais dont toutes les maisons, comme dans toutes les autres villes de ces côtes, sont construites en terre. Il y a eu des missionnaires français.

Le roi de Congo, dont l'autorité est despotique, a sous lui plusieurs vassaux qui portent à peu près les mêmes titres que nous connaissons en Europe : et tel de ces vassaux peut armer cent mille hommes et plus, mais timides et mal aguerris. Les rois du Congo sont chrétiens depuis 1484, que les Portugais y ont prêché la foi. La capitale, San-Salvador, située sur le sommet d'une

---

(1) Les Yos et les Yabus. *Voy*. l'Hist. des Voyages.

montagne, à cinquante lieues de la mer, a un évêché, plusieurs belles églises et 40,000 habitans. Les Portugais y ont un comptoir et y font tout le commerce.

L'ordre de la chevalerie du Congo, et la marque de la noblesse, est un bonnet blanc.

Le Zaïre, fleuve du pays, a sept ou huit lieues de large à son embouchure.

Le royaume d'Angola est extraordinairement peuplé, et fournissait tous les ans plusieurs milliers d'esclaves pour le Brésil. Les Nègres y préfèrent la chair de chien à toute autre; ils sont idolâtres, si ce n'est ceux de St.-Paul de Loanda, capitale, évêché, avec un bon port, et des autres lieux qui appartiennent aux Portugais.

St.-Philippe de Benguéla, port, capitale du Benguéla, sert de lieu d'exil pour les criminels Portugais.

Il se trouve dans l'Angola, comme dans la Guinée supérieure, une espèce de gros singes, nommés Jocko-Pongos, qui approchent si fort de la figure humaine, que les Nègres croient que ce sont de petits hommes paresseux qui feignent de ne pas les entendre, pour ne point travailler; quelques auteurs pensent que c'étaient les satyres des anciens. On accoutume ceux que l'on prend, à porter de l'eau, du bois, et à faire tout ce qu'on pourrait attendre d'un enfant de neuf ou dix ans. On en a vu de la taille des hommes, mais beaucoup plus gros.

Les Anzikos et les Jaggas, voisins du Congo à l'est, sont des peuples très-puissans, nombreux et braves, mais barbares, et ne vivant que de rapines. Ils pillent le Congo de temps en temps; leur pays immense s'étend jusque vers l'Abyssinie; ils sont anthropophages et féroces à l'excès. Du reste on connaît très-peu leurs mœurs et leurs usages.

DE LA CIMBEBASIE.

La Cimbebasie, au sud de la Guinée inférieure, le long de l'Atlantique, n'offre qu'une plage aride et peu connue; les Cimbebas sont noirs et sauvages,

DE LA CAFRERIE.

La Cafrerie, ou le pays des Cafres, est une grande côte qui s'étend depuis le Congo jusque vers le Zanguebar, des deux côtés du cap de Bonne-Espérance. Elle occupe l'extrémité méridionale de l'Afrique, et comprend 4 parties principales : la Hottentotie, la colonie anglaise du Cap-de-Bonne-Espérance, le Monomotapa et la Cafrerie propre. Les Hottentots, qui en occupent la plus grande partie, sont divisés en une quinzaine de nations : en général, ils sont très-paresseux, et laissent incultes des terres qui seraient fertiles; d'ailleurs ils sont bons, fidèles et hospitaliers, habiles à tirer de l'arc, et agiles à la course. Ils ne connaissent ni pain, ni sel, ni épiceries. Ils regardent comme un devoir d'humanité de tuer les vieillards infirmes. Ils sont fort laids, grossiers et très-malpropres, sans idée d'aucune religion. Ils ramassent la graisse et les intestins des animaux qu'ils ont tués ou vendus, pour les manger crus, ou s'en frotter le corps. Ceux qui sont voisins du Cap fournissent aux Anglais quantité de bestiaux : ils donnent quelquefois un bœuf pour une livre de tabac, et un mouton pour moins d'une demi-livre, ou pour une petite mesure d'eau-de-vie; ces moutons sont de l'espèce de ceux dont la queue pèse 15 et 20 livres. Les chevaux y sont assez communs, mais d'une très-petite taille; il y en a quantité de sauvages qui ont la tête fort menue et qui sont indomptables. On y trouve aussi des zèbres, mais il est difficile de les prendre et encore plus de les apprivoiser. Les chiens sauvages, qui y sont très-nombreux, s'assemblent d'eux-mêmes en meute pour chasser et pour partager leur proie. Les singes s'assemblent de même pour voler dans les jardins; ils se mettent en file, et de main en main, les citrons, les melons, les ananas, etc., ont bientôt passé d'un jardin à un bois ou à une montagne voisine.

Le fort que les Hollandais avaient et que les Anglais possèdent aujourd'hui au Cap, n'était d'abord qu'un méchant ouvrage de bois que les premiers avaient bâti sur un terrain qu'un roi voisin leur vendit en 1661; mais en 1680, ils y construisirent un bon pentagone de pierres, garni de 60 pièces de canon. La ville du Cap, située sous ce canon, a plusieurs centaines de maisons, mais à un seul étage et couvertes de chaume, à cause des vents d'est qui y sont terribles. Le gouverneur a assez près de là un beau jardin rempli d'arbres et de plantes des quatre parties de la terre. Tous les vaisseaux qui vont aux Indes sont obligés d'enrichir cet établissement, en y prenant des rafraîchissemens, de bonne eau, de la volaille, des bœufs, des moutons, et de ce vin précieux, nommé *vin du Cap* ou *de Constance*, délicat, moëlleux, et surpassant peut-être le meilleur des Canaries : le plant en est venu de Perse; c'est surtout une colonie de réfugiés Français qui le cultive. Cet établissement occupe un terrain plus grand que tout ce que la Hollande possède en Europe, mais sans villes et même sans villages : ce sont de grandes métairies isolées, mal bâties, et éloignées les unes des autres; mais les Hottentots les respectent; et elles ont plus à craindre des singes, des tigres et des autres bêtes farouches.

Le Monomotapa est un puissant empire, qui comprend plus de vingt royaumes soumis et tributaires; il est fertile et si rempli de mines d'or, que les Portugais en nomment le souverain l'*Empereur de l'or*. Cet état est presque tout enveloppé dans le cours du fleuve Zambèze ou Cuama; les seuls Portugais ont pénétré dans ce pays. Ils remontèrent ce fleuve en 1569, et à soixante lieues de son embouchure ils s'emparèrent de la petite ville de Séna, qui est encore à eux; et à une même distance au-dessus, ils établirent une colonie à Tête. Leur général mena sa petite armée plus avant, et jusque vers les mines, après avoir battu des armées innombrables de Nègres; mais traversé par un moine qui avait autant d'autorité que lui, il mourut de chagrin, et son successeur ramena à peine quelques débris de ses troupes à Sofala : deux cents hommes qu'il avait laissés aux mines, du consentement de l'empereur, y périrent bientôt, victimes de la jalousie des Nègres qui les trompaient et leur dressaient des piéges de toutes parts. Ces peuples sont bien faits, robustes, fort noirs, plus guerriers et plus spirituels que tous leurs voisins; les habits des riches sont d'étoffes de coton et d'or. L'empereur, outre un grand nombre de concubines, a neuf femmes principales. Zimbaoé est la capitale du Monomotapa.

Le Monoémugi et plusieurs autres états voisins, et surtout ceux de l'intérieur de l'Afrique, ne sont point encore connus; à peine en sait-on les noms.

DU ZANGUEBAR.

Le Zanguebar est rempli de marais qui y rendent l'air malsain; la terre y est peu fertile. Sa plus grande richesse consiste en son or et en son ivoire; ses habitans, noirs et assez traitables, sont presque tous idolâtres ou mahométans.

Il y a le long de la côte orientale plusieurs états, dont quelques-uns portent le titre de *royaumes*.

Mozambique a un roi absolu sur son peuple, mais soumis aux Portugais, qui sont maîtres de sa capitale. L'air y est si malsain, qu'on y exile les criminels, qui y vivent peu.

Le royaume de Mongale a une capitale du même nom.

Celui de Quiloa a deux villes du même nom : l'une qui est au roi, et l'autre qui est aux Portugais, dont il est tributaire de quinze cents marcs d'or.

Les Portugais ont à Sofala un fort bâti dès 1508; ils y ont un grand commerce, et en tirent beaucoup d'or, de l'ambre gris, de l'ivoire, etc. Cette ville pourrait bien être l'Ophir (1) de l'Écriture. Depuis le cap de Bonne-Espérance jusqu'à Sofala, les côtes sont inabordables et les habitans très-sauvages.

Mombaza, royaume indépendant, a une capitale du même nom, grande, forte, avec un bon port.

---

(1) Ophir était voisine du cap de Bonne-Espérance, sur les côtes de l'Afrique orientale, et les vaisseaux de Salomon y allaient par la mer Rouge; ils tenaient la même route par Tharsis. Huet, *de Navigationibus Salomonis*.

Mélinde a une bonne capitale du même nom : le Portugais y ont une citadelle et plusieurs églises.

Magadoxo est un royaume peu connu.

Brava, république, paie tribut aux Portugais.

La côte d'Ajan, peu connue, peu fertile et presque déserte, fournit de l'or, de l'encens, de l'ivoire et de l'ambre gris.

La côte d'Adel, dont la capitale est Z&ilah, *port*, outre l'or et l'ivoire, a de ces brebis dont la queue pèse vingt ou vingt-cinq livres. On y trouve le cap Guardafui, le point le plus oriental de l'Afrique.

DE L'ABYSSINIE.

L'ABYSSINIE, au nord-ouest des côtes de Zanguebar et d'Ajan, dans l'intérieur des terres, était autrefois plus riche et plus considérable qu'elle ne l'est depuis deux siècles. La terre y est fertile en plusieurs endroits. On y trouve quantité de mines d'or, d'argent, de cuivre, de fer et de plomb; mais les habitans ne savent pas profiter de ces avantages. Ils ont du riz, du maïs, du sucre, etc. Les Abyssins ne sont point un peuple nomade, campant sous des tentes, comme l'ont cru la plupart des géographes; ils habitent des villes et des villages bâtis sur des lieux élevés pour être à l'abri des inondations, qui, durant la moitié de l'année, couvrent toutes les plaines. Les Abyssins sont noirs ou fort basanés, mais sans avoir la laideur des Nègres; ils ont assez d'esprit et d'adresse. Ils suivent la religion chrétienne schismatique des cophtes ou chrétiens d'Égypte, et ont un évêque, qui leur est donné par le patriarche de ces cophtes.

L'Abyssinie se divise en cinq grandes parties : les royaumes de Tigré et d'Amhara, le gouvernement des Côtes, les provinces confédérées de Choa et Éfat, et le pays des Gallas indépendans.

Gondar, capitale du royaume d'Amhara, située sur une haute montagne, à 50 l. N. E. des sources du Nil, compte 40,000 hab. Les maisons y sont bâties d'argile.

Axoum, une des plus anciennes villes de l'Abyssinie,

est la capitale du royaume de Tigré, dont le souverain réside ordinairement à Chélicut, jolie ville, située au S. E. d'Axoum.

Les Gallas forment un peuple barbare, qui a fait de grandes conquêtes sur les Abyssins.

Arkiko, port sur la mer Rouge, est dans le gouvernement des Côtes, dont la capitale est Dobarva.

DE LA NUBIE.

La Nubie, entre l'Abyssinie et l'Égypte, est un royaume peu connu. L'air y est très-chaud, et le terroir peu fertile, si ce n'est aux environs des rivières; on en tire de l'or, du musc (1), de l'ivoire et du bois de sandal (2). Ce pays produit des cannes à sucre, que les Nubiens ne savent pas préparer. La Nubie a beaucoup de chevaux et de bêtes féroces. Cette contrée est habitée par plusieurs peuplades indépendantes, gouvernées par des chefs dont le plus puissant est celui de Sennaar, autrefois tributaire de l'empereur des Abyssins; ces peuples, courageux et subtils, trafiquent avec les Égyptiens. Quelques-uns disent qu'ils sont chrétiens; mais d'autres prétendent que leur religion est un judaïsme mêlé de mahométisme.

Après Sennaar, ville grande et belle, sur le Bahr-el-Abiad, la ville de Dongolah passe pour la principale de la Nubie, où l'on trouve aussi Souakem, sur la mer Rouge.

DES ÎLES DE L'AFRIQUE.

Les îles les plus considérables de l'Afrique sont celles de Socotora, de Madagascar, de Bourbon, l'île Mau-

(1) Le musc est une liqueur épaisse, qu'on tire d'une vessie grosse comme un œuf, qu'on trouve sous le ventre d'une espèce de chevreuil fort léger. On en trouve aussi au Tonkin. Les parfumeurs, confiseurs, etc., en font usage.

(2) Le bois de sandal, qui se trouve aussi aux Indes-Orientales, est dur, pesant, et d'une odeur douce; il sert à teindre en rouge.

rice ou île de France, à l'est de l'Afrique ; et celles du Cap-Vert, les Açores, les Canaries et Madère, à l'ouest.

Socotora, vis-à-vis du cap Guardafui, est assez fertile dans les lieux que les vents ne couvrent pas de sable. Les habitans et leur roi sont chrétiens cophtes, comme les Abyssins, et sont tributaires de l'iman arabe de Mascate.

L'île de Madagascar, vis-à-vis du Zanguebar, est une des plus grandes que l'on connaisse, et très-fertile : il y a beaucoup de bois d'ébène et de poivre blanc. On y trouve dans les rivières plusieurs sortes de pierres précieuses. Les peuples de cette île sont assez spirituels, mais perfides, vindicatifs et cruels ; il y en a de blancs et de noirs. Leur religion est la païenne, mêlée d'un peu de judaïsme et de mahométisme. Les Portugais, les Anglais, les Hollandais et les Français y ont fait alternativement quelques établissemens : ces derniers y avaient bâti, en 1655, le fort Dauphin, vers le midi de la côte orientale ; mais les insulaires en égorgèrent la garnison en 1673, et peu de personnes se sauvèrent. Les Français de l'île Bourbon et de l'île de France y vont commercer.

L'île Bourbon, appelée d'abord Mascareigne, du nom du Portugais qui la découvrit le premier, est à l'orient de Madagascar ; elle a bien une soixantaine de lieues de circuit : l'air y est très-sain, et elle est assez fertile. Les Français qui s'y établirent dès l'an 1657, outre le bois d'ébène et les palmiers, y trouvèrent beaucoup de gibier, ainsi que du poivre, du benjoin, etc. ; ils y ont cultivé des arbres à café qui y réussissent, et y ont même établi la culture des mûriers blancs et des vers à soie. Un volcan à sa partie orientale, et les ouragans qui y sont fréquens, la firent abandonner par les Portugais et les Hollandais. Elle est devenue l'entrepôt du commerce des Français en Orient. Le chef-lieu est St.-Denis, qui a 9,000 habitans.

L'île de France, ou Maurice, en est voisine au N. E. ; elle appartenait aussi aux Français. On y trouve deux bons ports, quantité d'oiseaux, principalement des tourterelles, et du poisson de mer et de rivière en abondance. Elle est presque aussi grande que l'île Bourbon.

Les Anglais s'en rendirent maîtres pendant la dernière guerre, et l'ont gardée, en vertu du traité de Paris de 1814. Port-Louis en est le chef-lieu.

L'île Saint-Thomas, vis-à-vis du Congo, sous la Ligne, et celle du Prince, sont aux Portugais, et peu considérables.

L'île Sainte-Hélène, au milieu de l'Atlantique, entre le cap de Bonne-Espérance et les îles du Cap-Vert, au seizième degré de latitude australe, fut découverte par les Portugais, qui, l'ayant bien fournie d'animaux domestiques et de fruits, la destinèrent pour rafraîchir indistinctement les équipages des vaisseaux Européens; mais les Anglais s'en sont emparés, et y ont bâti un fort au seul lieu de la côte qui soit abordable. Cette île, qui a environ sept lieues de tour, renferme de hautes montagnes entrecoupées de plusieurs vallées, dont la principale se nomme la vallée de la Chapelle. La petite ville, voisine du port, que les colons anglais y ont bâtie, se nomme *James-Town*. L'air, l'eau, les fruits, la volaille et les animaux domestiques, tout est si bon et si sain dans cette île, qu'on la nomme *l'Hôtellerie des Marins*.

C'est dans cette île qu'en 1815, Napoléon fut conduit par les Anglais, comme leur prisonnier; il y mourut le 5 mai 1821.

Les îles du Cap-Vert, au nombre de vingt, ne sont pas très-peuplées, parce que l'air y est malsain et le terroir peu fertile. Les Portugais, de qui elles dépendent, n'en tirent que du sel, mais en quantité, et des peaux de chèvre. On croit que ce sont les anciennes Hespérides: la plus grande et la plus peuplée est celle de Sant-Iago ou Saint-Jacques, qui a pour capitale la ville de même nom, résidence du gouverneur de tout l'archipel et le siége de l'évêque. C'est de ces îles que nous sont venues les *poules pintades*, espèces de grosses perdrix: il y en a aussi aux Canaries.

Les îles Canaries, dites autrefois *Fortunées*, au N. E. de celles du Cap-Vert, sont au nombre de dix ou douze, dont sept principales ont été découvertes en différens temps; elles sont fort peuplées: l'air y est sain et le terroir fertile. Les Espagnols en tirent une quantité prodigieuse de vin qui en porte le nom, et qui se distribue dans toutes les parties du monde; de la soie, du miel et du sucre : c'est de là que nous sont venus les petits oiseaux nommés *serins de Canarie*. Les plus considérables sont celles de Canarie et de Ténériffe. Canarie a 50,000 habitans, et est très- fertile en fruits, sucre, gibier, et en blé qu'on y recueille deux fois l'an, en février et en mai. La capitale est *Palmas*, qui a un assez bon port et 12,000 habitans.

Ténériffe est la plus grande et la plus fertile des Canaries. Ste.-Croix ou Laguna, sa capitale, est dans les terres, dans une belle plaine, à côté d'un lac d'où elle tire son second nom : c'est le lieu de la résidence de l'évêque, du gouverneur et du conseil souverain. Le plant des vignes y est venu du Rhin et de Candie : aussi distingue-t-on deux sortes de vin, le Malvoisie et le Verdona. La soie y est très-belle, et le miel excellent. On y remarque la fameuse montagne appelée le *pic de Ténériffe*, si haute, qu'on la découvre de quarante lieues en mer; elle n'a cependant guère qu'une lieue perpendiculaire (1). Depuis le commencement de sa base, il faut deux jours pour arriver à son sommet : dans le premier tiers du chemin on trouve des arbres; le second tiers est stérile, couvert de rochers et de neige; enfin la troisième partie est aride, sulfureuse, sans neige, et si rapide, qu'on la nomme le *Pain de sucre*. Le sommet est une plate-forme de cent toises de diamètre, et on voit au milieu le cratère du volcan terrible qui vraisemblablement a élevé ce prodigieux amas de pierres et de soufre.

L'île de Fer, la plus occidentale des Canaries, n'est connue que parce que la plupart des géographes européens y avaient fait passer leur premier méridien (2); sa stérilité, un volcan, et son défaut de rivières et de sources lui ont mérité le nom qu'elle porte. Les habitans, qui sont au nombre de quinze cents et qui ont

---

(1) Selon Buffon, elle a une lieue et demie.
(2) Aujourd'hui le premier méridien des Français passe par l'Observatoire de Paris.

beaucoup de bestiaux, ont eu soin de creuser des citernes dans les lieux où peut s'amasser l'eau de la pluie.

L'île de Madère, au nord des Canaries, est aux Portugais, qui la découvrirent en 1420, par le moyen d'un pilote (1) qui avait appris où elle était située, par des Anglais esclaves comme lui à Maroc (2); elle était toute couverte de bois où l'on mit le feu, et elle devint d'une fertilité étonnante. On y trouve d'excellent sucre, des fruits de toute espèce, et des vins délicieux, dont on transporte en Amérique près de vingt mille pipes par an. L'air y est très-doux et très-sain.

Funchal, capitale, a 12,000 habitans et un port; mais il n'est pas sûr, non plus que sa rade. Il y croît, comme à Ténériffe, un arbre nommé *dragon*, à cause de la ressemblance de son écorce avec la peau de serpent : la sève qu'on en tire, préparée et épaissie à la consistance de gomme, se nomme *sang-de-dragon*, et sert en pharmacie.

Les Açores, autrement *Tercères*, à 400 l. S. O. de Brest, furent découvertes au commencement du quinzième siècle, par quelques marchands flamands, qui n'y firent aucun établissement. Gonzalve Vélez y aborda en 1449, et en prit possession pour le roi de Portugal, à qui elles appartiennent aujourd'hui. Le terroir y est fort montagneux, mais il ne laisse pas de produire en quelques endroits assez de blé, de vin, de fruits, et quantité de pastel (3). Tercère est la plus considérable de ces îles; Angra, évêché, en est la capitale : le gouverneur des Açores y fait sa résidence : 15,000 hab.

---

(1) Jean Moralès.
(2) Ces Anglais étaient de l'équipage de Robert Manchin, qui, ayant enlevé une fille de Bristol, célèbre par sa beauté, et évitant la route ordinaire pour l'emmener aux Indes, découvrit l'île de Madère; tandis qu'il était descendu avec elle, un gros temps enleva son vaisseau, et le brisa sur les côtes d'Afrique.
(3) Le pastel est une plante qui ressemble assez à l'indigo. Les teinturiers contrefont l'indigo avec le pastel : on en néglige la culture dans le midi de la France où elle réussissait.

AMÉRIQUE.

Cette partie de la terre est beaucoup plus grand[e] que chacune des quatre autres, et fait seule un continen[t]. Il y a apparence que les Anciens ont eu quelque con[]naissance de l'Amérique : Platon, dans un de ses ou[]vrages (1), introduit les prêtres égyptiens, qui rap[]portent à Solon qu'autrefois, au-delà des colonn[es] d'Hercule (2), il y avait une île nommée *Atlantide*[,] plus grande que l'Asie et l'Europe ensemble; et Diodo[re] de Sicile rapporte aussi que quelques Phéniciens, aya[nt] passé les colonnes d'Hercule, furent emportés vers d[es] terres éloignées, et qu'ils abordèrent vis-à-vis de l'A[]frique, dans une île très-fertile et arrosée de grand[s] fleuves : ce qui ne peut guère s'entendre que de l'Amé[]rique. Il est très-vraisemblable, en effet, que les ven[ts] d'orient qui soufflent presque toujours dans la Zon[e] Torride, aient jeté dans les siècles précédens plusieu[rs] vaisseaux sur les côtes de l'Amérique, comme il arriv[a] dans le quinzième siècle à un vaisseau biscayen, qu[i] vint relâcher aux îles Canaries ; Christophe Colomb, q[ui] y était, apprit du pilote que ce vaisseau avait été port[é] par le gros temps sur des côtes fort éloignées vers l'o[c]sident : il conçut le dessein de les aller découvrir. C'e[st] peut-être même par ce moyen que l'Amérique a ét[é] peuplée; peut-être aussi que des pêcheurs de Norwèg[e] ou des autres côtes septentrionales de l'Europe y on[t] abordé par le Groenland, et s'y sont multipliés; enfi[n] il peut y être passé des hommes du Japon, de la Grand[e] Tartarie, ou des côtes de la Sibérie qui sont voisines d[e] celles de l'Amérique septentrionale.

---

(1) Intitulé *Timée*.
(2) Les deux montagnes Calpé et Abyla, la première en E[s]pagne, la deuxième en Afrique, qu'on dit qu'Hercule sépa[ra] pour faire entrer l'Océan dans les terres par le détroit de G[i]braltar. Les Anciens croyaient que c'était là l'extrémité de [la] terre, ou le *nec plus ultrà*.

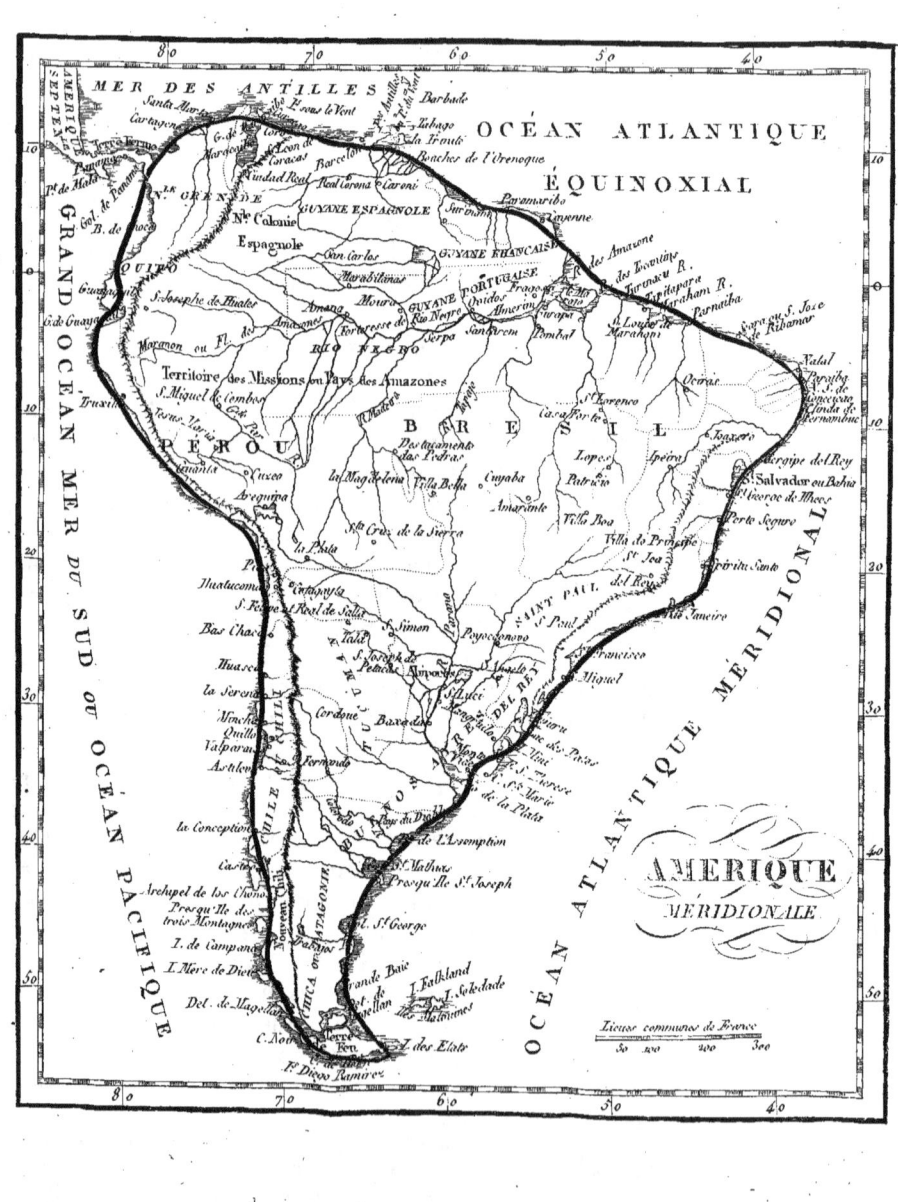

Quoi qu'il en soit, l'Amérique fut découverte en 1492, par Christophe Colomb. Ce Génois, assez bon géographe, s'était établi aux Canaries, où il travaillait à lever les côtes de ces îles, quand le pilote biscayen dont nous venons de parler le confirma dans l'opinion qu'il avait déjà de l'existence d'autres terres que celles de notre continent. Il offrit aux Génois de faire cette découverte pour sa patrie; il fit la même offre au roi de Portugal, Jean II, et enfin à Henri VII, roi d'Angleterre. Rebuté partout comme un visionnaire, il fut écouté d'Isabelle de Castille, qui engagea Ferdinand d'Aragon, son époux, à risquer cette entreprise. Colomb fut encore six ans à attendre un vaisseau et deux brigantins qu'on lui donna. Enfin, en 1492, il partit d'Espagne le 3 août, et les premières terres qu'il découvrit le 11 octobre, furent celles de la côte de Guanahani, l'une des îles Lucayes; il lui donna le nom de *San-Salvador*. Il fit ensuite la découverte des îles de Cuba et d'Hispaniola; et y ayant laissé trente-huit personnes dans un fort de bois qu'il fit faire, il revint faire son rapport à Ferdinand, qui le fit Grand-d'Espagne, et le renvoya avec le titre d'*amiral des Indes*, faire de nouvelles découvertes.

L'Amérique a tiré son nom d'Améric Vespuce, Florentin, qui y fit un voyage en 1497 : il prétendit avoir découvert le premier la terre-ferme, et il donna son nom à cette riche partie de la terre, qu'on appelle aussi quelquefois *Nouveau-Monde* et *Nouveau-Continent*.

L'air de l'Amérique varie selon les différens climats qu'elle occupe; en général, il y est assez tempéré. La terre y est assez fertile partout. Il y vient du blé, dont les États-Unis apportent une assez grande quantité jusqu'en Europe; on y recueille quantité de maïs ou blé *de Turquie*, dont les Américains font du pain, beaucoup de cannes à sucre (1), de

---

(1) Le sucre est le résidu de la sève ou du suc qu'on exprime d'une sorte de roseaux ou de cannes de 5 à 6 pieds de haut; on les écrase entre des rouleaux, ou sous une roue. On met ce suc dans de grandes cuves sous lesquelles on allume du feu, et on le fait épaissir jusqu'à la consistance de la cassonnade; c'est le sucre brut; il n'y a plus qu'à le raffiner.

tabac et de cacao (1) ; on y trouve des perles, de l'indigo, de la cochenille (2). On y voit plusieurs sortes d'arbres et d'animaux que nous n'avons point ; mais sa plus grande richesse vient de ses mines d'or et d'argent, d'où les Espagnols ont tiré la quantité prodigieuse de ces métaux qu'on voit circuler dans l'Europe et dans tout le monde.

Quand on découvrit l'Amérique, on la trouva assez peuplée d'habitans blancs ou basanés ; il n'y en avait point de noirs. La plupart étaient idolâtres ou sans religion et sauvages, avec diverses sortes de gouvernement ; on y trouva même des royaumes policés. Leurs armes étaient l'arc et la massue. Ceux du Mexique immolaient des hommes à leurs idoles. Aujourd'hui plusieurs de ces peuples sont policés et plus sociables ; ils sont agiles et légers à la course. La plupart sont paresseux et indolens ; quelques-uns sont fort cruels.

L'Amérique a présentement quatre sortes d'habitans : les Européens, qui s'y sont établis ; les Américains ou naturels du pays ; les Métis, qui sont nés d'un Européen et d'un Américain, et les Nègres, que l'on y a transportés d'Afrique (3). Tous les Américains, qui ont été

---

(1) Le cacao, qui est la base du chocolat, est l'amande d'un arbre de 7 ou 8 pieds de tige, qui ressemble assez à un oranger. Chaque arbre produit une cinquantaine de gros fruits ou de gousses de la taille de nos concombres les plus longs ; et chaque gousse est remplie de ces noix ou amandes, dont la chair fait le chocolat, et qui servent de monnaie sur les lieux.

La vanille, qui entre dans le chocolat, est une plante sarmenteuse qui, comme le lierre, s'attache aux arbres et aux murailles ; ses gousses, de la grosseur d'un tuyau de plume, sont remplies d'une liqueur huileuse, balsamique et d'une odeur agréable. Il y nage quantité de petits grains d'un noir luisant.

(2) La cochenille forme cette précieuse couleur de carmin cramoisi, etc. Ce sont de petits insectes rouges, qui naissent et se nourrissent sur les feuilles d'une sorte d'opuntia ou cactier qui ressemble beaucoup à celui qu'on voit en Europe dans tous les jardins des amateurs.

(3) Pour la nourriture de ces Nègres, on fait une espèce de pain, nommé *cassave*, avec la racine de la plante appelée *manioc*. On râpe ces racines, qui ressemblent à de très-gros navets, et comme on l'a vu faire aux Indiens, on en exprime le suc, qui serait un vrai poison. On pétrit enfin cette farine en galette qu'on cuit ou qu'on laisse durcir au soleil.

subjugués, font profession de la religion chrétienne.

On divise l'Amérique en deux grandes parties, l'une septentrionale et l'autre méridionale, jointes par l'isthme de Panama, qui n'a guère que huit lieues de large. La mer qui sépare l'Europe de l'Amérique, se nomme Océan Atlantique ; celle qui sépare l'Amérique des Indes, se nomme Grand-Océan.

Les deux plus grandes rivières de l'Amérique septentrionale sont celles de Saint-Laurent et du Mississipi ; dans la méridionale, ce sont celles de la Plata, de l'Orénoque et des Amazones : cette dernière est la plus grande de la terre ; elles se jettent toutes dans l'océan Atlantique.

Les Andes ou Cordillières, les plus hautes montagnes de notre globe après les monts Himalaya, en Asie, sont aussi dans l'Amérique méridionale, et s'étendent depuis l'isthme de Panama jusque vers le détroit de Magellan. Quoique situées dans la Zone Torride, ces montagnes ont leur sommet couvert de neige, dans le temps même que les rayons du soleil y tombent perpendiculairement : ce qui prouve bien que les rayons du soleil ne sont pas chauds par eux-mêmes, et qu'il n'est pas impossible qu'il fasse froid dans Mercure, et chaud dans Saturne.

I. DE L'AMÉRIQUE SEPTENTRIONALE.

On peut diviser l'Amérique septentrionale en sept principales parties, qui sont la Nouvelle-Bretagne, le Groenland, la Russie américaine, les États-Unis, le Mexique, le Guatimala et les îles.

I. La Nouvelle-Bretagne comprend les pays que possèdent les Anglais dans le nord de l'Amérique, et dont les principaux sont le Canada, le Nouveau-Brunswick et l'Acadie.

Le Canada, au nord, fut découvert en 1504 par des pêcheurs bretons, qui y furent jetés par la tempête. Les Français y firent quelques établissemens dès 1534 ; mais ils ne s'y établirent bien qu'en 1604, que Henri IV y envoya une colonie, qui a toujours augmenté depuis.

et qui a été cédée aux Anglais par le traité de 1763[...] pays est entrecoupé de grands lacs, de bois e[t] rivières, qui le rendent plus froid qu'il ne devrait l'[...] par sa situation. Le terroir y devient assez fertil[...] mesure qu'on y défriche les terres, et qu'on les [...] couvre en coupant les bois.

On comprend sous le nom de Canada, le Can[...] propre, ou la Nouvelle-France, le Saguenay, et p[lu-] sieurs pays habités par des sauvages, dont les plus c[on-] nus sont les Iroquois, les Hurons, les Algonquins, [les] Esquimaux et les Illinois, avec lesquels les Europé[ens] négocient des peaux de castors (1), d'orignals (2), [de] loutres (3), martres, etc., et on leur donne en écha[nge] des grains, de l'eau-de-vie, de la quincaillerie, etc[.]

La capitale du Canada est Québec, sur le fleuve Sai[nt-] Laurent, ville médiocrement grande, mais peuplée [et] assez bien bâtie, avec une bonne citadelle; c'est la [ré-] sidence de l'évêque, du gouverneur et de l'intenda[nt.] Il y avait un assez beau collège de jésuites et un cons[eil] supérieur. Il y a une traversée de 1150 lieues de Br[est] à Québec. Popul.: 24,000 hab.

Montréal, dans une île au-dessus de Québec, fait [un] grand commerce; il y avait aussi une maison de jésui[tes] et un séminaire de la communauté de Saint-Sulpice.

Le fort Catarakoui ou de Frontenac, sur le bo[rd] oriental du lac Ontario, ceux de Chambly et de Ni[...]

---

(1) Le castor, animal amphibie, est aussi célèbre par la [sa-] gacité de son instinct, que par la beauté, la finesse et la do[u-] ceur de son poil, dont on fait les chapeaux de ce nom. C[es] animaux sont de la taille de nos petits moutons, et ne s'app[ri-] voisent jamais. Ils vivent de feuilles et de l'écorce du frêne, [de] l'orme, de l'aune, etc., et ils en font provision pour l'hive[r] en coupant les arbres mêmes, et les voiturant par morcea[ux] dans les cabanes qu'ils savent se faire à plusieurs étages [au] bord des ruisseaux, dont ils arrêtent l'eau par des chaussées fo[r-] tes et solides. Ils vivent en société, et travaillent de concert.

(2) Les orignals du Canada sont les vrais élans de Russie.

(3) Les loutres ressemblent assez aux castors; celles d'Euro[pe] sont bien moins grosses. Ces animaux, aussi amphibies, vive[nt] de poissons, et en détruisent beaucoup. Leur peau lisse et bri[l-] lante sert à faire des manchons; les sauvages canadiens s'en fo[nt] même des robes.

ara, tiennent en respect les Iroquois, tribu sauvage et guerrière.

Le fleuve Saint-Laurent est très-profond ; il traverse plusieurs lacs qui ont chacun plusieurs centaines de lieues de tour, et sont très-poissonneux : le lac des Illinois, le lac Supérieur, le lac Huron, le lac Érié, le lac Ontario. Entre ces deux derniers, ce fleuve fait une chute de cent-soixante pieds, appelée *le saut du Niagara* : c'est la plus effrayante cataracte de la terre ; on en entend le bruit de plus de six lieues. On fait au Canada, avec la sève de l'érable, une espèce de sirop, agréable au goût et très-sain.

Les Iroquois, les Illinois, et presque toutes les nations sauvages ont entre elles une espèce de symbole qui leur sert de sceau, de signal, de gage pour la paix, les alliances, l'amitié, etc. : c'est une grande pipe à fumer, ornée de plumes et autres breloques ; on la nomme *calumet*. Un étranger est bien honoré quand on lui fait fumer du tabac dans le calumet d'une habitation, et il est sûr d'être bien reçu chez une nation, quand il lui présente le calumet de la part d'une nation amie.

Les côtes septentrionales du Labrador, et celles qui bordent la baie d'Hudson, sont aux Anglais depuis 1713, que les Français leur cédèrent ce qu'ils y possédaient. Les Esquimaux, qui les habitent, ont le visage large et plat, le nez écrasé et les lèvres épaisses ; ils savent se couvrir et se fourrer de tant de peaux de veaux marins, de castor, etc., qu'ils affrontent le froid le plus rigoureux ; ils vivent de poissons et de chair crue, dont ils font provision pour l'hiver, et qu'ils conservent en les laissant geler. Leur chasse ordinaire est de lapins, de lièvres et de plusieurs espèces de grosses perdrix, avec les oiseaux de passage, canards, oies, cygnes. En général, ils sont misérables et peu nombreux ; mais la possession de quelques habitations le long de ces golfes glacés, flattait infiniment l'espérance que les Anglais avaient d'y trouver un passage pour le Grand-Océan, et conséquemment pour la Chine et tout l'Orient. L'utilité palpable que la nation en retirerait, détermine de temps en temps de bons patriotes à faire des dépenses énormes.

pour faire cette recherche. Dès 1557, Frobisher, qui en approcha, donna son nom à un détroit à la pointe méridionale du Groenland ; Davis donna le sien en 1584 au long détroit qui baigne les côtes occidentales du même Groenland. Hudson découvrit en 1610 le détroit et la vaste baie qui portent son nom. Malgré l'inutilité de plusieurs tentatives postérieures en 1612, 1630 et 1669, etc., on en fit une nouvelle en 1746 et 1747. Enfin en 1818 une expédition anglaise, sous les ordres du capitaine Ross, a cru reconnaître que la baie d'Hudson était de toutes parts entourée de terres élevées et qu'il n'existait point de passage.

L'Acadie, dont les habitans se nomment *Souriquois*, faisait partie du Canada, et fut cédée aux Anglais en 1713. La capitale, bonne ville et bon port, avait le nom de Port-Royal, et a pris celui d'Annapolis ; il s'est élevé sur les côtes une nouvelle ville avec un port fortifié, qui a pris le nom du comte d'Halifax, qui a protégé cet établissement, et qui compte déjà près de 20,000 hab.

II. Le Groenland, situé à l'est du Labrador, est un pays extrêmement froid. Ses côtes sont bordées de rochers élevés ; la terre n'y est couverte que de quelques plantes rabougries. Les Groenlandais, qui sont de la race des Esquimaux, vivent l'hiver dans des maisons à moitié enfoncées sous terre, et l'été dans des tentes ; ils se nourrissent du produit de leur pêche. Durant l'été, qui est très-court, la chaleur est insupportable comme en Laponie. Ce pays fut découvert en 1582 : il reçut le nom de *Groenland* qui signifie *terre verte*, parce que la terre y parut couverte de verdure ou plutôt de mousse. Dès le 10e. siècle un roi de Norwège y envoya une colonie, mais en 1382 Marguerite, reine de Danemarck, et de Norwège, ayant fait défense d'y aller sans permission, cette colonie s'est dissipée ; l'on y trouve cependant encore quelques établissemens danois.

III. La Russie américaine, qui occupe l'extrémité nord-ouest de l'Amérique, n'est séparée de la Sibérie que par le détroit de Behring ; c'est un vaste pays dont on ne connaît guère que les côtes méridionales, où l'on remarque une grande quantité de golfes, de détroits, etc., et qui n'est important qu'à cause du commerce de fourrures qu'on y fait.

IV. Les États-Unis, qui s'étendent de l'Océan Atlantique au Grand-Océan, comprennent les pays connus autrefois sous les noms de Nouvelle-Angleterre, Virginie, Caroline, Louisiane, Floride, etc.

Le New-Yorck était d'abord aux Hollandais. Il est situé à l'ouest de la Nouvelle-Angleterre : 1,380,000 hab.

Le New-Jersey, au sud du New-Yorck, était moins considérable : environ 280,000 hab.

La Pensylvanie, au sud du New-Jersey, doit son nom au fameux quaker Guillaume Penn, auquel l'amirauté la céda en 1681, en paiement des grosses sommes dues à sa famille. Il y bâtit, lui et ses quakers, une jolie ville, nommée *Philadelphie*, et la revendit à la couronne d'Angleterre en 1712, 280,000 liv. sterlings. Populat. : 1,060,000 habit.

La Virginie, au sud de la Pensylvanie, fertile et célèbre par son tabac, a pour capitale Richmond ; elle fut découverte en 1585, et ainsi nommée relativement au parti que prit la reine Élisabeth de ne se point marier. Popul. : 1,070,000 hab.

La Caroline, au sud de la Virginie, qui faisait partie de la Floride, fut enlevée aux Français par les Espagnols, et à ceux-ci par les Anglais ; on y trouve Charleston, qui a 30,000 hab.

En continuant à reculer ces frontières, les Anglais cultivèrent et peuplèrent un nouveau canton, qu'ils nommèrent *Georgie*, du nom de leur roi.

Toutes ces provinces, appelées depuis la *Nouvelle-Angleterre*, se réunirent le 4 juillet 1776, contre la domination anglaise, dans le dessein de secouer le joug de la métropole. Deux nouveaux impôts, auxquels celle-ci voulut les assujettir, malgré leurs priviléges, furent cause de ce soulèvement ; elles forment aujourd'hui vingt-quatre états, sans y comprendre six territoires et un district qui entreront aussi dans le système fédératif lorsque leur population sera plus considérable.

Voici les noms de ces états :

États.	Chefs-lieux.
1 Alabama	Tuscalousa.
2 Caroline du Nord	Raleigh.
3 Caroline du Sud	Columbia.
4 Connecticut	Hartford, New-Haven
5 Delaware	Douvres.
6 Géorgie	Milledgeville.
7 Illinois	Vandalia.
8 Indiana	Indianapolis.
9 Kentucky	Francfort.
10 Louisiane	La Nouvelle Orléans
11 Maine	Portland.
12 Maryland	Annapolis.
13 Massachusetts	Boston.
14 Mississipi	Jackson.
15 Missouri	Jefferson.
16 New-Hampshire	Concord.
17 New-Jersey	Trenton.
18 New-Yorck	Albany.
19 Ohio	Columbus.
20 Pensylvanie	Harrisbourg.
21 Rhode-Island	Newport, Providence
22 Tennessee	Nashville.
23 Vermont	Montpellier.
24 Virginie	Richmond.

Les six territoires sont :

1 Arkansas	Arkopolis.
2 Floride	Tallahassee.
3 Michigan	Détroit.
4 Missouri	»
5 Nord-Ouest	»
6 Oregon	»

Le district, dont Washington est le chef-lieu, por
le nom de Columbia et appartient en commun à
Confédération.

Ces états forment autant de républiques régies pa
des lois particulières, mais qui se réunissent, pour le
intérêt commun, dans un congrès composé des députi

de chaque province, et qui s'assemble dans la ville fédérale de Washington ; outre ce congrès, il y a un sénat permanent et un président chargé d'exercer au-dedans et au-dehors la puissance exécutive. La souveraineté des États-Unis a d'abord été reconnue par la France, dans un traité de commerce conclu le 6 février 1778 ; elle l'a été depuis par l'Espagne, et ensuite par toutes les puissances, y compris l'Angleterre.

La ville de Washington, située à 451. S. O. de Philadelphie et à 1,300 l. de Paris, sur le Potomac, se trouve dans l'Ouest des États-Unis. Son enceinte a environ six lieues de circonférence. Les vaisseaux peuvent y monter avec la marée. Cette capitale des États-Unis a été fondée en 1792. Elle renferme de beaux édifices, et pourra devenir par la suite le plus grand marché de l'occident et la rivale des plus magnifiques villes de l'ancien monde. Popul. : 21,000 hab.

Les villes les plus remarquables de cette république sont ensuite : New-Yorck, la plus importante, dans l'état de son nom, avec 230,000 hab.; Philadelphie, dans la Pensylvanie, avec 186,000 habitans; Baltimore, dans le Maryland, avec 85,000 h., et La Nouvelle-Orléans, dans la Louisiane, qui en compte 40,000, la plupart Français.

La Floride, au sud de la Georgie, dont les Espagnols avaient laissé démembrer la partie orientale, nommée *Caroline*, fut ainsi nommée par Fernand de Soto, qui y aborda, dit-on, le jour de Pâques Fleuries, l'an 1534. Par le traité de 1763, les Anglais devinrent les maîtres de la partie de la Floride possédée par les Espagnols. On n'y trouve que les villes de Saint-Augustin, sur la côte orientale, et de Pensacola, vers l'embouchure de la Mobile, rivière qui sépare cette province du Mississipi. Les Espagnols se sont emparés de ce dernier en 1781. Le dedans du pays est encore occupé par les sauvages. La Floride a été ensuite cédée aux États-Unis.

La Louisiane, à l'ouest de la Floride, fut découverte par l'Espagnol Fernand de Soto (1); le

---

(1) Elle l'avait été dès l'an 1504, par un Français nommé Thomas Albert. On y fit un nouveau voyage en 1562; elle fut

père Marquette et Solier, habitans de Québec, l'examinèrent de nouveau en 1673. Il y eut dès-lors quelques petits forts bâtis dans ces quartiers; mais ce ne fu qu'en 1720 que le duc d'Orléans, régent, y fit transporter une colonie, et y bâtit une ville, dite *La Nouvelle-Orléans*, à une trentaine de lieues de l'embouchure du Mississipi; on y voit de beaux bâtimens de briques et grand nombre de maisons à quatre et cinq étages. Il y a aussi quelques forts sur le fleuve, l'un à trente lieues au-dessus de la ville, un autre à quatre-vingts lieues, et un troisième à deux cents lieues; on en a fait un autre sur la Mobile.

Ce pays serait très-fertile le long du fleuve, s'il étai cultivé; mais à peine cette colonie, négligée jusqu'ici consistait-elle en sept cents Français, avec environ le double de Nègres, lorsque, par le traité de 1763, les Français la cédèrent aux Espagnols. Elle est revenue en 1805 aux Français qui l'ont vendue aux États-Unis d'Amérique. On y cultive du tabac et de l'indigo; il y a des mûriers blancs, qui seront peut-être un jour employés à la nourriture des vers à soie.

V. Le Mexique ou la Nouvelle-Espagne, au sud des États-Unis, est le plus beau et le meilleur pays de l'Amérique. Quoiqu'il soit presque tout dans la Zone Torride, l'air y est fort tempéré et assez sain. La terre y est très-fertile en maïs et en fruits délicieux, mais peu nourrissans. Les animaux domestiques y portent deux fois l'année, et il y a quantité de mines d'argent, et quelques-unes d'or. On en tire du cacao excellent en abondance, du baume, des cuirs, et beaucoup de cochenille et d'indigo.

Les Espagnols s'établirent au Mexique en 1518; Fernand Cortez en fit la conquête en trois ans, sur Montézuma, dernier roi de ce pays. Il est étonnant que neuf cents hommes en aient pu subjuguer plusieurs millions, policés et unis sous le même gouvernement; mais la surprise que causèrent d'abord aux Mexicains les armes

---

donnée à la compagnie des Indes, en 1717; on y avait envoyé des colonies l'année précédente. Elle fut rendue par la compagnie en 1731.

à feu, qu'ils regardaient comme un vrai tonnerre, la défense que leur firent leurs philosophes de se défendre contre ces espèces d'hommes divins, des provinces entières, ennemies d'un gouvernement arbitraire et avilissant pour l'humanité, qui s'unirent aux Espagnols, rendent la chose croyable.

Depuis que Fernand Cortez avait conquis le pays jusqu'en 1811, l'Espagne l'avait possédé paisiblement, et l'on y comptait déjà une succession de cinquante vice-rois, dont un seul, le marquis Casa-Fuente, était Américain de naissance. A cette époque, une insurrection ayant eu lieu parmi les colonies espagnoles, elle fut étouffée au Mexique par une grande effusion de sang; mais, en 1821, une nouvelle révolution mit la puissance suprême entre les mains d'Iturbide, espèce de tyran, qui prit le titre d'empereur, et qui fut bientôt forcé de descendre du trône qu'il avait usurpé: ayant voulu de nouveau ressaisir l'autorité suprême, il paya de sa vie son ambition gigantesque. Actuellement le Mexique forme une république fédérative, composée de dix-huit états et de cinq territoires; les premiers sont: Chiapa, Chihuahua, Cohahuila et Texas, Guanaxuato, Mechoacan, Merida, Mexico, Nouveau-Léon, Nouveau-Santander, Oaxaca, La Puebla, Queretaro, San-Luis-Potosi, Sonora et Cinaloa, Tabasco, La Vera-Cruz, Xalisco, Zacatecas. Les cinq territoires sont ceux de Colima, Nouvelle-Californie, Vieille-Californie, Nouveau-Mexique et Tlascala.

Les Mexicains naturels sont un peu basanés, bien faits, adroits, ingénieux et bons ouvriers, quoique naturellement paresseux. Ils s'appliquent tous aux arts et au commerce; car les vice-rois ne donnaient qu'aux Espagnols les emplois de la guerre, de la justice et des finances. Ils étaient autrefois idolâtres; mais ils ont reçu la religion chrétienne, et ils l'observent, du moins en apparence.

La capitale du Mexique est Mexico, à 2040 l. S. O. de Brest, une des plus grandes et des plus belles villes de l'Amérique; elle est ornée d'un palais, dans la construction duquel on a employé 7,000 poutres. Elle est le siége du gouvernement, d'un archevêque, d'une cour souveraine, d'une université, etc. Elle est bien peuplée et riche par son commerce; les églises y sont magnifiques; la cathédrale y jouit de 300,000 écus de revenu. Elle est située sur un lac de huit lieues sur cinq, dont l'eau est salée. Popul. : 150,000 habitans, de différentes couleurs.

Les villes principales, après Mexico, sont : Acapulco, port sur le Grand-Océan, d'où partent et où abordent les vaisseaux qui font le commerce des îles Philippines. Il y arrive tous les ans pour plus de vingt millions d'épiceries, de soieries, de mousselines, de toiles peintes (1), etc.

La Véra-Cruz, assez mauvais port, dans le golfe du Mexique, à l'est de Mexico, est le lieu où la flotte partie de Cadix apportait toutes les marchandises nécessaires pour l'Amérique septentrionale. 18,000 habitans.

Tabasco, sur la même côte, et Campêche, dans la presqu'île de Yucatan, sont de bonnes places. Cette dernière donne son nom à un excellent bois de teinture que les Anglais et autres nations coupent librement sur les côtes voisines : il est d'un rouge noirâtre, et ressemble à l'aubépine.

La Puebla, au S. E. de Mexico, compte 68,000 hab.

Le Nouveau-Mexique, dans le nord du Mexique, ne fut habité par les Espagnols qu'en 1585. Quoique l'air y soit pur et sain, qu'il y ait des pâturages, des animaux sauvages et domestiques, et que les naturels y soient doux et dociles, il est si inférieur au reste du Mexique, que peu d'Espagnols s'y établissent.

Santa-Fé, qui en est le chef-lieu, a à peine 4,000 hab.

La Californie, au nord, qui est séparée du Nouveau-Mexique par la mer Vermeille, a passé long-temps pour une île; mais on a découvert qu'elle était jointe à la terre-ferme. Les habitans y sont pauvres, dépourvus d'industrie et très-indolens comme le terrain; et rien n'invite à porter plus loin les découvertes de ce côté. Les jésuites y avaient une mission.

---

(1) Les jésuites des Philippines soutenaient autrefois presque seuls tout le fardeau de ce commerce. *Voyages de l'amiral Anson.*

VI. Le Guatimala, qui, comme le Mexique, s'est révolté contre les Espagnols, auxquels il appartenait, est un pays très-fertile ; il forme aujourd'hui une république fédérative composée de cinq états : Costarica, Guatimala, Honduras, Nicaragua et San-Salvador, et a pour capitale la ville du même nom, où l'on compte 100,000 habitans.

VII. Les principales îles de l'Amérique septentrionale sont : Terre-Neuve, les Lucayes et les Antilles.

L'île de Terre-Neuve, à 758 l. N. O. de Brest, est une des plus grandes îles de l'Amérique : quoique découverte dès la fin du quinzième siècle, les Anglais et les Français n'y ont fait d'établissemens qu'au commencement du dix-septième; et ces derniers cédèrent aux premiers, en 1713, la partie qu'ils y occupaient, où est le bourg de Plaisance, en se réservant le droit d'y pêcher la morue, et d'y en faire sécher : c'est surtout sur le banc de Terre-Neuve, qui est à soixante lieues à l'est de l'île, que se fait cette riche pêche : il n'y a point d'année qu'on n'y voie quatre ou cinq cents vaisseaux anglais, français, hollandais, etc. Les morues se prennent à la ligne sur le grand banc, qui est couvert de quelques brasses d'eau : il a deux cent cinquante lieues de long sur quatre-vingts lieues de largeur. St.-Jean en est le chef-lieu.

Les autres îles voisines de Terre-Neuve dans le golfe du Saint-Laurent, qui étaient aux Français, ont été cédées aux Anglais par le traité de 1763 : elles se nomment Anticosti et Cap-Breton. Cette dernière, dite aussi Île Royale, a pour lieu principal Louisbourg, de sorte qu'il ne reste plus aux Français, dans ce vaste pays, que les petites îles Miquelon et Saint-Pierre, pour servir d'abri aux pêcheurs; mais il ne pouvait y avoir autrefois que des bâtimens marchands pour la commodité de la pêche, et une garde de cinquante hommes pour la police (1).

---

(1) Les Bermudes, situées loin du continent, entre l'Acadie et les Antilles, très-petites, peu importantes, et peuplées cependant de quelques Anglais, ne devraient pas même être nommées dans cet abrégé.

Les Lucayes sont vers le tropique du Cancer : [les] principales Lucayes sont : la Nouvelle-Providen[ce,] Guanahani *ou* Saint-Sauveur, première terre que [dé]couvrit Christophe Colomb, et la Grande-Baham[a] qui donne son nom au détroit voisin, au nord de Cu[ba]: elles sont presque désertes, quoiqu'assez fertiles en m[aïs] et en fruits.

Les Antilles, devant le golfe du Mexique, sont [di]visées en grandes et en petites; les grandes sont [au] nombre de quatre : Cuba, Haïti *ou* Saint-Domingu[e,] Porto-Rico et la Jamaïque.

L'île de Cuba est pleine de montagnes et peu ferti[le;] on y trouve beaucoup de perroquets, de perdrix, [de] tourterelles, et quelques mines d'or. Elle apparti[ent] aux Espagnols, qui en tirent beaucoup de sucre, [des] cailles de tortues, et de ce tabac, dit *tabac d'Espagn[e]*. La Havane, sa capitale, est l'abord des flottes espagn[oles] et renferme 60,000 habitans. Le port est grand et [fort] sûr, défendu par trois bons châteaux; on y a établi [un] chantier pour la construction des vaisseaux, en 171[4].

L'île de Saint-Domingue, appelée aussi *Hispani[ola]* et *Haïti*, est fertile en maïs, en fruits, en sucre et [en] tabac. L'air y est assez tempéré : les Espagnols [en] avaient la plus grande partie; mais depuis, la Fra[nce] la possédait tout entière. Livrée aux horreurs de la p[lus] sanglante anarchie depuis 1790, puis sous la dominat[ion] d'un noir, Toussaint-Louverture, sur lequel on n'a [pu] la reconquérir, cette île est aujourd'hui aux mulâtres [et] aux noirs qui, après avoir eu un empereur et un r[oi,] se sont constitués en république, gouvernée par un p[ré]sident, dont les lumières et la modération ont eu, j[us]qu'à ce moment, la plus heureuse influence sur la pr[os]périté de ce nouvel état. La France, à qui tous ses dro[its] sur cette île avaient été confirmés par les derniers trai[tés,] y a renoncé en 1825, en reconnaissant l'indépendan[ce] de Saint-Domingue, moyennant une indemnité [de] 150,000,000 de francs à partager entre les anciens [co]lons dépouillés de leurs propriétés. Popul. : 950,000 h[ab.] de différentes couleurs. Religion dominante : la cath[oli]que ; il y a un archevêque et deux évêques. Pétionvill[e,] ville récemment fondée, est le siége du gouvernemen[t.]

Le Port-Républicain, autrefois Le Port-au-Prince, ancienne capitale de la république, était une ville bien peuplée et considérable; détruite en 1770 par un tremblement de terre, elle fut brûlée par les noirs en 1792, et a considérablement souffert par un incendie arrivé le 16 décembre 1822. Pop.: 16,000 habitans.

Saint-Domingue, capitale de la partie qui était aux Espagnols, port, archevêché; cette ville est grande et bien fortifiée. 12,000 habitans.

L'île de Porto-Rico, qui produit les mêmes choses que celle de Saint-Domingue, et qui est aux Espagnols, a pour capitale Saint-Jean de Porto-Rico, ville de 30,000 âmes, avec un port sûr, même pour les grands vaisseaux, et défendu par deux forts.

La Jamaïque produit des cannes à sucre, du tabac, du cacao, du coton très-fin, et beaucoup de bétail : on y trouve quantité de tortues (1), dont l'écaille est très-belle. Les Anglais enlevèrent cette île aux Espagnols en 1654, et l'ont conservée depuis. Les Nègres s'y sont soulevés plusieurs fois contre les Anglais, en 1730, 1734, 1739 et 1831. Sa capitale est Kingston, avec un vaste port et 33,000 hab.; on y remarque aussi Spanish-Town, appelée ci-devant Santiago de la Véga, ville assez grande et bien peuplée.

Les Petites Antilles, qui sont les vraies Caraïbes, sont sujettes à de si grandes chaleurs, qu'elles servent de

---

(1) La tortue est un animal amphibie, qui, ayant sur le dos de larges écailles assez connues, dont on fait quantité d'ouvrages, ne saurait bien nager, et est obligé de marcher au fond de la mer. On en voit de plusieurs espèces et de diverses grandeurs : il y en a qui donnent jusqu'à deux cents livres de chair bonne à manger. On en prend aisément et beaucoup dans le temps de la ponte. Chacune, pendant quinze jours, va deux ou trois fois hors de la portée de la haute mer, pondre dans le sable, de 70 à 80 œufs, de la taille de ceux des poules ; ceux qui les trouvent pendant ce pénible voyage, durant lequel elles se reposent plusieurs fois, ne font que les renverser sur le dos avec des leviers, et elles ne peuvent plus se sauver. Quarante jours après, les petits éclosent; et si de gros oiseaux sans nombre, qui les attendent, n'en enlevaient les 9 dixièmes pendant qu'ils gagnent la mer, cet élément en serait rempli en peu d'années.

tombeau au moins au quart des Européens que l'avidité du gain y mène passer quelques années. On y cultive de l'indigo, du tabac, et quantité de cannes à sucre.

On distingue les Petites Antilles en îles du Vent et en îles Sous-le-Vent. La raison de cette dénomination ne vient point de la route que tiennent les vaisseaux espagnols, mais de la situation de ces îles : les premières étant effectivement au-dessus des dernières, par rapport au vent qui règne presque toujours vers la ligne de l'est à l'ouest, à cause du mouvement diurne de la terre.

Les Français possèdent la Guadeloupe, la Martinique qui est la meilleure, à 1420 l. S. O. de Brest, et qui a une bonne place, appelée *Fort-Royal*. Ils ont encore la Désirade, Marie-Galante et les Saintes.

Les Anglais occupent la Barbade, Antigoa, la Barboude, l'île de Saint-Christophe, dont les Français leur cédèrent en 1713 la partie qu'ils y avaient, la Grenade, la Dominique, Tabago, Sainte-Lucie, que les Français leur avaient enlevées, Saint-Vincent, la Trinité, à l'embouchure de l'Orénoque.

Les Hollandais ont l'île de Saint-Eustache, près de Porto-Rico. Les Anglais la leur ont enlevée en 1781.

Les Danois ont Sainte-Croix et St.-Thomas.

Les Suédois possèdent la petite île de St.-Barthélemy dont le chef-lieu est Gustavia, qui renferme 10,000 habitans.

II. DE L'AMÉRIQUE MÉRIDIONALE.

L'Amérique Méridionale se divise en dix principales parties, qui sont : la Colombie, le Pérou, la Bolivie, le Brésil, la Guyane, le Paraguay, la république de Monté-Vidéo, les Provinces-Unies du Rio de la Plata, le Chili et la Patagonie ou Terre-Magellanique ; toutes ces provinces appartenaient aux Espagnols, excepté le Brésil.

I. La Colombie fut formée en 1819 des pays connus anciennement sous les noms de Terre-Ferme ou Nouvelle-Grenade, de capitainerie de Caracas, de royaume de Quito et de Guyane espagnole, que Bolivar réunit en un seul état après l'expulsion totale des Espagnols de tout le territoire, par suite de la révolution qui avait éclaté dans ces contrées dès l'année 1811. La Terre-Ferme a été ainsi nommée par Christophe Colomb, parce que ce fut la première terre du Nouveau Continent qu'il découvrit après les îles. La république de Colombie, qui se divisait en douze départemens, ceux de l'Asuay, de Boyaca, du Cauca, de Cundinamarca, de l'Equateur, du Guayaquil, de l'Isthme, de la Madeleine, de Maturin, de l'Orénoque, de la Sulia et de Vénézuéla subdivisés en provinces, s'est, dans ces derniers temps, partagée en trois états indépendans les uns des autres, savoir : le Vénézuéla, à l'E, la Nouvelle-Grenade, à l'O, et l'Equateur, au S. O.

Ce pays en général est fort riche par ses mines d'or et d'argent, ses pierreries, ses pâturages, ses bestiaux, ses fruits, et surtout son cacao.

Santa-Fé-de-Bogota, autrefois capitale de la Terre-Ferme, puis de la république de Colombie, l'est aujourd'hui de celle de la Nouvelle-Grenade et le siège d'un archevêque. On y compte 30,000 habitans.

Panama est une belle ville, située au fond du golfe du même nom, sur le Grand-Océan. C'est de cette ville que tout l'or et l'argent du Pérou étaient transportés par terre et sur la petite rivière de Chagres à Porto-Belo, et de là en Espagne : de même les marchandises de l'Europe arrivaient de Cadix à Porto-Belo par les galions ; elles y étaient exposées et vendues pendant une foire qui s'y tenait exprès, et de là transportées au travers de l'isthme à Panama, au Pérou, au Chili, etc. 12,000 hab.

Porto-Belo, malgré ses forts, fut pris et pillé par les Anglais, sous les ordres de l'amiral Vernon, en 1741. Cette ville est bien déchue.

Darien, petite ville, donne son nom à un golfe. On y trouve, comme sur les côtes de Campêche, un animal qu'on croit immobile quand même il marche de toute sa force ; il se nomme *le paresseux* ; sa taille est celle d'un chat ; il est près d'un quart d'heure à faire un pas, a des griffes et se nourrit de feuilles. Descendre d'un arbre, et monter sur un autre voisin, c'est pour lui un voyage de long cours, pendant lequel il maigrit considérabl[e]ment. Souvent après avoir mangé toutes les feuilles d'u[n] arbre, il aime mieux se laisser tomber lourdement sur [la] terre, plutôt que de descendre le long du tronc.

Carthagène, au fond d'un golfe, sur la mer des A[n]tilles, est une belle ville, grande et forte, avec un bo[n] port, une université et un évêché. Elle fut prise en 169[7] par les Français commandés par M. Pontis, et assiég[ée] en vain par les Anglais en 1742 : l'amiral Vernon y pe[r]dit bien du monde avant de se déterminer à la retrait[e], et surtout beaucoup de jeune noblesse qui y allait comm[e] à un triomphe ; il leva le siége le 27 avril. 25,000 h[a]bitans. On trouve aux environs le précieux baume d[u] *du Pérou*.

Dans le Vénézuéla, vis-à-vis des petites îles Sous-l[e] Vent, sont les fameuses côtes dites des *Caraques*, du no[m] de la ville de Caracas, capitale, qui est dans les terre[s]. Ces côtes, l'espace de plus de vingt lieues, sont couve[r]tes d'arbres à cacao, qui font la richesse de la provinc[e].

La république de l'Équateur a Quito pour capital[e], presque sous la Ligne ; c'est une belle et grande ville, p[rès] de laquelle les académiciens français firent, en 1736, [et] les années suivantes, des expériences astronomiques [et] géographiques, pour déterminer la figure de la terre.

II. La Guyane, vaste contrée qui s'étend le long [de] l'Atlantique, se divise en cinq parties : Guyane a[n]glaise, Guyane brésilienne, Guyane colombien[ne] (au Vénézuéla), Guyane française et Guyane holla[n]daise. On y remarque dans la troisième la ville de C[u]mana, près de laquelle est celle de Varinas, fameu[se] par son tabac, qui passe pour le meilleur qu'on pui[sse] trouver. Les Français y possèdent l'île de Cayenn[e]. Les Anglais y ont Stabrock et quelques forts, et [les] Hollandais, la ville de Paramaribo, sur le Surinam..

Cayenne, île de seize lieues de tour, à 1400 lieu[es] S. O. de Brest, fut occupée d'abord par des flibu[s]tiers français. Il y a une ville défendue par [un] assez bon fort, et on y a fait une plantation [de] café, qu'on cultive avec succès ; quelques épiceri[es] entre autres le poivre, qu'on y a importées, y réuss[issent].

sent assez bien. Pendant la révolution de France, la Guyane française avait été choisie pour être le lieu de déportation des Français que le Directoire ne voulait pas faire juger par les commissions militaires; un grand nombre de ces malheureux, soit ecclésiastiques, soit laïques, y sont morts de chagrin ou de maladie. Les Anglais s'en rendirent maîtres depuis; ils l'ont rendue à la France en 1814. Cayenne, ville de 3,000 habitans, est le chef-lieu de toute la Guyane française.

III. Le Pérou, sur le Grand-Océan, au sud-est de la Colombie, est le plus riche pays de la terre. Il y avait près de quatre cents ans qu'il était gouverné par des rois, nommés *Incas*, lorsque Pizarre y arriva en 1525, et en fit la découverte. Ce capitaine espagnol profita habilement de la division qui se mit entre les deux frères (1), souverains de cet état, fils du dernier roi : le premier ayant succombé et perdu la vie, Pizarre se saisit de l'autre à la fin par trahison ; et quoique, suivant un traité, ce prince eût fourni pour sa rançon assez d'or pour en remplir à moitié une grande salle, il fut lâchement assassiné en 1535, et son état envahi par les Espagnols. Dans ces derniers temps, le Pérou s'est insurgé et s'est constitué en un état républicain et indépendant.

Ce pays a beaucoup de montagnes : le terroir y est sec et sablonneux dans les plaines; mais les vallées produisent assez de froment, quantité de maïs, des cannes à sucre, du coton, des arbres à quinquina (2), et ceux dont on tire le baume du Pérou (3). Il n'est pas fort peuplé, mais il a des mines d'or et d'argent en très-grand nombre, et fort abondantes. Ces mines ont été le tombeau de la plus grande partie des naturels du pays; les vapeurs malfaisantes qu'elles exhalent coûtent sans cesse

---

(1) Huescar et Atabalipa.
(2) Le quinquina est l'écorce d'un arbre qui croît aux environs de Quito, dans la Colombie, et dans quelques lieux du Pérou : il ressemble à nos cerisiers. Nous devons cet excellent fébrifuge aux jésuites, qui l'apportèrent en Europe en 1640.
(3) Ce baume précieux est de plusieurs sortes : celui qui découle des branches d'un jeune arbre est rougeâtre, et comme de la résine; il se nomme *baume sec*. Celui qui vient du tronc et des grosses branches se nomme *baume blanc*. Le plus commun vient d'une simple décoction de branches et de feuilles.

la vie à un nombre infini d'Européens et d'Africains qu[i] y travaillent sans aucune utilité pour le genre humain, à qui il est égal de représenter des valeurs avec plus o[u] moins d'or. Quand Pizarre y arriva, l'or y était si com[-]mun, qu'il y avait des ustensiles de cuisine de ce méta[l] à plus forte raison, les vases et les autres meubles de[s] temples. Les habitans du Pérou sont petits et un pe[u] basanés : ils paraissent assez simples, mais ils ne man[-]quent pas d'esprit; ceux qui étaient sous la dominatio[n] des Espagnols professent la religion chrétienne. Les Pé[-]ruviennes sont modestes, laborieuses, assez belles et sages.

Le Pérou, qui, sous le gouvernement espagnol, s[e] divisait en trois gouvernemens ou audiences royales, comprend maintenant sept départemens et en outre l[e] vaste territoire appelé pays des Amazones. Les princi[-]pales villes sont Lima et Cusco.

Lima ou Los-Reyes, capitale de la république, grande, riche et peuplée, avec un archevêché et un[e] université, est à 240 l. S. de Quito; les maisons n'y son[t] bâties qu'à un étage, à cause des tremblemens de terre qu[i] y arrivent quelquefois, comme en 1746 : elle fut pres[-]qu'entièrement détruite en 1787 par un autre trembl[e]-ment. Le vice-roi du Pérou y résidait avant l'expulsio[n] des Espagnols par les insurgés américains. 70,000 hab[i]tans.

Cusco, à 150 l. E. de Lima, était la capitale et l[e] séjour des rois du Pérou. Dans leur palais et dans l[e] temple du Soleil, tout ce qui pouvait être de méta[l] était d'or. 42,000 habitans.

Le pays des Amazones, dans l'est du Pérou, tir[e] son nom de celui du fleuve immense qui le traverse. La Condamine, l'un de nos académiciens, qui a des[-]cendu ce fleuve pendant un cours de quinze cent[s] lieues, a vérifié par la tradition du pays, qu'il y ava[it] effectivement sur ses bords des femmes guerrières qu[i] se sont retirées vers la Guyane, il n'y a guère qu'u[n] siècle : il avait parlé à des habitans dont les pères le[s] avaient vues.

Les naturels que les missionnaires ont converti[s] le long du fleuve, sont poltrons et presque stupides; ils se servent de sarbacanes pour lancer, à une demi-portée de fusil, de petites flèches empoisonnées. Ce fleuve a une singularité étonnante, c'est qu'en quinze cents lieues de cours, il n'a guère que trois cent trente-trois toises de pente, quoiqu'avant de quitter le Pérou, il fasse plusieurs cataractes : on remarque aussi que, excepté à ses deux extrémités, il coule dans des plaines immenses, unies, sans le moindre coteau. Le dedans du pays est entièrement inconnu, et habité par plusieurs nations sauvages.

IV. La Bolivie, autrefois appelée Haut-Pérou, fit d'abord partie du Pérou, dont les Espagnols la séparèrent en 1778 pour la réunir au gouvernement de Buénos-Ayres ; mais s'étant révoltée contre la métropole en 1810, elle parvint enfin à se rendre indépendante et se constitua en république en 1825, en prenant le nom du général Bolivar, qui avait contribué à son affranchissement. Elle se divise en huit départemens.

La Plata, à 290 l. S. de Cusco, capitale de la république, est le siège d'un archevêché et a 30,000 habitans.

Potosi, petite ville, à l'O. de La Plata, donne son nom à la plus riche mine de la terre, quoiqu'elle ne soit que d'argent. 11,000 habitans.

La Paz, célèbre par ses mines d'or, renferme 20,000 habitans.

V. Le Brésil, sur l'Atlantique, au sud de la Guyane, fut découvert en 1501, par un Portugais nommé Alvarès Cabral, qui en prit possession pour son souverain. Les Hollandais, en 1630, 1631 et 1632, se saisirent d'une partie des côtes ; mais ils en furent chassés en 1655 par les Portugais, qui s'engagèrent alors à donner aux Hollandais une certaine quantité de sel. Le Brésil forme aujourd'hui un état indépendant, qui a le titre d'empire.

Quoique le Brésil soit sous la Zone Torride, l'air y est très-sain et moins chaud que cette situation ne l'annonce, et on y vit long-temps. Outre le tabac, le coton, le maïs et plusieurs sortes de fruits, on y trouve une quantité prodigieuse de cannes à sucre, et des forêts entières de ce bois, dit *de Brésil*, si utile pour la teinture.

Il y a aussi une plante, dont la racine sert en pharmacie, sous le nom d'*ipécacuanha*; et un arbre dont la sève préparée se nomme *baume de Copahu*. Mais la richesse du Brésil vient aujourd'hui de deux autres sources : 1°. au lieu d'y faire fouiller et travailler des mines d'or, ce qui n'a pas réussi jusqu'à présent, on fait ramasser la poudre d'or dans les rivières et les torrens; et les droits qui en viennent se montent à plus de trente millions par an; 2°. on avait découvert depuis une vingtaine d'années que des cailloux brillans, qu'on ramassait assez négligemment dans les sables de quelques rivières, étaient de vrais diamans; et de crainte que la quantité immense qu'on pourrait mettre dans le commerce, n'en fît trop baisser le prix, le roi avait érigé une compagnie, qui ne pouvait employer qu'un certain nombre d'esclaves à cette précieuse recherche (1).

Les naturels du Brésil, nommés *Margajats*, *Topinambas*, etc., ont le teint olivâtre et le nez écrasé. Ils sont nombreux, sauvages, cruels et anthropophages; quelques-uns se couvrent de peaux, mais la plupart sont nus. Pour se garantir la nuit de plusieurs espèces de serpens et d'autres animaux dangereux, ils sont obligés de coucher dans des filets ou réseaux, nommés *hamacs*, qu'ils suspendent en l'air, en attachant les deux bouts à des arbres. Tout le dedans du pays est occupé par ces sauvages, qui n'ont ni lois, ni princes, ni culte apparent.

Les Portugais ne se sont guère établis que le long des côtes. L'empire du Brésil se divise aujourd'hui en dix-neuf provinces ou capitaineries.

La capitale est *Rio-Janéiro*, belle ville et port, sur la magnifique baie de son nom; on y compte 150,000 hab.

Dans la fameuse baie de *Tous-les-Saints*, est *San Salvador* ou *Bahia*, siége d'un archevêque, et autrefois séjour du vice-roi portugais. Cette ville, belle, commerçante et riche, est située à côté de son port, sur une hauteur escarpée du côté de la mer; elle a été fortifiée

---

(1) Voyages de l'amiral Anson.

avec soin depuis 1623 que les Hollandais la prirent et y firent un butin immense (1). 100,000 habitans.

La capitainerie de Fernambouc, qui appartint aux descendans du célèbre *Albuquerque*, produit quantité de sucre, et tant de bois de teinture, qu'on l'appelle indistinctement *bois de Brésil* ou *bois de Fernambouc*. La ville d'Olinde y est jolie et située dans un lieu délicieux; il y a un évêque, un collège et plusieurs couvens. En 1817, il éclata dans cette ville une insurrection qui menaçait de s'étendre dans une grande partie du Brésil; elle fut étouffée à temps, et les chefs des rebelles furent punis de mort.

Recife, port de mer, qui renferme 25,000 habitans, est près et au S. O. d'Olinde, avec laquelle on la comprend souvent sous le nom général de Fernambouc.

On trouve au Brésil, comme en d'autres provinces de l'Amérique, un oiseau rare pour sa petitesse et pour sa beauté : on le nomme *colibri* ou *l'oiseau mouche*. Il n'est en effet que de la taille d'une grosse mouche : on en voit dans les cabinets des curieux en Europe. Il a le cou d'un beau rouge, le ventre jaune, les cuisses vertes et les pieds noirs.

On voit aussi en Amérique des mouches qui brillent la nuit comme nos vers luisans.

VI. Le Paraguay, à l'ouest du Brésil, tire son nom d'une grande rivière, qui le baigne; il est encore peu connu et moins peuplé d'Espagnols que de sauvages, mais qui sont très-doux et très-dociles. S'ils n'étaient pas aussi paresseux que les Espagnols mêmes, et que la terre y fût mieux cultivée, cette région serait très-fertile : on y trouve même des mines d'or et d'argent. Réuni par les Espagnols au gouvernement de Buénos-Ayres, le Paraguay s'en détacha en 1810, et s'est depuis déclaré indépendant en forme de république.

L'Assomption, grande et assez belle ville, est la capitale de cet état et le siége d'un archevêché; on n'y compte guère que 10,000 habitans.

VII. Les Provinces-Unies du Rio de la Plata, au

---

(1) On dit que la part de chaque soldat fut de 45,000 francs.

sud-ouest du Brésil, forment une vaste république fondée en 1815, après l'expulsion des Espagnols, auxquels ce pays appartenait depuis sa découverte; elle se compose de quatorze provinces confédérées, où le sol est généralement très riche, quoique marécageux en beaucoup d'endroits.

La capitale est *Buénos-Ayres*, évêché, vers l'embouchure de la Plata, célèbre par ses richesses et son commerce, et autrefois résidence d'un gouverneur-général espagnol, qui était cependant subordonné au vice-roi du Pérou. On faisait partir de temps en temps de Cadix un vaisseau, nommé *vaisseau de registre*, pour y porter les provisions nécessaires, et en rapporter les deniers du roi, etc. 60,000 habitans.

Les villes les plus importantes sont ensuite Mendoza et Santa-Fé, qui ont chacune environ 20,000 habitans.

VIII. La république de Monté-Vidéo fut fondée en 1828; située entre le Brésil et le gouvernement de Buénos-Ayres, ces deux états se sont souvent disputé la possession de cette contrée, qui est enfin parvenue à se rendre indépendante. Elle est encore peu considérable et a pris son nom de sa capitale, qui renferme 10,000 habitans et possède un vaste et excellent port sur la rivière de la Plata.

IX. Le Chili, au sud du Pérou, sur le Grand-Océan, est un pays fort montagneux; les Andes ou Cordillières qui le traversent, sont des plus hautes montagnes de la terre : il fait un froid rigoureux à leur sommet; et c'est apparemment moins pour être crues que pour exagérer ce froid, que des relations espagnoles assurent qu'on y voit encore quelques cavaliers qui, ayant voulu les traverser dans le temps de la découverte de ce pays, y furent gelés et comme pétrifiés avec leurs chevaux qu'ils tiennent encore par la bride. L'air est chaud dans les plaines et tempéré sur les côtes. On trouve au Chili des mines d'or, le plus pur de l'Amérique. Cette grande province a été conquise sur les Espagnols en 1817 par les troupes de la république de Buénos-Ayres, et en 1823, elle s'est constituée en une république indépendante, qui se divise en huit provinces et comprend en outre le vaste pays appelé Araucanie, du nom de ses habitans.

Santiago, ou Saint-Jacques, capitale, était le séjour du gouverneur, de l'évêque et de l'audience royale. 50,000 habitans.

Les autres villes principales sont : La Conception, évêché; Valparaiso et Valdivia.

On trouve au Chili, et même au Pérou, un animal nommé *vigogne* ou *lama*, qui tient lieu de cheval et de mulet pour porter. C'est un quadrupède qui a quelque rapport avec la chèvre; il marche la tête levée comme les chameaux, et est assez fort pour porter deux hommes.

X. La Patagonie ou Terre Magellanique, qui termine le continent de l'Amérique au sud, fut découverte et côtoyée en 1520 par Magellan, qui, pour nuire aux Portugais qu'il venait de quitter pour servir les Espagnols, voulant aller par l'ouest aux îles *des Epiceries*, passa le premier dans l'Océan austral par le détroit qui porte son nom, et arriva en Asie aux Philippines, où il fut tué en combattant. Ce pays est si froid et si stérile, que pendant quatre cents lieues de côtes, on n'y trouve pas un seul arbre, et qu'à peine y voit-on deux ou trois sauvages à la fois. Toutes les colonies que les Espagnols y ont risquées, se sont dispersées, ou ont péri de misère et de faim. Ces sauvages se nomment *Patagons;* ils sont très-misérables, se retirent dans des cavernes, et sont fort grands, mais non pas des géans, comme le disaient les premières relations des Espagnols. Les vaches et les taureaux que les colons de Buénos-Ayres y ont jetés dans les prairies, se sont multipliés si prodigieusement, qu'on les chasse (1) pour en avoir seulement le cuir. Les chevaux y sont aussi nombreux et à

---

(1) Cette chasse se fait comme dans quelques autres endroits de l'Amérique, sans armes à feu, pour ne pas trop effrayer ces animaux : on les poursuit à cheval, et on leur coupe le jarret avec une espèce de lance, dont le bout, au lieu d'une pointe, est armé d'un fer tranchant en forme de croissant.

grand marché, et leur chair est bonne à manger. On y trouve encore quelques petites baies ou ports, dont celui de Saint-Julien est le meilleur. Comme le détroit de Magellan est difficile et très-dangereux, on passe par celui de Le Maire, et on fait le tour de l'archipel nommé par Magellan *Terre de Feu;* cet archipel, comme l'île *des Etats*, qui en est voisine, est affreux, hérissé de rochers et désert (1).

---

(1) Voyages d'Anson.

OCÉANIE,

OU

CINQUIÈME PARTIE DU MONDE.

On a compris sous le nom d'Océanie la réunion des nombreuses îles répandues dans le Grand-Océan, au sud-est de l'Asie, et dont une grande partie a été découverte dans les temps modernes.

On divise l'Océanie en trois parties qui sont : 1° LA NOTASIE, au N. O. ; 2° L'AUSTRALIE, au S. O. ; 3° LA POLYNÉSIE, à l'E. On a proposé récemment une nouvelle division de cette partie du monde, division que nous ne ferons que mentionner ici, parce qu'elle n'a pas encore été entièrement adoptée, et qui comprend quatre portions : la Malaisie, à l'O. ; la Mélanésie, au S. ; la Micronésie, au N., et la Polynésie, à l'E.

I. DE LA NOTASIE.

La Notasie, ou archipel d'Asie, comprend les îles de la Sonde, les Moluques et les Philippines.

I. Les îles de la Sonde, au sud de la presqu'île des Indes au-delà du Gange, sont sous un climat extrêmement chaud, et malsain pour les étrangers : les habitans en sont noirs. Les plus considérables de ces îles sont celles de Bornéo, de Sumatra et de Java.

L'île de Bornéo, qui a près de deux cents lieues de diamètre, produit quantité de cire, de poivre, de mirobolans (1), et le meilleur camphre des Indes (2) :

(1) Les mirobolans sont des fruits oblongs, depuis la grosseur des olives jusqu'à celle des glands. L'arbre ressemble à nos pruniers.

(2) Le camphre est une résine ou gomme blanche, odoriférante, qui découle du tronc d'un grand arbre qui tient le milieu entre nos noyers et nos saules. En Orient on en met dans la cire, qui, en brûlant, répand une odeur admirable.

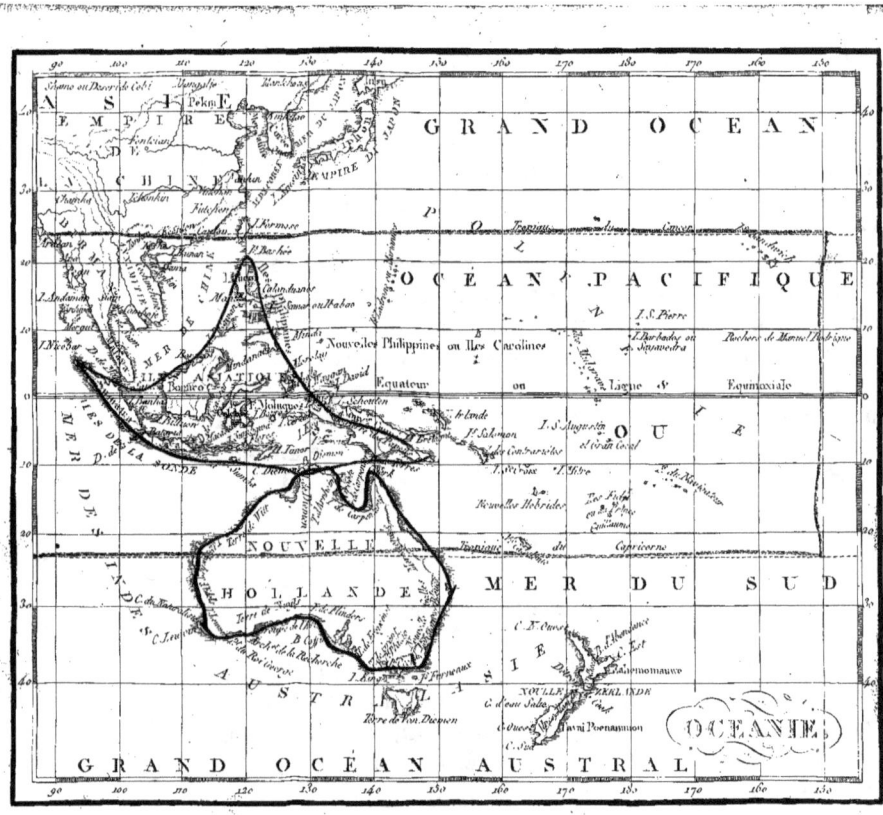

on y trouve des mines d'or, et beaucoup de dia
parfaits ; elle contient plusieurs royaumes. Les
landais y ont quelques places sur les côtes, et font
que tout le commerce de cette grande île, qui
est peu connue. La ville de Bornéo, la plus con
rable de l'île, est la capitale d'un royaume du n
nom : elle a un port assez fréquenté.

Parmi plusieurs animaux sauvages, il y en a
espèce dans cette île qui approche si fort de la f
humaine, que quelques voyageurs les ont reg
comme des hommes sauvages nains : ils sont si farou
qu'on n'a jamais pu en apprivoiser ni en amener jus
Europe; c'est le singe appelé *Pongo*.

L'île de Sumatra est très-fertile : outre le cot
des fruits délicieux, elle produit beaucoup d'épice
le poivre en est le meilleur de toutes les Indes.
croît un arbre nommé *l'Arbre triste*, qui pous
nuit des fleurs odoriférantes, qui sèchent aux prei
rayons du soleil. On y trouve des mines de pierres
cieuses, d'or, d'argent, et d'autres métaux. Elle e
visée en plusieurs royaumes, dont le plus considé
est celui d'Achem, qui comprend la moitié de l'îlc
port de la ville d'Achem est toujours couvert de
seaux hollandais, anglais, chinois, etc. Les Holla
y tiennent quatre ou cinq forteresses.

L'île de Java est séparée de celle de Sumatra p
détroit de la Sonde, par lequel il faut passer po
rendre dans les mers du Japon et de la Chine. Le
roir est assez fertile en riz, en sucre, en benjo
en poivre; on y trouve aussi des mines d'or, d'ai
et de cuivre, des diamans, des rubis, et de très-l
émeraudes. Les Hollandais possèdent la plus gr
partie de cette île, le reste dépend de deux souve
indigènes, qui portent les titres de susunan et de
tan. La principale ville est Batavia, que les Holla
bâtirent en 1619, y tirant les rues au cordeau,
des canaux au milieu, et des allées d'arbres des
côtés, comme les belles rues d'Amsterdam ; ils y
un conseil souverain, d'où dépendent les gouver
des places et des forts. La ville est médiocre
grande, mais elle est belle, propre, riche, bien

Moderne. 447

lée, et le centre de leur commerce aux Indes-Orientales. Ils y envoyaient tous les ans dix à douze vaisseaux chargés de marchandises de l'Europe, et qui en apportaient de l'or, de l'argent, des diamans, des perles, de l'ivoire, du cuivre rouge, du thé, des porcelaines, des épiceries, des soies, du coton, des étoffes, etc. Pour avoir Bantam, bon port et ville voisine de Batavia, les Hollandais aidèrent au fils à détrôner son père.

Le supplice des criminels à Java est particulier : on les poignarde.

II. Les îles Moluques, au sud des Philippines et à l'est de Bornéo, sous la ligne équinoxiale, ayant été découvertes par Magellan en 1520, furent soumises aux Espagnols : elles passèrent ensuite aux Portugais, qui en furent chassés par les insulaires, appuyés des Hollandais; ceux-ci enfin s'en sont rendus les maîtres, et y font à présent tout le commerce. Ils ont des forts par lesquels ils en tiennent assujettis tous les souverains. Ces îles rapportent en abondance le girofle (1), le poivre (2) et les autres épiceries, et en fournissent toute l'Europe. Les habitans sont fort noirs. L'air y est plus chaud qu'aux Philippines; mais le terroir n'y est pas si fertile : aux épiceries près, il ne produit que du riz, des cocos et des citrons.

L'île Célèbes, ou Macassar, assez fertile en riz et en cocos, contient deux royaumes, celui de Célèbes et celui de Macassar. La ville de Macassar, la plus considérable de l'île, est forte, avec un bon port, mais mal bâtie : elle donne son nom au détroit qui sépare Célèbes de Bornéo. Les Hollandais ont soumis le roi de cet état, qui est encore assez puissant, et qui suit la religion mahométane, de même que ses sujets.

L'île d'Amboine, très-petite, à l'est de Célèbes, pro-

---

(1) Le girofle, assez connu, est le bouton à fleur d'un assez grand arbre aromatique qui ressemble à nos lauriers. Il n'en vient abondamment que dans l'île d'Amboine.

(2) Le poivre vient d'une plante faible, et qui a besoin d'être soutenue sur des échalas, ou sur d'autres arbres, comme le lierre et la vigne. Les grains sont attachés à une grappe couverte, avant la maturité, de trois feuilles.

duit quantité de clous de girofle. Elle est aux Holland[ais]
L'île de Banda est extrêmement fertile en noix m[us]cades (1).

III. Les îles Philippines ou Manilles, au sud [du] Japon et de la Chine, vers le 15ᵉ. degré de latitu[de] furent découvertes en 1520 par Ferdinand Magell[an] Portugais, qui s'était mis au service de l'empe[reur] Charles-Quint, après avoir quitté celui de son roi, [qui,] dit-on, lui avait refusé d'augmenter sa paie d'un de[mi-] ducat par mois. Les Espagnols s'y établirent en 15[64] et les appelèrent *Philippines*, du nom de Philippe [II] leur roi. L'air y est fort chaud. On y trouve beauc[oup] de cire et de miel dans les montagnes, et quantité [de] palmiers, qui font la plus grande richesse de ces î[les;] du coton, du sucre, en abondance, et des épice[s] que les Espagnols négligent. Les ouragans, les b[êtes] sauvages et les couleuvres y sont très-inco[m]modes. Les habitans, assez blancs pour le climat, s[ont] très-nombreux : ils nagent, dit-on, comme des p[ois]sons.

Le nombre des îles Philippines est fort grand ; [les] plus considérables sont celles de Manille ou Luçon [et] Mindanao.

L'île de Manille est la plus grande de toutes : [les] Espagnols y ont bâti une ville de même nom que l'[île] et qui en est la capitale. Elle est médiocrement gran[de,] assez belle et fort peuplée. Son port, quoiqu'imme[nse,] est sûr et très-fréquenté ; l'entrée en est fort diffi[cile.] C'est le siége d'un archevêque et du conseil souvera[in] et la demeure ordinaire du vice-roi ; mais il ne f[aut] pas que les Européens s'éloignent de la ville, les na[tu]rels du pays leur feraient un mauvais parti.

L'île de Mindanao a une capitale de même no[m,] belle ville et bon port très-fréquenté ; les habit[ans] commercent volontiers avec ceux qui y abordent : [on] y prend de l'or, du riz, de la cire, des muscad[es,] du girofle et des fruits excellens et rares ; le ter[rain]

---

(1) La muscade est le fruit d'une espèce de laurier qui a [les] feuilles semblables à celles du pêcher. La première envelopp[e de] la muscade se nomme *macis*, et sert comme la noix.

est très-fertile. Le roi ou sultan de l'île est mahométan comme ses sujets : il a secoué le joug des Espagnols, et détruit les forts qui le tenaient en respect : il a même concédé un établissement aux Anglais dans l'île de Bunwoot, voisine de sa capitale, en 1775 : les habitans des montagnes y sont indépendans. Les maisons à Mindanao, comme dans tous les lieux marécageux de ces îles, sont élevées en l'air sur des pieux ou pilotis de quinze ou vingt pieds de haut.

L'île de Samar, ou de Tondaye, fut découverte la première : c'est la plus agréable de toutes.

II. De l'Australie.

L'Australie comprend la Nouvelle-Hollande, la Nouvelle-Guinée, et plusieurs îles circonvoisines.

La Nouvelle-Hollande peut être considérée comme un continent quoiqu'elle soit entourée d'eau, puisqu'elle est presque aussi grande que l'Europe. Elle a environ 1,000 lieues de long sur plus de 700 lieues de large. Le détroit de Bass, de 50 lieues du N. au S., la sépare de la Terre de Van-Diémen. Le sol de la Nouvelle-Hollande est en général stérile et aride. On y trouve très-peu de rivières, et l'intérieur du pays est absolument inconnu. Les côtes qui portent les noms de *Nouvelle-Galles du Sud*, de *terres de Nuyts*, d'*Edels*, de *Witt*, de *Carpentarie*, etc., sont habitées par des hommes extrêmement sauvages et même féroces ; ils sont absolument nus, ont une figure hideuse et les membres grêles, et se barbouillent le visage de blanc et de rouge. Ils se construisent avec des branchages de misérables huttes en forme de four, et si petites qu'ils ne peuvent mettre à l'abri que la moitié de leur corps. Ils vivent du produit de leur pêche ; mais lorsque les tempêtes éloignent le poisson des côtes, ils n'ont d'autres ressources que les racines d'une sorte de fougère, les chenilles et les autres insectes des bois ; ils forment du tout une pâte horrible avec laquelle ils assouvissent leur faim dévorante. Les productions de la

Nouvelle-Hollande diffèrent absolument de celles de t[ou]tes les autres climats : on y trouve des végétaux singulie[rs] tels que le casuarina, grand arbre à feuilles com[me] plumeuses; l'eucalypte, etc. Les animaux, très-peu no[m]breux, ne sont pas moins remarquables : le kangouro[u], de la taille du mouton, a les jambes de derrière dix f[ois] plus longues que celles de devant; l'ornithorynq[ue], sorte d'amphibie, a le bec d'un canard : il a quatre pie[ds], est couvert de poil comme les quadrupèdes, et p[eut] vivre dans l'eau comme les poissons. Sur la côte de [la] Nouvelle-Galles du Sud, est la colonie anglaise [de] Botany-bay, qui, déjà très-importante, annonce e[n]core des accroissemens beaucoup plus considérable[s]; le chef-lieu est Sydney, qui renferme près de 20,0[00] habitans et est situé sur le port Jackson, un des pl[us] beaux havres de la Terre.

La Nouvelle-Guinée ou Terre des Papous, au N. de [la] Nouvelle-Hollande, est une très-grande île; elle fut d[é]couverte en 1528 par Alvaro de Saavédra qui lui a imp[osé] le nom de Nouvelle-Guinée, à cause de la ressemblan[ce] de ses habitans avec ceux de la Guinée d'Afrique. [Le] climat offre à peu près les mêmes productions que l[es] îles Moluques, etc. Ce pays est très-peu connu.

La Terre de Van-Diémen est habitée par une ra[ce] d'hommes à cheveux crépus et à teint noir comme d[es] nègres; ils sont encore plus sauvages, s'il est possibl[e], que les habitans de la Nouvelle-Hollande; ceux-ci o[nt] en général le teint bronzé et les cheveux lisses. Les A[n]glais y ont récemment formé un établissement q[ui] promet les plus heureux succès, et dont le lieu pri[n]cipal est la petite ville d'Hobart-Town.

III. DE LA POLYNÉSIE.

La Polynésie comprend un nombre immense d'îl[es] réunies en divers groupes ou archipels : les princ[i]paux de ces archipels sont ceux des Mariannes, d[es] Carolines, de Santa-Cruz, les îles Fidgi, cell[es] des Amis, des Navigateurs, de la Société, l'archip[el] Dangereux, les îles Marquises et les îles Sandwic[h].

Outre ces archipels, il y a plusieurs îles isolées dont les principales sont la Nouvelle-Calédonie et la Nouvelle-Zélande.

Les îles des Larrons sont dans l'archipel de Saint-Lazare, à l'orient des îles Philippines, vers le 15e. degré de latitude : elles furent découvertes en 1520 par le fameux Magellan : on les nomma ensuite Mariannes, du nom de la reine, épouse de Philippe IV ; elles étaient assez peuplées avant qu'une maladie épidémique en eût enlevé presque tous les habitans. Le défaut de ces îles est de n'avoir point de port. Les Espagnols ont une colonie de près de deux mille habitans dans celle de Guam, et la ville est défendue par deux forts.

L'archipel des îles de la Société comprend la fameuse île d'O-taïti ou Taïti, découverte par Wallis en 1767. Son climat est délicieux ; ses habitans, pleins de douceur et d'hospitalité, sont bien faits et joignent à une grande intelligence beaucoup d'adresse.

Les îles Sandwich, plus vers le nord, sont habitées par la même race d'hommes que les îles de la Société. Cette race, qui paraît d'origine malaie, est en général répandue dans toutes les îles de la Polynésie ; mais on y trouve aussi une race à cheveux crépus, à teint plus basané, et qui semble avoir la même origine que celle qui peuple la Nouvelle-Guinée, la Terre de Diémen, etc.

Les îles Sandwich sont fameuses par la mort du capitaine Cook, qui fut tué par les insulaires de l'île d'Owhyhée en 1779 ; mais sa mort fut le résultat d'un malentendu de la part de ceux-ci qui crurent que les Anglais voulaient enlever leur roi. Le prince Taméaméha, roi des îles Sandwich, mort en 1824, peut être comparé au fameux Pierre Ier. : comme lui il a cherché à policer son peuple et à attirer de tout son pouvoir les Européens dans ses états ; il avait déjà plusieurs petits vaisseaux, des maisons construites en briques, des soldats armés et disciplinés à l'européenne ; en un mot ce peuple, inconnu de l'Europe il y a 40 ans, marche à grands pas sur la route de la civilisation.

La Nouvelle-Zélande est assez voisine des Antipodes

de Paris; elle se compose de deux grandes îles sépar[ées]
entre elles par le détroit de Cook. Ses habitans s[ont]
grands, bien faits, et leur teint est basané; ils ne ma[n-]
quent pas d'intelligence, mais ils sont très-féroces [et]
même anthropophages. Ils sont ingénieux, et le[ur]
adresse se fait surtout remarquer dans la constructi[on]
de leurs pirogues, qui sont très-grandes et travaill[ées]
avec une délicatesse surprenante.

DES TERRES POLAIRES.

On appelle *Terres Polaires* plusieurs pays nouvel[le-]
ment découverts, et très-peu connus, situés la plup[art]
vers les pôles.

I. DES TERRES POLAIRES ARCTIQUES.

Ces terres sont le Spitzberg et la Nouvelle-Zemble.

1. Le Spitzberg, groupe d'îles de la mer Glaciale, [au]
nord de la Norwège et à l'ouest de la Nouvelle-Zem[ble,]
fut découvert par les Hollandais en 1569. L'air y [est]
extrêmement froid, et l'hiver si rigoureux, que la m[er]
est presque toujours glacée le long de ses côtes. On [n']y
a vu ni insectes ni aucune sorte de reptiles; il n'y a [ni]
sources ni rivières. Les hommes qu'on y a descen[dus]
sont morts de froid, ou ont été dévorés par des o[urs]
monstrueux qu'on y rencontre, et qui s'y nourriss[ent]
de poissons. Les Anglais et les Hollandais y vont à [la]
pêche de la baleine qui y est abondante.

II. La Nouvelle-Zemble est fort proche de la Russ[ie,]
d'où l'on y passe sur la glace, et dont elle est séparée [par]
le détroit de Waïgatch. C'est une grande île ou plu[tôt]
deux îles séparées par un bras de mer. Elle n'a pour ha[bi-]
tans que des ours et des renards. Les Hollandais en fir[ent]
la découverte dès 1556 : ils y cherchèrent plus tard

...ssage par l'Océan septentrional pour aller au Japon et la Chine; mais ils en furent empêchés par les glaces, et ...rêtés à la partie septentrionale de cette terre, le 29 ...ût 1596, à 76 degrés de latitude. Ils y bâtirent une ...bane, où ils passèrent l'hiver jusqu'au 29 juin de l'an ...597. Ce lieu était entièrement désert, et le froid y était ... grand, que les vins y perdirent leur force, et que ...elui d'Espagne même et toutes les liqueurs y gelè-...ent.

II. DES TERRES POLAIRES

ANTARCTIQUES.

On donne le nom de Terres Polaires antarctiques à quelques terres situées en dehors du cercle polaire, mais presque identifiées avec les glaces éternelles qui entou-rent le Pôle antarctique. Ces affreuses contrées, tou-ours couvertes de glaces, sont inhabitées et ne produi-ent aucun végétal; elles ont été reconnues par le capi-aine Cook, et portent le nom de Thulé australe et de Terre de Sandwich; en général le froid est beaucoup ...lus intense vers le Pôle antarctique ou méridional que ...ers le Pôle nord. On n'y trouve presque partout que ...es montagnes de glace inabordables, et qui ne fon-...lent pas même en janvier, qui est le temps de l'été ...our le pôle antarctique; c'est comme si, pendant la ...anicule, l'Océan était glacé sur les côtes de Flandre, ...omme il l'est sur celles du Spitzberg. S'il y avait là des ...abitans, quoique le climat dût leur promettre un air ...empéré, leur sort, à cet égard, serait encore plus triste ...ue celui des Groenlandais.

Une si grande différence entre la température de l'air, ... même latitude, vers les deux pôles, ne viendrait-elle point de ce que presque tout notre continent se trouvant ...ans l'hémisphère boréal, les terres élevées et cultivées ... causent cette réflexion continuelle des rayons du so-...eil qui fait la chaleur; au lieu que l'hémisphère austral ...tant presque tout couvert d'eau, et conséquemment ...lus aplati et plus bas, ne reçoit que des rayons directs, qui, sous la Zone Torride même, ne fondent pas [la] neige sur les hautes montagnes?

On a cru long-temps à l'existence d'un contine[nt] austral ; mais on a reconnu que s'il y en avait e[n] effet, il ne pouvait s'étendre qu'au-delà du cerc[le] polaire, car la Thulé australe et la Terre de Sandwic[h] ne sont que des îles ; dans cette hypothèse les glac[es] éternelles dont il serait entouré en défendraient à jama[is] l'approche aux hommes.

TABLE GÉNÉRALE
ALPHABÉTIQUE

Contrées, Provinces, Villes, Iles, Mers, Golfes, Baies, Fleuves, Rivières, Lacs, Montagnes, etc., décrits dans cet ouvrage.

A.

(l'), 88, 91
l'), 329
ourg, 308
(l'), 218
u, 219, 220
iuus, 308
ie (l'), 387
eville, 53, 100,
101
deen (l'), 301
zze (l'), 255, 256
los, 345
sinie, 395, 412
ie (l'), 32, 421,
424
ilco, 430
nza, 256
ie (l'), 347
m, 446
29, 32,
s (les), 29, 32,
417
i, 231
(l'), 225
(côte d'), 412
by. d'), 395
it, 28
362
aïdjan (l'), 364
(l'), 225
nyr (l'), 369
t (l'), 70, 140,
144, 147, 148
239
tique (mer),
223, 237

Afghanistan (l'), 366
Afrique (l'), 29, 32,
43, 393
— (îles d'), 413
Agde, 74
Agen, 48, 50, 71, 146
Agénois (l'), 71
Aggershuus, 316
Agout (l'), 149
Agrah, 369, 370
Agrigente, 263
Aï, 57, 84
Aichstædt, 193, 204
Aigueperse, 121
Aigues (l'), 137
— Mortes, 74, 138
Ain (l'), 50, 65, 101
— (dép. de l'), 65, 101
Aïnos (les), 391
Aire (Landes), 71,
144
— (Pas-de-Calais),
54
Aisne (l'), 56, 57, 79,
80, 81, 84, 85, 89
— (dép. de l'), 53,
56, 57, 79
Aix (France), 48,
77, 134
— (Savoie), 227
Aix-la-Chapelle, 197,
198
Ajaccio, 152, 153
Ajan (côte d'), 412
Akra, 405
Alabama (l'), 426
Aladulie (l'), 352, 353

Alagnon (l'), 135
Alais, 74, 138, 139
Alava (l'), 270
Albanie (l'), 341, 342
Albany, 426
Albe, 231
Albe-Julie, 214
Albenga, 233
Albe-Royale, 213
Albred, 404
Alby, 74, 149
Alcantara, 282
Al-Djézireh (l'), 352, 357
Alençon, 56, 91
Alentéjo (l'), 287
Aléoutiennes (îles), 388
Alep, 354, 355
Alet, 74
Alexandrette, 354
Alexandrie, 397, 398
— de la Paille, 231, 236
Algarve (l'), 286
Alger, 153, 399, 400
Algheri, 264
Algonquins (les), 422
Alhucemas, 401
Alicante, 276, 277
Allah-Abad (l'), 369
Allemagne (l'), 180
Allier (l'), 50, 65,
69, 102, 105, 119,
120, 144, 146
— (dép. de l'), 65, 102

744

Alméria, 275
Alpes (les), 28, 29, 223, 228
— (département des Basses), 76, 129
— (dép. des Hautes), 75, 130
Alsace (l'), 51, 59
Alstahaug, 317
Alster (l'), 200
Altaï (Petit), 28
Altembourg, 206
Altkirch, 121
Altona, 308
Altorf (Allemagne), 193
— (Suisse), 219, 222
Alzette (l'), 179
Amalfi, 256
Amasie (l'), 352, 353
Amasie, 353
Amathonte, 359
Amazones (fleuve des), 32, 421
— (Pays des), 438
Amberg, 190
Ambert, 120
Ambleteuse, 53
Amboine, 447, 448
Amboise, 63, 111
Ambotismène (mont) d'), 29
Amérique (l'), 28, 32, 44, 418
— méridionale, 44, 434
— septentrionale, 83, 44, 421
Amersfort, 177
Amhara, 412
Amiénois (l'), 53
Amiens, 48, 53, 100
Amis (îles des), 34, 450
Amont (baill. d'), 67
Amour (l'), 387
Amsterdam, 174, 175
Anah, 361
Anatolie (l'), 352
Ancenis, 61, 115

Ancône, 250
Ancyre, 354
Andalousie (l'), 272
Andaye, 147
Andelys (Les), 55, 82
Andes (les), 421, 442
Andrinople, 343, 345
Andujar, 275
Anet, 57
Angara (l'), 387
Angers, 48, 62, 117
Anglesey, 294, 299
Angleterre (l'), 28, 35, 288
Angola, 407, 408
Angoulême, 68, 103
Angoumois (l), 51
67, 68
Angouri, 354
Angra, 417
Angus (l'), 301
Anhalt-Bernbourg, 201, 206
— Cœthen, 206
— Dessau, 201, 206
Anjou (l'), 51, 62
An-nam (l'), 373
Annapolis (Acadie), 424
— (États-Unis), 426
Annecy, 227, 228
Ansa (l'), 270
Anspach, 192, 193, 204
Antakieh, 355
Antibes, 77
Anticosti, 431
Antigoa, 434
Anti-Liban (l'), 355
Antilles (les), 32, 431, 432
— (Petites), 433
— (mer des), 44
Antioche, 354, 355
Antisana (mont), 28
— (métairie d'), 29
Antrim, 304
Anvers, 168
Anziko, 407, 408

Aoste, 250
Aoude, 354
Apance (l'),
Apennins (les),
Apenrade,
Apouille (l'),
Appenzell,
Appleby,
Apt, 77,
Aquila,
Aquilée, 188,
Arabie (l'),
— Déserte,
— Heureuse, ib
— Pétrée,
Aracan,
Aragon (l'),
Aral (lac d'),
Aranjuez,
Ararat (mont),
Arbelles,
Arbois, 67,
Arc (l'),
Arcadie (l'),
Archipel (l'),
345, 348,
Arcis-sur-Aube,
Ardebil,
Ardèche (l'), 50,
— (dép. de l'), 75
Ardennes (les), 8
— (dép. des), 57,
Ardra,
Ardres,
Arezzo,
Argelès,
Argens (l'),
Argentan, 56,
Argentière (l'),
Argolide (l'),
Argos,
Argovie (l'),
Arguin,
Argyle (l'),
Arkansas,
Arkhangel,
Arkiko,

Table alphabétique. 457

rkopolis, 426	Atlas (monts), 395	Avon (l'), 298
rles, 50, 77, 134	Attique (l'), 347	Avranches, 55, 56, 83
magh, 304, 306	Aube (l'), 50, 57,	Axoum, 412
magnac (l'), 71	103, 117	Aymargues, 138
mançon (l'), 106,	— (dép. de l'), 57,	Ayr, 301
129	65, 103	Azof, 325
ménie (l'), 352,	Aubenas, 75	
358	Aubusson, 63, 107	B.
russe (l'), 387	Auch, 71, 140	
mentières, 52	Aude (l'), 74, 132	BABEL (tour de), 358
nantes (les), 341	— (dép. de l'), 73,	Bab-el-Mandeb, 362
nay-le-Duc, 66	132	Babylone, 357, 358
nheim, 174	Auge (pays d'), 55	Babylonie (la), 357
no (l'), 225	Augsbourg, 29, 191	Bacchiglione (le), 241
pajon, 56	204	Bac-Kinh, 375
ques (l'), 96	Augusta, 262	Badajoz, 283
ras, 54, 91	Aulendorf, 192	Bade, 204, 205
riège (l'), 50, 131,	Aulne (l'), 109	Baden, 223
139	Aumale, 55, 97	Baeza, 275
(dép. de l'), 72,	Annis (l'), 51, 67	Baffin (baie de), 33
131	Auray, 61	Bagdad, 357
roux (l'), 124	Aure (l'), 81, 82	Bagnalouka, 341
la (l'), 342	Aurigny, 83	Bagnères, 71, 148
ois (l'), 51, 54	Aurillac, 69, 135	Bahama (la Grande),
haffembourg, 191,	Auron (l'), 105	432
195	Austerlitz, 209, 210	Bahar (le), 369
e (l'), 28, 43, 350	Austral (océan), 44	Bahary (le), 397
(archipel d'), 44,	Australie (l'), 44,	Bahia, 440
445	445, 449	Bahreïn, 362
îles de l'), 388	Authie (l'), 91, 100	Bahr-el-Abiad (le),
nineure, 352	Autriche(l'), 29, 30,	413
baltite (lac) 356	35, 45, 186, 207	Baies, 258
im (l'), 373	Autun, 66, 124	Baïkal (lac), 351, 386
e (l'), 130	Autunois (l'), 66	Baïse (la), 140, 146
n, 178	Auvergne(l'), 51, 69	Balaruc, 142
se, 250	Auxerre, 66, 129	Balbeck, 355
omption (L'), 441	Auxerrois (l'), 66	Bâle, 219, 220
rie (l'), 357	Auxois (l'), ibid.	Baléares (îles), 283
, 230	Auxonne, ibid.	Balfronch, 364, 365
rga, 282	Auzon (l'), 152	Balkan (monts), 344
ries (les), 270	Ava, 373	Balkh (le), 366
y, 435	Aval (baill. d'), 67	Balkh, 385
, 167	Avallon, 66, 129	Ballinrobe, 305
nes, 347	Avènes, 52, 87	Ballon d'Alsace (le),
s (mont), 28,	Aveyron (l'),133,150	28
346	— (dép. de l'), 70,	Baltimore, 427
ntique (océan),	132	Baltique (mer), 44
, 44, 104, 109,	Avignon, 50, 77, 152	Bambara, 404
4, 119, 144,	Avila, 280	Bamberg, 192, 193,
147, 421	Avilès, 271	204

Crozat. — *Géogr. Méd.* 20

Table alphabétique.

Banda, 448
Bandiat (le), 137
Banff, 301
Bankok, 374
Bann (le), 303
Bantam, 447
Bapaume, 54
Bar (duché de), 58, 59
— (la), 203
Barbade (la), 434
Barbarie (la), 353, 395, 398
Barbastro, 278
Barbezieux, 103
Barboude (la), 434
Barcah (le), 399
Barcelone, 277
Barcelonnette, 130
Bari, 256
Barjols, 77
Bar-le-Duc, 59, 86
Baronnies (les), 76
Barrèges, 29
Barrow (le), 303
Bar-sur-Aube, 58, 103
— sur-Ornain, 59, 86
— sur-Seine, 65, 103
Basilicate (la), 256
Basques (pays des), 71
Bass (détroit de), 449
Bassigny (le), 58
Bassora, 357
Bastia, 48, 152, 153, 159
Batavia, 446
Bath, 298
Bathurst, 404
Batoum, 387
Baugé, 62, 117
Baume-les-Dames, 108
Bautzen, 209, 210
Bavière (la), 29, 30, 189, 190, 204
Bayeux, 55, 56, 81
Bayonne, 49, 71, 147
Bayreuth, 191, 204

Bazadois (le), 71
Bazas, 71, 140
Béarn (le), 52, 72
Beaucaire, 74, 139
Beauce (la), 63
Beaugency, ibid.
Beaujeu, 69, 123
Beaujolais (le), 69
Beaumaris, 294
Beaumont-le-Vicomte, 61
Beaune, 66, 106, 107
Beaupreau, 117
Beau-Temps (le), 28
Beauvais, 57, 90
Beauvaisis (le), 57
Bedford, 293
Bédouins (les), 360
Béfort, 59, 121
Behring (détroit de), 34, 424
Béira (le), 286
Béled-ul-Djérid, 401
Belgique (la), 38, 163
Belgrade, 343
Bellac, 128
Bellegarde, 73
Belle-Ile, 60, 119
Bellême, 62
Belley, 66, 102
Bellinzone, 219
Bellune, 239
Bellunèse (le), ibid.
Béloutchistan (le), 366
Belz, 335
Bénarès, 370
Bender, 327
Bender-Abbassy, 366
Bénévent, 255, 256
Bengale (le), 369
Benguéla, 407
Benin, 406, 407
Ben-Nevis (le), 28
Béotie (la), 347
Berdoa, 403
Berbers (les), 400
Bergamasque (le), 238

Bergame, 238, 241
Bergen, 316, 317
Bergerac, 71, 137
Berg-op-Zoom, 178
Bergues, 55
Berks (le), 294
Berlin, 30, 202, 203
Bermudes (les), 33, 431
Bernay, 55, 82
Bernbourg, 201, 206
Berne, 29, 219, 221
Berry (le), 51, 64
Bersello, 243
Bervie, 301
Berwick (le), ibid.
Besançon, 48, 67, 108, 159
Bessarabie (la), 326
Bessin (le), 56
Bethléem, 356
Béthune, 54, 91
Beuvron (le), 83
Béziers, 74, 142
Biafra (côte de), 406
Bialistok, 329
Biberach, 192
Bidassoa (la), 147
Bidlis, 358
Bielle, 230
Biélozéro, 322
Bièvre (la), 93
Bigorre (le), 71
Bilbao, 270
Birkenfeld, 194
Birmingham, 298
Biscaye (la), 270
Bisnagar, 371
Bissagos (îles), 404
Bissao, ibid.
Bithynie (la), 352
Bitonto, 259
Blaisois (le), 63
Blanc (Le), 64, 110
Blanc (mont), 28
Blanche (mer), 44
Blankenbourg, 206
Blavet (le), 82, 119
Blaye, 71, 140, 141
Bléone (la), 130

Table alphabétique.   459

Bieu (mont), 28
Bleue (rivière), 351, 380
Blois, 50, 63, 113
Bocage (le), 56
Bodrog (le), 211
Bog (le), 334
Bogdois, 384
Bohême (la), 28, 30, 35, 207, 208, 209
Bois-le-Duc, 178
Bolivie (la), 434, 439
Bologne, 30, 251, 253
Bolonais (le), 251
Bombay, 372, 373
Bommel, 174
Bone, 401
Bonifacio (détroit de), 152
Bonn, 195, 196
onne-Espérance (cap de), 32, 395
onneville, 227
ordeaux, 48, 49, 50, 71, 140, 141, 159
ordelais (le), 71
oréal (océan), 44
orne (la), 144
rnéo, 361, 445, 446
rysthène (le), 334
sna-Séraï, 341
inie (la), 340, 341
ston, 426
any-bay, 450
ichain, 52
iches-du-Rhône (dép. des), 76, 133
gie, 401
khara, 385
kharest, 341
kharie (Grande), 385
logne, 53, 92
lonnais (le), 52, 53
rbince (la), 143
rbon (île), 29, 153, 413, 414
bon-Lancy, 66, 125

Bourbon-l'Archambaud, 65, 102
Bourbonnais (le), 51, 65
Bourbonne-les-Bains, 118
Bourbon-Vendée, 126
Bourg, 66, 102
Bourganeuf, 107
Bourges, 48, 64, 105, 159
Bourgogne (la), 51, 65
Bournou, 404
Boussac, 107
Boutan (le), 381
Boutonne (la), 105
Boyaca, 435
Boyne (la), 303
Brabant-Hollandais (le), 174, 178
— Méridional (le), 164
— Septentrional (le), 174, 178
Bracław, 328
Braga, 286, 287
Bragance, 286
Brahilow, 343, 344
Brandebourg (le), 202, 216
Brandebourg, 202
Braslaw, 335
Brava, 412
Bray (pays de), 55
Brecknock (le), 295
Brecon, ibid.
Bréda, 178
Brêle (la), 96
Brême, 9, 200, 204
Brenta (la), 241
Brescia, 238, 241
Brescian (le), 238
Brésil (le), 32, 434, 439
Breslau, 209, 210
Bresse (la), 65, 66
Bressuire, 126
Brest, 61, 109
Bretagne (la), 51, 60

Bretagne (Grande), 288
Briançon, 29, 76, 130
Briançonnais (le), 76
Briare, 63, 116
Brie Champenoise (la), 57, 58
— Comte-Robert, 56, 98
— Française (la), 56
Briey, 86
Brignolles, 77, 150
Brille (la), 174
Brindisi, 256, 259
Brioude, 69, 145
Brisach, 187
Brisgau (le), 187, 188, 205
Bristol, 294, 298
Britanniques (îles), 45, 288
Brives, 68, 136
Brixen, 187, 189
Brousse, 352, 353
Bruche (la), 92
Bruges, 166
Brünn, 209
Brunswick, 199, 200, 206
— (Nouveau), 421
Bruxelles, 164
Buckebourg, 207
Buckingham, 293
Bude, 213
Budissen, 210
Budosch, 28
Budziack (Tartares du), 326
Buech (le), 130
Buénos-Ayres, 442
Buenretiro, 281
Bug (le), 334
Bugey (le), 65, 66
Buis (Le), 76
Bujalance, 274
Bukowine (la), 340
Bulgarie (la), 340, 343
Bunwoot, 449

Burgau,	204	Canada (le), 33, 421	Carlscrone, 314
Burgos,	280	Canarie, 416	Carlsruhe, 205
Bute (le),	301	Canaries (îles), 32, 415	Carlstad, 313
			Carlstadt, 189
C.		Canche (la), 91	Carmagnole, 230
		Candahar, 366	Carniole (la), 187, 208
CABAILES (les),	400	Candie (île), 340, 346	
Caboul,	366	Candy, 392	Caroline (la), 425
Cacérès,	283	Canée (La), 346	Caroline du Nord, 426
Cachemire, 369, 371		Canigou (mont), 28	— du Sud, ibid.
Cacheo,	404	Canischa, 213	Carolines (les), 450
Cacongo,	407	Cannes, 259	Carpentarie (terre de), 449
Cadix,	273	Canobin, 356	
Cadorin (le),	239	Cantal (le), 135	Carpentras, 77, 152
Caen, 48, 56, 81		— (départ. du), 69,	Carpi, 243
Caermarthen,	295	135	Carrare, ibid.
Caernarvon,	ibid.	Canton, 381, 382	Carrick, 305
Caffa,	326	Cantorbéry, 292, 294, 298	Carthage, 400
Cafrerie (la), 395, 409			Carthagène (Colombie), 436
Cagliari,	264	Cap-Breton, 431	
Cahors, 71, 145		— Cagliari, 263	— (Espagne), 276
Caire (Le), 397, 398		— Corse, 406	Casal, 231
Caithness (le),	300	— de-Bonne-Espérance (Le), 29,	Caschan, 365
Cako,	438		Caserte, 258
Calabar (côte de), 406		395, 409, 410	Caspienne (mer), 43, 351
Calabre (la), 255, 256		Capitanate (la), 256	
Calahorra,	280	Capo-d'Istria, 189	Cassay (le), 373
Calais, 53, 92			Cassel (Allemagne), 194, 195, 205
Calatrava,	282	Capoue, 256, 259	
Calavon (le),	152	Cappadoce (la), 354	— (France), 30, 52, 88
Calcutta,	370	Caprée, 257	
Calicut,	372	Cap-Sassari, 263	Castellanne, 77, 130
Californie (la), 33, 430		Cap-Vert (îles du), 32, 395, 415	Castelnaudary, 74, 132
Calmar,	314	Caracas, 434, 436	Castel-Sarrasin, 150
Calvados (dép. du), 55, 81		Caramanie (la), 352, 353	Castille (Nouvelle), 280
Calvi, 152, 153		Caraques (les), 436	— (Vieille), ibid.
Camargue (la), 77		Cara-sou (le), 354	Castres, 74, 149
Cambaye (golfe de), 370		Carcassonne, 74, 132	Castri, 347
		Cardiff, 295	Castro, 250, 252
Camboge,	373	Cardigan, ibid.	Catalogne (la), 277
Cambray, 52, 88		Carentan, 56	Catane, 262
Cambrésis (le), 52		Carie (la), 354	Catarakoui, 422
Cambridge, 292, 294, 297		Carignan, 229	Catchar (le), 373
		Carinthie (la), 187, 208	Cateau-Cambrésis, 52
Campagne de Rome (la),	250	Carlisle, 293	Cattégat (le), 314
Campêche,	430	Carlow, 305	Cauca, 435
Campo-Formio, 242		Carlowitz, 189, 213	Caucase (le), 28, 43, 351

Table alphabétique. 461

Caucasie (la), 386, 387
Caudebec, 55, 97
Caux (pays de), 55
Cavaillon, 77
Cavan, 364
Caxamarca, 29
Cayambé (le), 28
Cayenne, 436
Cazbin, 364, 365
Célèbes, 447
Cenis (mont), 29, 228
Cenise (la), 229
Centre (canal du), 124
Céphalonie, 349
Cer (le), 135
Cerdagne (la), 278
Céret, 148, 149
Cérigo, 349
Cerisoles, 231
Cervin (mont), 29
Cette, 74, 142
Ceuta, 401
Cévennes (monts), 50, 73, 74
— (les), 74
Ceylan (île de), 32, 388, 391
Chablais (le), 227
Chablis, 58
Chagres, 435
Chalcédoine, 353
Chalcis, 348
Chaldée (la), 357
Châlonnais (le), 66
Châlons-sur-Marne, 58, 84, 159
— sur-Saône, 66, 124
Chalosse (la), 71
Chambéry, 227
Chambly, 422
Chambord, 63
Champagne (la), 51, 57
— propre (la), 58
Chandernagor, 153
Chan-si (le), 370

Chan-toung (le), 381
Charente (la), 68, 103, 104
— (dép. de la), 68, 103
— Inférieure (dép. de la), 67, 68, 104
Charenton, 56
Chari'a (le), 351
Charité (La), 65
Charleroi, 167, 168
Charleston, 425
Charleville, 81
Charollais (le), 66
Charolles, 66, 125
Chartrain (pays), 63
Chartres, 63, 108
Chartreuse (la Gr.), 143
Charybde, 260
Châteaubriand, 61, 115
— Chinon, 65, 120
— Dauphin, 230
— du-Loir, 61
Châteaudun, 63, 108
Château-Gonthier, 62, 119
Châteaulin, 109
Châteauroux, 64, 110
Château-Salins, 85
— Thierry, 58, 80
Chat-el-Arab (le), 351
Châtellerault, 64, 127
Châtillon-sur-Indre, 63
— sur-Seine, 66, 106
Châtre (La), 64, 110
Chaulnes, 53
Chaumont (Haute-Marne), 58, 118
— (Oise), 57
Chebrezour, 358
Chélicut, 413
Chelmsford, 294
Chelsea, 297
Chen-si (le), 381
Cher (le), 50, 63, 64, 102, 105, 107, 110, 113

Cher (dép. du), 64, 105
Cherbourg, 56, 83
Chersonèse-Cimbrique (la), 308
— Taurique (la), 326
Chester, 293
Chiapa, 429
Chichester, 294
Chiemsée, 190
Chiers (le), 85, 86
Chieti, 256
Chihuahua, 429
Chili (le), 33, 434, 442
Chimay, 168
Chimborazo (le), 28
Chine (la), 28, 375, 381
Chinon, 63, 111
Chin-yang, 384
Chio, 359
Chirvan (le), 387
Choa et Efat, 412
Christianbourg, 406
Christiania, 316, 317
Christiansand, 317
Christianstad, 314
Chuchter, 365
Chypre, 358
Cilicie (la), 354
Cilly, 187
Cimbebasie (la), 395, 408
Cinaloa, 429
Cinq-Eglises, 211, 213
Ciotat (La), 135
Cirenza, 256
Cîteaux, 107
Cité-Victorieuse (la), 265
Ciudad-Real, 281
Civita-Vecchia, 250
Civray, 127
Clackmannan, 301
Clagenfurt, 187
Clain (le), 127
Clamecy, 65, 120
Clare (le), 305

Table alphabétique.

Clermont, 57, 90
— Ferrand, 30, 69, 120, 159
Clervaux, 58
Cléry, 63, 116
Clèves, 197, 198
— Berg (le), 216
Clonmell, 305
Cluny, 66, 107
Clyde (la), 302
Coblentz, 195, 196
Cobourg, 206
Cochinchine (la), 373, 374
Cœthen, 206
Coevorden, 178
Cognac, 68, 103, 104
Cohahuila, 429
Coïmbre, 286
Coire, 219, 222
Colima, 429
Collioure, 73
Colmar, 49, 59, 121
Cologne, 197, 198
Colombie (la), 29, 434
Colombo, 392
Colonies françaises, 153
Colorno, 243
Colouri, 348, 349
Columbia, 426
Columbus, ibid.
Comacchio, 251
Côme, 235
Commercy, 59, 86
Cominge (le), 71
Comorin (cap), 362, 371
Compiègne, 57, 90
Compostelle, 271
Conception (La), 443
Conches, 56
Concord, 426
Condé, 52, 89
Condom, 71, 140
Condomois (le), 71
Condrieu, 69, 123
Cône, 120
Confédération - Germanique (la), 45, 216
Conférence (île de la), 147
Confolens, 103
Congo (le), 32, 407
Coni, 229, 231
Conich, 353
Connaught (le), 305
Connecticut (le), 426
Constance, 187, 205
Constantine, 400, 401
Constantinople, 343, 344
Conty, 53
Cook (détroit de), 452
Copenhague, 309
Corbach, 207
Corbeil, 56, 99
Corbie, 53
Corevre, 349
Cordillières (les), 421, 442
Cordouan (tour de), 141
Cordone, 274
Corée (la), 381, 383
— (mer de), 380
Corfou, 349
Corinthe, 348
Cork, 305, 306
Corneille (mont), 145
Cornouailles (Angleterre), 294
— (France), 61
Corogne (La), 271, 272
Coromandel, 371
Corrèze (la), 136
— (dép. de la), 68, 136
Corse (île de), 28, 51, 52, 77, 152
Corté, 152, 153
Cosenza, 256
Cosseïr, 397
Costarica, 431
Côte-d'Or (dép. de la), 50, 65, 106
Côte-Rôtie (la), 143
Côtes (gouv. des), 415
Côtes-du-Nord (dép. des), 61, 81
Cotopaxi (le), 28
Coulagne (la), 140
Coulanges, 66
Coulommiers, 58, 98
Coulour, 371
Courlande (la), 328, 329
Courtray, 160
Couserans (le), 71
Coutances, 55, 56, 83
Coutras, 71, 141
Cracovie, 335
— (état de), 45
Crau (la), 77
Crécy (Seine-et-Marne), 50
— (Somme), 53, 101
Crémasque (le), 238
Crême, ibid.
Crémone, 235, 236
Crêpy, 57
Crète (la), 346
Creuse (la), 63, 107, 110, 127
— (dép. de la), 68, 107
Crimée (presqu'île de), 326
Croatie turque (la), 341
Croïa, 342
Croisic (Le), 61
Cromarty, 300
Cronenbourg, 309
Cronstadt, 323
Cuama (le), 410
Cuba, 432
Cuenca, 29
Cuivre (monts de), 395
Cujavie (la), 334
Culm, 215
Culmbach, 192
Cumana, 436

Table alphabétique.

Cumberland (le), 293
Cundinamarca, 435
Cupar, 301
Cusco, 438
Cyclades (les), 348
Cydnus (le), 354
Cyrénaïque (la), 399
Cythère, 349

D.

Dacca, 370
Dahomey, 406
Dalmatie (la), 189, 208, 239, 241
Damas, 355
Damiette, 397, 398
Danemark (le), 35, 45, 307
Dangereux (archipel), 450
Dantzick, 215
Danube (le), 185, 212, 339
Dardanelles (les), 345
Darfour, 404
Darien, 435
Darmstadt, 195, 206
Daro (le), 275
Dattes (pays des), 401
Dauphin (fort), 414
Dauphiné (le), 52, 75
Davis (détroit de), 33, 424
Dax, 71, 144
Dehly, 369, 370
Dekhan (le), 368, 371
Delaware, 426
Delft, 174, 176
Delmenhorst, 308
Délos, 349
Delphes, 347
Delta (le), 397
Delvino, 342
Démân, 370
Demona, 262
Démont, 229
Denain, 80
Denbigh, 295
Dendre (la), 166, 167
Dendremonde, 165, 166
Dents (côte des), 406
Derby, 293
Derg (lac), 306
Deriéyéh, 360
Désirade (la), 434
Désolation (terre de la), 34
Dessau, 201, 206
Detmold, 207
Détroit, 426
Deule (la), 87
Deux-Ponts, 191, 194
Deux-Sèvres (départ. des), 64
Deux-Siciles (roy. des), 261
Deventer, 177
Devon, 294
Diali-ba (le), 395, 396, 403
Diarbékir, 358
Die, 76, 137
Diemen (terre de), 34
Dieppe, 55, 96, 97
Dieppe (Petit), 406
Digne, 77, 130
Dijon, 30, 49, 66, 106, 159
Dijonnais (le), 66
Dillingen, 192
Dinan, 61, 82
Dinant, 168
Diois (le), 76
Diu, 370
Djemnah (la), ibid.
Djhalavan (le), 366
Dniéper (le), 322, 334
Dniester (le), ibid.
Dobarva, 413
Doësbourg, 174
Dogado (le), 238
Doire-Ripaire (la), 229
Dol, 61
Dôle, 67, 112
Dolgelly, 295
Dombes (principauté de), 66
Domfront, 56, 91
Dominique (la), 434
Domremy, 86
Don (le), 322
Donawerth, 190
Donegal, 304, 306
Dongolah, 413
Dor (mont), 28
Dorat (Le), 68
Dorchester, 294
Dordogne (la), 50, 69, 70, 135, 136, 137, 140, 145
— (dép. de la), 70, 136
Dordrecht, 174, 176
Dore (la), 120
Dornoch, 300
Dorset (le), 294
Dort, 176
Douay, 49, 52, 87
Doubs (le), 67, 107, 112, 124
— (dép. du), 67, 107
Doué, 117
Doullens, 53, 100
Dourdan, 56
Douro (le), 286
Douvres (Angleterre), 299
— (Etats-Unis), 426
Douze (la), 144, 164, 165, 169
Down (le), 304
Down-Patrick, ibid.
Drac (le), 130, 143
Draguignan, 77, 130
Draha, 401
Drave (la), 212
Brenthe (le), 174, 178
Dresde, 30, 202, 204
Dreux, 57, 108
Drôme (la), 50, 75, 137

Table alphabétique.

Drôme (dép. de la), 75, 137
Dronne (la), 103, 137, 141
Drontheim, 316
Dropt (le), 317
Drugeon (le), 146
Dublin, 304, 305
Duero (le), 267
Dumbarton, 301
Dumfries, ibid.
Duna (la), 324
Dundalk, 305
Dunes (les), 299
Dunkelsbühl, 204
Dunkerque, 52, 88
Dun-le-Roi, 64
Dunois (le), 63
Durance (la), 50, 75, 76, 130, 134, 151
Durazzo, 342
Durham, 293
Dusseldorf, 197, 198
Dwina (la), 322
Dyle (la), 164, 165

E.

Ebre (l'), 267
Echelles-du-Levant, 247, 352
Eckmuhl, 190
Ecosse (l'), 28, 288, 299
Edels (terre d'), 449
Edesse, 358
Edimbourg, 301, 302
Eger, 209
Egypte (l'), 30, 395
Egypte (Basse), 397
— (Haute), ibid.
— (Moyenne), ibid.
Eisenach, 202, 206
Elbe (l'), 185
— (île d'), 247
Elbeuf, 56, 97
Elbing, 215
Elbours (mont), 28
Eleuthes (les), 384

Elgin, 300
Elide (l'), 347
El-Kamar (monts), 395
Ellwangen, 192
Elseneur, 310
Elster (l'), 203
Elvas, 287
Elvend (monts), 364
Embrun, 76, 130
Embrunois (l'), 76
Emden, 199
Ems (l'), 177
Enghien, 167
En-Goyo, 407
Ennis, 305
Enniskillen, 304
Entre - Duero - et - Minho (l'), 286
Entrevaux, 77, 84
Epernay, 57, 84
Ephèse, 354
Epinal, 128
Epte (l'), 96
Equateur, 435, 436
Equinoxial (océan), 44
Erdre (l'), 114
Erfurth, 202
Erié (lac), 423
Erivan, 387, 388
Erlau, 212
Erne, 304
Erzeroum, 358
Erzgebirge (l'), 204
Escaut (l'), 52, 87, 164
Esclaves (côte des), 406
Esclavonie (l'), 213
Escurial (L'), 281
Espagne (l'), 29, 36, 45, 266
— (îles d'), 283
Espalion, 133
Esquimaux (les), 422, 423
Essek, 213
Essex (l'), 294
Estarac (l'), 71

Estella, 279
Estrella (serra da), 283
Estrémadure Espagnole (l'), 283
— Portugaise (l'), 286
Etampes, 63, 98
Etaples, 53
Etat-de-l'Eglise (l'), 36, 249
Etats (île des), 34, 444
— Sardes (les), 36
— Unis (les), 425
Etna (l'), 28, 260
Etolie (l'), 347
Etrurie (l'), 245
Ettingen, 195
Eu, 55
Eubée (île d'), 348
Euphrate (l'), 351
Eure (l'), 50, 55, 82, 108
— (dép. de l'), 55, 82
— et-Loir (dép. d'), 56, 61, 63, 108
Europe (l'), 28, 43, 45
Evêchés (les Trois), 59
Evora, 287
Evreux, 55, 56, 82
Exeter, 294
Eylau, 215

F.

Færoe (îles), 311
Faisans (île des), 147
Falaise, 56, 81
Falkland (îles), 33
Famagouste, 359
Faro, 287
Fars (le), 364
Farsa, 343
Farsistan (le), 364
Faucigny (le), 227
Fécamp, 55

Table alphabétique. 465

ellembourg, 192 Foix, 72, 131 Frontenac, 422
eltre, 239 Foligno, 250 Frontignan, 74, 142
eltrin (le), *ibid.* Fontainebleau, 56, Fulde, 195, 205
er (île de), 20, 416   98 Funchal, 417
ère (La), 53, 80 Fontarabie, 147, 270 Furand (le), 114
rette, 59 Fontenay, 129 Furca (mont), 29
ermanagh (le), 304 — le-Comte, 64, Furnes, 166
ermo, 250   126 Furstemberg, 205
ernambouc, 441 Fontenoy, 167
erney, 66, 102 Fontevrault, 117   G.
errarais (le), 251 Forcalquier, 77, 130
rrare, 251, 253 Forêt-Noire (la), 187 GABON (côte de), 400
rrol (Le), 271, 272 Forez (le), 69 Gadamès (oasis de),
rté-Milon (La), 57 Forfar, 301   399
Renaud (La), 61 Forges, 55, 97 Gaëte, 256, 259
u (terre de), 33, Formentera, 284 Gaillac, 149
    444 Formose, 383 Galbe, 392
urs, 69 Fort-Louis (Le), 59, Galice (la), 271
z, 401   93 Gallas (les), 412, 413
zzan (le), 399 — Royal, 434 Galles, 288, 294
chtelberg, 28 Fortunées (îles), 415 Gallicie (la), 207
lgi (îles), 450 Fougères, 61, 109 Gallipoli, 343, 345
e (le), 301 Fou-kian (le), 381 Galloway, 305, 306
eac, 71, 145 Fou-tchéou(le),*ibid.* Gambie (la), 403
al, 233, 234 Foyle, 304 Gand, 165
istère (dép. du), France (la), 28, 29, Gandava, 367
    61, 108   30, 45, 46 Gange (le), 351, 368
isterre (cap), 272 — (île de), 33, 414 Gannat, 65, 192
nie, 309, 310 Francfort, 426 Gap, 76, 130
ndre française — sur-le-Main, 194, Gapencois (le), 76
la), 51, 52   195 Gard (le), 50, 138
ollandaise (la), — sur-l'Oder, 202 — (dép. du), 73, 138
    177 Franche-Comté (la), Garde (lac de), 225
ccidentale (la),   51, 67 Gardon-d'Alais (le),
    166 Franconie (la), 192   138
orientale (la), 165 Franeker, 177 — d'Anduze (le), *ib.*
che (La), 62, 125 Frauenfeld, 219 Garonne (la), 50,
nsbourg, 308 Fréjus, 77, 151   70, 74, 139, 140,
ssingue, 176 Freyberg, 30   146, 150
urus, 168 Freysingen, 190 —(dép. de la Haute),
t, 295 Fribourg (Allema-   73, 139
rac, 146   gne, 187 Gartempe (la), 107,
rence, 245 — (Suisse), 219, 221   127
rentin (le), *ibid.* Friderichstad, 308 Gascogne (la), 51, 71
ide (la), 33, 426, Fridérichstad, 317 Gâtinais français
    427 Friedland, 215   (le), 56
gia, 256 Frioul (le), 239 — orléanais (le), 63
l, 354 Frise (la), 174, 177 Gaule-Narbonnaise,
(comté de), 52, Frobisher (détroit   73
    72 de), 33, 424 Gavarnie(port de),29

* 20

Gave-de-Pau (le), 144, 147
Géant (col du), 28
Géans (monts des), ibid.
Gemund, 192
Gênes, 36, 232, 233
Genève, 30, 50, 219, 222
— (lac de), 50
Genevois (le), 227
Géorgie (la), 34, 387
Georgie (la), 426
Gera, 207
Germanique (Confédération), 184, 216
Gers (le), 50, 70, 140, 146, 148
— (dép. du), 70, 140
Gesso (le), 231
Gétules (les), 403
Gévaudan (le), 74, 75
Gex, 66, 102
— (pays de), 66
Geyser (le), 310
Ghilan (le), 364
Gibel (mont), 260
Gibraltar, 273, 274
Gien, 63, 115
Girgéh, 397
Girgenti, 263
Gironde (la), 50, 70, 104, 140
— (dép. de la), 70, 140
Girone, 277
Gisors, 55
Givet, 52
Glaciale antarctique (mer), 44
— arctique (mer), 43, 44
Glamorgan (le), 295
Glandève, 77
Glaris, 219, 222
Glasgow, 302
Glogau, 209
Gloucester, 293

Gluckstadt, 308
Gly (le), 123
Gmund, 192
Gnesen, 334
Gnide, 354
Goa, 372
Gœttingue, 30, 199
Golconde, 371, 372
Golding, 329
Gomroun, 364, 366
Gondar, 412
Gonzague, 236
Gorée, 153, 404
Goritz, 187, 188, 242
Gorlitz, 209
Gorval (le), 369
Goslar, 204
Gotha, 30, 202
— (la), 314
Gothembourg, 314
Gothie (la), 313
Gothland, 316
Gottorp, 308, 309
Goudjérate (le), 369
Gouet (le), 82
Goulette (la), 400
Gourdon, 145
Gourie (la), 387
Gournay, 55
Grætz, 187
Graines (côte des), 406
Gran, 213
Grande (rio), 404
Grand-Océan, 43, 44, 421
Grand-Waradin, 212
Granville, 56, 83
Grasse, 77, 150, 151
Grave, 178
Gravelines, 52, 88
Gray, 67, 124
Grèce (la), 28, 45
Greenlaw, 301
Greenwich, 297
Greitz, 207
Grenade, 275

Grenade (la), 434
Grenoble, 49, 76, 143
Grésivaudan (le), 76
Grisons (les), 219, 222
Grodno, 328
Groenland (le), 424
Groningue, 174, 177, 221
Gruyères, 221
Guadalaxara, 281
Guadalquivir (le), 267
Guadeloupe (la), 153, 434
Guadiana (la), 267, 286
Guadix, 275
Guam, 451
Guanahani, 432
Guanaxuato, 429
Guarda (La), 286
Guardafui (cap), 395, 412
Guastalla, 243
Guatimala, 431
Guayaquil, 435
Gueldre (la), 174
Guérande, 61
Guéret, 68, 107
Guernesey, 83
Guibray, 81
Guiers (le), 75, 144, 226
Guildford, 294
Guillestre, 76
Guinée (la), 32, 395, 404
— inférieure, 407
— supérieure, 406
Guines, 53
Guingamp, 82
Guipuscoa (le), 270
Guise, 53
Gurck, 187
Gustavia, 434
Gustrow, 201
Guyane (la), 434, 436
Guyenne (la), 51, 70

Table alphabétique.

H.

ADDINGTON,	301	Héliopolis, 398	Horn (cap), 346
adersleben,	308	Hellespont, 345	Hottentotie (la), 409
adramaont (l'),	360	Henneberg, 206	Hougly (l'), 370, 218
aguenau,	59	Hennebon, 61	Hou-nan, 381
aï-nan, 33,	383	Hérac, 360	Hou-pé, ibid.
ainaut (le),	167	Hérat, 366	Hudson (baie d'), 423, 424
- français (le),	52	Hérault (l'), 141, 142	—(détroit d'), 334,
aïti,	432	—(dép. de l'),73,142	424
alberstadt,	200	Herculanum, 255	
alifax,	424	Hereford, 293	Hué, 374
all,	192	Herisau, 219	Huesca, 278
alle, 202,	207	Hermanstadt, 214	Huine (l'), 91, 108, 125
alycarnasse,	354	Hertford, 294	Humber (l'), 292
um,	53	Hesdin, 54	Huningue, 59, 122
imbourg, 30, 36,		Hespérides (les), 415	Huntingdon, 293
	199, 200	Hesse (Haute), 206	Hurepoix (le), 56
immerfest,	319	— Cassel (la), 195, 204, 205	Huron (lac), 423
impton-court,	299	— Darmstadt (la), 195, 205	Hurons (les), 421
inau,		—Electorale(la),195, 204, 205	Hussoko, 28
ing-tchéou,	381	—Hombourg(la),195	Huy, 169
inovre, 199, 200, 204		—Rhinfeld(la), ibid.	Hyères, 77, 151

I.

(roy. de), 30, 204	Hibernie, 302		
nts (le),	294	Hildesheim, 199, 200, 204	IAKOUTSK, 387
n-yang,	383	Himalaya (monts), 28, 351	Iaroslaw, 324
ioussa,	404	Hindoustan (l'), 368	Iconium, 353
psbourg,	221	Hippocrène, 347	Iéna, 202, 206
rdewick,	174	Hippone, 401	Iéniséi (l'), 351, 386
rfleur,	55	Hispaniola, 432	Iéniséisk, 386
rlem, 174,	176	Hoang-ho(l'),351,380	Ile-de-France (l'), 51, 56
rlingen,	177	Hobart-Town, 450	Ill (l'), 50, 92, 121
rrisbourg,	426	Hochstædt, 190	Ille (l'), 169
rtford,	426	Hœrnesand, 313	— et - Vilaine (dép. d'), 61, 169
vane (La),	432	Hohenberg, 192	Iller (l'), 192
vre (Le), 50, 52, 55, 96		Hohenlohe, ibid.	Illinois (lac), 423
ye (La), 174,	175	Hohenzollern, 207	— (état d'), 426
Descartes (La),	112	Hollande (la), 38, 170, 174	— (les), 422, 423
zebrouck,	87	Holstein (le), 35, 200, 308	Illyrie (l'), 189, 207
an,	375	Hombourg, 195	Iméréthie (l'), 387
brides (îles),	302	Ho-nan, 381	Inde (l'), 367
chingen,	207	Honduras, 431	Indes (mer des), 43, 44
cla (l'), 28,	310	Honfleur, 55	Indiana (l'), 426
ljaz (l'),	360	Hongrie (la), 207, 210, 212	Indianapolis, ibid.
idelberg,	195		Indo-Chine (l'), 368, 373
ilbronn, 191,	192		
licon (l'),	347		

468 Table alphabétique.

Indre (l'), 50, 63, 110 Jackson (port), 450 Kars,
— (dép. de l'), 64, Jacquin, 407 Kaschau,
110 Jaen, 275 Kaufbeuren,
— et-Loire (dép. d'), Jaffa, 355 Kayserslautern,
62, 110 Jaggas (les), 408 Kécho,
Ingolstadt, 190 Jamaïque (la), 28, Kélat,
Ingrie (l'), 322 432, 433 Kempten,
Inspruck, 29, 187 James, 404 Kensington,
Inverary, 301 James-Town, 415 Kent (le),
Inverness, 300 Janina, 342 Kentucky (le),
Jœnkœping, 314 Japon (le), 33, 37, Kerguelen (terre d
Ioniennes (îles), 45, 388, 389
349 Jarnac, 68, 104 Kerman (le),
Ipswich, 291 Jassy, 341 Kerry (le),
Irâc-Adjémi (l'), 364 Jaune (rivière), 351, Kétek, 372,
— Arabi (l'), 352, 380 Khalkhas (les),
357 Java, 445, 446 Kharkow,
Irkoutsk, 386 Javarin, 213 Kherson,
Irlande (l'), 288, 302 Jedburgh, 301 Khoraçan (le), 3
Iroquois (les), 422, Jefferson, 426
423 Jemmapes, 168 Khouzistan (le),
Irtych (l'), 386 Jénissar, 345 Kiang (le), 351,
Isar (l'), 190 Jersey, 83 Kiang-si (le),
Iseghem, 167 Jérusalem, 355, 356 Kiang-sou (le), ib
Isembourg, 205, 206 Joigny, 58, 129 Kiel,
Isère (l'), 50, 75, 137, Joinville, 58, 118 Kiew, 324,
143 Jonzac, 104 Kildare (le),
— (dép. de l'), 75, Jordane (la), 135 Kilkenny, ib
142 Jourdain (le), 351, Kincardine (le),
Islande (l'), 28, 310 356 King's-county,
Isle (l'), 137, 140 Juda, 406 Kingston,
Isnik, 354 Judée (la), 354, 355 Kinross,
— Mid, 353 Juliers, 197, 198 Kioge,
Ispahan, 364 Jura (mont), 112 Kiou-siou, 389,
Issoire, 69, 120 — (dép. du), 67, Kirin,
Issoudun, 64, 110 112 Kirkcudbright, 3
Isthme, 435 Juthia, 373 Kirkwall,
Istrie (l'), 188, 189, Jutland (le), 308 Klausembourg,
208, 239 Kœnigsberg,
Italie (l'), 30, 45, K. Kœnigsegg,
223 Kohistan (le),
— (îles d'), 260 KALMOUKS (les), 385 Kola,
Ithaque, 349 Kaminiek, 335 Komorn,
Iton (l'), 82 Kamtchatka (le), 34, Kotch (le),
Ivice, 283, 284 387 Kotch-Gandaya (l
Ivrée, 229 Kanischa, 213
Ivry, 83 Kan-sou, 381
Karikal, 153, 372 Kouang-si (le),
J. Karpathes (monts), Kouang-toung (le
JACKSON, 426 28 ib

Table alphabétique. 469

ouëi-tchéou (le),	Laredo, 270	Libye (la), 399
381	Larisse, 342	Lichtenstein, 207
oueyk (le), 355	Larrons (îles des),	Liége, 169, 197
ouhestan (le), 364	33, 451	Lieou-Khieou (îles), 33
our (le), 388	Lauembourg, 200,	
ouriles (îles), *ibid.*		308 Liesse, 57
outaïs, 387	Lauffembourg, 187,	Lieuvin (le), 55
urdistan (le), 352,	188	Lièves (la), 165
358, 364	Lauffen, 220	Liffey (le), 305
utahiéh, 352	Launceston, 294	Ligny, 168
	Lausanne, 29, 219, 221	Ligurie (la), 232
L.	Lauter (la), 50, 92	Lim-Fiord, 308
	Laval, 61, 118	Lille, 49, 52, 87, 159
BOUR (le), 71	Lavaur, 74, 149	
bour (Terre de),	Laybach, 187	Lima, 30, 438
256	Laye (la), 126	Limagne (la), 69, 121
brador (le), 423	Lecce, 256	
cédémone, 348	Lech (le), 191	Limbourg, 196
conie (la), 347	Leck (le), 173	— (le), 174, 178
doga (lac), 322	Lectoure, 71, 140	Limerick, 305, 306
gny, 56	Leeds, 298	Limmat (la), 221
gos, 287	Leeuwarden, 177	Limoges, 49, 68, 128
guna, 416	Leicester, 239	Limousin (le), 51, 68
hore, 369, 370, 371	Leinster (le), 304	Limoux, 74, 132
hsa, 360	Leipsick, 202, 203,	Lincoln, 293
isse (la), 227	204	Lingen, 204
knau, 371	Leitmeritz, 209	Linlithgow, 301
mballe, 61	Leitrim (le), 305	Lintz, 187
mego, 286	Léman (lac), 227	Lipari (îles), 263
nark, 301	Lemberg 207, 335	Lippe-Detmold, 207
ncastre, 293	Lemnos, 349	Lisbonne, 286, 287
nciano, 256	Lemta 403	Lisieux, 55, 81
ndau, 59	Léna (la), 351	Lithuanie (la), 327, 329
nderneau, 61	Lens, 92	
(le), 109	Léon, 282, 283	Livadie, 347, 348
ndes (les), 71, 141	Léon (Nouveau), 429	Liverpool, 298
(dép. des), 70,	Léopold, 207	Livonie (la), 323
144	Lépante, 347	Livourne, 245, 247
ndrecies, 52, 89	Lérida, 277, 278	Loango, 407
ndshut, 190	Lérins (îles), 151	Locarno, 219
ngon, 141	Lers (le), 131	Loches, 63, 111
ngres, 58, 118	Lesbos, 359	Lodève, 74, 142
nguedoc (le), 52, 73	Lescar, 72	Lodi, 235, 236
(Canal du), 74	Lesparre, 140, 141	Lofoden (îles), 317
nnion, 61, 82	Leyde, 173, 174, 175	Loing (le), 63, 115
on, 57, 79	Lhassa, 385	129
onnais (le), 57	Liane (la), 92	Loir (le), 50, 62, 108, 113, 117, 125
ponie (la), 315	Liban (le), 28, 355	
quedives (îles),	Libourne, 71, 140, 141	Loire (la), 50, 60, 62, 63, 74, 102,
388, 392		

470   *Table alphabétique.*

105, 110, 113, Louvres, 56   Maëstricht,
114, 115, 117, Lozère (la), 146   Magadoxo,
119, 124, 131, 144 — (dép. de la), 73, Magdebourg, 19
Loire (dép. de la), 146
114 Lubeck, 199, 200, Magellan (détr
— (dép. de la Haute), 206   de), 421, 4
69, 73, 144 Lublin, 335 Magellanique (terr
— Inférieure (dép. Lucayes (îles), 432   434, 4
de la), 61, 114 Lucerne, 219, 222 Magliano,
Loiret (le), 63, 115 Luçon, 64, 448 Magny,
— (dép. du), *ibid.* Lucques, 247, 248 Mahé, 153, 3
Loir-et-Cher (départ. Lugano, 219 Mahon,
de), 63, 113 Lugo, 271 Maidstone, 2
Lombardie (la), 229 Lulea, 313 Maillezais,
Lombard - Vénitien Lune (monts de la), Maine (la), 50, 6
(Royaume), 207,   395   1
234 Lunebourg, 199, 200, — (le), 51,
Lombès, 71, 140   204 — (Etat de), 4
Lomnis (pointe), 28 Lunel, 74, 142 — et - Loire (dé
Lomond (lac), 300 Lunéville, 59, 85   de), 62, 1
Londonderry, 304 , Lupata (monts), 395 Maintenon,
306 Luppe (la), 203 Maire (détroit
Londres, 30, 294, 295 Lure, 124   Le), 4
Longford, 304 Lusace (la), 204, 209 Maïssour, 3
Longjumeau, 56 Lusitanie (la), 285 Majeur (lac), 2
Lons-le-Saunier, 67 Luxembourg, 179 Majorque, 2
112 Luxeuil, 67 Malabar (côte de
Lorette, 250, 253 Luynes, 63   32, 3
Lorient, 61, 119 Lydie (la), 354 Malacca, 33, 373, 3
Lorraine (la), 51, Lyon, 30, 49, 50, Malaga, 273, 2
58   69, 122, 159 Malaisie, 4
Lot (le), 50, 70, Lyonnais (le), 51, Maldives (îles), 38
133, 135, 145,   69   3
146 Lys (la), 52, 87, 91, Malé, *ibi*
— (dép. du), 70, 145   164 Malines, 168, 1
— et-Garonne (dép.   **M.** Malouines (îles),
de), 70, 145   Malstrœm, 31
Lotsa (le), 366 Macao, 286, 382 Malte, 26
Loudéac, 82 Macassar, 447 Malvah, 30
Loudun, 64, 127 Macédoine (la), 343 Malvoisie, 34
Loue (la), 107, 112 Macérata, 250 Mamers, 12
Louhans, 124 Mâcon, 66, 124 Man (île de), 20
Louisbourg, 431 Mâconnais (le), 66 Manaar, 30
Louisiade (archipel Madagascar, 29, 32, Mançanarès (le), 28
de la), 34   413, 414 Manche (la), 44, 83
Louisiane (la), 34, Madeleine, 435   91, 96, 100, 10
426, 427 Madère, 32, 417 — (dép. de la), 55, 8
Louth (le), 305 Madras, 372 Manchester, 29
Louvain, 164, 165 Madrid, 29, 281 Mandchourie (la)
Louviers, 56, 82 Mælar (lac), 3   38

Table alphabétique. 471

ndova (la), 372 Martigues, 135 Mecque (La), 360,
nfredonia, 256 Martinique (la), 153, 361
nheim, 195 434 Médina - Sidonia,
nille, 448 Martvili, 387 272
ns (Le), 61, 125 Marvéjols, 75, 146 Médine, 361, 362
ntes, 50, 56, 98, Mary (puy), 28 Méditerranée (mer),
99 Maryborough, 304 43, 44, 138, 142,
ntinée, 348 Maryland, 34, 426 148, 150, 223, 351,
ntois (le), 56 Mascara, 400 394
ntoue, 236 Mascareigne (île), Mednick, 328
rach, 353 414 Médoc, 141
uagnan (le), 32 Mascate, 360, 362, Mégare, 347
vans, 67 414 Meinam (le), 373, 396
vathon, 347 Massa, 243 Meiningen, 206
rche, 169 Massachusetts, 426 Mékran (le), 366
(la), 51, 68 Masseran, 230 Mélanésie, 445
d'Ancône (la), Masulipatam, 372, Melazzo, 262
250 373 Melilla, 401
Trévisane (la), Matapan (cap), 45 Mélinde, 412
239 Matsmaï, 391 Melle, 126
arch, 360 Maturin, 435 Melun, 50, 56, 98
arengo, 238 Maubeuge, 52, 89 Memel, 215
arennes, 68, 104 Mauléon, 71, 148 Memmingen, 204
argajats (les), 440 Maupertuis, 127 Memphis, 398
ariannes (îles), 450, Maures (les), 360, Mende, 75, 146
451 403 Mendoza, 442
arie-Galante, 434 Mauriac, 135 Menin, 167
ariembourg, 215 Maurice (île), 33, Meppel, 178
arienthal, 193 413, 414 Mequinez, 401
arignan, 235 Maurienne (la), 227 Mergentheim, 193
aritza (la), 345 Mayence, 195, 196, Mergui, 374
armande, 71, 146 206 Mérida (Espagne),
armara (mer de), Mayenne (la), 50, 61, 283
43, 345 62, 91, 117, 118 — (Mexique), 429
armarique (la), 399 — (dép. de la), 61, Mérioneth (le), 295
armoutier, 111 62, 118 Mersey, 292
arne (la) 50, 56, Mayenne, 61, 118 Mésopotamie (la), 357
57, 79, 84, 93, Mayo (le), 305 Messénie (la), 347
97, 98, 117 Mazarin, 81 Messine, 255, 262
- (dép. de la), 57, Mazenderan (le), Métélin, 359
84 364 Metz, 49, 52, 59,
- (dép. de la Haute), Mazovie (la), 334 86, 159
57, 117 Mazzara, 262 Meulan, 56
[aroc, 399, 401 Méaco, 389, 390, Meurthe (la), 58, 84,
[aronites (les), 356 391 85, 128
[arquises (îles), 33, Meath (le), 304 — (dép. de la), 58,
450 Meaux, 58, 98, 84
[arsaille, 230 Mechoacan, 429 Meuse (la), 58, 80,
[arsan (le), 71 Mecklembourg, 201 85, 117, 128, 164,
[arseille, 49, 77, 134, — Schwerin, 206 173
159 — Strélitz, ibid. — (dép. de la), 58, 85

Table alphabetique.

Mexico, 29, 429
Mexique (le), 28, 29, 33, 428
— (golfe du), 432
Meyne (la), 152
Mézières, 58, 80
Michigan, 426
Micronésie, 445
Micuipampa, 29
Middelbourg, 176
Middlesex (le), 294
Midi (canal du), 74, 132
— (pic du), 28
Mid-Lothian (le), 301
Midou (le), 144
Midouze (la), ibid.
Milan, 30, 234, 235
Milanais (le), 231
Milhau, 133
Milledgeville, 426
Mincio (le), 236
Mindanao, 448
Mindelheim, 204
Mingrélie (la), 387
Minorque, 283, 284
Minyéh, 397
Miquelon, 431
Miranda-de-Douro, 286
Mirande, 71, 140
Mirandole (La), 244
Mirecourt, 59, 128
Mirepoix, 74
Misitra, 347, 348
Misnie (la), 202, 204
Mississipi (le), 33,
— (état de) 426
Missouri (terre de), ibid.
Mittau, 329
Mitylène, 359
Mobile (la), 427
Modène, 243
Modenais (le), ibid.
Moëre (la), 165
Mœris (lac), 398
Mogol (empire), 37, 369
Moguer, 273

Mohilew, 319
Moissac, 150
Moka, 361, 362
Moldau (la), 209
Moldavie (la), 340,
Molise, 256
Moluques (îles), 33, 445, 447
Mombaza, 411
Monaco, 234
Monaghan, 304
Mondonedo, 271
Mongale, 411
Mongolie (la), 381
Mongols (les), 385
Monmouth, 293
Monoémugi (le), 411
Monomotapa (le), 409, 410
Mons, 167
Montagne (pays de — (la), la), 66
Montargis, 63, 116
Montauban, 71, 74, 150
Montdidier, 53, 100
Monte-Fuscolo, 256
Montélimart, 76, 137
Montereau, 98
Monté-Vidéo, 434,
Montferrat (le), 231
Montfort-sur-Meu, 61, 109
Montgomery, 295
Montilla, 274
Montlhéry, 56, 100
Mont-Louis, 73, 149
Montluçon, 65, 102
Montmédy, 86
Montmélian, 227, 228
Montmorency, 56, 99

Montmorillon, 319
Montpellier (Fra 49, 74, 142
— (États-Unis)
Montpensier, 341
Montreal, 256
Montréal, Montreuil, 53
Mont-St.-M (Le),
Morat, 234
Moravie (la), 207
Morbihan (dép. 61,
Morée (la), 45,
Morena (sierra), Moret,
Morin (le Grand
Morlaix, 61,
Morlaquie (la),
Mortagne, 62
Mortain,
Mortare, 150
Morte (mer),
Moscou, 30,
Moscowa (la),
Moselle (la), 58, 86, 128,
— (dép. de la),
Mossoul,
Moulins, 65,
Moultan (le),
Mourched-Abad,
Moutiers, 442
Mouzon (le),
Mowna-Roa,
Mozambique,
Mulde (la),
Mulhouse, 59,
Mullinger,
Munich, 29, 190,
Munster,
— (le),
Murat, 69,
Murcie,

Table alphabétique.

e (La), 76	Neufchâtel, 55, 96	Nivernais (le), 51, 65
et, 139	Neusohl, 212	Nogaïs (les), 326,
ray (le), 300	Neustadt, 187, 206	385
ène, 348	Neu-Strélitz, 206	Nogent-le-Roi, 63
N.	Neustrie (la), 54	—le-Rotrou, 62, 108
	Neutra, 212	—sur-Seine, 103
s, 304	Néva (la), 322	Noire (mer), 43,
pour, 372, 373	Nevada (sierra), 28	345, 349
n, 300	Nevado de Toluca,	— (pointe), 28
ur, 168	ibid.	Noirmoutier, 126
cy, 49, 59, 85	Nevers, 50, 65, 120	Noməny, 59
gasacki, 389, 391	New-Aberdeen, 301,	Nonette (la), 90
kin, 381, 382	302	Nontron, 137
tes, 49, 50, 61,	Newcastle, 293	Nord (cap), 45
115, 159	New-Hampshire, 426	— (dép. du), 52, 87
tua, 102	New-Haven, ibid.	— (mer du), 44, 87
les (roy. de), 28,	New-Jersey, 425, 426	Nord-Jutland, 308
37, 226, 254	Newmarket, 297	Nordland (le), 313,
les, 255, 256	Newport, 426	317
léonville, 126	New-York, 425, 426,	Nordlingue, 192, 204
oli-de-Romanie,	427	Nord-Ouest, 426
348	Neypâl (le), 369	Norfolk (le), 294
onne, 74, 132	Ngan-hoeï, 381	Normandie (la), 51,
ra, 323	Niagara, 422, 423	54
ville, 426	Nicaragua, 431	Northampton, 293
au, 198, 206	Nice, 77, 231, 232	Northumberland(le),
olie, 347, 348	Nicée, 354	ibid.
rin, ibid.	Nicomédie, 353	Norwège (la), 28,
rre (la), 279	Nicopoli, 343	45, 316
Basse), 72	Nicosie, 359	Norwich, 294
ire, 82	Nied (la), 86	Notasie (la), 44, 445
gateurs (îles	Niémen (le), 215,	Noto, 262, 263
s), 34, 450	328, 384	Nottingham, 293
reth, 356	Nièvre (la), 119	Nouveau-Brunswick
h, 304	—(dép. de la), 65,	(le), 421
ed (le), 360	119	Nouveau-Léon (le),
epont, 348	Niger (le), 395, 403	429
ours, 56, 63	Nigritie(la), 395, 404	Nouveau - Mexique,
c, 71, 146	Nijnii - Novogorod,	429, 430
chinsk, 387	325	Nouveau-Santander,
vinde, 169	Nil (le), 395	429
(lac de), 300	Nimègue, 174	Nouvelle - Angle-
e (la), 165	Nimes, 49, 74, 138	terre, 33, 425
ourg, 189,	Ninggouta, 384	— Bretagne, 421
190	Ninive, 358	— Bretague (archipel
hâtel, 29, 219,	Niort, 64, 126	de la), 34, 44
223	Niphon, 389, 391	— Calédonie, 34,
-Brisach, 59,	Nissa, 343	44, 451
121	Nive (la), 147	— Californie, 429
hâteau, 128	Nivelle, 164, 165	— Castille, 280

Nouvelle - Chamakie (La), 387
— Espagne, 428
— France, 422
— Galles du Sud, 449
— Georgie, 425
— Grenade, 434, 435
— Guinée, 33, 44, 449, 450
— Hollande, 43, 44, 449
— Orléans (La), 426, 427, 428
— Providence, 432
Nouvelles-Hébrides, 13, 32
Nouvelle - Zélande, 34, 451
— Zemble, 33, 452
Novare, 231, 236
Novogorod - Séwerski, 324
— Wéliki, 322
Noyon, 57
Nubie (la), 395, 413
Nuits, 66
Numidie (la), 401
Nuremberg, 193, 204
Nuyts (terre de), 449
Nyborg, 310
Nykœping, 313
Nyons, 137

O.

OAXACA, 429
Obi (l'), 351, 386
Océan atlantique, 43
— austral, 44
— boréal, ibid.
— équinoxial, ibid.
— (grand), ibid.
Océanie (l'), 44, 445
Oczakow, 326, 327
Odense, 310
Oder (l'), 185, 210
Odessa, 326
Odet (l'), 109
Odon (l'), 81

OEland (île), 316
Oëttingen, 204
Ofanto (l'), 259
Offembourg, 191
Ohio, 426
Oignon (l'), 107
Oise (l'), 50, 53, 56, 79, 89, 98
— (dép. de l'), 56, 89
Okcham, 293
Oldembourg, 198
Oleron, 72, 147
— (île d'), 105
Olinde, 441
Oliva, 216
Olmutz, 209
Olympe (Asie), 353
— (Europe), 343
Olympie, 348
Omagh, 304
Oman (l'), 360
Ombrie (l'), 250
Ommelandes (les),
Onéga (lac), 322
Oneille, 229
Ontario (fort),
— (lac), 423
Oo (port d'), 29
Ophir, 411
Ophyr (mont), 28
Or (côte d'), 406
Oran, 401
Orange, 77, 152
Orbe (l'), 142
Orbec (l'), 81
Orbitello, 247
Orcades (îles), 300, 302
Orchies, 52
Oregon, 426
Orénoque (l'), 421
Orensé, 271
Orfa, 357
Orihuela, 276
Oristano, 264

Orizaba (pic d
Orléanais (l'),
Orléans, 49, 5
— (canal d')
Ormus,
Ornain (l'),
Ornans,
Orne (l'), 55,
— (dép. de l'
Ortenau (l'),
Orthès,
Ortler,
Orviétan (l'),
Orviette,
Osnabruck,
Ossa (l'),
Ostende,
Ostfrise (l'), 1
Ostie,
O-taïti, 28, 3
Otrante,
Ouche (l'),
Oudenarde,
Oural (l'),
Ourals (monts)
Ourthe (l'),
Ouse (l'),
Oustioug,
Ouzbeks (les),
Over-Yssel (l')
Oviédo,
Owhyhée,
Oxford, 192,
Oxyrinque,

P.

PACIFIQUE (mer
Pactole (le),
Paderborn,
Padouan (le),
Padoue, 23
Paimbœuf, 50
Palencia
Paléochori,
Palerme,
Palestine (la),

Table alphabétique.

se (La),	102	Pékin,	381	Philipstown,	304
a,	283	Pella,	346	Philisbourg,	194
as,	416	Péloponnèse (le),		Phocée,	354
osa,	359		347, 348	Phocide (la),	347
yre,	355	Pembroke,	295	Phuxuan,	374
ers,	72, 131	Pénée (le),	342	Piave-di-Cadore,	239
elune,	279	Penon-de-Velez,	401	Pic (le),	29
na,	435	Pensacola,	427	Picardie (la),	51, 53
sthme de),	421	Pensylvanie (la),	34,	Picquigny,	53
ro (le),	243	292, 425, 426		Piémont (le),	40,
os,	359	Péra,	344		229
us (terre des),		Perche (le), 61, 62		Pignerol,	229
	450	Perdu (mont),	28	Pilsen,	209
guay (le),	434,	Pérékop,	326	Pinde (le),	347
	441	Périgord (le),	71	Pinède (port de),	29
naribo,	436	Périgueux, 71, 137,		Piombino,	247
-le-Monial, 66,			159	Pis (le),	150
	124	Permesse (le),	347	Pisan (le),	245
o (El),	281	Péronne,	53, 100	Pise,	245, 247
, 30, 49, 50, 52,		Pérou (le), 28, 29,		Pisek,	209
, 94, 159, 353		30, 33, 434, 437		Pistoie,	245
is (le),	56	— (Haut),	439	Pithiviers,	63, 115
ie,	30, 242	Pérouse, 250, 252		Piton des Neiges,	29
luché de),	38,	— (La),	391	Pizzighettone,	255
	242	Pérousin (le),	250	Plaisance (Italie),
usse (le),	347	Perpignan,49,73,148			242, 243
enay,	64, 126	Perse (la),	38, 363	— (Terre-Neuve),
e-Calais (dép.		Persépolis,	365		431
), 53, 54, 91		Persique (golfe),	360	Plasencia,	283
ge (Le),	270	Perth,	301	Plata (La),	439
ro (cap),	263	Perthois (le),	58	— (Rio de la),	33,
u,	190	Pesaro,	250		396, 421
onie (la),	434,	Peschiera,	238	Pleiss (la),	203
	443	Pest,	212	Plessis-lès-Tours,
le),	141	Pe-tchi-li,	381	(Le)	111
os,	359	Pétersbourg,	322	Plock,	334
, 370, 371		Pétionville,	432	Ploermel,	119
s,	347, 348	Pétra,	360	Plombières,	29, 59
moine de Saint-		Peychaver,	366	Plym (la),	298
rre (le),	250	Pézénas,	74	Plymouth,	ibid.
49, 72, 147		Phare-de-Messine		Pô (le),	225
,	235	(le),	260	Podolie (la),	329,
,	349	Pharsale,	343		335
Bas, 38, 45, 54,		Phénicie (la),	354	Poggio (le),	246
	162		355	Poissy, 55, 57, 99
le la Montagne,		Philadelphie,	427	Poitiers, 49, 64, 127
	66	Philippeville, 52, 168		Poitou (le),	51, 63
La),	439	Philippi,	345	Poix,	53
es,	301	Philippines (îles),		Polaires antarctiques
,	373		33, 448	(terres),	453

475

Polaires arctiques (terres), 452
Polésine de Rovigo (la), 239
Poligny, 67, 112
Pologne (la), 45, 329
Polynésie (la), 44, 445, 450
Poméranie (la), 202, 216
Pompadour, 136
Pompéia, 255
Pondichéry, 153, 372
Pont, 353
Pont-à-Mousson, 59
Pontarlier, 29, 108
Pont-Audemer, 55, 82
Pont-d'Ain, 66
Pont-de-Beauvoisin (Le), 143
Pont-de-Royans, 76
Pont-Euxin (le), 345
Ponthieu (le), 53
Pontivy, 119
Pont-l'Évêque, 81
Pontoise, 57, 98, 99
Pont-St.-Esprit (Le), 74
Ponts-de-Cé (Les), 62
Pont-sur-Yonne, 56
Popocatepetl, 28
Porentruy, 220
Portalègre, 287
Port-au-Prince (Le), 433
Portici, 255
Portland, 426
Port-Louis (France), 61
— (île de France), 415
Port-Mahon, 284
Porto, 286, 287
Porto-Belo, 435
Porto-Ercole, 247
Porto-Ferrajo, ibid.
Porto-Longone, ibid.
Porto-Rico (île), 432, 433
Port - Républicain (Le), ibid.

Port-Royal, 424
Portsmouth, 298
Portugal (le), 38, 45, 284
Poséga, 213
Posen, 216, 334
Posnan, 334
Potomac (le), 427
Potosi, 439
Potsdam, 203
Pouille (la), 255, 256
Pouta-la, 385
Pouzzoles, 258
Prades, 148
Prague, 30, 209
Pratolin (le), 246
Preignitz (la), 193
Presbourg, 212
Presteigne, 295
Prévésa, 342
Prince (île du), 415
Principauté - Citérieure (la), 255
— Ultérieure (la), ibid.
Privas, 131
Propontide (la), 345
Provence (la), 52, 76
Providence, 426
Provinces-Unies, 170
— Unies du Rio-de-la-Plata, 434, 441
Provins, 58, 98
Pruse, 353
Prusse (la), 39, 45, 214
— Occidentale (la), 216
— Orientale (la), ib.
Pruth (le), 341
Pruym, 196
Pskow, 322, 323
Ptolémaïs, 356
Puebla (La), 429, 430
Pultawa, 324
Purgatoire de St.-Patrice (le), 306
Puy (Le), 75, 145
Puycerda, 278

Puy-de-Dôme (28,
Puy-de-Dôme (du), 69,
Puylaurens,
Pyrénées (Mont 28, 29, 131, 147, 148,
— (dép. des Bas 72,
— (dép. des Haut 70,
— Orientales (des), 72,

Q.

QUÉBEC, 33,
Queen's-county,
Quênoy (Le), 52
Quercy (le),
Queretaro
Quillebœuf,
Quiloa,
Quimper, 61,
Quimperlé, il
Quito, 29, 434,

R.

RAAB,
Radnor (le),
Raguse, 39,
Raleigh,
Rambouillet, 98,
Ramillies,
Rance (la), 82,
Rangoun,
Raolconde,
Rastadt,
Ratibor,
Ratisbonne, 30,
Raucoux,
Ravenne, 250,
Reading,
Recht, 364,
Récife,
Reconquis (le pay

Table alphabétique.

itz (la),	193 Rieux,	74	Rouen, 49, 50, 55, 96, 159
1, 61, 109	Riez,	77	
o (Modène),	Riga,	323, 324	Rouergue (le), 71
	243 Rimini,	250	Rouge (mer), 43, 394
aples),	256 Rio-Janeiro, 33, 440		
, 357, 358	Riom, 49, 69,	121	Roumois (le), 55
avik,	311 Ripaille, 227,	228	Roussillon (le), 52, 72
s, 57, 84	Rivesaltes,	149	
remont, 59, 128	Rivoli,	230	Roustchouk, 343, 344
is (le), 57	Rize (la),	131	Rovigo, 239
ew, 301	Roanne, 50, 69,	114	Roxburgh (le), 301
es, 49, 61, 109,	Rochechouart,	128	Royale (île), 431
	159 Rochefort, 67,	105	Royanais (le), 76
(La), 71, 140	Rochelle (La), 49,		Roye, 53
l, 58, 81		67, 104	Rudolstadt, 207
lois (le), 58	Roche-sur-Yon (La),		Ruffec, 103
	207	126	Rugen, 202
), 222	Rocroy, 58, 81		Rupel (le), 165
, 323, 324	Roër (la),	198	Ruremonde, 179
(Los), 438	Romagne (la),	250	Rusbach (la), 188
ouse (la), 102	Romanche (la),	143	Russie (la), 30, 39, 45, 318
île de), 105	Romanie (la), 340,		
(le), 50, 92,		343	— Américaine, 424
, 173, 185,	Romans,	76	— d'Asie, 386
	218 Rome, 30, 250,	251	— Rouge, 334, 335
rcle du Bas),	— (Campagne de),		Rutland (le), 293
195		250	Ryswyk, 175
rcle du Haut),	Romélie (la), 340, 343		
194			**S.**
p. du Bas), 92	Romorantin, 63,	113	SAALE (la), 203
lép. du Haut),	Roncevaux,	279	Saba, 362
121	Rosay,	56	Sabi, 406
eld, 187, 188,	Roscommon,	305	Sabine (Terre de), 250
195	Rose (mont),	28	
-Island, 426	Roses,	277	Sables - d'Olonne
es, 354, 359	Rosette,	398	(Les), 64, 126
z, 71, 133	Roskild, 309,	310	Saguenay (le), 422
(le), 50, 66,	Ross (le),	300	Sahara (le), 395, 402
75, 76, 101,	Rossano, 256,	259	Saïd (le), 397
, 122, 131,	Rossiéna,	328	Saïde, 356
, 138, 143,	Rostock, 199,	201	Saïgon, 373
151, 218	Rostof,	324	St.-Affrique, 133
Petit), 133	Rota,	273	St.-Amand (Cher), 65, 105
p. du), 122	Rothembourg,	204	
nfeld, 204	Rothenfels,	ibid.	— (Nord), 52
n, 325	Rothesay,	301	St.-André, 300
308	Rotondo (mont),	28	St.-Aubin, 61
ic. 137	Rotte (la),	175	St.-Augustin, 427
lieu, 112	Rotterdam, 174,	175	St.-Barthélemy (île),
ond, 426	Roubion (le),	137	434

St.-Bernard (Grand), 29, 228
— (Petit), ibid.
St.-Bertrand, 71
St.-Brieux, 61, 82
St.-Calais, 125
St.-Chamond, 69
St.-Christophe (île), 434
St.-Claude, 67, 112
St.-Cloud, 95
St.-Cyr, 57
St.-Denis (Bourbon), 414
— (France), 56, 94, 95
St.-Dié, 59, 128
St.-Dizier, 58
St.-Domingue (île), 432, 433
Sainte (Terre), 354
Ste.-Croix, 416, 434
Ste.-Hélène (île), 32, 415
— (rade de), 299
St.-Élie (mont), 28
Ste.-Lucie, 434
Ste.-Marguerite, 151
Ste.-Maure, 349
Ste.-Menehould, 57, 84
St.-Émilion, 141
Saintes, 68, 104
Saintes (les), 434
St.-Esprit (terre du), 32
St.-Étienne, 69, 114
St.-Eustache (île), 434
St.-Flour, 69, 135
St.-Gall, 219, 223
St.-Gaudens, 139
St.-Georges-de-la-Mine, 405, 406
St.-Germain-en-Laye, 57, 99
St.-Girons, 131
St.-Gobain, 80
St.-Gothard (mont), 29, 50
St.-Guislain, 167

St.-Ildéphonse, 282
St.-Jacques (Cap-Vert), 415
— (Chili), 443
— de Compostelle, 271
St.-Jean-d'Acre, 356
— d'Angély, 68, 105
— de-Luz, 71, 147
— de-Maurienne, 227
— de Porto-Rico, 433
— Pied-de-Port, 72
St.-Julien, 444
St.-Laurent (fleuve), 421, 423
St.-Lazare, 451
St.-Léonard, 68, 128
St.-Lizier, 71
St.-Lô, 56, 83
St.-Louis, 404
St.-Maixent, 64
St.-Malo, 61, 110
St.-Marcellin, 143
St.-Marin, 254
St.-Maurice, 227
St.-Maximin, 77
St.-Mihiel, 59, 86
St.-Omer, 54, 92
Saintonge (la), 51, 67, 68
St.-Palais, 72
St.-Papoul, 74
St.-Patrice (Trou de), 306
St.-Paul-de-Loanda, 408
— Trois-Châteaux, 76
St.-Pétersbourg, 322
St.-Philippe-de-Ben-guéla, 408
St.-Pierre (île), 431
— et St.-Paul, 387
— le-Moûtier, 65
St.-Pol, 54, 91
— de-Léon, 61
St.-Pons-de-Thomiè- res, 74, 142
St.-Quentin, 53, 79

St.-Quentin (canal de), 53, 80
St.-Ricquier, 53
St.-Sauveur, 432
St.-Sébastien, 270
St.-Sever, 71, 144
St.-Thomas (Afrique), 415
— (Antilles), 434
St.-Tropez, 77
St.-Valery-sur-Somme, 53, 101
St.-Véran, 29
St.-Vincent, 434
— (cap), 45
St.-Yrieix, 128
Sakhalian, 388, 391
Sala (la), 314
Salamanque, 282, 283
Salamine, 349
Salat (le), 131
Salé, 401
Salerne, 256, 259
Salins, 67, 113
Salisbury, 294
Salomon (îles), 33
Salon, 135
Salonique, 343, 345
Saltzbourg, 29, 189, 245
Saluces, 230
Salves, 73
Samar, 449
Samarcande, 385
Samarie, 356
Sambre (la), 87
Samogitie (la), 328
Samos, 359
Samoyèdes (les), 387
Sana, 360
Sancerre, 64, 105, 106
Sandomir, 335
Sandwich (îles), 28, 34, 450, 451
— (terre de), 453
Sang-koï (le), 375
San-Lucar, 273
San-Luis-Potosi, 429

Table alphabétique. 479

n-Salvador (île), Saulieu, 66 Secchia (la), 243
32, 432 Saumur, 50, 52, Sèches de Barbarie
(Brésil), 440 62, 117 (les), 400
(Guatimala), 431 Save (la), 139, 212, Seckingen, 187, 188
(Guinée), 407 343 Sedan, 52, 80
nta-Cruz (îles de), Savenay, 115 Sée (la), 83
33, 450 Saverdun, 72 Seeland, 309
nta-Fé (Mexique), Saverne, 59, 93 Séez, 55, 56
430 — (la), 292 Ségovie, 280
Provinces-Unies), Savoie (la), 40, 226, Segré, 117
442 227 Ségura (la), 276
de Bogota, 29, Savone, 233, 234 Seille (la), 86
435 Savoureuse (la), 121 Seine (la), 50, 55,
tander, 270 Saxe (roy. de), 30, 56, 57, 66, 82,
terre (le), 53 40, 204 93, 96, 97, 98,
t-Iago, 415 Saxe-Altembourg, 206 103, 106
tiago, 443 — (Basse), 199 — (dép. de la), 56,
de-la-Vega, 433 — Cobourg-Gotha, 93, 159
tillane, 271 30, 206 — et-Marne (dép.
ne (la), 50, 56, — Eisenach, ibid. de), 56, 57, 63,
6, 67, 101, 106, — (Haute), 201 97, 159
22, 123, 124, — Meiningen, 206 — et-Oise (dép.
128 — prussienne, 216 de), 56, 63, 98,
ép. de la Haute), — Veymar, 206 159
67, 123 Scanderbourg, 308 — Inférieure (dép.
et-Loire (dép. Scarpe (la), 52, 87, de la), 55, 96
), 65, 124 91 Séistan (le), 366
gosse, 278 Sceaux, 94, 95 Sélenga, 386
van (le), 366 Schaffhouse, 219, 220 Sélenghinsk, ibid.
aigne (roy. de), Schaumbourg-Lip- Sélestat, 59, 93
35, 39, 40, 226 pe, 207 Séleucie, 357
le de), 39, 263 Schetland (îles), 302 Selkirk, 301
es, 354 Schiraz, 364, 365 Sellé (le), 145
e (la), 221 Schlusselbourg, 322 Selune (la), 83
t, 137 Schneekoppe, 28 Semendria, 343
sins (les), 360 Schœnbourg, 204 Sémigale (la), 329
(la), 58, 85, Schoumla, 343, 344 Semur, 66, 106
86 Schwabach, 204 Séna, 410
bourg, 85 Schwartzbourg-Ru- Seneffe, 168
guemines, 87 dolstadt, 204, 206 Sénégal (le), 153, 403
ne, 152, 153 — Sondershausen, Sénégambie (la),
e (la), 50, 61, ibid. 395, 403
, 91, 117, 125 Schwartzenberg, 204 Sénez, 77
ép. de la), 61, Schwerin, 201, 206 Senlis, 57, 90
62, 125 Schwitz, 219, 222 Sennaar, 413
ne, 233 Scio, 359 Senne (la), 164
ri, 264 Scutari (Asie), 345 Senonais (le), 58
nage, 144 353 Sens, 58, 129
ieh, 353 — (Europe), 342 Sept-Fonds, 102
e (la), 113 Scylla, 260 Sept-Iles (les), 349

Sérampour,	371	Skalholt,	311	Spithead,	299
Séreth (le),	341	Sleswig,	308	Spitzberg (le), 28,
Séringapatam,	372	Slie (golfe de), ibid.		452
Serre (la),	80	Sligo,	305	Splugen (le),	29
Servie (la), 340, 343	Smalkalde,	59	Spolette,	250
Servitie (la),	324	Smolensk,	323	Sprée (la), 203, 210
Sésia,	229	Smyrne, 352, 353	Ssé-tchhouan,	381
Sestos,	345	Sneehaten,	28	Stabia,	255
Sétines,	347	Société (îles de la),	Stabrock,	436
Sétuval,	286		450	Stafford,	293
Seudre (la),	104	Socotora (île), 413, Stalimène,	349
Séville,	273		414	Stamboul,	344
Sèvre-Nantaise (la), Soczow,	341	Stantz, 219, 222
50, 114, 127	Sodôme,	356	Stavanger,	317
— Niortaise (la), Sofala, 410, 411	Steenwyck,	178
125, 126	Soissonnais (le), 57	Steinkerque,	168
Sèvres (départ. des Soissons, 57, 79	Stettin,	202
Deux), 64, 125	Solane (la),	136	Stirling,	301
Seykhs (les),	371	Soleure, 219, 221	Stockholm, 313, 314
Seyne,	77	Sologne (la),	63	Stralsund,	202
Sézanne,	58	Somerset (le),	294	Strasbourg, 30, 49,
Shannon (le),	303	Somme (la), 57, 79,	59, 93, 139
Shrewsbury,	293		100	Straubing,	190
Shrop (le),	ibid.	—(dép. de la), 53, 100	Strélitz, 201, 206
Siam, 361, 373	Sonde (îles de la),	Strigonie,	213
Sibérie (la), 28, 384,		33, 445	Stura (la), 229, 231
	386	Sondershausen, 207	Stuttgart, 191, 204
Sicile (la), 28, 40, 260	Sonora,	429	Styrie (la), 187, 207
Siciles (royaume des Sophie, 343, 344	Sud (mer du), 33,
Deux),	261	Sorau,	209		44
Sicyone,	348	Soria,	280	Sud-Jutland,	308
Sidon,	356	Sorlingues (îles), 299	Suède (la), 28, 40,
Sidre (golfe de la), 400	Souabe (la), 187,	45, 311, 313,
Sienne, 245, 247		191, 204	Suez, 394, 397, 398
Siennois (le),	245	Souakem,	413	Suffolk (le),	294
Sierra-Leone (côte Soubise,	105	Suippe (la),	84
de),	406	Soukgoum-Kalé, 387	Suir (la),	303
Sigmaringen,	207	Soule (la), 71, 148	Suisse (la), 29, 30,
Siguenza,	280	Sour,	356	41, 45, 217
Sikokf,	389	Souriquois (les), 424	Suize (la),	117
Silésie (la), 207, 209,	Sous-le-Vent (îles),	Sulia,	435
	216		434	Sulmona,	259
Simféropol,	326	Southampton, 294	Sulzbach,	199
Simplon (le), 29, 222	Spa,	169	Sumatra, 28, 32,
Sinaï (le),	360	Spalatro, 189, 239	445, 446
Sind (le), 351, 368	Spanish-Town, 433	Sund (le),	309
Sindhy,	369	Sparte,	348	Sundgau (le),	59
Sion, 219, 222	Spezzia (La),	233	Supérieur (lac), 423
Sioule (la),	120	Spire, 183, 191, 194,	Sur,	356
Sisteron, 77, 130		199	Surate,	370

Table alphabétique. 481

Surrey (le), 294	Tartarie (la Grande),	Thessalie (la), 340,
Susdal, 324	383	342
Suse (Barbarie), 401	— Indépendante (la),	Thessalonique, 345
— (Sardaigne), 229	384, 385	Thibet (le), 381,
Sussex (le), 294	— (la Petite), 326	384, 385
Sutherland (le), 300	— Russe (la), 384,	Thiérache (la), 53
Sybaris, 259		386 Thiers, 69, 120
Sydney,	450 Tartas,	71 Thionville, 87
Syouah,	400 Tauris, 364, 365	Thiva, 347
Syracuse, 262, 263	Taurus (mont), 351	Thonon, 227
Syrie (la), 352, 354	Taute (la), 83	Thorn, 6, 215, 216
Szamos (le Petit), 214	Tavira, 287	Thrace (la), 343
Szigeth, 213	Tay (le), 300	Thulé, 310
	Tché-kiang, 381	— Australe, 453
T.	Tchenab (le), 366	Thurgovie (la), 219
	Tchoka, 388, 391	Thuringe (la), 202
Tabago, 434	Tech (le), 149	Tibre (le), 225, 251
Tabasco, 429, 430	Tedzen (le), 366	Tiflis, 387, 388
Tabéristan (le), 364	Téhéran, 364, 365	Tigre (le), 351
Table (la), 29	Tèmes (la), 213	Tigré, 412
Tafilet, 401	Témesvar, ibid.	Tilsit, 215
Tage (le), 267, 286	Tempé, 342, 343	Timbouctou, 404
Taillebourg, 105	Tende (col de), 29	Tinto, 273
Tain, 300	Ténériffe, 29, 416	Tipperary (le), 305
Taiti, 450	Tennessee, 426	Tiretaine (la), 121
Tallahassee, 426	Tercères (îles), 33,	Tirlemont, 169
Tellard, 76	Terga, 417	Titeri, 400
Tamar (la), 298	Tergovisch, 403	Tivoli, 250
Tamise (la), 292	Terre-de-Bari, 341	Tlascala, 429
Tanaro, 229	— de-Labour, 255,	Tobol (le), 386
Tanger, 401	— Ferme, 256	Tobolsk, ibid.
Taprobané, 391	— d'Otrante, 256	Tokat, 353, 354
Tapty (le), 370	— Neuve, 32, 431	Tokay, 211, 212
Tarantaise (la), 227, 134	— Sainte, 354	Tolède, 281, 282
Tarascon, 77, 134	Terret (col), 29	Tolosa, 270
Tarazona, 278	Tésin (cant. du), 219	Tomi, 344
Tarbes, 71, 148	Tet (le), 148	Tomsk, 387
Tardouère (la), 127	Tête, 150	Tondaye, 449
Tarente, 256	Texas, 429	Tongres, 179
Tarn (le), 50, 74, — (le), 225	Texel (le), 176, 179	Tonkin (les), 373, 375
133, 146, 149, Théaki, 349	Thébaïde (la), 397	Tonnay-Charente, 68
(dép. du), 73, Thèbes (Egypte), 397		Tonneins, 71
et-Garonne (dép. le), 70, 150	— (Grèce), 347	Tonnerre, 58, 129
Tarragone, 277, 278	Theiss (la), 212	Topinambas (les), 440
Tarsous, 354	Thérain (le), 89	Tor (El), 360
Tartarie (la), 383	Thermopyles, 347	Torride (zone), 16, 394
Chinoise (la), 381,		Tortone, 231, 236

Crozat — Géogr. Mod. 21

Tortose, 277
Toscane (la), 244
Toucques (la), 81
Toul, 52, 59, 85
Toulon, 77, 151
Toulouse, 49, 50, 74, 139, 159
Touraine (la), 51, 62
Tour-de-Cordouan (la), 141
— du-Pin (La), 143
Tourmalet (le), 29
Tournay, 167
Tournon, 75, 131
Tours, 50, 63, 111, 159
Tous-les-Saints (baie de), 440
Tralee, 305
Trani, 256
Tranquebar, 372
Transylvanie (la), 28, 207, 213
Trappe (la), 62, 91
Trasimène (lac de), 252
Tras-os-Montes (le), 286
Trébie (la), 243
Trébisonde, 353, 354
Tréguier, 61
Trente, 187, 189
Trenton, 426
Trèves, 195, 196
Trévise, 239
Trévoux, 66, 102
Tricala, 342
Tricastin (le), 76
Trieste, 188
Trim, 304
Trinité (la), 32, 434
Trino, 231
Tripoli (Barbarie), 399, 400
— (Syrie), 355
Tripolitza, 348
Troie, 354
Trois-Evêchés (les), 58
Trompette (château), 141

Trou-de-St.-Patrice (le), 306
Trouille (la), 167
Troyes, 50, 58, 103
Trueyre (la), 133, 135
Tubingue, 191
Tudela, 279
Tulle, 68, 136
Tunis, 399, 400
Turcomanie (la), 353
Turenne, 136
Turin, 30, 229, 230
Turkestan (le), 381, 385
Turnhout, 168
Turquie (la), 41, 336
— d'Asie (la), 352
— d'Europe (la), 45, 340
Tursan (le), 71
Tuscaloosa, 426
Tuy, 271
Tweeddale (le), 301
Tyr, 356
Tyrol (le), 29, 187
Tyrone (le), 304

U.

Udine, 188, 239, 242
Ukraine (l'), 327
Ulm, 30, 191, 192
Ulster (l'), 304
Umea, 313
Unterwald, 217, 219, 222
Upsal, 313, 314
Urbin, 250, 253
Uri, 217, 219
Usingen, 206
Ussel, 136
Utrecht, 174, 177
Uzès, 74, 138

V.

Vadutz, 207
Vaillière (la), 112
Vaison, 77

Valachie (la), 340, 341
Valais (le), 219
Valdivia, 443
Valençay, 269
Valence (Espagne), 276
— (France), 50, 76, 137
— (Italie), 236
Valenciennes, 52, 89
Valentinois (le), 76
Valette (La), 264
Valladolid, 282, 283
Vallage (le), 58
Vallangin, 223
Valognes, 56, 83
Valois (le), 57
Valparaiso, 443
Van, 358
Vandalia, 426
Van-Diémen (terre de), 450
Vanne (la), 129
Vannes, 61, 119
Var (le), 76, 130, 150
— (dép. du), 76, 150
Varinas, 436
Varna, 343, 344
Varsovie, 334
Vassy, 118
Vaucluse (dép. de), 76, 77, 151
Vaucouleurs, 86
Vaud, 219
Vaudrevange, 59
Vauge (le), ibid.
Vélay (le), 74, 75
Vêle (la), 84
Vellino (mont), 28
Venaissin (comtat), 77
Vence, ibid.
Vendée (la), 126
— (dép. de la), 64, 126
Vendôme, 63, 113
Vendômois (le), 63
Vénerie (la), 230

Table alphabétique. 483

Vénézuéla, 435, 436
Venise, 41, 238, 239
Venloo, 174
Vent (îles du), 434
Ventadour, 136
Vera-Cruz (La), 429, 430
Verceil, 230
Verden, 199
Verdon (le), 76, 130, 150
Verdun, 52, 59, 86
Vermand, 53
Vermandois (le), 53
Vermeille (mer), 430
Vermont (le), 426
Verneuil, 56
Vernon, ibid.
Vérone, 238, 241
Véronèse (le), 238
Verroue, 230, 231
Versailles, 57, 98
Vert (cap), 395
Vervins, 53, 79, 80
Vesoul, 67, 124
Vésuve (le), 28, 258
Veszprim, 213
Vexin Français (le), 57
. Normand (le), 55
...yle (la), 101
...zère (la), 136, 137
...zouze (la), 85
...ana, 279
...areggio, 248
...cence, 239, 241
...centin (le), 239
...chy, 65, 102
...lourle (la), 138, 142
...ille - Californie (la), 429
...ille-Castille (la), 280
...nne (Autriche), o, 183, 184, 187, 188, 207
(Isère), 50, 76, 143

Vienne (la), 50, 64, 103, 110, 127
— (dép. de la), 63, 126
— (dép. de la Haute), 68, 127
Viennois (le), 76
Vigan (Le), 138
Vigevano, 236
Vigo, 272
Vilaine (la), 60, 109, 114, 119
Villefranche, 69, 123
— (Haute-Garonne), 139
— d'Aveyron, 71, 133
Villeneuve-sur-Lot, 146
Villers-Coterets, 57
Vimeux (le), 53
Vincennes, 56, 95
Vire, 56, 81
— (la), 55, 81, 83
Virginie (la), 425, 426
Visapour, 371
Vistule (la), 334
Viterbe, 250
Vitoria, 270
Vitré, 61, 109
Vitry-le-Français, 58, 84
Vivarais (le), 74, 75
Viviers, 75, 131
Vizezy (le), 114
Voigtland (le), 204
Volhynie (la), 329, 335
Volo, 342, 343
Vologda, 323
Vosges (les), 28, 128
— (dép. des), 58, 128
Vouillé, 127
Vouziers, 81

. W.

WAGRAM, 188
Wahabis (les), 362
Wahal, 173, 174

Waïgatch (détroit de), 33, 45, 452
Walcheren, 176
Waldeck, 207
Waldshut, 187, 188
Waradin (Grand), 212
Warwick, 293
Washington, 426, 427
Waterford, 305
Waterloo, 165
Wéchabites (les), 362
Weilbourg, 206
Weimar, 202, 206
Weissemberg, 204
Wener (lac), 313
Wenside, 28
Werlach (le), 191
Wertheim, 205
Wesel, 198
Weser (le), 185, 198, Westernes (îles), 302
West-Meath (le), 304
Westminster, 296
Westmoreland (le), 293
Westphalie (la), 196, 216
Wetter (lac), 313
Wetzlar, 183
Wexford, 305
Weymar, 202, 206
Whitehall, 295
Wibourg, 308
Wibur (la), 328
Wick (Angleterre), 300
— (Hollande), 178
Wicklow, 304
Widdin, 343
Wiélitzka, 333, 335
Wieringen (île), 179
Wiesbaden, 206
Wight (île), 299
Wigton, 301.
Wilia (la), 328
Wilna, ibid.
Wilts (le), 294
Winchester, ibid.

Windheim, 204 Yédo, 390, 391 Zaïre (le), 408
Windsor, 299 Yémen (l'), 360 Zambèze (le), 410
Wismar, 199 Yéso (île d'), 389, Zanguebar (le), 395,
Wissembourg, 93   391   411
Witt (terre de), 449 Yeu (île d'), 126 Zante, 349
Wittemberg, 202 Yèvre (l'), 105 Zara, 189
Wolfenbuttel, 199, Yonne (l'), 50, 57, Zayendéh-roud (le),
    200, 206   66, 97, 119, 129   364
Wolga (le), 322 — (dép. de l'), 56, Zebid, 362
Wolhynie (la), 329,   57, 65, 128 Zebin, 214
    335
Worcester, 293 York, 292, 293, Zéilah, 412
Worms, 194   297 Zélande (la), 174,
Woronej, 325 — (New), 425   176
Würtemberg (le),   Yos (les), 407 Zer-Afchan (le),
   30, 191, 204 Yprelée (l'), 167   385
Wurtzbourg, 191, Ypres, 166, 167 Zimbaoé, 411
   192, 193 Yssel (l'), 173 Zone-Torride (la),
                Yssengeaux, 145   16, 394
    X.   Yucatan (l'), 430 Zoug, 219, 222
Xalisco, 429 Yun-nan (l'), 381 Zuchria, 345
Xerez, 273 Yvetot, 96, 97 Zuenziga, 403
Ximo, 391   Z.   Zurich, 219, 221
                                           Zutphen, 174
    Y.   Zab, 400 Zuyderzée (le), 179
Yabus (les), 407 Zacatecas, 429 Zwolle, 177

Fin de la Table alphabétique.

TABLE

DE LA GÉOGRAPHIE MODERNE.

Tableau des principales villes du monde, avec leurs longitude et latitude, et leur distance de Paris. p. vij

Tableau approximatif de la population du monde connu, xij

NOTIONS PRÉLIMINAIRES, page 1

Notions géométriques, ibid.

Point, ligne, surface, solide, ibid.

Cercle, 2

Angles, 3

Ellipse, ibid.

Orbite, 4

Plan, aire, ibid.

Sphère, ibid.

Sphéroïde, ibid.

Zones, hémisphère, ibid.

Axe, ibid.

Notions cosmographiques, 5

Du système planétaire, 6

DÉFINITION DE LA GÉOGRAPHIE, 11

Géographie mathématique, 12

Mouvement annuel de la Terre, page 12

Mouvement diurne, 13

Pôles et axe du monde 14

Inclinaison de l'axe de la Terre, ibid.

Cercles polaires, 15

Equateur, ibid.

Tropiques, 16

Zones, ibid.

Climats, 17

Horizon, ibid.

Points cardinaux, ibid.

Ecliptique et zodiaque, 18

Méridien, 20

Longitude, ibid.

Latitude, 21

De la sphère armillaire et des cartes, 22

Mesures itinéraires, 23

Géographie physique, 24

Définitions des termes relatifs à la terre, ibid.

Définitions relatives aux eaux, 25

Hauteur des principales montagnes du globe au-dessus de l'Océan, 28

Hauteur de quelques lieux habités du globe, page 29
Hauteur de quelques édifices au-dessus du sol, 30

Géographie politique, ibid.

Définitions relatives aux divisions politiques, ibid.
Epoques des principales découvertes et des établissemens de Colonies, 32

Tableau comparatif des monnaies, 35

Division générale du globe, 43

EUROPE, 45

DE LA FRANCE, 46

Ancienne division de la France, 51

Région du Nord :

Gouvernement de la Flandre française, 52
— de Picardie, 53
— d'Artois, 54
— de Normandie, ibid.
— de l'Ile-de-France, 56
— de Champagne, 57
— de Lorraine, 58
— d'Alsace, 59

Région du Milieu :

Gouvernement de Bretagne, 60
— du Maine, 61

Gouvernement d'Anjou, page 62
— de Touraine, ibid.
— d'Orléanais, 63
— de Poitou, ibid.
— de Berry, 64
— de Nivernais, 65
— de Bourbonnais, ibid.
— de Bourgogne, ibid.
— de Franche-Comté, 67
— d'Aunis, ibid.
— de Saintonge, ibid.
— de Marche, 68
— de Limousin, ibid.
— d'Auvergne, 69
— de Lyonnais, ibid.

Région du Midi :

Gouvernement de Guyenne, 70
— de Béarn, 72
— du Comté de Foix, ib.
— de Roussillon, ibid.
— de Languedoc, 73
— de Dauphiné, 75
— de Provence, 76
— de Corse, 77

Nouvelle division de la France, 78

Région du Nord :

Département de l'Aisne, 79
— des Ardennes, 80
— du Calvados, 81
— des Côtes-du-Nord, ibid.
— de l'Eure, 82
— de la Manche, 83
— de la Marne, 84

Table.

Département de la Meur-the, page 84
— de la Meuse, 85
— de la Moselle, 86
— du Nord, 87
— de l'Oise, 89
— de l'Orne, 90
— du Pas-de-Calais, 91
— du Bas-Rhin, 92
— de la Seine, 93
— de la Seine-Inférieure, 96
— de Seine-et-Marne, 97
— de Seine-et-Oise, 98
— de la Somme, 100

Région du Milieu :

— de l'Ain, 101
— de l'Allier, 102
— de l'Aube, 103
— de la Charente, ibid.
— de la Charente-Inférieure, 104
— du Cher, 105
— de la Côte-d'Or, 106
— de la Creuse, 107
— du Doubs, ibid.
— d'Eure-et-Loir, 108
— du Finistère, ibid.
— d'Ille-et-Vilaine, 109
— de l'Indre, 110
— l'Indre-et-Loire, ibid.
— du Jura, 112
— le Loir-et-Cher, 113
— de la Loire, 114
— de la Loire-Inférieure, ibid.
— du Loiret, 115
— le Maine-et-Loire, 116

Départ. de la Haute-Marne, page 117
— de la Mayenne, 118
— du Morbihan, 119
— de la Nièvre, ibid.
— du Puy-de-Dôme, 120
— du Haut-Rhin, 121
— du Rhône, 122
— de la Haute-Saône, 123
— de Saône-et-Loire, 124
— de la Sarthe, 125
— des Deux-Sèvres, ibid.
— de la Vendée, 126
— de la Vienne, ibid.
— de la Haute-Vienne, 127
— des Vosges, 128
— de l'Yonne, ibid.

Région du Sud :

— des Basses-Alpes, 129
— des Hautes-Alpes, 130
— de l'Ardèche, 131
— de l'Ariège, ibid.
— de l'Aude, 132
— de l'Aveyron, ibid.
— des Bouches-du-Rhône, 133
— du Cantal, 135
— de la Corrèze, 136
— de la Dordogne, ibid.
— de la Drôme, 137
— du Gard, 138
— de la Haute-Garonne, 139
— du Gers, 140
— de la Gironde, ibid.

Départ. de l'Hérault, page 141
— de l'Isère, 142
— des Landes, 144
— de la Haute-Loire, ibid.
— du Lot, 145
— de Lot-et-Garonne, ibid.
— de la Lozère, 146
— des Basses-Pyrénées 147
— des Hautes-Pyrénées, 148
— des Pyrénées-Orientales, ibid.
— du Tarn, 149
— de Tarn-et-Garonne, 150
— du Var, ibid.
— de Vaucluse, 151
— de la Corse, 152
Colonies françaises, 153

Division administrative de la France, 154

Division militaire de la France, 159

Division ecclésiastique de la France, 160

DES PAYS-BAS, 162
De la Belgique, 163
De la Hollande, 170

DE L'ALLEMAGNE, 180

Ancienne division de l'Allemagne, 185

Cercle d'Autriche, p. 186
— de Bavière, 189
— de Souabe, 191
— de Franconie, 192
— du Haut-Rhin, 194
— du Bas-Rhin, 195
— de Westphalie, 196
— de Basse-Saxe, 199
— de Haute-Saxe, 201

Nouvelle division de l'Allemagne, 203

DE L'AUTRICHE, 207
De la Bohême, 208
De la Hongrie, 210
De la Transylvanie, 213

DE LA PRUSSE, 214

DE LA SUISSE, 217

Nouvelle division de la Suisse, 219

DE L'ITALIE, 223

Royaume de Sardaigne, 226

Principauté de Monaco, 234

Royaume Lombard-Vénitien, ibid.

Duchés de Parme, de Plaisance et de Guastalla, 242

Duché de Modène, 243

Grand-duché de Toscane, 244

Duché de Lucques, 247

Etat de l'Eglise, 249

Table.

Etat de St.-Marin, page	254	Des iles Ioniennes, p.	349
Royaume de Naples,	ibid.	Asie,	350
Des îles de l'Italie,	260	De la Turquie d'Asie,	352
De l'Espagne,	266	De l'Arabie,	360
Biscaye,	270	De la Perse,	363
Asturies,	ibid.	De l'Afghanistan,	366
Galice,	271	Du Béloutchistan,	ibid.
Andalousie,	272	De l'Inde,	367
Royaume de Murcie,	276	De la Chine,	375
— de Valence,	ibid.	De la Tartarie,	383
Catalogne,	277	De la Russie d'Asie,	386
Aragon,	278	Des îles de l'Asie,	388
Navarre,	279	Afrique,	393
Vieille-Castille,	280		
Nouvelle-Castille,	ibid.	De l'Egypte,	395
Royaume de Léon,	282	De la Barbarie,	398
Estrémadure,	283	Du Sahara,	402
Des îles d'Espagne,	ibid.	De la Sénégambie,	403
		De la Nigritie,	404
Du Portugal,	284	De la Guinée,	ibid.
		De la Cimbebasie,	408
Des iles Britanniques,	288	De la Cafrerie,	409
		Du Zanguebar,	411
De l'Angleterre,	ibid.	De l'Abyssinie,	412
De l'Ecosse,	299	De la Nubie,	413
De l'Irlande,	302	Des îles de l'Afrique,	ibid.
Du Danemarck,	307	Amérique,	418
De la Suède et de la Norwège,	311—316	De l'Amérique septentrionale,	421
		Nouvelle-Bretagne,	ibid.
De la Russie,	318	Groenland,	424
De la Lithuanie,	327	Russie américaine,	ibid.
De la Pologne,	329	Etats-Unis,	425
De la Turquie,	336	Mexique,	428
De la Turquie d'Europe,	340	Guatimala,	431
La Grèce,	346	Iles de l'Amérique septentrionale,	ibid.

De l'Amérique méridionale, page 434
Colombie, ibid.
Guyane, 436
Pérou, 437
Bolivie, 439
Brésil, ibid.
Paraguay, 441
Provinces-Unies du Rio de la Plata, ibid.
République de Monté-Vidéo, 442
Chili, ibid.
Patagonie ou Terre Magellanique, page 443

OCÉANIE, 445
De la Notasie, ibid.
De l'Australie, 449
De la Polynésie, 450

Des Terres Polaires, 452
Des Terres polaires arctiques, ibid.
Des Terres polaires antarctiques, 453

Fin de la Table de la Géographie Moderne.

GÉOGRAPHIE
ANCIENNE.

NOTIONS PRÉLIMINAIRES.

La division du Globe terrestre en trois parties, *Europe*, *Asie*, *Afrique*, est de la plus haute antiquité. L'*Amérique* était absolument inconnue aux Anciens, et leurs notions sur certaines contrées étaient même très-imparfaites. Elles le furent encore davantage avant l'expédition d'Alexandre en Asie, et les navigations des Ptolémées dans la mer des Indes. Les Gaules, la Bretagne et la Germanie ne furent guère connues qu'à l'époque des expéditions des Romains dans ces diverses régions; Ælius Gallus révéla, pour ainsi dire, l'existence de l'Arabie. L'Occident resta long-temps inconnu aux Grecs, si ce n'est que quelques historiens parlaient de la navigation des Phéniciens vers les côtes méridionales de l'Ibérie ou de l'Espagne. Ils rapportaient aussi que, sous le règne de Néchao, roi d'Egypte, ces mêmes peuples avaient fait le tour de l'Afrique. Cette navigation, si jamais elle eut lieu, les avait laissés dans une ignorance complète sur la figure de cette vaste presqu'île, à laquelle ils donnaient la forme d'un triangle, borné par l'équateur. Les connaissances géographiques sur cette partie de l'Ancien Continent ne s'étendirent guère au-delà des côtes de la mer Rouge et de la Méditerranée. Quant à l'intérieur de l'Afrique, les Modernes, jusqu'à ces derniers temps, n'en ont pas su beaucoup plus que les Anciens. En Asie, le Gange, auquel Strabon s'est arrêté, n'est point le terme de la géographie dans Ptolémée. Les navigations avaient ouvert la voie vers des pays ultérieurs, jusqu'à celui des *Sinæ* (Chinois); néanmoins il faut beaucoup rabattre de l'extension que Ptolémée prenait de ce côté. Ainsi ce qu'on peut appeler le MONDE ROMAIN (*orbis Romanus*) fait la

Géogr. Anc.

partie principale de l'ancienne géographie, et ce qu'elle exprime avec plus de détail et de précision.

Dans le système des Anciens, la zone torride était une barrière qui ne laissait point, entre la zone tempérée septentrionale qu'ils habitaient, de communication avec la méridionale. Se renfermant ainsi dans la largeur d'une bande ou d'une zone, ils ont appelé longueur ou *longitude* ce qui s'étendait davantage de l'E. à l'O., et *latitude* ce qui paraissait plus resserré en largeur, du S. au N. : d'où il arrive que ces expressions, que nous avons conservées, n'ont plus de sens pour nous.

Ils comprenaient sous le nom d'OCÉAN toute l'étendue des mers qui enveloppent le continent de la terre. Dans cette étendue, la mer baignant les côtes de l'Afrique vers le couchant, et peu loin des lieux où s'élève le mont Atlas, a pris le nom de *mare Atlanticum*, et ce nom de mer Atlantique est encore usité en géographie. Une autre grande partie de l'Océan, qui, depuis la côte orientale de l'Afrique, s'étend au midi du continent de l'Asie, et que nous appelons la mer des Indes, se nommait *mare Erythræum* ou mer Rouge. Dans les climats reculés vers le Nord, le nom de *mare Pigrum*, ou de mer sans mouvement, et autrement celui de *mare Concretum*, ou de mer Glacée, répond à la dénomination actuelle de mer Glaciale. On remarquait encore de ce côté le grand golfe appelé *Codanus sinus* (mer Baltique), entre la Suède, la Russie et l'Allemagne.

Le plus grand des golfes que forme l'Océan entre l'Europe et l'Afrique, jusque dans l'Asie, où il pénètre, et dont la connaissance était plus familière que celle des autres mers aux auteurs de l'antiquité, est souvent appelé par eux *mare nostrum* (notre mer) ou *mare Internum* (la mer Intérieure). Ce bassin, que nous appelons aujourd'hui la Méditerranée, prenait différens noms : mer *Tyrrhénienne*, entre l'Italie, la France et l'Espagne; mer *d'Afrique*, le long de la Barbarie; mer *de Sicile*, entre la Sicile et la Grèce; mer *Adriatique*, entre l'Italie et l'Illyrie; mer *Egée*, à l'E. de la Grèce; mer *de Syrie* et *d'Egypte*, sur les côtes de ces deux pays. Le détroit de Gibraltar s'appelait *détroit de Gadès* ou *d'Hercule*; celui des Dardanelles, *Hellespont*; la mer de Marmara, *Propontide*; le détroit de Constantinople, *Bosphore de Thrace*; la mer Noire, *Pont-Euxin*; le détroit de Iénikalé, *Bosphore Cimmérien*; la mer d'Azof, *Palus-Méotide*.

EUROPA (Europe).

En partant de l'occident, l'Espagne se présente la première dans notre continent de l'Europe: nous commencerons par elle.

Hispania (*Hispanie*).

Les Anciens donnaient ce nom à toute la presqu'île renfermée entre l'Océan et la Méditerranée, bornée au N. par les Pyrénées qui la séparaient de la Gaule. Le fleuve *Iberus* (l'Èbre), qui se jette dans la Méditerranée, plus connu d'abord que les autres grands fleuves d'Espagne qui ont leur embouchure dans l'Océan, lui avait fait donner par les Grecs le nom d'*Iberia* (Ibérie); on l'appelait aussi *Hesperia* (Hespérie), à cause de sa situation reculée vers le couchant. Les principaux peuples qui l'habitaient étaient: les *Callaïques*, dans la Galice; les *Cantares* et les *Vascons*, qui ont donné leur nom aux Basques et aux Gascons; les *Astures*, les *Cosétans*, les *Édétans*, presque tous *Celtes* ou Gaulois d'origine; ce qui fit appeler *Celtibérie* une grande partie de cette région.

Avant la guerre des Carthaginois contre les Romains, on divisait l'Espagne en Citérieure (en-deçà de l'Èbre), cap. *Tarraco* (Tarragone); et en Ultérieure, cap. *Carthago-Nova* (Carthagène). Sous Auguste elle fut divisée en trois parties: la *Tarraconaise*, la *Lusitanie* et la *Bétique*.

1°. La *Tarraconaise*, arrosée par l'*Iberus* (Èbre) et *Tagus* (Tage), occupait toute la partie septentrionale et orientale, qui correspond aux provinces de Galice, des Asturies, de Biscaye, de Navarre, de Catalogne, de Vieille-Castille, de Nouvelle-Castille, d'Aragon, de Léon, de Valence et de Murcie, et à la partie nord du Portugal. Ses principales villes, en commençant par l'O., étaient : *Adrobicum* (La Corogne); *Burum* (Le Ferrol) chez les Callaïques; *Lucus Asturum* (Oviédo); *Asturica-Augusta* (Astorga), chez les Astures; *Bracara-Augusta* (Braga); *Lucus-Augusti* (Lugo); *Calle Portus* (Porto), d'où vient le nom de Portugal; *Flaviobriga* (Bilbao), chez les Cantabres, aujourd'hui la Biscaye; *Pompelo* (Pampelune); *Calagurris* (Calahorra), où naquit Quintilien; *Portus Victoriæ* (Santander); *Legio Septima Gemina* (Léon), où l'on avait cantonné une légion pour surveiller les Astures; *Ilerda* (Lérida), sur la *Sicoris* (Sègre) : vers la Méditerranée, *Rhode* (Roses); *Emporiæ* (Ampurias), fondée par les Marseillais, et d'où vient le nom de Lampourdan ou Ampurdan donné aux environs; *Barcino* (Barcelone), *Tarraco* (Tarragone), *Dertosa* (Tortose), ports; *Saguntus* (Murviédro), du latin *muri veteres*, les vieux murs, parce que Sagonte, détruite par Annibal, et rétablie par les Romains, y conserve des vestiges; *Valentia* (Valence), sur l'ancienne *Turia*, nommée par les Maures le Guadalaviar; *Lucentum* (Alicante); *Carthago-Nova* (Carthagène), port : dans l'intérieur, à la source du Douro, *Numance* (Soria), dont les habitans aimèrent mieux se précipiter eux-mêmes dans les flammes, que de se rendre à Scipion, après une résistance de quatorze ans; *Segovia* (Ségovie); *Bilbilis* (Bambola), patrie de Martial, près de Calatayud; *Toletum* (Tolède), ville principale des Celtibériens. Au N. O. de la Tarraconaise on voit le *promontorium Artabrum*, aujourd'hui cap Finistère.

2°. La *Lusitanie*, traversée par le *Tagus* (Tage), le *Durius* (Douro), le *Minhius* (Minho) et la *Munda* (Mondégo), correspondait au Portugal, à une partie de l'Estrémadure espagnole et de la province de Léon. On y remarquait du N. au S. *Conimbriga* (Coïmbre); *Salmantica* (Salamanque); *Midobriga* (Portalègre); *Cau-*

rium (Coria) ; *Norba-Cæsarea* (Alcantara) ; *Olisippo* (Lisbonne), à l'embouchure du Tage; *Emerita-Augusta* (Mérida) ; *Ebora* (Evora) ; *Cetobriga* (Sétuval) ; *Lacobriga* (Lagos), dans le *Cuneus*, aujourd'hui l'Algarve ; là se trouve le *Sacrum promontorium* (cap Saint-Vincent), qui forme la pointe de l'Algarve.

3°. *La Bétique*, arrosée par l'*Anas* (Guadiana) et par le *Bœtis* (Guadalquivir), tirait son nom de ce dernier fleuve. Elle correspondait aux provinces d'Andalousie et de Grenade : le *Marianus mons* (la Sierra-Moréna) la traversait par le milieu, et elle était baignée par le *fretum Gaditanum* (détroit de Gibraltar). Parmi ses habitans, on distinguait surtout les *Turdetani*, les *Turduli* et les *Bastuli*. On y trouvait au S. E. le *promontorium Charidemum* (cap de Gata). Les villes principales étaient : *Gades* (Cadix), fondée par les Tyriens dans une presqu'île ; *Corduba* (Cordoue), patrie des deux Sénèques et de Lucain ; *Hispalis* (Séville) ; *Italica*, patrie des empereurs Trajan, Adrien et Théodose-le-Jeune, dans le lieu appelé Sevilla la Viéja ; *Castulo* (Cazlona), où Asdrubal fut défait par Scipion l'Africain ; *Calpe mons* (Gibraltar) ; *Malaca* (Malaga) ; *Munda* (Monda), illustrée par une victoire de César sur les fils de Pompée ; *Anticaria* (Antequera).

Le nom de *Baléares* ne s'étendait qu'aux deux îles *Major* (Majorque) et *Minor* (Minorque), adjacentes à la Tarraconaise. *Ebusus* (Ivice) et *Ophiusa* (Formentera) étaient séparément appelées en grec *Pityusæ* (Pityuses) ou îles des pins. Un amiral carthaginois, appelé Magon, donna son nom à *Portus-Magonis* (Port-Mahon), capitale de l'île Minorque.

GALLIA (*Gaule*).

La GAULE, dite *Transalpine*, bornée par la mer depuis le nord jusqu'au couchant, n'était limitée du côté oriental que par le Rhin, dans toute l'étendue de son cours, en remontant jusque vers les sources de ce fleuve ; la chaîne des Alpes succédait jusqu'à la Méditerranée ; le bord de cette mer et ensuite les Pyrénées terminaient la partie méridionale, d'où il résulte que la France actuelle ne remplit pas toute l'étendue de l'ancienne Gaule, du côté du Rhin et des Alpes.

Voici les différens noms que portaient ses principales rivières : le *Rhodanus* (Rhône), qui reçoit l'*Arar* (Saône), l'*Isara* (Isère) et la *Druentia* (Durance) ; le *Rhenus* (Rhin), qui reçoit la *Mosella* (Moselle) ; la *Mosa* (Meuse) ; la *Sequana* (Seine), qui reçoit la *Matrona* (Marne) ; le *Liger* (Loire), qui reçoit l'*Elaver* (Allier) ; la *Garumna* (Garonne), qui reçoit le *Tarnis* (Tarn) ; le *Duranius* (Dordogne) ; l'*Atax* (Aude) ; l'*Aurigera* (Ariège) ; l'*Araura* (Hérault) ; le *Carantonus* (Charente), etc.

La Gaule, partagée d'abord en *Belgique*, au N. ; *Celtique*, au milieu ; *Aquitaine*, au S., sans compter la *Province Romaine* (Provence), fut divisée par Auguste, en *Narbonnaise*, *Aquitaine*, *Lyonnaise* et *Belgique*. Les subdivisions de ces quatre grandes parties formaient dix-sept provinces dont chacune avait sa métropole :

I. La *Narbonnaise* avait cinq provinces :

1re. *Narbo-Martius* (Narbonne), métropole, chez les Volsces-Tectosages.
2me. *Aquæ-Sextiæ* (Aix), chez les Saliens.
3me. *Vienna-Allobrogum* (Vienne), chez les Allobroges.
4me. *Ebrodunum* (Embrun), chez les Caturiges.
5me. *Darantasia* (Moutiers), chez les Centrones.

II. L'*Aquitaine*, trois provinces :

1re. *Avaricum* (Bourges), chez les Bituriges-Cubiens
2me. *Burdigala* (Bordeaux), chez les Bituriges-Vibisciens.
3me. *Aquæ-Tarbellicæ* (Dax), chez les Tarbelliens

III. La *Lyonnaise*, cinq provinces.

1re. *Lugdunum* (Lyon), chez les Ségusiens.
2me. *Rotomagus* (Rouen), chez les Véliocasses.
3me. *Cæsarodunum* (Tours), chez les Turones.
4me. *Senones* (Sens), chez les Sénonais.
5me. *Vesontio* (Besançon), chez les Séquanais.

IV. La *Belgique*, quatre provinces :

1re. *Augusta-Trevirorum* (Trèves), chez les Tréviriens.

2me. *Durocortorum* ou *Remi* (Reims), chez les Rémiens.

3me. *Moguntiacum* (Mayence), chez les Caracates.

4me. *Colonia-Agrippina* (Cologne), chez les Ubiens.

La *Narbonnaise* 1re correspondait en partie à nos départemens de l'Aude, des Pyrénées-Orientales, de l'Ariège, de la Haute-Garonne, de Tarn-et-Garonne, de l'Hérault et du Gard. Villes principales : *Narbo-Martius* (Narbonne); *Carcaso* (Carcassonne); *Portus-Veneris* (Port-Vendres); *Fuxum* (Foix); *Tarasco* (Tarascon); *Tolosa* (Toulouse); *Fines* (Montauban); *Biterræ* (Béziers); *Agatha* (Agde); *Luteva* (Lodève); *Nemausus* (Nîmes), chez les Arécomiciens.

La *Narbonnaise* 2me, correspondant aux départemens des Bouches-du-Rhône, du Var et des Basses-Alpes, avait pour villes principales : *Aquæ-Sextiæ* (Aix), où les Teutons furent défaits par Marius; *Telo-Martius* (Toulon); *Forum Julii* (Fréjus); *Antipolis* (Antibes); *Segustero* (Sisteron). On y voyait au S. *Stœchades insulæ* (les îles d'Hyères), dans la Méditerranée.

La *Narbonnaise* 3me renfermait les départemens de l'Isère, de la Drôme, de l'Ardèche et de Vaucluse. On y remarquait : *Vienna* (Vienne); *Cularo-Gratianopolis* (Grenoble); *Valentia* (Valence); *Vivarium* (Viviers); *Vallis-Clausa* (Vaucluse); *Arausio* (Orange); *Avenio* (Avignon); *Carpentoracte* (Carpentras). Cette province comprenait aussi *Massilia* (Marseille) et *Arelate* (Arles); la première de ces deux villes, fondée par les Phocéens d'Ionie, l'an 600 avant J.-C., est la patrie des navigateurs Pythéas et Euthymène, de l'orateur Roscius et de Pétrone qui naquit aux environs.

La *Narbonnaise* 4me, ou *Alpes Maritimes*, aujourd'hui département des Hautes-Alpes et comté sarde de Nice, outre *Ebrodunum* (Embrun), renfermait *Brigantio* (Briançon), où se trouve le passage des Alpes Cottiennes actuellement mont Genèvre. *Dinia* (Digne) et *Nicæa* (Nice) faisaient partie de cette province. On y voyait le *Vesulus mons* (mont Viso), dans la vallée de Queyras : plusieurs indices porteraient à croire que ce fut par là qu'Annibal pénétra en Italie.

La *Narbonnaise* 5me, ou *Alpes Pennines et Graïes*, correspondait à la Savoie et au canton du Valais : *Alpes Penninæ* (passage du Grand-St.-Bernard); *Alpes Graiæ* (passage du Petit-St.-Bernard).

L'*Aquitaine* 1re, formant aujourd'hui les départemens du Cher, de l'Allier, du Puy-de-Dôme, de la Haute-Loire, de l'Indre, du Tarn, de la Haute-Vienne, du Lot, de la Creuse, de la Corrèze, de la Lozère, de l'Aveyron et du Cantal, avait pour villes principales : *Avaricum* (Bourges); *Aquæ-Bormonis* (Bourbon-l'Archambaud); *Aquæ-Calidæ* (Vichy); *Augustonemetum* (Clermont-Ferrand), près de laquelle se trouvait la célèbre *Gergovia* que César ne put prendre; *Revessio* (Le Puy); *Albiga* (Alby); *Augustoritum* (Limoges), chez les Lémoviciens; *Divona* (Cahors), sur l'*Oltis* (le Lot); *Varactum* (Guéret); *Tutela* (Tulle); *Mimate* (Mende); *Segodunum* (Rhodez), chez les Ruténiens; *Aureliacum* Aurillac).

Dans l'*Aquitaine* 2me, correspondant aux départemens de la Gironde, de Lot-et-Garonne, de la Dordogne, de la Charente, de la Charente-Inférieure, de la Vienne, des Deux-Sèvres et de la Vendée, on remarquait : *Burdigala* (Bordeaux); *Aginnum* (Agen); *Vesuna* (Périgueux), chez les Pétrocoriens; *Iculisna* (Angoulême); *Mediolanum Santonum* (Saintes); *Limonum* (Poitiers); *Niortum* (Niort); *Secor-Portus* (Les Sables-d'Olonne).

L'*Aquitaine* 3me, ou *Novempopulanie*, correspondait aux départemens des Landes, du Gers, des Hautes-Pyrénées et des Basses-Pyrénées. Villes principales : *Aquæ-Tarbellicæ* (Dax); *Climberis* ou *Ausci* (Auch), chez les Ausciens; *Lactora* (Lectoure); *Tarba* (Tarbes); *Lapurdum* (Bayonne).

La 1re *Lyonnaise*, aujourd'hui les départemens du Rhône, de la Loire, de Saône-et-Loire, de la Nièvre, de la Côte-d'Or et de la Haute-Marne, comprenait les villes de : *Lugdunum* (Lyon); *Rodumna* (Roanne); *Ma-*

tisco (Mâcon); *Cabillonum* (Châlons-sur-Saône); *Bibracte* (Autun), chez les Éduens; *Nevirnum* (Nevers); *Dibio* (Dijon); *Andomatunum* (Langres), chez les Lingones.

Dans la 2me *Lyonnaise*, correspondant aux départemens de la Seine-Inférieure, de l'Eure, de l'Orne, du Calvados, de la Manche et de Seine-et-Oise, on voyait *Rotomagus* (Rouen); *Carocotinum* (Harfleur); *Mediolanum*, puis *Eburovices* (Évreux); *Noviomagus*, puis *Lexovii* (Lisieux); *Arægenus*, puis *Bajocasses* (Bayeux); *Constantia* (Coutances); *Ingena*, puis *Abrincatui* (Avranches); *Saii* (Séez); *Coriallus* (Cherbourg); *Briva-Isara* (Pontoise), et sur les côtes, *Coriallum promontorium* (le cap la Hogue).

La 3me *Lyonnaise*, où sont les départemens d'Indre-et-Loire, de la Sarthe, de la Mayenne, de Maine-et-Loire, de la Loire-Inférieure, d'Ille-et-Vilaine, des Côtes-du-Nord, du Morbihan et du Finistère, comprenait: *Cæsarodunum* (Tours); *Ambacia* (Amboise); *Cenomani* (Le Mans); *Vallum-Guidonis* (Laval); *Andecavi* (Angers); *Condivicnum*, puis *Namnetes* (Nantes); *Condate*, ensuite *Redones* (Rennes); *Aletum*, St.-Malo); *Briocum* (Saint-Brieuc), chez les Curiosolites; *Dariorigum* (Vannes), dans l'Armorique, qui s'étendait le long des côtes depuis l'embouchure de la Loire jusqu'à celle de la Seine; *Vindilis insula* (Belle-Ile); *Corisopiti* (Quimper).

La 4me *Lyonnaise* ou *Sénonie*, comprenant les départemens actuels de l'Yonne, de l'Aube, de Seine-et-Marne, de la Seine, d'Eure-et-Loir, du Loiret et de Loir-et-Cher, renfermait *Senones* (Sens); *Autissiodurum* (Auxerre); *Augustobona* (Troyes); *Meldi* (Meaux); *Melodunum* (Melun); *Agendicum* et selon d'autres *Provinum* (Provins); *Lutetia* (Paris); *Autricum* ou *Carnutes* (Chartres); *Genabum* ou *Aureliani* (Orléans); *Blesum* (Blois).

La 5me *Lyonnaise*, ou *Grande-Séquanaise*, correspondait aux départemens du Doubs, de la Haute-Saône, du Jura, de l'Ain, et à une partie de la Suisse. Villes principales: *Vesontio* (Besançon); *Vesullum* Vesoul); *Ariolica* (Pontarlier); *Nantuacum* (Nantua);

Salodurum (Soleure); *Basilia* (Bâle); *Turicum* (Zurich); *Lausona* (Lausanne).

La *Belgique* 1re, aujourd'hui départemens des Vosges, de la Meurthe, de la Meuse et de la Moselle, renfermait : *Spinalium* (Épinal); *Tullum* (Toul); *Verodunum* (Verdun); *Theodonis-Villa* (Thionville); *Divodurum* (Metz). *Orolonum* (Luxembourg) faisait partie de cette province.

La *Belgique* 2me comprenait les départemens actuels de la Marne, des Ardennes, de l'Aisne, de l'Oise, de la Somme, du Pas-de-Calais et du Nord. Villes principales : *Durocortorum* (Reims); *Durocatalaunum* (Châlons-sur-Marne); *Maceriæ* (Mézières); *Laudunum* (Laon); *Augusta-Suessionum* (Soissons); *Bellovacum* (Beauvais); *Augustomagus* (Senlis); *Noviomagus* (Noyon); *Ambianum* (Amiens); *Bononia* (Boulogne); *Nemetacum* (Arras); *Ulterior-Portus* (Calais); *Camaracum* (Cambray); *Duacum* (Douay). *Castellum-Morinorum* (Cassel) et *Turnacum* (Tournay) étaient compris dans cette partie de la Belgique.

La *Belgique* 3me, ou *Germanie-Supérieure*, correspondait aux départemens actuels du Haut-Rhin et du Bas-Rhin. Villes principales : *Argentoratum* (Strasbourg); *Befortium* (Béfort). Cette province, qui avait pour métropole *Moguntiacum* (Mayence), renfermait aussi *Confluentes* (Coblentz); *Borbetomagus* (Worms); *Noviomagus* (Spire), et *Autunnacum* (Andernach).

La *Belgique* 4me, ou *Germanie-Inférieure*, comprenait *Noviomagus* (Nimègue); *Pons-Mosæ* (Maëstricht); *Bonna* (Bonn). Elle était habitée par les *Bataves*, les *Ménapiens* (roy. de Hollande), les *Toxandres*, les *Bétasiens*, les *Éburons* et les *Aduates* (roy. de Belgique), les *Condruses* (duché de Luxembourg).

On voyait au N. E. de la Gaule *mons Vogesus* (les Vosges) et au S. E. *mons Cebenna* (les Cévennes). Le Jura n'a point changé de nom. Sur la côte qui borde la mer, *Gobæum promontorium* est le cap Finistère de l'ancienne Bretagne.

INSULÆ-BRITANNICÆ (*Iles Britanniques*).

Ces îles étaient divisées en deux parties : *Britannia*,

la Bretagne, et *Hibernia*, l'*Hibernie* (Irlande). La Bretagne, ou *Albion*, se divisait aussi en deux parties : la Bretagne romaine au S., et le pays des Pictes ou la Calédonie au N. Cette dernière partie est l'Écosse septentrionale actuelle ; elle était séparée de la méridionale par le mur de Sévère dont on voit encore des vestiges. L'Écosse méridionale, appelée *Valentinienne*, pouvait s'étendre depuis le mur de Sévère jusqu'à celui d'Adrien au S. Villes principales : *Devana* (Old-Aberdeen), *Lindum* (Perth), *Alata-Castra* (Edimbourg).

La *Bretagne romaine* se divisait en *Bretagne première et seconde*, *Flavienne-Césarienne* et *Grande-Césarienne*. Villes principales : *Eboracum* (York), résidence de Sévère et de Constance Chlore ; *Ariconium* (Hereford) ; *Aquæ-Solis* (Bath) ; *Londinium* (Londres) ; *Durovernum* (Cantorbéry) ; *Dubris* (Douvres) ; *Rutupiæ* (Sandwich) ; *Camalodunum* (Colchester) ; *Magnus-Portus* (Southampton).

Cette province était arrosée par la *Tinna* (Tyne), l'*Abus* (Humber), la *Sabrina* (Saverne) et la *Tamesis* (Tamise).

L'*Hibernie*, arrosée par le *Senus* (Shannon), avait pour villes principales *Eblana* (Dublin), *Ivernis* (Cashell).

Les autres îles étaient : vers le pays des Pictes, au N., *Thule* (Mainland), la plus grande des îles Schetland, si toutefois, comme l'observe le navigateur Pythéas, *Thule* n'est pas l'Islande ; *Orcades* (les Orcades) ; *Ebudes* (les Hébrides ou Western) ; *Glota* (Arran), dans le canal Saint-Georges ; *Mona* (Anglesey), principale demeure des Druides ; *Monabia* (Man) ; *Cassiterides* (les Sorlingues) ; *Vectis* (Wight), au S., dans la Manche.

GERMANIA (*Germanie*).

Le pays appelé par les Romains *Germania* (Germanie) était resserré entre le Rhin à l'O., le Danube au S. et la Vistule à l'E. : d'où il résulte que l'Allemagne actuelle est plus étendue que l'ancienne Germanie. On la désignait quelquefois sous le nom de *Suevia*, et alors elle comprenait la *Germanie propre*, la *Vindélicie*, la *Rhétie* et le *Noricum*.

On y distinguait trois fleuves principaux dans l'intervalle du Rhin à la Vistule : *Visurgis* (le Weser), *Albis* (l'Elbe), *Viadrus* (l'Oder) ; *Amisia* (l'Ems) précède le Weser. L'antiquité connaît encore en Germanie trois rivières que reçoit le Rhin : *Nicer* (le Necker), *Mœnus* (le Main), *Lupia* (la Lippe).

Les *Germains* formaient plusieurs peuples différens parmi lesquels on remarquait les *Bructères*, les *Frisons*, les *Cauces* jusqu'à l'Elbe ; les *Sicambres*, les *Alemans* dont une partie habitait la forêt *Hercynienne* (forêt Noire) ; les *Cattes*, les *Chérusques* et les *Lombards*. Lorsque Drusus-Germanicus et Tibère allèrent combattre en Germanie, ces peuples étaient pour la plupart dans un état sauvage. Les Usipiens (*Usipii*), établis sur le Weser dans le voisinage des Chérusques, ont donné le nom à l'Angarie ou Angrie, qui fut le domaine du fameux Saxon Witikind, que Charlemagne eut tant de peine à réduire. Les *Chérusques*, ayant à leur tête Arminius, s'étaient fait un nom par la défaite entière de trois légions romaines que commandait Varus, et le *Saltus Teutoburgiensis*, qui fut le champ de cette sanglante expédition, fait partie de l'évêché de Paderborn, en Prusse. Un autre champ nommé *Idistavisus*, où Arminius fut vaincu par Germanicus, a beaucoup de rapport avec celui d'Hastenbeck.

Les peuples appelés *Franci* habitaient, ainsi que les *Bataves*, au N. des embouchures du Rhin, les environs du *lacus Flevo*, devenu par suite de l'irruption de la mer, en 1225, le golfe connu sous le nom de Zuyderzée, en Hollande. Leur pays correspond au N. du royaume de Hollande et à la province prussienne de Westphalie.

Les *Angles* et les *Saxons* résidaient dans le Holstein ; les *Lombards* dans le Brandebourg ; les *Hérules* dans la Poméranie ; les *Bourguignons*, auxquels étaient unis les *Vindiles* (Vandales), dans la Pologne.

Les villes principales étaient : *Lugdunum Batavorum* (Leyde), dans le pays des Bataves ; *Amisia* (Embden) ; *Aquæ Mattiacæ* (Wisbaden) ; *Munimentum*

Trajani (Hanau); *Munimentum Valentiani* (Manheim); *Aquæ* (Bade); *Marobodunum* (Prague); *Guelinum* (Dantzick); *Arsicua* (Varsovie); *Carrodunum* (Cracovie).

Des pays au Nord et à l'Est de la *Germanie*.

Les *Cimbres*, qui ont donné leur nom à la *Chersonèse cimbrique* (Jutland), habitaient à l'entrée de cette presqu'île, dans le Holstein et le duché de Slesvig.

Dans la *Scandinavie*, partie méridionale de la péninsule qui renferme la Norwège et la Suède, les anciens ne connaissaient guère que *Bergo* (Bergen), qu'ils prenaient pour une île. Ils plaçaient les *Suiones* dans la Suède, d'où lui est venu le nom de *Sueonia*, et dans la Norwège les *Sitones* et les *Illeviones*. Pline appelle *Sevo mons* la grande chaîne de montagnes de ce pays, nommées par d'autres *Riphæi*. Les *Fenni* ou *Finni*, peuples de la *Finninia*, à l'extrémité du *Codanus sinus* (mer Baltique), étaient sans doute les Lapons et les habitans de la Finlande. Dans la même mer étaient les îles *Baltia* et *Scandia* (Fionie et Seeland).

La *Sarmatie*, à l'E. de la Vistule et du Dniester, correspondait à une partie de l'ancienne Pologne, de la Prusse et de la Russie. Les Anciens n'en connaissaient que la partie méridionale, arrosée par le *Borysthène* (Dniéper), le *Tanaïs* (Don), le *Rha* (Wolga). On y trouvait les *Estiens*, vers l'embouchure de la Vistule; les *Vénèdes*, sur la côte de l'Océan Sarmatique; les *Bastarnes* au S. E., les *Agathyrses* à l'E.; les *Borusses*, qui ont donné leur nom à la Prusse, et au-delà du Borysthène, dans les environs de Kiew, les *Roxolans*, d'où sont sortis les Russes.

Dans la *Chersonèse Taurique* (Crimée), les principales villes étaient: *Taphræ* (Pérékop); *Panticapæum* (Kertch); *Theodosia* (Caffa) et *Tanaïs* (Azof) à l'embouchure du fleuve de ce nom. Au S. de cette presqu'île se trouvait le cap *Criu-Metopon* (Karadjé-Bouroun), vis-à-vis du cap *Carambis* (Kérempéh), dans l'Asie mineure.

La *Mœsie*, aujourd'hui Servie et Bulgarie, avait pour villes principales : *Singidunum* (Belgrade) ; *Taliatis* (Gradisca), sur l'*Ister* (Danube) ; *Bononia* (Widdin) ; *Naissus* (Nissa), patrie de l'empereur Constantin ; *Tauresium* (Ghiustendil), patrie de Justinien ; *Tomi* (Tomi ou Tomiswar), sur le Pont-Euxin. Ovide y mourut dans la septième année de son exil.

La *Dacie*, entre le Danube, au S., et le *Tyras* (Dniester), à l'E. (Transylvanie, Moldavie et Valachie), était arrosée par l'*Hypanis* (le Bog), par le *Poretus* (le Pruth), par le *Tibiscus* (la Theiss), et renfermait les villes de *Jassiorum-Municipium* (Jassy) et *Tibiscus* (Témesvar), où les Romains avaient fait construire de grands retranchemens pour protéger la *Dacie* contre les incursions des peuples voisins, parmi lesquels on doit citer les *Gètes*, qui parlaient la même langue que les *Daces* et qui paraissaient avoir la même origine.

En revenant vers le Danube on trouvait les *Hermundures*, et plus bas les *Narisques* resserrés par le *Boiohemum* (la Bohême). Les *Boïens*, qui l'habitaient, y firent place aux *Marcomans*, originaires des bords du Rhin, et se transportèrent ensuite dans le pays appelé de leur nom *Boioarie* (Bavière) : les *Quades* occupaient la Moravie.

Rhætia (Rhétie), *Noricum* (Norique), *Pannonia* (Pannonie) et *Illyricum* (Illyrie.)

L'espace depuis la rive droite ou méridionale du Danube jusqu'aux Alpes et jusqu'à la mer Adriatique, renfermait la Rhétie, le Norique, la Pannonie et l'Illyrie.

La *Rhétie* et la *Vindélicie* (pays des Grisons, Tyrol et Bavière méridionale) avaient pour rivière principale le *Licus* (le Lech). On trouvait dans la *Rhétie*, qui confinait à l'*Helvétie* (Suisse), *Curia* (Coire) ; *Cambodunum* (Kempten) ; *Brigantium* (Bregentz), sur le *Brigantius lacus* (lac de Constance), et *Tridentum* (Trente), sur l'*Athesis* (Adige). *Augusta-Vindelicorum* (Augsbourg) était la capitale de la Vindélicie.

Le *Noricum* (partie de la Bavière et de l'Autriche), arrosé par le *Dravus* (la Drave) et le *Savus* (la Save), avait pour villes principales: *Boiodurum* (Innstadt), *Lentua* (Lintz) et *Lauriacum* (Lorch) sur le Danube.

La *Pannonie* (partie de l'Autriche et de la Hongrie) était arrosée par l'*Arrabona* (la Raab); villes principales: *Vindobona* (Vienne); *Acincum* (Bude); *Cibalis* (Swileï), où Licinius fut défait par Constantin auquel il disputait l'empire; *Siscia* (Sissek), et *Sirmium* (Syrmie), patrie de l'empereur Probus.

L'*Illyrie* (Croatie, Morlaquie, Dalmatie, Bosnie), avait pour villes principales: *Jadera* (Zara), cap. des Liburniens; *Salona* (Salone) où Dioclétien, après son abdication, s'amusait à cultiver un jardin; *Dioclæa* (Spalatro); *Olcinium* (Dulcigno); *Scodra* (Scutari); *Épidamne*, colonie de Corcyre, et *Apollonie*. Dans la partie méridionale étaient les monts *Acrocérauniens*, formant, avec l'Italie, le détroit appelé *golfe Ionien*, qui donne entrée à la mer Adriatique.

Les îles adjacentes à la côte d'Illyrie portaient le nom d'*Absyrtides*; les principales étaient *Brattia* (Brazza), *Pharus* (Lésina), *Corcyra Nigra* (Curzola) et *Melita* (Méléda.)

Italia (*Italie*).

L'Italie fut le berceau de la grandeur romaine: les Grecs l'appelaient *Hespérie*, comme étant occidentale à leur égard. Les anciens auteurs et surtout les poètes la nommaient *OEnotrie*, *Saturnie* et *Ausonie*. Elle forme une grande presqu'île qui s'avance dans la Méditerranée, et qui touche vers le N. à la chaîne des Alpes, qui la séparent de la Gaule et de la Germanie. Les Apennins la traversent depuis la *Ligurie* jusqu'à l'extrémité du *Brutium*.

On divise l'Italie en trois parties: du *nord*, du *milieu* et du *midi*.

L'Italie du nord comprenait la *Gaule Cisalpine*, la *Vénétie* et la *Ligurie*.

La *Gaule Cisalpine*, ou en-deçà des Alpes, par

rapport aux Romains, fut ainsi nommée parce que les Gaulois *transalpins* vinrent s'y établir. Lorsque les peuples y furent gratifiés du privilége de porter la toge romaine, elle fut appelée *togata*. On la divisait en *transpadane* (au-delà du Pô) et *cispadane* (en-deçà). Ses principales rivières sur la rive septentrionale du Pô (*Padus*), nommé aussi *Eridanus*, étaient : *Duria minor et major* (La Doire Ripaire et Baltée); *Sessites* (la Sésia); *Ticinus* (le Tésin); *Addua* (l'Adda); *Ollius* (l'Oglio); *Mincius* (le Mincio) : sur la rive méridionale, qui est celle de droite, *Tanarus* (le Tanaro), descendant de l'Apennin, ainsi que *Trebia* (la Trébie), fameuse par la deuxième victoire d'Annibal sur les Romains; *Tarus* (le Taro); *Rhenus* (le Reno), que le triumvirat d'Octave, d'Antoine et de Lépide, formé dans une île de cette rivière, distingue dans l'histoire; enfin *Rubico* (le Rubicon, aujourd'hui le Fiumicino dans la Romagne); cette petite rivière, que les généraux romains ne pouvaient passer avec leur armée sans la permission du sénat, séparait de ce côté la Gaule Cisalpine de l'Italie. Au nord étaient les lacs *Sevinus* (d'Iséo), *Verbanus* (Majeur), *Larius* (de Côme) et *Benacus* (de Garde.)

Les villes principales de la *Gaule transpadane* étaient: *Augusta-Prætoria* (Aoste), chez les *Salasses*; *Segusio* (Suse), où résidait Cottius, chez les *Ségusiens*; *Augusta-Taurinorum* (Turin), cap. des *Taurins*; *Mediolanum* (Milan), chez les *Insubriens*; *Ticinum* (Pavie), chez les *Lævi*; *Vercellæ* (Verceil), chez les *Libicins*; *Brixia* (Brescia); *Mantua* (Mantoue), sur le Mincio; *Cremona* (Crémone), dans le canton des *Cénomans*; *Bergomum* (Bergame), au pays des *Orobiens*. Le village d'*Andes* (Pietole), près de Mantoue, est devenu célèbre par la naissance de Virgile.

La *Gaule cispadane* renfermait: *Placentia* (Plaisance), chez les *Anamans*; *Forum-Allieni* (Ferrare), chez les *Lingons*; *Parma* (Parme); *Mutina* (Modène); *Bononia* (Bologne); *Faventia* (Faenza); *Forum-Novum* (Fornoue), et *Ravenna* (Ravenne), chez les *Boïens*; *Cesena* (Césène).

Ancienne.   17

La *Vénétie* ou pays des *Vénètes* (depuis, la république de Venise), au N. E. de l'Italie, avait pour rivières : l'*Athesis* (l'Adige), le *Medoacus major* (la Brenta), le *Medoacus minor* (le Bacchiglione), le *Plavis* (la Piave), le *Timavus* (le Timao), et l'*Arsia* qui sépare l'Istrie de l'Illyrie. Villes principales : *Hadria* (Adria), d'où la mer Supérieure a été nommée mer Adriatique; *Verona* (Vérone), patrie de Catulle, de Vitruve et de Pline l'Ancien; *Vicentia* (Vicence); *Patavium* (Padoue), patrie de Tite-Live; *Æmona* (Laybach); *Aquileia* (Aquilée); *Udinum* (Udine), dans la *Carniole*; *Tergeste* (Trieste); *Pola*, où fut relégué Crispus, fils de Constantin, dans l'*Istrie*.

La *Ligurie* (ancienne république de Gênes et partie du Piémont) était arrosée par le *Tanarus* et la *Macra* (Magra) sur les confins de l'Etrurie. Villes principales : *Dertona* (Tortone); *Alba-Pompæia* (Albe), patrie de l'empereur Pertinax; *Genua* (Gênes); *Savona* (Savone); *Intemelium* (Vintimille); *Portus Herculis Monœci* (Monaco); *Luna*, chez les *Apuani*, à l'emb. de la Magra dans le golfe de La Spezzia.

L'ITALIE DU MILIEU se divisait en huit petits états : l'*Etrurie*, l'*Ombrie*, le *Picenum*, la *Sabine*, ou pays des *Sabins*, le *Latium*, la *Campanie*, le *Samnium* et le pays des *Hirpins*.

L'*Etrurie* (grand-duché de Toscane), arrosée par l'*Arnus* (Arno), l'*Ombro* (Ombrone) et le *Clanis* (Chiana), s'étendait jusqu'à l'embouchure du Tibre. Elle renfermait : *Luca* (Lucques); *Pistoria* (Pistoie), où Catilina fut tué; *Pisæ* (Pise); *Fœsulæ* (Fiesole), dont les habitans fondèrent *Florentia* (Florence); *Portus Herculis* (Livourne); *Volaterræ* (Volterra), patrie de Perse; *Sena-Julia* (Sienne); *Clusium* (Chiusi), où résidait Porsenna, roi des Etrusques; *Perusia* (Pérouse), près du *lacus Trasimenus* (lac de Pérouse), sur les bords duquel Annibal battit les Romains; *Vulsinii* (Bolsène); *Tarquinii* (la Turchina), où sortait la famille des Tarquins; *Falerii*, chez les Falisques, qui furent assiégés par Camille; *Veii* (Véies), qui résista dix ans aux Romains, et *Cære* (Cer-Veteri), retraite des Vestales après la prise de

Rome par les Gaulois. *Ilva insula* (l'île d'Elbe), fameuse par ses mines de fer, faisait partie de l'*Etrurie*, qui était gouvernée par plusieurs chefs appelés *Lucumons*.

L'*Ombrie* (États de l'Église), à l'E. vers l'Adriatique, était arrosée par le *Metaurus* (Metauro), célèbre par la défaite d'Asdrubal, frère d'Annibal, dans l'endroit appelé *Forum Sempronii* (Fossombrone). Les autres villes de ce pays, anciennement habité par les *Ombriens* et les *Sénonais*, étaient: *Ariminum* (Rimini), à l'embouchure d'une rivière de même nom; *Pisaurum* (Pesaro); *Sena-Gallica* (Sinigaglia); *Spoletum* (Spolette); *Ameria* (Amelia); *Narnia* (Narni), où naquit l'empereur Nerva; *Nuceria* (Nocera).

Le *Picenum* (Marche d'Ancône) était arrosé par l'*Æsis* (Iesi) et le *Truentus* (Tronto). Villes principales: *Ancona* (Ancône); *Firmum* (Fermo); *Asculum* (Ascoli). On y joignait encore le territoire des *Prætutiens*: ville, *Adria* (Atri), patrie de l'empereur Adrien.

« Les *Sabins*, dont la Sabine d'aujourd'hui conserve le nom, succédaient à l'Ombrie sur la même rive du Tibre, jusqu'au fleuve *Anio* (Teverone), près duquel était bâti *Tibur* (Tivoli), lieu célèbre par les maisons de campagne de Mécène et d'Horace. On disait les Sabins sortis d'un lieu près de la ville d'*Amiternum*, d'où ils étaient venus s'établir à *Reate* (Rieti). Ils fondèrent une ville sous le nom de *Cures* (Correzzo), duquel on fait dériver celui de *Quirites*, que l'on donnait au peuple romain, lorsqu'on lui adressait la parole.

Le *Latium* (Campagne de Rome et partie du royaume de Naples) était séparé de l'*Etrurie* par le Tibre. Il comprenait le pays des *Latins*, des *Èques*, des *Rutules*, des *Herniques*, des *Auronces* et des *Volsques*. Villes principales: *Roma* (Rome), sur le Tibre, qui renfermait dans son enceinte huit collines, le *Palatinus mons*, *Capitolinus*, *Quirinalis*, *Viminalis*, *Esquilinus*, *Cœlius*, *Aventinus* et *Janiculum*. Dans le *Forum* (Campo-Vaccino), s'élevait le *Mille Doré*, d'où partaient les quinze voies ou grandes routes qui conduisaient dans les différentes parties de l'Italie;

Ostia (Ostie), à l'embouchure du Tibre, port de Rome; *Alba-Longa* (Palazzolo), fondée par Ascagne et patrie des Curiaces; *Lavinium* (Pratica), fondée par Énée; *Ardea*, cap. des *Rutules*; *Tusculum* (Frascati), près duquel Cicéron avait une maison de campagne; *Præneste* (Palestrine), cap. des *Eques*; *Anagnia* (Anagni), cap. des *Herniques*; *Terracina* (Terracine), appelée d'abord *Anxur*, sur le bord de la mer, cap. des *Volsques*; *Suessa-Pometia*, près des marais Pontins, chez le même peuple; *Arpinum* (Arpino), patrie de Marius et de Cicéron; *Aquinum* (Aquino), patrie de Juvénal; *Gajeta* (Gaëte), près de laquelle fut tué Cicéron; *Antium* (Anzio), où s'élevait un temple à la Fortune; *Circeii* (Monte-Circello) sur un promontoire vis-à-vis duquel on aperçoit dans la mer l'île *Pontia* (Ponza) : on croyait que cette ville avait été bâtie par Circé; *Minturnæ* (Minturnes), à l'embouchure du *Liris* (Garigliano) : Marius se tint caché dans les marais qui l'environnent.

La *Campanie* (terre de Labour, royaume de Naples) était séparée du *Latium* par le *Liris*. Cette contrée, l'une des plus belles de l'Italie, avait pour rivières le *Vulturnus* (Voltorno) et le *Silarus* (Silaro). On y trouve le *Vésuve*, à peu de distance de la mer; l'an 79 de J. C., ce volcan, dans sa première éruption, ensevelit sous ses laves les villes d'*Herculanum*, de *Pompeia* et de *Stabiæ* : Pline l'Ancien y périt, victime de son amour pour la science. Villes principales : *Capua* (Capoue), sur le Voltorno; *Parthenope*, depuis *Neapolis* (Naples); *Puteoli* (Pouzzol), près des lacs *Averne* et *Lucrin*; *Baiæ* (Baïes), entre le promontoire de Misène et Pouzzol, séjour de délices pour les Romains; *Nola*, où mourut Auguste; *Salernum* (Salerne), où mourut Sylla, dans le pays des Picentins; *Cumæ* (Cumes), célèbre par sa Sybille; *Suessa Aurunca*, *Teanum Sidicinum*, *Venafrum* (Sezza, Tiano et Tenafro). Le fameux vignoble de Falerne était entre *Sinuessa* et *Teanum*.

Le *Samnium* (royaume de Naples et États de l'Église) étendait depuis les limites du Latium et de la Campanie jusqu'à la mer Supérieure. Deux rivières, l'*Anio*

(Teverone) et l'*Aternus* (Pescara), arrosaient cette contrée où l'on trouvait les *Marses*; ville : *Marrubium*, sur les bords du lac *Fucinus* (de Celano) ; les *Vestins;* ville : *Amiternum*, patrie de Salluste; les *Marrucins;* ville : *Teate*, qui a donné son nom aux religieux appelés Théatins; les *Pélignes;* villes : *Corfinium*, qui fut la place d'armes des peuples ligués contre Rome dans la guerre Sociale, et *Sulmo* (Solmona), patrie d'Ovide; les *Frentans;* ville : *Auxanum* (Lanciano); les *Samnites* proprement dits; villes : *Bovianum*, *Æsernia*, *Aufidena* (Bojano, Isernia, Alfidena).

Le pays des *Hirpins* renfermait : *Beneventum* (Bénévent); *Caudium*, village près du défilé où les Romains passèrent sous le joug, et qui fut appelé Fourches Caudines ; *Abellinum* (Avellino) ; *Compsa* (Conza).

L'ITALIE DU SUD était généralement nommée *Grande-Grèce*, parce que le nombre des établissemens formés par les Grecs y dominait plus qu'ailleurs. Cette contrée se divisait en quatre parties : l'*Apulie*, l'*Iapygie* ou *Messapie*, la *Lucanie* et le *Brutium*.

L'*Apulie* ou la *Pouille* (Capitanate et Terre de Labour) était arrosée par l'*Aufidus* (Ofanto), descendant de l'Apennin. On y voyait deux montagnes remarquables, le *Vultur* et le *Garganus* (mont S.-Angelo). Cette région se divisait en *Daunie* et *Peucétie*. Villes : *Sipuntum* ou *Sipus*, près de Manfredonia; *Luceria* (Lucera), fondée, dit-on, par Diomède; *Venusia* (Venosa), patrie d'Horace; *Cannæ* (près de Barletta), lieu fatal aux Romains par la défaite la plus sanglante ; *Canusium* (Canosa), où se retirèrent les débris de l'armée romaine ; *Barium* (Bari), sur le rivage de la mer.

La *Messapie* (duché d'Otrante) formait le *talon* de l'Italie. Ce canton était habité par les *Calabri* et les *Salentini;* villes : *Brundusium* (Brindisi), port de mer où mourut Virgile, et où l'on s'embarquait pour aller en Grèce ; *Tarentum* ou *Taras* (Tarente), fondée par les Lacédémoniens sur le golfe du même nom ; *Lupiæ* (Lecce) ; *Rudiæ*, illustrée par la naissance d'Ennius; *Hydruntum* (Otrante), près du *promontorium Salentinum* ou *Iapygium* (cap de Leuca).

La *Lucanie* (Principauté-Citérieure, Basilicate et Calabre-Citérieure) avait pour villes: *Pæstum* ou *Posidonia* (Pesti), sur le golfe de Salerne, à peu de distance de l'embouchure du *Silarus*; *Buxentum* ou *Pyxus* (Policastro); *Heraclæa*, sur le golfe de Tarente, où Pyrrhus battit les Romains; *Sybaris*, dont les habitans furent décriés pour leurs mœurs, et qui, détruite par les Crotoniates, fut rebâtie ensuite par les Grecs sous le nom de *Thurii*; *Metapontum*, où nourut Pythagore; *Acheruntia* (Acerenza).

Le *Brutium* (Calabre-Ultérieure et Citérieure) était arrosé par le *Cratis* et le *Nethus*. On y voyait une vaste forêt appelée *Brutia silva*. Villes: *Pandosia*; *Rosciaum* (Rossano); *Consentia* (Cosenza); *Crotona* (Corone), patrie de l'athlète Milon; *Petilia* (Strongoli), bâtie par Philoctète; *Scyllacium* (Squillace); *Scylla* (Seglio); *Mamertum* (Oppido), d'où sortirent les Mamertins qui s'emparèrent de Messine, en Sicile; *Rheium* (Reggio); *Locri* (Locres), surnommée *Epizéphyrienne* par les Grecs, ses fondateurs, parce qu'elle était située près du promontoire *Zephyrium*. On apelait *Calypsus insula*, un rocher de la Calabre où les poètes avaient placé le séjour de Calypso.

ITALIÆ INSULÆ (*Iles de l'Italie*).

1.° La *Sicile*, appelée aussi *Trinacrie* à cause de ses trois caps *Pelorum* (Faro), *Pachynum* (Passaro) et *Lilybœum* (Boco), n'est séparée de l'Italie que par le *fretum Siculum* (Phare de Messine), détroit très-resserré dans lequel se trouvent les rochers de *Scylla* et le gouffre de *Charybde*, beaucoup moins doutés aujourd'hui qu'autrefois. Elle est arrosée par l'*Himera* (Salso) et le *Simæthus* (Giaretta). Villes principales: *Messana* (Messine), sur le détroit, autrefois *Zancle*, repeuplée par les Messéniens; *Cana* (Catane), au pied du volcan *Etna*, séjour des Cyclopes, près des plaines qui servaient de demeure aux Lestrygons; *Leontium* (Lentini); *Syracusæ* (Syracuse), près de l'*Anapus*, ancienne capitale de la Sicile, patrie de Théocrite et d'Archimède : fondée par les Corinthiens, l'an 757 avant J.-C., elle ne conserve plus des différens quartiers qui la composaient, qu'une petite île isolée qu'on appelait *Ortygia* ; *Agrigentum* (Girgenti); *Drepanum* (Trapani), près du mont *Eryx*, consacré à Vénus; *Himera* ; *Panormus* (Palerme); *Camarina; Selinuntus* ; *Lilybæum* (Marsala), en face de Carthage; *Hybla-Major* (Paterno), célèbre par son miel; *Milæ* (Melazzo), près de laquelle la flotte de Sextus Pompée fut défaite par celle d'Octavien; au milieu de l'île, *Enna* (Castro Giovanni), séjour de Cérès et de Proserpine.

2.° On trouvait au N. de la Sicile un groupe d'îles volcaniques, appelées *Æoliæ* ou *Vulcaniæ* (îles Lipari), dont les principales étaient : *Lipara* (Lipari); *Vulcanius* (Volcano); *Strongyle* (Stromboli).

3.° *Ægades*, îles Maretimo, Levanzo et Favignana.

4.° Au S. de la Sicile, les îles *Melita* (Malte), colonie des Phéniciens; *Gaulos* (Gozzo), et plus loin *Cossyra* (Pantellaria.)

5.° *Capreæ* (Capri), rendue célèbre par les débauches de Tibère, vis-à-vis du cap de Sorrento, et *Pythecusa* (Ischia), près du cap Misène.

6.° Au milieu de la mer *Tyrrhénienne* ou *Inférieure*, *Sardinia* ou *Ichnusa* (la Sardaigne); ville principale : *Caralis* (Cagliari), fondée par les Carthaginois. Une partie de ses montagnes sont tellement âpres et escarpées qu'on les appelait *Insani montes* (les monts insensés).

7.° *Corsica* ou *Cyrnos* (la Corse) n'avait qu'une seule ville remarquable : *Aleria*, sur la côte orientale. *Urcinium* (Ajaccio) est plus moderne. Les Grecs appelaient *Taphros* (fossé) le détroit de Bonifacio, qui sépare la Corse de la Sardaigne.

8.° Les îles de *Diomède* (Tremiti), dans le golfe Adriatique.

Il y avait encore quelques îles répandues sur la côte occidentale de l'Italie. Les plus remarquables étaient, en commençant par le nord, *Ilva insula*, appelée par les Grecs *Æthalie* (l'île d'Elbe), le long de l'Étrurie; *Planasia* (Pianosa), au S.-O., lieu d'exil d'Agrippa, petit-fils d'Auguste; *Pontia* (Ponza), vis-à-vis de la côte du Latium : c'est dans cette île que Tibère fit périr Drusus-Néron, son petit-fils; *Pandataria* (Ventolinière), au S.-E. de Ponza : elle est célèbre par la mort de Julie et par celle d'Agrippine, fille et petite-fille d'Auguste; *Prochyta* (Procida), entre Ischia et la côte de la Campanie.

GRÆCIA (*la Grèce*).

La GRÈCE, autrefois si célèbre, embrasse le royaume actuel de ce nom et la partie méridionale de la Turquie d'Europe. On la divise en *terre-ferme* et en *îles*. La terre-ferme comprend la *Grèce propre* et le *Péloponnèse*.

Les parties renfermées dans la *Grèce propre* sont, en partant de l'Illyrie :

1°. La *Macédoine* (Coménopolitari), arrosée par l'*Axus* (Vardari), l'*Astræus* (Vistritza), l'*Haliacmon* (Platamona), l'*Erigon* et le *Strymon* (Iemboli). Parmi les montagnes dont ce pays est couvert, on remarquait : le *Pangæus* (partie des Castagnats), dont les mines d'or formaient un des principaux revenus de Philippe; le *Scardus* et l'*Orbelus* (mont Argentaro), l'un des flancs du mont *Athos* (Monte-Santo). Villes : *Edessa* ou *Æge* (Edissa) sur l'Erigon, ancienne capitale; *Pella* (Jénissar), où naquit Alexandre; *Stagyra* (Libanova), patrie d'Aristote; *Thessalonica*, anciennement *Therma* (Salonique), sur le golfe de ce nom; *Cassandria*, autrefois *Potidæa*, dans la presqu'île appelée *Pallène*; *Olynthus* (Olynthe), *Chalcis* et *Apollonia*, dans la Chalcidique. *Amphipolis* (Iemboli), sur le Strymon; *Philippi*, autrefois *Crenides*, sur les frontières de la Thrace, et qui vit sous ses murs la défaite de Cassius et de Brutus par Octave et Antoine.

L'île de *Thasus* (Thasso), si célèbre par ses marbres, dépendait de la Macédoine.

2°. L'*Epire* (Basse-Albanie), arrosée par l'*Achéron* par l'*Arethon* (l'Arta), qui se jettent dans le golfe Ambracie, et séparée de la Thessalie par le mont *Pindus* (le Pinde). Villes : *Buthrotum* (Butrinto);

sur la côte en face de l'île *Corcyra* (Corfou), habitée par les Phéniciens, et qui n'est séparée du continent que par un canal assez étroit ; *Ambracia*, ville royale des Épirotes, sur le golfe du même nom (auj. de l'Arta); *Nicopolis* (Prevesa-Vecchia), bâtie par Auguste, en mémoire de la bataille d'Actium, sur le même golfe. *Dodona* (Proskynisi), ville reculée dans les terres et célèbre par sa forêt dont les chênes rendaient des oracles. Les îles de *Calypsus*, de *Mathace* (Samatraki) et de *Paxus* (Paxo) dépendaient de l'Épire.

3°. La *Thessalie* (Janina), bornée vers le N. par le mont *Olympe*, voisin de la mer, jusqu'au mont *Stymphe*; vers le couchant par le *Pinde*, au S. par l'*Œta*, et arrosée de l'O. à l'E. par le *Pénée* (Salembria), qui traverse la délicieuse vallée de Tempé, entre les monts *Ossa* et *Pélion*, et dans sa partie méridionale par le *Sperchius*. Cette région se partageait en six contrées différentes : l'*Estiœotis* et le *Pelasgiotis*, vers le Pénée ; le *Thessaliotis* et le *Phthiotis*, au S., vers la mer ; la *Perrhébie*, adjacente aux montagnes dans le nord, et la *Dolopie* sur les confins de l'Étolie. Au pied du mont *Œta*, vers la *Phocide*, se trouvait le passage des *Thermopyles* ou *Portes-Chaudes* (Bocca-di-Lupo), si bien défendu par Léonidas contre l'armée de Xerxès.

Villes: *Pharsalus* (Farsa), près de l'*Enipée*, célèbre par la victoire de César sur Pompée; *Larissa* (Larisse), patrie d'Achille ; *Magnesia*, surnommée *Sepias*, près de laquelle une grande partie de la flotte de Xerxès fut détruite par la tempête, et qu'il ne faut pas confondre avec la ville du même nom en Lydie; *Gomphi* (Janina), livrée au pillage par César ; *Pheræ* (Thaumaco), séjour du roi Admète ; *Lamia* ; *Hypata*, habitée par des magiciennes; *Iolchos*, patrie de Jason, au fond du golfe *Pélasgique* ou *Pagasétique*, à cause du port de *Pagase*, d'où sortit le navire Argo, pour l'expédition de la Toison d'or; *Trachys* ou *Heraclea-Trachynia* (Zeïtoun), qui donne son nom à l'ancien golfe *Maliaque* ; on l'appelait *Heraclea*, parce qu'Hercule se jeta, dit-on, dans le bûcher allumé sur le mont Œta, qui en est peu éloigné.

4°. L'*Acarnanie* (Carnie), vers la mer Ionienne, au S. du golfe d'Ambracie. Elle était séparée de l'Étolie par le fleuve *Acheloüs* (Aspro-Potamo), qui se rend dans la mer vis-à-vis des îles *Echinades*. Villes : *Actium* (Azio), à l'entrée du golfe, célèbre par la victoire navale d'Octave sur Antoine; *Argos*, surnommé *Amphilochicum*, et *Stratos*. Les états d'Ulysse, qui s'étendaient encore sur la terre-ferme, se composaient des îles : *Leucadia* (Sainte-Maure), jointe d'abord au continent par un isthme, et terminée au S. par le cap *Leucate*, illustré par le désespoir de Sapho; *Ithaca* (Théaki); *Dulichium*, et *Cephallenia* (Céphalonie). Ville principale : *Same*.

5°. L'*Etolie* (partie de la Livadie), arrosée par l'*Evenus* (Fidari), que le centaure Nessus venait de traverser en enlevant Déjanire, lorsqu'Hercule lui donna la mort. Villes: *Thermus*, en ruines, près de Vrachori, et *Calydon* (Hebræo-Castro), celle-ci célèbre par le sanglier que tua Méléagre.

6°. La *Locride* (partie de la Livadie), située sur la côte N. du *sinus Corinthiacus* (golfe de Corinthe), qui change son nom en celui de Lépante, à l'endroit où il est resserré par deux pointes opposées : *Rhium* et *Anti-Rhium*, avec deux châteaux (Dardanelles de Lépante). C'était le pays des *Locriens*, surnommés *Ozolæ*. Villes : *Naupactus* (Lépante); *Amphissa* (Salona), près de Delphes.

Les *Locriens* que la ville d'*Opus* (Opunte) faisait surnommer *Opuntii*, et ceux qui du mont *Cnemis* tirèrent le nom d'*Epicnemidii*, bordaient la mer qui sépare cette partie du continent d'avec l'Eubée. Les Épicnémidiens habitaient au sud des Thermopyles.

7°. La *Phocide*, entre les *Locriens Ozôles* et ceux de l'est. Ce pays n'offre rien de plus célèbre que *Delphi* (Castri), où Apollon rendait ses oracles par l'organe de la Pythie, et *Parnassus mons* (Liakoura), dont les deux sommets étaient nommés *Nauplis* et *Tyampée*. *Crissa*, au S. de Delphes, donnait le nom de *Crissæus sinus* à la partie du golfe Corinthiaque nommée aujourd'hui golfe de Salone. Le territoire d'*Anti-*

Géographie

Cirrha ou *Anticyre* produisait d'excellent ellébore. Une petite contrée, *Doris* ou la *Doride*, reculée dans les montagnes de l'intérieur du pays, donne naissance au fleuve *Cephissus* (Céphise), près duquel était la ville nommée *Elatea* (Turco-Chorio.)

8°. La *Béotie* (Livadie supérieure), séparée de l'Attique par le mont *Citheron*, et arrosée par le *Cephissus* au N., et l'*Asopus* au S. Le premier de ces fleuves se jette dans le lac *Copaïs* (de Livadie), dont les eaux stagnantes, en rendant l'air épais et brumeux, semblaient aussi rendre plus lourd et plus grossier l'esprit des habitans; ce qui n'a pas empêché cette contrée de produire plusieurs grands hommes. On voyait à l'O. le mont *Helicon*, séjour des Muses; les fontaines *Aganippe* et *Hippocrene*, et le petit fleuve *Permessus*, qui en sortaient. Villes principales: *Ascra*, patrie d'Hésiode; *Orchomenus* (Skripous), où se conservaient les cendres de ce poète, et près de laquelle Archelaüs, général de Mithridate, fut vaincu par Sylla; *Thebæ* (Thiva), bâtie par Cadmus, où naquirent le poète Pindare et les deux généraux Pélopidas et Épaminondas: Alexandre la rasa l'an 335 av. J.-C.; *Lebadea* (Livadie), que distinguaient l'antre et l'oracle de Trophonius; *Cheronea* (Capréna), patrie de Plutarque: Philippe, père d'Alexandre, y remporta sur les Athéniens une victoire fatale à la liberté de la Grèce; *Coronée* (Comari), où les Thébains furent vaincus par Agésilas; *Haliartus*, près du lac Copaïs, détruite par les Romains dans la guerre de Macédoine; *Thespiæ* (Neo-Chorio), près d'Erimo-Kastron; *Leuctra* (Livadostro), où les Lacédémoniens furent défaits par Épaminondas; *Plateæ* (Cocla), détruite par les Thébains, et dont le nom rappelle la défaite des Perses commandés par Mardonius; *Aulis* (Vathi), sur l'Euripe, détroit qui séparait la Béotie de l'Eubée: c'est dans ce port que se fit l'embarquement des Grecs pour se rendre devant Troie; *Tanagra* (Graïmada), au-dessous de laquelle l'Asopus se jette dans la mer.

9°. L'*Attique* (Livadie inférieure), presqu'île en forme de triangle, dont la base était formée par le mont Cithéron. Ce pays, peu fertile, est hérissé de montagnes, parmi lesquelles on distingue le *Parnes* et le *Brilessus*, au N. E. ; l'*Hymette*, célèbre par son miel, et le *Pentélique* par ses marbres, au milieu; le *Laurium*, au S. Les Athéniens trouvaient dans les mines d'argent de ce dernier des ressources abondantes. L'Attique n'a guère que deux courans d'eau nommés *Cephissus* et *Ilissus*, près d'Athènes, et qui sont desséchés la moitié de l'année. Villes : *Athenæ* (Athènes), bâtie par Cécrops, à quelque distance de la mer, au pied des monts Hymette et Pentélique : elle avait trois ports, le *Pyrée* (port Lion), *Munychie* et *Phalère* (Porto). Au haut de l'*Acropolis* ou *citadelle* était le fameux temple de Minerve, appelé *Parthénon* : les jardins de l'*Académie*, du *Cynosarge* et du *Lycée* se trouvaient hors de la ville; *Eleusis* (Lefsina), célèbre par les mystères de Cérès; *Decelia*, sur la route d'Athènes à Chalcis en Eubée; *Phyle* et *OEnoe*, forteresses à l'entrée de l'Attique; *Marathon*, que la victoire de Miltiade, général des Athéniens, sur les Perses commandés par Darius, l'an 490 avant J.-C., a rendu mémorable; *Sunium*, bourg près du cap de ce nom (aujourd'hui cap Colonne), à la pointe du triangle.

Le district appelé *Mégaride* se prolongeait vers l'isthme, au N. O. Ville : *Megara* (Megara), qui avait un port appelé *Nisæa*, sur le golfe *Saronique*.

Les esclaves formaient la moitié de la population de l'Attique, qu'on ne faisait monter qu'à deux cent mille individus.

Le PÉLOPONNÈSE (Morée) est une presqu'île réunie au reste de la Grèce par un isthme d'environ deux lieues de large, appelé de *Corinthe* ou *Hexamili*, c'est-à-dire six milles, à cause de sa largeur. Son ancien nom venait de Pélops, fils de Tantale, avec addition d'un terme grec qui désignerait cette terre comme une île; quant au nom moderne de Morée, on prétend qu'il lui a été donné parce que sa figure, fort échancrée par plusieurs golfes, l'a fait comparer à une feuille de mûrier. Ces golfes sont : le *Corinthiaque*, le *Messéniaque*, le *Laconique*, l'*Argoque* et le *Saronique*.

On partageait le *Péloponnèse* en six contrées différentes : *Achaïe*, *Argolide*, *Laconie*, *Messénie*, *Elide* et *Arcadie*.

1°. L'*Achaïe*, le long du golfe Corinthiaque, occupait le N. du Péloponnèse, depuis l'isthme, en y comprenant la *Corinthie* et la *Sicyonie*. Villes principales : *Corinthus* (Corinthe), dans l'isthme, avec deux ports, l'un, *Lechæum*, sur le *Saronicus sinus* (golfe d'Egine), et l'autre, *Cenchreæ*, sur le *Corinthiacus* (golfe de Lépante). Cette ville fut détruite par le consul Mummius, dans la guerre contre les Achéens, et la citadelle, nommée *Acro-Corinthus*, à cause de sa situation sur la pointe d'une montagne, fut rétablie par ordre de César. Un lieu appelé *Isthmus* était destiné à la célébration des jeux Isthmiques en l'honneur de Neptune; *Sicyon* (Vasilico), patrie d'Aratus, chef de la ligue Achéenne, célèbre par son antiquité et par ses écoles de peinture et de sculpture, cap. de la *Sicyonie*, traversée par l'*Asopus* qui se jette dans le golfe de Corinthe; *Pellene* (Xylo-Castro); *Phlius* (Staphlica), dans un canton appelé *Phliasie*; *Patræ* (Patras), colonie romaine; *Ægium* (Vostitza), où se tenaient les états de l'Achaïe; *Ægira*; *Tritæa* (Triti), dans l'intérieur du pays; *Dyme*, sur le golfe que termine le promontoire *Araxum* (aujourd'hui Papa).

2°. L'*Argolide* était arrosée par l'*Inachus*, l'*Erasinus* et le *Phryxus*. Villes principales : *Argos*, dont le port était appelé *Nauplia* (Napoli de Romanie), au fond du golfe Argolique; *Mycenæ*, où résidait Agamemnon; *Tyrinthus* (Vathia); *Nemea*, célèbre par sa forêt et par les jeux qu'on y célébrait tous les trois ans en l'honneur de Jupiter; *Cleones*; *Epidaurus* (Pidavra), renommée par son temple d'Esculape, presque en face l'île d'*Egine*; *Træzen* (Damala), séjour de Pitthée; *Hermione* (Castri), vers le *Scyllæum promontorium* (cap Skylli). Au S. de Nauplia se trouvait le lac de *Lerne* (Molini) que son hydre a rendu fameux.

3°. La *Laconie*, arrosée par l'*Eurotas* (Vasili-Potamo), qui reçoit l'*OEnus*, était traversée par le mont *Taygète*, qui va se joindre aux montagnes d'Arcadie. On y voit au S. deux caps : *promonto-*

rium Tenarum (cap Matapan) et *promontorium Malœum* (cap Sant'Angelo), fameux par les naufrages. Villes : *Lacedæmon* ou *Sparta* (Palæochori), sur l'Eurotas, dont les ruines ont servi à bâtir Misitra, qui en est éloignée d'environ une lieue vers le couchant : elle avait pour port *Gythium* (Kolokythia), dans l'enfoncement du golfe Laconique; *Amyclæ* (Sclavo-Chori), où le culte d'Apollon était en renom; *Epidaurus Limera* (Malvasia-Vecchia); *Hélos* (Tsyli), dont les habitans, réduits en esclavage par les Spartiates, portèrent le nom d'Ilotes. L'île de *Cythère* (Cérigo), près du cap Malée, dépendait de la Laconie.

4°. La *Messénie*, séparée de l'Elide par le fleuve *Neda* (Nédina), était arrosée par le *Leda* et le *Pamisus*. Villes : *Messena* (Mavra-Matia), au pied du mont *Ithome*; *Stenyclarus* (Nisi), où résidait Cresphonte; *Corone* (Coron); *Methone* (Modon); *Pylos* (Navarin), au pied du mont *Egialée*; près de cette ville est l'île *Sphacteria* (Zonchio), où une troupe de Spartiates fut enveloppée par les Athéniens, l'an 425 av. J.-C. Au-delà du promontoire *Acritas* (cap Gallo), on rencontre les îles *Œnussæ* (Sapienza et Cabrera).

5°. L'*Elide*, arrosée par le *Pénée* et l'*Alphée*, comprenait la *Triphylie* au S. Villes : *Pylus* (Pylos), qui disputait à celui de la Messénie l'honneur d'avoir appartenu au vieux Nestor; *Olympia* (Olympie), sur la rive gauche de l'Alphée; *Pisa* (Pise), sur la rive opposée; toutes deux célèbres par les jeux Olympiques qui se célébraient tous les quatre ans dans leur territoire, en l'honneur de Jupiter. *Elis* (Gastouni), sur le Pénée, qui n'est point celui de la Thessalie. Son port se nommait *Cyllene* (Chiarenza). L'île *Zacinthus* (de Zante), dans la mer Ionienne, faisait partie de l'Élide, ainsi que les *Strophades* (Strivali), que les poètes ont fait habiter par les harpies.

6.° L'*Arcadie*, au centre du Péloponnèse, n'était guère habitée que par des bergers. Parmi ses montagnes les plus remarquables étaient l'*Erymanthe*, le *Lycée*, le *Cyllène*, et le *Ménale*, consacré à Pan. L'*Alphée*, l'*Hélisson*, le *Ladon*, l'*Erymanthe* et le *Styx* arrosaient cette contrée, où l'on voyait près d'une ville du même nom les marais de *Stymphale*, illustrés par un des travaux d'Hercule. Les autres villes étaient: *Mantinea* (Tripolitza), où périt Epaminondas, vainqueur des Lacédémoniens, l'an 370, et où le tyran de Sparte, Machanidas, fut vaincu par Philopémen, général des Achéens, l'an 205 av. J.-C.; *Tegæa* (Moklia) ; *Megalopolis* (Leondari), patrie de l'historien Polybe et de Philopémen; *Orchomene*, *Pheneos* (Phonia), *Heræa* et *Gortys* (Garitena). Celle de *Lycosura*, sur les confins de la Messénie, était au pied du mont Lycée.

GRÆCIÆ INSULÆ (*Iles de la Grèce*).

Nous avons déjà fait connaître les îles à l'O. de la Grèce.

Outre *Cythera* (Cérigo), consacrée à Vénus, au S., on trouve *Creta* (l'île de Candie), dans la mer Egée; le mont *Ida*, où l'on disait que Jupiter avait été nourri dans son enfance, s'élève au centre du pays: il n'est pas moins célèbre que celui de la Troade. Villes: *Gnossus* (Gnosse), où régnait Minos ; *Cydonia* (La Canée) ; *Gortyna*, sur un petit fleuve nommé *Lethæus*. La petite île d'*Ægilia*, entre Cérigo et Candie, a pris le nom de Cerigotto.

Au N. E. de la Crète était l'île de *Carpathos*, et au N. les *Cyclades*, ainsi nommées parce qu'elles semblent rangées en cercle autour de *Delos* (Sdili), consacrée à Apollon, Diane et Latone. Ces îles sont : *Thera* (Santorin); *Cimolos*; *Paros*, où naquit Archiloque, l'inventeur du vers iambique, et fameuse par ses marbres; *Naxos* (Naxie), la plus grande de toutes, fertile en vins, et consacrée à Bacchus, qui y recueillit Ariane abandonnée par Thésée ; *Melos* (Milo) ; *Siphnos* (Siphanto); *Seriphos* (Serpho) ; *Cythnos* (Thermia) ; *Ceos* (Zéa), où naquirent les poëtes Simonide, Bacchylide et l'orateur Prodicus; *Myconos* (Myconi), *Tenos* (Tine), *Andros* et *Astypalæa* (Stampalie). Parmi les *Sporades*, qui appartiennent presque toutes à l'Asie, nous ne nommerons que *Ios* (Nio), où mourut Homère, et *Scyros* (Skiro), illustrée par l'exil de Thésée et le séjour d'Achille, que sa mère y cacha à la cour du roi Lycomède.

Dans le *golfe Saronique*, on trouve *Calauria* (Poros), où s'empoisonna Démosthène, lorsqu'il fut poursuivi par Antipater, roi de Macédoine ; *Ægina* (Engia ou Egine) d'où sortirent les *Eginètes* ; *Salamis* (Colouri), séparée de l'Attique par un détroit où se donna la célèbre bataille de ce nom.

A l'E. *Eubœa* (Négrepont), séparée de l'Attique et de la Béotie par l'Euripe, bras de mer très-étroit sur lequel on avait construit un pont. La flotte de Xerxès y fut battue par Thémistocle, près du promontoire *Artemisium*. Villes : *Chalcis* (Négrepont), sur l'Euripe ; *Eretria, Caristus* (Caristo) et *Oreus* (Orio).

Au N. étaient les îles *Peparethus, Halonnesus, Scopelos* et *Scyathos* sur la côte de *Thessalie* ; *Thasos*, à l'est de la Macédoine, renommée pour ses mines d'or.

Pays voisins de la Grèce au N.

La Thrace (Romélie) était bornée au N. par le mont *Hæmus* (Balkan) ; à l'O. par le mont *Pangeus*, qui se détache du *Rhodope* ; au sud par la mer *Egée* ; à l'E. par le *Pont-Euxin* (mer Noire). Ses principales rivières étaient l'*Ardiscus* (Arda), le *Nestus* (Mesto) et l'*Hebrus* (Maritza), sur les bords duquel les Bacchantes mirent en pièces le malheureux Orphée. Villes : *Abdera* (Solystilo), patrie de Démocrite et de Protagoras ; *Gallipolis*, sur l'*Hellespont* (détroit des Dardanelles), entre la Chersonèse de Thrace et l'*Asie Mineure* ; *Sestos*, dans la même presqu'île, en face d'*Abydos*, qui rappelle l'histoire de Héro et Léandre : c'est là que se trouve le petit courant, appelé *Ægos-Potamos*, célèbre par la victoire navale du Lacédémonien Lysandre sur les Athéniens ; *Cardia*, depuis *Lysimachia*, à l'entrée de cette Chersonèse ; *Perinthus* (Erekli) ; *Selymbria* (Misevria), sur la *Propontide* (mer de Marmara) ; *Byzantium* (Constantinople), sur le *Bosphore de Thrace* (détroit de Constantinople), qui se termine, du côté de l'Europe, près des *Roches Cyanées* ; *Salmydessus* (Midjeh) sur le Pont-Euxin.

Dans l'intérieur de la Thrace, habité en partie par la nation des *Odrysæ* (Odryses), on rencontrait *Hadrianopolis* (Andrinople); *Trajanopolis* (Trajanopoli); *Philippopolis* (Philippopoli); *Nicopolis* (Nicopoli) et *Berœa* ou *Béroé*. Les îles de *Samothrace* (Samotraki) et d'*Imbros* (Imbro), dans la mer Égée, font partie de la Thrace: la première, célèbre par les mystères en l'honneur des dieux Cabires, était regardée comme une terre sainte et inviolable.

L'*Albanie* (Basse-Albanie) était arrosée par le *Drilo* (Drin-Noir), par le *Mathis* (Mathia) et par l'*Apsus* (Crevesta). Villes: *Dyrrachium* (Durazzo), sur la mer Adriatique; *Albanapolis* (Albasano); *Apollonia* (Pollina), et *Aulon* (Avlone), port de mer.

ASIA (ASIE).

On partageait l'*Asie* en neuf grandes parties, qui se subdivisaient ensuite en plusieurs autres: l'*Asie Mineure*; l'*Arménie*; la *Syrie* et la *Palestine*; l'*Arabie*; la *Médie*; la *Perse*; l'*Arie*; la *Sarmatie* et l'*Inde*.

ASIA MINOR (*Asie Mineure*).

L'*Asie Mineure* ou *Inférieure* (Anatolie) est une presqu'île bornée au N. par le Pont-Euxin, au N. O. par la Propontide, à l'O. par la mer Égée, et au S. par la Méditerranée. On peut la partager en trois bandes, renfermant chacune quatre contrées principales, auxquelles se rattachent ensuite quelques portions de pays moins considérables. Dans la première, au N., se rangent la *Mysie*, la *Bithynie*, la *Paphlagonie* et le *Pont;* dans l'intermédiaire, depuis la mer Égée jusqu'à l'Euphrate, la *Lydie*, la *Phrygie*, la *Galatie* et la *Cappadoce;* dans la méridionale, la *Carie*, la *Lycie*, la *Pamphylie* et la *Cilicie*.

1.° La *Mysie*, adjacente à la Propontide et à la mer Égée, est bornée par la Bithynie, au levant, et par la

Lydie, au sud. Elle renfermait la *Troade*, arrosée par le *Simoïs* (Mendéré-Sou), et par le *Scamander* ou Xante (le Tumbrech-Tchaï) qui reçoit le *Simoïs*; ces fleuves, jadis si célèbres, ne sont plus que des torrens. On en peut dire autant du *Granique* (Oustvola), dont les Perses disputèrent le passage à Alexandre. Les autres rivières principales sont l'*Œsepus*, qui se jette comme le *Granique* dans la Propontide, et le *Rhyndacus* (Lartacho), qui sépare la Mysie de la Bithynie. On remarquait dans la *Troade* les monts *Ida* et *Gargara*, faisant partie d'une chaîne de montagnes (Mourad-dagh) d'où sortent le Scamandre, le Simoïs, le Granique et l'Œsepus. Cette contrée, qui fut le royaume de Priam, occupait la pointe N. O. de l'Asie Mineure jusqu'au cap *Sigée*, à l'entrée de l'Hellespont. Villes : *Troja* (Troie), près de la source du Scamandre. Détruite par les Grecs 1270 ans avant notre ère, elle fut rebâtie depuis à quelque distance : Auguste changea le nom d'*Alexandria Troas*, autre ville fondée par Alexandre, en celui d'*Augusta Troas*, et les Turcs l'appellent aujourd'hui *Eski-Stamboul* (la vieille ville), d'où il résulte que l'ancienne Troie, dont il ne reste plus de vestiges, est mal à propos confondue avec cette dernière beaucoup plus rapprochée du détroit; *Ilium*, formellement distingué de *Troja* dans les itinéraires romains ; *Antandros*, au-dessous du plus haut sommet de l'Ida.

Dans la *Mysie* proprement dite, les autres villes étaient : *Dardanus*, d'où dérive le nom des Dardanelles; *Abydos* (Magara), vis-à-vis de *Sestos*, sur le détroit où Xerxès jeta un pont pour le passage de son armée; *Lampsacus*, Lampsaque (Lampsaki), patrie d'Anaximène, qui la préserva des fureurs d'Alexandre; *Priapus* (Caraboa); *Cyzicus* (Zisick), qui soutint un siège contre toutes les forces de Mithridate; sur la côte du continent en tendant vers le levant, dans l'enfoncement d'un golfe, *Adramyttium* (Edremiti); *Pergamus* (Bergamo), près du *Caïcus* (Grimakli), capitale du royaume d'Attale, et patrie du médecin Galien; *Elæa* (Iuléa), à l'embouchure du Caïque, port de Pergame.

Sur les côtes sont *Proconnesus* (île de Marmara ou

du Marbre), qui paraît avoir donné son nom à la Propontide; l'île de *Tenedos*, en face d'*Alexandria*; les petites îles *Arginuses*, célèbres par un combat naval dans lequel Athènes l'emporta sur Lacédémone; *Lemnos* (Stalimène), consacrée à Vulcain; *Lesbos* (Métélin), où naquirent Sapho, Corinne, Alcée, Arion, Terpandre et Pittacus. Villes: *Mitylene*, *Methymna* et *Eressus*.

2°. La *Bithynie*, anciennement *Bébrycie*, au S. de la Propontide, s'étendait depuis le *Rhyndacus* jusqu'au fleuve *Parthenius* (Bartin) qui la séparait de la Paphlagonie. Elle renfermait encore le *Sangarius* (Sakaria), qui se jette dans le Pont-Euxin; l'*Olympus*, une des plus hautes montagnes de l'Asie, et les lacs *Apolloniatis* (Aboullonia) et *Ascanius* (d'Isnik). Villes principales: *Prusa* (Brousse), au pied du mont Olympe, séjour des rois de Bithynie; *Myrlea* ou *Apamea* (Moudania); *Apollonia* (Aboullonia), sur le lac de son nom; *Nicæa* (Isnik), célèbre par un concile et où naquit l'astronome Hipparque; *Nicomedia* (Isnik-Mid), séjour du roi Nicomède, et *Astacus*, au fond du golfe *Astacenus*; *Lybissa* (Gébissé), où mourut Annibal; *Pantichium* (Pantichi), en face de laquelle on voit les îles *Demonnesi* (des Génies); *Chalcedon* (Chalcédoine), vis-à-vis de Byzance, où se tint un concile contre l'hérésie d'Eutychès; *Chrysopolis* (Scutari), près de laquelle se trouvait le temple de *Jupiter-Urius* (Ioron); *Heraclea-Pontica* (Erekli); *Bithynium* (Bastan), patrie d'Antinoüs; *Hadrianopolis* (Boli) et *Cratia* (Gheredéh).

3°. La *Paphlagonie* s'étendait du *Parthenius* au fleuve *Halys* (Kizil-Ermak ou fleuve rouge), un des plus considérables de l'Asie-Mineure, et célèbre par la défaite de Crésus. L'objet le plus considérable est le *Carambis* (Kérempéh), promontoire opposé au *Criu-Metopon* de la Chersonèse-Taurique. Villes: *Sinope*, patrie de Mithridate et de Diogène-le-Cynique; *Gangra* (Kiangari) et *Germanicopolis* (Kastamoun)

4°. Le *Pont*, séparé de la Paphlagonie par le fleuve *Halys*, était arrosé par l'*Iris* (Iechil-Ermak ou rivière verte), grossi des eaux du *Lycus* (Keuïlu-Hissar, par le *Bathis* et le *Thermodon*. Toutes ces rivières se jettent dans le Pont-Euxin. Villes: *Amisus* (Samsoun), chef-lieu d'une colonie grecque détruite par l'armée de Lucullus ; *Amasea* (Amasiéh), sur l'*Iris*, patrie de Strabon ; *Zela* (Ziléh), fameuse par la victoire de César sur Pharnace, fils de Mithridate ; *Neo-Cæsarea* (Niksar), sur le *Lycus*; *Themiscyra*, sur le *Thermodon*, cap. du pays des Amazones ; *Cerasus* (Kérésoun), d'où Lucullus fit passer le cerisier en Europe ; *Trapezus* ou *Trébisonde* (Tarapezoun), célèbre dans le moyen âge.

5°. La *Lydie*, ou *Méonie*, sur la mer Egée, entre la Mysie au N. et la Carie au S., était arrosée par le *Caïstre* (Kutchuk-Meïnder), le *Méandre* (Buïuk-Meïnder) et l'*Hermus* qui reçoit le *Pactole*, dont les eaux roulaient des paillettes d'or. La partie maritime fut appelée *Ionie*, à cause des colonies ioniennes qui l'occupèrent environ 900 ans avant l'ère chrétienne ; elle renfermait aussi l'*Eolide*, cap. *Cumæ* ou *Cyme*, une des sept villes qui prétendaient avoir vu naître Homère. On remarquait dans l'*Ionie*, *Phocæa* (Fokia), qui fut la mère de Marseille par l'émigration de ses habitans, 600 ans avant J.-C.; *Smyrna* (Ismir), au fond du golfe de même nom, à peu de distance du *Mélès*, sur les bords duquel Homère, disait-on, avait reçu la naissance, ce qui le fit surnommer Mélésigènes ; *Clazomenæ*, *Clazomène* (Vourla), patrie d'Anaxagore, dans une presqu'île du golfe de Smyrne ; *Erythræ*, fameuse par sa Sybille ; *Lebedus* et *Colophon* (Eretri), la première détruite par Lysimaque, et la seconde, patrie du philosophe Xénophane ; *Ephesus* (Zillé), florissante autrefois par son temple de Diane, patrie d'Héraclite et du peintre Parrhasius, et qui n'est plus qu'un monceau de ruines ; *Priene* (Samsoun), patrie de Bias, un des sept sages, au pied du mont *Mycale*, vers le détroit, remarquable par la défaite entière des restes de l'armée de Xerxès par la flotte des Grecs, le même jour où Mardonius fut battu à Platée.

Dans l'intérieur de la Lydie, on rencontrait : *Sardes* (Sart), séjour de Crésus, sur le Pactole, au pied du mont *Tmolus* (Bouz-dagh ou montagne froide) ; *Magnesia* (Guzel-Hissar), sur le Méandre, où mourut Thémistocle, et qui a donné son nom à la pierre magnétique ou aimant qu'on trouvait dans son territoire ; *Tralles* (Sultan-Hissar), patrie de Phlégon, et *Philadelphia*, détruite par un tremblement de terre, l'an 17 de l'ère chrétienne.

Les îles de *Chios* (Chio), fertile en vin; de *Samos* (Samo), patrie de Pythagore, et d'*Icaros*, faisaient partie de la Lydie.

6°. La *Phrygie* (Anatolie et Caramanie) était arrosée par le *Tymbris* (Poursak), qui va se jeter dans le *Sangarius*. Elle se divisait en *Salutaire* et *Epictète* ou ajoutée, et l'on y joignait la *Lycaonie*. Villes: *Apamea Cibotos* (Afioum-Carahissar), au confluent du *Marsyas* et du *Méandre*; *Synnada*, célèbre par ses marbres; *Ipsus*, où se livra une grande bataille entre les successeurs d'Alexandre; *Antiochia* (Ak-Cheher), dans la Pisidie; *Thymbrium*, où Crésus fut entièrement défait par Cyrus; dans la *Lycaonie*, *Iconium* (Koniéh), où commence la chaîne du mont *Taurus*, et en-deçà *Laodicea-Combusta* (Ladikiéh), où résidait un gouverneur romain.

7°. La *Galatie* (Anatolie et Caramanie) tirait son nom des Gaulois ou Galates qui vinrent s'y établir l'an 390 avant J.-C., après avoir pillé le temple de Delphes, sous la conduite de Brennus. Ils étaient partagés en trois nations: les *Tolistoboïes*, les *Trocmes* et les *Tectosages*. Villes: *Ancyra* (Angora), près de laquelle Bajazet fut vaincu par Timour; *Pessinus* ou *Pessinonte* (Nalikhan), d'où la statue de Cybèle fut apportée à Rome; *Gordium*, sur le *Sangarius*, où Alexandre coupa le nœud gordien. Déjotarus fut un des principaux tétrarques de la Galatie.

8°. La *Cappadoce* (Caramanie et pays de Roum) arrosée par le *Mélas* (Kara-sou ou eau noire) et par l'*Halys*, comprenait la *Petite-Arménie* dans sa partie orientale. Villes: *Mazaca* ou *Cæsarea ad Argæum* (Kaïsariéh), au pied du mont *Argée* (Ardjich-dagh), tellement élevé que de son sommet on découvre, dit-on, la Méditerranée et le Pont-Euxin; *Nazianzus*, illustrée par la naissance de saint Grégoire, un des Pères de l'Eglise grecque; *Tyana*, patrie de l'imposteur Apollonius; *Comana* (El-Bostan); *Sebaste* (Sivas), sur le fleuve Halys; *Nicopolis* (Divriki) et *Satala* (Arzingan), dans l'Arménie-Mineure.

9°. La *Carie*, sur les mers Icarienne et Carpathienne, était arrosée par le *Méandre*, et renfermait la *Doride* à l'O. Villes : *Miletus*, où naquirent Thalès et Aspasie, près du cap *Posidium* et au pied du mont *Latmos*, célèbre par la fable d'Endymion; *Halycarnassus* (Boudroun), patrie des historiens Hérodote et Denys, et renommée par le tombeau de Mausole; *Cnidos*, distinguée par le culte qu'on y rendait à Vénus, et par la statue de cette déesse, ouvrage de Praxitèle; *Caunus*, patrie du peintre Protogène; *Stratonicea* (Eski-Cheher).

A la *Carie* se rattachent les îles de *Cos* (Stan-co), patrie d'Hippocrate et d'Apelle; de *Pathmos*, où l'apôtre saint Jean fut relégué et écrivit l'Apocalypse; *Rhodus* (Rhodes), célèbre par le siége qu'elle soutint contre Démétrius Poliorcète, par son colosse, et plus encore par la valeur des chevaliers de Saint-Jean-de-Jérusalem. Villes : *Rhodus*; *Lindus*, patrie de Cléobule; *Canyros* et *Ialysos*; *Carpathos* (Scarpanto), qui a fait appeler ce canal *mer de Carpathie*.

10°. La *Lycie* (Anatolie), avait pour villes principales : *Telmissus* (Macri); *Xanthus* (Eksenidé); *Patra* (Patéra), où Apollon rendait ses oracles pendant six mois de l'année; *Myra*, près du mont *Cragus* qu'habitait la Chimère; *Phaselis* (Fionda), adjacente à un passage extrêmement resserré entre cette montagne et la mer.

11°. La *Pamphylie* (Caramanie), qui comprenait la Pisidie au N. et l'*Isaurie* à l'E., était arrosée par le *Caractes* (Douden-Souï), le *Cestrus* (Kapri) et l'*Eurymedon* (Ménouga). Villes : *Perga* (Cara-Hissar); *Aspendus*, sur l'*Eurymedon*; *Termessus*; *Cremna* (Ébrinaz); *Selga*, détruite, et *Isaura* (Beï-Cheher), plusieurs fois ruinée.

12°. La *Cilicie* (pays d'Itchil), dominée vers le nord par la chaîne du mont *Taurus*, borde la mer vers le midi jusqu'aux limites de la *Syrie*. Cette contrée, arrosée par le *Pyramus* (Djihoun), le *Selinus* (Sélenti), le *Sarus* (Seïhoun) et le *Cydnus* (Carasou), dans les eaux duquel Alexandre prit la maladie dont il faillit périr, où se noya l'empereur Frédéric Barberousse en 1189, est divisée en *Cilicie trachée* ou montagneuse, et en

Cilicie de plaines (campestris). Villes: *Selinuntus* (Sélenti), où mourut Trajan; *Anemurium* (Anémour), près du cap de ce nom; *Seleucia-Trachea* (Sélefkéh); *Soli* ou *Pompeiopolis*, du nom de Pompée qui y plaça des pirates reçus à composition; *Tarsus* (Tarsous), sur le *Cydnus*, célèbre par ses écoles et par les fêtes qu'Antoine y donna à Cléopâtre; *Issus* (Oseler), où Alexandre vainquit Darius, l'an 333 avant J.-C.

Au sud des côtes de la *Cilicie* s'étend l'île de *Cypre* (Chypre), où l'on voyait *Salamis* (Costanza), séjour du roi Evagoras; *Paphos* (Baffa), célèbre par le culte de Vénus; *Amathus* (Linmesou), consacrée à la même déesse; *Ledra* (Nicosie); *Citium* (Chiti), patrie de Zénon; *Arsinoë* (Famagouste) et *Idalium* (Dalin).

ARMENIA (*Arménie*).

L'*Arménie* comprenait la *Colchide*, l'*Ibérie* et l'*Albanie*.

1°. L'*Arménie*, pays montagneux, conserve encore son nom. Elle est arrosée par l'*Euphrate*, le *Tigre*, et l'*Araxes* (Aras) qui coule près du mont *Ararat* (Agridagh), où s'arrêta l'arche de Noé; ce dernier prend quelquefois le nom de *Phase*. Villes: *Artaxata* (Ardek), du nom du roi Artaxias; *Amida* (Diarbékir ou Amid); *Tigranocerta* (Sert), fondée par Tigrane et ruinée par Lucullus; *Arzes* (Erze-Roum) et *Artemita* (Van). L'*Arménie* est séparée de la *Colchide* par le fleuve *Acampsis*, extrêmement rapide vers son embouchure.

2°. La *Colchide*, au pied du mont Caucase, était arrosée par le *Phasis* (Rioni), qui se jette dans la mer Noire. Villes: *Œa*; *Cyta* (Cotatis), patrie de Médée; *Scanda*; *Dandari* (Dandars) et *Dioscurias* (Iskouriah), qu'on nommait aussi *Sebastopolis*.

3°. L'*Ibérie*, arrosée par le *Cyrus* (Kour), qui se jette dans la mer Caspienne, avait pour cap. *Zalissa* (Tiflis).

4°. L'*Albanie*, dont une partie des habitans furent, dit-on, transportés en Illyrie par Pompée, avait pour villes principales: *Albana* (Derbent) et *Getara* (Bakou), remarquable par les sources de naphte qui sont aux environs.

Ces trois pays occupaient l'isthme qui sépare la mer

Caspienne de la mer Noire, et que traverse la chaîne du Caucase. L'*Albanie* forme aujourd'hui le Daghestan et le Chirvan, qui appartiennent aux Russes, ainsi que la *Colchide* en général répond à la Géorgie, à la Mingrélie, à l'Imeréthie, à la Gourie, au Kakéthi et au Kardouel.

SYRIA et PALÆSTINA (*Syrie* et *Palestine*).

La *Syrie*, le long de la mer Méditerranée depuis la frontière de Cilicie et en comprenant la *Palestine*, touche aux limites de l'Égypte. Le mont Taurus la couvre vers le nord, et l'Euphrate la borne à l'E. Nous y joindrons la *Phénicie*, partie maritime de la *Syrie*, et la *Mésopotamie* au N. E.

1°. La *Syrie*. Cette contrée, montueuse dans le voisinage de la mer, fait partie de la Syrie turque. Elle n'est guère arrosée que par l'*Oronte* (Aasi), augmenté de l'*Axius*. Ses principales montagnes sont: le *Liban*, l'*Anti-Liban* et le *Piérius*. Villes: *Alexandria* (Alexandrette ou Scanderoun), au fond du golfe appelé *Issicus*; *Antiochia* (Antioche ou Antakiéh), sur l'*Oronte*, fondée par Séleucus Nicator et résidence des rois de Syrie; *Seleucia* (Séleucie ou Souvéidia), au pied du mont Piérius et à l'embouchure de l'Oronte; *Laodicea* (Latakiéh), port du Liban; *Apamea* (Famiéh), où la reine Zénobie fut vaincue et faite prisonnière par l'empereur Aurélien; *Emesa* (Hems), fameuse par son temple du soleil ou Élagabal, et patrie de l'empereur Héliogabale, qui y fut prêtre de cette divinité; *Heliopolis* (Balbeck), autre ville consacrée au soleil, au fond de la vallée d'Aulon, entre le Liban et l'Anti-Liban; *Damascus* (Damas), arrosée par le *Chrysorrhoas* (Baradi), dans la *Cœlé-Syrie* (Syrie-Creuse), ainsi qu'*Héliopolis*; *Samosata* (Samosate ou Sémisat), patrie de Lucien, sur l'Euphrate: *Hieropolis* (Menbigz), fameuse par le culte de la grande déesse syrienne Atergatis; *Berhœa* ou *Chalybon* (Alep); *Palmyra* (Palmyre ou Tadmor), dans le désert: elle fut bâtie, dit-on, par Salomon, et devint une des villes les plus opulentes de l'Asie. Sous les empereurs Valens et Aurélien, Odénat, qui y régnait, se déclara pour les Parthes contre les Romains; après la mort de ce prince, Zénobie, son épouse, ne put résister long-temps aux armes victorieuses de ses ennemis. Les ruines de Palmyre attestent encore son ancienne splendeur.

2°. La *Phénicie*, arrosée par l'*Adonis* (Nahr-Ibrahim), était resserrée entre la tribu d'Aser et la Méditerranée. Ses habitans, qui inventèrent l'écriture, s'adonnaient surtout au commerce et à la navigation : les arts étaient en honneur parmi eux. Villes : *Aradus* (Rouad), dans la mer, sur des rochers peu éloignés du continent; *Antaradus* (Tortose), sur le rivage en face d'*Aradus*; *Tripolis* (Tripoli), formée de trois villes réunies en une seule ; *Byblus* (Djébaïl), patrie de Philon, à quelque distance de l'*Adonis*, près duquel coule le *Lycus* ou le Loup (aujourd'hui Nahr-Kelb, fleuve du Chien); *Berytus* (Béirout), qui vit naître Sanchoniaton, l'ancien historien de Phénicie; *Sidon*, sur les ruines de laquelle s'élève aujourd'hui Séide ; *Sarepta* (Sarfand); *Tyrus* (Tzor ou Sour), située d'abord sur le continent, d'où on lui donna le nom de *Palæ-Tyrus* ou l'ancienne Tyr, et bâtie ensuite dans une île voisine de la côte, qu'Alexandre, lorsqu'il vint assiéger cette ville, joignit à la terre, en faisant construire, avec les matériaux de l'ancienne, une chaussée que le temps a plutôt consolidée que détruite; *Ptolémais* ou *Akka* (St.-Jean-d'Acre), à quelque distance du mont Carmel; *Cæsarea*; *Joppe* (Jaffa), près de laquelle Andromède fut exposée à un monstre marin, et délivrée par Persée; *Ascalon*, où se trouvait un temple fameux, et qui a donné son nom aux *échalottes*; *Gaza*, *Rhaphia* et *Rhinocolura* (El-Arych).

L'île de *Cypre*, dont nous avons parlé (page 38), faisait partie de la Phénicie.

3°. La *Mésopotamie*, resserrée entre l'Euphrate et le Tigre, tirait son nom de sa position au *milieu des fleuves*. Cette contrée, qui répond au pays appelé Al-Djéziréh ou Diarbeck, est arrosée par le *Chaboras* (Khabour), augmenté du *Mygdonius* (Hermaz). Villes : *Edessa* ou *Callirhoe* (Réha ou Orfa), dont la fondation se perd dans la nuit des temps; *Charræ* (Harran), d'où partit Abraham pour se rendre dans le pays de Chanaan, où Crassus fut défait par les Parthes, et qui rendait au dieu *Lunus* un culte particulier; *Nisibis* (Nisibin) ou *Antioche de Mygdonie*, près de la source du *Mygdonius*; *Cunaxa*, où Cyrus le jeune perdit la vie en combattant à la tête de 10,000 Grecs contre son frère Artaxerce-Mnémon; *Labbana* (Mossoul), sur le Tigre.

4°. *La Palestine*, dont le nom fut tiré de celui des Philistins, était aussi appelée Judée. Cette contrée, arrosée par le *Jourdain* (Chari'a), qui se jette dans le lac *Asphaltite* (mer Morte), était habitée, au temps d'Abraham, par onze peuples, dont les principaux furent les Philistins, les Chananéens, les Jébuséens et les Amorrhéens. Après les avoir vaincus, Josué partagea leur pays entre les douze tribus d'Israël: celles de Ruben, Siméon, Juda, Issachar, Zabulon, Dan, Nephtali, Gad, Aser, Benjamin, Manassé, Ephraïm; la tribu de Lévi resta seule chargée du soin des cérémonies religieuses, et de veiller à la conservation des lois, sans avoir part à la distribution des terres. Les Romains divisèrent ensuite la Palestine en quatre parties:

1°. La *Galilée*, au N. de la Palestine, avait pour villes: *Nazareth* (Nazara), entre les monts *Thabor* et *Carmel*; *Tiberias* (Tabariéh), qui donne son nom à la mer de *Tibériade*, appelée aussi lac de *Génésareth* ou mer de *Galilée*; *Capharnaüm*, au N. du même lac; *Corosaïm* et *Bethsaïde*, que J.-C. frappa d'anathème.

2°. La *Samarie*, au milieu. Villes: *Samarie* (Sébaste), ancienne cap. du royaume d'Israël; *Sichem* (Nabolos), au pied du mont *Garizim*; *Jezrael* ou *Esrael*, célèbre par la vigne de Naboth et par la punition d'Achab.

3°. La *Judée* propre, au S., avait pour villes: *Hierosolyma* (Jérusalem), ancienne capitale des Jébuséens, puis du royaume de Juda, détruite par Titus et rebâtie par Adrien: une de ses montagnes lui fit donner le nom de *Sion*; à six milles de Jérusalem, vers le S., *Bethléem*, où naquit le Sauveur; *Hébron* (Kabrorahim), où fut enterré Abraham; *Jericho* (Eriba); *Emmaüs*, depuis *Nicopolis*, à cause de la défaite d'un corps de Juifs par Vespasien; sur les bords de la mer Morte existaient jadis *Sodome*, *Gomorrhe*, *Adama*, *Seboïm* et *Segor*, détruites depuis par le feu du ciel.

4°. La *Pérée*, à l'E. du Jourdain, était occupée en partie par les Moabites, les Ammonites et les Iduméens. On y trouve les monts *Abarim* et *Galaad*, et le *Nebo*, du sommet duquel Moïse eut la vue de la terre promise. Villes: *Ramoth*, capitale des Ammonites; *Pella*, *Dium*, *Gamala* et *Gadara*.

ARABIA (*Arabie.*)

Les Anciens divisaient comme nous cette vaste presqu'île, resserrée entre la mer Érythrée et le golfe Persique, en trois parties:

1°. L'*Arabie Pétrée*, dont les frontières étaient habitées par les Iduméens et les Amalécites. Villes: *Petra* (Crac), qui fut assiégée, sans pouvoir être prise, par Démétrius Poliorcète; *Madian*, patrie de Jéthro, beau-père de Moïse; *Ælana* (Aïlah), sur le *sinus Ælanites*; *Asiongaber* ou *Berenice* (Minet-Idabab), au pied des monts *Horeb* et *Sinaï*, d'où les flottes de Salomon partaient pour se rendre au pays d'Ophir;

2°. L'*Arabie Heureuse*, arrosée par le *Betius* (Bardiloï), qui se jette dans la mer Rouge. Villes: *Macoraba* (La Mecque), dont les Arabes attribuent la fondation à Abraham; *Iatrippa* (Médine); *Musa* (Moséh), qui était autrefois ce que *Moka*, située sur le même rivage, est actuellement, l'entrepôt du commerce de l'Arabie; *Mariaba* (Mareb), dont les Arabes font la résidence de Belkis, reine de *Saba*, qui voulut voir Salomon. *Dioscoridis insula* (l'île Socotora) était adjugée à l'Arabie Heureuse, et le *Syagrios promontorium* était le même que le cap Fartach.

3°. L'*Arabie Déserte*, vers la Mésopotamie, renfermant la petite tribu des *Sarrasins* ou *Agarrasins*, c'est-à-dire descendans d'Ismaël, fils d'Abraham et d'Agar. Ces peuples se sont répandus vers le sud du continent, comme les Scythes ou Tartares vers le N.

Les Arabes qui vivent sous des tentes étaient appelés *Scenitæ*, d'un mot grec qui désigne cette espèce d'habitation. Le nom de *Bédouins*, qu'on leur donne aujourd'hui, est dérivé d'un terme propre à la langue du pays, que l'on pourrait rendre en latin par *Campestres*, hommes qui vivent à la campagne.

MEDIA (*Médie*).

Nous joindrons à la *Médie*, pays froid et montagneux, au sud de la mer Caspienne, l'*Assyrie* et la *Babylonie*.

1°. La *Médie* (Irâc-Adjémi), dans la Perse, était arrosée dans sa partie occidentale par le *Gyndes* (Karasou). Villes : *Ecbatana* (Hamadan), bâtie par Déjocès et ancienne cap. des Mèdes ; *Concobar* (Kenghever), qui possédait un temple de Diane ; *Ragæ* (Recht), fondée par Ninus ; *Gaza* ou *Gazaca* (Tauris).

2°. L'*Assyrie*, au N. E. de la Mésopotamie, dont elle est séparée par le Tigre, s'étendait sur la rive orientale de ce fleuve, depuis les limites de l'Arménie jusqu'aux confins de la Babylonie. Elle répond au Kourdistan, et est arrosée par le *Zabus* ou *Zerbis* (Zab), presqu'égal au Tigre, et qui se divise en grand et petit. Villes : *Ninive* (Nino), construite par Ninus sur le Tigre, en face de Mossoul ; *Arbela* (Erbil), cap. de l'Aliabène, et assez près de *Gaugamela* où Alexandre vainquit Darius ; *Démétrias* ou *Corcura* (Kerkouk), où l'on voit des sources de naphte, et des feux naturels qui s'exhalent du sein de la terre ; *Antiochia* ou *Opis*, jusqu'où Alexandre remonta le Tigre ; *Siazuros* (Chehrezour).

3°. La *Babylonie* ou *Chaldée* (Irâc-Arabi) s'étendait jusqu'à l'embouchure de l'Euphrate et du Tigre. Villes : *Babylone*, sur l'Euphrate, fondée par Bélus ou Nemrod, et embellie par Sémiramis : il n'en reste plus que quelques ruines connues sous le nom de Babil. *Artemita* où naquit l'historien Apollodore ; *Ctesiphon* (Al-Modani), sur le Tigre, en face de *Seleucia*, fondée par Seleucus-Nicator ; *Apamea* (Khorna), à la jonction du Tigre et de l'Euphrate qui forment en cet endroit le

Pasitigris (Chat-el-Arab), que remonta la flotte d'Alexandre; *Sitace*, cap. de la Sitacène, où campèrent les Dix Mille pendant leur retraite, et près de laquelle a été bâtie Bagdad, fondée par le calife Almanzor. Entre le Pasitigris et le canal de Bassora, qui descendait autrefois jusqu'à la mer, se trouvait un terrain ou île appelée *Mésène*, comme étant entre deux bras de rivière.

Persis (la *Perse*).

A la *Perse* se rattachent la *Susiane*, la *Carmanie* et la *Gédrosie*.

1°. La *Perse* (Farsistan), au S. de la Médie, avait pour cap. *Persepolis* (Schiraz), près de l'*Araxe* (Bend-Emyr). Cette ville fut brûlée par Alexandre. Ses autres villes étaient *Pasargada* (Pasa), où l'on voyait le tombeau de Cyrus; *Ecbatana-Magorum* (Gnerden), séjour des Guèbres, adorateurs du feu; *Aspadana* (Ispahan), sur le Zayendéh-roud; *Taoce* (Taoug), vers le golfe Persique. Outre l'*Araxe*, on trouve encore en Perse un autre grand fleuve appelé *Medus* (Abi-Kouren, ou eau de Kour).

2°. La *Susiane* (Khouzistan) était contenue entre les limites de la Médie et le golfe Persique. Elle était séparée de la Perse par le fleuve *Oroates* ou *Arosis* (Tah ou Endian) et arrosée par le fleuve *Eulœus* ou *Choaspes* (Karoun). Villes: *Susa* (Chuchter), où les anciens rois de Perse séjournaient pendant l'hiver, et remarquable par le tombeau de Daniel; *Cisii* (Ahouaz.)

3°. La *Carmanie* ou *Caramanie* (Kerman). Villes: *Harmosia* (Ormus), d'abord sur la côte, et depuis reconstruite dans la petite île d'*Ogyris*; l'ancienne *Harmosia* semblait représenter Gomroun ou Bender-Abbassy; *Carmana* (Kerman), sur la mer Érythrée.

4°. La *Gédrosie* (Mékran), le long de la mer des Indes, était habitée par des peuples appelés *Ichthyophages*, mangeurs de poissons. Ce ne fut pas sans peine qu'Alexandre fit passer son armée par ce pays rempli de sables profonds et mouvans, dans lesquels furent ensevelies des armées entières de Sémiramis et de

Cyrus. Villes : *Tisa* (Tiz), capit., et *Pura* (Pureg), qui fut le terme de la marche pénible d'Alexandre. Les *Sanganes*, voisins des bouches de l'Indus, étaient connus par leur cruauté envers les étrangers qui tombaient entre leurs mains.

Aria (l'*Arie*).

Nous comprendrons sous ce titre l'*Arie* propre, la *Drangiane*, l'*Arachosie*, l'*Hyrcanie*, auxquelles nous joindrons la *Bactriane* et la *Sogdiane*.

1°. L'*Arie* propre (partie du Khoraçan), dans laquelle on trouve l'*Aria palus* (lac de Zéréh), était arrosée par un fleuve appelé *Arius* (Heri-Roud). Villes : *Aria* (Hérat) ; *Zaris* (Zéréh), sur le lac ; *Bitaxa* (Badkis); *Alexandria* (Corra), cap. de la contrée.

2°. La *Drangiane* (Séistan), arrosée par l'*Etymander* (Helmend), qui se jette dans le lac de Zéréh, avait pour cap. *Prophthasia* (Zarang). Parmi les autres villes, on distinguait *Abeste* (Bost); *Para* (Ferah), cap. de l'*Anabon*.

3°. L'*Arachosie* (royaume de Candahar) était bornée vers le N. par une montagne très-élevée, apelée *Paropamisus*, qu'Alexandre eut à franchir pour entrer dans la Bactriane. Villes : *Alexandria* (Candahar); *Arachotus* (Rokage), sur l'*Etymander*.

4° L'*Hyrcanie* (Mazenderan) était arrosée par le *Sieris* (Ester), la *Socanda* (Socoun) et l'*Ochus* (Tedzen). Villes : *Asaac* (Azhor), ancienne cap. du royaume des Parthes, fondée par Arsace 250 ans avant J. C.; *Nisœa* ou *Parthaunisa* (Nésa), sur l'Ochus, qui se jette dans la mer Caspienne.

La *Parthie*, dont cette dernière ville était la principale, et la *Margiane*, qui tirait son nom du fleuve *Marus* (Morg-Ab), étaient subordonnées à l'*Hyrcanie*. Antiochus, fils de Séleucus-Nicator, fit bâtir dans la Margiane *Antiochia ad Margum*, auj. Marou-Chahighian.

La *Bactriane* (Tokaristan) s'étendait le long de la rive méridionale de l'*Oxus* (le Djihoun), qui la séparait de la Sogdiane. Le nom de *Bactrus* était donné à un fleuve qui semble l'avoir communiqué à *Bactra Zariaspa* (Balkh), capitale de cette contrée. Après avoir traversé le mont *Paropamisus*, Alexandre y rencontra *Drapsaca* ou *Darapsa*, aujourd'hui Bamian.

La *Sogdiane* (Boukharie), arrosée par l'*Oxus* et le *Polytimetus* (Zer-Afchan ou Sogd), avait pour villes principales : *Maracanda* (Samarcande), où Alexandre se couvrit d'opprobre en assassinant Clytus, et *Oxiana* (Termed) aux environs de laquelle se trouvait *Petra Chorienis* ou *Sisimetræ*, où Roxane devint prisonnière d'Alexandre.

Le pays que traverse l'*Oxus* vers le bas de son cours, appartenait aux *Chorasmiens*. Après la mort d'Alexandre, les Macédoniens formèrent un royaume de l'*Arie* et d'une partie des pays adjacens.

SARMATIA ASIATICA (*Sarmatie Asiatique*).

Nous joindrons à la *Sarmatie* d'Asie, la *Scythie Asiatique* et la *Sérique*.

1.º Du Palus-Mœotide et du Bosphore Cimmérien, la *Sarmatie* Asiatique (Circassie), bornée au midi par le Pont-Euxin et le Caucase, s'étendait jusqu'à la mer Caspienne dont elle couvrait le rivage septentrional. Elle était arrosée par l'*Hypanis* ou *Vardanus* (Kouban), le *Rha* (Volga) et le *Daix* (Iaïk). Elle était habitée par différentes peuplades, parmi lesquelles il faut distinguer les *Alains* et les *Huns*.

2.º La *Scythie*, dont les Anciens ne connaissaient qu'une très-faible partie, occupait ce que nous appelons *Tartarie*. On la divisait en Scythie *en-deçà* de l'*Imaüs* et Scythie *au-delà*. Elle était arrosée par l'*Oxus* (Djihoun) et par l'*Iaxartes* (Sihoun), appelé *Tanaïs* par les soldats d'Alexandre. Les *Massagètes* habitaient à l'E. de la mer Caspienne. Villes : *Gorco* (Ourghendj), au S. du lac Aral ; *Cirescata* (Koghend), sur le Sihoun. Tous ces pays, appelés aussi *Transoxiens*, répondent à ceux des Éleuthes, des Ouzbeks et des Kalmouks.

3.º La *Sérique*, ou pays des Sères, s'étendait de la Scythie *au delà* de l'*Imaüs*, jusqu'à la Chine, en descendant vers l'Inde. Les Anciens en tiraient la *materies serica*, espèce de lainage blanc détaché des feuilles d'un arbre particulier, ou peut-être ce tissu de poil de chèvre qui sert à la fabrication des cachemires.

India (l'Inde).

L'Inde (Hindoustan), au S. de l'Asie, était divisée en trois parties :

1.° L'Inde *en-deçà du Gange* ; villes : *Agrigœum* (Caboul) ; *Nisa* (Nagar), où Bacchus avait un temple très-fréquenté ; *Minnagara* (Mansora) ; *Alexandri-Portus* (Crotchey), où mouilla la flotte de Néarque, amiral d'Alexandre.

2.° L'Inde *entre l'Indus et le Gange* ; villes : *Taxilla* (Attok) ; *Lahora* (Lahore), capitale du royaume de Porus ; *Serinda* (Sirhind), d'où l'on apporta des vers à soie à Justinien ; *Agara* (Agrah), *Palibothra* (Patelpouther) ; *Modura* (Maduré), vers le cap Comorin. Il faut y joindre *Taprobana insula* (l'île de Ceylan). Parmi les fleuves de cette partie, on remarquait l'*Hydaspes* (Djélem) ; l'*Acesines* (Tchenab), l'*Hydraotes* (Ravy) et l'*Hyphasis* (Béyah).

3.° L'Inde *au-delà du Gange*, dans laquelle se trouvait la *Chersonèse d'or*, qui répond à la partie occidentale de l'empire *Birman*. Villes : *Gange-Regia* (Calcutta.) ; *Baracura* (Baracoun), à l'O. d'Aracan. *Sinarum Regio* (le pays des Sines) n'était guère connu que de nom. Il comprenait nécessairement le royaume de Siam. Ptolémée lui donne pour capitale *Thinæ*, dont on ignore la position.

AFRICA (Afrique).

Les Anciens ne mettaient guère de différence entre l'Afrique et la *Libye*, si ce n'est qu'ils donnaient plus particulièrement le nom d'*Afrique* au pays de Carthage. Pour eux cette partie du globe ne s'étendait pas plus loin que le *promontorium Arsinarium* (cap Vert), l'Océan atlantique, et le *promontorium Aromatum* (cap Guardafui), sur la mer Rouge. Néanmoins ils la partageaient en six parties : l'*Egypte*, dont la moitié, celle à l'E. du Nil, était censée appartenir à l'Asie, l'*Éthiopie*, la *Libye*, l'*Afrique propre*, la *Numidie* et la *Mauritanie*.

ÆGYPTUS (*Égypte*).

L'*Égypte*, dont le nom dans les livres saints, et tiré d'un des fils de Cham, est *Misraïm*, se renferme proprement dans une longue vallée inclinée du midi au nord, et parcourue dans toute sa longueur par le Nil qui prend sa source dans les *monts de la Lune*, vers le S. O. de l'Abyssinie, et reçoit les deux rivières d'*Astaboras* (Tacazzé) et d'*Astapus* (Abaouï), qui entouraient l'île de Méroé. Tout ce qui n'est point à portée de recevoir les dérivations du fleuve est une terre ingrate et sans culture. La figure triangulaire d'une lettre grecque Δ a fait donner le nom de *Delta* au terrain borné sur les côtes par les deux branches principales du Nil, la *Pélusiaque* et la *Canopique*, et par le rivage de la mer, qui est la base du triangle. Outre ces deux branches, les Anciens en comptaient encore cinq autres, qui toutes avaient leur embouchure dans la Méditerranée, et qu'ils appelaient *Bolbitique*, *Sébennitique*, *Phatmitique*, *Mendésienne* et *Tanitique*.

Parmi les différens canaux dont l'Égypte était coupée, deux surtout fixaient les regards : celui qui du Nil allait aboutir au lac *Mœris*, lequel lac, s'il était l'ouvrage de la nature, avait sans doute été rendu plus vaste et plus profond par la main des hommes; et le canal, cessé et repris sous différens princes, qui servit à joindre le Nil avec l'extrémité septentrionale de la mer Rouge.

L'Égypte se divisait, comme aujourd'hui, en *inférieure*, *centrale* et *supérieure*. Chacune de ces parties se subdivisait en provinces ou préfectures, appelées Nomes, dont le nombre n'a pas toujours été le même.

1°. L'*Égypte inférieure* se composait non-seulement du Delta, mais de tout ce qui débordait tant à l'Occident

qu'à l'Orient. Villes : *Taposiris* (Aboukir); *Alexandria* (Alexandrie) , fondée par Alexandre, et réunie, par une chaussée appelée *Heptastade* , à l'île de *Pharos* , sur la pointe de laquelle Ptolémée Soter et Philadelphe avaient élevé un fanal du même nom. Le lac *Mareotis* (Mariout) ne resserre plus la ville d'un côté aussi étroitement qu'autrefois; à peu de distance, sur le rivage, *Nicopolis* (Kasr-Kiassera), un des faubourgs d'Alexandrie; *Canopus* (Rosette); *Tamiasis* (Damiette); *Pelusium* (Tinéh), patrie de l'astronome Ptolémée, et la clef de l'Égypte du côté de l'Arabie; *Bubastus* (Bastah); *Heliopolis* (Matarieh), célèbre par le culte du soleil ; *Saïs*, dans l'intérieur du Delta. A l'extrémité du golfe Arabique *Arsinoe* ou *Cleopatris* (Suez), sur l'isthme du même nom.

2°. L'*Égypte centrale* ou *Heptanomide* (Ouestanieh). Villes : *Memphis* (Menf), ancienne capitale fondée par Uchoréus, et dont il ne reste plus que des ruines: tout près, à l'O., se trouvent les *Pyramides* ainsi que la grande et la petite *Oasis*; *Arsinoe* ou *Crocodilopolis* (Médinet-el Fayoum), près du *Labyrinthe* et du lac *Arsinoite*, confondu mal-à-propos avec le lac *Mœris* (Birket-el-Kéroun) qui avait 80 lieues de long; *Oxyrinchus* (Bénysouyf.); *Hermopolis* (Akhmym); *Lycopolis* (Syout).

3°. L'*Égypte supérieure* ou *Thébaïde* (Saïd). Villes : *Tentyra* (Dendérah), où se voient les ruines d'un temple magnifique, dont le plafond était orné de deux zodiaques, l'un desquels a été transporté naguère à Paris; *Coptos* (Keft), d'où partait une route que Philadelphe rendit praticable jusqu'au port *Berenice* sur la mer Rouge; *Thebæ* ou *Diospolis Magna* , appelée par Homère la Thèbes aux cent portes, dont on retrouve encore des ruines dans les villages de Louqsor et de Karnak ; *Syene* (Assouan), presque sous le tropique, où Juvénal fut relégué par Néron; *Philæ* et *Elephantis* (El-Chag *et* Djéziret-el-Birdèh), situées chacune dans une île près des cataractes ; *Latopolis* (Esnéh).

ÆTHIOPIA (*Éthiopie*).

L'*Éthiopie* , au S. de l'Égypte, comprenait la Nubie

Géographie Anc. 24

et l'Abyssinie. Les deux affluens du Nil, dont nou[s] avons déjà parlé, y formaient l'île *Méroé* avec u[ne] ville du même nom. Les *Troglodytes*, qui habitaie[nt] dans des cavernes, occupaient les bords de la mer Roug[e]; le reste du pays formait plusieurs royaumes. Villes [:] *Auxume* (Axoum); *Napata*, capit. des États de la rei[ne] Candace. En avant du *cap des Aromates* (Guardafui[)], était située l'île *Dioscorides* (Socotora), et au-delà [la] côte d'*Azania* (d'Ajan) terminée par le cap *Prasu[m]* (Brava), le plus reculé dans cette partie selon les A[n]ciens.

Libya (*Libye*).

La *Libye* proprement dite succédait à l'Égypte ve[rs] le couchant, jusqu'à un golfe de la Méditerranée ap[pelé la *Grande-Syrte*. On la divisait en deux parties [:] la *Marmarique* et la *Cyrénaïque*.

La *Marmarique*, à l'O. de l'Égypte, dont le lie[u] le plus remarquable était *Paraetonium* (Al-Baretoun[)] répondait à une moitié du pays de Derne ou désert d[e] Barcah. Une chaîne de montagnes appelée *Catabathmu[s] magnus* la bornait à l'O.; au S. étaient les *Oasis* o[u] îles au milieu des sables, dans l'une desquelles s'élevait *Ammon* (Syouah), célèbre par son templ[e] consacré à Jupiter, et qui fut visité par Alexandre.

La *Cyrénaïque* ou *Pentapole*, parce qu'on [y] voyait cinq villes principales : *Cyrène* (Kurin), où naquirent Aristippe, Callimaque et Ératosthène; *Darni[s]* (Derne); *Ptolémaïs* (Tolometa); *Barce* (Barcah); *Berenice* (Bengazy), au bord de la *Grande-Syrte*, et prè[s] de laquelle était, dit-on, le jardin des Hespérides. Au S. habitaient les *Nasamons*, vivant de sauterelles et décriés pour leur brigandage. La *Cyrénaïque* répond a[u] reste du pays de Derne.

Africa (*Afrique propre*).

L'*Afrique propre* (Tunis et Tripoli) formait trois provinces : la *Syrtique* ou *Tripolitaine*, la *Byzacène* et la *Zeugitane;* ces deux dernières étaient plus connues sous le nom de *pays de Carthage*.

1°. La *Syrtique*, longeant la Méditerranée, présentait

deux golfes profonds, l'un nommé la *Grande-Syrte* (golfe de la Sidre) et l'autre la *Petite-Syrte* (golfe de Cabès), dans lesquels des bancs et des écueils rendaient la navigation périlleuse. Villes : *OEa* (Tripoli) et *Sabrata* (Sabart). Au fond de la *Grande-Syrte* on voyait les *autels des Philènes*, deux frères Carthaginois qui s'étaient sacrifiés pour étendre jusque-là les dépendances de leur patrie. Les bords de ce golfe étaient habités par les *Psylles*, auxquels on attribuait le secret de charmer les serpens, et par les *Lotophages* ou *mangeurs de lotus*, espèce de gland qu'on recueille sur un arbre du même nom, fort commun dans ces parages. En deçà de la *Petite-Syrte* était l'île de *Meninx* (Zerbi ou Gerbe), appelée aussi *Lotophagitis*.

2°. La *Bysacène*, arrosée par le *Bagradas* (Megherda), renfermait *Byzacium* (Beghni); *Tapsus* (Demsas), mémorable par une grande victoire remportée par César; *Hadrumetum*, à peu de distance de la plaine de *Zama* où Annibal fut vaincu par Scipion.

3°. La *Zeugitane*, où l'on trouvait le *Hermœum promontorium* (cap Bon), avait pour villes principales: *Tunes* (Tunis); *Carthago* (Carthage), sur une presqu'île dans le golfe de Tunis, près de l'embouchure du *Bagradas*. Fondée par les Phéniciens en 883, elle fut détruite par Scipion le jeune, 146 ans avant J.-C.; sa citadelle était nommée *Byrsa*, et son port, creusé de main d'homme, *Cothon*; *Utica* (Satcor), célèbre par la mort du second Caton; *Hippo - Zarytos* ou *Diarrhytos* (Biserte); *Madaurus*, patrie d'Apulée.

NUMIDIA (*Numidie*).

La *Numidie* (partie orientale de la régence d'Alger), partagée entre deux peuples: les *Massyliens*, du côté de l'Afrique propre, et les *Massésyliens*, à l'O., était arrosée par l'*Ampsagas* (Ouad-el-Kebir). Villes: *Cirta* (Constantine), séjour de Massinissa; *Hippo-Regius* (Bone), dont saint Augustin fut évêque; *Tagaste* (Tajelt). Le mont *Pappua* (mont Edong), où Gélimer, dernier roi des Vandales, se retira après avoir été vaincu par Bélisaire, s'élève dans les environs de Bone.

MAURETANIA (*Mauritanie*).

La *Mauritanie* formait deux provinces : la *Césarienne* et la *Tingitane*.

1°. La *Mauritanie-Césarienne* (partie occidentale de la régence d'Alger) avait pour villes principales : *Cartenna* (Tenez), l'ancienne *Césarée* de Mauritanie ; *Siga*, où résidait Siphax avant qu'il eût dépouillé Massinissa de ses États : on en voit des vestiges dans le lieu appelé Ned-Roma ; *Sitifi* (Sétif) ; *Portus-Divinus* (Oran) ; *Portus Magnus* (Arzew) ; *Tasagora* (Tremecen).

2°. La *Mauritanie-Tingitane* (Fez, Maroc, Suse, Tafilet), séparée de la Césarienne par le fleuve *Mulucha* (Moulouïa), s'étendait jusqu'à l'Océan atlantique. On y trouvait le *Solis promontorium* (cap Cantin), et le mont *Abyla*, l'une des colonnes d'Hercule. Villes : *Tingis* (Tanger) ; *Abyla* ou *Septa* (Ceuta), vis-à-vis de Gibraltar ; *Lixus* (Larache) ; *Tetuanum* (Tétouan)

Une autre partie de l'Afrique appelée *Libye-Intérieure*, par delà la Libye Maritime, le pays de Carthage, la Numidie et la Mauritanie, formait une bande qui s'étendait depuis l'Égypte et l'Éthiopie jusqu'aux *îles Fortunées* (Lancerote et Fortaventure). C'est le grand désert que les Arabes désignent par le nom de Sahara, la Nigritie et une partie de la Guinée. Le *mont Atlas* formait une barrière entre ce pays et ceux dont nous avons parlé. On donnait aux habitans de ces déserts le nom de *Gétules*, d'où descendent les *Berbers* ; de *Mélanogétules* ou *Gétules noirs*, et de *Garamantes*, dont *Garama* (Germa), dans le Fezzan, rappelle encore le nom. Quant au *Niger* (Dialiba), il était peu connu.

FIN.

TABLE ALPHABÉTIQUE
DES VILLES INDIQUÉES DANS CETTE GÉOGRAPHIE.

A.

Abdera,	31
Abellinum,	20
Abeste,	45
Abrincatui,	9
Abydos,	31, 33
Abyla,	53
Acheruntia,	21
Acincum,	15
Actium,	25
Adama,	42
Adramyttium,	33
Adria,	18
Adrobicum,	4
Ægina,	31
Ægira,	28
Ægium,	28
Ælana,	42
Æmona,	17
Æsernia,	20
Agara,	47
Agatha,	7
Agendicum,	9
Aginnum,	8
Agrigentum,	22
Agrigæum,	47
Alata-Castra,	11
Alba-Longa,	19
Albana,	38
Albanapolis,	32
Alba-Pompæia,	17
Albiga,	8
Aleria,	22
Aletum,	9
Alexandria,	39, 45, 49
Alexandria-Troas,	33
Alexandri-Portus,	47
Amasea,	35
Amathus,	38
Ambacia,	9
Ambianum,	10
Ambracia,	24
Ameria,	18
Amida,	38
Amisia,	12
Amisus,	34
Amiternum,	18, 20
Ammon,	50
Amphilochicum,	25
Amphipolis,	23
Amphissa,	25
Amyclæ,	29
Anagnia,	19
Ancona,	18
Ancyra,	36
Andecavi,	9
Andomatunum,	9
Anemurium,	38
Antandros,	33
Antaradus,	40
Anticaria,	5
Antiochia,	36, 39, 43, 46
Antiochia ad Margum,	45
Antipolis,	7
Antium,	19
Anxur,	19
Apamea,	39, 43
Apamea Cibotos,	36
Apollonia,	23, 32, 34
Aquæ,	13
Aquæ-Bormonis,	8
Aquæ-Calidæ,	8
Aquæ-Mattiacæ,	12
Aquæ-Sextiæ,	6, 7
Aquæ-Solis,	11
Aquæ-Tarbellicæ,	6, 8
Aquileia,	17
Aquinum,	19
Arachotus,	45
Aradus,	40
Arægenus,	9
Arausio,	7
Arbela,	43
Ardea,	19
Arelate,	7
Argentoratum,	10
Argos,	25, 28
Aria,	45
Ariconium,	11
Ariminum,	18
Ariolica,	9
Arpinum,	19
Arsicua,	13
Arsinoe,	38, 49
Artaxata,	38
Artemita,	38, 43
Arzes,	38
Asiongaber,	42
Asaac,	45
Ascalon,	40
Ascra,	26
Asculum,	18
Aspadana,	44
Aspendus,	37
Astacus,	34
Asturica-Augusta,	4
Athenæ,	27
Aufidena,	20
Augusta-Prætoria,	16
Augusta-Suessionum,	10
Augusta-Taurinorum,	16
Augusta-Trevirorum,	7
Augusta-Troas,	33
Augusta-Vindelicorum,	14
Augustobona,	9
Augustomagus,	10
Augustonemetum,	8
Augustoritum,	8
Aulis,	26
Aureliacum,	8
Aureliani,	9
Autissiodurum,	9
Autricum,	9
Autunnacum,	10
Auxanum,	20
Auxume,	50
Avaricum,	6, 8
Avenio,	7

B.

Babylone,	43
Baiæ,	19

* 24

Table alphabétique.

Bajocasses,	9	Calle-Portus,	4	Climberis,	8
Baracura,	47	Calpe mons,	5	Clusium,	17
Barce,	51	Calydon,	25	Cnidos,	37
Barcino,	4	Camalodunum,	11	Cocla,	27
Barium,	20	Camaracum,	10	Colonia-Agrippina,	7
Basilia,	9	Camarina,	22	Colophon,	35
Besortium,	10	Cambodunum,	14	Comana,	36
Bellovacum,	10	Camyros,	37	Compsa,	20
Beneventum,	20	Cannæ,	20	Concobar,	43
Berenice,	50	Canopus,	49	Condate,	9
Berhœa,	32, 39	Canusium,	20	Condivicnum,	ib.
Bergo,	13	Capharnaum,	41	Confluentes,	10
Bergomum,	16	Capua,	19	Conimbriga,	4
Berytus,	40	Caralis,	22	Consentia,	21
Bethleem,	41	Carcaso,	7	Constantia,	9
Bethsaïde,	41	Cardia,	31	Coptos,	49
Bibracte,	8	Caristus,	31	Corcura,	44
Bilbilis,	4	Carmana,	44	Corduba,	5
Bitaxa,	45	Carnutes,	10	Corfinium,	20
Biterræ,	7	Carocotinum,	9	Coriallus,	9
Bithynium,	34	Carpathos,	37	Corinthus,	28
Blesum,	9	Carpentoracte,	7	Corisopiti,	9
Boiodurum,	15	Carrodunum,	13	Corone,	29
Bonna,	10	Cartenna,	52	Coronée,	26
Bononia,	10, 14, 16	Carthago,	51	Corosaïm,	41
Borbetomagus,	10	Carthago-Nova,	3, 4	Cratia,	34
Bovianum,	20	Cassandria,	23	Cremna,	37
Bracara-Augusta,	4	Castellum - Morino-		Cremona,	16
Brigantio,	7	rum,	10	Crissa,	25
Brigantium,	14	Castulo,	5	Crotona,	21
Briocum,	9	Catana,	21	Ctesiphon,	43
Briva-Isara,	9	Caudium,	20	Cularo - Gratianopo-	
Brixia,	16	Caunus,	37	lis,	7
Brundusium,	20	Caurium,	5	Cumæ,	19, 35
Bubastus,	49	Cenomani,	9	Cunaxa,	41
Burdigala,	6, 8	Cerasus,	35	Cures,	18
Burum,	4	Cesena,	16	Curia,	14
Buthrotum,	23	Cetobriga,	5	Cydonia,	30
Buxentum,	21	Chalcedon,	34	Cyrene,	51
Byblus,	40	Chalcis,	23, 31	Cyta,	38
Byzacium,	51	Charræ,	40	Cyzicus,	33
Byzantium,	31	Cheronea,	26		
		Chrysopolis,	34	**D.**	
C.		Cibalis,	15		
		Circeii,	19	Damascus,	39
Cabillonum,	8	Cirescata,	46	Dandari,	38
Cære,	17	Cirta,	51	Darantasia,	6
Cæsarea,	40	Cisii,	44	Dardanus,	33
Cæsarodunum,	6, 9	Citium,	38	Dariorigum,	9
Calaguris,	4	Clazomenæ,	35	Darnis,	50
Calauria,	31	Cleones,	28	Decelia,	27

Table alphabétique.

Delphi,	26	Falerii,	17
Dertona	17	Faventia,	16
Dertosa,	4	Fines,	7
Devana,	11	Firmum,	18
Dibio,	9	Flaviobriga,	4
Dinia,	7	Florentia,	17
Dioclæa,	15	Fœsulæ,	17
Dioscurias,	38	Forum-Allieni,	16
Dium,	42	Forum-Julii,	7
Divodurum,	10	Forum-Novum,	16
Divona,	8	Fuxum,	7
Dodona,	24		
Drapsaca,	46	**G**	
Drepanum,	22	Gadara,	42
Duacum,	10	Gades,	5
Dubris,	11	Gajeta,	19
Durocatalaunum,	10	Gallipolis,	31
Durocortorum,	7,10	Gamala,	42
Durovernum,	11	Gange-Regia,	47
Dyme,	28	Gangra,	34
Dyrrachium,	32	Garama,	52
		Gaugamela,	43
E.		Gaza,	40, 43
Eblana,	11	Genabum,	9
Eburovices,	9	Genua,	17
Ebora,	5	Gergovia,	8
Eboracum,	11	Germanicopolis,	34
Ebrodunum,	6, 7	Getara,	38
Ecbatana,	43	Gnossus,	30
Ecbatana-Magorum,		Gomorrhe,	42
	44	Gomphi,	24
Edessa,	23, 40	Gorco,	46
Elæa,	33	Gordium,	36
Elatea,	26	Gortyna,	30
Elephantis,	49	Gortys,	30
Eleusis,	27	Guedinum,	13
Elis,	29		
Emerita-Augusta,	5	**H.**	
Emesa,		Hadria,	17
Emmaüs,	39	Hadrianopolis,	32, 34
Emporiæ,	41	Hadrumetum,	52
Enna,	4	Haliartus,	26
Ephesus,	22	Halycarnassus,	37
Epidaurus,	35	Harmosia,	45
Epidaurus-Limera,	28	Hebron,	41
Eressus,	29	Heliopolis,	39, 49
Eretria,	34	Helos,	29
Erythræ,	31	Heraclea,	21
Esdrael,	35	Heraclea-Pontica,	34
F.	41	Heraclea-Trachynia,	
Fæsulæ,	18		24

Heræa,	30		
Herculanum,	19		
Hermione,	28		
Hermopolis,	49		
Hesperis,	50		
Hieropolis,	39		
Hierosolyma,	41		
Himera,	22		
Hippo-Regius,	51		
Hippo-Zarytos,	51		
Hispalis,	5		
Hybla-Major,	22		
Hydruntum,	21		
Hypata,	24		
I.			
Ialysos,	37		
Iatrippa,	42		
Iconium,	36		
Iculisna,	8		
Idalium,	38		
Ilerda,	4		
Ilium,	33		
Ilva-insula,	18		
Ingena,	9		
Intemelium,	17		
Iolchos,	24		
Ipsus,	36		
Isaura,	38		
Issus,	38		
Italica,	5		
Ivernes,	11		
J.			
Jadera,	15		
Jassiorum - Municipium,	14		
Jericho,	41		
Jezraël,	41		
Joppe,	40		
L.			
Labbana,	41		
Lacobriga,	5		
Lacedæmon,	29		
Lactora,	8		
Lahora,	47		
Lamia,	24		
Lampsacus,	33		

Table alphabétique.

Laodicea, 39
Laodicea-Combusta, 36, 40
Lapurdum, 8
Larissa, 24
Latopolis, 49
Laudunum, 10
Lauriacum, 15
Lausona, 9
Lavinium, 19
Lebadea, 26
Lebedus, 35
Ledra, 38
Legio-Septima-Gemina, 4
Lentua, 15
Leontium, 21
Leucadia, 25
Leuctra, 26
Lexovii, 9
Lilybæum, 22
Limonum, 8
Lindum, 11
Lindus, 37
Lixus, 52
Locri, 21
Londinium, 11
Luca, 17
Lucentum, 4
Luceria, 20
Lucus-Asturum, 4
Lucus-Augusti, 4
Lugdunum, 6, 8
Lugdunum-Batavorum, 12
Luna, 17
Lupiæ, 20
Lutetia, 9
Luteva, 7
Lybissa, 34
Lycopolis, 49
Lycosura, 30

M.

Maceriæ, 10
Macoraba, 42
Madaurus, 51
Madian, 42
Magnesia, 24, 25, 35
Magnus-Portus, 11
Malaca, 5

Mamertum, 21
Mantinea, 30
Mantua, 16
Maracanda, 46
Marathon, 27
Mariaba, 42
Marobodunum, 13
Morrubium, 20
Massilia, 7
Matisco, 8
Mazaca, 36
Mediolanum, 9, 16
Mediolanum-Santonum, 8
Megalopolis, 30
Megara, 27
Meldi, 9
Melodunum, 9
Memphis, 49
Messana, 21
Messena, 29
Metapontum, 21
Methone, 29
Methymna, 34
Midobriga, 4
Milæ, 22
Miletus, 37
Mimate, 8
Minnagara, 47
Minturnæ, 19
Mitylene, 34
Modura, 47
Moguntiacum, 7, 10
Moka, 42
Munda, 5
Munimentum-Trajani, 12
Munimentum-Valentiani, 12
Musa, 42
Mutina, 16
Mycenæ, 28
Myra, 37
Myrlea, 34

N.

Naissus, 14
Namnetes, 9
Nantuacum, 9
Napata, 50

Narbo-Martius, 6, 7
Narnia, 18
Naupactus, 25
Nazareth, 41
Nazianzus, 37
Neapolis, 19
Nemausus, 7
Nemea, 28
Nemetacum, 10
Neo-Cæsarea, 35
Nevirnum, 9
Nicæa, 8, 34
Nicomedia, 34
Nicopolis, 24, 32, 36, 49
Ninive, 43
Niortum, 8
Nisa, 47
Nisæa, 45
Nisibis, 41
Nola, 19
Norba-Cæsarea, 5
Noviomagus, 9, 10
Nuceria, 18
Numantia, 4

O.

OEa, 38, 51
Olcinium, 15
Olisippo, 5
Olympia, 29
Olynthus, 23
Opus, 25
Orchomene, 30
Orchomenus, 26
Oreus, 31
Orolonum, 10
Ostia, 19
Oxiana, 46
Oxyrinchus, 49

P.

Palæ-Tyrus, 40
Palibothra, 47
Palmyra, 39
Pandosia, 21
Panormus, 22
Panticapæum, 13
Pantichium, 34
Paphos, 38

Table alphabétique.

Para,		Priene,	35
Parma,	45	Propthasia,	45
Parthenope,	16	Provinum,	9
Pasargada,	19	Prusa,	34
Patara,	44	Ptolemaïs,	40, 50
Patavium,	37	Pura,	45
Patræ,	17	Puteoli,	19
Pella,	28	Pylos,	29
Pellene,	23, 42	Pylus,	29
Pelusium,	28	Pyxus,	21
Perga,	49		
Pergamus,	37	**R.**	
Perinthus,	33		
Persepolis,	31	Ragæ,	43
Perusia,	44	Ramoth,	42
Pessinus,	17	Ravenna,	16
Petilia,	36	Reate,	18
Petra,	21	Redones,	9
Petra Chorienis,	42	Revessio,	8
Pharsalus,	46	Rhaphia,	40
Phaselis,	24	Rhegium,	21
Pheneos,	37	Rhinocolura,	40
Pheræ,	30	Rhode,	4
Philadelphia,	24	Roduinna,	8
Philæ,	36	Rhodus,	37
Philippi,	49	Roma,	18
Philippopolis,	23	Roscianum,	21
Phlius,	32	Rotomagus,	6, 9
Phocœa,	28	Rudiæ,	20
Pisa,	35	Rutupiæ,	11
Pisæ,	29		
Pisaurum,	17	**S.**	
Pistoria,	18	Sabrata,	51
Placentia,	17	Saguntus,	4
Plateæ,	16	Saii,	9
Pœstum,	26	Saïs,	49
Pola,	21	Salamis,	31, 38
Pompeia,	17	Salernum,	19
Pompeiopolis,	19	Salmantica,	4
Pompelo,	38	Salmydessus,	31
Pons-Mosæ,	4	Salodurum,	9
Portus-Divinus,	10	Salona,	15
Portus-Herculis,	52	Samaria,	41
Portus-Herculis Mo-	17	Same,	25
næci,		Samosata,	39
Portus-Magnus,	17	Sardes,	35
Portus-Magonis,	52	Sarepta,	40
Portus-Veneris,	5	Satala,	36
Portus-Victoriæ,	7	Savona,	17
Præneste,	4	Scanda,	38
Priapus,	19	Scodra,	15
	33	Scylla,	21

Scyllacium,		21
Sebaste,		36
Seboim,		42
Secor-Portus,		8
Segodunum,		8
Segor,		42
Segovia,		4
Segusio,		16
Segustero,		7
Seleucia,	39,	44
Seleucia - Trachea,		
	38, 40,	44
Selga,		37
Selinuntus,	22,	37
Selymbria,		31
Sena-Gallica,		18
Sena-Julia,		17
Senones,	6,	9
Serinda,		47
Sestos,	31,	33
Siazuros,		43
Sichem,		41
Sicyon,		28
Sidon,		40
Siga,		52
Singidunum,		14
Sinope,		34
Sipuntum,		20
Sirmium,		15
Siscia,		15
Sitace,		44
Sitifi,		53
Smyrna,		35
Sodome,		42
Soli,		38
Spinalium,		10
Spoletum,		18
Stabiæ,		19
Stagyra,		23
Stenyclarus,		29
Stratonicea,		37
Stratos,		25
Suessa-Aurunca,		19
Suessa-Pometia,		19
Sulmo,		20
Sunium,		27
Susa,		44
Sybaris,		21
Syene,		50
Synnada,		36
Syracusæ,		25

Table alphabétique.

T.

Tagaste,	51	Thessalonica,	23
Taliatis,	14	Thinæ,	47
Tamiathis,	49	Thurii,	21
Tanagra,	26	Thymbrium,	36
Tanaïs,	13	Tiberias,	41
Taoce,	44	Tibiscus,	14
Taphræ,	13	Tibur,	18
Taposiris,	49	Ticinum,	16
Tapsus,	52	Tigranocerta,	38
Tarasco,	7	Tingis,	52
Tarba,	8	Tisa,	45
Tarentum,	20	Toletum,	4
Tarquinii,	17	Tolosa,	7
Tarraco,	3, 4	Tomi,	14
Tarsus,	38	Trachys,	24
Tasagora,	52	Trajanopolis,	32
Tauresium,	14	Tralles,	35
Taxilla,	47	Trapezus,	35
Teanum-Sidicinum,		Tridentum,	14
	19	Tripolis,	40
Teate,	20	Tritæa,	28
Tegæa,	30	Trœzen,	28
Telmissus,	37	Troja,	33
Telo-Martius,	7	Tullum,	10
Tentyra,	49	Tunes,	51
Tergeste,	17	Turicum,	9
Termessus,	37	Turnacum,	9
Terracina,	19	Tusculum,	19
Tetuanum,	52	Tutela,	8
Thebæ,	26, 49	Tyana,	36
Themiscyra,	35	Tyrinthus,	28
Theodonis-Villa,	10	Tyrus,	40
Theodosia,	13		
Thermus,	25		
Thespiæ,	26		

U.

Udinum,	17
Ulterior-Portus,	10
Urcinium,	22
Utica,	51

V.

Valentia,	4, 7
Vallis-Clausa,	7
Vallum-Guidonis,	9
Varactum,	8
Veii,	17
Venafrum,	19
Venusia,	20
Vercellæ,	16
Verodunum,	10
Verona,	17
Vesontio,	6, 9
Vesullum,	9
Vesuna,	8
Vicentia,	17
Vienna-Allobrogum,	6, 7
Vindilis insula,	9
Vindobona,	15
Vivarium,	7
Volaterræ,	17
Vulsinii,	17

X.

Xanthus,	37

Z.

Zalissa,	38
Zama,	51
Zariaspa,	45
Zaris,	45
Zela,	5

FIN DE LA TABLE.

TABLE
DE LA GÉOGRAPHIE ANCIENNE.

Notions préliminaires,	p. 1	Picenum,	page 18
EUROPE,	3	Pays des Sabins,	ibid.
Hispanie,	ibid.	Latium,	ibid.
Tarraconaise,	ibid.	Campanie,	19
Lusitanie,	4	Samnium,	ibid.
Bétique,	5	Pays des Hirpins,	20
Gaule,	ibid.	Apulie,	ibid.
Narbonnaise,	6	Messapie,	ibid.
Aquitaine,	ibid.	Lucanie,	21
Lyonnaise,	ibid.	Brutium,	ibid.
Belgique,	7	Iles de l'Italie,	ibid.
Iles Britanniques,	10	Grèce,	23
Bretagne,	11	Macédoine,	ibid.
Hibernie,	ibid.	Épire,	ibid.
Germanie,	ibid.	Thessalie,	24
Différens peuples qui l'habitaient,	12	Acarnanie,	25
		Étolie,	ibid.
Des pays au N. et à l'E. de la Germanie,	13	Locride,	ibid.
		Phocide,	ibid.
Chersonèse Cimbrique,	ibid.	Béotie,	26
		Attique,	ibid.
Scandinavie,	ibid.	Péloponnèse,	27
Sarmatie,	ibid.	Achaïe,	28
Chersonèse Taurique,	ibid.	Argolide,	ibid.
		Laconie,	ibid.
Mœsie,	14	Messénie,	29
Dacie,	ibid.	Élide,	ibid.
Rhétie, Norique, Pannonie et Illyrie,	ibid.	Arcadie,	ibid.
		Iles de la Grèce,	30
Italie,	15	Pays voisins de la Grèce, au N.,	31
Gaule Cisalpine,	ibid.		
Vénétie,	17	Thrace,	ibid.
Ligurie,	ibid.	Albanie,	32
Étrurie,	ibid.	Asie,	ibid.
Ombrie,	18	Asie Mineure,	ibid.

Table de la Géographie Ancienne.

Mysie,	page 32	Drangiane,	page 4
Bithynie,	34	Arachosie,	ibid
Paphlagonie,	ibid.	Hyrcanie,	ibid
Pont,	ibid.	Parthie,	ibid
Lydie,	ibid.	Margiane,	ibid
Phrygie,	36	Bactriane,	ibid
Galatie,	ibid.	Sogdiane,	4
Cappadoce,	ibid.	Sarmatie,	ibid
Carie,	ibid.	Scythie asiatique,	ibid
Lycie,	37	Sérique,	ibid
Pamphylie,	ibid.	Inde,	4
Cilicie,	ibid.	— en-deçà du Gange	
Ile de Chypre,	38		ibid
Arménie,	ibid.	— entre l'Indus et	
Colchide,	ibid.	Gange,	ibid
Ibérie,	ibid.	— au-delà du Gange	
Albanie asiatique,	ibid.		ibid
Syrie,	39	Pays des Sines,	ibid
Phénicie,	40	AFRIQUE,	ibid
Mésopotamie,	ibid.	Égypte,	4
Palestine,	41	— inférieure,	ibid
Galilée,	ibid.	— centrale,	5
Samarie,	ibid.	— supérieure,	ibid
Judée,	ibid.	Éthiopie,	ibid
Pérée,	42	Libye,	5
Arabie,	ibid.	Marmarique,	ibid
Médie,	43	Cyrénaïque,	ibid
Assyrie,	ibid.	Afrique propre,	ibid
Babylonie,	ibid.	Syrtique,	ibid
Perse,	44	Bysacène,	52
Susiane,	ibid.	Zeugitane,	ibid
Carmanie,	ibid.	Numidie,	ibid
Gédrosie,	ibid.	Mauritanie,	5
Arie,	45	Libye intérieure,	ibid

Fin de la Table de la Géographie Ancienne.

www.ingramcontent.com/pod-product-compliance
Lightning Source LLC
Chambersburg PA
CBHW071240240426
43668CB00033B/1004